# Dis-moi Céline

# Dis-moi Céline

LAURENCE CATINOT CROST

City
*Biographie*

DE LA MÊME AUTEURE

... DANS LA MÊME VEINE.

*Amélie de Portugal*, Éditions Atlantica, 2000.

*La Tsarine martyre, dernière impératrice de Russie*, Éditions Atlantica, 2001.

*Le Démon bleu du tsar. Katia Dolgorouky, l'épouse du tsar libérateur*, Éditions Atlantica, 2003.

*Wallis la magnifique ! L'extraordinaire destin de la duchesse de Windsor*, Éditions Atlantica, 2004.

*Eva Perón, la révolutionnaire*, Éditions Séguier, 2005.

*Rosemonde Gérard. La fée d'Edmond Rostand*, Éditions Séguier, 2006.

*Madame Pouchkine. Les malheureuses amours d'Alexandre Pouchkine*, Éditions Séguier, 2008.

*Créatrices de légende*, Éditions Bartillat, 2019.

*Joailliers de légende*, Éditions Bartillat, 2020.

---



ISBN : 978-2-8246-2245-3
Code Hachette : 77 7989 6
Catalogues et manuscrits : city-editions.com



Dépôt légal : Août 2023

*À Hugues Aufray*
*À Bertrand Meyer-Stabley,*
*sans qui ce livre n'existerait pas*
*À Michel-René*
*À Clara et Eléa*
*À Joëlle Couvidat*

# Préface

Chère Laurence,

Présenter la biographie que vous consacrez avec tant de respect et de délicatesse à Céline, sans conteste l'une des plus belles voix qu'il m'ait été donné d'entendre, m'invite aux confidences.

En effet, Céline et moi sommes liés par les paroles de ma célèbre chanson *Céline*, mais bien plus encore par d'autres attaches inconnues de vous tous et que je suis prêt à vous révéler dans ce que je veux être plus qu'une préface. On pourrait dire que nous sommes presque « cousins » à plus d'un titre. C'est le destin qui nous a fait nous rencontrer… rencontre qui était inévitable.

En effet, je suis très attaché au Canada, et en particulier au Québec, grâce à une double histoire familiale et les arcanes de ma destinée. La jeune sœur de mon père, Marie-Nicole Auffray de Margerie, née à Paris, a épousé un jeune diplomate, originaire du Manitoba, Hector Allard, descendant d'Indiens métis. Il deviendra le premier ambassadeur canadien originaire de « sang-mêlé ». Il fut également délégué permanent auprès des Nations unies.

Ma tante, Marie-Nicole, s'est éteinte à Winnipeg comme son mari, où ils vivaient depuis leur retraite. Comme vous imaginez, j'ai de nombreux cousins et cousines dans le Manitoba... J'ai découvert le Canada à travers le célèbre roman *Maria Chapdelaine* que m'a fait découvrir mon frère, Francesco... Il connaissait tout de l'histoire des trappeurs et des animaux des forêts québécoises par l'œuvre d'un personnage extraordinaire, un Anglais qui se faisait passer pour un Indien et qui signait son livre du pseudonyme Grey Owl, le hibou gris ! Dans les années 1930, il sera le premier créateur des parcs naturels dans le monde ! Je dois ajouter que c'est avec les chansons de Félix Leclerc que j'ai commencé à chanter en français.

Après la guerre, en 1944, j'ai rejoint en Espagne mon père qui, divorcé, avait rejoint ce pays où il avait une société d'export-import avec la France… Externe, inscrit au lycée français de Madrid, je vais apprendre l'espagnol, acheter ma première guitare et poursuivre mes études secondaires (seconde, première et enfin première partie de baccalauréat).

Trois années qui ont marqué à jamais ma culture et mon caractère.

Après avoir participé, à 18 ans, à la libération de la France sous l'uniforme US, mon frère aîné Jean-Paul, très doué pour les mathématiques, souhaitait faire l'École polytechnique à Paris ; mon frère Francesco, lui, doté d'une voix d'opéra exceptionnelle, se destinait notamment à la direction d'orchestre. De retour en France, en 1948, moi, je souhaitais rentrer à l'École des Beaux-Arts… peinture et sculpture m'attiraient. Mais le climat politique en France de l'après-guerre était catastrophique… De trop nombreuses grèves, un avenir très peu attrayant… Mes frères et moi décidons de quitter la France et d'émigrer au Canada pour voir nos cousins… où de belles perspectives s'offraient à la jeunesse. Pour mes frères, les demandes de visa furent acceptées, mais pas la mienne… j'étais mineur et je n'avais que la première année du baccalauréat ! Jean-Paul et Francesco sont partis sans moi.

Jean-Paul, obtenant une bourse, rejoint Vancouver, et s'inscrit à Columbia Université…

Francesco trouve un emploi à Montréal, comme vendeur dans un magasin de musique et participera à une série de concours pour Radio-Canada, remportant la finale en 1954. Francesco fera connaissance d'un chanteur d'opéra canadien,

Georges London, qui, en l'entendant chanter, le persuadera de le suivre aux USA, à New York, où il lui annoncera une future très grande carrière.

Mais Francesco avait rencontré une très jeune fille originaire de Hong Kong, et ils étaient très amoureux l'un et l'autre, ils souhaitaient se marier… les parents de la jeune fille, pour des raisons de religion et de culture, s'y opposèrent.

Par désespoir, Francesco se donna la mort. Il avait vingt-sept ans…

À Paris, ma petite sœur Pascale, Maman et moi, nous n'avions pas beaucoup de nouvelles de mes frères… et nous ne pouvions pas imaginer ce qui allait arriver…

En 1955, je chantais au club de la radio à Monte-Carlo, quand j'ai reçu le télégramme m'annonçant brutalement le décès de Francesco… Heureusement pour moi, j'étais déjà père d'une petite fille, Marie, qui commençait à marcher. Mais c'est moi qui ai dû annoncer la terrible nouvelle à ma mère qui, effondrée, n'a rien voulu savoir de ce qui s'était passé ; ainsi, nous n'avons rien su ni participé à la sépulture de Francesco… Plus tard, j'ai voulu faire des recherches, mais Maman, trop éprouvée, s'y opposa…

Curieusement, j'ai fait mon « chemin » dans la chanson, carrière que je n'avais jamais imaginée enfant… Un psychiatre vous dira que c'est un transfert qui s'est fait malgré moi, entre mon frère Francesco et moi… Ma réussite dans la chanson va me conduire plusieurs fois en tournée au Québec sans que jamais je puisse trouver l'endroit où il pouvait reposer…

Les années ont passé… il y a cinq ans environ, lors d'une tournée au Québec en hiver, je racontais l'histoire de mon frère à Pierre Saint Amand, notre chauffeur de minibus, qui me dit, très ému par ce récit : « Je vous promets de retrouver la tombe de votre frère Francesco… avant votre retour en France. »

Ayant effectué des recherches, il me conduisit un matin tout au bout de la rue Sherbrook de Montréal... stoppant son minibus à la hauteur du cimetière, nommé « Le Repos Saint-François d'Assise ». Quand j'entendis ce nom, je fus bouleversé... Pierre me mena enfin sur la tombe de mon frère, Francesco.

Notre mère, très croyante, avait prénommé mon frère ainsi en hommage à saint François d'Assise, qu'elle adorait... Sous la neige pure et blanche du Québec, j'ai découvert la tombe de Francesco... Cela ne peut pas être un hasard... qu'il repose pour l'éternité !

Au début des années 2000, le destin québécois avait déjà étrangement frappé à ma porte... Thérèse Dion, la maman de Céline, débarque chez moi, à Marne-La-Coquette. À l'époque, madame Dion animait une émission de cuisine à la télévision et avait souhaité me rencontrer... Je ne suis pas un grand cuisinier, j'aime les plats simples, traditionnels, pot-au-feu, cassoulet, boudin purée... peu lui importait. Ce qu'elle voulait, c'était bavarder avec moi... À la bonne franquette, installés dans ma cuisine, nous avons parlé tandis que les techniciens réglaient leurs caméras et les éclairages. Je connaissais bien sûr le succès de sa fille Céline, mais j'ignorais totalement ce qu'elle allait me confier bientôt...

En effet, au cours de cette conversation, Thérèse Dion m'a fait une confidence qui m'a bouleversé. Elle m'a raconté que l'annonce de la venue au monde d'un quatorzième enfant avait été pour elle la cause d'un grand chagrin. Son mari et elle n'étaient pas assez riches. Ils avaient fait beaucoup de sacrifices pour élever dignement leurs treize enfants. Elle n'acceptait pas cette grossesse... croyante, elle envisageait de ne pas garder cet enfant ! Un matin qu'elle n'avait pas du tout le moral, elle entendit à la radio ma chanson *Céline*... Elle la trouva si belle, si touchante que, le soir venu, elle annonça à son mari qu'elle abandonnait son néfaste projet, ajoutant : « Si c'est une fille, nous l'appellerons Céline ! »

La révélation de Thérèse Dion m'a énormément touché... mais ce moment passé et pour détendre l'atmosphère, je lui dis en riant : « Heureusement que ce n'était pas un garçon, sinon vous auriez dû l'appeler Stewball ! Pas terrible ! Stewball veut dire boulette de ragoût ! » Le résultat recherché a fonctionné, nous en rions encore !

Par la suite, au cours d'une émission animée par Michel Drucker et consacrée à Céline Dion, une grande émotion présida à nos retrouvailles sur le plateau télé. Je retrouvais Céline… j'avais rajouté un couplet à ma chanson racontant l'histoire de sa naissance…

Comme vous pouvez l'imaginer, pour elle, ma chanson ce jour-là a pris un sens tout particulier à la télévision et devant toute la France ! L'un et l'autre bouleversés, nous nous sommes embrassés… en pleurant !

Ce prénom Céline qui nous réunit pour toujours est désormais inscrit en lettres d'or au palmarès des voix mythiques et des légendes de la chanson. Imaginer que ma chanson *Céline* ait pu contribuer quelque peu à ce destin unique et exemplaire réjouit mon cœur.

À la télévision, c'est sûr, mon frère Francesco était avec nous ce jour-là !

Marly-le-Roi, le 8 avril 2023
Hugues Aufray

# 1

*« L'arbre, on ne pense pas assez à ses feuilles. Si on y pensait, on prendrait plus soin de ses racines. »*

GILLES VIGNEAULT.

En cet automne, dans la Belle Province, au cœur du Québec, les derniers rayons de l'astre échevelé jouent de leurs reflets sur les feuilles mordorées de l'érable à sucre et du bouleau jaune, lassées de l'été. Les premiers flocons seront bientôt là pour recouvrir d'un blanc manteau ce paysage à perte de vue. La vie est tranquille dans les Laurentides, c'est une ambiance comme on aime. Tout est paix, quiétude, sérénité. Au bout de l'allée privée, le chauffeur m'attend patiemment dans le taxi. Juste en face, un vaste parc appelle à la paresse. J'y fais quelques pas. J'ai le cœur qui bat particulièrement fort. Quelle sensation étrange ! Un écureuil sautille près d'un banc. Je remonte le col de mon manteau, donne un tour de plus à ma longue écharpe. Je ferme les yeux. Est-ce réel ? Et si tout ceci n'était qu'un rêve ?

Le soleil a disparu de l'horizon lorsque je me décide à rentrer à l'hôtel. Le trajet me semble interminable jusqu'à la grande ville. Mais non, il est identique à l'aller. J'essaie de me ressaisir, je refuse de retrouver la réalité, m'échapper de cette parenthèse hors du temps. Surtout, je ne dois rien oublier de ce qui m'a été confié, car je me dois de raconter… un destin… un rêve d'enfant… une histoire d'amour et de musique… de succès et de luttes… de volonté et d'espérances… l'histoire d'une petite fille de Charlemagne…

Le docteur Émile McDuff, ami de la famille Dion, a tout particulièrement veillé sur cette treizième grossesse de Thérèse. Certes, la parturiente est en parfaite santé, mais il n'était pas question de la laisser accoucher chez elle une nouvelle fois. Pas facile de convaincre Thérèse de venir à l'hôpital de Le Gardeur. Elle a du caractère, Thérèse. Se retrouver enceinte à quarante ans l'a mise dans le chagrin. Elle n'en voulait pas, de ce bébé. Émile s'en souvient bien, il l'a prise dans ses bras pour la consoler. Elle était tant déprimée. Elle pensait bien en avoir terminé avec les couches. D'ailleurs, à la suite de la naissance des jumeaux, six ans plus tôt, elle s'était petit à petit séparée de tout l'attirail de puériculture. Elle a passé sa grossesse enfermée dans une bulle de silence.

Plus tôt ce matin-là, alors que Thérèse regardait la neige tomber, elle a ressenti la première de ces contractions trop familières. Elle a pris sa petite valise et demandé à Adhémar de la conduire.

Lorsque l'enfant montre son petit bout de nez, à 12 h 15, le 30 mars 1968, Émile McDuff pousse un « ouf » de soulagement. C'est un très beau bébé de 3,9 kg en pleine santé. Thérèse tombe aussitôt en amour. « C'est comme ça que la vie a repris ! » dira-t-elle. Elle va s'en occuper, de sa petite ; prendre sa destinée en main, tout lui donner, comme aux autres. Nul doute que ce petit être sera cajolé et dorloté par ses sœurs aînées qui ne lui laisseront guère le loisir de geindre et se chamailleront pour la prendre dans leurs bras et lui donner le biberon.

Thérèse n'a pas tergiversé pour nommer aussitôt sa fille Céline Marie Claudette. Adhémar est d'accord. Celui-ci est toujours d'accord avec sa femme. Sa Thérèse, c'est son univers. Une maîtresse femme, comme on dit. Elle a du tempérament. Il en faut, pour élever, débrouiller et éduquer une si grande famille. Le docteur McDuff n'a aucun doute : l'amour préside chez les Dion, et c'est bien là l'essentiel. À Charlemagne, sis dans la région administrative de Lanaudière, tout près de Montréal, qui ne connaît pas Adhémar et Thérèse et leur maison à deux niveaux, qu'ils ont bâtie entièrement à la main, sur un petit bout de terrain, au 130 rue Notre-Dame ?

Toute la famille accueille la petite dernière avec enthousiasme. « Je suis le bébé de la famille et on m'appelle "l'accident". Je dois dire que j'ai ce surnom parce que mes parents avaient eu des jumeaux, et après treize enfants, ils avaient dit "assez, assez". Six ans plus tard, j'étais heureuse d'être ici », explique Céline. En attendant de récupérer un berceau, Thérèse avait arrangé un petit nid moelleux et douillet dans un tiroir de commode pour son enfant. C'est le cas de le dire, il faudra pousser les meubles pour placer un lit dans la chambre des filles, déjà à l'étroit. Peu importe, le berceau de ce petit oiseau est étoilé d'événements, qui, pour la plupart, prendront de l'ampleur dans sa vie. Pour l'heure, Adhémar contemple avec amour et une grande tendresse sa femme et le nouveau bébé. Il veut faire quelque chose de spécial. Le vieux violon de Thérèse, celui que son père lui avait donné, est usé, à force d'en jouer. Il lui offre un nouvel instrument pour marquer la naissance de Céline. Un geste qui en dit bien plus que des mots…

Cette même année, le pasteur intégrationniste Martin Luther King, prix Nobel de la paix en 1964, est assassiné le 4 avril à Memphis (Tennessee). Le président américain Johnson annonce la suspension des bombardements au Viêt Nam. Hanoi accepte l'ouverture des négociations. Au Canada, le ministre fédéral de la Justice, Pierre Elliott Trudeau, élu au poste de chef du Parti libéral du Canada, devient Premier ministre du pays. Le mouvement de grève des étudiants est lancé en octobre. Il demande la création d'une nouvelle université publique, la révision du programme de bourses. C'est surtout une image très médiatique qui fait le tour du monde. Lors des Jeux olympiques de Mexico d'octobre 1968, les deux athlètes américains vainqueurs de l'épreuve du 200 mètres, Tommie Smith et John Carlos, tous les deux noirs, montent sur le podium. Ils se détournent ostensiblement du drapeau américain, tout en levant leur poing ganté de noir vers le ciel, en signe de solidarité avec le mouvement des droits civiques aux États-Unis. Du point de vue des spectacles, cette année est marquée par la présentation de la comédie musicale *Hair* à Broadway. Le film *Il était une fois dans l'ouest* de Sergio Léone avec Charles Bronson, Claudia Cardinale, Henry Fonda sort dans les salles de cinéma.

Claudette et Michel, les frères et sœurs, parrain et marraine de Céline, rêvent de se lancer dans le show-business. Ils se produisent dans les salles de la région. Céline ne peut avoir de meilleures fées auprès d'elle… Chez les Dion, on chante en toute occasion, en essuyant la vaisselle, en faisant le ménage, en partant pour l'école. Céline baigne dans la musique, les chants, les traditions familiales qu'elle exploitera formidablement plus tard.

Si la mémoire et la compréhension d'un enfant se manifestent dès ses premiers jours et préexistent dans le ventre de sa mère, nous pouvons imaginer que ces éléments ont joué un rôle vis-à-vis de la passion pour la musique et le besoin d'amour de Céline.

Vingt-deux ans séparent Céline de sa sœur aînée Denise [née en 1946]. L'aînée de la fratrie a quitté très tôt l'école pour travailler à plein temps comme fleuriste. Les autres enfants ont pu choisir s'ils voulaient rester à l'école ou rechercher un emploi. Thérèse leur avait simplement demandé application et bons résultats scolaires. Michel [né en 1952] rappellera qu'il y avait une loi à la maison. Dès qu'ils étaient capables de travailler à l'extérieur, les enfants devaient chercher un travail. Sur leur salaire, ils devaient « mettre vingt dollars par semaine sur la table pour aider les parents à payer leurs factures. Toute la famille devait partager la responsabilité financière. » C'est de bonne guerre.

Dans la prime jeunesse de Céline, qui répondait au surnom de la Puce et que Denise appelait mon petit bébé, les grands avaient quitté père et mère pour mener leur vie et exercer divers métiers. Clément [né en 1947], surnommé le Kid, était quincaillier ; Claudette [née en 1948], serveuse dans un restaurant, débutait dans la chanson ; Liette [née en 1950], appelée la Souris, parce qu'elle mettait les doigts dans les gâteaux de sa mère, avait choisi d'être femme au foyer ; Michel, musicien, sous le pseudonyme de Michel Saint-Clair, chantait dans des groupes ; Louise [née en 1953], ou Loulou, vendait du prêt-à-porter ; Jacques [né en 1955] était guitariste et compositeur ; Daniel [né en 1956] était employé comme décorateur. Ghislaine [née en 1958], surnommée Gigi, Linda [née en 1959], Manon [née en 1960], Paul et Pauline [nés en 1962], Paupau ou Olive pour les intimes, suivaient l'enseignement général.

Les grands yeux noisette de Céline se sont ouverts sur Charlemagne, une petite communauté rurale. Le genre d'endroit que vous adoptez tout de suite et qui vous adopte. Elle n'est qu'à 30 miles au nord-est de Montréal, mais elle est si différente de la métropole animée. On pourrait croire qu'elles se situent sur des planètes différentes. Charlemagne est une petite ville catholique francophone, peuplée de grandes familles ayant le cœur sur la main. Il n'y est pas rare d'avoir neuf ou dix enfants. On retrouve bon nombre de célébrations de baptême avec plus de cent personnes, c'est-à-dire toute la famille, en ajoutant tous les cousins, tantes, oncles, petits-enfants, grands-parents et beaux-parents. « Petite ville, grande famille », comme le dit Céline. La vie y est tranquille, paisible. Il faut dire que, chez les Dion, on est bien satisfait de ce qu'on a, du moment qu'on est en santé. Charlemagne fait partie de la municipalité régionale du comté de l'Assomption, et de la Communauté métropolitaine de Montréal. C'est à partir de 1699, quand le sieur Charles Aubert de La Chesnaye, propriétaire de la seigneurie de Lachenaie, concède aux familles Goulet et Beaudoin la plupart des terrains de l'actuel territoire de Charlemagne, que les premiers colons viennent s'installer sur ces terres, le long des rivières de l'Assomption et de l'Achigan. Vers 1867, un moulin à scie est érigé, et plusieurs ateliers de menuiserie attirent deux cents travailleurs de l'industrie du bois dans ce village peuplé par sept familles d'agriculteurs. Ils acquièrent des terrains, y bâtissent leurs maisons. Constituée civilement en 1906, la bourgade est nommée Charlemagne en l'honneur de M. Charlemagne Laurier, député au parlement du Canada, qui est le neveu de Sir Wilfrid Laurier. Avec la décennie 1960, un vent de changement souffle sur le Québec, qui fait son entrée dans la modernité. Une ère de réformes bouleverse toutes les sphères de la société. C'est la Révolution tranquille.

Adhémar a changé d'emploi, en 1970, pour un poste d'inspecteur des viandes à la Coopérative fédérée du Québec et arrondit les fins de mois en jouant de l'accordéon dans un groupe de musiciens folkloriques, pour les fêtes de famille, les noces, les fêtes paroissiales. Haute comme trois pommes, Céline joue devant la maison familiale, ce 30 avril 1970, tandis que sa mère s'affaire à l'intérieur. Elle croit voir arriver, de l'autre côté de la rue Notre-Dame, sa sœur Denise qui pousse un landau. Elle se précipite pour aller à la rencontre du bébé mais, parvenue au milieu de la chaussée, elle se rend compte de son erreur. Elle rebrousse chemin, en courant, sans regarder. Une fraction de seconde. Un flash. Un choc. Une voiture la percute. Le conducteur prend la fuite. Ses frères, du fait du son strident, accourent pour la ramasser, inconsciente, et la conduisent à l'hôpital. Céline s'en tire avec une commotion cérébrale. La famille apprendra par la suite que le conducteur n'était autre que le truand Jacques Picard. Récidiviste dangereux, il était recherché par la police.

Quand elle a cinq ans, Céline, qui en a assez de rester dans son coin, monte sur la table de la cuisine. Entourée de sa famille, qui lui a donné un crayon à utiliser comme microphone, elle commence à chanter une chanson française, appelée *Les Cerisiers sont blancs* de Gilbert Bécaud, interprétée par la star québécoise Ginette Reno. Elle surprend tout le monde. C'est comme si sa famille l'entendait pour la première fois. Cette révélation sur la table de la cuisine change tout. « Quand j'ai entendu les applaudissements, j'ai su que chanter serait toute ma vie », témoigne-t-elle.

Par conséquent, on n'hésite pas à la hisser sur les planches devant son premier public, le 18 août 1973, à l'occasion du mariage de son frère Michel, également son anniversaire. Elle porte une longue robe blanche avec des fleurs bleues. Elle interprète *Mamy blue* de Hubert Giraud, avec son frère Daniel au piano, puis entonne *Du fil, des aiguilles et du coton*, de Christine Charbonneau.

*« Donnez-moi un peu de fil, des aiguilles et du coton*
*Il n'en faut pas plus pour réparer un cœur en pièce.*
*Donnez-moi un peu de fil, des aiguilles et du coton*
*Je vous broderai une maison.*
*[...]*
*S'il me reste du temps*
*Je voudrais vous tricoter un enfant. »*

« Une fois qu'elle a commencé à chanter, impossible de l'arrêter ! » se souvient-on chez les Dion. Elle se produit de nouveau devant une cinquantaine de personnes à la soirée de Noël de l'American Salvage, un magasin où ses sœurs et sa mère travaillent. « Je n'oublierai jamais son spectacle, dit Linda, elle n'avait que cinq ans et chantait dans un hôtel d'une ville voisine. Nos parents l'accompagnaient. Il y avait des spots publicitaires qui annonçaient "Une jeune chanteuse de cinq ans de Charlemagne donne un spectacle de chansons populaires." » La salle est comble. Céline a dominé la scène, et, après avoir chanté, il y a un tonnerre d'applaudissements. Elle devient connue sous le nom de « la P'tite Québécoise ». Elle se produit dans un club. Ghislaine est à la batterie, et elle touche soixante dollars pour le week-end. « Papa a déposé Céline sur scène pour chanter. » Selon Ghislaine, « croyez-le ou non, les gens jetaient des billets de dix dollars à ses pieds pour l'encourager. Je n'en revenais pas. Dix dollars, c'était beaucoup, à l'époque. Je recevais un maigre soixante dollars pour tout le week-end en tant que batteur, et cette petite fille de cinq ans était en train d'obtenir de gros cachets ! » Ghislaine en rit encore : « En fait, je n'ai jamais été vraiment jalouse d'elle. Je l'aimais trop pour ça. »

« Elle était déjà bien en avance sur nous, et nous avions une vingtaine d'années », fait observer Clément. « Elle a même commencé à descendre au sous-sol pour nous taquiner. "Ce n'est pas ça ! Vous faites une erreur !" Elle prétendait, à cinq ans seulement, m'adresser ses commentaires alors que nous répétions avec les autres. En grandissant, elle nous suivait partout. » Céline court toujours à côté de Clément, le suppliant, lui et les plus grands, de l'emmener avec eux lorsqu'ils vont se produire dans les clubs. « Il faut croire qu'elle avait ça dans le sang. »

L'enfance de Céline est façonnée par son admiration, son amour infini pour sa mère et pour son père. Il semble que s'épanouissent, entre mère et fille, une véritable complicité, une symbiose singulière. L'exemple de son père fit naître en elle une grande fierté quant à ses origines. Elle n'a rien oublié des conversations entre adultes lorsqu'ils évoquaient les luttes patientes et pacifiques des aïeux pour l'appropriation du territoire. Ils rendaient hommage au courage et à la persévérance des pionniers de Gaspésie, malgré les injustices dont ils furent victimes de la part des autorités coloniales britanniques pour l'obtention de leurs droits de propriété. Ceci explique sans doute ce qui forma leur tempérament et leurs habitudes de vie.

Adhémar Dion[1] est natif des Méchins, un village de la côte, en Gaspésie. Son père, Charles Dion, travaillait sur les chantiers. Au début des années 1930, la crise économique fit des ravages, le chômage bouleversa la société. Des populations entières cherchèrent à éviter la misère et la famine. En Gaspésie, des terres situées dans l'arrière-pays furent offertes pour pas grand-chose, mais il fallait de la patience aux colons pour défricher ces terres de roches pour se forger un nouvel avenir.

1. Né le 2 mars 1923.

Les généalogistes nous disent que l'ancêtre des Québécois portant le nom de Dion s'appelait Jean Guyon (1592-1663). Il serait l'un des premiers colons à s'établir en Nouvelle-France. Il aurait été baptisé le 18 septembre 1592 à Tourouvre dans le Perche. Maître maçon, recruté par Robert Giffard, il signa un contrat de trois ans et quitta la France en avril 1634. Accompagné de son fils Jean (1619-1694), il embarqua avec d'autres Percherons. Sa femme, née Mathurine Robin (1592-1662), et ses six enfants devaient le rejoindre deux ans plus tard, et il était prévu qu'à la fin de son contrat, en 1637, un grand fief lui serait concédé. Ainsi, Jean Guyon – aussi connu sous le nom de « Guion » – s'installa à Beauport avec sa famille. Mais une mauvaise affaire l'opposa à Robert Giffard, le recruteur. Jean Guyon et Zacharie Cloutier avaient signé leur contrat d'engagement en même temps. Il était promis « à chacun d'eux » mille arpents de terre. Les deux hommes affirmèrent qu'il n'y avait pas d'apostrophe dans le texte original et qu'il était prévu de remettre « à chacun deux mille arpents ». Or, la justice trancha et donna raison à Giffard. Sacrée différence.

François Guion, l'un des petits-fils de Jean, originaire de Québec, né en 1666, se fit connaître comme corsaire. De juin à septembre 1695, il captura une douzaine de navires anglais au large des côtes acadiennes. De retour à Québec, il vendit à bon prix la marchandise saisie et remit aux autorités leur quote-part. Son navire fut pris, François Guion capturé et fait prisonnier à Boston au printemps 1696. Sa détention fut brève ; en échange de Guion, les autorités de la Nouvelle-France libérèrent des prisonniers anglais. Guion mourut en juillet 1701.

L'étymologie du patronyme Dion peut être rapprochée soit d'un ancien nom de baptême, Didon, venant du germanique Thiodo, Diodo [peuple], soit d'un toponyme très fréquent en France, évolution de Divonus, qui vient lui-même du celtique Devos [dieu]. Au Québec, Guyon devint Dion au début du XVIIIe siècle.

On raconte dans la famille que les Dion pouvaient faire remonter leur ascendance jusqu'à l'empereur français Charlemagne, dont la descendante, Catherine Baillon, est arrivée à Québec en 1699, comme l'une des mille femmes recrutées par Louis XIV pour devenir les épouses de colons au Québec. Ses petits-enfants se sont mariés à la famille Dion.

Mieux encore, Camilla, la reine consort du Royaume-Uni, du Canada et autres royaumes du Commonwealth, et Céline sont cousines au neuvième degré ! Camilla Rosemary Shand est née en 1947, à Londres, de l'union entre le major Bruce Shand (1917-2006) et Rosalind Cubitt (1921-1994). Elle descend de Jean Guyon, premier Dion d'Amérique, de cinq générations de Dion en Nouvelle-France.

William Coutts Keppel (1832-1894), 7e comte d'Albemarle, arrière-grand-père de Rosalind, a épousé Sophia Mary MacNab (1832-1917), à Hamilton en 1855. Il était surintendant des Affaires indiennes. Sophia Mary était la fille d'Allen Napier MacNab (1798-1862), Premier ministre du Haut-Canada de 1854 à 1856. L'arrière-grand-mère de Sophia, Marie-Charlotte Coursol (1756-1805), était une fille de Verchères. Voici le sang bleu québécois ! Marie-Charlotte épousa Ephraïm Jones (1750-1812), un loyaliste, né au Massachusetts, qui avait émigré au Canada après la Révolution américaine. Juge de paix à Montréal, il se maria à la fille de Verchères en 1779. Marie-Charlotte était la fille de Michel Coursol (1707-1773), arrivé en Nouvelle-France vers 1730, et de Marie-Josephe Guyon (1715-1807), née à Grondines, arrière-arrière-petite-fille de Jean Guyon (1592-1663).

Alice Frederica Edmonstone (1869-1947), l'arrière-grand-mère de Camilla, en 1891, épousa George Keppel (1865-1947). Alice, en 1898, devint la maîtresse du Prince de Galles (futur roi Édouard VII) et le resta jusqu'à la mort du roi en 1910. Une enfant vit le jour : Sonia Rosemary Keppel, née le 24 mai 1900 à Londres. Qui était son père ? George Keppel la reconnut et lui donna son nom...

Thérèse Tanguay est originaire de la Haute-Gaspésie. Elle est née le 20 mars 1927 à Saint-Bernard-des-Lacs, dans le hautpays de Sainte-Anne-des-Monts, un village aujourd'hui ravagé et dont il ne reste que quelques ruines de solages de maisons. La famille exploitait les pâturages luxuriants de Sainte-Anne-des-Monts, une étendue de terre sur la côte Gaspésienne au Québec qui bénéficie de la richesse du sol de la vallée du fleuve Saint-Laurent. Sa mère, Antoinette Sergerie, avait épousé le bedeau Achille Tanguay. Il avait obtenu une terre de colonisation du gouvernement, défrichée par ses soins, à l'aide de deux de ses fils et sur laquelle ils ont bâti une maison de bois rond, une étable et un hangar, à Saint-Bernard-des-Lacs. À la première neige, ils sont revenus chercher la mère et les sept plus jeunes enfants, dont Thérèse. Puis les voilà repartis sans tarder dans une voiture à cheval, avec des provisions pour l'hiver, quelques meubles, des poules et une vache accrochée à l'arrière. Thérèse est la sixième de cette famille composée de neuf enfants. Lorsqu'elle a cinq ans, elle déménage vers l'inconnu, assise sur un tas de couvertures et de vêtements. Achille Tanguay construit de ses mains un moulin à scier sur la rivière. Il fournit le bois pour les colons qui vont peu à peu fonder le village.

Thérèse a onze ans quand son père lui offre un violon. « C'est le plus beau cadeau que j'ai eu de ma vie », dira-t-elle. Plus tard, son frère Valmont lui donne une mandoline qu'il a achetée à un soldat. Une guitare hawaïenne lui est remise. Thérèse maîtrise vite ses instruments. Elle est douée.

La Gaspésie est un terreau fertile pour de nombreux musiciens qui nourrissent la scène culturelle québécoise : Paul Daraîche, Kevin Parent, Patrice Michaud, les sœurs Boulay, et Mary Travers, dite La Bolduc. Cette dernière enregistre son premier disque en 1929 ! Chez Archambault, rue Sainte-Catherine, dix mille albums trouvent preneurs en trente jours ! La Bolduc devient la chanteuse la plus populaire du Québec. De quoi faire rêver Thérèse.

Hélas, le contexte économique oblige Achille Tanguay à partir là où il y a de l'embauche. Il emmène tout son monde, en 1943, à La Tuque, en Mauricie, où vit une sœur de sa femme.

À une centaine de kilomètres du fleuve Saint-Laurent, sur le haut Saint-Maurice, ont été implantées des usines de papeterie. Achille installe sa famille, 113 rue Réal à La Tuque.

Le respect que Céline voue à ses parents frôle la vénération. Elle ne se lasse pas de conter leur rencontre en 1944, à La Tuque, où Adhémar est venu chercher une *job*[1]. Thérèse, à 16 ans, a décroché un emploi à la pouponnière, puis exerce comme aide-infirmière à l'hôpital Saint-Joseph-du-Lac. Adhémar est ouvrier de l'Aluminum Company of Canada. Il prend ensuite un emploi sur le chantier hydroélectrique de Rapide-Blanc pour aider sa famille. Il joue de l'accordéon, elle du violon. C'est ainsi que le destin les réunit lors d'un *party*[2] entre amis. L'année suivante, Thérèse rejoint Adhémar au pied de l'autel, à l'église Saint Zéphirin de La Tuque[3]. Le frère de Thérèse, Valmont, se marie aussi ce jour-là. La noce se déroule autour d'un bon repas servi à l'hôtel Royal avant que les jeunes mariés ne prennent le train direction Québec pour leur lune de miel. Au retour, ils s'installent rue Sacré-Cœur à Charlemagne dans un modeste trois-pièces. Thérèse ayant lancé le sujet vis-à-vis du fait d'avoir des enfants, Adhémar Dion n'est pas très emballé à l'idée d'avoir de la famille. Malgré l'opinion de ce dernier, Thérèse lui offrie pourtant Denise l'année suivante puis treize autres beaux et vigoureux enfants…

Pour trois cents dollars, rue Saint-Jacques, Adhémar a acquis un terrain longeant les voies du chemin de fer en prévision d'une future construction. La famille grandit et on se trouve un peu à l'étroit. Adhémar ne gagne que soixante-cinq cents de l'heure et a toutes ces bouches à nourrir. Il décide de parcourir à pied la distance aller et retour, à travers le pont, pour se rendre au travail. Cela lui prend une heure afin d'économiser les vingt cents du ticket de bus quotidien. Chaque centime supplémentaire s'ajoute à leurs économies. Ils réussissent à mettre de côté sept dollars par semaine. Par miracle, ils ont quatre cents

---

1. Une job : un emploi en québécois.
2. Un party : une fête, une réception, en québécois.
3. 20 juin 1945.

dollars à la banque au bout d'un an. Thérèse a entendu à la radio que l'État allait octroyer dix prêts de dix mille dollars à des familles désireuses de construire elles-mêmes leur propre logement. Adhémar n'a pas encore le prêt qu'il a négocié avec ses camarades la livraison de matériaux afin de commencer ses travaux. On le connaît, Adhémar, c'est un travailleur, un bon gars, un courageux. Pas le genre à se poigner le moine[1]. On lui fait confiance, il réglera ses fournisseurs dès l'obtention du prêt. Adhémar et Thérèse ont construit la maison à la main depuis les fondations. Thérèse y fait allusion : « Les voisins n'en revenaient pas de me voir là, avec mon mari, en train de grimper aux échelles et de porter des poutres. » La maison terminée, ils emménagent en 1954. Ils l'occuperont jusqu'en 1960 où ils déménageront, deux rues plus loin, au 130 rue Notre-Dame, juste en face d'une épicerie.

Céline évoque sa maison d'enfance avec beaucoup de tendresse : « C'était une vieille maison canadienne, avec la cuisine attenante au bâtiment principal [...] Sur le devant, une galerie très étroite longeait toute la façade, puis on descendait directement sur le trottoir de la rue Notre-Dame, très passante et très bruyante. Au rez-de-chaussée, à côté de la chambre de mes parents, il y avait un grand salon qui, en fait, ressemblait plus à une salle de musique [...] Il y avait aussi du côté de la rue un salon du dimanche où on ne mettait presque jamais les pieds, sauf quand on recevait de la grande visite. [...] Les chambres des enfants étaient à l'étage, deux pour les filles, deux pour les garçons. Dans la plus grande, que je partageais avec Pauline et Manon, les murs étaient couverts d'affiches d'acteurs et de chanteurs. Les lits occupaient presque entièrement la place [...], dans la grande cour qui donnait sur la rivière l'Assomption, il y avait de gros arbres auxquels mes frères avaient suspendu des pneus d'auto pour faire des balançoires. » Grand-maman Ernestine[2], sa grand-mère paternelle, n'habite pas bien loin. Comme il est bon de se réfugier dans ses bras et de l'écouter

1. Ne rien faire, se tourner les pouces.
2. Ernestine Barriault (1904-1980).

raconter sa vie d'autrefois aux Méchins. Son mari Charles n'a pas été des plus tendres. Il aimait trop la bouteille. Une fois, il a même voulu la jeter par la fenêtre… L'intervention d'Adhémar a évité le pire. Il a fini écrasé dans son camion, en 1957, broyé par une locomotive sur la voie ferrée qui passe devant la maison.

Non loin de ce qui est malgré tout un havre de bonheur se dresse l'Institut Sainte-Marie-des-Anges, à l'angle de la rue Sacré-Cœur et de la rue Saint-Alexis. L'école est le lieu le plus sinistre qu'elle connaisse. Les cours terminés, Céline n'a qu'une hâte : rejoindre sa maison, seul endroit où elle se sent bien. Pour elle, sa maison d'enfance reste à jamais le nid, le cocon où elle fit ses premières découvertes, se sentit en sécurité, bien à l'abri, au chaud, entourée d'amour. Elle y retrouvait les épisodes de *Bobino et Bobinette* à la télé, qui l'accueillaient au retour de l'école. Les personnages imaginaires, c'est-à-dire Bobino, le curieux au chapeau melon, et Bobinette, sa petite sœur, montraient à cette jeune rêveuse comment bien parler et comment s'ouvrir aux autres, avec plaisir et complicité. Elle n'aimait pas sa place au premier rang, près de la porte, dans la classe de madame Sirois. Elle n'a pas oublié madame Dostaler dont le prénom était Céline lui aussi, et mademoiselle Diane Sénécal, son enseignante préférée. Pour le reste, l'ancienne élève choisit de ne pas en parler. Lorsque Céline raconte son enfance, ses impressions sont contradictoires, un sentiment entre la joie et la tristesse. C'était une époque liée à l'apprentissage de la musique, des belles choses et la recherche d'outils pour survivre à la souffrance vécue au contact du corps enseignant, des camarades de classe. Elle s'enferme des heures entières dans la chambre, peut-être pour se cacher du monde, peut-être pour se projeter dans la lumière de ses rêves. Là, dans la solitude, elle oublie les humiliations infligées par les copines du collège de Saint-Jude qui se moquent de sa dentition – elles l'ont surnommée « Dracula » –, de ses vêtements cousus avec tant d'amour par sa maman. Que dire de ce garçon qui la menace de lui casser la figure si elle ne lui ramène pas des pommes et des oranges ? Qui lui lance des boules de neige dans les jambes jusqu'à ce qu'elle décampe pour rentrer chez elle ? Heureusement, ce jour-là, Adhémar est à la maison et il raccompagne sa fillette en ayant soin de garder son uniforme de « gardien ». Il montre sa plaque au gamin, lui dit de ne plus jamais recommencer, ce qu'il a fait. Céline jouit d'un peu de crédit, car les gamins ont pris son papa pour un « policier »... Elle s'invente un cocon qui lui inspire du réconfort. Prédisposition à l'état d'artiste ? Elle se crée un ailleurs où elle est reine, aimée, admirée. Plus tard, elle exploitera cette imagination.

Ce qu'elle veut, c'est chanter ! Tout le monde chante ou joue d'un instrument depuis l'enfance. Les séquences heureuses, colorées par la vie familiale, la musique, sont bien là. Adhémar est à l'accordéon, il a créé son groupe A. Dion et son ensemble, Thérèse au violon, Jacques à la guitare, Daniel à l'orgue, Clément à la batterie. Denise chante des airs de folklore et des succès de l'époque. Claudette interprète admirablement le répertoire d'Édith Piaf. Elle donne des concerts, et sortira sept albums, dont le premier fut produit par René Angélil. Michel est aux percussions, et il chante avec Denise et Ghislaine – qui se fait appeler Pénélope –, et joue aussi de la batterie. Liette, Louise, et le reste de la fratrie font les chœurs. Michel a créé, à la fin des années 1960, le groupe Michel et la quatrième volonté, qui jouait surtout les reprises de titres américains. Il rejoindra ensuite un groupe de new wave, Le Show. Michel deviendra par la suite le régisseur de Céline, s'occupant de tout planifier, réservations d'hôtels, transports des instruments et des costumes de scène. On le surnomme Le berger des musiciens. Céline hérite d'une clarinette à l'âge de quatre ans, puis joue du piano. Plus tard, malgré les supplications de René, elle ne voudra jamais en jouer dans aucun de ses spectacles. « Je peux jouer au piano la moitié d'une chanson, dit-elle, le quart d'une autre. Comme je peux faire trois secondes de guitare ou un bout de flûte. Mais je ne peux pas dire que je joue d'un instrument. »

Au sein de la famille Dion, Ginette Reno est le « modèle absolu, alors la plus grande star du Québec ». Céline écoute ses disques en boucle, ne loupe aucune de ses apparitions sur le petit écran. Elle connaît par cœur les chansons de son album *Je ne suis qu'une chanson,* sorti en 1979. « Pas seulement les paroles, mais chaque note, chaque intonation [...] que je passais des heures à tenter de reproduire le plus fidèlement possible », explique-t-elle. Ginette Reno est la plus grande source d'inspiration de sa jeunesse. *Berce-moi, J'ai besoin d'un ami, Tu es là,* autant de titres que Céline répète devant le grand miroir de la chambre partagée avec Pauline et Manon. La chanteuse a pour manager et producteur un certain René Angélil.

Devant la télévision, Céline découvre les exploits d'une gymnaste de quatorze ans, Nadia Comaneci, lors des épreuves des Jeux olympiques qui se déroulent à Montréal, en 1976. Sa performance aux barres asymétriques lui vaut la note maximale de dix. C'est la première fois qu'une athlète reçoit une telle note aux Jeux olympiques. Céline est médusée. La jeune Roumaine ne s'arrête pas là, elle remporte la médaille d'or en gymnastique au concours général, aux barres asymétriques et à la poutre, la médaille d'argent au classement par équipes, et enfin la médaille de bronze aux exercices au sol. Céline admire cette petite adolescente aux talents exceptionnels. « J'étais fascinée par l'application et la concentration qu'elle mettait dans ses mouvements. Je ne suis pas devenue athlète, mais je pense que cette leçon de perfection m'a marquée pour la vie », remarque-t-elle. Nadia est parfaite. Le monde entier est sous son charme. Si jeune et pourtant si sûre d'elle, si déterminée. Ce jour-là, Céline, qui n'a que huit ans, se fait une promesse, elle sera à son tour une grande championne dans sa catégorie : chanteuse internationale. Rien que cela !

Vingt ans plus tard, elles se rencontreront.

Céline, à Atlanta, où elle prépare sa prestation pour la cérémonie d'ouverture des Jeux olympiques d'été, est très concentrée. Elle tente de se détendre dans sa chambre d'hôtel avec René, quand on frappe à la porte. Elle raconte : « J'ai ouvert la porte… et elle était là. J'ai eu peur », se souvient-elle en découvrant Nadia Comaneci. René avait organisé la surprise, avec une équipe de tournage pour l'enregistrer. Émotion intense de part et d'autre. « Rencontrer quelqu'un que vous avez admiré pendant si longtemps. Quel choc ! », déclare la chanteuse, en ajoutant à propos de Nadia « D'une certaine manière, elle a changé ma vie. »

Adhémar est embauché comme gardien au centre Berthelet[1], un établissement pour jeunes délinquants où les horaires lui laissent davantage de temps pour se consacrer à sa passion pour la musique. Pas question de chômer pour autant. Avec sa fille, Claudette, ils achètent Le Vieux Baril, au Gardeur, à la sortie de Charlemagne. C'est un restaurant-bar où ils ambitionnent de proposer de belles soirées avec sa formation A. Dion et son ensemble. Céline est émerveillée en découvrant la salle, et surtout la scène sur laquelle elle s'imagine déjà. Thérèse, âgée de quarante-six ans, a sa job de vendeuse dans un magasin de vêtements de Repentigny, cinq jours et deux soirs par semaine, alors elle laisse les fourneaux à une cuisinière. Elle passe gérante, puis investit, avec ses économies, dans un centre commercial qu'elle baptise « le centre Thildé ». Thérèse souhaitait depuis longtemps sortir de chez elle, gagner sa vie. La libération de la femme, l'émancipation, l'autonomie financière, cela faisait un bout de temps qu'elle en parlait, mais la naissance de Céline avait tout remis en cause. Pierre Elliott Trudeau en était à sa seconde élection, quand le 30 octobre 1972, pour la toute première fois, les Québécois portaient au pouvoir trois femmes aux élections fédérales : Jeanne Sauvé, Monique Bégin et Albanie Morin. Il était bien temps de suivre leurs traces !

Au Vieux Baril, les enfants Dion sont aux instruments ou au chant. Pauline et Linda font le service entre deux chansons. Ils lorgnent tous l'actualité et proposent des shows

1. 1977.

originaux. L'album vinyle double *Starmania ou la passion de Johnny Rockfort selon les évangiles télévisés*[1] vient de sortir, et les chansons tournent beaucoup à la radio. Elles sont interprétées par des artistes québécois et français : René Joly, France Gall, Claude Dubois, Diane Dufresne, Daniel Balavoine, Éric Estève, Nanette Workman et Fabienne Thibeault. Les Dion boivent les propos du compositeur français Michel Berger qui s'entretient avec l'animateur Winston McQuade à l'émission *L'Heure de pointe*[2]. Il a demandé la collaboration du parolier québécois Luc Plamondon chez qui il admire le « talent d'écrire des paroles vraies et fortes, qui peuvent s'inscrire dans la durée ». L'opéra rock prend l'affiche, le 10 avril 1979, au Palais des congrès de Paris. La première Montréalaise aura lieu en septembre 1980. Un pont est jeté entre les artistes francophones, c'est de bon augure. « Chez nous, explique Céline, on a tous eu la piqûre du showbiz. Mes frères et sœurs ont tous chanté avant moi. Ils en ont fait des clubs, puis des tournées au Québec. Ils ont cogné aux portes et se sont fait dire non. Des fois, j'ai l'impression qu'ils ont tous rêvé ça avant moi, qu'ils se sont battus fort. Moi, je n'ai fait que récolter. Comme s'ils m'avaient dit : "Fais-le pour nous autres". Ça m'est tout arrivé à moi. »

Les spectacles du Vieux Baril sont très appréciés des clients. De temps en temps, Thérèse accepte de laisser Céline interpréter une chanson de Ginette Reno, *Tu vivras toujours dans mon cœur* ou *J'ai besoin d'un ami*. Le « *Bébé* », comme on l'appelle, s'en contente, mais, dans son for intérieur, elle se voit bien donner tout un récital. Les applaudissements du public la confortent dans son projet d'avenir, ils sont aussi sa récompense. « Céline était très expressive, se souvient Liette, elle manifestait facilement sa joie lors d'événements heureux et était si émotive qu'elle pouvait facilement se laisser aller aux larmes. » Elle s'affirme aussi comme une petite personne pleine d'humour, d'imagination et d'initiative. Elle adore jouer la comédie, faire des pitreries. « Malgré les dix-sept ans qui

1. 1978.
2. 18 septembre 1978.

nous séparent, constate Claudette, nous nous sommes confiées l'une à l'autre, car nous avions toutes deux la même ambition : chanter. Nous élaborions ensemble nos rêves et je trouvais que Céline avait un caractère plus vieux que son âge. Même si Céline était très jeune, elle s'intéressait non seulement à la chanson, mais aussi à ce qui se passait dans mon mariage et à mon rôle de mère. »

Au Vieux Baril, les clients se sont attachés à elle, sa présence est indispensable : « Elle va-tu être là, la p'tite fille, en fin de semaine ? » Justement, parmi eux, le producteur Paul Lévesque, à l'invitation de Michel Dion, est venu un beau jour de 1979 entendre Céline chanter avec ses frères et sœurs, et au club de golf de Repentigny. La petite a un joli brin de voix. Plus par amitié pour Michel que par réel intérêt pour Céline, il signe une entente avec Thérèse Dion[1]. Il est convenu qu'il agira comme imprésario pendant cinq ans. Pour lui, rien ne presse. Il ne se préoccupa pas vraiment de lancer Céline, car il souhaitait qu'elle suive une scolarité normale avant tout : « Je n'étais pas d'accord qu'une petite fille de douze ans à peine quitte l'école pour faire carrière dans la chanson. Avec le talent qu'elle a, j'aurais pu très bien réussir moi aussi, mais pas à cette vitesse », expliquera-t-il plus tard. Lorsque René Angélil prit en main la carrière de Céline, il négocia avec Lévesque et, pendant quelques années, lui accorda environ 6 % sur les revenus de son artiste, au titre de gérant associé, avant de mettre fin au partenariat.

Lévesque n'a pas voulu entendre que Céline n'a que faire de l'école. Elle ne rêve que de chanter. Maintenant encore, elle n'a pas oublié ce malaise qu'elle ressentait : « Je me souviendrai toujours de la cloche de l'école. J'étais si impatiente de quitter ce monde. De me débarrasser de mes devoirs et de courir au Vieux Baril dans l'espoir que ma mère me laisse chanter. » Céline y restait parfois jusqu'au petit matin. « Le bar fermait à quatre heures du matin et je m'endormais sur le bord du

1. 5 décembre 1980.

comptoir. Mon père venait me réveiller en me disant : “C’est le dernier appel, et il y a quelqu’un qui veut que tu chantes”. Le lendemain, j’avais mal au ventre et j’étais vraiment trop fatiguée pour aller à l’école. » Elle se sent si mal parmi les autres élèves. Elle voudrait rester avec sa mère à la maison : « Je voulais faire la vaisselle avec ma mère. Je voulais cuisiner avec elle. Je voulais entendre mes frères et sœurs jouer des instruments dans le sous-sol de la maison. » Ses camarades de classe sont moqueuses. Elle se souvient du jour où elle leur a parlé du disque de son frère Michel. « Je voudrais bien vous faire entendre son disque. Son nom d’artiste, c’est Saint-Clair. Michel Saint-Clair. Un jour, moi aussi, je ferai un disque. » Les ricanements redoublent. Céline est humiliée, critiquée : « L’école est la pire période de ma vie. J’étais super maigre, les dents très abîmées, très maigrichonne, je ne me trouvais pas jolie et je rêvais de devenir Vanessa Paradis. » Par malchance, sa seule scène lui est ôtée. Le Vieux Baril est ravagé par un incendie[1]. Le feu a pris dans le ventilateur de la cuisinière en raison d’un moteur trop puissant. La famille Dion a tout perdu. Depuis, sur le terrain racheté par la ville, trône un commissariat.

Cependant, Thérèse n’en démord pas, elle sent que sa petite dernière peut faire une belle carrière dans la chanson. L’amour familial et les rêves de toute la fratrie ont depuis toujours eu libre cours et se sont épanouis au sein de la famille Dion. Thérèse et Adhémar les ont encouragés, portés, protégés avec beaucoup de bienveillance et de générosité. Thérèse est bien déterminée à réaliser le rêve de sa fille. Céline a un don, une voix exceptionnelle et une ambition chevillée au cœur. Thérèse veut tout mettre en œuvre pour la faire connaître du milieu artistique. Bien entendu, Céline interprète à merveille les chansons des autres, les succès de Ginette Reno, d’Édith Piaf, mais ils ne collent pas à la candeur d’une fillette. Céline n’a que douze ans. Pour se présenter devant un imprésario, elle doit chanter une

1. 5 mars 1981.

composition originale, un titre bien à elle. Ses tâches ménagères effectuées, Thérèse prend un bloc de feuilles, un stylo. Elle s'installe à sa table de cuisine. Il est tard dans la nuit. Tout le monde dort dans la maison. En quelques soirs, Thérèse place des mots sur un refrain qui trotte dans sa tête. Elle appelle au secours son fils Jacques. Elle a besoin de son aide. Jacques a l'oreille musicale. Il revient le lendemain avec une musique. Ils font écouter la chanson à Céline. Elle hausse les épaules :

— Je n'aime pas le refrain.

— Au lieu de critiquer, tu ferais mieux de nous aider, gronde Maman Dion.

— Bon, on va revoir ça, dit Jacques.

Céline retourne à la cuisine et reprend la vaisselle. Thérèse s'imagine que c'est la fin de tout. Mais quelques minutes plus tard, Céline réapparaît. « Elle avait le plus beau des sourires », se souvient Maman Dion. Céline a réécrit le refrain. Pendant qu'elle chante, Thérèse et Jacques sont sidérés.

— C'est parfait, applaudit Jacques.

« C'est sans aucun doute le moment le plus intime que j'ai vécu avec Céline, explique-t-il. Pendant que nous travaillions sur la chanson, elle me disait ce qu'elle aimait et ce qu'elle n'aimait pas, et pourquoi elle voulait changer un passage. Elle savait déjà exactement ce qu'elle voulait. Je pouvais imaginer Céline sur les plus grandes scènes du monde, acclamée par les foules. »

*Ce n'était qu'un rêve...* la première chanson de Céline est fin prête. Reste à trouver un manager. Il paraît que Ginette Reno a pris congé du sien, René Angélil. Thérèse veut le contacter. Celui qui n'essaie pas ne se trompe qu'une seule fois ! Elle l'a entendu à la radio, à l'époque où il chantait avec Les Baronets. Elle se renseigne un brin tout de même. René Angélil est né au 7760 de la rue Saint-Denis, dans le quartier Villeray de Montréal, le 16 janvier 1942. Il est le fils aîné de Joseph Angélil, employé dans une manufacture du boulevard de Maisonneuve. Son père, un Syrien né à Damas [1900-1967], avait épousé

Alice Sara [1915-1997], comme lui, catholique melkite[1], arrivée au Québec quelques années avant lui. Tout jeune, René avait pris goût au jeu en regardant les membres de la famille autour de la table, occupés au poker, au baccara et au canasta. Marié, puis divorcé de Denyse Duquette, dont il avait eu un fils Patrick[2], René avait connu un incroyable succès de 1962 à 1966 avec son groupe Les Baronets. Pierre Labelle, Jean Beaulne, Gilles Petit et Angélil s'étaient séparés en 1973. Il épousa Anne Renée Kirouac[3], une jolie chanteuse très populaire au Québec. Deux enfants vinrent au monde, Jean-Pierre [1974] et Anne-Marie [1977].

Thérèse adresse une cassette au manager sur laquelle Céline interprète la chanson qu'elle lui a écrite. Pas de réponse. Ce n'est pas possible. Il n'a pas écouté son *Bébé*, sinon il aurait aussitôt téléphoné. Les semaines passent. Toujours rien. Ça n'a pas d'allure[4] ! Ce n'est pas le genre de la maison, mais, chez les Dion, on commence à chiquer la guenille[5]. Céline a perdu confiance. Repliée dans la chambre, elle nourrit son talent futur des chansons de Ginette Reno. Thérèse envoie son fils Michel aux nouvelles. Il faudrait bien qu'il se bouge, René Angélil. Enfin, une date est fixée, le 13 janvier 1981, à Montréal.

Céline, accompagnée de sa mère, se rend à ce premier rendez-vous avec l'agent artistique, René Angélil, en autobus. Le temps se graisse[6]. Elle prend le métro pour la première fois de sa vie. C'est impressionnant, cette affaire ! Voilà qu'il neige. Thérèse est tendue. Il ne faudrait pas arriver en retard. Céline a le trac. Elle n'a que douze ans. Sur le boulevard de Maisonneuve, elles repèrent l'immeuble où se trouvent les bureaux d'Angélil. C'est un jour providentiel. Thérèse Dion débarque avec une toute petite fille, toute chétive, aux grands yeux de biche, émerveillée par ce qui l'entoure.

1. Patriarcat orthodoxe d'Alexandrie.
2. Né en 1968.
3. 1973.
4. Expression québécoise signifiant « c'est n'importe quoi, ça n'a pas de sens ».
5. Râler tout le temps.
6. Le ciel se couvre de nuages. Le mauvais temps arrive.

La première impression de René, lorsqu'il la vit, fut de penser que ce n'était pas cette fillette qui avait chanté sur la bande enregistrée qu'il avait écoutée. Il avait des doutes. Il avait hâte de l'entendre en vrai, face à lui. Lorsqu'elle chante *a cappella*, il est bouleversé. À la fin de la chanson, une larme coule sur sa joue. Deux semaines après sa rupture professionnelle avec Ginette Reno, alors que la situation était désespérée, un miracle vient de se produire. Le producteur saisit immédiatement tout le potentiel de cette voix. « Si vous me faites confiance, dit-il à Thérèse Dion, je vous garantis que, dans cinq ans, votre fille sera une vedette importante au Québec et en France. » Angélil avait tant de projets pour elle et se demandait jusqu'où il pourrait la mener, à condition de travailler et de bien s'entourer. Il est prêt à tout miser sur elle. Il hypothéquera sa maison, s'il le faut, pour la produire. « Madame Dion, tout de suite, m'a donné l'impression d'une femme qui était forte de caractère, qui cachait ses émotions, qui était capable d'analyser une situation, tout en restant calme, se souvient-il. On parlait ensemble, et on se comprenait tout de suite. Ce qui m'a impressionné autant, c'est la chanson elle-même. C'était une chanson exceptionnelle, donc, pour un producteur, le package était là. »

Cette rencontre change à jamais la vie de Céline et celle de sa famille.

De retour à Charlemagne, Thérèse réunit les siens.

— Bien, l'affaire est ketchup[1]. Moi, je vais me consacrer à Céline. Toi, Adhémar, et vous autres les grands, vous vous occuperez des plus jeunes, et les uns des autres.

— Comment tu comptes faire ?

— T'inquiète pas pour Maman. Elle est vite sur ses patins[2].

— Pi, toi, Céline, tu as des croûtes à manger[3].

*Ce n'était qu'un rêve* est enregistré dans un studio de Longueil, à une heure de Charlemagne. René Angélil se charge de la promotion. Il a tout de suite souhaité la voir et

1. L'affaire est dans le sac.
2. S'adapter rapidement à une situation.
3. Avoir du pain sur la planche.

l'entendre le plus possible. Pour cela, il l'emmènera partout. Il est fou comme un balai ![1] Son entourage se demande s'il n'est pas tombé sur la tête. Il aimait jouer, certes, c'était bien connu, mais ce coup de poker était un sacré pari, même pour lui. « Tout a été misé sur une enfant ! Sa voix ne changerait peut-être pas, mais elle était maigre et pas jolie. Elle pleurait constamment, même devant les caméras, et, quand elle souriait, c'était la catastrophe ! » se souviendra-t-il. Il n'a pas beaucoup de soutien à attendre de certains… Il ne tarde pas à constater aussi qu'il doit composer avec Thérèse Dion, maîtresse femme, qui mène rondement toute sa famille. C'est elle qui est à la barre, et pas question de lui tenir tête. René, en professionnel, explique posément sa manière de procéder. Il compte façonner Céline, et attend d'elle travail et discipline. Son ascension se fera au prix de nombreux sacrifices, il ne peut le lui cacher. Il y a quelques frictions avec Thérèse… surtout lorsque René exige que la cigarette soit proscrite dans l'entourage de Céline. Or, chez les Dion, tout le monde fume ! Il doit déployer beaucoup de diplomatie pour convaincre la fratrie que la fumée est nocive pour la voix de la petite dernière. Céline boit les paroles de son manager. Elle est fascinée. Elle le trouve tellement beau. Il sent bon et il est toujours sur son trente-six[2]. C'est décidé, elle fera ce qu'il demande. Elle convaincra les siens d'aller fumer dehors ou tout au moins loin, très loin d'elle. Elle peut compter sur la profonde complicité qui la lie à sa mère. Ensemble, elles seront invincibles. Cela implique quelques petits sacrifices.

À ceux qui saluent son flair pour s'être démené afin de permettre à Céline d'apparaître dans son talk-show, qui attirait chaque soir plus de deux millions de téléspectateurs, Michel Jasmin répond : « Si ça n'avait pas été moi, ça aurait été quelqu'un d'autre. N'importe qui aurait fait pareil. Le talent était tellement évident. Il y avait quelque chose de spécial chez

1. Excité, fou de joie.
2. Vêtu de manière recherchée.

cette petite fille de treize ans. » Nous sommes le 19 juin 1981, Céline entre dans un studio pour la première fois. Elle est invitée à chanter *Ce n'était qu'un rêve* dans une émission de Télé-Métropole à Montréal. Elle se souvient : « Alors que l'heure de la représentation approchait, il y avait une chose que je devais faire avant de chanter. » Elle explique : « Quand quelque chose de très important m'arrive, je dois toucher du bois. Mais la pièce, derrière le studio, dans laquelle nous attendions que j'entre en scène n'avait que du plastique, de l'acier et du verre. J'ai cherché le moindre morceau de bois et j'ai commencé à paniquer. Mais j'ai trouvé une pipe dans un cendrier et je l'ai touchée. Alors je n'ai plus eu peur. » Selon Michel Jasmin, elle était nerveuse à propos d'une seule chose avant d'interpréter sa chanson devant les caméras : ses chaussures. « Ce n'était pas la chanson qui l'inquiétait, ce n'étaient pas les paroles, la musique, sa voix... C'étaient ses souliers ! Elle portait des souliers noirs, mais ce n'était pas leur couleur originale. Maman Dion les avait peinturés pour qu'ils aillent avec sa robe. Mais ils craquaient, et Céline avait peur qu'ils la lâchent pendant la chanson ! » C'est l'heure. Michel Jasmin s'adresse aux téléspectateurs : « Cette soirée est très, très spéciale, dans le sens où la jeune demoiselle que je vais vous présenter n'a que treize ans et elle a une voix magnifique. À vous d'en juger. Voici Céline Dion. » La prestation de Céline est impeccable. « C'était très fort comme moment, se souvient Michel Jasmin. Tout le monde était un peu secoué. Quand Céline est venue s'asseoir, je lui ai demandé si elle suivait des cours de chant, et elle m'a répondu quelque chose comme : "Non. Pourquoi ? Je n'en ai pas besoin." Et elle avait raison ! »

Céline, vive et spontanée, est la franchise incarnée. Cette première interview démontre tout à fait ce que Jean-Jacques Goldman lui fera plus tard chanter : « *On ne change pas...* »

Michel Jasmin la questionne sur son « ambition ultime ».

« Ouf ! Vous m'en demandez ! », répond-elle, éludant la question.

Vingt ans plus tard, elle reviendra sur cet épisode et confiera à Michel Jasmin : « Sais-tu pourquoi je ne t'ai pas répondu ? Parce que je n'avais aucune idée de ce que ça voulait dire. »

Ainsi demeure Céline, franche, simple, nature. Elle explique sans gêne aux téléspectateurs qu'à l'époque, elle était très jeune, ignorante et qu'elle n'avait pas assez d'instruction. Sa singulière franchise peut déconcerter certains interlocuteurs, mais, en même temps, elle est si rafraîchissante. René le confirme : « Quand elle aime ça, elle sourit. Quand elle n'aime pas ça, ça paraît. Une chance qu'elle soit comme ça. C'est elle qui est en contact avec le public et elle est transparente. Ce n'est pas pour rien qu'elle a de si bonnes relations avec les gens. » Elle ajoute : « Je n'ai pas de rage en moi, pas de colère ou d'insatisfaction. Je n'en ai jamais eu. Je ne suis pas un être torturé. Je n'ai rien à cacher. J'ai décidé un jour d'être un livre ouvert, et j'ai réalisé que montrer plus aux fans me permettait de comprendre et d'interpréter mieux mes chansons pour eux. Quand ils me regardent, j'ai l'impression qu'ils me connaissent [...] C'est important pour moi que mon public adulte comprenne et sache que tout le monde a des problèmes, que tout le monde perd des gens, a des échecs. »

René Angélil ne perd pas de temps. Il faut battre le fer tant qu'il est chaud. Il parvient à convaincre Denys Bergeron, président de Trans-Canada Disques, de miser sur sa protégée. Denys était le fils d'Henri Bergeron, un animateur et lecteur de nouvelles, travaillant à Radio-Canada. Denys accepta de financer son premier album, mais il voulait le rentabiliser au maximum. Il met une condition à cet accord : que la chanteuse fasse deux disques. Il connaît fort bien le célèbre parolier français Eddy Marnay, justement de passage à Montréal. Avec l'aval de René, il l'engage, lui confie l'écriture des textes. La maison Trans-Canada, filiale de Québecor, signe un contrat avec l'artiste et investit dès la première année « de 150 000 à 180 000 $. C'est le plus grand risque financier que nous avons pris en trois ans », confiera Denys Bergeron.

Céline est invitée à chanter pour Eddy Marnay, en toute simplicité, dans sa chambre d'hôtel. Si l'on en croit René Angélil, lorsque Eddy[1], entendit chanter Céline, il pleura. Il eut tout de suite une idée de chanson pour elle : *La Voix du Bon Dieu* qu'il écrivit le jour même. Dans la foulée, René met en place une petite équipe pour diriger la chanteuse. Anne Renée, sa femme, s'occupera de lui trouver un style, domestiquer sa chevelure, choisir ses tenues, lui apprendre à se déplacer, tenir un micro en professionnelle. Mia Dumont, la compagne d'Eddy Marnay, se chargera des relations avec la presse.

Le premier album, *La Voix du Bon Dieu*, fut presque entièrement écrit par Eddy Marnay. Il incluait *Ce n'était qu'un rêve* et *Grand-maman*, deux textes de Thérèse Dion. « Il a été mon ange gardien, dit de lui Céline. Il m'a accompagnée au sortir de l'enfance et pour mes premiers pas dans ce métier. Il a écrit plus de soixante chansons pour moi. Mes cinq premiers albums, en fait, c'est avec lui que je les ai faits. Il a été mon père du show-business. Il savait comment me protéger. Je n'ai jamais connu quelqu'un comme lui. »

Ce fut Eddy qui envoya le 45 tours *D'amour et d'amitié* à Michel Drucker et le sollicita afin qu'il accueille Céline dans son émission *Champs-Élysées*. Il fut un véritable ami pour Céline : « Il savait m'approcher, me mettre en confiance, mieux que les garçons et les filles de mon âge. Je lui livrais tous mes secrets, je lui racontais tous mes rêves. Et tout ce que je lui disais semblait le passionner. » Lorsque le cœur de Céline, en amour, se mit à battre pour René, il le perçut avant tout le monde. Depuis 1979, Eddy partageait la vie de

1. Edmond Bacri (1920-2003), de son vrai nom.

Mia Dumont, malgré leurs vingt-cinq années de différence d'âge. Il conseilla à René, lui aussi amoureux, de suivre son cœur : « L'amour, René, n'a jamais rien détruit. » Décédé en 2003, Eddy Marnay laisse un patrimoine de plus de quatre mille chansons écrites pour les plus grands artistes, notamment Frida Boccara, Nicole Croisille, Claude François, Marie Laforêt, Mireille Mathieu, Édith Piaf, Régine, John William.

Quoi qu'il en soit, en cette année 1981, Céline a chanté à plusieurs reprises les hymnes nationaux dans le stade olympique de Montréal, avant les matchs de l'équipe de baseball ; *Ce n'était qu'un rêve*, son 45 tours, s'est vendu à 25 000 exemplaires. *La Voix du Bon Dieu,* son premier album, est sorti en novembre, ainsi que *Céline Dion chante Noël.* Les Disques Super Étoiles est le nom du label sous lequel sortent les premiers disques de Céline, en 1981. 75 000 exemplaires sont vendus.

Avec *Céline Dion chante Noël,* Denys Bergeron ne prend pas un grand risque. Les disques de Noël ont les faveurs du public. Mais pour Céline, ce Noël-là a une saveur bien particulière. Chez ses parents, on maintient les traditions. Noël commence le 24 décembre et finit après le jour de l'An. Maman Dion est prête à recevoir sa bande. Elle a préparé d'avance ses pâtés à la viande et son éternel six-pâtes, rempli de cinq sortes de viandes. Elle a cuit une grosse dinde et servira pour dessert son fameux gâteau blanc chaud, couvert de sucre à la crème. L'important, c'est d'être ensemble, de s'amuser, de rire de tout et de rien. Le départ dans la carrière de Céline est à lui seul un sujet de réjouissance. « Personne n'était riche, à l'époque, explique Maman Dion, mais nos enfants n'ont jamais manqué de rien. À Noël, on leur offrait des cadeaux, parfois minimes. On parvenait à épargner pour acheter une paire de patins à l'un, de jolis souliers à l'autre. Et puis, je cousais beaucoup. Je cousais et je lavais de nuit. Nos enfants avaient des vêtements chauds et ils étaient bien habillés. Je commençais à coudre en été pour y arriver. » L'amour, c'est cela. Thérèse sait tout faire. Elle a été à bonne école. Quand on a vécu dans une campe[1], en pleine forêt, avec onze frères et sœurs, on connaît la débrouille et on s'arrange avec tout.

À la même période, René Angélil offre à Céline, sur ses propres deniers, tout ce qui peut lui faire plaisir et la rendre heureuse. Rien n'est trop beau pour elle. Il souhaite avant tout qu'elle vive dans les meilleures conditions afin de se concentrer sur son chant et sa carrière future. Un tel succès, aussi rapide, la trouble un peu, évidemment. Il bouscule son assurance de petite fille tout imprégnée par son éducation, liée aux valeurs fondamentales du travail, du respect de la parole donnée, de l'effort. Le regard bienveillant et l'attentive affection de sa mère donnent des ailes à Céline et la rassurent. Le 5 février 1982, elle apparaît dans l'émission québécoise *Allô Boubou*, animée par Jacques Boulanger. René Angélil et Maman Dion se rendent au Collège français, où étudie l'adolescente, pour convaincre le directeur que sa place n'est plus sur les bancs d'école. Angélil demande qu'on fasse préparer un programme d'études particulier que Céline pourra suivre durant son temps libre. Pour dissuader l'imprésario, le directeur lui tend le bulletin de Céline. Il attire son attention sur les notes peu reluisantes. « C'est la preuve qu'elle ne pourrait apprendre moins qu'à l'école », réplique René du tac au tac, avant d'ajouter que Céline est à ses yeux la plus douée des élèves. « Dans mon livre à moi, dans le bulletin que je lui fais, elle n'a que des A+. » Fin de la discussion. La grosse enclume pesant sur la tête de Céline disparaît comme par enchantement. Enfin ! Elle peut prendre son envol. Thérèse l'accompagnera dans les émissions de radio, de télévision et à l'occasion

1. Cabane faite en rondins de bois.

d'une multitude de spectacles. Elle est sa *coach.* « Je me suis donné pour mission d'éduquer Céline sur tout » établit-elle.

# 2

*« Quoi que tu rêves d'entreprendre, commence-le.*
*L'audace a du génie, du pouvoir, de la magie. »*

JOHANN WOLFGANG VON GOETHE.

René lui a organisé une petite tournée des centres commerciaux. On commence à la reconnaître. Les clients veulent la voir, l'approcher. Elle participe au concert-bénéfice Chantons pour la vie, présenté par la Grande Virée, pour la fondation canadienne de la fibrose kystique (mucoviscidose), au parc Richelieu de Pointe-aux-Trembles à Montréal, où elle chante *La Voix du Bon Dieu*[1].

Cette cause touche plus que tout la jeune fille, car sa nièce, Karine, est née avec cette maladie génétique qui attaque surtout les systèmes respiratoires et digestifs. Elle entraîne la production de sécrétions épaisses, empêchant les poumons et le pancréas de bien fonctionner. Plusieurs variantes de la maladie peuvent affecter de différentes façons la personne atteinte. Si jeune pourtant, Céline, avec toute la générosité et la bienveillance qui la caractérisent, s'est engagée à aider à diffuser le message de l'association Fibrose kystique Québec, en participant à des entrevues avec les médias, à des campagnes d'intérêt public, à des activités de financement. Soutenue par son manager, elle accepte d'être la marraine, en compagnie

1. 30 mai 1982.

du compositeur Gilles Vigneault, de l'Association québécoise de la fibrose kystique[1]. On la découvre à Montréal, lors d'un concert-bénéfice[2], en compagnie d'une brochette d'artistes, dont Claude Léveillée, Yvon Deschamps et Jean-Pierre Ferland. La voix d'or a un cœur en or.

Son engagement est sans réserve. Il ne faiblira jamais, comme tout ce qu'elle entreprend. En solo, elle donne son premier concert-bénéfice en faveur de Fibrose kystique Québec, accompagnée de l'Orchestre Métropolitain du Grand-Montréal, à la Place des Arts de Montréal, en 1983. Ensuite, elle enregistre, avec sa nièce Karine, son premier message d'intérêt public en faveur de l'association[3]. Elle participe à un gala-bénéfice à Ottawa[4] à la suite d'un match de hockey spécial entre les Canadiens de Montréal et les Oilers d'Edmonton. Elle interprète sa chanson *Mélanie*, associée à la fibrose kystique, en hommage à sa nièce Karine. Les vingt ans de Céline correspondent au vingtième anniversaire de l'école polyvalente André-Laurendeau[5]. C'est pourquoi elle choisit de donner un concert-bénéfice pour l'association[6].

Toujours particulièrement active, Céline préside deux importantes conférences de presse, en août 1989, pour annoncer la découverte du gène défectueux de la fibrose kystique ; l'autre, en septembre 1989, avec l'annonce de la première transplantation pulmonaire bilatérale, réalisée au Québec chez une patiente[7] atteinte de fibrose kystique. En décembre, elle participe à un gala-bénéfice télévisé, A Gift of Love, avec en vedette David Foster, Christopher Plummer et de nombreuses autres célébrités. Elle fête le 10e anniversaire de sa carrière et son engagement bénévole pour l'association en donnant un concert au Forum de Montréal et un autre à l'Agora de Québec[8]. Elle renforce son engagement pour la Fibrose kystique Québec, en

1. Aujourd'hui *Fibrose kystique Québec.*
2. 1982.
3. 1984.
4. 1985.
5. Saint-Hubert, Québec.
6. 1988.
7. Brigitte Laflamme.
8. 1991.

août 1993, en acceptant gracieusement de devenir la marraine nationale de la fondation canadienne Fibrose kystique Canada, après le décès de sa nièce Karine, en mai.

Les informations sont relayées par les médias : « Dans le cadre de ses fonctions, Céline Dion a participé à plusieurs campagnes de sensibilisation publique, axées sur l'espérance et l'urgence. L'espérance qu'un remède ou un moyen efficace de maîtriser la fibrose kystique sera trouvé et l'urgence de réaliser cet objectif. » L'année suivante, elle prend part à la campagne nationale de sensibilisation publique de la fondation en compagnie de Chanelle Lemieux-Lecavalier, une enfant de neuf ans de Hull, Québec, atteinte de fibrose kystique. Elle offre un concert-bénéfice au Palais des Congrès de Montréal[1]. Le bonheur et la joie ne lui font pas oublier les chagrins et les souffrances d'autrui, ainsi, à l'occasion de son union avec René, le couple demande à leurs invités de faire un don en faveur de la fibrose kystique en guise de cadeau de mariage, puis lance un concert-bénéfice au Palais des Congrès de Montréal[2]. Elle profite de son passage dans l'émission d'Oprah Winfrey, *The Oprah Show*[3] où elle interprète la chanson *Fly (Vole)* pour évoquer son attachement à la fondation.

Invitée d'honneur, en mai 1997, lors du banquet de clôture à l'assemblée générale annuelle de la fondation à Toronto, les officiels soulignent ses quinze années d'engagement. Ils profitent de sa présence pour dévoiler le *Prix Céline-Dion* qui sera remis annuellement à des bénévoles méritants. Elle fait don du cachet d'un concert donné à New York et sa participation à l'émission de télévision, *The Nanny*[4]. Chaque année, elle organise un concert-bénéfice : en septembre 1998, à Toronto, au Hummingbird Center, elle récolte près d'un million de dollars pour la recherche subventionnée par la fondation ; aussi à Palm Beach, en Floride ; puis à Montréal[5] au profit de plusieurs

1. Décembre 1994.
2. Décembre 1996.
3. 21 mars 1997.
4. 1997.
5. 31 décembre 1999.

causes, dont la fibrose kystique, entre autres. À Las Vegas, au Caesar's Palace en 2013, elle donne une seule représentation d'un spectacle intitulé *Adding Tomorrow's with Celine Dion*, qui permet aux organisateurs de recueillir un million de dollars destinés à la recherche, pour les associations Fibrose kystique Canada et la fondation américaine de fibrose kystique.

Céline et René versent des sommes importantes au programme Respire, à savoir la recherche scientifique pour l'innovation thérapeutique [Rx] efficace, et offrent des billets pour le spectacle *A New Day...* au Colosseum du Caesars Palace à Las Vegas. Céline écrit aussi les préfaces pour les éditions canadiennes[1] et américaines[2] du livre de Heather Summerhayes Cariou, 65 *Roses : A Sister's Memoir* ; pour le livre d'Andy Lipman, *The Drive at 35 : Cystic fibrosis takes a backseat*[3]. Avec René, ils organisent un tournoi de golf sur leur terrain privé en août 2006, et offrent 500 000 $ pour appuyer l'œuvre de la fondation. Elle fait don du cachet touché pour une publicité télévisée de la chaîne de restaurants St-Hubert[4] du Québec. Elle remet un cadeau à plus de 250 bénévoles, partenaires et donateurs de la fondation, lors d'un gala spécial à Ottawa[5] pour le 50e anniversaire de la Fondation.

Son dévouement est sans borne. Aujourd'hui encore, elle continue de sensibiliser le public à la cause de la fibrose kystique. Enregistrant des messages télévisés, et grâce à ses actions, elle génère des sommes importantes pour la recherche et le traitement de la maladie.

Son incroyable détermination, sa combativité, sont déjà bien ancrées lorsqu'à l'aéroport de Mirabel, le 1er juillet 1982, elle monte à bord de l'appareil qui s'envole vers Paris. Elle prend l'avion pour la première fois avec son manager, la femme de celui-ci et sa mère. Elle n'est pas si tranquille que cela lorsque

1. 2005/2006.
2. 2007.
3. 2008.
4. 2009.
5. 30 avril 2010.

l'hôtesse de l'air effectue la démonstration de la procédure de sauvetage.

— Pourquoi font-ils ça ? demande-t-elle nerveusement à René.

— C'est un simple exercice pour expliquer ce qu'il faut faire en cas de besoin, explique-t-il calmement.

— S'ils font ça, c'est qu'ils ne sont pas sûrs de leur avion, rétorque-t-elle avec bon sens.

Le vol se passe bien, mais elle pousse un gros ouf de soulagement, au bas de la passerelle, les deux pieds sur le plancher des vaches, en terre de France.

Paris. La France. Un rêve réalisé. Tout est nouveau, pour elle. Tout est beau.

Le séjour parisien n'est pas seulement une parenthèse enchantée dans la plus belle ville du monde. Céline doit enregistrer des chansons pour son prochain album, rencontrer les dirigeants de la maison de disques Pathé-Marconi, un label historique qui fut celui d'Édith Piaf. René souhaite aussi recueillir l'avis de Tosca Marmor, la référence en matière de chant. Céline a un peu peur. Le célèbre professeur – au prénom prédestiné au bel canto – accepte de coacher la jeune fille, mais y met certaines conditions : obéissance et discipline. En contrepartie, elle lui enseignera une méthode pour se débarrasser de son accent, travailler sa voix, faire des gammes, gérer ses émotions. La mentore prévient son élève. Cette dernière devra accepter les énormes sacrifices inhérents au métier, se forger une volonté de fer. Tosca, professeur-diva, n'est pas là pour la complimenter, la dorloter, mais bien pour lui apprendre à placer sa voix, moduler les notes, lui inculquer le bagage technique nécessaire pour atteindre la perfection. René nuance tout cela, apaise ses craintes. Céline sera vite sur ses patins.

Elle est soumise de la part de Tosca Marmor à un travail harassant, des exercices à n'en plus finir, des critiques certes brutales, mais constructives. Elle lui demande de chanter la même phrase pendant une demi-heure. La séquence à peine finie, elle doit recommencer plus fort, plus haut, plus bas… Elle lui apprend à apprivoiser son souffle, travailler son registre, chercher l'émotion… Encore, encore… Ce n'est que le début...

Tosca, née Rosenhauch, pianiste et professeure de chant viennois, naturalisée française (1901-1993), a étudié le piano à Vienne avec Emile Sauer, le plus célèbre des élèves de Franz Liszt. Venue à Paris dans les années trente, elle devient pianiste virtuose, fréquente Toscanini, Arnold Schönberg. Arrêtée par les nazis, avec son fils, à Nice, la virtuose est déportée à Auschwitz en 1944. À son retour des camps, elle reprend le piano, accompagne le chorégraphe Serge Lifar, puis se consacre à l'enseignement du chant. Plusieurs élèves passent : Dalida, Sacha Distel, Leny Escudero, Nino Ferrer, Marcel Mouloudji, Régine, Sylvie Vartan. Une distribution de rêve.

Un don, du travail, du courage, de la volonté, un brin de chance n'expliquent pas tout.

Céline mesure la bonne fortune dont elle bénéficie. Elle est déterminée, accepte tout, endure tout, répète ses gammes, recommence, sans un soupir de lassitude, sans une plainte. Elle fait chaque jour ses vocalises, ses exercices les plus astreignants, silence lorsque cela est nécessaire pour reposer sa voix. Pour faire un disque, René le sait bien, il faut s'entourer d'une équipe soudée et talentueuse, être en harmonie avec la couleur musicale de l'artiste. Eddy Marnay les a rejoints. Il promène Céline dans la capitale, les Champs-Élysées, le jardin du Luxembourg, les quais de Seine, les beaux quartiers, le Trocadéro. On prend des photos, on s'amuse, on rit beaucoup entre deux séances d'enregistrement au studio Family Song. Céline réagit, émerveillée, telle une enfant. René les emmène déjeuner au restaurant Chez Guy et Dodo dans le 9e arrondissement. La stratégie de René est simple : la faire connaître à l'étranger pour qu'elle soit mieux appréciée au Québec. Le 20 août 1982, pour sa toute première prestation télévisée française, dans l'émission *Croque Vacances*, animée par

Claude Pierrard (TF1), elle interprète *L'amour viendra*, titre issu de son album *La Voix du Bon Dieu.*

Ils partent pour Tokyo à la fin du mois d'octobre. Le vol est long. Céline ne dort pas du tout. Elle feuillette des magazines, mais tous sont en anglais, donc incompréhensibles pour la jeune touriste francophone. Elle écoute de la musique dans ses écouteurs pendant si longtemps que ses oreilles lui font mal ! Enfin, ils arrivent à Tokyo. Céline est stupéfaite de voir la foule vêtue de tenues occidentales. Elle s'attendait naïvement à voir des kimonos, étant là pour participer au Yamaha World Popular Song Festival, la 13e édition du Festival international de la chanson populaire de Tokyo. René Angélil y voit un formidable tremplin pour lancer la carrière de Céline.

The Yamaha World Popular Song Festival, autrement dit le Festival mondial de la chanson populaire, pour l'Asie, que l'on pourrait comparer au concours de l'Eurovision, est organisé par la Yamaha Music Foundation, à Tokyo, de 1970 à 1989. Il s'est donné pour objectif de mettre en lumière les auteurs-compositeurs. Le show a lieu au Nippon Budokan Hall de Tokyo. Le nombre de participants oscille, selon les années, entre trente-sept et cinquante-sept.

Céline vient de passer les auditions avec succès, en cinquième position. Elle est inquiète, mais René la rassure. Tout ira bien, c'est sûr. « Sois libre sur scène, sois toi-même, c'est comme si tu chantes pour tes frères et tes sœurs », lui glisse-t-il doucement dans l'oreille.

Quand elle apprend qu'elle a atteint les demi-finales, une bouffée d'espoir la submerge. Une chance lui est donnée. Afin de déterminer l'ordre des intervenants, chaque concurrent doit alors tirer un numéro. L'ordre de passage a aussi son importance. Elle obtient le cinq. On dit « *Go* » en japonais ! Encore un cinq. René, joueur par excellence, est superstitieux... Pour lui, c'est un signe ! Un bon signe ! Céline boit ses paroles. Elle ne demande qu'à le croire. Concentrée, elle attend son tour pour sa prestation devant le grand jury. C'est alors qu'elle voit à ses pieds une pièce de monnaie. Elle la ramasse et constate qu'il s'agit d'un jeton de cinq yens, daté de l'année de sa naissance. La jeune chanteuse choisit de le garder, et, sans la moindre poche à sa disposition, elle le glisse dans sa chaussure droite juste avant de monter sur scène face à 12 000 spectateurs. Cendrillon ne saurait mieux faire ! Elle met tout son cœur, toute sa foi, toute la puissance de sa voix dans son interprétation. La magie fonctionne. Elle obtient ainsi la médaille d'or dans la catégorie « meilleure chanson » avec *Tellement j'ai d'amour pour toi*, et aussi le prix spécial de l'orchestre attribué par les soixante-deux musiciens du concours. De l'avis de son manager, Céline remporte le passeport pour une grande carrière ! C'est digne d'un conte de fées !

Elle est devenue très attentive aux « signes », au contact de René.

De ce jour, le chiffre cinq devient un porte-bonheur.

Il brillera au cœur de l'existence de Céline et de René. Comme une certaine Coco Chanel qui avait un sacré nez pour cela...

Céline a cinq frères.

Eddy Marnay, son parolier, habite au numéro 5 d'une rue de Neuilly.

Avec René, ils décident d'organiser une fête tous les cinq du mois.

Ils renouvellent leurs vœux de mariage le 5 janvier 2000.

Leur voiturette de golf porte le numéro cinq.

Ils lancent une chaîne de restaurant baptisée Nickels, comme la pièce de cinq cents.

Les bureaux des Productions Feelings de René sont sis Suite 500, 4 Place Laval, à Laval.

Five Star Artists gère le fan-club de Céline.

Chez Sony, Céline enregistre sous le label 550 Music.

René-Charles naît un vingt-cinq janvier.

Nelson et Eddy voient le jour le 23 octobre... 2 + 3 = 5.

Le parfum de Céline est le *n° 5* de Chanel. Cela ne s'invente pas...

*Tellement j'ai d'amour…* son troisième album, enregistré au studio Saint-Charles de Montréal, sort à l'automne 1982. René est allé l'acheter le jour de sa mise dans les bacs, chez son disquaire. « Vous savez, René le faisait toujours, par superstition », expliquera-t-elle à une journaliste. Elle aussi a des petites manies. Elle emporte une grenouille, offerte par l'un de ses fans, dans sa valise. Au Japon, la grenouille attire le bonheur. On dit que celle-ci retourne toujours à son point de départ, et protège les voyageurs.

« Mesdames, messieurs, je voudrais vous présenter une adorable jeune fille de quatorze ans qui est déjà devenue une formidable chanteuse : Céline Dion », annonce Jean-Pierre Ferland, le 24 décembre 1982, dans l'émission *Station Soleil* de Radio-Québec. Les paroles *de Glory Alleluia* courent sur les ondes :

*« La plus belle nuit du monde*
*C'est cette nuit de Noël*
*Où les bergers étonnés*
*Ont levé les yeux vers le ciel... »*

Les flocons peuvent danser dans la nuit québécoise, la neige s'amonceler, il y a une nouvelle étoile près du sapin de la famille Dion.

Céline représente le Canada avec la chanson *D'amour ou d'amitié*, à titre de révélation de l'année au MIDEM[1] qui se tient à Cannes[2]. René a fait placer autour du Palais des Congrès de gigantesques bannières sur lesquelles la photo de Céline se balance. Impossible d'ignorer son nom. Doucement poussée par son manager qui lui murmure : « Tu es la meilleure », elle monte sur la scène. En effet, l'auditoire est captivé. Elle est ovationnée. Elle n'imagine pas une seconde qu'en mars 1983, des avis de faillite paraîtront dans les journaux de Montréal annonçant

1. Marché international du disque et de l'édition musicale.
2. 24 janvier 1983.

le dépôt de bilan de l'imprésario René Angélil, domicilié au 9255 de la rue Joseph-Melançon... Cet exercice périlleux, face aux professionnels, reste gravé dans sa mémoire : « Quand j'ai fait le Midem, ça a été une grande expérience, car c'était la première fois que je rencontrais le public français, la première fois que j'avais contact avec les gens de la France, raconte-t-elle à l'antenne[1]. J'avoue que j'étais très nerveuse parce que les autres artistes qui se produisaient ce soir-là étaient des artistes qui avaient une carrière déjà commencée et des milliers de disques vendus, alors que moi, je débutais. Quand je suis sortie de scène, j'en avais les larmes aux yeux, et l'accueil que le public m'a réservé était fabuleux. »

Quatre jours plus tard, à Paris, dans sa chambre d'hôtel, la nuit précédant l'enregistrement, elle dort seize heures d'affilée. Quand elle se réveille, c'est une boule de nerfs. Dans ce cas-là, elle chante des chansons dans sa tête, ce qui l'aide à se détendre. Elle essaie de ne penser à rien d'autre. L'animateur le plus populaire de France, sur le plateau de l'émission *Champs-Élysées*, l'accueille le 29 janvier 1983[2]. Il présente « une adolescente de quatorze ans et demi, arrivée du Québec. C'est la révélation au Québec depuis un an. Retenez bien le nom de cette jeune fille. » René Angélil, extrêmement nerveux, accomplit le même rituel avant de la pousser sur scène « C'est toi, la meilleure. Tu es chez toi ici. Tout le monde t'aime. » Il assiste, des coulisses, à la performance de sa protégée qui chante *D'amour ou d'amitié*. Elle est vêtue d'une petite veste à carreaux, d'un pantalon de velours noir. C'est sa première prestation dans une émission de grande écoute en France. Impressionné, Michel Drucker lance ces prédictions demeurées dans les mémoires : « Elle ira très loin. Vous n'oublierez jamais cette voix. »

Céline échange quelques mots avec l'animateur. Elle est tout à fait naturelle, et semble très à l'aise. Son petit minois, entouré de sa longue chevelure, est charmant. Son accent délicieux.

1. Émission *Le Québec vous dit bonjour*, Radio Liberté, 1984.
2. Télédiffusée aussi au Québec.

Bien plus tard dans le temps, les imitateurs, les critiques, acerbes, se moqueront avec un peu trop de facilité de l'accent de Céline. Ils occultent, ou ignorent, que dans la famille Dion, on s'exprime en « joual ». Il est donc bien malvenu de lui reprocher de l'employer.

Le joual, ou « choual[1] », est l'une des nombreuses variétés du français québécois, très éloigné de la norme et parsemé de termes franglais, pour la plupart empruntés au langage des « *shops*[2] ». Ce langage, au vocabulaire limité et à la syntaxe pauvre, disent les puristes, est toutefois très riche en images. On a employé le terme « joual » pour décrire la langue anglicisée des Québécois qui articulaient peu, escamotaient des syllabes et prononçaient mal les mots. C'était la langue d'une certaine frange de la population. Les élites la comparaient aux hennissements des chevaux.

Céline souffre aussi d'un terrible complexe, sa dentition. Elle refuse de sourire de peur qu'on se moque d'elle : « Devant les photographes qui préparaient les photos de l'album, je refusais de rire ou même de sourire. Mes canines étaient si longues que, même quand j'avais la bouche fermée, elles soulevaient le coin de ma lèvre supérieure. Je me serais volontiers passée de cette exclusivité. » Thérèse lui fait consulter un spécialiste. « À quinze ans, nous avons corrigé, en quelques mois, ce qui aurait dû prendre trois ans. L'orthodontiste lui a tellement serré les dents qu'elle avait tout le temps des nausées, ce qui lui coupait l'appétit et lui donnait aussi de violentes migraines qui la privaient de son précieux sommeil », témoigne Maman Dion.

Michel Drucker n'a que faire de ces détails. Il voue un grand respect aux talents québécois. Après l'émission, l'animateur, conquis, accompagne à pied Céline, Thérèse et René à leur hôtel de La Trémoille. Son instinct ne l'a pas trompé. Céline et René, avec lesquels des liens sont en train de se tisser, lui font part des heureuses nouvelles. Céline a reçu deux disques

1. Variante phonétique du mot français « *cheval* ».
2. Usines.

d'or. Le premier pour les 100 000 ventes au Canada de l'album *Tellement j'ai d'amour…* Le second pour les 500 000 ventes du single *D'amour ou d'amitié*, à la fois en France et au Québec. Ce jour-là, elle a aussi lancé l'album *Les Chemins de ma maison*, lors d'une conférence de presse à Montréal. Au gala de l'ADISQ[1], à la Place des Arts de Montréal, sont remis à Céline quatre Félix. Les prix Félix de la révélation de l'année, le Microsillon de l'année – populaire pour *Tellement j'ai d'amour pour toi* –, l'artiste s'étant le plus illustré hors Québec et l'interprète féminine de l'année.

Fondée en 1978 pour défendre les intérêts de ses membres et favoriser le développement de l'industrie de la musique au Québec, l'ADISQ, association québécoise de l'industrie du disque, du spectacle et de la vidéo, est une association professionnelle, organisant un gala annuel visant à récompenser les artistes, artisans et professionnels de l'industrie québécoise de la musique (l'équivalent des Victoires de la musique en France). Le gagnant du concours, dans chacune des catégories représentées, reçoit un trophée appelé « Félix ». La fête annuelle de la musique et de l'industrie du spectacle québécois consacrera de nouveau Céline en 1985 avec cinq Félix !

C'est grisant et, pourtant, ces récompenses ne lui font pas tourner la tête. Elle offre un spectacle aux enfants malades de l'hôpital Sainte-Justine[2], tout en continuant la promotion de ses albums, *Les chemins de ma maison*, *Du soleil au cœur* (Compilation) et *Chants et contes de Noël*, avant de prendre un vol vers la France. Elle se produit dans les émissions de variétés de FR3 sur un rythme non-stop : Avoriaz[3], Toulouse[4], Lyon[5]. Elle enchaîne avec le Téléthon de la paralysie cérébrale au Québec[6], le gala des dix femmes de l'année[7], un événement caritatif pour la lutte contre la fibrose kystique[8].

1. 30 octobre 1983.
2. 6 décembre 1983.
3. 22 janvier 1984.
4. 27 janvier 1984.
5. 1er février 1984.
6. 5 février 1984.
7. 13 mai 1984.
8. 9 juillet 1984.

Je ne peux omettre de raconter une anecdote amusante. Un soir d'août 1984, lorsque Céline s'avance sur la scène flottante posée dans le Vieux-Port de Québec, elle est happée par la valse des éphémères. Des millions d'insectes tournoient, en suivant la douceur de cette nuit d'été. Bientôt, son corps, ses cheveux, son visage, ses oreilles et ses yeux sont envahis par ces minuscules êtres. Les insectes entrent dans sa bouche. Les musiciens et leurs instruments sont recouverts par ces petits danseurs noctambules. Le spectacle doit continuer. Elle doit s'en accommoder, quitte à les avaler. C'est ce qu'elle fait. Il n'est pas question de cracher devant cinquante mille personnes célébrant la découverte du Canada par Jacques Cartier ! Céline a non seulement du mal à chanter, mais aussi à garder son sérieux, car elle voit ses sœurs, au premier rang, riant de sa mésaventure à gorge déployée.

Elle présente son nouvel album *Mélanie*[1] dans la salle Le Portage de l'hôtel place Bonaventure, à Montréal. D'un air paternel, Eddy Marnay prononce un discours dans lequel il évoque cet opus avec sa gentillesse coutumière. Claude Mouton, de l'Association québécoise de la fibrose kystique, présente une nouvelle affiche pour la campagne de cette année, mettant en vedette Céline et Karine. Toute la famille de Céline, René Angélil, le célèbre chanteur et compositeur Peter Pringle, également invité, entourent l'artiste. Inutile de rappeler que Céline et Karine, à qui la chanson *Mélanie* est dédiée, sont très proches. Karine est née avec la fibrose kystique, et les médecins ont peu d'espoir la concernant. Néanmoins, elle mène un rude combat contre la maladie. Il est très important, pour cette petite fille si courageuse, d'être avec Céline et les porte-parole de l'association.

« J'avais des trémolos dans la voix, mes genoux s'entrechoquaient et je n'ai pas dormi de la nuit tant ça m'a marquée. J'avais rêvé de plein de choses dans ma carrière ! Je me disais que je chanterais peut-être un jour devant la reine ou à la Maison-

1. 22 août 1984.

Blanche… Mais chanter pour le pape ! Je n'aurais jamais osé même l'imaginer », explique Céline, après avoir interprété *Une colombe* pour le pape Jean-Paul II et 60 000 personnes, au stade olympique de Montréal[1].

Elle n'a que seize ans, elle débute dans la carrière, et c'est à elle que l'on a confié ce moment au caractère des plus symboliques pour les chrétiens catholiques. « J'ai dû travailler fort et longtemps pour canaliser mes émotions et retenir mes larmes. C'est un travail cruel. Il faut arriver à saluer, à sourire, à prendre les applaudissements et les ovations en plein cœur tout en empêchant sa gorge de palpiter, fermer ses yeux sur une larme menaçante, penser au maquillage. » Larmes de joie, larmes de tristesse, pour Céline, les larmes sont le moyen le plus simple de montrer ses émotions.

Toute de blanc vêtue, elle est apparue sur la petite scène. Autour d'elle, des centaines de jeunes, vêtus de blanc, agitent des banderoles, qui une fois regroupées, dessinent une colombe, avant de se déplacer pour former les lettres du mot « Bienvenue ». L'image est forte. René sait que, ce palier franchi, il peut pousser ses pions un peu plus avant… D'ailleurs, à l'automne 1985, à Rome, Céline et sa mère se joignent à une délégation québécoise venue remettre au pape Jean-Paul II une rose, créée en son honneur, lors de son séjour à Montréal. Angélil a très bien négocié. Céline, Thérèse et lui-même sont reçus, en audience privée, au palais pontifical de Castel Gandolfo le 13 octobre 1985. Une date mémorable pour eux. Céline visite la ferme papale, trait les vaches pontificales et boit leur lait. « Rencontrer le pape a été pour moi une expérience extraordinaire, comme si je m'approchais de Dieu. Je me demandais si un miracle allait se produire. Jamais de ma vie, je ne me suis sentie aussi proche du paradis », avoue Céline, qui remet au Saint-Père son disque d'or, *Une colombe*.

« Je garde dans mes souvenirs une place spéciale pour le Canada, l'une des plus belles étapes de mes voyages, lui répond

1. 11 septembre 1984.

Jean-Paul II. Quel pays merveilleux ! » Elle s'entretient en tête-à-tête avec lui pendant plus de cinq minutes. En sortant de l'audience, elle confie : « Quand il a pris mon disque d'or, j'ai cru que mon cœur allait s'arrêter. Il est tellement beau, je suis tellement impressionnée. Je suis très chanceuse. Voir le pape une fois dans sa vie est un énorme privilège, mais deux fois... » Elle raconte que le souverain pontife s'est entretenu avec René qui lui a dit que madame Dion avait eu quatorze enfants. « J'aurais voulu rentrer six pieds sous terre. Quel besoin avait-il de raconter ça au pape ? Ce n'est pas que j'aie honte d'appartenir à une famille de quatorze enfants, au contraire. Mais, je me disais que, pour le pape, c'était un détail sans importance et que René aurait pu trouver un autre sujet de conversation. J'avais tort. Le pape s'est tourné vers ma mère, il l'a félicitée, il lui a dit qu'il bénissait toute notre famille. Nous étions émus aux larmes, tous les trois, quand nous sommes partis. »

Elle reprend ses esprits et participe à l'émission québécoise *Super Star*[1] puis se lance dans les répétitions et travaille sa voix. Elle ne touche plus terre de bonheur. À l'opposé de Maria Callas, qu'elle admire tant, qui reprocha à sa mère de « l'avoir montrée comme un chien savant et forcée à faire des vocalises », à un âge où les petites filles ont d'autres distractions, Céline ne rêve que de se produire sur scène.

René est parvenu à concrétiser son deal avec l'Olympia de Paris ! Être à l'affiche du music-hall du boulevard des Capucines est une sacrée récompense. Joseph Oller avait fait édifier une salle de spectacles, en 1893, qu'il baptisa Olympia. Son but était d'en faire un café-concert. Le mot ne lui plaisait pas. Il chercha un nouveau terme. Un ami anglais lui proposa « Hall ». Va pour « hall » auquel il ajouta « music ». Ce jour-là, le « music-hall » est né français ! Les propriétaires se succédèrent jusqu'à ce que Bruno Coquatrix reprenne la direction en 1954. Son nouvel Olympia ouvre ses portes, le 5 février 1954, avec à l'affiche

1. 16 septembre 1984.

la chanteuse Lucienne Delyle, accompagnée d'un jeune débutant, Gilbert Bécaud. De très grands artistes s'y succèdent, car l'Olympia est l'étape incontournable d'une carrière, et contribuent à bâtir la légende de ce lieu mythique. René évoque bien sûr pour sa protégée le souvenir de Bruno Coquatrix, décédé quelques années plus tôt. Il lui apprend que, lors de son second passage[1] à l'Olympia, Gilbert Bécaud provoque une telle hystérie chez les spectateurs que la salle est dévastée, 300 sièges détruits et la scène recouverte de soutiens-gorge ! À la suite de cet incident, le mot « fans », dérivé de « fanatique », est inventé pour désigner le public de Monsieur 100 000 volts[2].

Céline assure, du 6 novembre au 9 décembre 1984, avec le chanteur Philippe Lavil, la première partie de l'humoriste Patrick Sébastien. Thérèse est là. « J'étais toujours derrière les rideaux », se souvient-elle. « Je ne voulais pas regarder Céline depuis le public. Je voulais sentir que j'étais sur scène avec elle. À l'Olympia... tous les soirs, pendant cinq semaines, j'étais cachée derrière une porte, le nez dans l'embrasure de la porte. » Le spectacle de Sébastien comprend un bal masqué avec la participation du public, pour lequel Céline se déguise en danseuse de flamenco. Adhémar, dans la salle, ne cesse de sourire, tant il est heureux et fier de sa benjamine. Il n'y croit pas. Lui, Adhémar Dion, assis là, en France, à Paris ! Il ferme les yeux. Il se revoit sur les chantiers forestiers de coupe, au cœur de l'hiver canadien. Les journées étaient longues, éreintantes, l'équipement rudimentaire, pourtant avec ses camarades bûcherons, ils exploitaient le boisé pour se faire quatre sous, les envoyer à la famille restée en ville. Il n'a rien oublié de l'abattage des arbres... Émonder, tirer les billes sur les chemins, les stocker le long de la rivière puis profiter de la crue printanière pour les faire descendre vers les moulins... Il regarde ses deux mains qui ont connu tant de rudesse, ont couru sur les touches de son accordéon, ont étreint, caressé chacun de ses enfants.

1. 15 février 1955.
2. Surnom de Gilbert Bécaud.

Ses mains qui battent aujourd'hui au rythme des chansons de sa petite dernière.

Céline, timide, appliquée, respectueuse, inquiète de faire un faux pas, ravale souvent ses larmes au contact de Patrick Sébastien, qui, selon l'entourage, ne lui prête pas plus d'attention que cela et se montre même condescendant. Il écrira trente ans plus tard : « Son visage n'était pas gracieux, les sourcils épais et les canines agressives. La voix était étonnante, pas forcément exceptionnelle, mais suffisamment touchante pour que je lui propose une première partie de mon spectacle à l'Olympia. »

Une tout autre ambiance culturelle impressionne Céline, sur le plateau du *Grand Échiquier* de Jacques Chancel, sur Antenne 2, le 17 décembre. Le présentateur l'accueille chaleureusement. Elle interprète une version inédite de *Mon ami m'a quittée*, accompagnée d'un soliste au piano. Mais les journalistes s'en donnent à cœur joie avec une Céline « plus blanche que blanche ». Ils se moquent d'elle et alimentent les satires. À seize ans, Céline fait la couverture des magazines du Québec et de Paris. Malgré les soins d'orthodontie, les photos révèlent encore des dents pointues et tordues. Des poches sous les yeux attestent d'une certaine fatigue. Elle fait bonne figure. Elle déclare aux interviewers : « Le succès, c'est deux fois plus beau que ce que je pensais. J'étais sûre… qu'il y aurait des hauts et des bas. Je n'ai pas ressenti les bas. »

René a convoqué une conférence de presse au restaurant Les Jardins de Paris, près du forum de Montréal à Montréal, le 12 mars 1985, où elle annonce sa première vraie tournée au Québec, avec un vrai spectacle. Elle s'est préparée avec soin, prenant des cours de chant et de danse avec Peter George. « J'avoue que j'aurais vraiment aimé être sur scène au cours des quatre dernières années. Pour moi, c'était un sacrifice incroyable de ne pas donner de spectacles, mais je reconnais maintenant que je ne disposais pas encore de tous les outils dont j'avais besoin, et je comprends pourquoi mon agent m'a imposé de telles restrictions », explique-t-elle. René renchérit :

« Jusqu'à présent, tous nos efforts ont été consacrés à la sortie de ses enregistrements. Nous visions une qualité exceptionnelle, et nous y sommes parvenus. Nous passons maintenant à des spectacles en direct, et nous visons la même qualité là-bas. Il y a deux ans, un producteur nous a proposé trente-cinq mille dollars pour faire cette tournée et nous avons refusé. Céline n'était pas encore prête. » C'est la réalité. Angélil ne bluffe pas. En 1983, il avait refusé l'offre de 250 000 $ d'un organisateur pour une trentaine de concerts. Déconcertant, ce manager ? Non. René Angélil est fidèle à sa méthode. Tout faire dans la vie, comme si on était millionnaire. « Chaque fois que j'aurai à considérer une offre pour Céline, je ferai comme si j'avais un million de dollars dans mes poches. »

Continuera-t-elle sa tournée en France ? René est catégorique : « Il n'est pas question qu'elle se produise en France pour le moment. Elle n'est pas encore prête pour la France, et nous devrons attendre un an ou dix-huit mois. Ne soyez pas trop impatients. Dans deux ou trois ans, elle sera l'une des meilleures chanteuses du monde. »

De mars à novembre 1985, Céline sillonne le Canada avec de nombreux concerts. En un peu plus de deux mois, elle donne plus de 60 représentations dans 37 villes du Québec, de l'Ontario et du Nouveau-Brunswick. Elle est entourée de six musiciens et de deux choristes, sous la direction de Paul Baillargeon. René est très vigilant. « Il venait dans notre chambre, chaque soir, et il nous racontait, à maman et à moi, chanson par chanson, le spectacle que je venais de donner, rapporte Céline. Il me disait que j'avais bien travaillé, mais il avait toujours quelque chose à critiquer, ce n'était jamais parfait, je devais toujours faire mieux... Telle note, je pouvais la pousser plus, plus haut, plus longtemps. Tel geste, je devais le faire moins souvent. Je devais peut-être modifier la tonalité de telle ou telle chanson. Faire mieux, être meilleure. Chaque soir, il me persuadait que c'était possible. Il me donnait le goût, l'envie et le besoin de me surpasser. » Il veille sur tout, de la mise en scène jusqu'aux décors, des arrangements musicaux jusqu'à l'éclairage, l'ordre des chansons et même les vêtements et la coiffure de Céline. Pendant la tournée, il prend souvent en charge la mise en scène et l'éclairage, les affiches et la publicité. « J'ai fêté mes dix-sept ans sur la scène d'une école à Val-d'Or, en Abitibi au Québec. Nous étions en plein milieu d'une tournée, la première très grande tournée de ma vie, qui nous avait déjà envoyés d'un bout à l'autre du Québec, à travers l'Est et le Nord de l'Ontario, et au Nouveau-Brunswick. Il ne semblait pas y avoir de fin. Nous ne voulions pas que cela se termine, nous étions tellement dans un groove, tellement excités. Notre spectacle s'agrandissait chaque jour et la tournée a été prolongée, ajoutant une ville après l'autre. Nous faisions sensation avant notre arrivée et après notre départ. Nous étions épuisés partout », se souviendra-t-elle dans son livre *Ma vie, mon rêve*. Un show de grande ampleur termine en beauté cette tournée exigeante, le 31 mai 1985, à la Place des Arts de Montréal, la plus grande salle de concert du Canada.

L'album *C'est pour toi* sort le 27 août 1985. Céline reçoit cinq Félix au gala de l'ADISQ[1], pour le Microsillon de l'année pour *Mélanie* ; le Microsillon le plus vendu pour *Mélanie* ; l'interprète féminine de l'année ; la chanson populaire de l'année pour *Une colombe* ; le 45 tours le plus vendu pour *Une colombe*. Elle ne goûte pas longtemps le plaisir de ces récompenses. Le lendemain, René lui annonce qu'il va partir pour un temps de repos plus ou moins long à Las Vegas, afin de réfléchir à ses affaires : « Lorsqu'on traverse une mauvaise séquence, il faut arrêter et attendre que la chance revienne. Il faut être attentif et patient afin de saisir la bonne occasion quand elle se présente. Actuellement, rien ne va dans ma vie et il faut tout changer. » Son mariage bat de l'aile depuis des lustres. Anne Renée[2], dont il a deux enfants, Jean-Pierre et Anne-Marie, lassée par ses absences, s'est éprise du batteur Michel Fauteux. Elle quittera

1. Octobre 1985.
2. Née Manon Kirouac.

le domicile conjugal en fin d'année… Le divorce sera prononcé dans la foulée.

Son univers s'effondre. René, pour la première fois, lui lâche la main. Il l'abandonne, croit-elle. Son manager lui préfère Las Vegas. N'a-t-il pas compris qu'il est non seulement l'architecte de sa carrière, mais aussi sa bonne étoile, son porte-bonheur, son tout. En a-t-il conscience ? Elle est dévastée. « J'ignorais de moins en moins que j'étais amoureuse : j'en avais tous les symptômes. […] Je ne doutais surtout pas, après les révélations d'Eddy, que j'étais désormais au centre de la vie de René Angélil. Il avait tout sacrifié, tout risqué pour moi. Même si c'était le joueur né qui s'était d'abord intéressé à ma carrière, il fallait qu'il croie vraiment très fort en moi, qu'il soit persuadé que j'étais une valeur absolument sûre pour ainsi investir tout ce qu'il avait, son temps comme son argent... » Il lui a parlé, bien sûr, avec une grande douceur, il lui a confirmé qu'elle est une jeune fille délicieuse, travailleuse, volontaire, forte. Mais, il y a un mais... Luc Plamondon, son compatriote, l'a remarqué : « Beaucoup méprisée par les médias québécois vers l'âge de 15/16 ans, Céline a failli craquer, cesser de chanter. » Pour une jeune fille, c'est humiliant, blessant, cela peut l'entraîner vers la dépression. René lui explique le pourquoi de cette coupure nécessaire. Pour aller plus loin, plus haut, elle devra se transformer... Céline écoute, entend. « J'essayais de comprendre pourquoi je l'aimais tant. Je le trouvais beau. J'aimais ses yeux si doux, ses gestes, sa voix, la couleur de sa peau, ses mains, son parfum, la force tranquille qui se dégageait de lui, son calme, son autorité qu'il exerçait sur tout le monde. J'aimais sa passion du jeu, son rire et cette façon qu'il avait d'analyser les situations, de prendre des décisions, de les imposer. [...] la confiance qu'il avait mise en moi, et ce qu'il imaginait pour moi dans l'avenir. »

René, relevé de sa faillite et ayant payé ses dettes, a acheté une maison, rue Louis-Payette, à Laval. Pourtant, il passe la majeure partie de l'hiver 1985 et du printemps 1986 à Las Vegas. Il s'inscrit dans les hôtels sous les noms de

Marc Sara, Paul Lacroix, Ray Ban, Roy Cooper, voire Éric Ferrari. Seuls ses proches savent comment entrer en contact avec lui. Il a besoin de ce break. C'est une nécessité pour lui. Il doit faire le point. Il pense qu'il est arrivé au bout de ce qu'il pouvait faire professionnellement avec Céline. Le Québec, la France, c'est bien, certes, mais conquérir le monde entier serait mieux. Pour cela, il faudrait que Céline enregistre un album en anglais, qu'elle parte à la conquête de l'Amérique.

Quitte à faire une pause, autant qu'elle soit bénéfique. Grâce à sa carrière partie en flèche, Céline gagne plus d'argent que jamais. Elle achète une maison à Duvernay, un quartier de Laval, à trente kilomètres au nord de Montréal. Elle s'y installe avec ses parents. Thérèse continue à vivre comme elle l'avait toujours fait, surveillant chaque centime et n'achetant que des choses à bas prix ou en solde. Même lorsqu'elle commande au restaurant, elle étudie les tarifs. Faut attendre que le curé se mouche[1] ! Céline a fait le vœu que ses parents ne manquent plus jamais de rien. Elle fait redécorer la maison, abattre les murs, ouvrir l'espace, comme sa maman l'avait envisagé. « Je ne veux plus jamais voir mes parents se priver de quoi que ce soit dans la vie. Ils ont tout fait dans leur existence pour permettre à quatorze enfants d'être heureux, et je veux me concentrer sur eux et leur rendre, à ma façon, tout l'amour qu'ils m'ont donné », affirme-t-elle.

Elle est prête à relever le défi de René, le surprendre au-delà de ses espérances. Elle a des projets. Elle doit travailler sa diction, sa technique vocale. Elle veut changer quelques détails afin d'être en parfaite symbiose avec son apparence et envisager un tournant à sa carrière. Bye-bye la chrysalide. Elle va se transformer en papillon. Elle connaît ses qualités et ses faiblesses. René lui a appris à supporter ses imperfections et surtout les corriger. Chanter ne l'effraie pas, mais elle manque de confiance en elle pour tout le

1. Prendre son temps, ne pas aller trop vite.

reste. Elle craint de parler en public, d'écrire, de commettre des fautes, de mauvaises liaisons. Elle n'est pas tendre avec elle-même : « Ma bouche est trop petite. Mes lèvres sont trop minces, mon nez trop gros. J'ai un sourcil plus large et plus bas que l'autre. J'aimerais avoir un visage carré, une denture Chiclets, des seins plus gros. J'aime mes cheveux, mes jambes. Il paraît que j'ai un beau dos. » Elle souffre d'un terrible complexe, ses disgracieuses canines. À l'école déjà, elle refusait de sourire, de peur qu'on se moque d'elle. Elle n'a pas oublié la corvée des séances photo pour illustrer les pochettes de ses disques. Elle fait refaire sa dentition… au prix de quelles souffrances !

René l'a inscrite chez Berlitz, où Linda McEwen lui donne des cours d'anglais intensifs, neuf heures par jour, cinq jours par semaine, pendant deux mois. Elle a bien compris : « Si René tenait tant à ce que j'apprenne l'anglais, c'est qu'il avait décidé de me faire enregistrer un album aux États-Unis. S'il imposait cette éclipse, c'est qu'il avait de grands projets pour nous deux. Je m'accrochais à cette idée. » Elle mesure les carences de son éducation, devenues des handicaps. Lucide sur elle-même, elle est sans concession : « Je n'ai pas fait d'études, ça m'ennuie un peu, je dirais même beaucoup, parce que, sans prétention, je pense que je suis une femme très intelligente. Et j'ai travaillé toute ma vie avec des gens très intelligents qui m'aiment beaucoup. Mais je n'ai jamais eu vraiment tout le matériel nécessaire pour pouvoir me défendre. Alors j'ai toujours eu peur des questions […] Quand je montais sur scène, et que j'avais quinze ans, je ne savais pas quoi dire à mon public, parce que je n'étais plus sur la table de la cuisine avec mes frères et sœurs me soufflant les mots. Là, soudainement, mon deuxième public ne me soufflait plus rien. Ils attendaient quelque chose de moi. Alors quand je disais : "Bonsoir, mesdames et messieurs, je suis très heureuse d'être avec vous ce soir…", c'était du par cœur. »

Son obstination à vouloir contrarier la nature se manifeste enfin. Elle prend des cours de danse avec Peter George. C'est très difficile au début. Son acharnement paie, elle s'améliore vite. Elle travaille son image. Elle change de look. Elle se voudrait plus belle, plus sexy, pour plaire à René, que son regard sur elle se transforme, qu'il comprenne... La jeune prodige sait intimement que cet homme qui croit tant en elle sera celui de sa vie : « Pour la première fois de ma vie, je devais relever seule un défi important. Mon premier vrai projet personnel de femme adulte et responsable : séduire un homme de vingt-six ans mon aîné. » Pendant la retraite de Céline, les rumeurs vont bon train. Faute d'informations, les allégations les plus farfelues circulent. Céline aurait subi une intervention pour diminuer son menton pointu. Elle se cachait à Laval pour mettre au monde un enfant. Celui-ci aurait été donné en adoption. Pas du tout, Céline est dans une clinique pour être désintoxiquée de son addiction à la cocaïne. En fait, elle vit à Las Vegas avec son manager René Angélil. Le couple s'est marié à la sauvette. Mais non, voyons, Céline envisage de rentrer au couvent. Tout est bon, afin de vendre du papier et faire pleurer dans les chaumières.

La jeune fille sage et solitaire qui fête ses dix-huit ans, le 30 mars 1886, est à des années-lumière de ces assertions. Majeure, le contrat établi entre sa mère et René est caduc. Désormais, elle signera elle-même ses contrats. Interrogé sur les changements éventuels que la majorité de sa vedette pourrait induire, René se montre très clair : « Rien ne sera changé. Céline a pris beaucoup d'autonomie, ces dernières années. On ne lui dit plus, comme à treize ans, quoi chanter, comment se comporter. Elle choisit elle-même et participe à la production de ses disques. C'est normal et cela devrait continuer. » Il a déjà prévu de fonder une compagnie avec elle. C'est en 1979 qu'il a créé son entreprise de production musicale. D'abord connue sous le nom de « Les Productions René Angélil », la société va très vite connaître un énorme succès. Elle changera de nom pour s'appeler « Les Productions Feeling ». René Angélil, agent (gérant) de l'artiste Céline Dion, sera le gestionnaire hors pair des compagnies : Les Productions Feeling Inc., de la

Compagnie du Québec (Canada), créée le 19 décembre 2000, enregistrée comme industrie de la fabrication de supports d'enregistrement et de la reproduction du son, CDA Productions (Las Vegas), Inc. Enfin, la Compagnie du Québec (Canada), fondée le 21 mars 2010, qui gère la carrière de Céline Dion, est enregistrée comme agence de spectacles et d'artistes.

Céline apparaît dans l'émission québécoise *Silence... On chante*[1]. Elle propose un medley constitué de chansons de cinéma, déguisée comme les personnages des films. *Over The Rainbow*, l'adaptation française *Un pays pour nous* par Eddy Marnay de la chanson *Somewhere*, tirée de la comédie musicale *West Side Story*, la chanson *Cabaret*, et *What I Did For Love*. Anne Renée, l'ex-épouse de René Angélil, reconvertie dans les vidéoclips, produit le tout premier[2] de Céline, sous la bannière JPL Productions, filiale de Télé-Métropole. Sur *Fais ce que tu voudras*, une chanson d'Eddy Marnay, Céline, chevelure bouclée, l'air grave, marche le long d'une ligne de chemin de fer, un quai de gare, monte à bord d'un wagon, le paysage défile... des trains s'en vont...

Son nouveau look est un revirement complet. Ses cheveux sont coupés. Elle porte des robes moulantes au décolleté plongeant. Elle a troqué ses robes blanches en coton pour du cuir et des paillettes. De retour au Québec, lorsqu'il toque à la porte de la maison de Céline à Duvernay, René subit un choc. Une séduisante jeune femme aux cheveux ébouriffés, portant un blouson en cuir sur une robe sexy, l'invite à entrer. Elle ne tarde pas à lui confier ses codes vestimentaires. Elle change tous les jours en fonction de son humeur : « Je porte du noir quand je me sens forte, du blanc quand je suis romantique et du rouge quand je suis pleine d'amour. » Il n'aura qu'à décrypter. René tente de se convaincre qu'il n'éprouve qu'admiration, amitié et affection pour son artiste. Elle n'a pas le même discours : « Je

1. 31 août 1986.
2. 1986.

savais de toute façon que c'était gagné. Je savais qu'on serait des amants, un jour, lui et moi, et que ce serait pour la vie. »

Ils partent s'attabler chez Dic Ann's, un petit restaurant à hamburgers et hot-dogs du boulevard Labelle à Laval, pour parler carrière. René a dans l'idée de programmer une rencontre entre Céline et Luc Plamondon. Auteur de génie d'origine québécoise, Luc Plamondon flirte avec le succès dès le début des années 1970. Quasiment chacune des chansons qu'il compose fait un tabac et s'imprime dans la mémoire collective. Il écrit pour les plus belles voix : Diane Dufresne, Julien Clerc, Fabienne Thibeault, Catherine Lara. Il a signé les paroles de la chanson *Le Piano fantôme*, dans le deuxième album de Céline, *Tellement j'ai d'amour* (1982). René sent que Plamondon saura amorcer le virage de sa carrière, gérer le passage délicat de l'adolescente en jeune femme. Bonne pioche ! Ils se retrouvent un soir dans la belle maison de Plamondon face au parc Saint-Viateur. Ils sont d'accord pour casser l'image trop lisse de Céline. Le parolier écrit deux chansons, *Incognito* et *Lolita* qui remportent beaucoup de succès au Québec. Comme prévu, elles contribuent à former une nouvelle image de Céline, ni tout à fait la même ni tout à fait une autre... Les paroles de Plamondon collent en tout point à ce qu'elle vit, sa métamorphose, les sentiments qui agitent son cœur.

Entre-temps, pour une émission télé[1], elle joue un sketch farfelu où elle imite Ginette Reno, interprétant *Je ne suis qu'une chanson*, Nicole Martin *Laisse-moi partir*, Mireille Mathieu *Santa Maria*, et Édith Butler dans son fameux *Paquetville*. Elle est impressionnante de justesse, si bien que lors de sa tournée québécoise, en 1988, elle se livrera sur scène à quantité d'imitations. Elle pousse la ressemblance jusqu'à se déguiser comme ses idoles. Mireille Mathieu chante *La Danse des canards*, Michael Jackson *Bad*, Diane Dufresne est plus vraie que nature avec *Les hauts et les bas d'une hôtesse de l'air*.

Elle chante au Club L'Esprit, à Montréal, le 2 avril 1987. Elle

1. 1987.

lance *Incognito,* album francophone beaucoup plus pop que tous ses disques précédents. Tirant un trait sur ses chansons d'enfant, destinées au marché « adulte contemporain », Céline est résolument pop. Les couvertures des magazines montrent une artiste radicalement différente, portant un jean et un blouson en cuir, les cheveux coupés au-dessus des épaules. Elle fait l'émission *Les Beaux Dimanches, Spécial Incognito*[1], ayant une durée d'une heure, ce qui n'est pas rien pour sa promotion, sur la chaîne canadienne Radio-Canada. Elle interprète *Incognito, Partout je te vois, Lolita (Trop jeune pour aimer), Délivre-moi, My Heart Belongs to Daddy, On traverse un miroir, Jours de fièvre, Seulement qu'une aventure, Comme un cœur froid.* « Je me donne cinq ans pour faire de votre fille une star », avait promis René à Maman Dion, allant, dit-on, jusqu'à hypothéquer sa maison pour enregistrer son premier album, *La Voix du Bon Dieu.* René avait pris énormément de risques pour atteindre ses objectifs. Il s'expliqua fort bien, lors d'une entrevue accordée à *La Presse* en 2009, où il concéda qu'il lui était arrivé de raconter aux médias quelques petits mensonges à l'occasion, pour « mieux faire briller la carrière de Céline ». « Écoute bien, je suis un imprésario. Tu ne me feras pas croire que le colonel Parker et Brian Epstein ne comptaient pas une petite menterie de temps en temps », lança-t-il de son charmant sourire ravageur.

L'album *Incognito* est un tournant, d'abord dans la carrière de Céline, mais aussi pour son manager, car il leur permet de signer avec la maison de disque CBS Records[2]. Une belle revanche sur le destin pour l'imprésario. Il avait essuyé un dur revers avec ce label à l'époque où il s'occupait de la carrière de René Simard. Angélil, habile négociateur, a obtenu un contrat de sept ans pour cinq disques. Céline a su convaincre les hauts dirigeants de la puissante entreprise discographique, grâce à sa voix et la stratégie de séduction mise en place par René devant ses dirigeants clés Vito Luprano et Mario Lefebvre, de

1. 27 septembre 1987.
2. Plus tard Sony BMG.

pair avec le bureau de Francine Chaloult. Menée par René, la carrière de Céline connaît une ascension fulgurante, d'abord au Québec, puis dans le reste du Canada et en France. En revanche, *Incognito* ne se vend pas au Canada anglais. Elle a donc droit à une apparition au gala télévisé des Juno Awards à l'automne 1987, l'événement médiatique le plus important pour l'industrie canadienne du disque et du spectacle. « La tradition voulait que j'interprète mon plus gros succès, se remémore-t-elle. Dès que l'invitation nous est parvenue, René a informé les organisateurs du gala que je chanterais une chanson en anglais. Nous avons d'abord pensé à un vieux classique. Il est plus facile d'émouvoir le grand public avec un air qu'il connaît déjà. Mais René s'était mis dans la tête que je devais faire une chanson originale que personne ne connaissait. "Souviens-toi, quand Eddy t'a entendue pour la première fois. C'était parce que tu avais créé toi-même tes chansons qu'il a pu réellement voir tes capacités." Deux jours à peine avant l'événement, Vito Luprano, directeur artistique chez CBS, nous a proposé de faire *Have a heart*, la version originale de *Partout je te vois* de mon album *Incognito*. La musique, signée Aldo Nova, très physique, spectaculaire, très exigeante aussi, présentait le grand avantage d'exploiter tout le registre de ma voix. Nous sommes partis pour Toronto dans un état de surexcitation presque insupportable. » Lorsqu'elle rejoint René dans les coulisses, le 2 novembre, elle est sur un nuage : « J'étais dans un état second quand je suis sortie de scène. Comme toujours… Le lendemain, René s'est levé à l'aube pour aller chercher les journaux. Il avait eu le temps d'apprendre par cœur tous les articles parus dans les journaux qu'il avait pu trouver. "C'est toi qui as volé le show", répétait-il. »

La tournée québécoise *Incognito* laisse des souvenirs marquants à Céline : « Ce qui me revient en premier à l'esprit, quand je pense à la tournée *Incognito*, ce sont ces moments emplis d'éclats de rire. Dès le début, en Abitibi, comme pour la tournée précédente, nous savions tous que nous avions quelque chose de bien à présenter. Et que le public était conquis d'avance. »

L'Abitibi-Témiscamingue est une immense région du Canada, peu peuplée, boisée, aux nombreux lacs, qui constitue le cœur de la nation algonquine. Obadjiwan-Fort-Témiscamingue, théâtre de rivalités commerciales, fut le premier poste de traite de fourrures français, établi en 1720. Il occupa aux XVII^e^ et XVIII^e^ siècles un rôle stratégique dans la lutte entre les Français et les Anglais pour le monopole de la traite des fourrures.

L'interprète a la faveur de la presse populaire qui ne tarit pas de bons papiers au sujet de ses spectacles. Elle y est décrite de manière élogieuse : « La nouvelle grande voix du Québec », « Une star internationale est née », peut-on lire. Les critiques intellectuels font la fine bouche, la boudent. À ses débuts, hypersensible, elle avait du mal à retenir ses émotions. Parfois, elle pleurait, en rejoignant les coulisses, fondait en larmes lors des interviews. Les journalistes en jouaient, exploitaient cette fragilité, bien naturelle pour une si jeune fille. Sa carrière est si intimement liée à sa vie, sa passion pour la chanson, son amour « secret » pour René, que les sentiments affleuraient, les mots avivaient sa sensibilité. Les humoristes, eux aussi, grossissaient le trait, en faisaient des tonnes. Or, Céline maîtrise de mieux en mieux la scène. De janvier 1988 à juillet 1989, elle donne plus de quatre-vingts concerts, traverse vingt-sept villes de la province du Québec et de l'Ontario. Elle interagit à présent avec son public, principalement au Québec, où elle propose des jeux, des sketches, des imitations avec la complicité de son chef d'orchestre. Elle fait précéder sa chanson *Mon ami m'a quittée* par une saynète tirée de son imagination « Les Pleureuses anonymes ». Il y est question d'une association qui l'aide à canaliser ses larmes. Elle adore rire et pratique l'autodérision avec délice. Son sens de l'humour est précieux. Il la préserve des malveillances et indélicatesses d'autrui. Il me rappelle le bon sens de Jean Dutour qui disait : « L'humour est comme le soleil. Il transfigure tout. C'est une sorte de bouclier placé par l'intelligence ou la philosophie entre l'adversité et l'homme. »

Se contrôle-t-elle davantage aujourd'hui ? Rien n'est moins sûr. Elle reste fidèle à elle-même : « Pleurer, je l'ai toujours fait sincèrement, et ça fait partie de moi. » René est là. Il lui fait toucher du doigt la notion de réussite, lui explique l'idée selon laquelle il faut gagner la confiance des professionnels. Rayonnante, elle promet de renoncer à tout ce qui ne sera pas bon pour elle s'il le faut. Elle a foi en lui, il va lui apprendre tous les rudiments du métier. Elle est prête à relever le défi. Elle franchira les différentes étapes dans le but double de conquérir le succès et le cœur de son manager.

Le concours de l'Eurovision n'est pas ouvert au Canada. Ce n'est pas un souci pour René. Il saisit l'opportunité d'une telle vitrine pour sa protégée et le bénéfice futur pour sa carrière. « Notre but n'était pas nécessairement de gagner, bien qu'on le souhaitait, dira René. Julio Iglesias s'est fait connaître grâce à l'Eurovision... Le simple fait de participer signifiait qu'elle se faisait voir par 600 millions de téléspectateurs. » Il inscrit sa championne. Elle participe à la présélection de l'Eurovision 1988[1], pour la Suisse, au Théâtre de Beausobre à Morges [Suisse]. Son titre *Ne partez pas sans moi*, écrit et composé par Nella Martinetti et Atilla Şereftuğ, gagne la présélection.

Elle célèbre ses vingt ans et le vingtième anniversaire de l'école polyvalente André-Laurendeau, en donnant un concert-bénéfice pour soutenir la cause de l'Association québécoise de la fibrose kystique. Ensuite, elle se rend au chevet de sa mère, hospitalisée en urgence. Le cœur de Thérèse est fatigué. Elle subit quatre pontages cardiaques. Très attachée à sa maman, Céline culpabilise de l'avoir entraînée dans sa course folle vers le succès. « Ma mère, a-t-elle souvent déclaré, c'est ma sécurité, c'est le lien avec la maison familiale, et j'en ai besoin. » Elle voue à sa maman un amour inconditionnel : « C'est mon idole ! C'est la plus grande artiste que je connaisse. Elle sait tout faire : écrire, peindre, coudre, composer, imaginer, organiser.

1. 6 février 1988.

Elle sait cuisiner, travailler le bois, rénover une maison. Et elle sait aussi s'amuser. C'est ma confidente et ma conseillère parce qu'elle sait écouter. Mes sœurs aussi se confient à ma mère. On s'appelle tout le temps. » Le cœur lourd, l'inquiétude au ventre, elle s'envole pour l'Irlande. « Son ardeur au travail, sa compréhension des autres, tout ça, elle l'a beaucoup puisé en sa mère », dit Stéphane Laporte. Il a raison. Armée d'un courage forcené et d'un désir fou de gagner, elle aborde la 33ᵉ édition du concours Eurovision, qui se déroule le 30 avril 1988, au RDS Simmonscourt Pavilion, à Dublin. Elle passe en neuvième position. La chanteuse danoise, Kirsten Siggard, enceinte de huit mois, est particulièrement remarquée lors de sa prestation. Elle accouchera de son second fils, deux semaines après le concours. La représentante luxembourgeoise, Lara Fabian, et sa chanson *Croire*, est l'une des grandes révélations du concours. Le Royaume-Uni fait la course en tête. Devant 600 millions de téléspectateurs, qui la découvrent ce soir-là, Céline remporte le concours ! Pari gagné pour René ! 300 000 personnes, en Europe, achèteront le 45 tours. *Ne partez pas sans moi* est la dernière chanson, interprétée en français, ayant gagné le concours à ce jour.

Les journalistes interviewent une artiste transformée. Cette victoire lui va si bien : « Je sais ce que je veux à présent. Avant, je le savais aussi, mais je n'osais le dire. On devient plus sûr de soi avec l'âge. Je ne pense pas comme à quinze ans. L'expérience me permet d'avoir davantage d'assurance face aux gens du métier. Aujourd'hui, je participe activement aux décisions [...] Depuis le début de ma carrière, je me suis toujours amusée à faire ce que j'aimais : chanter, rencontrer des gens. Sauf que j'étais timide [...] Maintenant, j'ai moins peur. Je m'ouvre davantage. » Elle vend 200 000 disques, en Europe, en deux jours seulement. Un record ! Elle est bombardée d'invitations.

Thérèse Dion est à des milliers de kilomètres... Céline, déchargée de la tutelle de sa mère, peut enfin, en toute liberté, faire des avances à celui qu'elle aime...

Depuis qu'ils voyagent ensemble, avant de regagner sa

chambre, René parle avec Céline, fait le point de la journée, expose ce qu'il a aimé, ce qui est à revoir, à repenser, améliorer. Cette nuit-là, à Dublin, dans la chambre de la jeune femme, il débriefe le show. Il est mal à l'aise. Thérèse Dion n'est pas là. Céline semble différente. Elle ne l'écoute pas réellement, son regard est perdu dans le vague. René se lève pour sortir, se dirige vers la porte. Il ne l'a pas embrassée sur les joues comme à son habitude. Elle bondit hors de son lit. Elle lui en fait le reproche, puis se serre contre lui, entoure son cou de ses bras, l'embrasse tendrement sur la bouche. René, troublé, un peu gauche, la repousse doucement et sort dans le couloir. Elle appelle sa chambre. Aucune réponse. Il est descendu au bar de l'hôtel. L'amoureuse appelle la réception. On lui passe son manager. Que se sont-ils dit ? L'intimité entre deux êtres qui se sont enfin trouvés doit conserver ses mystères. Ils s'avouent leur amour. René succombe. Demain sera un autre jour. Ensemble, ils partiront dans le tourbillon de la vie. Six ans plus tard, ils officialiseront leur couple aux yeux du monde, lors de noces fastueuses, dans la cathédrale Notre-Dame de Montréal. « C'est le seul que j'écouterai sans poser de question, les yeux fermés », confessera-t-elle alors.

Thérèse est très choquée, très peinée : « Ça a pas de bon sens[1] ! » Elle se sent responsable de ce qui arrive, de l'avoir envoyée « dans la gueule du loup ». « Elle va se ramasser où cette enfant[2]. Elle a pas d'expérience de la vie ! » Céline expérimente un moment très difficile : « C'est la première fois que j'ai senti que ma mère et moi, on était pas sur la même longueur d'onde. Elle avait créé des miracles pour moi, [...] puis là ce prince charmant était un homme qui avait beaucoup d'expérience avec des femmes, marié à deux reprises, puis pas vraiment de succès en tant que prince charmant. » Elle soutient à sa mère : « Maman, je l'aime pour vrai. C'est pas un coup de tête. » La scène est très dure. Thérèse écrit une lettre menaçante à René. « Ma mère se retrouvait dans une situation

1. C'est insensé.
2. Que va-t-elle devenir ?

intenable. Elle était à la fois l'alliée de René dans l'organisation et le déroulement de mes activités professionnelles et son adversaire dans l'évolution de notre histoire d'amour », analyse Céline qui vit très mal ce conflit. « On a bien essayé de se laisser, dira-t-elle. Mais c'était impossible. C'était trop fort entre nous deux. Quand on est fait pour être ensemble, il n'y a rien qui peut arrêter ça. » Finalement, comme toute bonne maman souhaitant le bonheur de son enfant, voyant sa fille heureuse, Thérèse capitule. L'affaire est ketchup !

Céline remporte quatre Félix au gala de l'ADISQ : un pour la meilleure performance sur scène, le deuxième pour l'interprète féminine de l'année, le troisième pour la chanson *Incognito*, chanson la plus populaire, et le dernier trophée pour l'artiste s'étant le plus illustré hors du Québec[1]. Après avoir visité pas mal de demeures, elle achète l'ancienne maison de Dominique Michel, dans les Laurentides. Elle y demeurera un peu plus de cinq ans avant de la revendre. Désormais, pilotée par son pygmalion, elle veut aller au bout du monde, faire le tour de la terre. L'amour donne des ailes. René en convient, mais, plus terre à terre, il a une vision, une stratégie, pense à long terme. Il a bien compris que Céline est stimulée par les défis. OK. Il s'ingéniera à en trouver sans cesse de nouveaux. « Si tu veux aller loin, faut que tu saches que t'es capable d'y aller et que tu le dises au monde. Comme ça, tu t'obliges à y aller », répète-t-il. Oui, il sera là. Il la motivera, la poussera, lui répétera qu'elle doit faire mieux, aller plus haut. Bien entendu, son public la suivra, mais elle doit savoir qu'il lui en demandera toujours plus. Son succès incontesté, son don inné et son talent sont aussi tributaires d'une discipline redoutable, d'un travail stratégique de gestion, de planification, et de négociation. René, passé maître en la matière, va s'en charger. Au début, il refusait d'intéressants cachets, se comportait comme s'il était au-dessus de ça, qu'il avait d'autres affaires,

1. 23 octobre 1988.

de l'argent. De cette manière, apprend-il à Céline, les gens pensaient que le succès était inévitable, pratiquement assuré. Les choses ont changé. René lui expose sa méthode, mûrie et peaufinée lorsqu'il était le manager de Ginette Reno. La stratégie se décline de la façon suivante :

— Connaître le but que l'on souhaite atteindre, commence-t-il.

— Nous avons le même rêve, René.

— Connaître ses limites. Tirer des leçons personnelles de ses erreurs. Persévérer.

— Oui, je sais.

— Faire preuve de lucidité. Rassembler autour de soi. Communiquer avec les médias.

— J'ai pas peur avec toi, René. Je sais bien que tu feras les choses comme du monde[1].

— Je suis pas en train d'en beurrer épais[2], Céline.

— Je sais bien.

— C'est correc' pour toi, Céline ? lui demande-t-il.

— Chu correc[3], répond-elle.

Elle accepte le deal. René a de l'ambition. Elle en a tout autant, si ce n'est plus. Pour lui, les souhaits de Céline sont « ses ordres ». Il est prêt à orchestrer tout ce qu'elle veut. Il travaille dès lors à faire d'elle ce qu'elle souhaite devenir, une star internationale. Il lui enseigne les règles et les lois du show-business. Il lui apprend les ficelles du métier, à retenir sa voix, à la travailler tous les jours comme une athlète, à assurer des showcases auprès des compagnies pour décrocher des contrats. Elle écoute, comprend. Afin d'être au top, elle travaille énormément, sans compter les heures ni la fatigue. Derrière le conte de fées, il existe une discipline de fer pour Céline. Elle soigne sa voix comme un Stradivarius. René est à la manœuvre pour organiser les tournées et rechercher les meilleurs compo-

1. Faire quelque chose correctement, comme il se doit.
2. Exagérer, en faire trop.
3. Chu correc' : Je suis d'accord.

siteurs. Elle répète et dépasse peu à peu les objectifs fixés. Toujours plus haut. Et cette exigence à la clé : « Si tu ne fais pas lever la salle, on retourne à la case départ et on y restera un joli bout de temps », prévient René. La case départ ? Le marché québécois, point final.

La pression de l'excellence pèse sur ses épaules. Cette exigence, elle se l'impose comme un devoir, envers son public. Le manager est admiratif : « Elle a un talent rarement vu. Personnellement, je n'ai jamais vu d'artiste semblable. Rien n'est impossible avec Céline. Une voix incroyable, une femme extraordinaire, et un talent exceptionnel. En somme, Céline est la personne la plus simple et la plus douce que vous puissiez rencontrer. Elle a complètement changé ma vie », admet René devant les journalistes. A-t-il conscience qu'il a transformé un diamant brut en pierre précieuse ?

Ils font plusieurs séjours à Malibu, en 1989, pour l'enregistrement de son premier album en anglais. Ils louent une maison près de Zuma Beach. Souvenez-vous, c'est sur cette plage sauvage de Malibu que Joseph Jaspur, en 1946, fit une série de clichés d'un joli brin de fille du nom de Norma Jeane Dougherty, future Marilyn Monroe… Céline découvre le monde chic et branché de Rodeo Drive, où les plus belles voitures du monde s'alignent dans la rue. Dès leur première rencontre, une merveilleuse relation se noue entre elle et David Foster. « J'ai vu tellement de cas de chanteurs talentueux qui se produisent très bien sur scène, mais qui n'ont pas d'âme en studio. Avec Céline, l'émotion est toujours là. Elle aime vraiment son travail, et c'est un plaisir de la diriger », dit Foster. Cette merveilleuse faculté d'adaptation à toutes les musiques est une conséquence de sa qualité instrumentale. Selon elle, un ingrédient est pourtant essentiel : « On peut avoir du talent, mais il y a quelque chose de plus important, c'est d'être passionné. »

Elle ouvre le 34e concours de l'Eurovision au Palais de Beaulieu, à Lausanne (Suisse), le 6 mai 1989. Elle chante sa chanson gagnante de l'année précédente et *Where does my heart beat now.* C'est la grande surprise. David Foster s'est décidé à produire un album exclusivement en anglais avec elle. Le musicien David Foster, né à Victoria (Colombie-Britannique, Canada), l'un des plus grands producteurs de tous les temps, a collaboré avec George Harrison, Andrea Bocelli, Barbra Streisand, Rod Steward, Madonna, Lionel Richie, Bryan Adams, Whitney Houston, Janet Jackson, et tant d'autres. Auteur-compositeur, chanteur, arrangeur, à la riche carrière, au talent exceptionnel, il a signé avec Céline[1] ! Lorsqu'elle se rend à Los Angeles pour travailler avec lui, il lui affirme : « Tu vas être connue par ton seul prénom. Ils n'auront même pas à dire ton nom de famille. » L'orientation esthétique des chansons préférées de Céline se forgera plus tard. L'album *Unison* sort en 1990. Leur relation ne s'arrêtera pas là, Foster sollicitera Céline pour son album *White Christmas*[2]. Elle y interprète *The Christmas Song* et *White Christmas.* Foster remporte le prix du meilleur album de l'année en 1996, avec sa participation sur le titre *Falling into You*, interprété par Céline. Il partira avec Céline en tournée, au Japon, où il dirigera l'Orchestre symphonique de Tokyo [1994]. Il produira et arrangera l'album *Miracle* de Céline [2004].

René fait tout de suite les choses en grand. L'ensemble Pop Philharmonique, composé de cinquante-deux musiciens, sous la direction de Gilles Ouellet, accompagne la chanteuse pour son spectacle, au Festival d'été de Québec à la place d'Youville, devant un public de 30 000 personnes[3]. Elle se confie aux journalistes : « Dans le spectacle que je présente en ce moment, je suis impliquée. J'ai apporté mes idées. Mon engagement est bien plus important que par le passé. La seule chose dont je ne veux pas entendre parler, c'est la planification de mes horaires. Je laisse ça à René. Il veille sur tout, s'occupe de tout et décide de mes rendez-vous. Il me communique mon agenda au fil des semaines, et j'aime bien que ça se passe de cette façon-

1. 1989.
2. 1993.
3. 11 juillet 1989.

là. » Elle n'en oublie pas pour autant ceux qui souffrent. Elle participe au gala pour la fibrose kystique 65 Roses: A Gift of Love, organisé par Mila Mulroney. Brian Mulroney, Premier ministre du Canada, est présent. Elle interprète *Wind beneath my wings*, *Sorry seems to be the hardest word* et *Hard to say I'm sorry*, avec David Foster[1]. Le gala-bénéfice, télévisé, est diffusé le 17 décembre 1989. Une nouvelle année se profile, riche d'espoirs. René la protégera des griffes de la gloire, elle lui fait confiance. Elle s'élèvera à la hauteur de la star internationale qu'elle veut devenir.

1. 16 novembre 1989.

# 3

*« La simplicité est la sophistication suprême. »*

Léonard de Vinci.

Céline part se ressourcer en famille dans les Laurentides. Ce nom et cette région m'ont aussitôt intriguée. L'historien François-Xavier Garneau décrit la chaîne de montagnes, couvrant le Bouclier canadien au nord du Saint-Laurent, du lac Témiscamingue jusqu'au Labrador, et précise : « Cette chaîne, n'ayant pas de nom propre et reconnu, nous lui donnons celui de Laurentides qui nous paraît bien adapté à la situation de ces montagnes qui suivent une direction parallèle au Saint-Laurent. » L'histoire, ici, marie des éléments de la culture des Premières Nations avec des légendes créées par les colons et celles apportées d'Europe. On y parle de cavalier sans tête, d'enchantements, de revenants.

Au début de sa carrière, Céline avait besoin de douze heures de sommeil. À présent, elle gère mieux son stress. Huit ou dix heures lui suffisent, mais, le matin, elle peine à se mettre en marche. Comme on dit ici, elle a les yeux dans la graisse de bines[1]. Thérèse assure de nombreuses intendances, gère les deux maisons dont sa fille est propriétaire. Celle qu'elle partage déjà avec ses parents et une spectaculaire résidence secondaire d'un demi-million de dollars, nichée dans les Laurentides, à une heure de route de Montréal. La magni-

1. Se lever fatigué, sentir qu'on n'est pas complètement réveillé.

fique bâtisse, toute blanche, a été achetée en 1988. Elle surplombe les stations de ski. En plein ciel, le cadre ne peut être que bénéfique. Là, elle enlève ses talons de dix centimètres, retrouve de l'énergie, croque un fruit, se prélasse sur un canapé, vit simplement. Elle a adopté un chat, nommé Isis, et deux colombes blanches. Ses parents chérissent le lieu. Ils retournent à la ville uniquement pour acheter quelques bricoles lorsque c'est nécessaire. Thérèse décrit sa fille comme une personne essentiellement pragmatique. Elle a toujours été généreuse, très attentive à son entourage. Elle souhaite que les gens apprécient les traits de sa personnalité, qu'ils la perçoivent comme une personne sympathique, plutôt que pour la beauté de ses chansons. C'est un sacré pari, la carrière d'une jeune femme. « Au fond d'elle-même, ce que Céline veut, c'est être aimée, soutient Maman Dion. Depuis qu'elle est toute petite, nous l'avons entourée et choyée. »

La chambre de Céline est un havre de paix, reflétant la plus grande sobriété. Elle comporte de hauts plafonds, de grandes fenêtres, des murs immaculés, dépourvus, pour la plupart, d'ornements ou de peintures. Elle a donné carte blanche à sa mère pour la décoration, mais une seule règle d'or doit être respectée : « Céline ne voulait pas de photos d'elle sur les murs. Elle ne voulait pas voir son visage partout dans la maison, même si elle y était rarement. Elle détestait cela, témoigne Maman Dion. Céline est constamment à l'étranger. Lorsqu'elle est au Québec, elle se fait une priorité de passer plusieurs jours de repos ici. Céline ressent toujours le besoin d'être parmi nous. » Thérèse a décoré sa chambre à sa guise… avec des portraits de toute la famille et de Céline.

J'ose prétendre que je comprends son besoin de s'enraciner de nouveau dans la terre qui l'a vue naître. L'image de Maria Chapdelaine, l'héroïne de Louis Hémon, pour moi, revêt les traits de Céline, son sourire. Elle connaît « l'été qui commence trop tard et qui finit trop tôt, l'hiver qui mange sept mois de l'année sans profit, la sécheresse et la pluie qui viennent toujours mal à point. » Elle décrit mieux que je ne saurais le faire les immensités boisées dressées en muraille : « Le bois, toujours le bois impénétrable, hostile, plein de secrets sinistres, fermé autour d'eux comme une poigne cruelle, qu'il faudrait desserrer peu à peu, peu à peu, année après année, gagnant quelques arpents chaque fois au printemps et à l'automne, année après année. » Et cet attachement irraisonné, indéfectible : « [...] au pays de Québec, rien n'a changé. Rien ne changera, parce que nous sommes un témoignage. De nous-mêmes et de nos destinées, nous n'avons compris clairement que ce devoir-là ; persister... nous maintenir... Et nous nous sommes maintenus, peut-être afin que, dans plusieurs siècles, encore le monde se tourne et dise : ces gens sont d'une race qui ne sait pas mourir... Nous sommes un témoignage[1]. »

La grande ville et ses lumières ne sont pas si loin. Lors d'un concert spécial au Métropolis de Montréal, le 2 avril 1990, Céline lance son premier album en anglais, *Unison*[2], produit par David Foster. René attaque le marché international, après avoir négocié de main de maître avec Sony. Le succès est immédiat. Elle entame sa grande conquête du marché anglophone. Le disque connaît un départ timide au Canada à cause du succès mitigé du premier extrait, la ballade *(If There Was) Any Other Way*. Les choses changent radicalement avec le deuxième extrait : *Unison*. Le vidéoclip en noir et blanc présente une jeune femme, beaucoup plus sexy. Cinq singles sortent pour la promotion : *(If There Was) Any Other Way*, *Unison*, *Where Does My Heart Beat Now*, *The Last to Know* et *Have a Heart*. Le single *Where Does My Heart Beat Now* arrive en tête des charts australien, américain, français et japonais. L'album est disque de platine aux États-Unis et au Canada. Il est certifié sept fois disque de platine, et en France disque d'or. Durant l'émission *Ad Lib*, animée par Jean-Pierre Coallier, au Québec, Bill Rotary, le président de CBS Canada remet à Céline un

1. Louis Hémon, *Maria Chapdelaine*, 1913.
2. Sorti le 2 avril 1990 au Canada et en novembre aux États-Unis.

disque d'or pour les ventes de l'album *Unison* au Canada en seulement douze jours. Incroyable !

Or, un épisode malheureux aurait pu modifier le calendrier de la nominée. Elle a décroché un rôle et signé un contrat avec le producteur Jacques Blain, de la maison de production SDA[1]. « Le tournage débutera en mars prochain et se poursuivra tout au cours de l'été. Les quatre heures d'émissions devraient nécessiter une trentaine d'heures de tournage. La chanson thème de *Des Fleurs sur la neige* sera bien sûr interprétée par Céline Dion », pouvait-on lire dans la presse[2]. À l'âge requis, Céline avait obtenu son permis de conduire. Elle apprécie l'autonomie et la liberté qui en découlent. Cela change une femme d'avoir un volant entre les mains. Elle quitte le lieu de tournage de la minisérie *Des fleurs sur la neige*, où elle a enregistré toute la journée. Elle prend le volant pour rejoindre sa maison à Sainte-Anne-des-Lacs dans les Laurentides, un vendredi soir de l'été 1990. Martin, le neveu de René Angélil, a promis de conduire Karine, la nièce de Céline, chez elle, afin qu'elle y passe la fin de semaine. Alors qu'elle roule sur l'autoroute, Céline aperçoit le véhicule de Martin. Elle le double en lui faisant un grand signe de la main… et là, elle perd le contrôle. Elle fait un tête-à-queue, sort de la route. Grâce à Dieu, elle n'est pas blessée. Sa voiture est très amochée. Plus de peur que de mal. René, prévenu par Maman Dion, rentre de Las Vegas. Depuis lors, il lui interdit de conduire. Quand il n'a pas la capacité de l'emmener lui-même, un chauffeur sera mis à sa disposition. « C'est correc' ! »

*Des Fleurs sur la neige* passe sur la chaîne Radio-Canada au Québec[3]. Ce feuilleton, en quatre épisodes de 47 minutes, est la première expérience de Céline en tant que comédienne. Il s'agit d'une histoire vraie, adaptée d'un roman autobiographique du même nom, écrit par Élisa Trudel, en 1985. Céline tient le rôle principal, celui de l'auteure : battue, abusée physiquement par

1. 6 février 1990.
2. *Le Quotidien*, Chicoutimi, Québec, 9 février 1990.
3. 7 mars 1991.

son beau-père, pendant seize ans. De foyers d'accueil en foyers d'accueil, elle découvre la vie. Touchée par le scénario, Céline s'investit entièrement dans son rôle. Elle interprète *Prenez-moi*, la chanson du générique. Fière du résultat, elle assure être prête à renouveler l'expérience. Elle rappelle qu'elle souhaite faire du cinéma dorénavant. « Peu après le lancement d'*Unison*, raconte Céline, trois ans jour pour jour après celui d'*Incognito*, j'ai accepté de jouer dans une minisérie télévisée, *Des Fleurs sur la neige*. Je tenais le rôle d'une jeune femme, Élisa, abandonnée toute jeune par sa mère, battue par un père alcoolique, violée par son beau-père, abusée par un mari brutal et méchant... Une histoire vraie, insupportable. Pendant quelques semaines, j'ai donc vécu à l'opposé de mon conte de fées, tous les jours au fin fond des enfers. Je n'étais plus la chanteuse qui se préparait à conquérir le marché américain ; j'étais une pauvre fille défaite et malheureuse, sans ressource, sans avenir, sans autre projet que celui d'échapper à un milieu épouvantable. »

Le tournage n'a pas été simple pour elle. « Il y avait, surtout au début, une certaine animosité de la part des comédiens sortis des écoles de théâtre, qui me considéraient comme une intruse et qui, jusqu'à la fin, ont refusé de me considérer comme l'une des leurs. » Elle transforme cette expérience en leçon de vie : « Ça m'aidait, d'une certaine façon, à entrer dans la peau d'Élisa, elle aussi rejetée et méprisée par son entourage. » Elle ne s'en laisse pas conter, et garde le cap. « Après quelques jours, j'étais réellement couverte de bleus, j'avais le cœur brisé, j'avais peur de tout le monde. C'était terrible. Mais j'ai adoré l'expérience. Et, depuis ce jour, je rêve de faire du cinéma. Interpréter un personnage, entrer dans sa peau et lui donner une âme est une expérience unique et merveilleuse. »

La notoriété de Céline décolle aux États-Unis, notamment avec le tube *Where Does My Heart Beat Now*. Après les chansons romantiques et doucereuses vient le temps de la maturité, de la métamorphose. Elle fait ses débuts à la télévision américaine dans l'émission *The Tonight Show* de Jay Leno, animée par le célèbre humoriste, sur NBC[1]. Le présentateur, conquis par sa performance, affirme que « le monde entendra beaucoup parler d'elle » ! Phil Collins, venant de Chiswick, qui fait un tabac avec son premier disque live, enregistré pendant sa tournée de l'album *But Seriously*, est l'un des invités. La voix de Céline a capté l'attention de l'une des personnalités de la télévision les plus influentes de tous les temps : Johnny Carson [1925-2005]. Époustouflé par le talent de la jeune Canadienne, il l'invite au *Tonight Show*.

Pour atteindre les sommets, la chanteuse s'investit corps et âme. Trop, peut-être.

Le rideau se lève, elle s'avance sur la scène de la salle O'Bready, à Sherbrooke, le 13 octobre 1990. Elle ne se ménage point, pousse à fond les notes les plus hautes, or peu à peu, les sons sortent difficilement. Les aigus sifflent. Le stress monte. Elle n'arrive plus à chanter. Sa voix se casse. Le concert est interrompu. Elle s'effondre dans les bras de René. Elle est mortifiée. Abandonner ainsi son public en plein tour de chant lui est insupportable, cela s'apparente à une trahison. La jeune passionnée sanglote dans les coulisses, tandis que René explique aux spectateurs la situation. Comme un seul homme, la foule se lève alors et applaudit à tout rompre sa vedette, leur protégée, la petite fille de Charlemagne. Des marques de sympathie et de compassion fusent : « Soigne-toi, Céline ! », « Guéris vite ! », « On t'aime Céline ! ». René l'a rejointe. Il la console.

L'otorhinolaryngologiste consulté à Montréal, le docteur Marcel Belzile, pense que le problème vient de polypes ou de petites déchirures, sur les cordes vocales, qu'elle devra certainement faire enlever. Auparavant, il lui recommande de consulter le docteur Gould de New York. La tournée est annulée. William Gould, un homme de quatre-vingt-deux ans, a soigné les plus grands de ce monde : Frank Sinatra, John F. Kennedy… Il propose deux solutions à la chanteuse : une

1. 21 septembre 1990.

opération qui risque d'altérer la tessiture, ou ne pas émettre un seul son pendant trois semaines. Céline et René optent pour la seconde option. Elle s'y tient. C'est une très douloureuse expérience pour elle : « Après quelques heures sans parler, j'ai commencé à me raconter des histoires… J'imaginais que j'étais muette à vie. J'avais peur et je pleurais », témoigne-t-elle. Quand elle revoit le docteur Gould, ses cordes vocales sont réparées. « Vous avez une voix pour une grande carrière, mais vous ne savez pas chanter ! » lui dit-il. Il la dirige vers le docteur William Riley, expert des cordes vocales. Pas question de tergiverser, René prend immédiatement rendez-vous. Celui-ci constate que Céline chante du nez. Il lui montre comment placer la langue et les joues, lui fait travailler l'articulation, la phonation. Son ordonnance est à la fois simple et contraignante : pratiquer des exercices quotidiens. « Tu effectueras tes exercices tous les jours. Le reste du temps, quand tu seras en scène, ou en studio, tu n'y penseras pas, pour ne pas perdre ton feeling. Mais tous les jours, en prenant le temps qu'il faut, tu devras effectuer ces exercices. Et tu vas voir le changement dans cinq ans. » Céline opine : « On me paie des fortunes pour chanter, alors prendre soin de ma voix est le moins que je puisse faire. » Elle respecte strictement toutes ces recommandations, change son alimentation, évite les environnements trop secs, garde le silence absolu durant de longues périodes. Depuis cette consultation, elle n'a jamais dérogé à cette règle.

Elle pratique la méthode mise au point, pour elle, par Tosca Marmor. Ce sont des exercices vocaux étranges. Le matin, elle parle peu et à voix très basse, car, selon le célèbre professeur de chant, il ne faut pas forcer sa voix le matin. Céline a une façon unique de respirer lorsqu'elle effectue ses exercices vocaux. Les gens qui l'entendent dans la chambre d'hôtel voisine, la nuit, doivent penser que les sons émanant de sa chambre sont un brin sensuels. Sa sœur Ghislaine, qui fut sa choriste, narre : « Après chaque spectacle, nous faisions ce qu'ils appelaient "les vapeurs" ou le jet pour humidifier nos cordes vocales.

D'habitude, on mettait la tête au-dessus d'un bol d'eau très chaude et on respirait la vapeur. Une fois, Céline a eu l'idée de s'asseoir confortablement dans la salle de bain et de faire couler la douche avec de l'eau très chaude. Tout allait bien jusqu'au moment où, à cause de la chaleur et de l'humidité, les dalles du plafond ont commencé à se décoller et à tomber presque sur nos têtes. Nous avons ri comme des folles. » L'artiste n'en est pas moins très sérieuse, la majeure partie du temps. « Quand je suis à Paris, je vais voir mon ami, le docteur Jean Abitbol, parce que c'est mon métier. Je suis comme une voiture de course qui s'apprête à faire une compétition. Je ne suis pas malade. Je m'assure juste que tout va bien. »

Le médecin ORL et phoniatre français, Jean Abitbol, pionnier de l'exploration dynamique par endovidéoscopie, m'a fait comprendre que la voix d'un individu « est un instrument à cordes et à vent. Le souffle pulmonaire fait varier la puissance. C'est un violon ! » Or, « chez l'homme, à la différence du violon, la caisse de résonance – formée de la bouche, la langue, le haut du palais et les joues – est mobile. Grâce à cela, il est le seul mammifère capable de former des voyelles. Son larynx est descendu au milieu du cou alors que, chez les autres mammifères, il est collé à la base du crâne. » Jean Abitbol m'a éclairée sur la complexité de notre instrument vocal dont le « chef d'orchestre est notre cerveau ». En effet, m'expliqua-t-il, sont impliqués le cerveau gauche (siège de la raison) et le droit (siège de l'émotion), des zones de l'aire de Broca (où s'imprime le dictionnaire du langage) et de l'aire de Wernicke (centre de la représentation auditive des mots). Pour cela, certains troubles et maladies demeurent difficiles à traiter.

Céline consulte régulièrement un laryngologue de Los Angeles, le docteur Edward A. Kantor. Avant elle, les Beatles, Elvis Presley, Frank Sinatra, Whitney Houston, Michael Jackson lui ont fait confiance. Selon son frère Michel, alors assistant du directeur de ses tournées : « Avant qu'elle n'arrive, je dois m'assurer que la température est idéale dans sa loge pour que sa voix ne soit pas affectée. » Il constate :

« Même lorsque nous sortons dîner ensemble, pendant le temps de silence qu'elle s'impose, comme Céline fait les choses au maximum, elle ne dit pas bonjour. » Malgré la rigueur dont elle fait preuve pour ménager sa santé et préserver sa voix, des soucis peuvent survenir. Ainsi, quelques jours avant son show de Las Vegas[1], Céline doit annuler ses concerts à cause « d'un trouble à l'oreille moyenne, connu sous le nom de trompe d'Eustache Patulous ». Celui-ci cause « des irrégularités auditives et rend le chant extrêmement difficile. » Il s'agit d'autophonie, c'est-à-dire le fait d'entendre sa propre voix de manière anormalement forte. Une bénigne intervention chirurgicale règle le problème.

Au 12e gala de l'ADISQ[2], elle est proposée dans la catégorie « Artiste anglophone de l'année » pour son album *Unison*. Sa sœur Claudette est chargée de décacheter l'enveloppe et d'annoncer le gagnant du trophée. « C'est Céliiiiiiiiine », crie-t-elle. Curieusement, dans la salle, la dénommée ne semble pas aussi heureuse que sa marraine. À la suite d'un regard complice partagé avec René, elle monte sur scène. Stupeur, elle refuse la statuette qu'on lui tend. Au micro, la récipiendaire annonce : « J'peux pas accepter ce trophée-là… C'est pas parce que je suis pas fière de mon disque en anglais… au contraire. Je suis très fière de mon disque. […] Je tiens à remercier le public aussi… parce que je pense qu'eux autres, y ont compris que j'étais pas une artiste anglophone. Je suis fière d'être une Québécoise. » Elle propose de créer la catégorie « Artiste québécois s'étant le plus illustré à l'international ». L'ADISQ révisa sa copie l'année suivante et créa la catégorie « Artiste québécois de l'année s'étant le plus illustré hors Québec ».

La stratégie de René est imparable. Étape par étape. Ne pas garder les œufs dans le même panier. Il est temps de diversifier leur portefeuille et leurs investissements. Pourquoi pas la restauration ?

---

1. Mars 2018.
2. 21 octobre 1990.

5 décembre 1990 – comme c'est étrange –, le premier restaurant Nickels ouvre ses portes dans la ville de Saint-Laurent, Québec.

Pourquoi Nickels ? C'est une idée de Céline. La pièce de cinq cents canadienne est en nickel. Le cinq est son chiffre porte-bonheur !

L'année précédente, un cousin de René lui avait cédé les actions d'un établissement dont il était propriétaire, afin de rembourser ses dettes. René a eu l'idée de transformer cet endroit en un restaurant un peu rétro, mais de bonne qualité. Les membres de la famille Dion sont associés dans l'affaire. Le décor choisi, par Céline et René, reprend le style American Graffiti des années 1950. Les murs sont recouverts d'affiches de Marilyn Monroe, Elvis Presley, James Dean, Charlie Chaplin, les légendes hollywoodiennes... Lorsque les saisons sportives débutent, des écrans de télévision diffusent les matchs de baseball et de hockey. Un endroit animé, un menu varié, le sport à la télé, le tour est joué ! Céline a conçu l'uniforme des employés. Chemise de baseball pour les hommes ; chemisier blanc et minijupe rose pour les femmes.

C'est un succès ! Un deuxième Nickels est inauguré l'année suivante. Sept ans plus tard, la chaîne comporte trente-cinq restaurants au Québec et en Ontario. Celui de Repentigny, non loin de Charlemagne, est l'un des plus vastes avec ses 2 400 $m^2$. Paul Dion en est le gérant, assisté par ses frères et sœurs Daniel, Linda, l'une de ses nièces et Thérèse Dion. La chanteuse confie à chacun de ses frères et sœurs la gestion d'une succursale. Elle sera actionnaire jusqu'en 1997, l'année de son désengagement de la chaîne de restaurants. Son image et les divers objets la représentant ne seront plus utilisés à sa demande. Par la suite, la chaîne fut visée par une enquête du ministère du revenu québécois en 1999. Le fisc soupçonnait certains restaurateurs d'utiliser des « zappers », logiciels permettant d'occulter certains revenus. On évoqua la somme de 134 millions de dollars, plus les taxes non perçues, soit environ deux millions de dollars...

Le planning de l'année 1991 est saturé d'engagements.

Elle présente avec Will Smith l'American Music Award de la catégorie « Favorite Heavy Metal/Hard Rock New Artist » (meilleur nouvel artiste heavy metal hard rock) à la 18e cérémonie des American Music Awards au Shrine Auditorium de Los Angeles[1]. Conjointement avec Marjo, une chanteuse québécoise, elle reçoit le Prix Choix du Québec[2]. Durant la 20e cérémonie des Juno Awards[3], au Queen Elizabeth Theatre de Vancouver, elle est lauréate de prix prestigieux : le prix Female Vocalist Of The Year (chanteuse de l'année) et Album Of The Year (album de l'année) pour *Unison*. C'est la première fois, dans l'histoire des Junos, qu'une Québécoise remporte un prix dans ces catégories. Assis dans le public, René laisse échapper une larme de bonheur. Elle est radieuse. Comme une petite musique, les mots de René résonnent à son oreille : « Tu peux pas toujours être bonne, mais il faut que tu sois bonne quand c'est le temps d'être bonne. »

Michael Bolton invite Céline à participer à Voices That Care, une opération caritative ayant pour but de soutenir le moral des soldats américains impliqués dans l'opération Tempête du désert de la guerre du Golfe, ainsi qu'à l'organisation internationale de la Croix-Rouge. Céline enregistre le titre avec des personnalités telles que Little Richard, Michael Jordan, Wayne Gretzky, Kevin Costner, Kenny Rogers, Magic Johnson, Michelle Pfeiffer. La présentation du clip vidéo, aux troupes au Moyen-Orient, est diffusée sur Fox[4]. Coïncidence, il s'agit du jour où les combats se terminent pour Tempête du désert. La chanson sort, en single, chez Giant Records[5]. Deux jours plus tard, Céline donne un concert au Winter Garden Theatre[6], à Toronto.

Un merveilleux vingt-troisième anniversaire est prévu à Paris, en mars. Pas de chance, elle a un terrible mal de gorge.

---

1. 28 janvier 1991.
2. 5 février 1991.
3. 3 mars 1991.
4. 28 février 1991.
5. 13 mars 1991.
6. Diffusé sur CBS, le 8 avril.

Elle souffre d'une amygdalite aiguë et reste confinée au lit. « C'est le résultat d'une vie qui s'est déroulée très vite, sans que j'aie eu le temps de la vivre. Je suis quelqu'un de très émotif, et mes émotions en ont pris un coup », constate-t-elle. Son emploi du temps est on ne peut plus chargé : 13 avril, Philadelphie ; 16 avril, Washington ; 17 avril, New York. 18 avril, elle enregistre *Good Morning America.* 19 avril, Los Angeles ; 22 avril, enregistrement d'un show télé. Les 23 et 24 avril, elle est à Kansas City. 25 avril, Atlanta. 26 avril, New York. 28 avril Pittsburgh. 29 avril, Chicago. 30 avril, Minnesota. Le 1^er^ mai, direction Montréal, pour une conférence de presse où avec René, ils annoncent la tournée liée à l'album *Unison*, puis retour vers New York dans la nuit et départ vers Nashville pour un concert. Le 4 mai, show à Los Angeles. La tournée promotionnelle débute par le Japon, Tokyo, Osaka, Nagoya, Fukuoka[1] avant d'entamer, le 19 mai, sa série de spectacles au Québec. Elle rencontre les représentants de la profession et la presse à Tokyo ; au restaurant Vieben de Fukuoka ; revêt le traditionnel kimono à Osaka ; pose avec ses admirateurs dans les rues de bonne grâce. Elle apprécie beaucoup le peuple japonais : « Ils sont fascinants parce qu'ils ont toujours le sourire aux lèvres et ils mettent tellement de cœur dans leur travail. On voit qu'ils sont heureux de pouvoir accomplir quelque chose de concret, et ça, ça te stimule à faire pareil et à ne pas te contenter de demi-mesures. C'est tellement plaisant de voir que tu n'es pas la seule personne à donner 100 % de toi-même. Ça fait du bien de voir que tout le monde cherche la perfection et que personne ne cède à la facilité. Ça crée un climat de travail fantastique. »

Michiko Suzuki, critique très respecté au Japon, remarque : « Il y a la voix qui étonne... Elle est tout à fait convaincante lorsqu'elle livre ses chansons au public. Elle est très expressive et c'est d'abord ce que j'ai remarqué chez elle. Il ne fait aucun doute dans mon esprit qu'elle sera une grande vedette au Japon.

1. Du 5 au 16 mai 1991.

Elle est excellente. C'est l'une des meilleures chanteuses qu'il m'ait été donné d'entendre. »

Les médias japonais sont dithyrambiques. Kinya Takahashi[1] débute les éloges : « Il y a des chanteuses qui font des efforts incroyables pour atteindre des notes très hautes, mais, chez Céline Dion, ça semble tellement facile qu'on dirait qu'il s'agit d'un don naturel. Je suis convaincu qu'elle sera une grande vedette au Japon et partout dans le monde. » Son collègue Masahiro Ikawa[2] renchérit : « Cette fille-là a une voix tout à fait incroyable. Il suffit de l'écouter attentivement lorsqu'elle chante pour constater qu'elle n'utilise pas seulement ses cordes vocales, mais bien son corps tout entier pour transmettre toute l'émotion souhaitée dans ses interprétations. Lorsqu'elle chante, c'est la voix de tout son corps que l'on entend. Elle est fascinante. » Le présentateur Sheena Daswani[3] est charmé : « Je n'arrivais pas à comprendre comment une jeune fille de 23 ans pouvait faire preuve d'autant de professionnalisme et démontrer autant de métier. J'ai compris pourquoi elle était si bonne lorsque j'ai su que sa carrière avait déjà dix ans. Chose certaine, Céline est une fille très sympathique, et, même si elle est une grande vedette dans le monde, elle est toute simple et c'est un plaisir de parler avec elle. Elle a une personnalité à laquelle on ne peut résister et je la soupçonne d'avoir une aura très forte. C'est une fille adorable. » Sakura Mahekita[4] raconte qu'elle était à Las Vegas lorsqu'elle l'entendit pour la première fois et chercha à savoir qui elle était : « J'ai été conquise par sa voix extraordinaire. Maintenant que je viens de la voir sur scène, je constate avec bonheur que Céline Dion a non seulement une voix magnifique, mais aussi une très forte présence sur scène. Tous les Canadiens devraient être fiers d'elle puisqu'elle fait grandement honneur à son métier. »

Pas si sûr que ses compatriotes la perçoivent avec tant d'admiration et d'indulgence. René l'a souvent constaté « La critique

1. FM Sounds, Tokyo.
2. FM Sounds, Tokyo.
3. Sun TV et Kiss FM, Osaka.
4. FM Sounds, Tokyo.

a toujours été plus dure au Québec ». Il n'hésite pas à préciser le fond de sa pensée : « Ce que les critiques de Londres ou de Chicago écrivent me passe 100 pieds par-dessus la tête. Mais ce qui est écrit au Québec me touche directement ». Céline ne fait pas l'unanimité, mais n'en demeure pas moins touchante par sa sincérité et son naturel. « Je n'ai aucune raison de me plaindre de quoi que ce soit. Je fais un travail que j'adore, ma vie ressemble à un grand rêve et de voir tous ces gens qui se démènent depuis plusieurs semaines déjà pour que je puisse exercer mon métier dans les meilleures conditions possible, eh bien, ça me stimule à donner une fois de plus le maximum de moi-même. » Elle reste humble : « J'ai toujours une grande pression sur les épaules. Il n'y a jamais rien d'acquis. Tu dois constamment te surpasser pour ne pas plafonner et pour garder l'intérêt des gens. Tu n'as souvent que le temps d'une chanson pour faire tes preuves, et parfois, c'est bien ingrat. » Les classements, les palmarès sont l'affaire de son manager. « Je ne consulte jamais un palmarès dans le but de me comparer à une autre chanteuse, c'est loin d'être mon genre. La seule personne avec qui je suis en compétition, c'est moi-même. En fait, je ne me considère pas comme meilleure qu'une autre : je suis simplement la meilleure de moi-même. Je veux plutôt savoir que depuis le résultat précédent j'ai fait des progrès significatifs. C'est comme ça que j'aborde mon métier, je cherche toujours à être meilleure pour ma propre satisfaction. » Elle garde bien les pieds sur terre. « Le danger, c'est de croire qu'un jour on a atteint le sommet et qu'on n'a plus rien à accomplir. Ce n'est pas la bonne façon de se surpasser comme être humain. C'est sûr que c'est énorme ce qui m'arrive, mais on a travaillé fort, en "titi"[1] pour en arriver là. Je suis convaincue que j'aurai d'autres défis à relever. »

Sa tournée de spectacles terminée au Québec, Céline et René étudient les invitations de nombreux pays sollicitant sa venue. Une demande qui frise la démesure selon René, mais

1. Beaucoup, en grande quantité.

qui témoigne du succès de l'artiste. « Plusieurs experts, tant américains et canadiens que japonais, s'entendent maintenant pour dire qu'il ne s'agit là que de la pointe de l'iceberg, et que, dans un proche avenir, le phénomène Céline Dion prendra des proportions tout à fait incroyables partout dans le monde », constate Pierre Plante pour 7 jours.

Elle se lance dans la publicité, grâce à Coca-Cola, devient la porte-parole de la boisson gazeuse light Coke diète[1]. Le clip est mémorable. Alors qu'Obélix sort d'un camion de livraison avec Idéfix, Céline, en jean et tee-shirt blanc, fait un test son en prévision d'un spectacle. On la voit distribuer des cannettes de Coke diète aux techniciens. Le soir, sur scène, vêtue d'une robe rouge moulante, elle chante le jingle de la boisson : « C'est fou comme ça vous désaltère, c'est fou comme il est populaire… Mais avant tout, mais avant tout-tou-tou-tou-tou-tou-tou… » en multipliant les acrobaties vocales, se parodiant avec beaucoup d'humour et d'autodérision. « Montréal, c'est ma ville. Simpson, c'est mon style », chantait-elle pour le clip de la marque éponyme[2]. Avec son sosie, Linda Paquette, elle prête son image pour la chaîne des Rôtisseries St-Hubert[3], spécialiste du poulet rôti. Une serveuse se fait interpeller par une cliente pour sa ressemblance avec l'artiste. Elle la dissuade, elle n'est pas Céline Dion : « Entre vous puis moi, si j'étais la vraie Céline, je serais pas au St-Hubert. » À la table, juste derrière, lui tournant le dos, la véritable Céline rétorque : « C't'encore drôle[4] ! »

Après avoir échappé de justesse à la faillite, en 2004, Air Canada mise sur la star pour relancer l'entreprise. Ce sont de bons clients de la compagnie, comme le rappelle René en interview : « Nous autres, quand on a commencé, on voyageait toujours avec Air Canada quand on allait à Paris ou à Los Angeles. On connaissait presque tout le monde, on faisait ça tellement souvent. C'est comme une famille. Air Canada a eu

1. 1991.
2. 1988.
3. 2009.
4. Ce n'est pas si sûr.

beaucoup de difficultés, comme on sait, pi là, il y a tellement de choses nouvelles. » Céline se dit « flattée » d'avoir été approchée par Air Canada : « J'ai beaucoup d'admiration pour les employés et leur capacité à surmonter des épreuves et à se tenir debout. » Elle propose un petit spectacle à l'aéroport de Toronto, vêtue du nouvel uniforme de l'entreprise. Le scénario se reproduit aux aéroports Pierre-Elliot-Trudeau de Montréal, Calgary, Vancouver. Céline devient la voix d'Air Canada. Elle tourne un vidéoclip, sur un tarmac et dans des hangars, au milieu des avions, sur sa chanson *You and I*[1]. « Tu seras mes ailes à moi. Tu me donnes le monde et je t'ouvre les bras [...] Nos deux cœurs voyagent pour embrasser les nuages. » Elle a enregistré à Las Vegas. Le mix a été fait à New York. Les membres des équipages, sauf les plus observateurs, ignorent le petit rituel auquel se prête la chanteuse, lorsqu'elle monte à bord d'un appareil. Un brin superstitieuse, elle appuie cinq doigts d'une main sur la cabine de pilotage. Certains grincent des dents, les journaux mentionnent : « Les machinistes d'Air Canada n'apprécient guère l'ampleur de l'opération publicitaire. Le syndicat n'en a pas contre l'embauche de Céline Dion, mais contre la grande fête organisée pour l'annoncer. Le PDG de l'entreprise, Robert Milton, a précisé qu'Air Canada avait les budgets nécessaires pour réaliser des campagnes publicitaires comme celle-ci. » René appelle les médias, rive quelques clous. Céline préfère laisser courir, se concentrer sur ses chansons. « J'aime pas ça quand René s'énerve à ce point-là, y pourrait péter au frette[2] », confie-t-elle spontanément en commentant les états d'âme de son manager.

Elle prête son image de chanteuse et de golfeuse à la marque d'équipement de golf Callaway[3]. Moulée dans une longue robe du soir couleur argent, elle s'avance sur une scène, vers un pied de micro, et évoque sa passion pour la chanson… l'objet suggère aussi pour elle une autre de ses passions… On la voit

1. *You and I* figure sur l'album *A New Day... Live in Las Vegas*.
2. Mourir, tomber d'épuisement, faire une crise cardiaque.
3. 1998.

en tenue de golf sur un green… Elle reprend les paroles de *My Heart Will Go On* : « In front of this, I know my drive will go on and on » [« Face à cela, je sais que mon entraînement va continuer encore et encore. »] Elle renouvellera l'expérience pour promouvoir ses propres marques le temps venu.

Très appréciée sur le continent asiatique, elle apporte sa contribution à la compagnie japonaise Edion[1]. Fondée en 2002, elle compte un millier de grandes surfaces commerciales et emploie plus de 17 000 salariés. Elle s'amuse, en chantant, de la ressemblance entre son nom de famille et le nom de la marque. « Watashi wa Céline Dion », dit-elle. Autrement dit en français : « Je suis Céline Dion », mais qui peut être entendu comme « Je suis Céline Edion ». Les fans sont en quête de ses apparitions, sollicitent des autographes. Il faut noter que lorsqu'elle signe son nom, elle le fait toujours de la même manière, en utilisant uniquement son prénom et en l'écrivant exactement de la même façon : « Céline X X… » Il n'y a pas d'exception. Elle ajoute « X X », le symbole de deux baisers, suivis de trois points, pour un total de cinq. Elle croit que cela lui porte chance. Alors qu'un fan lui demandait de n'écrire que « Céline » au dos de sa chemise, sans le « X X », elle lui a dit qu'elle ne pouvait pas : « C'est ainsi que je signe mon nom depuis seize ans et je ne peux pas le changer. »

Elle fait un saut à Paris, en juin 1991, au studio Face B de Michel Berger, où elle enregistre deux chansons pour l'album *Tycoon*, la version anglaise de *Starmania*, le fameux opéra rock. La gentillesse de Berger et Plamondon, leur attention, l'intimité du studio, tous ces éléments l'incitent à programmer un album complet, consacré au célèbre répertoire du Québécois. Auparavant, elle célèbre ses dix ans de carrière, au Forum de Montréal, le 19 juin 1991. Pour l'occasion, le concert est diffusé dans un « spécial » télévisé, sous le titre *Dix ans déjà*. Les billets, à 26,50 $ et à 19,50 $, sont partis comme des

1. 2012.

petits pains. La veille, en interview avec *Le Quotidien*[1], elle n'a rien caché de son état d'esprit : « Sors d'ici, c'est à mon tour de parler », lance-t-elle à son gérant, arborant un sourire espiègle. René Angélil acquiesce et ferme la porte, laissant à sa protégée le soin de livrer elle-même ses états d'âme quant à son éventuelle prestation au Forum. Céline Dion, sans ange gardien pour intervenir si elle vient à s'empêtrer dans quelque propos nuisible à son image médiatique, quelle aubaine !

Évidemment, elle est très excitée à l'idée de remplir les gradins et la patinoire du Forum, sans compter les 1 300 sièges supplémentaires qui viennent d'être ajoutés, faute de place. « Chus assez fière, je capote[2] en dedans, c'est très énervant. Je sens la pression, mais je suis heureuse comme je ne l'ai jamais été », confiera la jeune interprète, radieuse. « Je suis allée souvent voir des shows au Forum, comme celui de Paul McCartney ou Elton John. L'ambiance est écœurante[3], c'est le fun au boutte[4] ! Honnêtement, je n'avais jamais pensé me retrouver sur la scène du Forum à vingt-trois ans. Je ne sais pas encore ce qu'est le feeling de chanter là, je ne suis jamais montée sur cette scène, mais j'ai très hâte », souligne-t-elle. Elle détaille le déroulement de la soirée, évoque les musiciens menés par Claude « Mégo » Lemay, et aussi les soixante musiciens de l'Orchestre Métropolitain, dirigés par Richard Grégoire.

Si Céline Dion peut se targuer de mobiliser des dizaines – ou plutôt des centaines – de milliers d'admirateurs, elle est encore loin de faire l'unanimité. Ses détracteurs l'accusent encore de répéter ses leçons, de livrer une performance plus athlétique qu'artistique, de suivre un plan de carrière où la stratégie l'emporte sur l'art, d'être aveuglée par le rêve américain au détriment de son identité. Sans qu'on la confronte à ce genre de critique, Céline abordera le sujet de sa propre identité.

« Lorsque j'ai été malade cet hiver, j'ai eu si peur et j'ai réfléchi à ce que je ferais si jamais je me retrouvais sans voix.

1. *Le Quotidien*, 20 juin 1991.
2. Perdre la tête, perdre le contrôle de soi, s'énerver.
3. Géniale, dans ce contexte.
4. Excellent, super, incroyable, merveilleux.

Je me disais, entre autres, que je n'aurais pas eu la chance de me faire totalement plaisir sur scène. Dire les choses qui viennent vraiment de moi, de mes tripes, de mon cœur, de mon âme, faire état des expériences extraordinaires que j'ai vécues et que je suis en train de vivre », laisse tomber la chanteuse. « J'apprends à me connaître, et quand je parle au monde, je ne veux plus de par cœur. Chus tannée de dire des textes que d'autres m'ont mis dans la bouche. Bien sûr, je ne regrette pas ce que j'ai fait par le passé. J'étais jeune, j'avais besoin qu'on me conseille. Mais dorénavant, je ne dirai plus "Je vous présente un texte d'Eddie Marnay, qui a su si bien comprendre mon âme". Ce n'est pas moi, ce n'est pas mon langage. Je dirai plutôt : "Je vous chante un texte d'Eddie Marnay parce que je l'aime au boutte !" C'est la même affaire et c'est bien plus naturel comme ça », explique Céline, les yeux allumés. « Bien sûr, je veux la perfection sur scène, mais je veux aussi rester près des gens. Plus je suis près d'eux, plus je suis moi-même », renchérira-t-elle.

On sent que la grande fille commence à s'affirmer au-delà de ses performances, techniquement impeccables, qu'elle se dégage progressivement de l'image d'une kid star hyper protégée, hyper encadrée. On sent que Céline saisit davantage la différence entre le talent, la détermination et la qualité de l'expression. »

En plus de son répertoire, elle propose des titres de *Starmania*, en hommage à Luc Plamondon. Le public, son public, reprend toutes les chansons avec elle. Après le spectacle, elle donne une conférence de presse avec les dirigeants de CBS. Son président, Paul Burger, lui remet un disque triple-platine pour les 300 000 ventes de l'album *Unison* au Canada. La grande interrogation la concernant demeure sa vie privée... Les journalistes voudraient bien récupérer un scoop, en faire des choux gras, manger son prochain[1]. De manière détournée, on s'inquiète de son devenir. La solitude ne lui fait-elle pas peur ?

1. Parler en mal des autres derrière leur dos.

Ça prend pas la tête à Papineau[1] pour se rendre compte qu'ils espèrent des confidences. Elle ne tombe pas dans leur piège : « Ce qui me fait peur, c'est de penser que je vais peut-être finir mes jours seule parce que je n'aurai pas eu une vie comme tout le monde. Parfois, je me dis que ma vie est tellement merveilleuse et que je vis des choses tellement belles qu'un jour la vie va se charger d'équilibrer tout ça et qu'il va m'arriver quelque chose de triste ou d'éprouvant. J'ai peur que la vie me punisse pour avoir eu droit à tant de beaux moments. Je ne veux pas me retrouver dans une vingtaine d'années, toute seule dans une grande maison en train de me bercer près d'une fenêtre. » C'est de valeur[2], elle n'en dira pas plus.

À la fin de l'été, elle est de retour dans la capitale française. Michel Berger l'a invitée à enregistrer son album chez lui. Il lui laisse, pour un mois, le studio Face B qu'il a installé dans une ancienne imprimerie d'une impasse du 17e arrondissement. Sur cet opus, on trouve des chansons de *Starmania,* la très rock *Des mots qui sonnent*, et surtout *L'amour existe encore*, chanson phare de son répertoire francophone, l'une des premières écrites sur le sida. Michel Berger en supervise la réalisation. L'album *Dion chante Plamondon* [baptisé *Des mots qui sonnent*, en France] est certifié Or le jour même de son lancement. Les thèmes abordés mettent en relief une nouvelle dimension à son répertoire. Serge Perathoner, l'arrangeur du titre *L'amour existe encore*, livre cette anecdote : « Il y a eu, à un moment donné, le choix d'une chanson que René voulait qu'elle interprète, *L'amour existe encore*, mais Céline n'avait pas envie de la faire. Ça parle du sida. Alors elle avait peur pour son image, sa carrière qui démarrait, de faire des chansons dites “à message”. René est venu vers moi, et il m'a dit très doucement : “Joue la chanson.” Céline, évidemment, une chanson qui part, elle chante. C'était tellement fort, on avait tous des larmes dans les yeux. Il y avait un silence. Et on a entendu

1. C'est simple à comprendre.
2. C'est dommage. C'est regrettable.

la fameuse mère Dion [la maman de Céline], qui préparait la potée, dire : “Et tu ne voulais pas la chanter ?” » À la fin de l’interprétation de Céline, tout le monde est en larmes. « Ça n’aurait pas été possible de passer à côté d’une telle émotion », reconnaîtra-t-elle, vingt-cinq ans plus tard.

Elle chante *Le blues du businessman*, de *Starmania*, habillée en homme d’affaires pour le 13e gala de l’ADISQ[1], et par la même occasion, reçoit un Félix d’or dans la catégorie « Artiste québécois s’étant le plus illustré dans une autre langue que le français ». Autre ambiance lors de la visite du prince de Galles et de la princesse Diana (1961-1997) à Ottawa. À l’occasion du concert spécial donné en leur honneur au Centre National des Arts[2], elle chante cinq chansons. Le spectacle se termine par *Voices That Care*, interprété par tous les artistes présents, en compagnie du NAC Orchestra. Parmi les quarante invités au dîner servi au couple royal à la résidence du Premier ministre, Brian Mulroney, Céline est placée à côté de la princesse de Galles. Le protocole exige que les membres de la famille royale prennent l’initiative de la conversation. Céline est dans ses petits souliers. Au bout d’un certain temps, Lady Diana rompt le silence. Elle lui demande s’il est exact qu’elle a de nombreux frères et sœurs. La glace est rompue. Céline confie : « Lady Di m’a rapidement mise à l’aise. C’est un grand jour dans ma vie. Cette femme est simple et aimable. Elle est encore plus belle que sur les photos. »

Il faut réaliser combien la pression sur elle est énorme. Le temps passé loin du Québec, de sa famille, les sacrifices qu’elle s’impose, la transition du français à l’anglais, tout cela est beaucoup plus douloureux que ce que la plupart des gens pensent. Elle raconte qu’au moment de la sortie de son premier album en anglais, elle a fait le même cauchemar six nuits de suite. « Dans ce rêve, j’étais sur le rebord d’une tour, avec des voitures de police et des ambulances tournoyant en dessous de moi. Lorsqu’un policier s’est approché pour m’attraper, j’ai

1. 13 octobre 1991.
2. 29 octobre 1991.

sauté et je me suis sentie tomber dans les airs. Je me suis réveillée juste avant de toucher le sol. »

René lui propose une pause. Tellement investie dans sa vie professionnelle, elle a beaucoup travaillé, elle est fatiguée et doit par-dessus tout reposer sa voix. La chanteuse reconnaît ses faiblesses : « Je suis une fille qui est forte sur scène, mais, une fois le rideau fermé, je suis tombée comme une petite fille, très faible et épuisée. Je ne crois pas quc je ne pourrai jamais me détendre ailleurs comme je le fais sur scène. »

Noël passé en famille, ils prennent quelques jours de farniente à Aruba[1]. Cette petite île des Antilles néerlandaises de la mer des Caraïbes, au large des côtes du Venezuela, possède des plages de sable blanc. Ses eaux de jade font sa renommée. Loin du show-business, des affaires, des photographes, seuls au monde, ils savourent les heures douces d'un couple amoureux. Ils marchent, main dans la main, sans se soucier d'être surpris en flagrant délit par des paparazzis. René est paniqué à l'idée que leur amour soit galvaudé par les journalistes. Le retour à la réalité s'impose, le manager a retenu un studio. Un nouvel album est en préparation.

Le jour du 50e anniversaire de René, le 16 janvier 1992, Céline, au Studio Morin-Heights, au Québec, enregistre *With This Tear*, la chanson écrite pour elle par Prince[2] qu'elle admire tant. L'auteur-compositeur multi-instrumentiste avant-gardiste a spontanément composé ce titre, tout en émotion, le jour où il a entendu la voix de Céline à la radio. C'est l'un des derniers à avoir été enregistrés pour l'album *Celine Dion*. Il prit la place de *Calling You* du film *Bagdad Café* qui était prévu. Céline remercie Prince sur la pochette par ces mots : « *With This Tear* est la plus belle chanson que j'aie jamais entendue et ressentie. Merci pour cet incroyable honneur. » Après avoir reçu l'enregistrement de la chanteuse, Prince lui téléphone : « *You're a smark singer!* Tous les gens autour de moi ont pleuré en entendant ta performance. » Guitariste de légende, le Kid de

1. 1992.
2. 1958-2016.

Minneapolis décède à cinquante-sept ans, dans sa demeure de Paisley Park, dans le Minnesota. Elle lui rendra de nombreux hommages à travers des medleys, comme à Las Vegas [2016], Tokyo [2018] ou encore Londres [juillet 2019]. Céline est résolument fidèle en amitié. René gère son emploi du temps et veille à ce qu'elle soit présente et disponible pour accompagner ses amis et relations, lors des étapes importantes de leur existence. Cela veut dire parfois se démultiplier afin d'assurer ses shows en parallèle. Peu importe, la star traverse les États, les pays, pour chanter *Beauty and the Beast*, en duo avec Peabo Bryson, lors de la 19e cérémonie des American Music Awards, au Shrine Auditorium de Los Angeles[1]. Elle remet le prix du « producteur de l'année » à David Foster durant la 34e cérémonie des Annual Grammy Awards, au Radio City Music Hall de New York City[2].

Elle garde un souvenir émerveillé de la 64e cérémonie des Oscars, au Dorothy Chandler Pavilion à Los Angeles[3]. Ce jour est particulier, c'est celui de son anniversaire. Céline a vingt-quatre ans. Elle se souvient : « J'étais à l'hôtel à Los Angeles, me préparant et me disant que c'était vraiment merveilleux d'être aux Oscars pour mon anniversaire. Quel merveilleux cadeau ! Mais en même temps, le vrai cadeau pour moi est d'être avec ma famille et mes parents. » Elle chasse vite le voile de tristesse qui risquerait de la submerger, reprend son maquillage. On frappe à la porte.

– C'est René. J'ai un cadeau pour ton anniversaire.

Céline ouvre. Ses parents sont devant elle.

— C'est impossible, crie-t-elle.

— On a pris l'avion, sourit Thérèse.

— Vous avez pris l'avion pour Los Angeles, montré vos passeports, pris les bagages ?

— Oui, dit Adhémar radieux.

1. 27 janvier 1992.
2. 25 février 1992.
3. 30 mars 1992.

— Comment ont-ils pu faire ça seuls, sans parler anglais ? demande Céline à René.

Elle poursuit : « Je ne pouvais tout simplement pas l'imaginer. Mon père est mon plus grand fan. Chaque fois qu'il vient me voir en concert, il me fait une ovation. Ma mère est très émotive, mais en son for intérieur. » Elle les confie aux bons soins de René avant d'enfiler sa robe. Bientôt, elle sera sur scène, chantant devant environ deux milliards de téléspectateurs répartis dans quarante-sept pays. Aussi professionnelle soit-elle, elle convient qu'interpréter sa chanson aux Oscars est difficile. Elle est en admiration devant les stars, subjuguée par Tom Cruise et Michael Douglas. « Celui qui m'a fait la plus grande impression est Paul Newman. Il a de ces yeux ! Lorsque j'ai croisé Elizabeth Taylor dans l'ascenseur, j'ai été sidérée. Elle est toute petite et d'une beauté incroyable. Tout ce que je voyais, c'étaient ses yeux. Et vous auriez dû voir les agents de sécurité qui l'entouraient ! Mes parents et moi, nous ne pouvions pas y croire. » Juste avant de chanter, Céline est terrifiée : « J'étais dans les coulisses et je ne pouvais pas respirer. Mes mains étaient si froides, je transpirais et j'étais gelée ! Je pouvais entendre mes genoux faire "clac, clac, clac" en s'entrechoquant. J'ai entendu le présentateur annoncer la chanson. J'ai pris une grande respiration et je suis montée sur scène. Je pouvais à peine marcher, ma robe était si serrée. J'avais peur, mais j'y suis allée et j'ai commencé à chanter. Puis j'ai ouvert mes yeux et j'étais devant la scène et je n'arrivais pas à y croire. Barbra Streisand était juste là ! »

Elle se tient bien droite, sa splendide chevelure cascade sur ses épaules, ses longs bras accompagnent les paroles en une gracieuse gestuelle. L'émotion emplit la salle alors qu'elle interprète *Beauty and the Beast* avec son duettiste Peabo et Angela Lansbury. L'actrice britannique s'est illustrée dans de nombreuses comédies musicales, dans plus de soixante films. Elle a incarné à la perfection la détective Jessica Fletcher dans la série *Arabesque*. L'ensemble de sa carrière sera célébré par un Oscar d'honneur en 2014.

La récompense arrive juste après minuit. *Beauty and the Beast* récolte un total de six nominations dans quatre catégories différentes, annoncées par Liza Minelli et Shirley Maclaine. Deux Oscar ! Le premier pour la meilleure musique originale et l'autre pour la chanson originale *Beauty and the Beast.* « Je peux dire, sans hésitation, que le fait d'avoir été choisie pour chanter la chanson de *Beauty and the beast* a été une décision qui a littéralement permis à la carrière de Céline de prendre une tout autre dimension », dit René. « C'est vraiment cette chanson qui a donné le précieux élan à la carrière de Céline. » En effet, le 18 décembre 1991, Céline avait signé un énorme contrat avec Sony Music International, un contrat de dix millions de dollars pour cinq albums en dix ans, le plus gros contrat d'enregistrement de l'histoire pour un artiste canadien ! La performance de Céline aux Oscar est remarquée par d'autres producteurs de films. « Nous avons reçu au moins une quinzaine de propositions pour que Céline chante des chansons de films », se réjouit René. La chanteuse résumera cette expérience en ces termes : « Certaines personnes ont dit que *Beauty and the Beast* m'accompagnera toute ma vie. J'en suis fière. J'espère qu'il sera avec moi pour le reste de ma vie. C'est un classique, et faire partie d'un classique peut vous arriver une fois dans votre vie, peut-être jamais. Pour moi, à vingt-quatre ans, c'est arrivé ! »

À la suite du gala, elle plonge littéralement dans l'univers du showbiz. Ce dont elle rêvait hier se concrétise ce jour-là. « Des gens archiconnus venaient me saluer et me féliciter. Ils me semblaient tous plus petits que je les avais imaginés. » Aux côtés de René, elle traverse la salle. « On a conversé un moment avec Paul Newman, avec Tom Cruise et Michael Douglas, avec Elizabeth Taylor. C'est vrai qu'elle a des yeux extraordinaires. » Elle aperçoit Barbra Streisand et Liza Minnelli. « Au banquet, je me suis retrouvée en tête-à-tête avec Michael Jackson et Brooke Shields. On a beaucoup ri. Jackson est gentil, mais il parle très peu et d'une voix si faible qu'on doit tendre l'oreille pour le comprendre. »

Le lendemain, René a prévu la sortie de son album *Celine Dion*, où se mêlent la musique pop, la soul, le soft rock, le funk et le gospel. Ils ont fait appel au talent de Diane Warren, surnommée « la reine de la balade » pour cet opus. Auteure-compositrice prolifique, c'est une virtuose. Aretha Franklin, Mariah Carey, Cher, Tina Turner, Whitney Houston, Patricia Kaas, Beyoncé, Britney Spears, Lady Gaga, Rihanna lui doivent quantité de succès. Cinq titres de Diane sont retenus : *If You Asked Me To, Love Can Move Mountains, Water from the Moon, Nothing Broken but My Heart, I Love You, Goodbye*. Ils renouvellent leur collaboration avec *Next Plane Out* qui habille parfaitement Céline sur l'album *The Colour of My Love* [1995]. Puis, Diane écrit *Because You Loved Me,* bande originale du film *Personnel et confidentiel,* et le titre trouve sa place dans l'album *Falling Into You* [1996].

Le destin, sous sa forme la plus traître, frappe souvent au cœur des vies heureuses. Le mal vient perturber l'équilibre de la balance, la faire pencher vers l'angoisse, parfois le désespoir. Le couple mène une vie trépidante faite de voyages, de décalages horaires, de stress. La santé de René est éprouvée par ce rythme. Il est victime d'une crise cardiaque, dans sa chambre d'hôtel au Four Seasons de Beverly Hills, à Los Angeles, le 29 avril 1992. Céline, remontée dans leur suite, raconte : « Il était sur le lit et il ne pouvait pas respirer… son visage était si blanc. J'ai appelé l'opérateur de l'hôtel et j'ai dit : "Il fait une crise cardiaque ! Envoyez une ambulance !" Je l'ai fait descendre par l'ascenseur et je l'ai emmené en taxi. J'étais forte pour lui. Je l'ai regardé et lui ai dit : "Tu vas t'en sortir." » À l'hôpital, tout le monde la regarde étrangement, en surprenant une femme en maillot de bain. En effet, elle n'a pas pensé à prendre de vêtements. Les médecins du Cedars Sinaï Hospital ne cachent pas leur inquiétude, la situation est dramatique. Céline poursuit : « René a appelé tous ses enfants pour leur dire qu'il les aimait. René allait s'en sortir, mais je devais partir immédiatement pour New York pour faire une série de talk-shows [...] C'était le moment le plus difficile de ma vie. Je ne suis jamais entrée dans une chambre moi-même. Je ne sais même pas comment commander un room service. » René s'occupait de tout, avait toujours été avec elle, et gérait les moindres détails. « Je n'avais qu'à penser à chanter, sans me soucier de tout ça. » Elle appelle la mère de René. Elle restera trois semaines près de son fils. Les enfants sont venus aussi, et ses amis : Paul Sara, Marc Verreault, Ben Kayes, Pierre Lacroix... Elle fait un constat terrible : « Je savais que si je voulais garder René longtemps, je devais accepter de l'avoir moins souvent à mes côtés en voyage. Nous voyageons beaucoup et cela représente du stress. » Sa carrière a occulté la réalité, jeune femme en pleine santé, son manager par contre connaît le passage délicat de la cinquantaine. « J'ai peur de perdre mes proches. J'espère que René vivra cent cinquante ans ! C'est lorsqu'il a fait sa crise cardiaque que j'ai vraiment compris à quel point il était précieux pour moi. J'avais déjà apprécié ce qu'il faisait, mais j'ai vraiment pris conscience de toute sa valeur et de son importance. Cela m'a aussi poussé à prendre plus de responsabilités. » Ce bonheur qu'elle touchait du doigt ne doit pas lui échapper. Il est temps de le vivre, de lui ouvrir les bras : « Cette expérience m'a marquée, et m'a mûrie, explique-t-elle. Je n'avais jamais douté de l'amour que j'avais pour René, mais dans ces jours-là, j'ai réalisé à quel point il était grand... » Une part d'insouciance la quitte : « Je sais que je vais mourir à petit feu, parce que je risque d'assister à la mort de tous ceux que j'aime. Je suis la plus jeune. Je risque de les perdre un par un. Je serai comme une marguerite qu'on aura effeuillée. Ces personnes sont mes pétales... » Se remémorant cette épreuve, elle explique, lors d'une interview[1], que sa mort ne lui fait pas peur : « La foi me protège un peu des angoisses. J'ai d'ailleurs décidé ce que serait mon enterrement. Tout y sera blanc, les draperies, les soieries... et ma robe ! »

1. *Le Parisien*, 19 octobre 1995.

Céline ne peut demeurer auprès de l'homme qu'elle aime, alors qu'il se trouve dans un état inquiétant. Elle maudit cette situation inhumaine qui l'oblige à taire l'amour qu'elle lui porte. Garder ce secret devient si lourd. Elle a fait montre d'une infinie patience. Pourtant, René lui impose encore une longue attente avant que leur bonheur puisse s'afficher à la face du monde. Sans lui, rongée par l'inquiétude, Céline honore ses engagements, le cœur lourd. Rien ne doit transparaître. Chanter, sourire, rire, se prêter aux séances photo, évoquer ses succès, ses projets d'avenir, c'est un stress éprouvant. En bon petit soldat, elle s'exécute. Pour René. La chanteuse enchaîne les apparitions puis se rend au World Music Awards[1] à Monaco avec Peabo Bryson. Le public de la principauté, toujours très blasé, lui fait un triomphe.

René est toujours en convalescence chez lui, à Montréal, en juin, alors que sa dulcinée poursuit une tournée de promotion en Europe. Sa mère l'accompagne, bien entendu. Pourtant interviewée à Paris, Céline ne peut s'empêcher de déclarer : « René est le moteur de ma vie, et, sans lui, il y a des choses que je ne peux tout simplement pas comprendre ». Ô combien leur secret d'amour est lourd à porter pour elle ! En juillet, elle entame sa quatrième tournée de présentation de l'album anglophone *Celine Dion*, exclusivement au Canada francophone et anglophone. La célébrité jongle avec les bagages, les aéroports, les salles de spectacles. René rétabli, elle prend un vol avec lui, le 26 juin, pour participer à l'Exposition universelle à Séville. Elle présentera un spectacle, chantera quelques titres de son nouvel album et un extrait de Carmen, au Pavillon canadien. La veille de la fête nationale[2], Pierre Leroux, du *Journal de Montréal*, l'interroge. Céline n'imagine pas le piège. Elle déclare : « Évidemment, je suis contre toute forme de séparation, je voyage beaucoup. Ce que je vois en Allemagne ou en Suisse me laisse espérer que les gens vont s'entendre et me fait voir à quel point on a de la chance d'avoir deux cultures au

1. 14 mai 1992.
2. Le 1er juillet, jour de la fête nationale du Canada.

Canada. » Leroux la pousse à développer ses convictions : « La seule façon de garder un pays fort et en santé, c'est le respect. Les gens ont peur, ils espèrent que la séparation n'arrivera pas. Et si ma participation à la fête de Séville peut faire quelque chose pour que ça aide, je serais contente, et si je peux faire quelque chose, je le ferai. » Leroux plie bagage avec un sacré scoop. Il a la manchette du journal du 1er juillet ! La déclaration de l'artiste fait l'effet d'une bombe au Québec. « Céline Dion dit non à la séparation », peut-on lire dans les journaux aux réactions excessives. Certains affirment que la chanteuse a été achetée par le gouvernement canadien. L'artiste, la Québécoise, la petite fille de Charlemagne est blessée. « Je ne suis pas achetable. On a eu l'impression que je me portais à la défense du Canada. Ce qui n'est pas du tout le cas. Je ne suis pas le porte-parole du Canada. Je suis Québécoise et fière de l'être, que le Québec se sépare ou non. Désormais, je me contenterai de chanter. » Les charmes de l'Andalousie n'impriment pas de beaux souvenirs dans l'album de voyage du couple.

Devant le président George Bush (père), Céline interprète *Love Can Move Mountains* et *If You Asked Me To* en live, pour un numéro spécial de CBS, *Celebrate the Spirit ! Disney's All-Star 4th of July Spectacular*[1], animé par John Ritter, avant de balayer ses soucis d'un revers de manche et se lancer dans la tournée américaine. Elle présentera quatre-vingt-trois spectacles, dont vingt-cinq premières parties de la tournée de Michael Bolton, Time, Love And Tenderness, dans seize villes aux États-Unis et trente-trois villes au Canada, devant plus de 500 000 personnes. Los Angeles ouvre le bal le 13 juillet. « C'est dur, mais je ne vis pas dans le passé, soutient-elle. Je n'ai pas l'intention de me reposer sur ma performance de la cérémonie des Oscars ni sur mes cinq apparitions au *Johnny Carson Show*. Je ne veux pas que ma vie s'arrête là. Je ne veux pas atteindre l'âge de trente ans et vivre encore avec le souve-

1. 4 juillet 1992.

nir des Oscars. Aujourd'hui, c'est ça... mais demain, je veux que ce soit quelque chose de plus. Je veux aller plus loin. »

Elle n'est pas très enthousiaste à l'idée de faire la première partie de Bolton, car elle doit changer de ville chaque jour. « Mais nous faisions enfin ce que nous avions toujours rêvé de faire : travailler dans le pays qui a créé le grand temps », dit-elle. Elle chante *If You Asked Me To*, lors du *Tonight Show*[1], animé par Jay Leno et diffusé sur NBC. Au début, la tournée Bolton n'est pas confortable pour elle. Elle se produit face à un public très agité, impatient d'entendre Michael Bolton. « J'avais une sono défectueuse et très peu de place, car la scène était occupée par les mixeurs et les concerts avaient lieu en plein air, il faisait encore jour quand je montais sur scène. » Finalement, René parvient à convaincre les producteurs de commencer le spectacle une demi-heure plus tard. À la fin de la tournée, Céline bénéficia d'un bon éclairage et d'un meilleur son. Malgré ces aléas, René est satisfait, le public américain découvre sa vedette. Elle dévoile son nouveau style, la grâce d'une professionnelle chevronnée, à la voix sensuelle, tout en conservant son enthousiasme juvénile. Sa prestation bien rythmée, remplie d'excellents morceaux, fait mouche. Elle renouvellera l'expérience en 1994.

Céline et René retrouvent leur ami Luc Plamondon, lorsqu'ils assistent à la comédie musicale *Tycoon*, la version anglaise de l'opéra-rock *Starmania*. Cette soirée[2] est entachée de tristesse pour eux trois, en raison de la disparition prématurée de Michel Berger. Plamondon est tellement bouleversé qu'il dresse un parallèle avec James Dean, le héros de leur dernière comédie musicale. « Michel avait tellement en commun avec James Dean. Cette façon de vouloir tout, tout de suite, ce refus total de vieillir, cette ambition aussi démesurée que son talent, et surtout ce désir profond de projeter son étoile très haut dans le firmament. » Céline est plutôt tendue. Le lendemain, elle présentera son spectacle à Trois-Rivières dans le cadre des

1. 14 juillet 1992.
2. 13 août 1992.

festivités du Grand Prix Player's de la ville. Comment réagira son public après la polémique de Séville ? « J'ai très hâte de me produire au Québec, mais avec tout ce qui s'est passé, j'ai eu comme l'impression d'avoir perdu tout mon public. Je vais faire mon spectacle avec le même trac qu'à mes débuts. J'ai peur de voir la réaction du public de chez nous. » Ses fans la rassurent, l'accueillent avec chaleur et enthousiasme. Si René a entrepris de réaliser tous les rêves de sa protégée, un par un, il affirme que « La première règle du succès est la patience ». C'est pourquoi il pèse chaque décision, donne suite à ses idées de manière systématique.

Des larmes glissent sur les joues de Céline un mois plus tard. Les paroles de la chanson, écrite par Prince, sonnent dans sa tête : *« With this tear... I long for you to talk to me like you did... »* [« Avec cette larme… j'ai envie que tu me parles comme tu l'as fait… »]

Face à face avec Lise Payette, elle ne peut retenir ce flot d'émotion, lors de l'entrevue filmée pour l'émission télévisée *Tête à tête*[1]. Elle évoque ses relations parfois tendues avec ses frères et sœurs, car plusieurs d'entre eux lui demandent souvent de l'argent. Elle parle de sa passion pour la chanson : « Quand je travaille très fort, j'aspire à la paix, au repos. Mais je suis incapable d'être seule à ne rien faire. J'ai peut-être peur de moi, au fond. » Pourquoi cette peur, chez cette jeune femme de vingt-quatre ans ? L'animatrice voudrait en savoir plus. Elle l'amène très subtilement vers le domaine affectif, ses amitiés, ses sentiments. Céline révèle qu'elle est amoureuse : « J'aimerais le crier sur les toits, le dire bien fort, mais je ne peux pas. Un jour, j'afficherai cet amour. » En pleurs, elle se refuse à prononcer le nom de l'homme qu'elle aime. Lise Payette s'en doute bien un peu…

Quel est donc ce secret ?

La carrière de Céline pourrait en souffrir. Elle est condamnée au silence. René a peur de tout réduire en cendres. Il redoute la

1. 11 septembre 1992, l'émission sera diffusée le 18 octobre.

réaction des gens, craint les conséquences. Il répond à ceux qui lui demandent s'il a des projets personnels : « Ma carrière, c'est Céline ! Avec elle, je réalise le rêve de ma vie. Tu me donnerais dix millions, je ne changerais pas de place ! » À demi-mot, il laisse entendre que sa source d'inspiration, son moteur, son ambition, son unique préoccupation, c'est Céline. Il est rongé par le doute. Il est de vingt-six ans son aîné. Oui, ils s'aiment, mais, pour lui, une telle situation demeure impossible. Agnès Gaudet, du *Journal de Montréal*, aborde franchement le sujet : « Depuis quelques semaines, on a cru apercevoir une légère ouverture de la part de Céline au sujet de ses amours. Le mystère plane toujours, mais on sait au moins maintenant que la chanteuse est “normale”, qu'elle aime les soupers à la chandelle et le plaisir d'être deux. [...] Soyons francs. On raconte que Céline est amoureuse de son manager, René Angélil, depuis des années. Pourtant, on n'a jamais eu de preuves. Personne n'a osé parler ni réussi à les faire avouer. La différence d'âge entre elle et lui pourrait évidemment être la clé du mystère. »

Lors d'une interview accordée à Stéphan Bureau, à Radio-Canada, en 1999, René laissa échapper quelques confidences : « Quand on a commencé à travailler sur son nouveau disque, *Incognito*, avec le nouveau look, j'ai vu une autre personne, moi aussi, comme le public. J'étais amoureux de son talent, ça, c'est certain. Je ne savais pas que j'étais amoureux d'elle, mais je ne la regardais plus de la même façon. Ça me travaillait. Moi, j'étais séparé, j'étais seul. Mais je me disais que ça n'avait pas d'allure, j'essayais de m'enlever ça de la tête. Puis, un soir, en Irlande, c'est arrivé comme ça, comme on voit dans les films. Le cœur n'a pas d'âge. C'est arrivé, et tant mieux. »

# 4

*« Ceux qui rêvent aussi de jour savent plus de choses que ceux qui ne rêvent que la nuit. »*

EDGARD POE.

Le Capitole de Québec, principale salle depuis 1903, prenant en charge bon nombre de spectacles du Québec, ouvre à nouveau ses portes. Le gala d'inauguration, en ce 21 novembre 1992, est incontournable, un moment quasiment historique. Depuis 1903, ce théâtre a accueilli tous les genres, cinéma muet, opéras, concerts, les Grands Ballets canadiens, les prestations artistiques. Alys Robi[1], considérée comme la première star internationale québécoise, y a amorcé sa carrière. Rémy Girard et Marc-André Coallier animent la soirée. Les vedettes défilent sur le tapis rouge : Alys Robi en tête, Robert Charlebois, René et Nathalie Simard. Céline interprète *L'amour existe encore* et *Quand les hommes vivront d'amour*. Cette chanson, qu'elle a enregistrée en 1984, pour une émission de télévision, est un symbole pour les Québécois. Composée par Raymond Lévesque, en 1956, elle a été chantée par Eddie Constantine avant qu'il ne la reprenne à son compte. Cet hymne pacifique, inspiré par la guerre d'Algérie, a fait le tour du monde. Trois légendes de la chanson québécoise, Robert Charlebois, Félix Leclerc et Gilles Vigneault, l'avaient

1. 1923-2011.

entonnée ensemble, sur les plaines d'Abraham, le 13 août 1974, à la fin du concert d'ouverture de la SuperFrancoFête.

La petite fille de Charlemagne vit un rêve. Aux journalistes, elle explique néanmoins : « Ce n'est pas toujours amusant d'être toujours disciplinée comme un athlète, d'essayer de bien manger, de se lever tôt, de suivre des cours de chant, des cours de danse, et de ne pas parler pendant la journée pour que ma voix soit à son maximum lors des représentations. » Vingt-cinq ans plus tard, elle confessera : « À cette époque, j'aurais aimé être moins disciplinée. Moins fragile, émotionnellement, physiquement, vocalement. Sortir, fumer un peu en me disant que ce n'est pas grave. Comme Adèle. Elle boit, elle fume… Je suis entourée de pros depuis mes douze ans, c'est pour ça que je n'ai pas fait ces choses-là. » Enchantée par sa saison, elle retourne dans sa belle demeure après son passage dans *Good Morning America*[1]. Elle adore la période de Noël. Elle a près de trente nièces et neveux. La liste des cadeaux, la grande fête de famille à prévoir, nécessitent une sacrée organisation. « C'est le meilleur jour de l'année, explique-t-elle. Tout le monde est excité parce que c'est le seul jour de l'année où tous les membres de la famille peuvent se retrouver ensemble à la manière Dion. » Thérèse est à la manœuvre, bien sûr. Elle dirige sa « petite équipe » comme jadis. « Nous sommes environ soixante personnes, toute la famille, et ma mère cuisine pour tout le monde, raconte Céline. Nous mangeons par roulement, et, à deux heures du matin, certains d'entre nous mangent encore de la dinde et de la tourte à la viande ! C'est un moment merveilleux. Mon père joue de l'accordéon et tout le monde danse. » Nous imaginons sans peine la joie présidant ces agapes familiales. René passe les fêtes avec sa famille… Céline aurait tant aimé qu'il soit là…

Son manager met à profit ce court repos pour cogiter. « Un artiste est précieux, et j'essaie autant que possible de libérer Céline de tous les problèmes afin qu'elle puisse concen-

1. 21 décembre 1992.

trer toutes ses énergies sur son métier, explique-t-il. Je suis conscient qu'elle possède l'une des plus belles voix du monde, mais sa plus grande force, c'est sa personnalité. Elle a du charme. C'est une jeune femme d'une simplicité désarmante. Elle n'a pas une once de malice. Céline nous a montré, jusqu'à présent, la moitié de ce qu'elle peut faire. Elle a des talents que beaucoup ignorent, comme l'écriture de chansons. Beaucoup de gens ne savent pas qu'elle est une très bonne pianiste et qu'elle compose de superbes mélodies. Mais, comme elle est très critique à l'égard de son travail, elle ne joue pas de piano en public. » René veille à ce que rien ne puisse la blesser, meurtrir sa sensibilité, freiner sa spontanéité. « Au début, c'était facile, car, en tant que débutant, tout le monde veut vous aider et vous voir réussir. Quand tu atteins un certain niveau, c'est là que les problèmes commencent. Notre défi est de rester là où nous sommes. Et c'est la chose la plus difficile. » René ne perd jamais le nord. Il connaît la puissance de sa volonté et son ambition, il va lui permettre de franchir une nouvelle étape vers la gloire.

« Rassembler les Américains » : tel est le thème des cinq jours consacrés aux festivités d'investiture du nouveau président des États-Unis, Bill Clinton, au Kennedy Center, à Washington. Dès le 17 janvier 1993, Diana Ross, Michael Jackson, Aretha Franklin, Stevie Wonder, Whoopi Goldberg, Sydney Poitier, Lauren Bacall, Ray Charles, Bob Dylan font le show... Mille artistes se produisent. Céline chante *Love Can Move Mountains*[1]. « Lorsqu'elle s'est présentée en scène, le président élu avait déjà quitté la salle pour vaquer à d'autres activités, commente le journaliste du *Nouvelliste*[2] [...] Ce n'est toutefois qu'à la toute fin du spectacle que Céline Dion a fait son apparition, dans une robe qui a certainement attiré l'attention. [...] Le présentateur a affirmé que sa chanson *Love Can Move Mountains* résumait les raisons qui avaient réuni les jeunes au spectacle et leur donnait "de l'espoir pour l'avenir qui

1. 19 janvier 1993.
2. *Le Nouvelliste*, Trois-Rivières, 20 janvier 1993.

commence demain". [...] Même si M. Clinton n'a pu assister à la performance de Céline Dion, la chanteuse québécoise a quand même pu s'exécuter devant Hillary Clinton et sa fille Chelsea [...] À la fin de sa chanson, très rythmée, entièrement en anglais, Mme Dion a lancé un "Thank You" à la foule avant de disparaître. Mme Clinton a tenu à féliciter Céline Dion à l'issue du spectacle [...] M. Angélil a expliqué que Céline Dion avait pu se tailler une place dans ce spectacle en raison de son association avec les Productions Walt Disney. Mme Dion a notamment collaboré avec les Productions Disney en interprétant la chanson-titre du film de Disney *La Belle et la bête*, qui est devenu un grand succès aux États-Unis. [...] Tout a commencé lorsque Bill Clinton a demandé qu'un spectacle soit destiné spécifiquement aux jeunes. Comme les Productions Disney produisaient ce spectacle, elles ont dressé une liste d'artistes qu'elles ont présentés aux gens de Clinton. Le nom de Céline en faisait partie. [...] M. Angélil s'est montré impressionné par l'ambiance à Washington, l'espoir qui entoure l'investiture d'un nouveau président. "C'est dans un bel esprit que le spectacle a eu lieu", a-t-il déclaré. »

En 1982, alors que Céline fait ses premières armes en télévision, Martha Wash et Izora Armstead, les Weather girls, lançaient leur célèbre chanson *It's Raining Men*. Il pleut des hommes ! Mère Nature fait vraiment ce qu'elle veut. Désormais ce sont les récompenses qui pleuvent sur Céline.

Lors de la vingtième cérémonie des American Music Awards[1], au Shrine Auditorium de Los Angeles, superbe dans sa robe-bustier courte, immaculée, façon tutu de danseuse, Céline, aux côtés de Peabo Bryson, vêtu de bleu roi, confèrent à la chanson de Disney un souffle prodigieux. Le public est conquis. Céline est très fière d'être la première Québécoise à chanter lors de cette prestigieuse cérémonie. Le lendemain, un article du *Los Angeles Times* constate que la plus sérieuse

1. 25 janvier 1993.

rivale de Whitney Houston n'est pas Natalie Cole, qui s'était bien débrouillée aux American Music Awards, mais… « cette frangine du Canada ». Pour Whitney Houston, « il n'y avait aucun doute que Céline serait la chanteuse à surveiller au cours de l'année prochaine. » René tient à éviter toute polémique : « Une chanteuse veut chanter de la meilleure façon possible. Les conflits, la compétition, toutes ces histoires, c'est la presse qui les invente. » Il insiste, Céline n'est en compétition qu'avec elle-même, essayant toujours d'améliorer sa dernière performance. C'est ce qu'elle démontre au public, lors du For Our Children : The Concert, spectacle musical au profit de la Pediatric AIDS Foundation, où elle chante *Beauty and the Beast*, en duo, avec Maurice Davis et *What a Wonderful World* avec les autres célébrités, à la fin du spectacle.

« Pour Céline Dion, le seul fait d'être en nomination pour les Grammys, les prix de l'industrie musicale américaine, est en soi un exploit », écrit Marie Tison[1] qui rencontre la chanteuse dans sa chambre d'hôtel à Los Angeles, la veille de la cérémonie.

La jeune femme, assez stressée, se livre à quelques confidences : « […] "Les gens avec qui je suis en compétition sont de haut calibre", a noté la chanteuse, déjà en robe de chambre à 18 h 30, bien déterminée à se reposer le plus possible pour pouvoir "passer à travers ça". Dans la catégorie "chanteuse pop de l'année", Céline Dion affronte notamment Annie Lennox, Mariah Carey, Vanessa Williams et K.D. Lang. "Les journaux de la région parient tous sur Annie Lennox", a-t-elle dit […] Céline Dion était en vacances à Aruba avec sa famille et avec la famille de son gérant René Angélil, au début de janvier, lorsqu'elle a appris qu'elle était en nomination dans plusieurs catégories. "Je ne sais pas qui a appelé pour donner la nouvelle, mais c'est René qui a répondu, rappelle-t-elle. Il est venu avec les larmes aux yeux dans la cuisine pour nous annoncer que j'étais en nomination pour les Grammys." […] Elle a raconté

1. Marie Tison, 24 février 1993, La Presse.

qu'elle n'en revenait pas, qu'elle répétait que ce n'était pas possible. "On a parlé de ça pendant le restant des vacances", a-t-elle déclaré en riant [...] La chanteuse s'en est prise à ceux qui regardent d'un mauvais œil les artistes qui, comme elle, essaient de percer à l'étranger. "Ce n'est pas que nous ne sommes pas satisfaits chez nous, mais nous voulons aller plus loin." Elle a noté que non seulement la réussite à l'extérieur la remplit de fierté, mais que cette fierté se communique à beaucoup d'autres personnes. "Je suis très contente de ce qui se passe pour moi chez nous, je ne peux pas espérer mieux, a-t-elle dit. Lorsque je vais en dehors de mon pays, je pars avec le bagage que les gens de chez nous m'ont donné." Ce soir, au cours de la cérémonie, Céline Dion interprétera une version très raccourcie de la chanson *Beauty and the Beast* avec Peabo Bryson. "Chaque fois que je fais quelque chose, je suis très nerveuse, explique-t-elle. Ça me met à terre et ça peut me tomber dans la gorge. Je ne veux pas trop m'en faire, pour être en forme et avoir le plus d'énergie possible." Évidemment, l'équipe de Céline Dion, sa famille et ses amis lui ont tous souhaité bonne chance. Mais elle a été particulièrement impressionnée par ces purs inconnus rencontrés ces derniers jours à Los Angeles qui lui ont adressé les mêmes souhaits. »

Durant cette 35e cérémonie des Grammy Awards[1], au Shrine Auditorium à Los Angeles, Michael Jackson reçoit, de sa sœur Janet Jackson, un Grammy Legend Award récompensant sa contribution et son influence dans le domaine de l'enregistrement. Ils en profitent pour mettre un terme à la rumeur propagée par les journaux à scandales. Sa sœur et lui sont bien deux personnes différentes ! La salle se rit du ridicule de la situation créée par les médias. Le duo Céline-Peabo est récompensé par un trophée pour la meilleure performance pop en duo ou en groupe, grâce à la chanson *Beauty and the Beast*. C'est une surprise totale pour Céline : « Quand ils ont appelé mon nom, je me suis levée et j'étais si loin dans le public que

1. 24 février 1993.

ça a pris du temps pour arriver avec la robe et tout le reste », se souvient-elle. Sa robe de dentelle très ajourée, qui laisse deviner les charmes de sa plastique de mannequin, est si près du corps qu'elle ne peut marcher qu'à petits pas. Le présentateur s'inquiète : « Elle n'est pas là ». Céline crie assez fort en agitant les bras « J'arrive… J'arrive ! » La chanson s'est placée en tête de nombreux classements musicaux internationaux et l'American Film Institute l'a classée parmi les plus grandes chansons de l'histoire du cinéma. Comble de la joie, elle a le bonheur de dîner avec Michael Jackson, son idole, et sa compagne Brooke Shields. Son titre *Heal the world* tourne en continu sur les ondes. « Michael est d'une telle douceur qu'il en fait presque pitié, témoigne-t-elle. Il parle doucement, délicatement, et semble intimidé quand il vous parle. Ce soir-là, il m'a remis le chapeau qu'il portait sur scène. » Elle repart non seulement avec un trophée, mais aussi ce présent, un porte-bonheur inestimable pour elle.

Elle anime pour la première fois de sa carrière la cérémonie des Juno Awards[1], au O'Keefe Centre, à Toronto, diffusée sur CBC Television, à 20 heures, heure locale. Malgré une forte fièvre tout au long du week-end de répétitions, la voix, la personnalité de Céline, son sens de l'humour, conquièrent le cœur de nombreux spectateurs ce soir-là : « J'étais excitée par l'idée d'animer la cérémonie, et tout se passait très bien… jusqu'à ce que j'apprenne que je devais le faire en anglais ! » Elle ouvre la cérémonie avec *Love Can Move Mountains* aux côtés de la chorale Kaleefah de Toronto, puis entonne un extrait de *I Just Fall in Love Again.* On lui remet quatre Juno Awards : interprète féminine de l'année pour la troisième année consécutive ; album francophone le plus vendu pour *Dion chante Plamondon* ; meilleur enregistrement de danse pour *Love Can Move Mountains* ; single de l'année pour *Beauty and the Beast.*

1. 21 mars 1993.

Elle passe la journée du 30 mars 1993 à New York où elle a consulté un médecin pour des petits problèmes de gorge et magasiné[1]. Captivée par les beaux vêtements, les modèles des grandes maisons de couture, des chausseurs et des bijoutiers, elle ne résiste pas à l'attrait et à la diversité des magasins de luxe de la ville. Sans compter que les enseignes de mode, les plus brillants designers, le célèbre joaillier français Cartier, le créateur de chaussures de luxe Gianvito Rossi, sont installés dans les plus beaux bâtiments de Midtown, le long de la Fifth Avenue, de Madison Avenue et de la 57th Street. Faire du lèche-vitrine reste une expérience inoubliable.

René, de son côté, a de longue date réservé une suite dans un grand hôtel de Montréal et commandé un souper fin pour la soirée. Il va chercher Céline à l'aéroport de Dorval, l'emmène à l'hôtel. Pendant qu'ils dînent en tête-à-tête, il lui demande de l'épouser. Il lui offre un magnifique diamant, en forme de poire, de six carats, création du joaillier Cartier. Fiançailles discrètes, mais ô combien symboliques pour Céline ! L'avenir avec René est plein de promesses.

Tout ce qui, dans la vie de Céline, peut avoir un effet négatif sur sa carrière doit être analysé et planifié. Les risques du métier… Elle est l'invitée de la soirée *The Tonight Show*[2], animée par Jay Leno et diffusée sur la chaîne NBC aux États-Unis. Dans le cadre de la promotion de l'album intitulé Céline Dion, il est prévu qu'elle interprète la chanson *With This Tear*, et *When I Fall in Love*, en duo avec Clive Griffin, qui figurera sur son prochain album *The Colour Of My Love*. René est préoccupé : « Céline connaissait un grand succès aux États-Unis avec sa chanson *When I Fall in Love*, sa septième chanson à figurer dans le Top 10 du magazine *Billboard*. Dans le clip de *When I Fall in Love*, elle avait les cheveux longs et, comme elle était invitée au *Tonight Show*, il aurait été bizarre qu'elle apparaisse soudainement avec les cheveux courts. » Sa parfaite

1. Faire des achats, faire des courses.
2. 10 août 1993.

connaissance du public de Céline, son empathie pour les fans, sa perspicacité et son intuition sont de bon aloi. « Nous avons donc eu l'idée qu'elle porte une perruque », confie-t-il, même si Céline n'est pas à la fête : « Il faisait tellement chaud sous cette perruque », reproche-t-elle à son manager. Elle va devoir la supporter pendant deux longs mois, jusqu'au jour où une conférence de presse lance officiellement son nouveau look, avec les cheveux courts. Cela ne l'empêche pas de recevoir un trophée de la part de Vito Luprano pour les ventes de l'album *Celine Dion*[1].

René a l'idée de coupler les deux carrières de Céline sur un single à deux faces. La version anglaise et la version française d'*Un garçon pas comme les autres*, autrement dit *Ziggy*, et c'est l'occasion pour elle de faire plusieurs apparitions en France. Elle enregistre deux chansons pour l'émission de télévision *Stars 90*[2], animée par Michel Drucker. Sa prestation pour la chanson *La vie en rose* est diffusée dans une édition spéciale de l'émission consacrée à Édith Piaf[3]. Jean-Jacques Goldman, coordinateur d'un spectacle caritatif au profit des Restos du Cœur, prépare l'édition 1994 de La Soirée des Enfoirés. Les voix québécoises l'intéressent, d'autant plus qu'en 1993, les Enfoirés avaient axé leur show sur *Starmania*. Il propose à Céline de participer au concert au Grand Rex, à Paris. Une place parmi les grands noms de la variété française pour ce concert ne se refuse pas. René connaît Jean-Jacques Goldman de réputation. Il ne pourra que mettre en valeur le talent de son artiste. Clin d'œil de la vie, Céline reçoit un Félix dans la catégorie « Artiste québécois s'étant le plus illustré hors Québec » au 15e gala de l'ADISQ[4]. C'est un bon signe !

Pendant ce temps, Thérèse Dion s'ennuie à la maison depuis qu'elle n'accompagne plus Céline. Elle se lance un nouveau défi. Elle adore cuisiner et n'est pas avare de conseils. Son fils

1. Sorti le 31 mars 1992.
2. 5 octobre 1993.
3. 11 octobre 1993.
4. 17 octobre 1993.

Paul lui suggère de commercialiser des plats préparés, dont le mets préféré d'Adhémar. La gamme Pâtés de Maman Dion est lancée en association avec la compagnie Maple Leaf de Toronto. Céline rejoint ses frères et sœurs pour la présentation de la marque, au Eaton's, à Montréal[1] avant que sa mère ne parte en tournée de promotion. Pour le Pâté des pâtés, le slogan choisi est on ne peut plus alléchant : « De ma table à la vôtre ! » « Ces petits pâtés feront le régal des affamés, mais aussi des humoristes qui s'en moqueront pendant longtemps. Ils ignorent sûrement qu'on aura vendu pour plus de deux millions de dollars de ces petits pâtés, huit mois seulement après les avoir mis sur le marché », note Jean Beaunoyer. Le dynamisme de Maman Dion est un exemple pour la fratrie parfois reprise en main par la matriarche. Il y a quelques petites tensions entre beaux-frères et belles-sœurs. Le succès de la petite dernière engendre un brin de jalousie. Thérèse recadre tout le monde. Les fronts plissés se dérident vite grâce à une chanson ou aux éclats de rire provoqués par les plaisanteries et pitreries de l'un ou de l'autre. Ce jour de novembre, réunis autour de Thérèse et d'Adhémar, ils ne soupçonnent pas ce que Céline mijote, en accord avec René. Elle raconte : « Le 8 novembre 1993 restera à jamais gravé dans mon souvenir… J'avais un tout nouveau look ; pour la première fois de ma vie, je portais les cheveux très courts… J'ai dit alors au monde entier que René Angélil et moi allions nous marier. Je l'ai dit à la foule surexcitée du Métropolis[2] et devant les caméras des télévisions montréalaises, françaises et anglaises. Je l'avais écrit noir sur blanc au dos de la pochette de l'album… Puis j'ai embrassé l'homme que j'aime sur la bouche devant deux mille personnes et toutes les télés… Le lendemain, devant la réaction unanime des médias, j'ai pu crier victoire. Pour une fois, René Angélil s'était trompé. Pendant des années, il avait craint que les gens ne trouvent notre couple mal assorti, qu'ils ne l'accusent, lui, de m'avoir

1. 5 novembre 1993.
2. Elle donne un concert à l'occasion de la sortie de l'album *The Colour Of My Love*.

manipulée… Depuis ce 8 novembre surtout, je parle très librement devant les médias. René aussi. »

Enfin libre de révéler au monde l'amour qu'elle porte à René, elle a tenu à ce que figure sur la pochette de son album, rédigée de sa main, sa déclaration d'amour :

« René, depuis quelques années, je garde notre rêve merveilleux au plus profond de mon cœur, mais c'est devenu trop puissant pour rester en dedans de moi… Donc, après toutes ces années, permets-moi de dire la vérité et de montrer mes sentiments : RENÉ, TU ES THE COLOUR OF MY LOVE. »

*« I'll paint a sun to warm your heart*
*Swearing that we'll never part*
*That's the colour of my love… »*
(Je peindrai un soleil pour chauffer ton cœur,
en jurant que nous ne nous séparerons jamais.
C'est la couleur de mon amour.)

Les journalistes présents peuvent entendre de sa bouche ce qu'elle a dû taire si longtemps : « Il y a un temps pour tout et je ne pouvais plus garder ce secret plus longtemps. Je n'ai plus quatorze ans. J'en ai vingt-cinq. Cela n'a rien à voir avec une quelconque publicité. Je suis assez vieille maintenant pour avoir le droit d'être amoureuse. Il était temps qu'on l'annonce, non ? Quand deux êtres humains s'aiment, c'est très pénible de ne pas pouvoir se promener main dans la main en public. J'aime un homme et il m'aime, c'est tout. » La parole libérée, elle ne se lasse pas de proclamer cet amour : « C'est une chose extraordinaire de pouvoir crier au monde entier que j'aime un homme, un homme m'aime incroyablement. » René marche avec les émotions et Céline aussi. Ils sont en amour. Il n'y a rien à analyser, rien à calculer. Quant aux fâcheux qui soupçonnent une vile tactique de marketing, qu'ils aillent se faire pendre ailleurs. Oubliée la soirée parisienne, où, sortant d'un restaurant, elle lui avait avoué qu'elle était amoureuse de lui. Il avait gentiment repoussé ses avances, sans pour cela nier son attachement et son trouble. Pardonnée, la colère de Thérèse... L'amour a triomphé.

Ils partageaient déjà, dans la plus grande discrétion, une maison à Rosemère, qu'ils avaient achetée au directeur général de l'équipe de hockey Colorado Avalanche NHL. La contrée, parsemée de magnifiques chalets, d'érablières, de cabanes de bois offre de vastes espaces verts pour les randonneurs, les amateurs de golf. Ils peuvent à présent vivre en pleine lumière. Comme le chante si bien Line Renaud : « À quoi bon chercher ailleurs, je sais bien le bonheur, il est là, dans ma cabane au Canada. » Céline affirme ses convictions : « Vous savez les gens, ces derniers temps, ils changent de relations et de partenaires si facilement, comme ils changent de chaîne de télévision. Et je ne crois pas à ça. Je crois en l'amour. Je ferai tout pour que cet amour reste vivant. N'importe quoi. » En aparté, elle rappelle qu'elle est du signe du Bélier, ascendant Lion, et Singe dans l'horoscope chinois. Selon elle, elle en possède toutes les caractéristiques : « Je suis Bélier et j'ai la tête dure. Quand je veux quelque chose, cela peut prendre des années, mais j'utiliserai tous les moyens pour y parvenir. » René ne pouvait lui échapper !

Thérèse Dion s'est d'abord inquiétée de la relation entre sa fille et René Angélil, de vingt-six ans son aîné, puis au fil des ans, elle est devenue un repère, pour René, la seule qui pourra l'influencer dans ses décisions. L'animatrice Julie Snyder, amie du couple, y fait allusion : « Je disais souvent à René, à la blague, qu'il n'avait peur de personne, sauf de sa belle-mère. » Il y avait de quoi, selon Céline : « Oh ma mère a voulu le tuer à plusieurs reprises, littéralement ! Un homme marié plusieurs fois, avec des enfants, aimant un jeune cœur sans expérience, il fallait pas qu'il s'approche. Elle ne voulait pas qu'il s'approche ! Heureusement que ce que je ressentais, c'était la vraie affaire parce que j'ai pas menti à ma mère quand j'y ai dit "je l'aime pour vrai". J'y ai pas menti, je me suis pas menti à moi-même, puis j'ai pas menti à René non plus.[1] »

1. Janette Bertrand, émission *Janette*, Radio-Canada, 2005.

The Colour of My Love Tour, la première tournée mondiale de Céline, a débuté par deux concerts en septembre 1993 à Québec. Ils furent ensuite utilisés pour les émissions spéciales télévisées et un DVD. De février à août 1994, elle tourne aux États-Unis et au Canada, avant de rejoindre l'Europe, en septembre-octobre 1994, où elle offre trois concerts à l'Olympia de Paris. En novembre 1994, elle donne trois spectacles au Canada ; en décembre, elle chante au Japon. Elle fait le trajet dans l'autre sens, direction l'Europe, où elle termine sa tournée, en mai 1995. Entre septembre 1993 et mai 1995, elle comptabilise plus de cent concerts en Amérique du Nord, au Japon et en Europe ! René a veillé à entourer Céline d'une équipe soudée, attentive à sa forme, ses états d'âme. La majorité de ses membres sont avec elle depuis son adolescence : Yves Aucoin, David Platel, son frère Michel Dion, ses sœurs Linda et Manon. Michel Dion est le régisseur de scène personnel de Céline. Il a commencé à travailler avec elle, le 5 mai 1993, à Vancouver. Chargé du bien-être de sa sœur, dès qu'elle sort de sa loge, il la conduit jusqu'à l'ascenseur et la scène. S'il y a un problème quelconque, c'est à lui qu'elle s'adresse. Il la suit des yeux durant tout le show : « Si quelque chose cloche, que ce soit un problème de son ou de courant d'air, elle a tout un jeu de signes qui me permet de comprendre, et je trouve une solution. » Il confie, attendri : « Aussitôt qu'elle sort de scène, c'est ma petite sœur. Mais avant ça, quand elle se rend vers la scène et qu'elle a ses écouteurs, c'est vraiment l'artiste pour qui je travaille. » Patrick Angélil, le fils de René, occupé par la gérance en tournée et la coordination pour les médias et les invités, rejoint l'équipe en 1992.

Les grandes qualités de gestionnaire de René, son amour du show-business, ses conseils, sa présence, la confiance qu'il accorde motivent ceux qui travaillent avec Céline. Aimable et généreux de son temps, tout comme Céline, il les amène à se surpasser pour un résultat optimum. Modestement, il résume ainsi son rôle : « Le souhait de Céline lorsque je l'ai rencontrée, c'était de chanter toute sa vie. Mon travail a consisté à ne pas brûler les étapes[1]. » Il ne déroge pas à la règle : après chaque concert, il débriefe le show. Ce qui ne va pas, ce qu'il faut définitivement supprimer, etc. Est-ce toujours très flatteur ? Elle ne se pose pas la question. Céline la perfectionniste est prête à retravailler pour donner le meilleur à son public.

Répondant à l'appel et à la générosité envers les plus démunis initiés par Coluche, en France, elle se joint aux spectacles donnés par Les Enfoirés au profit des Restos du cœur[2]. Pour *Les Enfoirés au Grand Rex*, elle interprète *Un autre monde* avec Jean-Jacques Goldman et reprend *La chanson des Restos.* La splendide interprétation de *Là-bas,* évoquant le rêve américain, à deux voix avec Jean-Jacques Goldman, transcende le public. Vêtue d'un smoking noir orné de dentelles blanches, elle fascine le public par sa richesse harmonique. C'est l'un des temps forts de la soirée. Il marque la naissance d'une collaboration des plus fructueuses entre les deux artistes. Elle est tout à fait à l'aise avec la troupe, elle se sent bien. Elle déjeune à la cantine durant les répétitions, sympathise avec les autres artistes. Pour le dixième anniversaire des Restos, *La soirée des Enfoirés*, Jean-Jacques Goldman fera de nouveau appel à elle[3]. Elle chantera dans le medley sur les Chansons d'amour (*Pour que tu m'aimes encore, L'amour existe encore*) puis en duo avec Maurane, *Quand on a que l'amour. Argent trop cher*, et *I Want to Know What Love Is*, un quatuor avec David Hallyday, Tina Arena et Lââm sont les titres qu'elle défendra avec toute sa fougue lors de l'édition 2008, *Les Secrets des Enfoirés.*

Elle est sollicitée afin de rendre hommage à Elizabeth Taylor et Berry Gordy lors de la soirée de bienfaisance[4] organisée au MGM Grand Hôtel de Las Vegas, par Germaine Jackson. Elle a l'honneur de chanter *The Power of Love*, puis rejoint Michael et la famille Jackson au complet pour interpréter avec eux *If You Only Believe.* Deux jours plus tôt, elle avait remporté le plus grand succès jamais enregistré par un artiste canadien.

1. Interview à VH1, chaîne musicale américaine.
2. Fin janvier/début février 1994.
3. 10 février 1996.
4. 14 février 1994.

Son album, grâce à la chanson *The Power of Love,* était resté numéro un du prestigieux Billboard Hot 100 Singles (toutes catégories) pendant quatre semaines. « Dans *The Power of Love*, Mme Dion déclame des sentiments comme "*I am your lady, and you are my man*" avec une solennité quasi opératique », remarque le *New York Times.*

Sa carrière est sur une spirale ascendante. Les projecteurs sont braqués sur elle. La demande d'interviews, de séances photo est incessante. Le rythme est effréné. Le *New York Times* analyse sa voix. Il considère Céline comme « une chanteuse au soprano aigu, fin, légèrement nasal, presque sans vibration et dotée d'un bon arsenal de compétences techniques. Elle est capable de délivrer des mélismes délicats, de produire des prises de voix expressives et de soutenir de longues notes sans le moindre fléchissement de la hauteur. Et comme l'ont montré ses deux duos à succès, *Beauty and the Beast* – avec Peabo Bryson – et *When I Fall in Love* – avec Clive Griffin –, elle est une voix d'harmonie fiable. »

D'autres recherchent le scoop concernant la relation amoureuse entre le manager et son artiste. Elle répond patiemment : « René est tout pour moi. Je me fiche de ce que les gens disent. Même si c'est "Elle l'aime trop, ou elle est trop dépendante de lui", je ne voudrais pas qu'il ait vingt ans de moins. Je ne pense pas qu'il serait le même ». Cela n'empêchera pas d'abominables accusations qui vont cruellement les blesser. Un énorme titre les alarme : « *Le Globe* dévoile la vie amoureuse bizarre de la star de la chanson. » La photo de la couverture présente René souriant, avec Céline posant sa tête et ses bras sur son épaule gauche. L'histoire narrée est croustillante, alléguant qu'ils vivent une histoire d'amour depuis que Céline a quinze ans. Il est affirmé que leur relation s'est transformée en relation sexuelle lorsqu'elle avait dix-huit ans [l'âge du consentement au Canada]. Burt MacFarlane, journaliste du *Globe*, écrit mot pour mot : « Celine Dion had romance at 15, with a married man, 41. […] They moved together with her parent's blessing. » Il affirme que l'ex-épouse de René Angélil lui a confié que :

« Céline était une Lolita qui lui a enlevé son mari. » Cette histoire du *Globe* engendre un scandale encore plus grand lorsque le tabloïd montréalais *Photo Police* publie une photo de René accompagné du titre « Punissable par deux ans de prison ». Les journalistes spéculent sur le fait que Céline n'avait pas l'âge « légal ». René pourrait être coupable d'avoir abusé d'une mineure. Pire, la mère de Céline aurait donné sa pleine bénédiction. René, Céline et Thérèse poursuivent en justice *Photo Police*, réclamant des dommages et intérêts pour diffamation, et la publication d'une rétractation. Finalement, en août 1997, *Photo Police* accepta de faire don d'une somme, non divulguée, à l'Association pour la fibrose kystique, et publia une rétractation à la Une. Les journalistes reprochent bien souvent à René ses dictats. Il est vrai qu'il est intransigeant en certains domaines. « Moi, je fais juste mon travail : protéger Céline et organiser les choses pour que ça se passe bien pour elle. C'est ça, le job d'un manager. Orchestrateur, arrangeur, organisateur, manipulateur, appelle ça comme tu voudras. Je suis comme ça dans tout, avec la compagnie de disques, par exemple, et les médias font partie du show-business… C'est sûr qu'il y a certains médias qui ne sont pas contents parfois. » Comme le dit si bien Céline, René n'a pas besoin d'élever la voix : « Ce n'est pas du tout son genre. Je ne l'ai jamais vu crier après personne. Si ce n'est pas bon, si ça n'a pas été correct, il va garder son calme, mais son message va être clair "Je t'ai fait confiance, ne me demande plus rien, c'est fini." »

On ne peut nier que le prix que Céline paie pour la célébrité est énorme. La pression, le stress et l'absence de vie sociale n'ont pas été aussi durs pour elle que l'invasion de sa vie privée. C'est pourquoi elle a un garde du corps omniprésent à ses côtés, Eric Burrows, surnommé Big E., un ancien joueur de football universitaire, massif et musclé, impeccablement vêtu, charismatique, comme le souhaite René. Il n'apprécie guère les profils stéréotypés de certains bodyguards américains. « J'ai l'impression de tout leur donner sur scène, j'aimerais aussi avoir une vie privée », plaide-t-elle. « Je pense mener une vie intense, comme je le voulais, mais parfois le prix à payer est lourd et impose de grands sacrifices. Je ne suis pas malheureuse de ce qui m'est arrivé, car c'est la vie que je voulais, mais parfois, je ne peux m'empêcher de remarquer que mes rêves se sont réalisés dans ma vie, avant même que j'aie eu la chance de les rêver. » Il est vrai que son manager a toujours été très exigeant avec elle parce qu'il avait une confiance illimitée en ses moyens et sa volonté de relever des défis. René l'avoue au *Journal de Montréal* : « J'ai peur d'être trop "*heavy*" et, parfois, je le suis. Je n'ai jamais pris une décision sans qu'elle ait son mot à dire, même quand elle était petite. Mais il arrive qu'elle soit d'accord avec ma décision, et alors elle embarque à 100 %, puis qu'elle s'aperçoive que c'est difficile. »

Les feux de la rampe de la 36e cérémonie des Grammy Awards[1], au Radio City Music Hall, à New York, à peine éteints, elle enchaîne ses spectacles avant la cérémonie des Juno Awards[2], au O'Keefe Centre de Toronto, où elle est accueillie par le maître de cérémonie, le chanteur Roch Voisine. Né à Edmundston, il a grandi à Saint-Basile au Nouveau-Brunswick. Dès l'adolescence, il déménage à Notre-Dame-du-Lac, au Québec, pour pratiquer le hockey. Ils partagent la même attachée de presse, Francine Chaloult, la passion du métier et leurs origines. Ils sont tous les deux récompensés. Céline remporte le prix de la meilleure interprète féminine, Roch Voisine le prix du meilleur interprète masculin.

Après l'ultime concert de sa tournée, The Colour of My Love, à Montréal[3], Céline et René rejoignent Pointe-Claire, sur l'île de Montréal, dans le sud-ouest du Québec, pour l'ouverture d'un restaurant Nickels rue Sainte-Catherine[4]. En accord avec le gérant, ils maintiennent une qualité de produits et de service : « On est très conscients que le consommateur québé-

1. 1er mars 1994.
2. 20 mars 1994.
3. 27 août 1994.
4. 30 août 1994.

cois est très exigeant et qu'on ne peut pas lui passer un sapin[1]. » Ils surenchérissent : « On met la main à la pâte. C'est vraiment une cuisine familiale, avec un goût différent, à nous. » Le restaurant a aussi fait sa réputation en servant des portions copieuses, des desserts encore plus généreux, et une deuxième assiette pour seulement cinq cents sur certains de ses plats. Les détracteurs et les critiques fusent, bien évidemment. À ceux-là, Céline répond : « Je ne connais rien à la gestion de l'argent. Sur le site de l'entreprise, j'ai une équipe formidable avec laquelle je travaille depuis de très nombreuses années et cette équipe est de plus en plus forte. J'ai un manager formidable. Je travaille avec lui depuis l'âge de treize ans, depuis le début. Mon travail consiste à être capable de chanter mes chansons du mieux que je peux. De mettre autant d'émotion que je peux. Mais c'est la meilleure partie. C'est, je dirais, la partie la plus facile quand je chante. Mais il y a du travail, juste avant ça. Il y a du travail entre toutes les performances scéniques. » Qu'on se le dise, son argent, elle ne l'a pas volé !

Il est temps d'aller rendre visite à son public français. Ses fans espèrent un nouveau disque. Elle concrétise enfin son souhait en septembre. Paris a pour elle des douceurs romantiques et mordorées. De nouveaux artistes se font entendre sur les ondes : la rousse Axelle Red chante *Sensualité,* IAM danse *le Mia.* Robert Hue a remplacé Georges Marchais à la tête du PCF (Parti communiste français), le tunnel sous la Manche a été ouvert au public, le Festival de Cannes, sous la présidence du cinéaste Clint Eastwood, a attribué la Palme d'or à *Pulp Fiction* de Quentin Tarantino. Le spectacle qu'elle donne à l'Olympia[2], conçu spécialement pour le public français, présente dix-sept chansons et ses tubes, *Where Does My Heart Beat Now, The Power of Love, Love Can Move Mountains.* Sa performance vocale avec *The Power of Love* suscite l'enthousiasme du public. Elle offre à Eddy Marnay, l'auteur de ses débuts venu l'applaudir, le titre *Elle,* l'un de ses préférés.

1. Duper, arnaquer, tromper quelqu'un.
2. 27/28/29 septembre 1994.

*Quand on n'a que l'amour*, du regretté Jacques Brel, est sa dédicace sensible au public de la salle mythique. Elle enregistre un album live lors de cette série de spectacles à guichets fermés, intitulé *Céline à l'Olympia*. Il mêle chansons anglaises et françaises.

Le couple n'a pas une grande distance à franchir pour passer du 9e au 1er arrondissement parisien pour rejoindre Jean-Jacques Goldman à l'origine de ces retrouvailles[1]. Céline et René sont loin d'imaginer que ce rendez-vous transformera l'orientation musicale de l'artiste. Neuf mois auparavant[2], après le spectacle donné au Grand Rex, ils avaient dîné à trois *Chez Pauline*, le restaurant où Jean-Jacques Goldman a ses habitudes, au cœur du 1er arrondissement. Le compositeur se souvient : « l'ambiance était détendue, eux ne savaient pratiquement pas ce que je faisais, et personne n'était impressionné. » Pour la première fois de sa vie, lui, si réservé, propose à Céline d'écrire pour elle. Avant de la rencontrer, il a tout lu sur elle, sur eux, leurs projets artistiques, leur histoire. « Je voulais que mes chansons collent parfaitement à sa personnalité et qu'à travers elles, on la connaisse mieux », explique-t-il. Sa démarche touche le couple qui accède avec enthousiasme à ce projet. Le feeling entre eux passe très bien. René envisage d'associer Luc Plamondon à la composition, mais Jean-Jacques Goldman s'impose. Il travaille sur l'album complet, sinon rien. Sa créativité doit jouir d'une totale liberté. René demande à entendre ses propositions. Quelques semaines plus tard, il leur fera écouter *Je sais pas*, *J'attendais* et *Pour que tu m'aimes encore*. Selon lui, pas la meilleure des trois chansons. René et Céline ne peuvent retenir leur émotion, ils pleurent comme des enfants. « Je n'oublierai jamais, jamais, ce moment-là », souligne Céline. « Quand on a lu les textes, dit René, on en pleurait tellement c'était comme si c'était Céline qui parlait. Ça m'a fait penser au temps où elle était toute petite, à treize-quatorze ans, et qu'Eddy Marnay lui écrivait des chansons sur

1. Octobre 1994.
2. 27 janvier 1994.

mesure. » Banco, dit René. Il confie la totalité de la création à Goldman. Il se met au piano, entame *Pour que tu m'aimes encore*. Céline et René, enlacés, mêlent leurs larmes. « Je n'ai pas bien compris pourquoi », s'excuse le musicien. Céline s'explique : « C'est tellement une grande chanson ! C'est mon hymne à moi. » Pudique, Goldman ajoute : « La voix de Céline m'a toujours touché. Elle a cette faculté de vous rentrer cette voix dans le cœur et d'y faire jaillir de la lumière. »

Il prépare les orchestrations et enregistre les parties instrumentales avant que Céline ne vienne poser sa voix dessus au Studio Méga, à Suresnes, en région parisienne, en dix jours, du 3 au 19 novembre 1994, à raison de deux chansons par jour avec pas plus de deux prises de voix, en fin d'après-midi, car sa voix lui obéit mieux ; elle est plus ample, plus souple. Il y a juste cinq ans, Céline subissait son premier accident vocal. C'est le temps qu'avait estimé nécessaire son ORL pour son rétablissement complet. Jean-Jacques Goldman lui fait adopter une façon plus sobre de chanter, avec moins de mélismes et de fioritures. Sans se formaliser, elle écoute très attentivement ses conseils. Le titre *Vole* est enregistré au studio Haut-de-Gamme à Boulogne. « Au début, j'ai voulu moderniser la voix de Céline, raconte Jean-Jacques Goldman. Elle interprétait comme les chanteuses traditionnelles de la francophonie. Comme Mireille Mathieu ou Ginette Réno. Il fallait contrôler sa puissance vocale, lui donner des nuances, et puis être à l'écoute. La laisser s'exprimer par elle-même. Et c'était encore mieux que ce que j'avais imaginé. »

Chez elle, Céline est célébrée par maints trophées. Trois Félix : Félix pour l'interprète féminine de l'année ; l'artiste québécois s'étant le plus illustré dans une autre langue que le français ; l'artiste québécois s'étant le plus illustré hors Québec[1]. L'album *The Colour Of My Love* est disque de Diamant ! Il s'est vendu à plus d'un million d'exemplaires

1. 16 octobre 1994, 16e gala de l'ADISQ.

au Canada et plus de six millions dans le monde[1]. La récompense, remise sous forme de disque certifié à un artiste, atteste qu'un album ou un single s'est vendu à un certain nombre d'exemplaires. La certification est prise en charge par un organisme officiel. Chaque pays possède son propre système de certification avec des dénominations, seuils et conditions de certifications spécifiques, ayant évolué au fil des années, indépendamment du marché du disque.

Ce n'est que le premier d'une longue liste de disques de diamant.

Elle fait la couverture des magazines du monde entier. On la voit partout : Céline en robe de soirée noire ; portant un jean délavé ; montant en voiture avec René ; concentrée dans les coulisses ; sortant de son hôtel parisien ; posant avec des fans ; interprétant *The Power of Love*, lors du gala *A Gala for the President*, une émission spéciale en l'honneur du président Bill Clinton, enregistrée au Théâtre Ford, à Washington[2]. Elle défend son titre face aux journalistes : « J'aime les chansons up-tempo, et le blues, et les grands grooves, mais, pour moi, il est plus facile de mettre mes émotions dans de grandes ballades comme *Power of Love*, *The Colour of My Love*. Je sais que je chante toujours sur l'amour, mais c'est peut-être parce que je suis très amoureuse. » La chanson *The Power of Love,* écrite et composée par Gunther Mende, Candy DeRouge, Jennifer Rush et Mary Susan Applegate, est enregistrée pour la première fois en 1984 par Jennifer Rush. Le succès était assuré. Reprise, notamment par Laura Branigan, la version proposée par Céline est extrêmement exigeante. Elle atteint rapidement la première place des classements aux États-Unis, figure en tête du palmarès Billboard pendant quatre semaines.

En secret, Céline se prépare à dire oui à l'homme de sa vie.

Sise dans le Vieux-Port de Montréal, la basilique Notre-Dame, chère aux cœurs de Céline et René, est un joyau du patrimoine québécois. Édifiée entre 1824 et 1829, par l'archi-

1. 24 novembre 1994, Montréal.
2. 7 décembre 1994.

tecte James O'Donnell, inspiré par les deux tours de Notre-Dame de Paris, elle est la première église de style néo-gothique au Canada. Ce chef-d'œuvre d'architecture, au décor intérieur en bois sculpté, peint et doré à la feuille d'or, ses vitraux illustrant l'histoire de Montréal, met en valeur son célèbre orgue Casavant de 7 000 tuyaux. Le vaste vaisseau compte environ 2 800 places assises. Ce lieu majestueux et symbolique fut réservé par René Angélil, bien à l'avance, afin d'y célébrer son union avec Céline, le 17 décembre 1994.

Ils ont longtemps attendu ce moment. Il était important pour eux d'avoir le soutien du public de Céline. « Je n'avais pas le droit de décevoir les gens, assure-t-elle. Certains de mes amis m'ont souvent dit : "Tu as le droit à ta vie, Céline, ne te préoccupe pas de ce que peuvent penser Monsieur et Madame Tout-le-Monde." Mais c'est trop facile d'agir ainsi. Je suis un personnage public et sans eux, je ne suis plus rien, je n'ai plus de gagne-pain. » René renchérit : « Céline doit tout à son public. Oui, cela nous aurait vraiment dérangés qu'il ne nous accepte pas comme couple. » Pour eux, cette communion avec leur famille, leurs amis, les fans de Céline, tout est essentiel. L'événement est couvert par les médias québécois, dont *La Presse*, le journaliste Alain Brunet se souvient de l'enthousiasme du moment : « [...] comme on l'aurait fait pour une grande cérémonie monarchique au Royaume-Uni, ce mariage religieux avait tout de la symbolique royale. Interviewé sur le parvis de l'église, Luc Plamondon a clairement observé : "S'il nous faut une princesse au Québec, je préfère que ce soit Céline plutôt que Lady Di ou Caroline de Monaco", m'avait-il dit. »

Chaque invité s'est vu remettre :

Un badge à son nom ;

Un livret comprenant tous les détails de l'organisation de la cérémonie et des menus ;

Un livret de mariage des époux ;

Un ticket de bus pour la basilique ;

Un ticket de bus pour la réception ;

Une invitation à se présenter devant les photographes pour que les mariés puissent avoir des photos souvenirs ;

Un numéro de table pour le dîner ;

Une serviette de table aux initiales des mariés ;

Un jeu de cinquante-quatre cartes aux initiales des mariés ;

Une carte de table à son nom ;

3 000 $ en jetons de casino aux initiales des mariés, pour jouer au casino, en l'honneur de la réception ;

Un carton de suggestions de don à une œuvre caritative. Au lieu des cadeaux de mariage, des enveloppes étaient marquées avec les adresses des associations.

Voici l'heure solennelle. La journée est glaciale. Moins 14 °C. Une pellicule blanche a recouvert Montréal dans l'après-midi. De duveteux flocons virevoltent dans le ciel. Les badauds ont pris place devant la basilique Notre-Dame. Ils sont là depuis le petit jour, afin d'être sûrs d'assister à l'arrivée de la mariée. L'ambiance est joyeuse. Tout le monde chante pour se réchauffer.

Le marié, vêtu d'une veste de smoking trois-quarts, gilet blanc brodé, chemise blanche à col cassé, long ascot blanc à la place du nœud papillon, foule le tapis bleu et or, brodé aux initiales du couple. Il entre dans la basilique sur un air de trompette d'Henry Purcell. Entouré de ses garçons d'honneur, il se place au bout de l'allée pour attendre Céline. Environnée d'extraits de *Lohengrin* de Richard Wagner, Céline, rouge à lèvres rose foncé, combinaison d'ombres à paupières mordorées mettant en valeur ses beaux yeux, pénètre dans l'édifice au bras de son père, habillé en conséquence ; chapeau haut de forme et gants gris. Ses huit sœurs, vêtues à l'identique de robes de couleur crème et de capes à capuchon assorties, soutiennent la longue traîne de sa spectaculaire robe en soie et dentelle formée d'une ample jupe romantique, un corsage serré au décolleté droit, de grandes manches. Pendant plus de mille heures, une équipe d'une douzaine de couturières a travaillé, cousu, perlé à la main chaque parcelle de tissu. La coiffe qui retient son voile de mariée, composée de deux mille cristaux autrichiens, pèse trois kilogrammes. Un boléro de vison blanc la protège du froid. Son bouquet de fleurs d'hiver est enveloppé d'organza de soie blanche.

Thérèse Dion, tout sourire, porte un tailleur blanc cassé, orné de broderies dorées, un collier de perles. Les cinq frères de Céline, dans des smokings noirs, sont très élégants. Jimmy, le neveu de Céline, fils de son frère Jacques, veille sur les anneaux. Audrey, la fille de sa sœur, Ghislaine, est la bouquetière. Alice, la mère de René, vêtue d'un élégant ensemble de couleur crème, ne quitte pas des yeux son fils et Céline. L'assistance est recueillie. L'homélie de Monseigneur Poirier porte sur Zachée, le collecteur d'impôts. Durant la cérémonie, le Montréal Jubilation Gospel Choir interprète l'*Ave Maria* de Franz Schubert, l'*Adagio* en sol mineur de Tomaso Albinoni, des extraits de *Songe d'une nuit d'été* de Félix Mendelssohn et des chants gospel.

Le dîner est organisé au Westin Mount-Royal Hotel de Montréal. Une arche de roses blanches recouvre la cage d'escalier de l'hôtel. Des pétales de roses blanches et rouges ornent les marches. Une grande volière avec quatre colombes blanches rappelle la chanson de Céline. Le décorateur a recréé l'ambiance du ballet *Casse-Noisette* de Tchaïkovski. Deux petits soldats grandeur nature se tiennent près d'un énorme sapin de Noël. Des milliers de petites lumières suspendues à de longues branches rejoignent un bouquet de roses jaune pâle, roses et blanches, descendant juste au-dessus du centre des tables. La table des mariés est parsemée de roses. Adhémar est assis à la droite de Céline, René à sa gauche. Il y a des arbres, des lumières scintillantes, des bouquets de roses partout. L'orchestre de vingt et un instruments, dirigé par David Foster au piano, et la prestation de Warren Wiebe, chantant *The Colour of My Love*, annoncent le souper et accompagnent les agapes de leurs cinq cents invités.

Leur menu de mariage se décline ainsi :

*Petit tartare de saumon et fines lamelles fumées*
*aux cinq poivres à la quenelle de caviar.*
*Chardonnay Fortant de France.*

*Ravioles au confit de canard*
*de Brome et son velouté à l'oseille.*
*Chardonnay Fortant de France.*

*Jambonnette de volaille aux cèpes*
*et sa poitrine dorée aux appétits.*
*Chardonnay Fortant de France.*

*Ou Bouquet de fraîcheur et son duo*
*de chèvre à la fleur de thym.*
*Cabernet Sauvignon Fortant de France Collection.*

*Trilogie de sorbets.*
*Croquembouche Lenôtre.*
*Champagne Lanson rosé.*
*Cafés et digestifs.*

Le gâteau, un croquembouche haut de deux mètres, ressemble à un arbre de Noël surmonté de roses blanches. 420 bouteilles de Chardonnay blanc sont ouvertes, 240 de Cabernet Sauvignon, 192 bouteilles de champagne. Les mariés n'ont pas lésiné sur les moyens. Le coût du mariage serait estimé à 500 000 $. Il n'y a qu'à consulter les chiffres pour apprécier le soin apporté à chaque détail :

600 $ de frais postaux ;

Grâce à Mirella et Steve Gentile, 1 000 heures de travail et 25 000 euros de budget, Céline porte la robe qu'elle avait elle-même imaginée et dessinée ;

Les six mètres de sa traîne sont tenus par ses huit sœurs ;

Le diadème de Céline, constitué de 2 000 cristaux autrichiens, pèse plus de trois kilos. Il a été assemblé et cousu sur sa tête juste avant la cérémonie ;

Le boléro de vison, d'une valeur de 10 000 $, lui a été offert par la maison montréalaise Zuki ;

René porte un costume du couturier Roger Giunta ;

Douze autobus pour les invités, dix-huit limousines pour les deux familles et invités spéciaux, sont mis à disposition ;

175 chambres ont été réservées au Westin Mont-Royal pour leurs invités ;

Une Rolls-Royce de couleur bordeaux conduit la mariée à l'église ;

100 000 $ de fleurs ;

800 employés sont recrutés pour l'ensemble des services extérieurs, de l'hôtel, au sein de la réception, d'un salon aux couleurs des Milles et une Nuits, un sushi-bar, un bistrot parisien, un saloon western, des tables de jeu ;

35 chefs œuvrent aux fourneaux ;

60 serveurs font le service ;

60 agents de sécurité montent la garde ;

Le gâteau coûte 10 000 $ ;

200 journalistes venus des quatre coins du monde sont présents ;

Le réalisateur Laurent Larouche filme toute la cérémonie exclusivement pour la famille Dion/Angélil.

Le menu musical comprenait :

Le Quatuor Moreney ;

Jazz Piano Trio ;

Orchestre à cordes (21 cordes) ;

David Foster et Warren Wiche ;

Le groupe de Harry Birkens's trio-strolling Trio ;

L'orchestre de Perry Carmen and his orchestra.

Le couple ouvre le bal sur la chanson de Roberta Flack, *The First Time Ever I Saw Your Face*. Au cours de la soirée, il demande aux invités de faire un don à la cause de la fibrose kystique en guise de cadeau de mariage. 90 277 dollars, correspondant aux dons, seront reversés à l'Association. L'immense arbre de Noël, chargé de cadeaux pour les enfants des invités, est dépouillé de ses présents pour la plus grande joie de tous.

Certains tabloïds ne manquent pas de reprocher l'opulence de ces noces. Ce à quoi madame René Angélil répond : « Je ne me marie pas *small time*. J'étais une petite fille de Charlemagne que deux grandes canines empêchaient de sourire. Je suis allée loin et haut, portée par ma voix, par l'amour de ma famille, de René, du public québécois. Le montrer, le partager, ce n'est pas du marketing, c'est un signe de reconnaissance. » Si on lui rappelle la différence d'âge entre eux, elle parle sans détour : « Je ne fais pas d'arithmétique en amour. Mon mari, je l'aime comme ça ne peut pas se penser… » Qu'on se le dise ! « C'est merveilleux de partager un conte de fées, explique-t-elle. J'ai vécu cette journée, instant par instant. Je l'attendais depuis toujours. René, c'est l'homme de ma vie. Il accepte tout de moi, y compris mes défauts. » René, quant à lui, est catégorique : « Céline est la femme de ma vie. C'est certain. Je suis ravi de la femme qu'elle est devenue. Si pure, si belle en dedans. Elle a de belles valeurs. »

Après cette fabuleuse journée, ils s'accordent une courte pause en Floride. Céline exulte : « C'était formidable, j'ai fait la popote, la vaisselle, j'ai inventé des recettes, j'ai lavé, repassé, magasiné. »

La vie leur offre désormais le meilleur : l'amour, le succès et la fortune.

# 5

*« Celui qui n'ose pas regarder le soleil en face ne sera jamais une étoile. »*

William Blake.

La ronde des récompenses reprend.

22e cérémonie des American Music Awards, au Shrine Auditorium de Los Angeles suivie d'une fête au Spago Restaurant à West Hollywood[1]. 37e cérémonie annuelle des Grammy Awards[2], au Shrine Auditorium de Los Angeles. Juno Awards[3], au Copps Coliseum à Hamilton, Ontario, où Céline remporte deux trophées, celui de l'album de l'année avec *The Colour Of My Love*, et meilleur album vendu au Canada ou à l'étranger grâce à *The Colour Of My Love*. Elle interprète la chanson *The Colour of My Love*. Le journaliste Alain Brunet[4] raconte : « À son égard, Angélil est béat d'admiration. Un jour, sur le plateau new-yorkais de *Good Morning America* (1995), auquel j'avais eu accès, Céline avait entonné un de ses mégatubes. Le mari-imprésario s'était exclamé sans retenue : « Tabarnak qu'elle chante ! Jamais je n'aurais pensé réaliser avec elle mes rêves les plus fous. » René évoque le concours de l'Eurovision où Céline était loin d'être favorite. À Dublin, les paris étaient de trois contre un : « Imaginez, je pouvais miser sur Céline. » Il avait fait ses fonds de poches,

1. 30 janvier 1995.
2. 1er mars 1995.
3. 26 mars 1995.
4. Alain Brunet pour *La Presse*.

récupéré 400 livres anglaises (environ 800 dollars), déposé sa mise et demandé à ce que ses gains lui soient envoyés, car il serait dans l'avion du retour lors des résultats. Nous connaissons la suite, René a reçu 2 500 dollars ! « Elle ne m'a jamais déçu », affirme le *gambler.* Alain Brunet doit en convenir : « La chanteuse a gagné en présence et en style, affichant une personnalité vocale plus nuancée. Qu'on blaire ou non cette approche pop, on peut néanmoins affirmer que Céline n'a pas l'air d'une courtepointe d'évidences... » Il lui est si difficile d'écrire un compliment qu'il balance une rosserie en contrepoids : « L'artiste peut beurrer trop épais, voire exhiber ses indéniables potentialités vocales au détriment de l'esprit d'un texte ou d'un mood musical, mais soulignons au demeurant qu'elle a fait beaucoup de progrès à ce titre. »

Le lancement de l'album *D'eux* au Studio de Radio-Canada avec *Pour que tu m'aimes encore*, et sa sortie en France[1] laissent les auditeurs pantois. Le disque occupe la première place de tous les classements durant dix mois ! En tête des ventes pendant quarante-quatre semaines, il est sacré album francophone de l'année aux Victoires de la musique. Aux États-Unis, le CD sort sous le titre *The French Album.* L'Album *D'eux* est certifié disque de diamant en cinq mois, en France, avec plus d'un million d'exemplaires vendus. Il se vend à 10 millions d'exemplaires dans le sillage du single *Pour que tu m'aimes encore*. Le 30 mars 1995, jour de son anniversaire, Céline, accompagnée de Jean-Jacques Goldman, présente *D'eux* dans une émission spéciale, animée par Véronique Cloutier et diffusée à 20 heures sur la chaîne québécoise Musique Plus et le lendemain sur Radio-Canada. Elle chante *Je sais pas*, *J'attendais*, *Regarde-moi*, *J'irai où tu iras* avec Jean-Jacques Goldman, *Les derniers seront les premiers* et *Vole*. Goldman l'a amenée à ne pas trop pousser sa puissante voix, épurer son chant, gommer les fioritures à l'américaine. « Elle fait partie des cinq grandes, assure-t-il. Je mets

1. Le 3 avril 1995.

dedans Aretha Franklin, Barbra Streisand. Elle, elle est dans le lot. » Il évoque[1] leur façon d'aborder une chanson : « Je n'ai jamais travaillé avec des gens d'un tel niveau technique. Pas de problème de justesse, de tempo, elle se chauffe toute seule, quand on lui donne une ligne mélodique, elle en improvise deux, quatre, toutes crédibles. » La chanteuse répond bien volontiers aux questions des journalistes à propos de son ambition pour la France. « À un moment donné, ça devient ben frustrant, ben fâchant, parce que s'il y a un endroit où j'ai rêvé que ça marche, c'est ici ! Ça marche au Québec, en Angleterre, aux États-Unis... et ici, ça marche pas ! Il aura fallu que j'aie du succès aux États-Unis pour que ça fonctionne en France ! »

Le titre *Vole* rendant hommage à Karine, morte de la fibrose kystique, génère une intense émotion chez les Québécois. Céline et Karine symbolisent à jamais le combat de la fondation Fibrose kystique Québec. « Ce qui est fabuleux, c'est que Jean-Jacques a su trouver les mots pour exprimer ce que je ressentais », précise l'interprète. Elle avoue son trouble lorsqu'elle s'adresse à quantité de personnes en train de perdre ou ayant perdu quelqu'un de cher. « On a l'air de s'inventer des personnages à chaque fois qu'on est à la télé, mais dans la vraie vie, et ça nous touche, et ça nous fait mal, alors de la chanter, ça nous aide beaucoup, et on se dit en la chantant : "peut-être que quelqu'un qui est dans la salle perd quelqu'un en ce moment et ça va peut-être l'aider à passer à travers ces moments difficiles" parce que, moi, ça m'a beaucoup aidée. »

*Vole* est liée à un souvenir très particulier pour la famille Dion. Une semaine avant son décès[2], alors que Céline lui chantait *Les Oiseaux du bonheur*, Karine avait écrit un poème sur du papier brun trouvé dans sa chambre d'hôpital :

*« Vole, vole, mon âme,*
*touche le ciel et quitte mon corps,*
*tu ne sentiras plus de souffrance... »*

1. Interview par Hélène Hazera pour *Libération*, mars 1995.
2. 3 mai 1993.

Liette remit ce texte à Céline qui le partagea avec Jean-Jacques Goldman. Il s'en inspira pour composer la chanson. Lors d'une émission de télé française[1], elle confia : « Jean-Jacques a été fabuleux en trouvant les mots pour exprimer ce que je ressentais. On a fait une prise, puis deux et trois. Je ne pouvais pas chanter. Il y avait trop d'émotion et je voulais l'interpréter avec une émotion contrôlée. Nous sommes allés déjeuner. Puis, lors de notre retour, je lui ai dit : "Je suis prête." La première prise a été la bonne. »

En conférence de presse[2], elle donne des détails concernant *D'eux* : « Au départ, l'album devait s'appeler "Pour que tu m'aimes encore". C'était correct... mais c'était pas ça. Quelqu'un, je ne sais pas qui, a eu l'idée de "D'eux". Moi, je trouvais cela rafraîchissant, avoir un titre qui n'a pas de rapport direct avec les tounes[3] de l'album, mais qui le représente bien : c'est le talent de Jean-Jacques avec, sans prétention, ce que je peux, moi, donner. Ça vient "D'eux", de nous deux, ces deux twits-là[4]. » Le clip de la chanson *Pour que tu m'aimes encore*, réalisé par Michel Meyer, mêle les séquences filmées en studio et en extérieur. C'est assez surprenant de voir Céline marcher sur les trottoirs de Pigalle, pieds nus, en nuisette, observée par les passants surpris de sa tenue. Ils ne l'ont pas reconnue. À propos de ce titre, Jean-Jacques Goldman fut stupéfait par son impact : « S'il fallait retenir une seule chanson de l'album, ce serait celle-ci. [...] Ce qui me motive à écrire ce titre, c'est l'intensité de leur relation amoureuse, à quel point elle est d'une pièce. Quand je les ai rencontrés, j'avais trouvé ça vraiment fort : on sentait que, pour lui, c'était elle, et que, pour elle, c'était lui. Il n'y avait pas de doute. »

Véronique Mortaigne livre sa critique dans *Le Monde*[5] : « Il se dit épaté. Elle trouve cela normal. Il a eu envie de travailler avec elle, de lui offrir un bouquet de chansons en hommage à

1. 19 octobre 1995, *Envoyé spécial*, Antenne 2.
2. 1er avril 1995.
3. Chansons.
4. *La Presse*, 1er avril 1995.
5. *Le Monde*, 29 avril 1995.

sa voix “exceptionnelle”. Elle a fini par accepter. [...] Pour elle, il aura tout fait (paroles, musique, arrangements, supervision, etc.) [...] Ils sont restés cabochards tous les deux, se protégeant des assauts conjugués des directeurs de produits des maisons de disques et des avis dissociateurs. [...] dans un équilibre sans bavure, *D'eux* est devenu un produit artistiquement correct. »

Céline enregistre l'émission française *Taratata*[1], présentée par Nagui. Entourée de toute l'équipe de musiciens et choristes ayant travaillé sur l'album, elle interprète : *Pour que tu m'aimes encore*, *Le Monde est stone* (*a cappella*), *Le Ballet*, *J'irais où tu iras* avec Jean-Jacques Goldman, Michael Jones, et Carol Fredericks, *Knock on wood* avec Carol Fredericks, et le magistral *Calling you* du film *Bagdad Café*. Voyages tous azimuts s'enchaînent. Concert au Hamersmith Apollo[2], à Londres, suivi d'une soirée aux Kessington's Roof Gardens pour célébrer le million de ventes de son album *The Colour of My Love* au Royaume-Uni. Arrivée un peu avant minuit, elle reçoit un triple disque de platine. Son single *Think twice* s'était aussi vendu à plus d'un million d'exemplaires en Angleterre.

Six mois après leur mariage, en juillet, ils partent en voyage de noces, au Wakaya Club des îles Fidji. Un coin de paradis terrestre, sur l'île de Wakaya, l'une des 333 îles constituant l'archipel des Fidji. Entourée par un récif corallien protégé, l'île privée, transformée en jardin luxuriant, jouit d'une palmeraie en bordure de mer, de lagons et plages de sable blanc. Sur le tarmac du petit aéroport fidjien, Céline et René ont une drôle d'impression. Un vieux camion tractant une remorque sur laquelle sont placés deux canapés, dont l'un est occupé par un couple revêtu du costume local, les attend. Une grosse dame entourée d'une nuée d'enfants s'avance vers eux. Elle leur passe des colliers de fleurs autour du cou en interprétant des chants de bienvenue. Leurs bagages sont portés dans le camion. René fronce le sourcil, les prestations luxueuses annoncées pour ce

1. Diffusée le 19 mai, sur France 2.
2. 25 mai 1995.

séjour paradisiaque ne sont pas respectées. Cela n'augure rien de bon. Point de Pierre Lacroix à l'horizon. Leur ami, censé arriver la veille, avec son épouse Coco, aurait dû venir les chercher au pied de la passerelle. Le chauffeur assure que c'est le Wakaya Club qui l'envoie, que « tout va bien, tout va bien », mais il ne connaît pas Pierre Lacroix... Ils sont invités à s'asseoir sur le canapé libre. Ils acceptent d'escalader la remorque. Le convoi se met en route vers l'hôtel. René scrute le visage de l'homme qui lui fait face. Enfin, leurs regards se croisent. Sous le maquillage et la perruque de cheveux frisés, il reconnaît son ami Pierre Lacroix. Il a tout organisé, engagé une femme et des enfants pour chanter, loué le camion et la remorque, acheté deux vieux sofas, déniché les costumes. Le séjour débute sous les meilleurs auspices malgré la méchante grippe qui tracasse Céline. Farniente, plage, golf, soirées entre amis et quiétude...

Les ultimes belles journées de fin d'été sont pour partie passées aux studios Hit Factory à New York à décliner en anglais, adapter et enregistrer des chansons extraites de l'album *D'eux* pour l'album *Falling Into You.* Jean-Jacques Goldman est là pour superviser le travail. *Pour que tu m'aimes encore* devient *If That's What It Takes* ; *Je sais pas*, *I Don't Know* ; *Vole*, *Fly.* Il est assez déçu de l'adaptation. Les nouvelles paroles n'ont pas grand-chose à voir avec le texte d'origine : « Nous nous sommes rendu compte qu'entre ses albums anglais et ses albums français, il y avait à peu près un ton et demi d'écart... Les sons anglais se chantent plus haut, plus facilement. Mais moi ce n'était pas un ton et demi, c'était trois tons d'écart qu'il y avait. » La suite se passe à Nassau et Los Angeles. L'album comprend d'immenses tubes. *Because You Loved Me*, *It's All Coming Back to Me Now*, et deux reprises *All By Myself* et *River Deep, Mountain High.* Céline est en grande forme. « Céline était très, très heureuse, durant l'enregistrement, commente l'ingénieur du son Humberto Gatica. L'énergie était incroyable. Ça s'entend sur l'album. Je savais qu'on avait quelque chose de spécial[1]. » « Ils l'ont prise au sérieux. Parce qu'avant, Céline, c'était un succès populaire, mais quand tu parlais aux gens du milieu, aux musiciens, tu entendais tout le temps des trucs comme : "Oui, mais elle a toute une machine derrière elle." Il y avait toujours un bémol. *Falling Into You* a changé ça. Soudainement, Céline n'était plus quelqu'un à qui on disait quoi faire ; c'était quelqu'un qui maîtrisait parfaitement son art[2]. »

Arrêtons-nous un instant sur son interprétation de *All By Myself*, le succès qu'Eric Carmen a créé. En particulier sur le « fa » de la discorde. David Foster avait prévu de faire chanter à Céline une note aiguë et puissante, d'une extrême audace, qu'il qualifia lui-même « d'impossible ». La voix de Céline est à part dans le paysage musical mondial, avec ses quatre octaves. Elle utilise judicieusement nombre de techniques vocales et travaille sa voix depuis longtemps. Elle joue énormément avec les nuances. Elle chante avec beaucoup de précautions, passe aisément en mode soufflé, utilise les vibes, le *belting*, oscille entre un *belting*, maintient une *vibes* [embellissements] dans la douceur, chante aigu, fort, en voix de poitrine... Le *belting* est une façon de chanter au-dessus du passage (au-dessus du fa3) avec une voix qui sonne assez parlée. Les voyelles sont ouvertes et le volume assez élevé. Une *vibes* est une syllabe chantée sur plusieurs notes. Elle en convient : « Je pense qu'avec cet instrument qu'est ma voix, je réussis à faire des choses que, normalement, je ne devrais pas arriver à faire[3]. » De là à lui demander l'impossible, il n'y a qu'un pas... Humberto Gatica se rappelle que la chanteuse était assez nerveuse en entrant dans le studio Record Plant de Los Angeles. Une légère incompréhension l'opposait à René. Il lui assurait qu'elle pouvait pousser la note au maximum. « On se chicane toujours pour des choses insignifiantes, avoue-t-elle, et on est rarement capables de

1. Interview *Le Journal de Montréal*.
2. Interview de Mike Gauthier, animateur à Musique Plus et Énergie. *Le Journal de Montréal*.
3. Interview donnée à Denise Bombardier, 2009.

s'en souvenir. Il m'arrive quand même de faire la tête pendant quelques heures, parfois quelques jours. René, plus rarement. Il n'aime pas être en froid avec moi. Il essaie toujours de me dérider, de me faire rire. » Or, ce jour-là, René ne dit mot. Il s'est éclipsé pour ne pas ajouter à la pression. D'habitude, il assiste à toutes les prises. Céline est contrariée. « Je devais chanter un peu plus haut, jusqu'à un "fa" qui se trouvait presque à la limite de mon registre. Le pire, c'est qu'il voulait que je tienne cette note pendant plusieurs mesures. Honnêtement, je crevais de peur. Je savais que je ne pourrais pas faire plus de deux prises sans risquer de me casser la voix. » Gatica la rassure :

— Tu peux le faire. Tu es Céline Dion.

— Je ne le sens pas du tout.

— Essaie. On fera plusieurs prises.

— Il y a trop de pression.

— Tu livres toujours la marchandise sous pression, Céline. C'est l'une de tes forces, insiste Gatica.

— Aujourd'hui, je ne suis pas en grande forme.

— Céline, on en a parlé avec René. Si jamais tu n'étais pas capable de tenir la note, on trouvera une solution, intervient David Foster, de connivence avec René.

— Je vais le tenter, dit Céline.

— C'est OK avec René, rajoute Foster pour titiller son orgueil. Whitney Houston est dans le studio à côté. Elle pourra monter jusqu'au fa et tenir le temps qu'il faudra.

Céline n'apprécie pas la remarque. Elle se renfrogne un peu plus. Elle se place derrière le micro. La séance s'annonce tendue. Tout le monde retient son souffle.

Très concentrée, elle chante « … All by myself, Don't wanna be, All by myself... Anymore... »

Malgré la gêne extrême que lui cause l'émission vocale de ce « fa », elle réalise ce nouveau tour de force. La note s'envole, se prolonge... pendant huit secondes ! « Quand je suis revenue à moi, dit Céline, les musiciens de l'autre côté de la baie vitrée s'étaient levés pour m'applaudir. »

Effarée, l'équipe reste sans voix. C'est le cas de le dire !

« Les planètes étaient alignées. Quand elle l'a fait, on a tous crié Wooooooooo, se souvient Humberto Gatica. [...] C'était une performance vocale incroyable. [...] On savait qu'elle allait remporter énormément de succès. » L'artiste se plaît à raconter la suite : « Je suis sortie sans saluer David Foster. Sans même demander au technicien si tout était correct. Je savais que j'avais réussi un coup parfait, un "eagle" comme on dit au golf. Quand je suis arrivée à l'hôtel, René m'attendait dans le hall, souriant, ému. Un coursier lui avait déjà remis une cassette de l'enregistrement qu'il avait eu le temps d'écouter. Je me suis jetée dans ses bras. Il avait une fois de plus mis la barre encore un peu plus haut pour me donner de nouveaux défis, me forcer à me dépasser. »

Ils rentrent au Québec pour roder le nouveau spectacle, puis prennent quelques jours de repos dans leur maison de Palm Beach, avant que René ne retrouve David Foster à Las Vegas pour régler des détails sur l'album en préparation. Céline réalise une performance exceptionnelle avec *All By Myself.* David Foster confesse à René : « Ce qu'elle réussit, à la fin de la chanson, est presque inhumain. La première fois qu'elle a touché cette note, tout le monde dans le studio est resté stupéfait. Mais, moi, comme une vraie brute, j'ai dit à Céline que c'était bon, mais qu'on allait faire encore une ou deux prises. Il y a eu un silence. Céline a dit : "David, as-tu la moindre idée de l'effort que ça représente ?" Elle a quand même refait deux ou trois prises, jusqu'à avoir la gorge en feu... Et on a utilisé la première prise, évidemment. Elle était parfaite. Comme les autres. » Je songe à Maria Callas, l'idole, l'inspiratrice de Céline. Toutes deux donnent autant à voir qu'à entendre. Elles sont aussi à l'aise dans le registre grave, puissant et développé, que dans les aigus, pouvant atteindre la facilité du soprano léger colorature, cette voix caractérisée par son agilité dans l'ambitus. Passionnées, véritables bourreaux de travail, la moindre note, le moindre temps dans une partition, a de l'importance à leurs yeux. Autre similitude, les airs que chantait Maria Callas avaient toujours une signification dans sa vie quand elle choisissait de les interpréter. Il en est de même pour Céline...

S'il est bien un lieu où on ne pense pas voir Céline, c'est près d'un ring de boxe. Et pourtant, elle accompagne René au match opposant Mike Tyson à Peter McNeeley à Las Vegas[1]. Le spectacle, très court, est dans l'arène. Vinny Vecchione, l'entraîneur-manager de l'adversaire de Peter McNeeley, se précipite sur le ring après le deuxième « knock-down », provoquant une disqualification d'office après 89 secondes de match ! Tyson vainqueur ! Il faut savoir que René ne rechigne pas à voir un bon match. Et pour cause, le champion Mohamed Ali est sa coqueluche et un ami de longue date. « Ali était l'idole de René, raconte Rodger Brulotte. De plus, Céline avait performé dans certains événements où Ali était présent. C'était sa chanteuse préférée. » René apprit un jour que le boxeur était en transit à l'aéroport de Montréal[2]. Il envoya trois limousines pour aller le chercher, lui et ses compagnons. Il les accueillit au club de golf Le Mirage et invita certains joueurs à le rencontrer, dont Michel Bergeron : « Je me souviens qu'un Ali très amoché par la maladie de Parkinson s'était présenté. C'était Céline qui le faisait manger. C'était tout de même un très beau moment. » Surnommé *The Greatest*, le triple champion du monde poids lourds est décédé le 3 juin 2016. Céline rappela alors : « Il était l'ami de René et le mien et ce fut pour moi un grand privilège de le connaître personnellement. Un vrai cadeau de la vie que je garderai précieusement dans mon cœur. C'était un homme de grandes convictions. Mohamed Ali était un être exceptionnel qui a touché la vie des gens d'une manière très positive. Il fut une source d'inspiration pour des générations de tous les âges. » Le destin fit que les deux amis quittèrent ce monde la même année à moins de six mois d'intervalle.

Revenue sous des cieux plus paisibles, Céline donne une

1. 19 août 1995.
2. 1997.

conférence de presse au Québec où elle lance le début de sa nouvelle tournée pour l'album *D'eux*[1]. Certes, elle mène une vie de rêve, descend dans les lieux les plus agréables et les plus exceptionnels, mais son pays lui manque. Le froid, la première neige, le soleil malade, les jours de tempête, quand on ne voit ni ciel ni terre, avec le vent qui pleure aux fenêtres givrées. Elle se sent incomplète sans la lumière chétive de l'hiver, les bancs de neige[2], lorsqu'il tombe des peaux de lièvres[3], qu'on enfile des pelures pour mettre le nez dehors. Et le givre qui coule aux redoux... Elle n'a pas oublié les préoccupations de ses parents lors des gels-dégels-regels caractéristiques du climat québécois, mettant à rude épreuve la maison familiale. Elle éprouve une certaine fierté d'avoir grandi dans ce milieu, le jugeant tout aussi bien, sinon mieux que celui où elle évolue à présent. La facilité avec laquelle elle s'est adaptée lui laisse supposer qu'elle est une vieille âme, ayant acquis différentes expériences. Elle affirme ses croyances : « J'aime la magie, les mystères... Les choses qui ne peuvent être expliquées. Je crois en la réincarnation, j'ai déjà vécu dans un autre temps et un autre lieu et j'étais certainement une chanteuse. » Elle reçoit un award spécial de la part de Sony Music pour les 10 000 000 de ventes de l'album *The Colour of My Love*. Après une avant-première et cinq représentations à Québec, elle s'envole pour sa tournée européenne de septembre 1995 à février 1996. Il est prévu qu'elle interprète des chansons de son album en anglais *The Colour of My Love* dans les pays anglophones, mais cette tournée a la particularité d'avoir des listes de chansons complètement différentes selon la langue des 11 pays visités. Lors de ses représentations parisiennes, Jean-Jacques Goldman la rejoint sur scène au second refrain du titre *Les derniers seront les premiers* puis ils enchaînent avec leur duo *J'irai où tu iras*. [Elle chante cette chanson avec son bassiste lorsque Goldman ne peut la retrouver sur scène.]

1. 25 septembre 1995.
2. Andains.
3. Quand il neige à très gros flocons, cela rappelle le pelage blanc des lièvres en hiver. On enfile plusieurs couches de vêtements pour se protéger du froid.

Sa prestation au Zénith de Paris[1], commencée dans l'euphorie, elle l'interrompt après la quatrième chanson. Elle titube, ne peut plus chanter. Victime d'une infection, elle parvient avec difficulté à reprendre son spectacle grâce au soutien de ses admirateurs. René rassure ses fans : « C'est moins grave qu'à Sherbrooke[2]. L'autre fois, c'était l'aphonie totale. On avait eu très peur. Cette fois-ci, c'est sûrement un virus qu'elle a dû attraper pendant le spectacle. » Rétablie, elle sillonne l'hexagone, Montpellier, Toulon, Marseille, Nice, Toulouse, Bordeaux, Lille, Metz, Strasbourg, Caen, Lyon, Grenoble. Ses fans lorrains, en sus de dix nouvelles chansons, savourent l'humour de leur vedette. Au Galaxie d'Amnéville, près de Metz, elle entre en scène et lance un enthousiaste « Je suis si heureuse d'être à Metz » en appuyant bien sur le « TZ », alors que l'on doit prononcer « Messe ». Le public la corrige. Son côté facétieux arrive à la rescousse. Elle lève les yeux au ciel en signe de honte, se couche sur la scène puis se relève et présente ses excuses. Un vrai clown ! La foule rit de bon cœur et ovationne cette grande professionnelle, attentionnée, espiègle, restée simple et humaine.

Elle ne manque pas de jasette[3] comme on dit chez elle ! Elle a toujours beaucoup parlé. Elle fait la conversation avec tous les gens qu'elle croise. Elle aime ça ! Elle parle avec les chauffeurs, les hôtesses de l'air, les garçons d'ascenseur, les femmes de chambre, les agents des douanes, les livreurs de fleurs... Elle raconte sa vie entre deux chansons : son enfance avec ses frères et sœurs qui faisaient de la musique au sous-sol, les turbulents repas en famille, ses débuts dans le métier... Elle évoque ce qu'elle aime. Elle sait que le public se retrouve dans l'évocation des choses les plus simples et les plus banales du quotidien, tout ce qu'il a en commun avec elle : faire des emplettes, choisir une robe, cuisiner pour son mari. Elle a le sens du show et maîtrise parfaitement le dialogue. Parfois, il

1. 24 octobre 1995.
2. En 1989.
3. Être volubile, avoir la langue bien pendue.

arrive que René, assis au milieu du public, lui lance : « Arrête de parler ! Chante ! » Rien d'improvisé entre eux, c'est prévu. Ces deux-là cultivent l'humour avec délectation. René atteint par la maladie, Céline donnera de ses nouvelles pendant les spectacles. Elle mentionnera ouvertement son état de santé. Elle en a besoin. Elle l'a toujours fait. Il n'y a pas de raison que cela change. Son public l'épaule, la soutient en toute circonstance. Elle ne lui a rien caché. Elle n'oublie jamais de le remercier : « Je veux sincèrement vous dire un gros merci pour votre support, votre amour, c'est ce qui nous tient et qui nous fait avancer. »

Elle enregistre quelques émissions de télévision, *Les Années tubes* de Jean-Pierre Foucault, *Taratata*[1] animé par Alexandra Kazan où elle interprète *All By Myself, Les Derniers seront les premiers, River Deep, Mountain High* et en duo avec Maurane *Quand on a que l'amour.* L'harmonie de ces deux voix sur le texte de Jacques Brel est parfaite. Le succès de la tournée est tel que Céline se produit de nouveau au palais omnisports de Paris-Bercy pour quatre spectacles entre décembre 1995 et janvier 1996. Le critique Jacques-Emmanuel Fousnaquer, dans *Le Monde*[2], rend compte de l'un d'eux : « Ce soir, le palais omnisports de Paris-Bercy est transformé en grand studio de télévision. Deux écrans géants, sur les côtés, répercutent le show de la chanteuse tandis qu'au loin s'agite une silhouette fluette. De fait, dès la première seconde, on se désintéresse de la silhouette pour ne s'intéresser qu'à son reflet. On se laisse happer par ces images léchées, ces gros plans étudiés. [...] Ce soir, l'interprète en est réduite à présenter un spectacle irréprochable et froid, qui emprunte aux chanteuses américaines types Whitney Houston leur espèce de séduction préfabriquée. [...] La performance est vocalement impeccable, mais sous les caméras, cette succession de séquences sans surprises, séquence émotion, séquence frisson, séquence danse ou rock'n'roll ressemble un peu trop à une sorte de grand *Ushuaia*

1. 1er octobre 1996.
2. *Le Monde*, 31 janvier 1996.

audiovisuel. » Sa consœur Véronique Mortaigne[1] se livre au même exercice : « Le mariage du succès avec le succès se calcule-t-il ? [...] Neuf mois après la sortie de *D'eux*, les scores prouvent que l'idée était excellente de marier un spécialiste ès tubes à la Canadienne. [...] Depuis, le moteur de l'explosion Dion n'a cessé de tourner à bloc, avec un credo : seul le succès vole au secours du succès. »

Elle passe aussi par la Belgique, la Suisse, l'Angleterre, l'Écosse et l'Allemagne. Elle se libère le 1er décembre afin de rejoindre celui qui présida à sa destinée, à qui elle demeure fidèle, Michel Drucker. Il rêvait d'avoir Céline comme marraine pour une émission à grand spectacle diffusée sur France 2. René arrange l'affaire. Il assure le présentateur de leur reconnaissance : « Ce chemin, Michel, Céline et moi te le devons. Tu nous as ouvert les portes de la France, et, si nous n'avions pas rencontré le public français, nous n'aurions pas pu être adoptés par l'Europe. Et si Céline n'avait pas fait carrière en Europe, jamais elle ne serait devenue une star internationale. Alors Michel, c'est à nous de te dire merci. Demande-moi ce que tu veux et nous ferons notre possible avec Céline. » Aux studios Gabriel, à Paris, elle enregistre *Faites la fête – Meilleurs vœux*, diffusé pour la soirée du réveillon du 31 décembre. Michel Drucker réunit la chanteuse et Alain Delon, une légende française, en un duo mémorable *Paroles, Paroles*. La une de *Paris Match* est consacrée au couple de stars. Sous le charme, l'acteur, Golden Globes 1964 de la révélation masculine de l'année pour *Le Guépard*, confesse dans les colonnes de l'hebdomadaire : « Je suis subjugué et bouleversé par sa gentillesse et sa simplicité. Céline a l'humilité des très grandes. » La tournée prend fin le 3 février 1996, à Forest, en Belgique. À peine quelques jours pour souffler et Céline se lance dans la nouvelle : Falling Into You : Around The World. Sony a sorti le CD Live à Paris de la tournée enregistré au Zénith. Le single *Pour que tu m'aimes encore* demeure trois mois consécutifs

1. *Le Monde*, 31 janvier 1996.

numéro 1 des ventes en France et quatre mois numéro 1 en Belgique. Il est également numéro 1 au Québec. C'est la chanson française la plus diffusée en radio en 1995. Le CD single se vend à 1,75 million d'exemplaires dans le monde. Le titre reçoit une Victoire de la musique pour la chanson française de l'année 1996. Philippe Douste-Blazy, ministre de la Culture, au nom du gouvernement français, remet à Céline la prestigieuse Médaille des Arts et des Lettres, durant la 30e édition du Midem, à Cannes. Elle est l'artiste francophone détenant le record absolu de disques vendus[1]. Le Midem la récompense pour avoir vendu plus de 10 millions d'exemplaires à travers l'Europe en 1995 et pour des ventes de plus de 4 millions d'exemplaires pour l'album *D'eux*.

À moins d'une heure de Cannes, Céline découvre le village de Gorbio, au-dessus de Menton, dans les Alpes-Maritimes (France), où une équipe de tournage l'attend. Pour les besoins du clip *Falling Into You*, « Elle arrivait le matin en hélicoptère et elle se posait près du cimetière », racontent les villageois. « Elle venait du Carlton de Cannes où elle dormait. Pour tous les Gorbarins, ce n'était vraiment pas commun comme entrée en scène », se rappelle un habitant. Assise sur les marches d'une vieille roulotte stationnée sur la place du village où déambulent des saltimbanques, près de l'orme centenaire, l'artiste évoque son amoureux. Clin d'œil : L'association nationale A.R.B.R.E.S a classé l'orme de Gorbio parmi les deux cents arbres remarquables de France. L'orme avait été planté en 1713. Deux particularités qui ont fait de Gorbio une destination prisée des touristes... Quelques jours plus tard, elle monte sur scène avec l'équipe des Enfoirés pour leur spectacle annuel. Elle interprète *L'amour existe encore*, chante *L'Encre de tes yeux* avec Patrick Bruel, *Quand on a que l'amour* en solo, et saute tout de suite après dans un avion. Elle reçoit en duplex depuis Londres deux Victoires de la musique[2] : meilleure chanson de l'année avec *Pour que tu m'aimes encore* et artiste interprète

1. 22 janvier 1996.
2. 12 février 1996.

francophone de l'année. Ses remerciements vont au public français, ses paroliers Eddy Marnay et Jean-Jacques Goldman, Michel Berger, et « un gros merci » à Michel Drucker qui coanime la soirée, pour avoir été le premier à l'accueillir « d'une façon extraordinaire à la télévision française ». À tire-d'aile, elle passe l'Atlantique... L'artiste québécoise, dont la renommée captive le maître de Mar-a-Lago, est invitée à se produire, lors d'un spectacle privé[1], au sein du complexe de Mar-a-Lago.

Marjorie Merriweather Post, richissime héritière de l'empire céréalier de son père, avait fait ériger une villa de 126 pièces, à West Palm Beach, entre 1924 et 1927, sur une parcelle de 17 acres entre l'océan Atlantique et le lac Worth, d'où le nom de Mar-a-Lago[2]. Post et Wyeth créèrent un palais fantaisiste de 118 pièces, de style hispano-mauresque. Ils firent appel au designer avant-gardiste Joseph Urban pour la décoration intérieure. Urban avait fait ses armes sur des palais égyptiens, les décors de Broadway, avait conçu le Palm Beach Bath and Tennis Club. L'héritière amatrice de luxe ne lésina point pour équiper ses 58 chambres, 33 salles de bain, salles de réception et salons, une salle hollandaise décorée de carreaux anciens de Delft, une salle vénitienne ornée de verre de Murano, des pièces espagnole et portugaise. Ses quartiers privés, de style baroque français Louis XIV, extrêmement ornés, sont d'ailleurs les préférés du propriétaire actuel, Donald Trump.

L'événement s'accompagne d'un défilé Chanel, dont les bénéfices sont versés à l'Association pour la fibrose kystique. Les mannequins de la Maison Chanel présentent les modèles emblématiques dans le plus pur chic parisien. Céline se prête au jeu des essayages. « Je pense que c'est un rêve pour une femme de pouvoir porter un tailleur Chanel un jour. Chanel, c'est tellement la femme. C'est tellement beau. » Stylistes, coiffeurs, maquilleurs bourdonnent autour d'elle alors qu'elle

1. 23 février 1996.
2. De la mer au lac, en espagnol.

a opté pour une robe en tulle, façon long tutu, au bustier or retenu par de fines bretelles ouvragées. « Elle est bourrée de talent. Nous sommes honorés de la recevoir. Et nous passons une soirée fantastique », commente le maître de maison, futur président des États-Unis. Plus tard dans la soirée, micro en main, Donald Trump définit la chanteuse comme « l'un des plus grands talents de notre pays aujourd'hui. Elle est vraiment fantastique. Je pense que sa carrière est déjà au sommet. Je ne sais pas si elle peut devenir encore plus grande. Elle se débrouille très bien – je ne suis pas sûr qu'elle puisse faire mieux. » Le club a accueilli une longue liste de célébrités au fil des ans, dont Michael Jackson et Lisa Marie Presley, qui ont passé leur lune de miel à Mar-a-Lago. Parmi les autres stars venues au club, citons Billy Joël, Liza Minnelli, Oprah Winfrey, Martha Stewart, Tiger Woods, Vanessa Williams, Sylvester Stallone.

Petite, Céline observait ses sœurs s'habiller, se coiffer, se maquiller. Elle rêvait de se vêtir joliment. Elle empruntait leurs souliers, prenait la pose devant le miroir, imitait les mannequins des magazines. « J'ai toujours aimé la mode. [...] Je regardais ma mère coudre et tricoter. Je découpais des patrons dans les magazines, je me dessinais des robes et des manteaux, et je m'amusais à me déguiser avec les vêtements et les souliers à talons hauts de mes sœurs. » Dès qu'elle en eut la possibilité, elle se lança dans une épopée mode avec ses tenues de scène : « Je considère la mode comme un art, et c'est une part très importante de mon travail, notamment sur scène. Les vêtements vous aident à vous sentir forte, romantique, conquérante, selon les chansons que l'on doit interpréter. » Elle achète toutes ses toilettes, même lorsqu'elle a prévu de ne les porter qu'une fois en public. Elle y consacre un budget illimité. « C'est un moyen d'exprimer qui tu es. Quand j'enfile quelque chose, je m'amuse. Je ne me prends pas au sérieux. Comme si je me fondais dans un personnage. » Elle surprend parfois par ses tenues, passant d'une minijupe cuir, un jogging XXXL, à une robe fourreau de crêpe de soie blanche, décolletée jusqu'au nombril, et rehaussée d'énormes épaulettes en forme de nuages[1]. « Je me fous du regard des autres, je porte ce qui me fait plaisir et me fait vibrer. »

De plus, elle ne s'en cache pas, elle est une shoes addict[2]. Avec son premier cachet, elle s'est acheté une paire d'escarpins noirs, en cuir verni. Elle l'avoue : « Lorsque je rentre dans un magasin de chaussures, je ne suis plus tout à fait moi-même. » Il lui est arrivé d'acheter toutes les teintes d'un même modèle. Elle posséderait un nombre incalculable de paires de chaussures. Elle a fait installer dans sa demeure un porte-chaussures automatisé qu'elle fait défiler devant elle en fonction des couleurs qu'elle souhaite. Elle le stoppe quand passe sous ses yeux la paire complétant à merveille sa tenue du jour. Les créateurs Manolo Blahnik, Jimmy Choo, Frisoni, Pierre Hardy, Christian Louboutin, Stilettos sont à ses pieds. Les designers Caitlin Doherty, Wilson Duong et Christine Clores, en 2019, ont créé pour elle et lui ont offert, un modèle baptisé Courage, comme sa tournée entamée après sa pénible période de deuil. Caitlin explique que « leur symbolisme rassemble des thèmes communs à Céline et au phénix : la transformation et la renaissance, la superstar qu'elle est désormais grâce aux expériences vécues qui l'ont rendue forte, sauvage et résiliente ! » Chaussures de luxe, bottes, cuissardes, escarpins, ou simple coup de cœur, Céline ne peut se résoudre à s'en séparer : « Je ne peux rien donner, explique-t-elle, car chaque pièce que j'ai achetée m'a amenée là où je suis. Elles ont fait partie de chaque étape franchie et j'y suis attachée. Vous pouvez dire que c'est de la folie. Je garde tout. »

Du 18 mars 1996 à juin 1997, elle remplit les stades de toutes les grandes villes du monde d'Océanie, d'Amérique du Nord, d'Europe et d'Asie, parfois en revenant dans certains pays à plusieurs mois d'intervalle. Elle se produit 150 fois, avec plus de 10 concerts en Asie, 10 concerts en Océanie, plus de

1. Création Stéphane Rolland Haute Couture 2017.
2. Elle chausse du 9 (taille US) : 41 en France.

50 concerts en Europe et 75 concerts en Amérique du Nord. Entre 50 000 et 70 000 personnes se bousculent pour l'applaudir. Elle avait annoncé cette nouvelle tournée mondiale pour soutenir son album *Falling Into You*, après le dernier concert de la Tournée 95-96. Elle ouvre le bal à Perth, en Australie, le 18 mars ; les 25 et 26 mars, elle se retrouve à l'opposé du continent, à Sydney, remonte vers Newcastle... Puis, elle s'envole à 4 000 km en Nouvelle-Zélande où elle se produit le 1er avril. Bien sûr, partout et en tous lieux, les petits rituels sont respectés : « Je dois manger des biscuits soda salés parce que le sel favorise la salive », confie-t-elle. « Le moment le plus important est celui où je touche les pouces de tous mes musiciens pour transférer l'énergie. Je fais une danse spéciale avec le chef de mon groupe », sans omettre d'embrasser René. Habitude plus intime, qu'elle ne saurait négliger : « Avant un spectacle, je mets mon déodorant, d'abord le bras gauche, puis le droit et enfin le gauche », badine-t-elle, apportant volontairement de l'eau au moulin des pamphlétaires. Ce scoop générera maints articles qui nourriront les tabloïds. Cela la fait sourire.

Elle exprime au public sa joie, sa satisfaction de leur offrir un bon spectacle. « Vous êtes ma vie, mais, d'une certaine manière, la seule façon dont je peux vous toucher, vous atteindre et vous voir, c'est quand je suis sur scène, alors je partage cette scène avec vous. Je pense que c'est le cadeau du show-business. [...] Quand je vous vois chanter avec moi, que je vois vos yeux... ils me renvoient tellement et je veux tant vous donner en retour. Le plus beau moment de ma vie, c'est lorsque je suis sur scène. » René ne peut s'empêcher de penser à la petite fille maigrichonne, aux grands yeux émerveillés qui l'avait bouleversé un jour de janvier 1981 : « C'est ce moment qui me revient quand je la vois triompher sur les scènes les plus prestigieuses. »

Lors de la 11e remise des Irish Recorded Music Awards[1], elle remporte le titre de la meilleure chanteuse internationale.

1. 29 mars 1996.

L'album *Falling Into You*, classé au Top 10 des principaux pays, surpasse toutes les ventes précédentes et tous les succès remportés à ce jour. La méthode René Angélil fait mouche. L'imprésario connaît bien sa partition. Il ne lésine pas sur les efforts pour la promotion : « Tous les artistes, quand on a un nouvel album, c'est comme un nouveau-né, il faut s'en occuper. » Il reste lucide : « Grimper quand tu as du talent, c'est la partie la plus facile. Parce que tout le monde veut t'aider. Quand tu as atteint un certain palier, c'est là que les problèmes commencent. Il y a les autres qui poussent, puis tout le paquet d'envieux. Notre défi, maintenant, c'est de rester où nous sommes. Et ça, c'est le plus difficile. »

C'est à mademoiselle Céline Dion que revient l'honneur d'inaugurer le Théâtre du Centre Molson, le nouvel édifice remplaçant le Forum de Montréal[1]. Aldo Giampaolo, vice-président et directeur général, a transformé un aréna de sport en salle multifonctionnelle afin d'accueillir spectacles et concerts. *Le Nouvelliste*[2] annonce : « Céline inaugure le théâtre du centre Molson. La chanteuse aux prises avec un agenda extrêmement chargé. [...] Après les spectacles au centre Molson, elle tournera une émission spéciale avec un groupe Gospel à la basilique Notre-Dame, où elle s'est mariée. Par la suite, elle enregistrera un vidéoclip à Los Angeles. Elle reviendra à New York pour l'émission de David Letterman le 25 avril, et le 27, elle participera à l'émission d'Oprah Winfrey. Elle partira ensuite pour l'Europe faire la tournée de cinq ou six pays pour participer au World Music Award, le 8 mai. Céline Dion reviendra au Québec le 16 mai pour l'enregistrement en direct de l'émission *Good Morning America*. [...] Par ailleurs, la maigreur de la chanteuse est soulignée par le tabloïd américain *The Globe*, qui cite des amis de la chanteuse exprimant leur inquiétude. Sa sœur Claudette nie toutefois que Céline souffre d'anorexie, comme certains l'avancent. Elle explique que Céline a une

1. 10 avril 1996.
2. *Le Nouvelliste*, 10 avril 1996.

année chargée, devant présenter de nombreux spectacles, et qu'elle se donne beaucoup pour sa carrière et ses amis. »

Lorsqu'elle entre en scène sur les premières notes de *J'attendais*, la foule se lève, lui fait une ovation durant dix minutes. Elle doit s'interrompre. « On a progressivement déversé des flots de lumière sur la star vêtue de blanc. Elle s'est mise illico à rayonner en descendant lentement cette plateforme inclinée d'où elle trônait d'entrée. Elle n'avait pas encore pris son envol que ses 9 000 fans l'ont interrompue par une ovation. Imaginez le délire. Imaginez la décharge. Touchée, la Céline, vlan dans le plexus. "J'attendais ce moment depuis très longtemps", se limitera-t-elle à déclarer. » note Alain Brunet[1]. *Le Journal de Montréal*, à la une, titre « Céline triomphe ». Le journaliste de *La Presse* n'est pas si tendre : « *The Power Of Love*, une ballade-sirop que plusieurs (dont votre humble serviteur) évitent puisque standardisée et surdiffusée, était transgressée par l'interprète. Même *All By Myself*, ce péniiible traficotage d'une musique de Rachmaninoff, vieux tube réchauffé, se terminait par une poussée vocale tellement renversante qu'on oubliait le caractère prédigéré de cette construction chansonnière. » Il est très critique : « *Falling Into You*, une des plus réussies de son dernier album en anglais (qui porte le même titre) conférait à la chanteuse une maturité qu'on ne pouvait lui prêter il n'y a pas si longtemps. » Sa plume vengeresse n'épargne pas l'artiste : « Céline Dion m'a déjà semblé profondément kitsch. Une impression longtemps partagée par l'extrême majorité de ses détracteurs. Céline Dion a maintes fois présenté des récitals mal raboutés, bien que musclés, annonçant le potentiel immense d'une artiste plus ou moins en contrôle, superbement dirigée question carrière, moins bien orientée sur le plan artistique. » Le public et les admirateurs de Céline ne sont pas épargnés : « Longtemps, le grand public a célébré ce talent brut mal affiné, l'ascension sociale d'une starlette déterminée, sa conquête de l'impénétrable marché anglo-

1. *La Presse*, 11 avril 1996.

saxon, l'universalité bébête de ses premières positions sur les palmarès. Parfois même, le public de Céline Dion avait l'air d'une bande de naïfs portant aux nues l'égérie d'une PME francophone, athlète de la pop s'apprêtant à faire bouger un tantinet le géant américain, en s'y assimilant, en en imitant servilement ses stars les plus conformistes. » Après son pesant de vacheries, Alain Brunet[1] s'en sort par une pirouette : « Hier soir, j'ai entendu une interprète dominer un répertoire. Répertoire parfois faible, parfois prévisible, parfois aliéné. Mais, parfois, puissant. Et, généralement, transcendé par l'interprète. Parmi les trucs mal foutus, quelques interventions mal préparées (quoique naturelles... il lui faudra trouver l'équilibre entre la spontanéité et des tirades mieux fagotées), l'éprouvant indicatif musical d'une télésérie japonaise. Mais, en définitive, j'ai eu droit au récital d'une artiste exceptionnelle. Lorsque l'époux-manager disait de sa chanteuse adorée qu'elle avait le pouvoir de changer le destin, je crois qu'il avait finalement raison. »

Ne lui en déplaise, Céline est présentée aux World Music Awards[2], à Monaco, par la légende de la chanson Tony Bennett et l'actrice Bo Derek. L'histoire d'amour du couple Angélil ressemble à s'y méprendre à celle de Bo. Elle s'éprit à l'âge de 16 ans de John Derek de 30 ans son aîné, en couple avec l'actrice Linda Evans. Leur liaison fit scandale. Ils se marièrent en 1976, alors qu'elle avait 19 ans. Le couple resta uni jusqu'au décès de l'acteur en 1998. L'icône du jazz Tony Bennett annonce : « L'artiste canadienne la plus vendue cette année est canadienne-française, et son récent album qui contient des chansons qu'elle a enregistrées en français se trouve également être l'album le plus vendu de l'histoire de l'industrie du disque française. » Bo Derek poursuit : « Elle est ici ce soir pour interpréter son succès mondial, le thème du film *Up Close and Personal*... elle chante *Because You Loved Me*, voici Céline Dion ! » Assis au premier rang, le roi de la pop, Michael Jackson, savoure la performance. C'est sous son regard ravi, et celui de René, lui aussi au premier

1. *La Presse*, 11 avril 1996.
2. 8 mai 1996.

rang, que Céline reçoit le Prix de l'artiste canadien ayant vendu le plus de disques dans le monde en 1995. Ce n'est pas une coïncidence si *Because You Loved Me* est le genre de *power ballad* qui met en valeur l'impressionnante puissance vocale de Céline. « Ce que je préfère chanter, c'est ce genre de chanson », affirme-t-elle.

S'étant vu offrir de participer à l'émission matinale de télévision américaine *Good Morning America*, sur le réseau ABC, qui attire 30 millions d'Américains, diffusée dans tout le pays, René lance une idée : « Oui avec plaisir, mais, puisque vous ferez bientôt une semaine en direct du Canada, nous allons passer durant l'émission diffusée depuis la ville de Québec. » Ainsi, toute l'équipe de *Good Morning America* débarque en ville. L'émission[1] est enregistrée, en direct du vieux Québec. Céline donne une entrevue depuis un balcon du Château Frontenac, puis d'une tribune sur la Terrasse Dufferin, nommée en l'honneur du gouverneur général Lord Dufferin[2]. L'endroit offre un panorama unique sur l'emblématique hôtel et sur le fleuve Saint-Laurent. Ses propos sont illustrés par des vues des rues de Place Royale et du quartier Petit Champlain. Le quotidien de la capitale[3] met la vedette à l'honneur : « Céline Dion a charmé l'Amérique. [...] Après avoir interprété *Because You Love Me*, en direct de la salle de bal du Château Frontenac, la première chanteuse francophone du monde a affirmé aux animateurs Joan Lunden et Charles Gibson que Québec constituait "le meilleur endroit pour passer des vacances". Ce cri du cœur a comblé de satisfaction le directeur de l'Office du tourisme et des congrès de Québec. M. Labrie, qui n'a pas hésité à qualifier Céline Dion "d'ambassadrice extraordinaire de la Vieille capitale". Mme Dion n'a pas limité sa participation à une chanson et une interview. Durant la dernière portion de l'émission, elle s'est prêtée de bonne grâce à un bain de foule

1. 16 mai 1996.
2. Frederick Hamilton-Temple-Blackwood (1826-1902). Comte de Dufferin, gouverneur général du Canada de 1872 à 1878.
3. *Le Soleil* 17 mai 1996.

sous les feux des caméras d'ABC. La gentillesse et la générosité proverbiales de la vedette internationale de la chanson ont sans doute éclipsé les plus beaux panoramas de Québec. Devant le château Frontenac un millier de personnes n'avaient d'yeux que pour elle. »

Ses concerts dans la partie nord-américaine du Canada débutent le 18 mai 1996, à Vancouver, en Colombie-Britannique où la communauté francophone est importante. Bryan Adams y a lancé sa carrière. Le rythme est soutenu. Lorsqu'elle entonne *Where Does My Heart Beat Now*, à Toronto, le 23 juin, elle se sent distraite, ailleurs : « C'est une magnifique chanson que j'ai beaucoup aimée. Mais certains soirs, reprendre les mêmes paroles m'apparaît comme une vraie corvée. Le défi pour moi n'est plus de réussir une interprétation, de contrôler mon souffle, de pousser les notes, mais d'y mettre du cœur, de l'âme. Certains soirs, je me sens comme si mon âme était distraite, mon cœur, froid. C'est ça qui me pompe de l'énergie : me réchauffer le cœur pour être présente dans chacune des chansons, même celles que j'ai chantées deux cents ou trois cents fois. » L'exercice est exigeant : « [...] en même temps je dois donner aux gens ce qu'ils veulent. Il y a toujours une lune de miel avec les chansons. La découverte, le coup de foudre parfois. Puis un beau soir je me rends compte que la magie n'y est plus. C'est comme si j'avais vidé la chanson de toute sa saveur, de toutes ses couleurs. Elle m'apparaît alors terne, insipide. Comme une gomme qu'on a trop longtemps mâchée. C'est comme en amour. Il faut parfois lutter contre l'usure et l'habitude. » Horrible constatation. La symbiose ne fonctionne plus entre l'interprète et la composition qu'elle a pourtant choisie et portée comme un étendard. S'est-elle lassée du succès à présent qu'elle est reconnue, adulée, libérée ? Telle Maria Callas qui avouait : « Quand je chantais, je sentais que j'étais vraiment aimée. Chanter est progressivement devenu le remède à mon complexe d'infériorité... » Pleine de doute, elle oscille entre l'incompréhension et la tristesse. « À Toronto, je me sentais complètement en dehors de la chanson. J'avais beau me dire que je l'avais tant aimée, qu'elle avait été une fidèle compagne pendant tant d'années, je ne parvenais pas à y entrer. Je devais plonger en apnée, pendant trois minutes dans une musique qui me semblait épouvantablement trouble. Puis, tout d'un coup j'ai pensé que cette chanson racontait exactement ce que je vivais. Où mon cœur bat-il maintenant ? Pour qui ? Pour quoi ? Où est ma voix, mon souffle ? Et c'est comme ça que j'ai pu entrer dans ma chanson et que j'en suis retombée amoureuse. »

En République tchèque[1], elle tourne le clip de *It's All Coming Back to Me* dans le palais de Ploskovice transposé en univers fantastique. Non loin de Litoměřice, en Bohême du Nord, ce château fut édifié dès 1720 pour Anna Maria de Toscane, épouse du duc de Toscane Gaston III, le dernier membre de la célèbre famille italienne des Médicis. On y voit Céline déambuler dans les pièces historiques qui abritèrent la villégiature de l'empereur Ferdinand I d'Autriche. Hérité par François-Joseph, le lieu possède un parc des plus romantiques à l'architecture baroque avec des grottes artificielles, des fontaines, des geysers, un étang. Certaines scènes sont tournées dans les studios Barandov à Prague. La réalisation dirigée par Nigel Dick coûta 2,3 millions de dollars. « Pour moi, explique-t-elle, c'est "Gone with the wind". C'est une chanson très romantique, très visuelle. Pour moi ce n'est pas une vidéo. C'est sept minutes d'un film. J'ai beaucoup de chance d'interpréter cette chanson. Pour Jim Steinman, chaque chanson est un film. Ce n'est jamais assez dramatique pour moi, vous savez tous ces trucs, les films en noir et blanc. Jim Steinman m'a écrit l'une des plus belles chansons jamais enregistrées. J'ai beaucoup de chance. Quand je suis sur scène, c'est un grand moment, une grande chanson. » La joie préside à cet intermède : « Je suis

1. Du 29 juin au 3 juillet 1996.

très fière d'être ici à Prague, dans ce château, avec une grande équipe de professionnels qui travaillent nuit et jour. »

Sa participation aux cérémonies d'ouverture des centièmes Jeux olympiques[1], à Atlanta, couronne sa carrière et renforce son statut de star sur la scène internationale. Elle est tétanisée par la peur, mais n'ose le confier à René : « Comme d'habitude, j'avais choisi d'ignorer, de nier ma peur, de la cacher à tout le monde, même à moi, surtout à moi. Si je l'avais laissée paraître, elle aurait été capable de m'écraser. » René assure à l'entourage qu'elle va bien, qu'elle est en pleine forme. « C'était faux. Monter sur scène dans un stade gigantesque et devant des centaines de caméras de toutes les télévisions du monde, c'est toujours effrayant. C'est comme sauter dans le vide. Le stade était bourré à craquer. » Sa mère au téléphone lui explique qu'elle n'a pas voulu venir, car elle a trop le trac. Elle la regardera à la télévision. « Tout ça contribuait à augmenter la peur, la pression. » Face aux 83 000 spectateurs et plus de 3,5 milliards de téléspectateurs, elle interprète l'hymne des cérémonies d'ouverture : *The Power Of The Dream.* Elle y fait allusion : « Quand je l'ai interprété, j'étais, je le savais, devant le plus vaste auditoire jamais réuni. On parlait de quatre milliards de personnes à travers le monde. Plus de la moitié de l'humanité. Dès que j'ai commencé à chanter, mon trac s'est dissipé. Je me suis sentie très bien, très légère. » Cet éminent hommage aux athlètes, écrit par David Foster, Kenny « Babyface » Edmonds et Linda Thompson, devient la chanson thème des Jeux. Céline remet son cachet (montant inconnu) en plus d'une autre somme à l'équipe canadienne afin de supporter les athlètes canadiens. « Pendant plusieurs jours, constate-t-elle, j'ai vécu dans l'euphorie de cette formidable expérience, mais je ressentais aussi une grande fatigue et, par moments, je cherchais mon souffle. J'étais sonnée, comme un boxeur, même vainqueur, après un dur combat. »

Elle entame sa tournée américaine, le 23 juillet, à Boston,

1. 19 juillet 1996.

au Great Woods Center. Le lendemain, elle est à Hartford (Connecticut)... Le 27, dans le New Jersey... Le 29, à New York, la tension est palpable, « Au Madison Square Garden, c'était plus *picky*. Les New-Yorkais, il fallait les gagner », témoigne la choriste Julie Leblanc. Philadelphie le 30... Pittsburgh le 1er août, Cleveland le 2, Columbus le 4, etc. San Francisco le 29 août. Elle est en couverture du *Time Magazine* « The Divas of Pop »[1]. Après avoir visité 19 états, elle doit annuler les deux derniers spectacles[2] pour des raisons de santé. Un reflux gastrique lui occasionne des crampes et des maux de cœur. Elle est mortifiée : « J'ai investi toute ma vie dans ma carrière. J'ai renoncé à plein de choses. Mais je n'ai pas tellement de mérite. Je ne pourrais pas vivre autrement. Il faudrait qu'on m'attache. Et je ne me laisserais pas faire. J'ai toujours détesté l'école, surtout les mathématiques. Mais s'il fallait que je fasse de l'algèbre ou de la chimie pour chanter mieux, j'en ferais tous les jours. Et je finirais par y trouver du plaisir, je suis sûre de ça. Tout ce qui m'arrive sert à ma carrière d'une manière ou d'une autre. » Il en est souvent ainsi lorsqu'un emploi du temps ne laisse plus de place à la connexion avec la vraie vie. Le corps crie « Stop ! » Trop de travail, d'émotions et une fatigue permanente s'installe, les douleurs musculaires ou articulaires apparaissent, voire des maux de tête récurrents. Les médecins qu'elle consulte au-delà du reflux gastrique posent un autre diagnostic. Céline est surmenée, stressée. Des cauchemars épouvantables l'assaillent depuis des semaines, mais elle n'en a rien dit. Elle a passé des nuits sans dormir, vulnérable, démunie face à ce mal-être dont elle ne saisit pas l'ampleur. Elle ne se nourrit plus que de craquelins et d'eau sucrée. Rien d'autre ne passe. Elle n'a plus d'énergie. Sa sœur Manon prévient aussitôt René, en clinique dans l'Arizona pour un problème de poids, et Thérèse. Elle boucle une valise et débarque en Floride avec Adhémar pour prendre soin de sa fille. « Pendant près d'un mois, elle allait veiller sur

1. 12 août 1996.
2. Portland le 31 août et Seattle le 1er septembre. Ils sont reportés fin mars 1997.

moi comme une louve, précise Céline. J'ai su plus tard qu'elle avait été intraitable. Personne ne pouvait me déranger quand je me reposais, c'est-à-dire entre douze et quinze heures par jour. Même René n'a pas eu le droit de me parler travail pendant tout ce temps. Pas un mot sur la tournée interrompue, sur les projets reportés, la promo, les albums français et anglais en préparation. » Thérèse possède l'instinct et la prescience d'une maman, l'attitude sécurisante et protectrice nécessaire à son enfant. Céline se souvient : « Elle m'emmenait marcher après ma sieste de l'après-midi, elle me préparait des bouillons, des tisanes, des salades de fruits. Même papa sortait avec ses amis pour nous laisser seules. Elle me parlait de son enfance que je ne connaissais pas beaucoup. »

Elle est de nouveau sur pied lorsqu'elle part pour l'Europe : « Je sentais encore ce bleu au-dedans, mais j'étais plus solide. Je mangeais avec appétit. Le mal peu à peu s'éloignait de moi. » Le 20 septembre 1996, elle donne le premier de ses cinq concerts à Paris. « En France, les foules étaient hystériques, la réaction était particulièrement émotive », raconte la choriste Rachelle Jeanty. Céline tient bon. La tournée se poursuit dans un train d'enfer : 9 octobre : Strasbourg. Le 10, Metz. Les 12 et 13 à Gand. Le 15 à Cologne. Le 16 à Francfort. Les 18 et 19 à Rotterdam. Le 21 à Hambourg. Le 22, elle est de retour à Paris et le 23 à Copenhague. Le 25 à Stockholm, le 26 à Oslo, le 28 à Berlin, le 30 à Milan... René remarque quc « le rêve qu'on avait fait, elle et moi, nous avait échappé pour la première fois. Il était désormais plus rapide que nous, plus fou que nous, plus merveilleux que tout ce que nous avions imaginé. Nous n'avions plus besoin de le pousser, nous étions maintenant emportés par lui. » René est un Oriental. Il cultive la bonne humeur, la joie. Il apprécie les fêtes, les agapes. La veille des jours où Céline ne chante pas, il organise des sorties, des banquets réunissant l'équipe, les amis venus leur rendre visite sur la tournée, les parents, la famille. Il est important de maintenir les liens, d'entretenir la camaraderie, l'amitié. Il se renseigne sur les bons restaurants, étudie leur carte très attentivement, fait son choix, s'occupe des réservations. C'est la surprise. Les convives peuvent se retrouver autour d'un menu indonésien, italien, chinois, français, japonais, marocain ou libanais. « Pour René, un repas est un spectacle, une cérémonie. C'est surtout une manière de rassembler tout le monde, sur la même longueur d'onde, et de créer des liens, témoigne Céline. Il aime manger de tout et beaucoup trop. » À la maison, elle se met aux fourneaux. Elle adore cuisiner. René est comme un coq en pâte : « Je dois dire que Céline est presque aussi bonne cuisinière que chanteuse, se réjouit-il. C'est dire à quel point elle est bonne cuisinière[1]. » Son épouse est aux petits soins : « Une bagatelle peut le combler. Je pense entre autres à ces moments où, après un bon souper, je lui prépare un bol de raisin que je lui dépose sur un lit de glace. Après le souper, il s'installe confortablement devant le téléviseur avec son bol, et là, juste à le regarder relaxer et déguster ses raisins, je sais que j'ai sous les yeux le portrait d'un homme heureux. Cela peut paraître banal... On est tous les deux très sensibles à ces petits bonheurs simples. » Elle tient à impressionner son mari en lui faisant la cuisine, en ayant de petites attentions. Elle a un grand faible pour le goût salé. « Je mange tout le temps. Je tiens ça de mon père. J'ai un tempérament nerveux et un métabolisme très actif. On dirait que je ne peux pas engraisser. Pour mon petit déjeuner, quand je ne chante pas, j'aime manger des bananes à la crème. Je verse de la crème à 35 % dans un plat, j'y ajoute un peu de sucre, et j'y mets une banane coupée en lamelles. Je me fais aussi une rôtie avec un demi-pain français tranché sur la longueur. Je le fais griller avec du beurre et je me sers ensuite une tasse de mon thé préféré[2]. »

L'un des plus gros éditeurs en Allemagne, la compagnie The

1. *7 Jours*, 27 décembre 1995.
2. *7 Jours*, 23 mars 1996.

Burda, lui remet, pour la première fois, un Bambi[1], catégorie Best Pop International Artist. L'ADISQ la distingue avec 5 trophées : Félix pour l'artiste québécois s'étant le plus illustré à l'étranger, l'artiste québécois s'étant le plus illustré dans une autre langue que le français, l'album de l'année – meilleur vendeur pour l'album *D'eux,* le spectacle de l'année – interprète pour sa tournée mondiale (partie québécoise), l'interprète féminine de l'année. À ses côtés, René reçoit le titre de gérant de l'année[2], en plus d'être honoré par l'attribution du trophée Hommages[3].

L'album *Falling Into You* s'est vendu à 18 millions d'exemplaires à travers le monde. Une telle réussite se doit d'être partagée avec ceux qui sont moins chanceux. Céline a beaucoup reçu et elle considère de son devoir de donner en retour. Elle offre un concert-bénéfice privé[4] au profit de l'Association québécoise de la fibrose kystique. Puis, avec René, ils font confectionner à leurs frais des paniers garnis de Noël, dans un supermarché de Charlemagne, qu'ils livrent eux-mêmes aux familles dans le besoin. Elle glisse dans les chaussettes de Santa Claus de ses parents, frères et sœurs, un chèque de 100 000 $ chacun, et des cadeaux pour ses dizaines de neveux et nièces... Ils se replient dans leur cocon, leur nouvelle acquisition, une demeure spacieuse, à Rosemère, en banlieue nord de Montréal, où les parents de Céline ont déjà pris leurs marques. Un vrai Noël de carte postale est organisé autour des deux familles. La neige a pris possession du paysage. Le cœur au chaud, Céline s'affaire à choyer ceux qu'elle aime. Comme le chante si justement Gilles Vigneault :

*« Mon pays, ce n'est pas un pays, c'est l'hiver*
*Dans la blanche cérémonie*
*Où la neige au vent se marie*
*Dans ce pays de poudrerie [...]*

1. 1er novembre 1996.
2. Cinquième fois en 10 ans.
3. 3 novembre 1996.
4. 10 décembre 1996.

*Ma maison, c'est votre maison*
*Entre ses quatre murs de glace*
*Je mets mon temps et mon espace*
*À préparer le feu, la place.* »

Ils conservent cette propriété de l'hiver 1996 à 2000. En prenant possession de la nouvelle maison de Laval, Céline achètera pour sa mère une demeure près de la sienne (2000).

Dans les salles de rédaction, il y a des bruits de couloirs rien moins qu'amènes à propos d'un livre interdit. Une journaliste québécoise, Nathalie Jean, apprend-on, a rédigé une biographie de Céline, à la demande de la maison d'édition Québécor. René a délégué ses négociateurs afin que l'ouvrage ne soit pas diffusé, bien qu'il soit déjà imprimé et prêt à être commercialisé. Québécor céderait ses droits sur le livre en échange de la promesse de publication de la biographie officielle, en cours d'écriture par Georges-Hébert Germain. Il est demandé à Nathalie Jean de renoncer à la parution de son livre et de signer un accord de confidentialité valable jusqu'en 2000, en contrepartie de quoi Québécor lui versera 10 000 dollars et René Angélil 7 000. Elle accepte le deal et paraphe l'accord en novembre[1]. Il se murmure qu'en réalité René Angélil a donné 30 000 dollars à l'auteur en dédommagement pour son travail. Aucun commentaire de la part du manager.

Céline reprend sa tournée au Japon le 2 février 1997, à Yokohama, puis enchaîne avec les grandes villes : Tokyo[2], Osaka[3], Hiroshima[4], Nagoya[5]. Au départ de Nagoya, la météo est épouvantable. L'avion fait un virage sur l'aile terrifiant. Céline en conserve un souvenir pénible. Elle découvre la Corée du Sud, sa capitale Séoul, sous une pluie glacée. Les embouteillages monstres paralysent le trafic. Elle parvient in extre-

1. 19 novembre 1996.
2. 3 février 1997.
3. 6 et 7 février 1997.
4. 10 février 1997.
5. 19 février 1997.

mis sur le lieu du concert[1] et gère en grande professionnelle stress et impondérables. René n'est pas là, mais il a organisé une conférence de presse à l'hôtel Hilton où les représentants de Sony lui remettent plusieurs disques de platine.

— Qu'est-ce qui vous fait avancer ? demande un journaliste.

— Le travail. J'ai été élevée dans cet esprit. D'ailleurs, chaque fois que je m'arrête de travailler, croyez-le ou non, je tombe malade. Ce qui me motive, ce qui me pousse, bien égoïstement, c'est le goût et le besoin d'être bien dans ma peau, dans ma vie. Et je ne suis jamais bien quand je ne fais rien.

Ses chansons préférées, quelles sont-elles ?

— C'est comme si c'étaient mes bébés. Je pense que ma mère a aimé chacun de ses quatorze enfants, et autant l'un que l'autre... Moi, c'est la même chose avec mes chansons. Ce que j'aime d'elles, c'est la faculté qu'elles ont de rejoindre et de toucher les gens, parfois de changer leur vie, ou même simplement, d'y mettre un peu de joie, un peu de lumière. Je sais qu'elles vont partout, dans les chambres à coucher, dans la cuisine le matin avec l'odeur des toasts et du café, dans les ascenseurs, dans les voitures qui filent sur les autoroutes. La musique, c'est comme l'eau. Et en même temps, comme le feu. Ça se propage.

Sur un dernier sourire, elle s'éclipse vers son hôtel. Ses valises sont faites. Elle doit donner un concert privé[2] pour le sultan de Brunei, l'un des hommes les plus riches du monde. Elle n'a pas oublié d'y glisser une rainette porte-bonheur. Ses loges, ses dressings, accueillent des grenouilles de toutes formes et tailles. « De nombreux fans m'offrent des grenouilles, dit-elle. La grenouille est la mascotte de mes tournées depuis des années. L'une de mes préférées est une grenouille avec un ventre jaune et des taches jaunes sur le dos qu'un fan m'a offerte au début de ma carrière. » La boutique Céline Dion du Caesars Palace à Las Vegas en compte des centaines, dont une grenouille verte, en peluche, imaginée par l'artiste, portant un tee-shirt *Céline*.

1. 21 février 1997.
2. 23 février 1997.

Dès lors, comment s'étonner que Kermit, présentateur vedette du *Muppet Show*, tombé sous le charme de la chanteuse, l'ait conviée à son mariage ? Les preuves existent ! Elle chante avec Miss Piggy dans le film *Muppets Most Wanted*[1]. Miss Piggy, la veille de son mariage avec Kermit, sollicite l'avis de Céline. Ses conseils sont prodigués au travers de la chanson *Something So Right,* composée par Bret McKenzie. Un petit bijou d'humour.

Après avoir reçu un Grammy pour l'album de l'année *Falling Into You,* au Madison Square Garden[2], elle chante *All By Myself* devant 12 000 personnes. Elle soulève la salle en grimpant dans les aigus, poussant la note la plus difficile avec une facilité déconcertante. Elle corrobore la réputation faite par René, elle peut tout chanter ! *Le Quotidien*[3] du Québec est fier de sa compatriote : « Céline Dion rafle enfin son premier Grammy, titre-t-il.

Céline Dion, figure au nombre des récipiendaires des Grammys, hier soir à New York, lors de la 39e cérémonie de remise de ces prix musicaux américains. [...] La Québécoise, dont les ventes de disques figurent parmi les plus élevées du moment, a enfin été récompensée par l'industrie musicale, *Falling Into You* étant couronné du titre de l'album pop de l'année. [...] "Il s'agit réellement d'un rêve qui se concrétise", a déclaré la chanteuse, radieuse, lors de la remise de ce prix effectuée avant que l'événement ne soit retransmis à la télévision, en direct de la célèbre enceinte new-yorkaise. [...] Céline Dion, qui a été préférée à la chanteuse R&B Toni Braxton, l'artiste folk Tracy Chapman, la chanteuse country Shawn Colvin ainsi que le chanteur pop Sting, a remercié ses parents, ses 13 frères et sœurs, avant d'énumérer une longue liste de personnes ayant œuvré "dans l'ombre". » L'animatrice Oprah Winfrey saisit l'opportunité et lui consacre un numéro de sa célèbre émission *The Oprah Winfrey Show*[4]. Céline ouvre l'au-

1. Sorti en mars 2014.
2. 26 février 1997.
3. *Le Quotidien*, 27 février 1997.
4. 21 mars 1997.

dience avec *Because You Loved Me*. Elle raconte à Oprah son parcours vers la célébrité, lorsque Thérèse et Adhémar Dion font leur apparition sur le plateau, suivis par 12 de ses frères et sœurs. Assis dans le public, René essuie une larme. La fratrie chante *Ce n'était qu'un rêve*. Céline interprète un medley, puis *Fly*, qu'elle dédie à sa sœur Liette, maman de sa défunte nièce Karine. Certains jugent le spectacle « guimauve », empêtré de bons sentiments, de braves gens, d'émotion facile, de larmes convenues. Pour retrouver Oprah à une heure de grande écoute alors que les familles sont devant le poste de télévision, René a validé la tenue de son épouse, tailleur pantalon doré. Ce n'est pas toujours le cas. Les codes vestimentaires du couple ne sont pas forcément à l'unisson. Peu avant leur départ pour Hollywood, Céline avait présenté à son mari une robe Chanel qu'elle adorait.

— J'ai l'intention de la porter pour chanter *Because You Loved Me*.

— Elle est trop légère, trop décolletée, trop moulante.

— Tu n'y connais rien en vêtement, René Angélil.

— Tu risques de ruiner ta carrière en portant ça.

— Tu n'y connais rien.

— Elle est trop suggestive. Tu es une grande chanteuse, tu n'as pas besoin d'être sexy.

— Mais j'ai envie de l'être.

— Ce n'est pas une bonne idée. Ce n'est pas nécessaire de choquer quand on a une voix comme la tienne !

Elle avait boudé, un peu, pendant deux jours.

Superbe dans une robe Chanel pailletée, inspirée des années folles, dotée d'une traîne, au décolleté plongeant, parée d'un collier en platine et diamant en forme de comète, elle fait une entrée des plus remarquées sur le tapis rouge au bras de René pour la soirée des Oscars[1]. Il est prévu qu'elle chante *Because You Loved Me*. Natalie Cole devait interpréter *I Finally Found Someone*, le succès de Barbra

1. 24 mars 1997.

Streisand, thème du film *Le Miroir à deux faces*, qu'elle avait réalisé et produit. Or, Natalie Cole, grippée, était demeurée à Montréal. La veille du gala, les organisateurs demandèrent à Céline de la remplacer. Jamais dans toute l'histoire des Oscars un artiste n'a chanté deux fois lors du même gala ! « René jubilait, raconte Céline. À ses yeux, rien n'est plus excitant au monde, surtout dans le merveilleux univers du show-business, que de faire ce que jamais personne d'autre n'a fait. » Préparer une nouvelle chanson en vingt-quatre heures est une sacrée gageure. Rien d'impossible pour René : « Tu peux le faire, Céline ! Tu es la meilleure. »

Elle est aux anges et fébrile à la fois. Chanter devant Barbra Streisand est un challenge. Elle admire depuis toujours la chanteuse, l'actrice, la réalisatrice. Un modèle pour elle, sur la même marche que Maria Callas. Or, Barbra a quitté la salle au moment de la pause publicitaire. Lorsqu'elle veut regagner sa place, les portes sont verrouillées. En effet, c'est la règle pour tous, il est interdit de circuler durant la cérémonie. René en est malade. Céline malgré tout donne le meilleur d'elle-même. Sa prestation est exceptionnelle. Mme Streisand avait pourtant hâte de « voir et d'entendre Céline Dion, l'une de ses chanteuses préférées », confirma son agent Dick Guttman. Barbra expliqua qu'elle est allée aux toilettes et a été très affligée de constater à son retour qu'elle avait manqué la chanson. « Ils n'indiquent pas l'ordre de passage des chansons dans le programme. Donc je suis sortie pendant ce que je pensais être une pause, je suis revenue, et la chanson était terminée. J'avais le cœur brisé. Parce que je savais que ce serait un moment merveilleux à la télévision. La voir, là, chanter, c'est ce clin d'œil alors que je suis à côté de mon amour, Jim Brolin, avec une chanson que j'ai écrite et qui s'appelle « J'ai enfin trouvé quelqu'un ».

L'absence de Mme Streisand n'échappe pas aux journalistes qui montent toute une histoire, créent une rivalité là où il n'y en a pas, poussent les fans rivaux les uns contre les autres.

Barbra Streisand mettra les points sur les « i », rivera leur clou aux malveillants : « J'étais aux toilettes. J'avais plus que tout envie de l'entendre chanter. [...] C'est un moment merveilleux à capturer sur un film, non ? Pourquoi devrais-je le manquer ? La presse est-elle vraiment si cynique ? Pour inventer un affront que je lui aurais délibérément fait ? » Deux jours plus tard, dans sa suite du Carlton de San Francisco, Céline reçoit un énorme bouquet de fleurs, accompagné d'un message de la main de Barbra. Elle a visionné l'enregistrement, regrette de ne pas avoir été dans la salle et espère chanter en duo, avec elle, un jour. Lorsque Céline rejoint René, déjà reparti dans sa clinique de l'Arizona pour ses soins, elle lui donne ce précieux talisman. « L'idée de chanter avec Streisand, je l'avais toujours eue et elle m'avait toujours fait peur. À cinq ans, je la voyais déjà comme une de mes plus impressionnantes idoles. C'est dangereux de s'approcher de ses idoles. Un rien peut les détruire. Ou vous écraser. »

Quelques semaines plus tard, René appelle l'agent de Barbra Streisand, puis il demande à David Foster d'écrire un duo pour les deux stars. David compose la mélodie de *Tell Him*.

« *Tell him (*Dis-lui)
*Tell him that the sun and moon rise in his eyes*
(Dis-lui que le soleil et la lune brillent dans ses yeux)
*And whisper* (Et chuchote-lui) *Tender words so soft and*
*sweet* (De tendres mots si doux et délicats) *[...]*
*Never let him go* (Ne le laisse jamais partir) »

Barbra enregistre sa partie à Los Angeles, au Record Plant. Céline, la sienne, au Hit Factory de New York. Techniciens et arrangeurs mixent les deux voix sur la musique. *Tell Him* terminé, ils l'envoient à Barbra. Les minutes passent... Enfin, dans le studio de New York, le téléphone sonne.

David Foster décroche :

— C'est pour toi Céline, dit-il en lui tendant le combiné.

— Tu fais des choses merveilleuses avec ta voix, Céline, dit

Barbra. Comment fais-tu pour te mêler si bien à la musique et à ma voix ?

Céline ne répond pas, les larmes coulent sur ses joues... Elle se reprend.

— Je travaille beaucoup.

— Il faudra que tu m'apprennes à avoir autant de discipline que toi.

— Mais vous n'avez rien à apprendre de moi. Vous êtes la plus grande chanteuse au monde.

— Nous avons tous à apprendre les uns des autres. Toi, tu apprends plus vite que nous tous, car tu as une voix fantastique et une très grande âme.

Céline ne peut plus parler... Barbra l'invite à lui rendre visite chez elle, à Malibu, dès qu'elle le pourra.

Aux World Music Awards[1] à Monaco, Céline remporte trois trophées. Elle joue une petite scène dans le centième épisode de la série *The Nanny*[2] (*Une Nounou d'Enfer*), tourné à Las Vegas. Les scénaristes ont choisi d'expédier Maxwell Sheffield [l'acteur Charles Shaughnessy] à Londres avec Fran [l'actrice Fran Drescher], la nounou de ses enfants. Maxwell voudrait engager Céline Dion pour sa nouvelle comédie musicale à Broadway. Alors que l'artiste chante *It's All Coming Back to Me Now*, dans les coulisses, Fran bave d'admiration devant le vestiaire de Céline.

L'artiste interprète pour elle un extrait *a cappella* de *Ce n'était qu'un rêve* et Fran ne peut s'empêcher de mimer une chanson écrite par sa mère. Les stéréotypes ne sont pas évités, mais l'épisode est plutôt drôle. Céline s'amuse beaucoup et en profite pour joindre l'utile à l'agréable, elle offre son cachet, pour cette brève apparition, au programme SPARX de la fondation Fibrose kystique.

Une bien triste nouvelle ramène René et Céline au Québec.

1. 17 avril 1997.
2. 21 mai 1997.

Alice Sara Angélil, la mère de René, est emportée par la maladie au Montreal Heart Institute[1]. René perd sa plus « grande amie », surnommée « Tété »[2], émigrée dès son jeune âge au Canada, elle était sa confidente, son ancre. En l'église Saint-Sauveur, de Montréal, Céline chante *Vole* en son honneur avant qu'elle soit portée en terre[3]. D'origine libanaise, elle était née à Montréal le 4 mai 1915.

Choisie pour inaugurer le stade Roi Baudoin de Bruxelles, elle se produit devant 60 000 personnes[4]. « Son spectacle a littéralement propulsé la foule en orbite. Elle n'a eu aucune difficulté à faire lever le stade », exulte la presse belge.

La tournée doit se terminer le 26 juin, à Zurich (Suisse). La demande est si forte que René envisage d'ajouter des dates. La troupe qui accompagne l'artiste comptait au départ une quarantaine de musiciens, techniciens, attachés de presse, cuisiniers et s'était étoffée jusqu'à cent personnes. Le show avait évolué. Il fallut s'adapter aux scènes, aux sonos, aux moyens techniques. Céline préparait aussi ses interventions pour l'ouverture des Jeux olympiques, les Oscars, les Grammys Awards, des concerts privés, des émissions télé, le gala au profit de l'Association de la fibrose kystique, tout en sélectionnant des chansons pour son prochain album où elle espérait une composition des Bee Gees... Barry, Maurice et Robin, les frères Gibb, porte-étendards du disco, merveilleux mélodistes, ont vendu plus de 120 millions de disques. Céline les retrouve en studio, le 18 août 1997, afin qu'ils placent leurs voix et enregistrent les chœurs sur la bande-son d'*Immortality* composé pour elle. Elle avait enregistré sa partie, en juin. De l'avis des techniciens, ce moment fut magique. Ils virent les larmes couler sur les joues de Barry. Interrogée à ce sujet, Céline confia son émotion : « Je pense que les gens qui pleurent, ce sont les gens qui sont bénis. Mais de

1. 25 mai 1997.
2. Grand-mère en arabe.
3. 29 mai 1997.
4. 20 juin 1997.

voir Barry Gibb pleurer parce qu'il était content de la chanson, c'était une grosse émotion, mais j'étais contente qu'il soit content[1]. » John Marchant, l'ingénieur du son des Bee Gees, a commencé à travailler avec eux dans les années 1980. Il aime à raconter une anecdote concernant la création d'*Immortality.* « Les trois frères songeaient à composer pour la chanteuse québécoise et s'étaient installés dans le processus d'écriture depuis un certain temps, mais rien ne fonctionnait. Ils cherchaient un morceau spécial pour une voix sublime. Leurs essais n'accrochaient pas, ils n'étaient pas contents d'eux. Après une longue session d'écriture, Barry suggéra qu'ils se retrouvent le lendemain matin, il avait une autre idée qu'il aimerait essayer. » Barry a commencé à jouer le début de ce qui allait devenir une nouvelle chanson. Puis, raconte John Marchant, « Maurice a écouté et a joué le premier accord, puis trois minutes et demie plus tard, ils ont écrit la chanson, en temps réel, en un seul passage. J'ai la chair de poule en racontant cette histoire. C'était incroyable. Barry changeait d'accord, Maurice le suivait immédiatement, comme s'il savait où Barry allait. Ils se sont compris à la fois en termes de timing et d'intonation. Seul quelqu'un qui sait ce que l'autre pense est capable de le faire. » Une telle symbiose présida à l'enregistrement ce 18 août 1997 : « La façon dont vous entendez Céline Dion interpréter *Immortality* maintenant, c'est exactement ce qu'ils ont fait cette nuit-là », affirme John Marchant. Autre détail intéressant, les Bee Gees chantent le fond du morceau (les chœurs) et apparaissent dans le clip vidéo de 1998. En 2017, Céline chanta *Immortality* lors d'un concert de CBS intitulé *Stayin Alive : A Grammy Salute to the Songs of the Bee Gees.* Elle rappela que les frères Gibb, Robin, Maurice et Andy, avaient leur propre carrière distincte du groupe : « Il y a vingt ans, ils m'ont offert cette chanson… Ce soir, je la chante avec affection pour Barry, ainsi que pour Robin, Maurice et Andy. »

1. Interview Fleet Center, Boston 21 août 1998.

Le couple se rend aux remises de prix de *Style and Beauty Awards* du magazine Marie-Claire, à New York et à Beverly Hills, en Californie, aux *International Achievement In Arts Awards*[1]. Céline et d'autres artistes, dont Elton John et Lionel Ritchie, assistent au gala de charité annuel de la Fondation André Agassi[2], à Las Vegas. Il est bon d'être vu, de témoigner sa fidélité aux causes portées par les amis. Céline, lors du gala de l'ADISQ[3], reçoit 5 Félix : interprète féminine de l'année, artiste s'étant le plus illustré hors Québec, artiste s'étant illustré dans une langue autre que le français, album le plus vendu pour *Live à Paris*, album pop-rock de l'année pour *Live à Paris*. L'album *Let's Talk About Love* est lancé le 18 novembre 1997. Il est composé de morceaux de choix : le duo avec son idole, Barbra Streisand (*Tell Him*), avec Luciano Pavarotti *(I Hate You Then I Love You*), Carole King (*The Reason*), les Bee Gees (*Immortality*), Bryan Adams (*Let's Talk about Love*), Diana King (*Treat Her Like a Lady*) et *My Heart Will Go On* que Céline n'aime pas. John Delp, producteur exécutif de ses albums en anglais et vice-président senior Artistes et répertoires du label Columbia, explique : « On voulait pour l'album *Let's Talk About Love* une chanson pop qui marche à la radio. Nous avons fourni au réalisateur Walter Afanasieff la bande avec la voix de Céline et il a construit à partir de ça. C'est une version très distincte qu'on entend sur l'album de la bande originale du film *Titanic*, mais c'est la même piste vocale. On n'a pas entendu ce qu'ils faisaient pour la bande originale et ils n'ont pas entendu notre version pour l'album. »

En août 1997, dans les bureaux de la Paramount, à New York, avec René Angélil, leur équipe, les producteurs du film, les patrons de Sony et une survivante du naufrage du Titanic, ils ont eu la primeur d'un visionnage privé du film, avec la chanson *My Heart Will Go On* pendant le générique. Paul Farberman, vice-président Affaires de la 20$^{th}$ Century Fox, n'a pas oublié

1. 28 septembre 1997.
2. 4 octobre 1997.
3. 26 octobre 1997.

l'ambiance : « J'étais assis derrière René et Céline qui pleuraient. James Cameron avait été très clair : pas question qu'on entende une seule note de la chanson avant le générique. Le lendemain, on avait un meeting chez Sony dont les gens estimaient qu'il valait mieux ne pas s'associer à ce film. D'abord, *Titanic* était très long et la version qu'on avait vue la veille faisait au moins 20 minutes de plus que la version finale. Et puis, tout ce qu'on avait entendu ou lu à propos du film dans le *Variety* ou le *Hollywood Reporter* était négatif. Un cauchemar qui n'augurait rien de bon pour Céline. C'est alors que René s'est levé et a pris la parole : « Je suis un joueur et je vais parier qu'on a un gagnant. » Le silence se fait. Le manager a un flair infaillible. Il l'a maintes fois prouvé. Si Angélil le dit... alors banco ! John Delp est très confiant : « Je ne veux pas parler pour les autres, mais, personnellement, j'ai adoré le film. Je trouvais la chanson fantastique et qu'on avait une occasion incroyable. Du point de vue de notre équipe, l'équipe de Céline, on allait de l'avant. » Et puis, il n'est pas question de s'arrêter en si bon chemin. René a déjà une nouvelle idée.

La *Royal Variety Performance* est un spectacle de gala organisé afin de recueillir des fonds pour la Royal Variety Charity, dont la marraine est Sa Majesté la Reine Elizabeth II. Il est retransmis par la télévision et regardé par des millions de téléspectateurs dans le monde. Il s'agit d'une vieille émission, à laquelle les Britanniques sont très attachés. Le premier spectacle fut organisé en 1912 en présence de Sa Majesté le roi George V et la reine Mary. Céline y participe, le 1er décembre 1997, au Victoria Palace Theatre de Londres. Après avoir interprété *Because You Loved Me,* elle se tourne vers le balcon où se tient Sa Majesté la reine et le prince Philip, s'adresse à la souveraine, lui témoigne son profond respect et toute sa reconnaissance avant d'entonner un second titre, *The Reason.* Sa Majesté Elizabeth II, à l'issue de la soirée, se rend dans les coulisses pour rencontrer les artistes. La Québécoise lui est présentée[1]. Au décès de la souveraine, en septembre 2022, elle fera part de sa peine : « Sa Majesté la reine Elizabeth II était une femme avec tellement de grâce, d'élégance et d'une gentillesse extraordinaire. Elle a consacré sa vie au service public, aidant sans relâche les personnes dans le besoin. Elle était un modèle de force et de dignité pour tant de gens et sa perte sera grandement ressentie dans le monde entier. Elle nous manquera à tous. Mes plus sincères condoléances à la famille royale et à tous ceux qui l'aimaient et la chérissaient. »

René et Céline assistent à la première de la projection du film *Titanic* au Mann Chinese Theater à Hollywood[2]. Ils font la connaissance de Leonardo DiCaprio, la vedette du film, avec lequel ils sympathisent. Double émotion pour la chanteuse qui n'aime toujours pas *My Heart Will Go On*, la chanson du film enregistrée à contrecœur, et s'apprête à l'entendre sur la bande-son définitive. La genèse de ce tube mérite d'être contée.

Paul Farberman connaît Céline et René depuis une dizaine d'années, lorsqu'il travaillait chez CBS Canada. Sa secrétaire, un jour de 1997, lui passe une communication. C'est James Horner. « Il a terminé la musique pour le film *Titanic* et il trouve que le thème qui traverse le film fait une bonne chanson qu'il a écrite avec le parolier Will Jennings, raconte-t-il. Il veut la faire entendre à Céline. Ni James Cameron, le réalisateur du film, ni son producteur Jon Landau ne connaissent l'existence de cette chanson parce que Cameron a été très clair : il ne veut dans son film que la musique instrumentale de Horner et des airs qu'on aurait joués à l'époque sur le Titanic », mais pas de grande chanson interprétée par des chanteuses à voix. Farberman tente tout de même le coup. Les Angélil sont à Las Vegas, c'est le moment ou jamais. Lorsque James Horner lui présente le titre en le jouant au piano dans une suite du Caesars Palace, Céline n'apprécie pas : « J'étais dans une suite et il a commencé à jouer la chanson. Et avec tout le respect que j'ai

1. Spectacle diffusé le 6 décembre 1997 sur ITV.
2. 14 décembre 1997.

pour lui, ça n'était pas le meilleur des chanteurs. Je faisais des signes à René pour signifier que ça n'était pas possible. J'étais sur le divan derrière le piano et je faisais un signe de couteau sous la gorge à René en voulant dire « pas question qu'on le fasse, ça monte, on ne va pas se planter avec une toune[1], et en plus le gars chante mal. » René l'interrompt : « James arrête, tu ne fais pas justice à la chanson, on va faire un deal avec toi : laisse Céline enregistrer une démo ». Céline poursuit : « J'avais envie d'étrangler mon mari à ce moment-là. Parce que je n'avais pas envie de le faire ! Je sortais d'une très bonne période, je ne voyais pas l'intérêt d'aller me casser le nez avec ça. » Elle ne voulait pas être liée à cette production de peur d'être enfermée dans la case des chanteuses de bandes originales. « René a proposé qu'on aille faire une maquette à New York, je voulais le tuer », assure-t-elle dans un éclat de rire. René sait amener les choses sans heurt, avec diplomatie. *Wait and see...*

Les voici en studio au The Hit Factory[2]. John Delp est dans ses petits souliers. Céline doit poser sa voix sur la piste musicale sommaire de James Horner, jouée aux claviers. « Céline n'avait jamais fait de maquette auparavant. Elle l'a fait par respect pour James Horner. Elle est arrivée en studio, elle l'a faite en une prise et elle nous a tous soufflés. » Elle en plaisante aujourd'hui, mais à l'époque elle n'était pas zen du tout : « J'arrive en studio, j'ai mes règles, j'ai mal au ventre, je prends un café noir avec deux sucres et ma voix n'est pas prête. J'étais furieuse. Je ne me sentais pas bien. Pas grave, c'est une maquette. On m'a raconté le film et je suis émue, je trouve l'histoire belle. Mais James Cameron ne veut pas de chanson dans son film, donc ça part mal. Puis James Horner m'explique de quoi parle le film et me dit juste de le faire. « Pensez à ça et faites-le ». Je lui ai répondu de façon un peu sarcastique : « D'accord, merci. Merci beaucoup. » Quand je l'ai enregistrée, je ne pensais pas au film, je ne pensais pas à la radio. J'ai pensé : « Chante la chanson, puis sors de là ! » Le texte, sur

1. Chanson.
2. 22 mai 1997.

deux pages, est placé devant elle sur un chevalet. Le micro est testé. Ses doigts pianotent sur les pages. L'ingénieur du son envoie la piste... « Je chante la chanson une fois, relate-t-elle, et ils disent qu'ils vont bâtir une orchestration autour de ça. Le monde braille en studio : "Ça va être beau !" J'ai fait de mon mieux, je ne voulais pas détruire la chanson, j'ai quand même un peu de fierté… James Horner a dit qu'il la ferait entendre à James Cameron sans lui dire qui chantait. Good luck ! » Très disciplinée quand elle enregistre, Céline ne prend pas de caféine, car cela provoque un vibrato dans la voix. Mais, là, elle voulait en quelque sorte saboter son interprétation, alors, en douce, elle avala ce fameux cappuccino. « Prendre un café crée un léger dessèchement des cordes vocales, explique un spécialiste, mais, là, elle était tellement décontractée, que tout est parti tout seul. Elle a chanté avec l'intuition et ça a marché. » René, derrière la vitre du studio, a compris. C'est parfait. Il n'y aura pas d'autre enregistrement.

James Horner mixe et fait écouter à James Cameron lors d'une projection. Lui, non plus, ne voulait pas de cette chanson, pourtant il admet qu'elle donne de la résonance à son film. La rébellion de Céline a généré l'un de ses plus gros succès ! Sorti en salle, le 19 décembre 1997, le film devient, en l'espace de quelques mois, le film le plus lucratif de tous les temps. Le single est l'un des plus vendus de toute l'histoire du disque avec 18 millions d'exemplaires écoulés. John Delp fait observer : « Quand le film est sorti, la chanson s'est hissée au sommet des palmarès. Pour qu'une chanson marche aussi fort, il faut que le film ait beaucoup de succès. Mais l'une des clés du succès du film, c'est son thème musical qui est présent d'un bout à l'autre, on ne peut y échapper. Donc, quand Céline le chante à la fin, c'est énorme. »

Les superlatifs s'enchaînent. Céline déplore la corvée à venir... chanter et rechanter à n'en plus finir ce morceau pour le public. La suite donne raison à René. Elle mesure l'ampleur du phénomène lors de la soirée des Oscars[1]. Madonna est chargée d'annoncer le gagnant de la catégorie « Meilleure chanson originale ». Elle décachette l'enveloppe, ricane, esquisse un sourire moqueur : « What a shocker ! » (Quelle surprise !) *My Heart Will Go On* est vainqueur. Pas du tout fair-play, la madone. Cette pique s'adresse-t-elle à l'interprète ou à l'auteur du titre ? N'en déplaise à mademoiselle Ciccone, le film et sa chanson thème remportent les Oscars du meilleur film, du meilleur réalisateur, de la meilleure direction artistique, des meilleurs costumes, de la meilleure photographie, du meilleur mixage de son, du meilleur montage de son, des meilleurs effets visuels, de la meilleure musique de film et de la meilleure chanson originale. Céline joue le jeu. Vêtue d'une robe longue bleu foncé avec un col montant, du designer Michael Kors, mettant en valeur un collier d'Asprey & Garrard d'une valeur inestimable, inspiré du cœur de l'océan du film *Titanic*, elle livre une interprétation magistrale. « Il y avait un orchestre tout de blanc vêtu et je m'étais fait faire une robe à collet haut, manches longues, très ajustée, j'avais les cheveux attachés, c'était très classy. Je portais le collier Le cœur de l'océan d'Asprey & Garrard qui valait 20 millions ou 200 millions, je ne m'en rappelle même plus. » Le stress monte. « C'était assez impressionnant de chanter cette chanson aux Oscars. J'ai commencé à sentir à ce moment-là que *My Heart Will Go On* ferait partie du reste de ma vie. » Elle fait appel à toutes ses forces : « J'avais à mon cou un gros cœur et en chantant avec l'émotion, je me suis énervée, j'ai donné un coup sur le cœur et il a failli partir. Je me suis dit, si le cœur tombe à terre, n'importe qui de fou peut sauter dessus. Je me suis fait mal parce qu'il était assez gros, plein de diamants. J'espérais qu'il ne soit pas cassé, il fallait que je continue à chanter ma chanson, le cœur est resté bien accroché ! J'avais un paquet de gardes du corps et je pensais qu'ils étaient là pour moi, mais c'était pour le collier », plaisante-t-elle. Elle fait amende honorable,

1. 23 mars 1998.

et admet : « Je suis très reconnaissante envers René de m'avoir convaincue de chanter cette chanson. J'ai commencé à sentir à ce moment-là que *My Heart Will Go On* ferait partie du reste de ma vie. » Elle recevra aussi un Golden Globe, et quatre Grammy Awards. Le titre est depuis un classique de son répertoire dans tous ses spectacles. Elle s'en réjouit : « Quand, dans ton répertoire, t'as un classique, t'es pas mal chanceux. [...] James Cameron, quand on se voit, on n'a pas grand-chose à se dire : il ne me voulait pas, et moi, je ne le voulais pas non plus. Donc, on se félicite d'avoir écouté James Horner et René. Ces deux gars-là doivent regarder en bas et se dire : « Hey, la petite, elle a bien fait de nous faire confiance. »

John Delp exprime sa satisfaction : « Aux États-Unis, on vendait 1 million de disques par semaine, 500 000 de chaque album, *Let's Talk About Love* et la bande originale de *Titanic*. Je sais que, dans le monde, il s'est vendu plus de 30 millions d'exemplaires de chacun des albums. Soixante millions de personnes ont donc acheté cette chanson, c'est assez phénoménal. » Paul Farberman abonde en son sens : « Tu peux prendre toutes les plus grandes voix, mais personne ne peut la chanter comme elle. De toute façon, on a tellement entendu cette chanson que c'est sa voix qu'on a toujours en tête. Parfois, on me demande ce que je fais dans la vie et quand je parle de Céline Dion, il arrive qu'ailleurs dans le monde, on ne connaisse pas son nom. Mais quand j'ajoute *Titanic* et *My Heart Will Go On*, tout le monde connaît ça. »

Céline évoque avec humour son « ras-le-bol », elle emboîte le pas à Kate Winslet, la vedette du film, qui se plaint de ce que *My Heart Will Go On* lui donne envie de vomir tellement cette chanson s'attache à elle. « Kate n'est tellement plus capable que ça lui donne mal au cœur. Une chance qu'elle n'ait pas eu à la chanter. Parfois, honnêtement, je me dis qu'elle ne s'appelle plus *Titanic*, mais Titannée. On est-ti tannés là ? Mais quand le monde est debout, t'es pas vraiment Titannée. Tous les soirs quand la toune part, je ne pense même plus que ça fait 3 millions de fois que je la chante. La réaction du monde est instantanée, les visages changent, les larmes coulent, les gens se rapprochent, se font des câlins, se tiennent la main. Le bonheur. »

*My Heart Will Go On* est l'un des morceaux incontournables de chacun de ses spectacles. Elle sait combien son public tient à cette communion. « On l'a placé au début du spectacle, au milieu, mais quand la chanson se termine, les gens s'en vont, ils pensent que le show est fini. René avait raison, encore une fois, et on l'a remise à la fin. Les DJ les plus populaires au monde jouent *My Heart Will Go On* dans les discothèques, c'est quand même pas moi qui veux ça. »

# 6

*« La sagesse suprême est d'avoir des rêves assez grands pour ne pas les perdre du regard tandis qu'on les poursuit. »*

WILLIAM FAULKNER.

Vingt-cinq kilomètres relient Rosemère à Terrebonne où Céline et René achètent le golf, *Le Mirage*, un complexe de 36 trous. Charlemagne est à une quinzaine de kilomètres. Nous sommes dans la région des Basses-Laurentides, comté des Moulins, à une demi-heure du centre-ville de Montréal. Bordé par la rivière des Mille Îles au sud et par le plateau laurentien au nord, Terrebonne est un territoire préservé, riche d'un patrimoine unique. Mon guide est intarissable. Le village se transforma en ville vers 1860 et doit son origine aux Français. Les titres de propriété de la Seigneurie de Terrebonne furent remis au citoyen français, André Daulier-Deslandes, secrétaire général de la Compagnie des Indes occidentales qui ne vint jamais sur ses terres [1673]. Joseph Masson, premier millionnaire canadien-français, acquit la seigneurie de Terrebonne en 1832, développa l'activité commerciale et industrielle. Jadis, les Abénakis appelaient la rivière « Makigôtekw » (la rivière au Râteau). J'ai compris pourquoi Céline est si attachée à ce coin de terre, à quelques minutes de trajet de l'île de Montréal et de Laval. La nature y occupe une place primordiale. On profite au quotidien de l'environnement exceptionnel, un espace naturel de 650 hectares en plein cœur de la ville. La faune et la flore sont protégées. En parcourant les sentiers pédestres, on a la chance d'observer des espèces vulnérables ou menacées, tels l'érable noir, l'orme liège, le cerf de Virginie.

René ne tarde pas à lancer de grands travaux d'aménagement au Mirage. « Il parlait d'y construire une maison où nous passerions nos vieux jours », dit Céline, qui a une véritable passion pour ce sport qu'elle pratique avec un handicap de 17. Leur voiturette porte le numéro cinq, bien sûr ! De retour de tournée, elle prend des cours, se met à pratiquer de façon intensive. « Tous les jours, beau temps, mauvais temps », suggère René, aux anges. Depuis des années, il souhaitait la convertir à cette « véritable religion pour lui ». « Le golf, c'est fait pour toi, insistait-il. Tu as tout ce qu'il faut. Tu es grande[1] et souple, tu as un excellent pouvoir de concentration, beaucoup de discipline. En plus c'est un sport propre. » Et, cerise sur le sundae : « Tu passes ton temps dans des jardins bien aménagés, il y a du soleil, de l'eau, tout ce que tu aimes. » Comment résister aux arguments de René ? « Le golf, c'est plus qu'un sport, c'est une manière de vivre, une discipline qui exige beaucoup de détermination et de rigueur, assure-t-elle. C'est une constante recherche de la perfection, de l'équilibre, une réflexion sur le bonheur. Avant tout c'est une étude de soi. Comme le chant, la musique, comme n'importe quel art, n'importe quel métier pratiqué avec sérieux et passion. »

Parmi les 550 membres du club, Sylvester Stallone, Englebert Humperdinck, Bruce Willis, Samuel L. Jackson, Bon Jovi, Oscar de la Hoya, Sidney Crosby, pratiquent au Mirage. Muhammed Ali est aussi reçu au club par Céline et René lors d'un dîner privé. René débordait d'admiration pour lui. Céline, comme lors de leur précédente invitation, le nourrit elle-même avec une cuillère, car il ne pouvait se servir de ses couverts. Le triple champion du monde des lourds luttait vaillamment contre la maladie de Parkinson, mais le combat semblait perdu d'avance.

1. Céline mesure 1,71 m.

Son horizon est tout autre lorsqu'elle débarque à New York. Gigantisme, verticalité, démesure. Des buildings qui chatouillent les nuages, Financial District, Time Square... Elle franchit les portes d'un studio pour l'enregistrement du duo *I Hate You Then I Love You* avec Luciano Pavarotti. Une adaptation de la version originale italienne *Grande, Grande, Grande* chantée par Mina Mazzini. « Avec Pavarotti, commente Céline, j'allais entrer dans un tout autre univers. Il déplace énormément d'air. L'atmosphère a été, dès le départ, très détendue. Pourtant, nous avons tâtonné un long moment avant de trouver le ton juste. Luciano a chanté sa partie, puis, moi, la mienne. Le résultat était correct, mais n'avait rien d'étonnant. Nous avons fait le contraire. J'ai chanté. Il a mêlé sa voix à la mienne. Même chose. C'était bien. Banal. Depuis le début, je ne pensais qu'à une chose : "J'aimerais qu'on essaie ensemble." Il m'a prise par la main, nous sommes entrés dans le grand studio et nous avons chanté, les yeux dans les yeux. » Face à face, devant leurs pupitres, Céline entonne : *« I'd like to run away from you but if I were to leave you I would die... »* Le Ténor lui répond : *« No matter what you do you drive me crazy I'd rather be alone... »* L'alchimie opère. « Chanter en duo, c'est très intime et troublant, note Céline. C'est un jeu très grave, comme celui des comédiens dans les scènes d'amour. J'adore ça. » Quelques jours après, Luciano Pavarotti invite le couple à dîner dans son appartement new-yorkais. « Il avait lui-même préparé les antipasti, les pâtes, le veau... se souvient-elle. Entre René et lui, ça a été une véritable joute. Ils ont parlé bouffe pendant des heures. Pavarotti voyage avec son huile d'olive, ses fromages, ses vins. À New York, à Modène ou à Rome, il fait lui-même son marché, il choisit ses viandes, ses fruits, etc. René était émerveillé. »

Mars à Paris a un goût de paradis. Les défilés de haute couture Chanel et Dior la ravissent entre deux enregistrements au Studio Méga de Suresnes. Erick Benzi, entre 21 heures et 1 heure du matin, supervise les prises pour le nouvel album de douze chansons concoctées par Jean-Jacques Goldman. Ils travaillent intensément, partagent ces moments si particuliers de création, recherchent la perfection, toujours plus loin, plus haut, plus fort... Jean-Jacques Goldman l'a merveilleusement habillée de mots et de notes de musique. Il fait chanter le verbe, exister les émotions, vibrer les sentiments. Il a mis ses mots dans les siens, ceux de l'âme sœur, ceux de celui qui devine avant que l'autre ne parle, qui comprend les silences... L'émission *Spéciale Céline Dion*[1], animée par Jean-Pierre Foucault, lui est consacrée sur la chaîne TF1. Maurane, Florent Pagny interprètent avec elle ses succès. Elle a la surprise de voir ses parents venus du Québec aux frais de TF1. Libération[2] se fend d'un article au vitriol : « Quelle idée se font TF1 et son thuriféraire, Jean-Pierre Foucault, de la vedette populaire ? Très simple : une voix singeant l'adolescence débile martelant en boucle, pendant toute la journée, "grande soirée Céline Dion sur TF1", "star planétaire", "Jean-Pierre en est tout ému", "invitée d'honneur de TF1". Infantilisation sentimentale, communion cathodique sous les espèces de l'effusion organisée et des amabilités calibrées. Quatre heures en deux émissions. On n'échappera donc pas à *My Heart Will Go On*, [...] scie des boutiques de parapharmacie et de lingerie, sur fond d'images du Titanic et de Leonardo "Bifidus" Di Caprio bondissant vers son destin aquatique. Décor dégoulinant comme il se doit, public anonyme et enthousiaste, jamais filmé, pas un seul visage n'émergeant du halo de la communauté des croyants, dispensant ses standings ovations avant même que la chanteuse ne s'empare du micro. Céline Dion, à l'aune de TF1, c'est du respectable : elle a chanté pour le pape, pour Bill Clinton, pour les JO d'Atlanta, pour les Oscars. Ses divisions ? 26 millions de disques pour *Falling Into You* ; 17 millions, pour *Let's Talk About Love*. C'est aussi, bien sûr, l'accent canadien, qui ravit l'Hexagone, et une tendance à brailler propre aux chanteurs de son pays [...]. Céline bat des mains, roule des regards interloqués sur des images d'archives

1. 11 avril 1998.
2. Jean-Luc Allouche, *Libération*, 13 avril 1998.

de ses débuts, frémit des cils, croise les doigts sur son cœur, palpite, pendant que Jean-Pierre Foucault, blazer bleu électrique de vendeur de moquettes, s'éclate les pommettes à force de sourires engageants et grasseye ses gracieusetés de bateleur comme en débitaient, dans les années 60, porte d'Italie, les vendeurs de "parures" de stylos. [...] Foucault célèbre les vertus stables de l'émotion, la mise en scène de la gentillesse. L'amour est là, amniotique, "je t'aime, je t'adore, vraiment, sincèrement", "c'est beau, ta chanson", "tu la chantes vraiment bien", "écouter les autres, c'est important", "quand je t'entends, je souffre, mais c'est très bon, comme en amour". D'ailleurs, Céline veut incarner Édith Piaf à l'écran, c'est dire son bon fond. [...] L'épisode familialiste popote ne nous est pas épargné : papa Adhémar et maman Thérèse accourus aux frais de TF1 du Québec : c'est la surprise annoncée à grands roulements d'yeux Banania par Foucault. On aimerait succomber à cette débauche de bonne volonté, céder à la faiblesse d'un armistice avec l'Audimat. Il y a de la noce de parents éloignés à laquelle on s'est rendu, un peu par lâcheté, un peu par voyeurisme, un peu par scrupule. Mièvre du samedi soir, goût de mauvais mousseux, agaçant, avec un rien d'attendrissement sur soi. TF1 a un sens aigu de la fête. »

Une façon différente de mettre en scène les bons sentiments l'attend. Aretha Franklin, « la Reine de la Soul », née à Memphis, Tennessee, n'a jamais oublié d'où elle venait, son parcours difficile. Elle donna naissance à son premier enfant à l'âge de 13 ans, le Gospel et le piano lui permirent d'échapper au pire. Elle offre des concerts pour les œuvres caritatives, en particulier celles en faveur des enfants. Le concert *Divas Live,* au profit de la fondation VH1 Sav, en avril 1998, la réunit sur la scène du Beacon Theater de New York, à Céline, Mariah Carey, Gloria Estefan et Shania Twain. À la fin, les cinq divas chantent ensemble *You've Got a Friend, You Make Me Feel Like a Natural Woman* et *Testimony.* Céline et Aretha improvisent sur *Testimony* pour un final d'anthologie. Excellent souvenir : « J'ai eu le privilège de chanter avec Aretha... Assurément un des grands moments de ma carrière », déclarera-t-elle, en août 2018, en apprenant le décès d'Aretha. Mariah Carey[1], au contraire, se montre vindicative dans ses mémoires, sans jamais la nommer directement, elle accuse Céline d'avoir manqué de respect envers Aretha : « Chacune d'entre nous connaissait sa partie, mais nous savions toutes que c'était la chanson d'Aretha. En fait, presque toutes. Écoutez, si Aretha décide d'improviser pendant une partie, c'est son droit à titre de reine, mais ce n'est pas pour nous mettre au défi. L'une des divas n'a pas compris la subtilité et s'est mise à légèrement provoquer la reine pendant la chanson. Je n'aurais jamais fait quelque chose comme ça. » Elle remarque que pendant l'interprétation du gospel *Testimony*, Céline répond aux envolées vocales d'Aretha. « À mon humble avis, la diva en question était déjà allée trop loin et essayait maintenant d'enterrer Aretha. Ça s'est vraiment produit. Je n'arrivais pas à croire que quelqu'un ose tenter de voler la vedette à Aretha durant son hommage. Le tout, en chantant à propos de Jésus. C'était peut-être à cause du fossé culturel entre les deux, mais ça m'est apparu comme un moment de pure folie, et je n'avais pas envie d'en faire partie. » Pour Mariah Carey, il « s'agit d'un blasphème ». Carole King, dans une entrevue télévisée au réseau A&E, évoqua cette soirée en rappelant qu'Aretha avait continué de chanter durant la portion de Céline. « J'ai adoré l'attitude de Céline. Elle a du chien. Elle ne s'est pas laissée faire et s'est dressée devant Aretha. J'admire la manière dont elle a géré la situation. Avec beaucoup de classe. » Les points de vue divergent d'une diva à l'autre...

René veille à protéger sa vedette des coups de dents, des égratignures et des clabauderies. Il épluche la presse. « Elle ne lit jamais les journaux, dit son manager. Elle n'a pas besoin de lire les critiques pour savoir ce qui est bon ou mauvais dans sa musique. » Le respect de ses fans est essentiel aux

1. Mariah Carey, *The Meaning of Mariah Carey*, éditions Henry Holt.

yeux de Céline : « L'avis des gens m'importe. Je partage ma vie avec le public. Je n'aime pas qu'on lui donne de fausses impressions sur moi. Parfois la presse exagère, vraiment. Je sais qui je suis et je n'ai pas besoin de lire des articles pour l'apprendre[1]. » Lorsqu'elle voit un article la concernant, elle regarde juste la photo et fait ses commentaires : « La photo est bien » ou « Pourquoi ont-ils choisi ce cliché. Il est moche. » Si au début de sa carrière cela la peinait, elle est depuis devenue philosophe : « On peut chercher, bien sûr, à satisfaire tout le monde, mais il faut savoir qu'on n'y arrivera jamais. S'il y a des gens qui n'aiment pas mes chansons, le seul conseil que je peux leur donner, c'est de ne pas les écouter. » N'en déplaise à Mariah Carey, déjà désignée Chevalier de l'Ordre des arts et des lettres, en 1996, Céline est nommée officier de l'Ordre national du Québec, le 30 avril 1998, lors d'une cérémonie tenue au Salon rouge, à l'Hôtel du Parlement de la ville de Québec. « Mme Céline Dion, déclare le Premier ministre Lucien Bouchard, vous avez 30 ans tout juste, Mme Dion, que déjà votre talent et votre incomparable voix vous ont hissée aux sommets internationaux de la chanson. Ici et dans le monde, vous êtes la Québécoise la plus connue et la plus admirée de notre histoire. C'est d'autant plus heureux que, partout où vous allez, vous donnez du Québec l'image très juste de la simplicité et de la convivialité. Vous donnez aussi l'image de la créativité et du professionnalisme qui nous caractérise aujourd'hui comme jamais auparavant. Vous êtes ainsi notre plus grande ambassadrice. » Le lendemain, la chanteuse qui « pour toute la population canadienne » est « un exemple de dynamisme et de détermination » est décorée de l'Ordre du Canada, à Ottawa. L'artiste reçoit la médaille de la Ville de Québec des mains du maire Régis Labeaume et le médaillon commémoratif du 400e anniversaire de Québec « en raison de son attachement à la ville [...] et à la population qui l'a toujours appuyée ». Cette extraordinaire ambassadrice du Canada devient Compagnon

1. *Figaro Magazine*, 15 novembre 1997.

de l'Ordre du Canada, le 26 juillet 2013. C'est la plus haute distinction civile canadienne pour laquelle elle avait été nommée en 2008 par le gouverneur général David Johnston. La cérémonie se déroula à la Citadelle de Québec. Le Gouverneur général du Canada célébra : « ses qualités de cœur [...] une représentante des valeurs chères à notre pays. Sa voix unique, son énergie communicative et sa grande sensibilité lui donnent une présence exceptionnelle sur scène et séduisent des fans aux quatre coins de la planète. [...] Cette artiste incomparable se distingue également par sa compassion, sa générosité et son engagement envers de multiples causes sociales et humanitaires. » René Angélil reçut l'insigne de Membre de l'Ordre du Canada. Répondant aux journalistes, elle affirme : « Pour moi, l'honneur que je reçois aujourd'hui n'a pas de rapport avec la politique. Les gouvernements, c'est vous, c'est René, c'est moi qui les élisons. Ils représentent le peuple. Cet honneur, quant à moi, me vient donc du public et c'est un grand plaisir de l'accepter. »

Céline rejoint Luciano Pavarotti, à Modène dans la ville qui l'a vu naître en 1935, afin d'apporter sa contribution au concert de charité qu'il organise, Pavarotti & Friends for the Children of Liberia benefit[1]. Dirigé par Spike Lee, il réunit Stevie Wonder, Jon Bon Jovi, Natalie Cole, The Corrs, Trisha Yearwood, Les Spice Girls. Aux côtés de Luciano Pavarotti, Céline interprète *I Hate You Then I Love You.* Accompagnée à la flûte par Andrea Corrs du groupe The Corrs, elle chante *My Heart Will Go On.* « Tout ce que l'on fait pour les enfants est très important, ainsi je pense que nous devons tous faire quelque chose, justifie-t-elle. Pour moi c'est tout simplement normal de se prendre main dans la main et d'aller à la rencontre du monde. Si nous pouvons faire cela à travers la musique, c'est tout simplement merveilleux. C'est pourquoi chanter avec Luciano Pavarotti ce soir sera une expérience incroyable. » Pavarotti raconte : « Lorsque j'avais rencontré Céline au cabinet médical de notre

1. 9 juin 1998.

ORL. Le docteur m'avait dit : "Cette fille est déjà merveilleuse et elle deviendra très célèbre." Et nous voilà aujourd'hui. Céline est très belle et est une magnifique chanteuse. » Le concert est diffusé sur la BBC et PBS puis un album est édité.

Enfin, ils prennent possession de leur maison à Jupiter, en Floride[1]. Ils l'inaugurent à minuit et cinq minutes. La date est favorable selon René. Elle n'est pas choisie au hasard. C'est le bon jour : « Vingt-huit, c'est deux plus huit qui font dix. Dix divisé par deux, puisque nous sommes deux, cela donne cinq. Notre chiffre porte-bonheur. » Céline a décidé de tout, a choisi elle-même les plans, la conception, la décoration à partir de la somme de documents qu'elle avait amoncelés depuis des années. René lui a laissé carte blanche. Il s'occupe du business. Leur cocon, le foyer qui accueillera leur enfant, c'est sa partie à elle. Depuis Jupiter, en empruntant sur une quinzaine de kilomètres Beach Road, un petit chemin à deux voies, on parvient à Jupiter Island. C'est là, à deux heures au sud-est d'Orlando et à une heure au nord de Miami, dans le comté de Palm Beach, qu'ils ont acheté un terrain en 1995. Elle s'en souvient : « Malgré le peu d'intérêt de René, nous avions acheté un grand terrain, à Jupiter, au nord de Palm Beach, le long d'un canal qui donne sur la mer. Il n'y avait rien, que des herbes et des broussailles. De chaque côté, un château, avec, derrière, un quai où était amarré un yacht de vingt mètres. » La maison rêvée et imaginée par Céline verra le jour face à leur plage privée de cent mètres de long en bord de mer. Céline expose ses vues aux architectes, étudie les plans. Elle veut pouvoir accueillir sa famille. Il y aura des chambres, des salles de bains, des salles à manger, une salle de cinéma, une pièce pour l'atelier de couture de Thérèse et de la tante Jeanne, une immense cuisine, un grand bureau pour René et une salle de jeu conçue comme celles du Caesars Palace de Las Vegas, les

1. 28 juillet 1998.

logements du personnel. Sans oublier une piscine, de grandes vérandas, des balcons, des coupoles sur les toits.

« À minuit cinq, raconte Céline, nous avons frappé cinq coups à la porte principale. [...] Des centaines de chandelles éclairaient chacune des pièces de la maison. Puis, nous avons entendu des violons […]. Nous avons pleuré tous les deux. [...] Même si René ne s'était jamais vraiment intéressé à cette maison, il y retrouvait des objets familiers lui rappelant Las Vegas ou nos anciennes demeures. Et bien sûr, pour ce maniaque de la télé, pas moins de trente-trois téléviseurs, en plus de la grande salle de cinéma. […] Presque toutes les pièces de la maison sont tournées vers le patio, à l'abri des regards indiscrets. C'est une sorte d'immense salon à ciel ouvert, avec plein de recoins, un coin anglais, un coin chinois, des petits jardins, une grande piscine au fond de laquelle on peut voir nos initiales enlacées. » Ils n'en finissent pas de s'extasier. « Jusqu'à l'aube, j'ai marché d'une pièce à l'autre comme en rêve. […] Pour moi, il ne s'agissait pas simplement de la prise de possession d'une maison où nous allions habiter. C'était réellement une conquête. […] J'allais enfin être chez moi, dans une maison qui me ressemblait et dont je serais la maîtresse. » Jupiter Island représente un refuge infiniment fantasmé avec la mer pour bercer ses amours et ses futurs enfants. Il est convenu que sa sœur Linda, secondée par trois employés, assurera le fonctionnement de la demeure lorsque Céline sera à l'étranger. Son mari, Alain, sera chef de cuisine.

Céline se remémore souvent les spécialités typiquement québécoises servies par sa mère à la table familiale et au Vieux Baril. Son pâté chinois[1], pommes de terre et viande hachées, mélangées à du maïs en grains, est le meilleur qu'elle connaisse. « Elle le préparait toujours avec du blé d'Inde en crème, mettait un bon morceau de beurre dans les patates, et faisait rôtir du bœuf haché mi-maigre avec de l'oignon, explique Claudette Dion. À la gang qu'on était, il fallait que

1. Hachis parmentier.

ce soit le plus basique possible. » Comment résister aux petits pâtés à la viande, aux six-pâtes de Maman Dion ? La tarte au sucre d'érable, et le pudding-au-chômeur fait de pain, servi avec du caramel chaud et d'une boule de crème glacée, sont ses gourmandises. Céline adore le chocolat et la junk food[1], mais aussi la cuisine française. Elle ne refuse pas, les jours de repos, une coupe de son champagne préféré le Cristal. René adore la cuisine libanaise. Il a pour habitude de faire découvrir à ses invités les sfihas, falafel, babaganoush, homos, shawarma... Il est fou de sushis et sashimis. À leur table, toutes les cuisines du monde ont leur place : carré de porc confit, hot-dog, purée de pois cassé, poutine, potage de légumes, macaronis à la tomate, quiche lorraine, sabayon, salade de fruits frais... Ils mangent de tout, sauf des abats ! Céline reste très traditionnelle pour le petit déjeuner. Un café et un croissant lui suffisent. Afin d'accueillir davantage de membres de leur famille, en 2010, elle fera aménager deux maisons d'hôtes pour leurs invités, avec neuf chambres et six salles de bains, mais aussi un parc aquatique composé d'une grande piscine en boucle, d'un canal et d'une glissade d'eau. Le domaine comporte 13 chambres, 14 salles de bains, plusieurs piscines, lorsqu'il est mis en vente, en 2013, pour 72,5 millions de dollars.

À peine le temps de poser un œil sur les recoins de sa nouvelle demeure qu'il faut repartir du mois d'août 1998 à décembre 1999. Les stades des capitales et grandes villes attendent Let's Talk About Love World Tour. Elle donnera plus de 90 représentations en Asie, en Europe et en Amérique. Elle assure la promotion de l'album anglophone *Let's Talk About Love*, mais également de l'album francophone *S'il suffisait d'aimer*. La tournée débute à Boston, au Fleet Center, le 21 août 1998, sur une scène immense en forme de cœur de deux cents mètres carrés qui forme un plancher lumineux. Sur quatre côtés, des écrans géants sont suspendus afin de projeter

1. Hot-dogs, chips.

des images du show, les visages des Bee Gees et de Barbra Streisand. Cinq minutes avant le début du spectacle, enfermée dans une malle roulante, elle sera conduite sous la scène où se trouvent les coulisses ! C'est absolument fou. René réunit tout le monde et annonce : « À l'heure actuelle, trente-deux heures avant la première, on a pas de show. On a un plan de show, on a un rêve de show, un chantier de show, gros comme l'Empire State Building. Mais on a pas dépassé le septième étage. » Les techniciens, les électroniciens, les ingénieurs passent la nuit au Fleet Center pour s'assurer que tout soit raccord. Céline n'est plus sûre de rien. Elle est paralysée par le trac. Fini les coupes courtes, elle a laissé pousser ses cheveux et porte des extensions afin d'avoir une crinière plus imposante, longue et bouclée du plus bel effet. Elle regrette de s'être fait poser des extensions : « J'avais des kilos de cheveux très bouclés sur la tête. Je n'étais pas du tout sûre de mon look, que je trouvais tantôt magnifique, tantôt ridicule. » Le spectacle est exigeant, la scène est immense, il faut l'occuper durant deux heures... Elle réussit le challenge. Le public est épaté par la façon très originale dont elle présente ses musiciens et choristes, en imitant vocalement leurs instruments, saxo, guitare électrique. André Coutu à la guitare, Yves Frulla aux claviers, Marc Langis à la basse, Dominic Messier à la batterie, Paul Picard aux percussions, Claude « Mego » Lemay, son chef d'orchestre, au piano, les choristes Terry Bradford, Élise Duquay et Julie LeBlanc. À l'issue du show, Céline et René donnent une conférence de presse lors de laquelle est remis à Céline un trophée en forme de cœur, commémorant le nombre incroyable de places vendues pour ses concerts.

— Boston est un porte-bonheur pour moi, j'ai toujours commencé mes tournées américaines par Boston, précise-t-elle.

Elle souligne le travail que représente la mise en place d'un nouveau spectacle : ça demande beaucoup d'énergie, faut être en forme.

— Vous êtes contente du résultat ?

— Il y a eu des erreurs, c'est un premier show, on est juste là pour s'améliorer, c'est une belle expérience pour nous autres. On est super contents, mais je pense qu'on va pouvoir fignoler, puis raffiner tout ça dans les prochains shows.

— Êtes-vous nerveuse, stressée ?

— Je me mets de la pression supplémentaire parce que les gens achètent ma musique, j'ai eu la chance de rentrer dans leur vie personnelle, les gens chantent mes chansons, je peux pas les laisser tomber, il faut que je donne un show à la hauteur de la situation.

— Peut-on s'attendre à des surprises ?

— On a inclus de nouvelles chansons, écrites par Jean-Jacques Goldman, pour un album qui sortira en septembre. René et moi, on est bien nerveux, on veut que le show soit bon, on travaille fort, puis ce soir c'est une grande première pour nous.

— On est contents, tout le monde a donné 100 %, intervient René. Puis l'important, c'est que le public ait aimé ça. C'est ça, le plus important. C'est sûr que le show est pas parfait, on commence, mais le feeling était bon, c'est ça le plus important.

Comme prévu, *S'il suffisait d'aimer*, l'album, enregistré en février 1998, sort à travers le monde en septembre. La symbiose est telle entre Jean-Jacques Goldman et Céline qu'ils ont enregistré la totalité des chansons en une semaine. Quel est leur secret ? Céline s'assied avec Jean-Jacques. Ils chantent piano ensemble. Elle s'imprègne du texte, de la mélodie. Elle exprime son ressenti. Elle propose sa lecture. Jean-Jacques conseille, nuance. Il valide les ad libs, gomme les fulgurances trop américaines, filtre, allège, lui fait travailler la souplesse, la fluidité. Interrogé, le compositeur ne tarit pas d'éloges : « Je me sens dans la situation d'un auteur-compositeur à qui l'on donne une voix exceptionnelle, que n'importe quel auteur-compositeur souhaite avoir. C'est un rêve, c'est une interprète hors du commun. » Il est admiratif : « Pour moi, elle a deux qualités extraordinaires. Tout d'abord, sa mémoire. Tu répètes avec elle, pour la première fois, une chanson pendant quinze à vingt minutes, et six mois après elle s'en souvient avec des détails que, toi, tu as oubliés. C'est un véritable don. Sa deuxième qualité, c'est que Céline est une musicienne. C'est la première voix avec laquelle je travaille, hommes et femmes confondus, qui propose énormément de choses au niveau musical : elle propose des deuxièmes voix, des mélodies différentes, instinctivement, comme un musicien à qui tu donnes une partie de guitare et qui, tout à coup, commence à partir sur un solo. Elle se sert de sa voix comme d'un instrument, avec une oreille effarante. Avec elle, il est possible de travailler très vite. Parce qu'elle chante bien, parce qu'elle a travaillé en amont. Une chanson peut être enregistrée en trois ou quatre prises seulement. Elle me dit que certains producteurs américains lui font faire jusqu'à dix ou vingt prises de voix. Je ne comprends vraiment pas pourquoi. Moi, j'arrête au bout de trois ou quatre, parce qu'après je ne sais plus quoi choisir : tout est juste, tout est en place, tout est intéressant. » La première chanson diffusée à la radio *Zora Sourit* reçoit un excellent accueil. La cause des femmes lui tient à cœur : « Pour moi, Zora représente non seulement l'Algérie, mais toutes les femmes de tous ces pays qui n'ont pas la chance justement d'être libres et heureuses ». Possède-t-elle un instinct qui détermine ses choix ? Comment sait-elle qu'elle tient un succès avec tel ou tel titre ? Elle répond sans fioritures : « J'aimerais être aussi intelligente. Je ne sais jamais, j'écoute beaucoup de chansons chaque année, surtout quand on prépare un album. Je n'écris pas mes chansons, donc j'ai beaucoup de chance que les auteurs m'envoient de si bonnes chansons. Mais pour moi, un tube, c'est une chanson que j'aime, qui me booste, et que je peux chanter de tout mon cœur... Je ne pense pas à la radio ou aux chiffres. Je n'ai jamais voulu avoir un tube, je voulais avoir une carrière. Et c'est ce que j'ai. Je suis une fille chanceuse. » Leur harmonieuse collaboration, leur complicité sont sans nul doute exceptionnelles. Elle s'en extasie encore aujourd'hui : « Je pense que, Jean-Jacques et moi, on a tout fait ensemble, c'est-à-dire qu'on a parlé de toutes les saisons et de toutes les émotions. » Il dit d'elle : « Elle est d'une extrême sophistication, notamment à travers son goût pour le magasinage, comme elle dit, les beaux vêtements, les coiffures, etc. Et elle peut aussi se montrer d'une rare spontanéité. Cette même qualité qui tient probablement à son statut de dernière-née d'une famille de bûcherons de quatorze enfants. Il m'est arrivé d'aller la voir dans des palaces ou des grands hôtels ; dans sa suite, il y avait cinq ou six personnes de la famille autour de la table en train de hurler de rire et on a l'impression d'être dans une cabane au Canada, quoi. Et ça, c'est ce qui la rend très attachante[1]. » Ces contrastes troublants lui permettent de passer de la femme conquérante, à un être blessé, de la force à la fragilité, de la joie à la douleur la plus intense, de la petite fille candide à l'épouse épanouie. Jean-Jacques Goldman l'explique fort bien avec *On ne change pas* : *« On ne change pas. On met juste les costumes d'autres sur soi. On ne change pas. Une veste ne cache qu'un peu de ce qu'on voit. [...] On ne change pas. On attrape des airs et des poses de combat. [...] On n'oublie jamais. On a toujours un geste qui trahit qui l'on est. Un prince, un valet. Sous la couronne, un regard, une arrogance, un trait d'un prince ou d'un valet. [...] Oh, une petite fille. Une toute petite fille. »*

L'activité tourne vite à plein régime : répétitions, enregistrements, voyages, tournées, les stades du monde entier, la vie entre deux avions, l'argent qui coule à flots après les albums *Falling Into You* et *D'eux*. Céline se trouve propulsée dans les grandes fortunes du show-business. Elle n'en demeure pas moins la petite fille de Charlemagne, joyeuse de promouvoir son cher Québec et ses camarades au gala de l'ADISQ[2], au Centre Molson de Montréal. « Pour l'événement le plus attendu de l'année, c'est à Céline Dion que l'on avait confié l'animation du gala », rapporte Pascal Evans, correspondant à Québec de RFI Musique. « Heureuse d'être de retour en chair

1. 28 septembre 1997, RFM.
2. 1er novembre 1998.

et en os à ce gala qu'elle a, ces dernières années, manqué en raison de son immense succès planétaire, notre Céline nationale a eu droit à une ovation du public et la belle n'a pas déçu. Son arrivée spectaculaire dans une mappemonde descendant du ciel et en interprétant pour la première fois à la télévision la chanson *Terre*, extraite de son nouvel album francophone, a témoigné de la volonté des organisateurs de faire de ce rendez-vous un moment unique. Et il faut bien l'admettre, c'est à Céline que l'on doit le triomphe de ce 20e gala. Même si elle ne doit pas avoir souvent l'occasion de regarder la série humoristique la plus populaire de tous les temps de la télé québécoise *La Petite Vie*, l'histoire d'une famille déstructurée, regardée par plus de 3 millions de téléspectateurs chaque semaine, c'est avec beaucoup de justesse qu'elle a pris la peau de Moman, le personnage principal, réussissant même à fausser sa voix comme une pro, avant de retrouver la sienne, divine, pour terminer son numéro par la chanson thème de la série. » Après la remise des Félix, la vingtième édition s'est terminée « avec faste et avec la voix de la Québécoise du siècle, comme le soulignait [...] Jean-Pierre Ferland [coanimateur avec Céline], qui n'a pas cessé de vanter l'extraordinaire gentillesse de la chanteuse. » Au cours de la conférence de presse qui suit, Céline répond aux questions des journalistes :

— As-tu été surprise de te voir confier l'animation du gala ?

— J'ai été agréablement surprise, même si j'étais un peu nerveuse de le faire, mais, aussitôt que j'ai su que j'avais trois mousquetaires extraordinaires avec moi, je n'étais plus inquiète. Nous étions là surtout pour avoir du plaisir et être ensemble.

— La partie du show la plus difficile ?

— Il n'y a pas eu vraiment de difficulté, sauf, peut-être, lors de mon arrivée dans le globe terrestre, parce qu'il n'est pas descendu comme prévu, bien droit. Il était un peu croche et j'ai eu peur de tomber, sinon tout a été merveilleusement bien.

— Comment se sont déroulées les répétitions ?

— Nous avons répété chacun dans notre coin et nous nous sommes réunis à Cincinnati pour mettre en place les différents éléments. Je ne pouvais pas venir à cause de ma tournée, alors ils sont venus me rejoindre. C'est une belle expérience et je suis heureuse de l'avoir fait. Je crois que nous avons trouvé un bon rythme. Je ne pouvais de toute façon pas présenter le show à moi toute seule. J'ai été bien entourée. On a eu du plaisir[1].

Il faut savoir qu'en l'honneur de la fascination de Céline pour le chiffre cinq, lorsque le Centre Molson, l'immense complexe omnisports et de divertissement de Montréal a été créé, la loge des vedettes portait le numéro 1 sur la porte. Puis, réalisant la passion de Céline pour le chiffre 5, les gérants ont fait changer le numéro de la loge en 5, comme c'est toujours le cas aujourd'hui. Céline nourrit également une superstition concernant le chiffre trois. Par exemple, lorsqu'elle fait tomber quelque chose, elle ne se contente pas de le ramasser. Elle le fait tomber deux fois de plus, qui font trois fois, conformément à l'adage qui annonce « jamais deux sans trois ».

Entre deux répétitions, elle s'est gentiment prêtée à l'exercice du questionnaire de Proust[2].

Quelle est ton idée du bonheur parfait ?

*Aimer et être aimée.*

Quel est ton rêve de bonheur ?

*Avoir un enfant.*

Que considères-tu être le plus grand accomplissement ?

*Être mariée à l'homme que j'aime.*

Que considères-tu être la vertu la plus estimable ?

*La tolérance.*

Quelle personne vivante admires-tu le plus ?

*Ma mère.*

Quelle est ta plus grande extravagance ?

*Mes achats au shopping.*

Qu'aimes-tu le moins dans ton apparence ?

---

1. Extrait et adaptation de l'article *RFI Musique* du 2 novembre 1998.
2. 1998.

*Mon nez.*
Quels mots ou phrases utilises-tu le plus ?
*Great !* (Géant !)
Quels sont tes noms favoris ?
*Mon amour, ma pichounette.*
Quel est ton plus grand regret ?
*J'essaie d'avoir des espoirs plutôt que des regrets.*
Quel serait ton plus grand malheur ?
*Perdre les gens que j'aime.*
Que voudrais-tu être ?
*Une mère.*
Qui est le plus grand amour de ta vie ?
*Mon mari.*
Quand et où as-tu été la plus heureuse ?
*Sûrement le jour de mon mariage.*
Quel est ton voyage favori ?
*Celui qui me garde chez moi.*
Quel est le pays où tu désirerais vivre ?
*Celui d'où je viens.*
Quel est le trésor auquel tu attaches le plus de prix ?
*Ma famille.*
Quel est, selon toi, le plus bas fond de la misère humaine ?
*La souffrance des enfants.*
Quelle est ton occupation favorite ?
*Jouer au golf.*
Quel est ton principal défaut ?
*Je suis susceptible et j'ai mauvais caractère le matin.*
Quel est le principal trait de ton caractère ?
*Le sens de l'humour, j'adore rire ; la ténacité.*
Quelle est la qualité que tu désires chez un homme ?
*La sincérité.*
Quelle est la qualité que tu préfères chez une femme ?
*La générosité.*
Qu'apprécies-tu le plus chez tes amis ?
*La sincérité et l'humour ; le désintéressement.*
Quelle est la couleur que tu préfères ?

*Le noir.*
Quelle est la fleur que tu aimes ?
*Le Gardénia.*
Quel oiseau préfères-tu ?
*Les oiseaux du bonheur.*
Quels sont tes compositeurs préférés ?
*Ceux qui écrivent pour moi, et Mozart, et Chopin, et Bach.*
Quels sont tes peintres favoris ?
*Monet, Sisley.*
Quel est ton héros de fiction favori ?
*Superman.*
Quels sont tes héros dans la vie réelle ?
*Mes parents.*
Que détestes-tu par-dessus tout ?
*La violence.*
Quels sont les caractères que tu méprises le plus ?
*L'hypocrisie.*
Quel don de la nature voudrais-tu avoir ?
*Guérisseur.*
Quel est l'état présent de ton esprit ?
*Amoureux.*
Quelles sont les fautes qui t'inspirent le plus d'indulgence ?
*Les fautes d'orthographe.*
Comment voudrais-tu mourir ?
*Pendant mon sommeil.*
Si tu pouvais choisir en quoi tu te réincarnerais, que serais-tu ?
*Moi-même, encore.*
Quelle est ta devise ?
*All the way !* (Jusqu'au bout !)

L'album de Noël, *These Are Special Times*, comprenant dix cantiques de Noël, sort le 3 novembre 1998. Il s'agit de son premier album de Noël en anglais, enregistré en neuf jours à Miami. Elle y associe sa famille, avec laquelle elle chante *Feliz Navidad* et *Les Cloches du hameau.* Il comprend un duo avec Andrea Boccelli très original. Elle chante en anglais, Andrea

Boccelli lui répond en italien, puis ils reprennent ensemble dans les deux langues. Elle a composé *Don't Save It All for Christmas Day.* « Je n'aurais jamais pensé que je pouvais, parce que je pense qu'écrire est une carrière et chanter en est une autre, confie-t-elle. Mais j'avais plein de mélodies dans ma tête depuis plusieurs années, et je n'arrêtais pas de chanter cette chanson : *How Many People*. J'ai demandé à mes amis : « Vous connaissez cette chanson ? *How Many...* » Ils m'ont répondu comme ça : « Mmm non jamais entendu avant ! » Vous savez, j'ai gardé cette chanson à l'esprit pendant un petit moment et je l'ai chantée à René et il m'a dit :

— C'est une chanson géniale !

— Tu es sûr qu'elle n'existe pas déjà ?

— Non, non, je pense que c'est ta chanson !

Finalement, je l'ai gardée longtemps pour moi et une nuit, nous étions à New York, en fait après la soirée des Divas, et nous allions dîner, on servait du vin, et Ric Wake, le producteur, était là.

— Céline, tu devrais chanter la chanson à Ric. Il peut peut-être t'aider à la finir ! plaide René.

— Je reste scotchée, je n'arrive pas à finir la chanson !

— Tu devrais chanter la chanson à Ric.

— Je ne veux pas...

— Allez, allez, allez !, insiste René.

« Quand j'avais fini mon verre de vin, se souvient Céline, on n'a pas eu à me forcer, j'étais en train de chanter ma chanson ! »

— Viens à la maison et chante ta chanson sur mon répondeur et je travaillerai là-dessus, annonce Ric.

— D'accord.

« Peu de temps après, je l'ai revu et il m'a dit "Tu te rappelles de ta chanson ? J'ai travaillé dessus et je l'ai finie." Et il me l'a jouée et je n'arrivais pas à le croire ! Je suis fière parce que c'est un nouveau monde pour moi, c'est complètement une nouvelle expérience, mais bon, je ne sais pas si j'écrirai un jour à nouveau, ça je ne peux pas le dire. Je suis très heureuse que les gens m'aient aidée à achever un bon sentiment que j'avais avec cette chanson ! Cette chanson encourage les gens à donner de l'amour chaque jour, et pas seulement pour le jour de Noël. »

Oui, Céline compose des chansons. Beaucoup l'ignorent. C'est elle qui imagina le lien entre le refrain et le couplet du premier titre écrit par sa mère *Ce n'était qu'un rêve* (1981).

Une émission spéciale, sur CBS[1], lui est consacrée pour la promotion de son album. Céline chante *Do You Hear What I Hear ?* aux côtés de Rosie O'Donnell et *The Prayer* avec Andrea Boccelli. Elle propose aussi les incontournables *Because You Loved Me, My Heart Will Go On, The Power of Love...*

Elle joue son propre rôle dans un épisode de la série américaine *Touched by an Angel*[2]. La série conte l'histoire d'un ange nommé Monica chargé d'apporter des conseils et des messages de Dieu et de son accompagnatrice Tess. Ils vont de ville en ville pour aider des gens. Ils sont parfois accompagnés par Andrew, l'ange de la mort. Dans l'épisode intitulé « Psalm 151 », Petey, un jeune garçon atteint de la fibrose kystique, sachant que sa mort approche, rédige une liste de tout ce qu'il aimerait réaliser avant le jour fatidique. Il veut, entre autres, permettre à sa meilleure amie Celine de rencontrer son idole, Céline Dion. Accompagnés par l'ange de la mort, les deux enfants sont accueillis dans la loge de Céline avant un spectacle. Touchée, la chanteuse délivre un message plein d'espoir aux deux amis. Elle offre l'un de ses bracelets à Celine, avant de monter sur scène et d'interpréter *Love Can Move Mountains* devant les enfants aux premières loges.

Elle se fait photographier à des milliers de kilomètres de là, sur la pelouse du Stade de France[3] à Saint-Denis et repère les lieux avant d'assister à la comédie musicale *Notre-Dame de Paris*, au Palais des Congrès. Elle y retrouve en coulisses son complice Luc Plamondon et Richard Cocciante. Heureuse

1. 25 novembre 1998.
2. Diffusé le 15 novembre 1998. Saison 5, épisode 9.
3. 16 novembre 1998.

de revoir Michel Drucker, elle se rend à son invitation sur le plateau de *Tapis Rouge,* émission de variétés dont elle est la vedette, où Jean-Jacques Goldman l'attend. Elle est de retour au Centre Molson, à Montréal, pour le premier des sept spectacles à guichets fermés qu'elle donnera devant 25 000 spectateurs[1]. Carole King, durant le show, lui remet, en direct, six Billboard Music Awards, présentés virtuellement via satellite par Bette Midler depuis le MGM Grand Hotel Monday night, à Las Vegas. « C'est incroyable ! C'est un merveilleux cadeau de Noël. Merci, merci beaucoup », remercie-t-elle avant d'interpréter avec Carole la chanson qu'elle lui a écrite, *The Reason.* La hotte du père Noël contient encore un beau présent. Après le concert, lors de la conférence de presse, en présence de son mari et du président de Sony France, Paul René Albertini, elle reçoit un disque de diamant pour l'album *S'il Suffisait d'Aimer.*

Au Pasadena Civic Auditorium, à Pasadena, lors de la 25e cérémonie des People's Choice Awards[2], elle est élue chanteuse de l'année. Le jour suivant, elle remporte deux American Music Awards, dans les catégories « Preferred Pop/Rock Singer » et « Preferred Contemporary Adult Artist ». Ces cadeaux viennent s'ajouter à celui que Céline et René se sont offert : une île de plusieurs hectares, sur la rivière des Mille-Îles, à dix minutes des terrains de golf de Terrebonne. « Il y a des lièvres, des chevreuils, beaucoup de verdure, et, tout autour, la rivière, tranquille », s'extasie Céline. « J'ai toujours besoin d'être entourée d'eau. » Ils souhaitent bâtir une demeure « Une maison de pierre grise, très solide, très lourde, avec des boiseries, des tapis, des fourrures, de grandes cheminées, des couleurs très chaudes, une immense serre où j'irais tous les jours soigner mes plantes... » imagine-t-elle. Sa carrière s'envole, les succès abondent, le bonheur est à son apogée. Lors des Grammy Awards, en février, trophée en main, plus que la chan-

1. 7 décembre 1998.
2. 10 janvier 1999.

teuse consacrée, la femme amoureuse s'adresse à son pygmalion : « René, mon amour, je veux te dire merci de prendre soin de mon cœur. Tout le monde s'occupe de ma carrière, les producteurs, les auteurs-compositeurs. Tout le monde. Merci de prendre soin de mon cœur, c'est ça, le plus important. Je suis si heureuse. Merci à ma famille ! Merci. » Entre le 25 janvier et le 3 février, elle poursuit la tournée *Let's Talk About Love* en Asie. Elle se produit à Hong Kong, puis dans trois villes au Japon, où elle donne cinq concerts. Les shows reprennent en Amérique du Nord dans seize états et les apparitions spéciales, au *Centre Air Canada* à Toronto, à Montréal et à Québec. Le 12 février, elle donne un concert à Honolulu, aux États-Unis.

Ses emplois du temps se remplissent de plus en plus. René forge sa légende.

TVA diffuse une émission de deux heures intitulée *Un an avec Céline*[1]. Ce portrait condensé des événements qui ont jalonné l'année 1998 permet de découvrir la vie de la chanteuse pas à pas, de sa résidence à Jupiter à la préparation des spectacles, les trajets en avion, en voiture, les rendez-vous, l'effervescence des coulisses, les réglages, les essais de costumes, ses parcours de golf avec René. Elle ne cache rien, évoque les moments de lassitude, la fatigue, le surmenage, les liens avec les membres de l'équipe, la camaraderie, les tensions, les plaisirs simples, la joie des réunions familiales. Mais aussi, note Erin Hurley[2] : « L'entreprenariat qu'incarne l'"équipe" ou le clan Dion, voire le collectif formé par les différents agents, individuels et collectifs constitutifs du phénomène [...]. L'émission contribue à rendre mémorable le succès de la plus fructueuse affaire *made in Québec* qu'est Céline Dion – l'une des femmes les plus riches de la planète, une célébrité qui, dès 1997, "devance les Travolta, Michael Jackson, Bill Cosby et cie" dans la prestigieuse liste annuelle publiée par le magazine américain Forbes. » Elle remarque : « Plus que l'immense fortune qu'ont

1. 28 février 1999.
2. Erin Hurley, *National Performance : Representing Quebec from Expo 67 to Celine Dion*, les Presses de l'Université de Toronto.

accumulée « la p'tite fille de Charlemagne » et son époux-gérant, elle rend aussi et surtout digne d'être « mémorialisée » la figure de l'« entrepreneur heureux » qu'articule le phénomène Dion dans son ensemble. « Un an avec Céline la présente non seulement comme une travailleuse acharnée, dont l'éthique à ce sujet est exemplaire, mais comme une personne responsable de sa vie qui prend les mesures qui s'imposent pour pouvoir tirer sans cesse le meilleur d'elle-même : elle prend grand soin de ne pas endommager ses cordes vocales [...] elle se nourrit en suivant une diète stricte, elle intègre à sa routine quotidienne un exigeant conditionnement physique, elle suit des cours pour parfaire sa maîtrise des langues. »

René, en fin d'année 1998, en accord avec Céline, avait déposé les statuts de La Fondation Céline Dion[1], qui fut enregistrée le 25 février 1999. Elle a pour but « l'organisation de charité-financement et activités reliées aux enfants malades et jeunes, financement et activités reliés au domaine scolaire, etc. » Ils ont prévu de la financer grâce aux bénéfices retirés de l'organisation de shows spéciaux. Lorsqu'on a beaucoup reçu, c'est un devoir de donner à son tour, de partager. Tel est leur credo. Céline rappelle combien cet acte est naturel : « Je viens d'une grande famille. De celles qui s'entraident, qui se serrent les coudes quand les temps sont durs. Qui ne laissent jamais tomber. » Elle s'est impliquée très jeune auprès de la Fondation Sainte-Justine. Elle a pour but de mobiliser la communauté et soutenir le CHU Sainte-Justine dans sa mission d'excellence pour offrir aux enfants et aux mamans d'aujourd'hui et de demain, un des meilleurs niveaux de santé au monde. « Pour moi, Sainte-Justine, c'est le phare qu'on ne perdra jamais de vue. Même quand la tempête balaie toutes nos certitudes. Sainte-Justine, c'est une famille qui se tient et sur qui on peut compter pour éclairer notre route. Parce que, devant, il y aura toujours des enfants à soigner et à faire grandir. Peu importe

1. 4109 BOUL. Industriel, Laval (Québec), H7L6G9.

le temps qu'il fait dehors. » Le CHU Sainte-Justine est le plus grand centre mère-enfant au Canada et le 2e plus important centre pédiatrique en Amérique du Nord.

À travers sa fondation, elle supporte activement des organismes mondiaux qui se préoccupent des enfants malades et souffrants, mais aussi de la recherche, de la connaissance et de la prévention du cancer du sein, de VIH/SIDA, de l'importance du don de sang. Elle participe aux entrevues, à diverses campagnes et diffuse les messages des associations dans les médias. Son implication est exemplaire. Elle collabore avec l'UNICEF et la Croix-Rouge américaine. Elle prend part à l'élaboration d'un livre intitulé *12 Héros Parmi Nous* contenant les histoires de 12 enfants survivants, originaires de neuf pays, avec lesquels elle est photographiée par Heidi Hollinger. Le livre est lancé le 19 août 2008. L'entier bénéfice des ventes est donné à l'hôpital Sainte-Justine et à l'UNICEF. Elle donne la somme d'un million de dollars pour aider les victimes du séisme dans l'océan Indien en 2004 et de l'ouragan Katrina en 2005. Elle offre un demi-million de dollars après un tremblement de terre en Haïti, en 2010. La même année, elle est nommée ambassadrice de bonne volonté à l'ONU pour l'alimentation et l'agriculture. Elle s'engage personnellement et professionnellement en faveur des objectifs humanitaires universels pour « construire un monde offrant la sécurité alimentaire aux générations d'aujourd'hui et de demain ». Thérèse Dion n'est pas en reste. Elle suit les traces de sa fille et lance en 1998 la Fondation Achille Tanguay soutenant les familles dans le besoin. En 2008, l'organisme réorientera son action pour devenir la Fondation Maman Dion, offrant des fournitures scolaires aux enfants de milieux défavorisés.

Son statut de star planétaire la pousse à façonner son style, à jouer sur le glamour. Longiligne et élégante, elle s'aime enfin. Libre et bien dans son corps, elle incite les couturiers à s'intéresser à elle, à la sublimer avec leurs créations. En smoking blanc, porté à l'envers, signé John Galliano, pour Dior, elle fait sensation, au bras de René, sur le tapis rouge des Oscars[1] au Dorothy Chandler Pavilion, à Los Angeles. Les échotiers ne goûtent pas cette audace. Ils lui attribuent le titre de « célébrité la plus mal habillée de la cérémonie ». Le spectacle se passe surtout en extérieur où des personnes manifestent contre la décision de décerner à Elia Kazan un Oscar à titre honorifique pour l'ensemble de sa carrière et relance la polémique sur son attitude durant la chasse aux sorcières qui a secoué Hollywood entre 1947 et 1953. Elia Kazan, âgé de 89 ans, préfère éviter le tapis rouge, et arrive avec sa famille par une porte de service. Un fait bien plus inquiétant bouleverse le couple et remet en cause tous leurs projets à la fin mars. Dans l'avion qui les mène de Minneapolis à Dallas, Céline observe son mari.

— Tu as l'air soucieux.

— Non.

— Qu'est-ce qui ne va pas ?

— Rien.

— Pourquoi tu te passes toujours la main dans le cou ?

— C'est rien.

— Tu as mal ?

— Non, je ne sens rien.

— Laisse-moi regarder.

— C'est rien, ça va passer.

Elle effleure le cou de René. Elle sent une masse dure et insensible sous ses doigts. « Immédiatement, j'ai pensé que c'était très grave, confie-t-elle. Une bosse qui pousse en quelques heures et qui ne fait pas mal, ça ne me semblait pas pouvoir être bénin. »

Le lendemain, à Dallas, René consulte un médecin. Une biopsie est pratiquée[2]. Une tumeur à la gorge est identifiée. Céline part le 30 mars chanter à Kansas City avec ses musiciens : « J'ai laissé la place à la détestable chanteuse automate. Je suis restée en dehors de mes chansons et je l'ai écoutée, je l'ai regardée, faire son numéro, mon numéro. » Après le

1. 21 mars 1999

2. Mars 1999.

concert, elle reprend l'avion pour Dallas. C'est le soir de ses trente-et-un ans... Parents et amis, conviés par René, sont arrivés de Montréal, pour fêter cet anniversaire. Ils ignorent tout. « J'ai un cancer, Céline. Le docteur me l'a dit. J'ai un cancer, ne cesse de répéter René à son épouse. Notre bonheur est brisé. » Le docteur Bob Steckler va l'opérer dans la foulée, car c'est urgent. Céline, écrasée par la peine, serre les poings. Elle choisit d'être forte pour deux. « L'homme que j'aimais avait trop besoin de moi. Je ne pouvais pas m'effondrer. Je serai forte, je serai sa force, sa santé, sa guérison... [...] C'est ce que j'ai pensé tout au long de cette maladie. »

Anne-Marie, Jean-Pierre, les enfants de René, son ami Pierre Lacroix, les parents de Céline, entourent le malade jusqu'à ce qu'on l'emmène au bloc. L'intervention satisfait le docteur Steckker. « Nous sommes rentrés à l'hôtel, se souvient Céline. René avait fait décorer la salle à manger de notre suite et préparer un dîner d'anniversaire pour moi, avec un gros gâteau à cinq bougies. Pour la première fois, notre grand organisateur à tous serait absent. »

Le lendemain soir, elle chante à Houston. Elle annonce à son équipe ce qu'il en est. Musiciens, choristes, ingénieurs du son, éclairagistes témoignent de leur affection : « Ils m'ont entourée, enveloppée dans leur musique, plus douce, plus caressante que d'habitude. Comme une prière que nous aurions faite ensemble. » Elle donne un très bon show, or dans l'avion retour, elle flanche. Elle a si peur pour René. Elle se sent incapable de mener le spectacle. Elle veut annuler les programmations, les télés, les interviews. « Si j'étais mort et que tu t'arrêtes comme ça, en pleine course, je mourrais deux fois », lui dit René, tant l'idée qu'elle cesse de chanter lui est insupportable. Il la supplie : « Même si je ne suis plus là, tu dois continuer. » Sa fille Anne-Marie prend le relais auprès de lui afin de soulager Céline épuisée par les jours et les nuits de veille. *Show must go on!* En compagnie du docteur Steckler, René assiste au spectacle de Dallas. Les traitements de radiothérapie viendront en temps voulu. Ce soir-là, Céline cherche son visage dans la foule des spectateurs : « Depuis plus de quinze ans, chaque soir, quand il était dans la salle, je savais qu'il me jugeait, qu'il prenait plein de notes, qu'il relevait la moindre erreur. J'avais besoin qu'il soit là. À Dallas, je l'ai cherché des yeux, je me suis accrochée à lui et je n'ai chanté que pour lui. Je me disais qu'il y avait plus important désormais que ma performance : sa santé, notre bonheur. Nous étions tous les deux à un tournant de notre vie. C'était effrayant, terrible, et en même temps excitant. » René débute les soins dans leur maison de Jupiter Island. « Quand on est malade, on ne veut pas avoir près de soi quelqu'un qui a l'air plus malade ou qui est de mauvaise humeur », spécifie-t-elle. « Alors, je m'arrangeais pour être belle. » Trente-huit séances de radiothérapie à raison de cinq par semaine sont au programme. Elle l'accompagne. Il faut faire quarante minutes de route pour subir cinq minutes de traitement, puis repartir dans l'autre sens. Elle estime qu'ils doivent surmonter cette épreuve ensemble : « Nous nous aimons, donc nous partageons TOUT ce que la vie nous apporte. Chaque matin, sur le chemin de l'hôpital, nous devions emprunter l'une des rues les plus animées de la Floride. Sur notre droite, il y avait une étendue d'eau et un grand parc, où on ne voyait jamais personne. Au milieu, un arbre énorme, magnifique. Un jour, j'ai regardé René, je lui ai montré cet arbre et j'ai dit : "C'est notre arbre de l'espoir, l'arbre de vie." Je voulais exorciser mes peurs, mes mauvais pressentiments. Chaque matin, nous regardions le soleil, l'eau, la pelouse et notre arbre... C'était magnifique. » René parvient à pratiquer le golf avec ses amis. Ils se relaient pour lui maintenir un bon moral avant d'entamer une chimiothérapie qu'il a acceptée afin de mettre toutes les chances de son côté. Auparavant, prévenu des effets secondaires et des risques de stérilité, le couple se rend dans une banque du sperme.

Céline soutient son mari. Elle le motive par son optimisme, le porte à bout de bras lorsque les traitements ont vaincu sa résistance. Elle l'arrache aux griffes de la maladie, le mène vers un avenir plein de promesses. Lorsque Janette Bertrand, six ans plus tard, lui posera la question de savoir comment cette grande force lui est venue, elle dira simplement : « Pour la première fois de ma vie, il m'a donné les guides. Là, j'étais en contrôle, j'étais en charge. Puis, j'ai aimé ça. Il m'a donné toute une job [...] alors je me suis sentie très valorisée. [...] Là, j'étais là pour lui remonter le moral, pour le rebrancher. C'est comme ça que je me suis sentie. Alors, j'ai pris les guides de la vie et je suis devenue bien forte. Et de l'autre côté, lorsque je me retrouvais seule, je me disais, c'est normal que cela arrive. Tout ne peut être parfait dans la vie[1]. » Où puise-t-elle toute cette force ? « C'est de l'amour, de la croyance. Il faut croire. Je crois. Quand on croit, on a la passion. Quand on a la passion, on a l'envie et, quand on a l'envie, on a l'espoir. Quand on a l'espoir, on a tout. »

René veut que le spectacle continue. Elle passe les mois de juin et juillet en Europe : Allemagne, Suède, Autriche, Pays-Bas, Belgique, France, Portugal, Espagne, Suisse, Angleterre et Écosse. Eric Burrows, son garde du corps, ne la quitte pas d'une semelle. Il a du métier, il sait apprécier une situation. « Tout dépend de la façon dont Céline la perçoit, explique-t-il. Elle est très gentille avec les fans. Si elle a une bonne impression d'un fan, elle lui parlera. S'il y a une mauvaise impression, je m'en occupe à ma façon et c'est tout. » Sa façon consiste parfois à mettre sur le côté l'admirateur trop exigeant. Céline est toujours amicale, toujours gentille. Elle signe les autographes, remercie pour les cadeaux reçus, pose pour une photographie.

Le stratagème de transporter l'artiste sous la scène dans un caisson est de nouveau utilisé. Le public, ravi, voit surgir Céline au centre d'un cœur sur les premières notes de *Let's Talk About Love*. C'est le délire dans la foule. Une véritable ovation. Grâce à une mise en scène à 360°, elle réunit 88 000 spectateurs lors du premier de ses deux concerts au Stade de France, Saint-Denis (France)[2]. Un exploit. Elle fait mieux que Johnny Hallyday, qui n'avait rassemblé que 75 000 personnes. Un relais satel-

1. Propos recueillis lors de l'émission *Janette*, Radio-Canada, 2005.
2. 19 juin 1999.

lite installé à Jupiter permet à René de suivre tous les shows, en direct, sur le grand écran de leur salle de cinéma. Mari et femme peuvent se voir, se parler en coulisses, sur scène. Le public participe lui aussi. Une gigantesque vague d'amour submerge le spectacle et au-delà, l'écran sur lequel apparaît René, en Floride : « René, on t'aime ! », « Courage, René ! » scandent les spectateurs en déployant d'immenses banderoles garnies de cœurs, de formules d'encouragement. Céline n'omet jamais de remercier son public pour le soutien manifesté : « J'aimerais vous dire que René va bien. Merci pour vos prières et pour votre énergie qui nous aident beaucoup. » Si elle souffre de l'absence de son mari, elle n'en demeure pas moins des plus professionnelles. De l'autre côté de l'Atlantique, René est en contact permanent avec sa femme grâce à une oreillette. Elle l'entend la complimenter, lui murmurer des mots doux. « Il me disait des petits mots d'amour. Je ne peux quand même pas tout vous dire, expliquera-t-elle aux journalistes. Il me disait "je t'aime mon amour, t'es super belle, t'es super bonne ce soir". Puis moi, j'avais envie de lui répondre, mais je ne pouvais quand même pas laisser tomber les 80 000 personnes. » Mari et femme étaient convenus d'un geste pour communiquer sans éveiller les soupçons. Céline se grattait le nez. « Si jamais vous revoyez le spectacle et que vous me voyez faire ça, ce n'est pas que ça me gratte le bout du nez, c'est parce que je suis en train de dire à ma douce moitié que je l'aime comme une folle. » Le stade comble a la surprise de voir Jean-Jacques Goldman arriver sur scène pour cet événement exceptionnel et interpréter avec elle *J'irai où tu iras*. Une nouvelle ovation jaillit. « Je voudrais te dire de notre part à tous à quel point on est heureux que tu aies pu venir, comme on est heureux de pouvoir t'entendre », la remercie son ami. Puis, il entonne *a cappella* : « S'il suffisait qu'on s'aime, s'il suffisait d'aimer... Nous ferions de ce monde un rêve... » et laisse le micro à sa complice. Un souffle bienfaisant parcourt le public... En fin de spectacle, elle réaffirme à son public « la plus belle langue pour dire des mots d'amour, ça sera toujours le français ». Elle entonne *Pour que tu m'aimes encore*... Clin d'œil à René dont c'est l'une des chansons préférées : « Il faut que tu saches... J'irai chercher ton cœur si tu l'emportes ailleurs... J'irai chercher ton âme dans les froids dans les flammes... Je me changerai en or pour que tu m'aimes encore. »

Au cours de ses deux représentations, à guichets fermés, elle s'est produite devant 180 000 personnes. Ses deux concerts de 90 minutes, filmés et enregistrés, serviront de base à l'album live *Au Cœur du Stade*. Sorti le 3 septembre, il sera certifié platine en France ainsi que la vidéo et le DVD. Véronique Mortaigne ne peut s'empêcher d'égratigner « la chanteuse québécoise... militante francophone à la voix américaine » dans *Le Monde*[1] : « [...] Le mari de Céline va bien, merci, il soigne en Floride son cancer de la peau, un malheur en passe d'être vaincu et qui vaut à la chanteuse québécoise quelques pleurs dans la foule et une *standing ovation* à l'annonce de la guérison prochaine. Sachant René Angélil, son époux-manager, confortablement installé dans un sofa sur la côte ouest des États-Unis pour suivre en direct le concert-événement donné par sa femme, qui jamais ne le quitte, le public populaire et les élites encanaillées dans la variété *clean* pouvaient entrer en fête. [...] Céline Dion, chanteuse d'exception, a le malheur de vivre à la fin d'une époque où la femme n'est pas encore libérée. Pour réaliser le formidable *crossover* qui lui a fait vendre près de cinquante millions d'albums à travers le monde, il lui a fallu un mari Pygmalion, ses qualités vocales, son professionnalisme, ne suffisant pas à sa réussite. La chanteuse québécoise a réalisé un parcours sans faute dans l'industrie musicale – alliance avec les auteurs à succès [...] duos de prestige [...] et passages bien calculés dans les événements planétaires, en particulier les Jeux olympiques d'Atlanta qui lui permirent de rejoindre le peloton de tête des divas américaines [...]. Céline Dion est avant tout une chanteuse américaine [...]. Dans le music-hall, les Américains aiment la clarté fleur bleue, la transparence Barbie, l'habileté

1. *Le Monde*, 22 juin 1999.

à placer du kitch et de l'amusement dans un romantisme sans danger. Tenace, Céline Dion marche sur leurs traces. »

Le succès a ses revers. Céline est franche : « Ça fait peur un moment donné, parce que tu essaies toujours de te battre, de donner de meilleures performances, de meilleurs disques, le meilleur rendement, puis à un moment donné tu es plus capable. La pression devient de plus en plus lourde. Plus t'as du succès, plus c'est difficile. [...] C'est peut-être une des raisons pour laquelle je vais arrêter un peu. [...] J'ai envie de m'ennuyer un petit bout. J'ai envie de solitude, de me retrouver avec moi-même un petit peu. De faire le plein, peut-être même de faire le vide. D'être précise, de me rendre compte. Parce que ça va tellement vite que je me rends même pas compte[1]. » C'est décidé, elle s'accorde une pause. Elle veut être près de son mari, éprouvé par la chimiothérapie. Il peine à s'alimenter, ne sort plus de la maison. « Nous avons traversé, Céline et moi, une dure épreuve », confie René aux journalistes, en annonçant le congé sabbatique qu'ils ont décidé de s'accorder. « Nous sommes plus proches, plus amoureux que jamais. Et, pour tout vous dire, nous sommes heureux. » Avant de se retirer pour une durée indéterminée, Céline propose à ses fans un nouvel album *All the Way... A Decade of Song*[2]. Et, le 31 décembre 1999, pour célébrer en beauté ses vingt ans de carrière, et l'entrée dans l'an 2000, elle offre, à Montréal, un ultime concert diffusé en direct partout dans le monde. De 21 heures le 31 décembre 1999 à 1 heure le lendemain, le réseau québécois TVA retransmet, en direct, à près de deux millions et demi de téléspectateurs. Habillée tour à tour par Chloé, Carolina Herrera, Lanvin et Versace, elle multiplie les chorégraphies et les duos avec Bryan Adams, Garou, Daniel Lavoie, Luck Mervill, Bruno Pelletier, Stéphane Rousseau. Un incident qui aurait pu être dramatique est évité. Un spectateur muni d'un pistolet à décharge électrique tente de forcer le passage du cordon de sécurité pour monter sur la scène.

1. Interview 1999.
2. 16 novembre 1999.

Il est maîtrisé après avoir blessé trois membres du personnel de sécurité. Au passage dans le nouveau millénaire, Céline s'avance en bord de scène, s'allonge, se penche pour embrasser René venu vers elle... Puis, il la rejoint sur la scène. Ils s'enlacent, s'embrassent longuement. Autour d'eux, vingt-cinq mille personnes en font autant. « Cette nuit-là avait été magique, s'extasie Céline. Parce que c'était le grand passage à l'an 2000, bien sûr. Mais aussi parce que c'était mon dernier show. Je me trouvais pour la dernière fois avant longtemps devant mon premier public, tous les miens, ma famille, mon pays, mes amours. La boucle était bouclée. »

Elle a véritablement dominé l'année 1999. René a une formule pour expliquer ce succès sur la scène internationale. Cela ne tient pas de la magie. « Je peux dire que 25 % du succès d'un artiste est attribué au talent, 50 % par, à mon sens, de la discipline et 25 % à l'équipe qui entoure l'artiste. » Derrière l'amour transparaissent l'admiration, la fascination : « Tous les artistes ne sont pas prêts à multiplier les sacrifices comme Céline a dû le faire. Personnellement, je dois avouer qu'elle m'émerveille jour après jour. »

*Échos-Vedettes*[1] la compte parmi « Les 100 vedettes populaires qui ont marqué le xx^e^ siècle » en compagnie de Marilyn Monroe et d'Elvis Presley. On la trouve à la une de l'édition-souvenir du mensuel *L'actualité*[2], comme l'un des « 100 Québécois qui ont fait le xx^e^ siècle » Frédéric Demers[3] écrit « Céline Dion est, en définitive, l'un des plus beaux symboles de ce que les Québécois veulent rester et de ce qu'ils aspirent à devenir. » Le nom de Céline Dion fait son entrée dans *Le Petit Larousse illustré* de l'an 2000. Elle a aussi trouvé sa place dans le *Petit Robert des noms propres* (2000). L'analyse la plus importante aux yeux de Céline demeure celle de René. « Elle a vendu 60 millions d'albums en 30 mois ! Aucun artiste au monde n'avait fait cela avant elle ! C'est plus que n'importe

1. *Échos-Vedettes*, Album de collection, Montréal, Communication Québécor.
2. *L'Actualité*, 1999 : Les 100 Québécois qui ont fait le xx^e^ siècle, février.
3. Frédéric Demers, *Céline Dion et l'identité québécoise*, Montréal, VLB, 1999.

qui, n'importe quand. » Il n'en demeure pas moins lucide : « Ce que je sais, c'est que le jour où ça va arrêter, comme n'importe quoi, il y a quelqu'un qui va venir, qui va être plus populaire, sa popularité à Céline, elle va descendre, ce qui est tout à fait normal, puis on a pas peur de ça du tout[1]. » La journaliste lui demande de quoi il est le plus fier. « Que Céline soit restée une femme capable d'être heureuse, attentive aux autres, forte et autonome. [...] Comme manager c'est ma plus grande réussite. » Il évoque le colonel Parker[2], l'imprésario d'Elvis Presley, qu'il a eu le privilège de rencontrer. « C'était mon idole, mais, à un moment donné, j'ai cessé de l'aimer quand j'ai réalisé que, lui, il aimait pas son artiste. Tout ce qu'il trouvait le moyen de me parler, c'était du *cash* puis des *deals*. [...] Il me disait, Elvis s'occupe de la musique, moi du reste. [...] Pourquoi à un moment donné la source des grandes chansons s'est tarie ? Parce que le colonel Parker lui prenait 50 % des droits d'auteur et des droits d'édition. Elvis s'est fait voler toute sa vie. »

Guéri du cancer contre lequel il se battait depuis deux ans, René, pour ce nouveau millénaire et cette heureuse nouvelle, souhaite organiser une grande fête pour la famille et les amis. Le couple choisit de renouveler ses vœux de mariage, lors d'une célébration melkite, hommage aux parents catholiques melkites de René, mariés en 1937. Elle se déroule le 5 janvier 2000, au Caesars Palace, à Las Vegas. Il s'agit d'une cérémonie inspirée des 1001 nuits, offerte par Arthur Goldberg, propriétaire d'une douzaine de casinos. Les décors – l'étoile et le croissant, symboles centraux de la culture du Moyen-Orient –, la musique, le banquet célèbrent les origines libanaises et syriennes de René. Six tentes berbères, un jardin oriental, des chameaux, des oiseaux exotiques entraînent les invités au pays du Grand Vizir et de Shéhérazade... Céline dans une robe dorée, créée par le couturier français Givenchy, René tout en blanc et or, amenés séparément, portés sur des divans de cérémonie par

1. Interview René Angélil, *Radio Canada* 1999.
2. Colonel Parker, alias Andreas Cornelis van Kuijk [1909-1997].

des hommes en costume arabe et chéchias, évoluent sur fond de tentures colorées et coussins de soie. La cérémonie est orchestrée par Mgr Michel Saydé, ministre du Culte catholique de rite melkite byzantin. Les époux se remercient mutuellement. Céline souligne « l'inspiration » que lui offre son mari et manager. Une couronne de métal est posée successivement sur les têtes des deux époux. Ils se jurent une nouvelle fois fidélité. Dans la pénombre, éclairé par des cierges, René prononce ces mots : « Céline, il y a cinq ans, nous nous sommes tenus, comme en ce jour, face à face, et je t'ai offert une alliance bénie par l'église, pour t'exprimer mon engagement envers toi et la pérennité de notre amour. Merci, Céline, d'avoir accepté de partager cet amour. En ce jour, je prie le Seigneur de m'aider à t'aimer davantage afin que notre amour conjugal s'approfondisse et porte des fruits dans une vie familiale heureuse et bénie. » Ce à quoi Céline répond : « René, le Seigneur m'a toujours choyée en me donnant des dons multiples et beaucoup d'amour. L'amour de mes parents et celui de mon public. Mais, toi, tu m'as comblée de ton amour et de ton inspiration. Merci pour tout ce que tu es pour moi. En ce jour, je prie le Seigneur de m'aider à t'aimer davantage afin qu'ensemble, nous menions une vie familiale heureuse et bénie. » Deux cent trente-cinq parents et amis, installés sur de confortables coussins, participent à la fête. Le code vestimentaire a été respecté : les femmes sont vêtues de robes aux couleurs de pierres précieuses, émeraude, saphir, rubis et diamant, les hommes sont en noir. Une certaine presse s'empare de l'événement pour en faire ses choux gras. Le couple est vivement critiqué. Le bonheur dérange. Les gens malheureux sont plus rassurants. « Beaucoup de gens ont dit encore une fois que nous avons fait étalage de notre richesse. Peut-être. Et alors ? La richesse ne se cache pas. Je voulais que cet événement soit d'abord et avant tout une proclamation publique de notre amour, justifie Céline[1]. Je voulais que le monde entier entende ce que j'avais à dire de plus important :

1. Confidences à Georges-Hébert Germain.

“René, je t’aime.” C’était le but de l’événement. Ça ne pouvait pas être discret. Notre vie ensemble, c’est mon conte de fées... Quand on a la chance de pouvoir être extravagant, un peu fou, de faire rêver les autres en même temps que soi, je prétends qu’il ne faut pas s’en priver. »

Rentrés à Jupiter Island, Céline et René mènent une existence paisible. Que font-ils ? Les médias ne peuvent demeurer trop longtemps sans nouvelles du couple...

— À part la guérison de René et la possibilité d’avoir un enfant, quels sont les projets qui vous tiennent spécialement à cœur ? Questionne un journaliste.

— Parfois, je panique un peu tellement il y a de choses qui me tentent... Il faut que je me raisonne et que je me décide à en faire une à la fois. Deux ans, ça passe quand même assez vite, répond Céline.

— Concrètement ?

— J’aimerais bien apprendre l’espagnol, parce qu’il est parlé un peu partout dans le monde.

— Céline a été nommée la chanteuse la plus populaire dans tous les pays latins, mentionne René. Ce qui comprend l’Espagne et la plupart des pays d’Amérique du Sud. Ce serait donc bien qu’elle apprenne l’espagnol par respect pour son public, et aussi pour le plaisir de parler une autre langue.

— En plus, j’ai toujours été fascinée par le flamenco et la culture espagnole, soutient-elle.

— Un autre projet ?

— Continuer mes cours de golf et pouvoir battre René ![1]

Fini le stress des tournées. Ils prennent le temps de vivre à leur rythme. « On évitait les mondanités. On recevait seulement la famille et une poignée d’amis, raconte Céline. On faisait l’amour, on regardait la télé. On n’avait jamais eu le temps de connaître ça avant. C’était simple et merveilleux. Nous avions frôlé la mort, mais nous étions plus vivants que

1. D’après *7 Jours*, 8 janvier 2000.

jamais. Aujourd'hui, je dirais que, si cette épreuve a été terrible à vivre, elle nous a rapprochés. Je crois qu'il y a eu dans cette séquence beaucoup de choses positives. » Thérèse et Adhémar viennent passer une bonne partie de l'hiver en Floride. Un fumoir tout vitré avec téléviseur lui est réservé. Maman Dion peut l'avoir à l'œil pendant qu'elle cuisine pour la maisonnée. Adhémar s'adonne à la pêche. Il adore ça, mais il rejette ses prises à l'eau. Céline a fait graver une plaque fixée sur le quai de la propriété où il a l'habitude de s'installer : « Au quai d'Adhémar, ça mord fort. »

La félicité, la bonne fortune des autres est insupportable à certains et la cupidité n'a aucune limite pour les escrocs. Ils tentent par tous les moyens de frayer autour des personnalités en vue, des puissants, afin de les délester de quelques millions de dollars. C'est ainsi qu'une Coréenne domiciliée en Californie, Yun Kyeong Sung Kwon, engage une procédure contre René Angélil qu'elle accuse de l'avoir agressée sexuellement dans un hôtel-casino de Las Vegas, en mars 2000. L'accusation semble tellement improbable aux policiers qu'ils ne donnent pas suite. Pourtant, la plaignante récidive. Elle accuse cette fois René de l'avoir violée dans sa chambre de l'Impérial Palace. Elle jette un pavé dans la mare : selon elle, certaines clauses de l'accord passé avec Angélil n'ont pas été respectées. L'avocat de René déclare au juge que celui-ci s'était entendu à l'amiable avec la dénommée Kwon, en lui versant une « importante somme d'argent pour éviter que les accusations ne soient dévoilées au grand jour ». Il justifia cet accord par le fait qu'à l'époque, René Angélil n'était pas en état d'ester en justice, car il se remettait d'une opération chirurgicale et entreprenait des traitements avec son épouse afin d'avoir un enfant. Un an plus tard, prêt à se défendre devant un tribunal contre cette poursuite qualifiée d'« invention absurde », René expliqua : « Je n'aurais pas donné un cent à cette femme si Céline n'avait pas été enceinte. Ma femme était fragile, affaiblie, et moi aussi. » En janvier 2005, Yun Kyeong Sung Kwon fut inculpée pour tentative d'extorsion de fonds et condamnée à cinq ans de prison. Elle n'en était pas à sa première tentative de malversations. Outre cette affaire, elle fut également accusée d'avoir fraudé pour 300 000 $ l'hôtel-casino *Harrah* de Las Vegas.

« Le bonheur ne se cache pas. Nous ne pouvons garder pour nous seuls ce trop grand et trop beau secret. Nous vous informons, René et moi, que notre rêve le plus cher va devenir réalité », annonce Céline via un communiqué de presse, le 9 juin 2000. Elle porte enfin cet enfant, tant désiré, après des années à lutter contre des problèmes de fertilité. Le cancer dont avait souffert René avait changé les priorités et les rêves du couple. Elle voulait donner la vie. « J'aimerais ça, avoir des jumeaux. J'espère ça. Puis devenir grosse. Tu sais prendre vingt livres et puis un bon 45 livres là, puis que ça paraisse là et que tu aies de la misère à te lever ! Ça, j'aimerais », avouait-elle ces derniers mois. Or, il s'agissait d'un réel défi pour elle, car, depuis leur mariage, concevoir un enfant semblait improbable. « Les médecins n'ont aucune explication précise, confie pudiquement René. Cela pouvait être le stress, les voyages, la pression. Nous avons attendu six ans avant de demander de l'aide. Nous avons eu beaucoup de chance, cela a fonctionné. » Le couple, très inquiet de la possibilité que la chimiothérapie et les radiations n'affectent les spermatozoïdes de René, s'en était ouvert au gynécologue de Céline en Floride, Ron Ackerman. Partenaire de golf de René, celui-ci les avait adressés à son ami Zev Rosenwaks. Il avait mis au point, au Center for Reproductive Medicine de New York, un programme de fertilité. Les numérations de spermatozoïdes de René étaient très faibles. Zev Rosenwaks leur expliqua que s'ils désiraient avoir un enfant, ils devraient recourir à l'aide de la procréation médicalement assistée.

Céline est prête à tout. Forte de son amour pour René, elle prend le relais. L'amour multiplie les chances, décuple les forces. Elle engage la bataille afin de pouvoir porter leur enfant. « C'est le plus beau cadeau qu'il peut me faire. Porter la vie, c'est être béni. » Elle s'administre elle-même des injections quotidiennes pour préparer son organisme à la fécondation *in vitro* et stimuler ses ovaires. Qu'importe si le taux de succès n'est que de vingt-cinq pour cent. Elle s'accroche. On extrait ses ovules et lance le processus. Par précaution, Céline et René décident de faire congeler, grâce à la cryoconservation, leurs embryons non utilisés, dans l'éventualité où ils désireraient avoir un autre enfant. Les personnes qui connaissent les étapes de ces techniques comprennent les peurs et les émotions qu'elles engendrent : la douleur, l'espoir, l'attente, le découragement, souvent, hélas, le chagrin, puis de nouveau l'optimisme, le courage à raviver pour affronter un nouvel essai. Céline demeure consciente des limites de la science : « Je ne voulais pas rendre cet enfant responsable de notre bonheur, alors qu'il n'était même pas né. Je voulais vivre ma vie comme elle se présentait à moi, non plus comme je l'avais imaginée. C'est la vie qui compte et qui décide, pas le rêve. »

Arrive le jour béni où le spécialiste lui annonce qu'elle est enceinte : « Malgré tout, j'attendais un enfant, j'espérais un enfant et je faisais des plans pour celui-ci. » Le 24 août, son médecin lui apprend qu'un petit être grandit dans son ventre. Elle est comblée par sa grossesse sur le plan émotionnel. Puis, le sexe de l'enfant leur est révélé : ce sera un garçon. Elle n'a pas encore choisi de prénom pour ce fils tant désiré, mais elle envisage de l'appeler Charles... Céline n'épargne point les détails pour mettre fin aux rumeurs et maîtriser sa démarche le plus sereinement possible. Or, les hélicoptères commencent à survoler leur maison de Rosemère. Les photographes la pistent afin de voler une photo d'elle enceinte lorsqu'elle se rend sur le chantier de leur demeure en construction sur l'île Gagnon. Des paparazzis sont embusqués dans les bois entourant le terrain de golf *Le Mirage*. Cela les excite, telle une meute de chiens poursuivant une bête, la poussant vers les chasseurs qui attendent pour l'abattre. Elle est apeurée. Elle se sent traquée. Jadis, elle n'avait pas conscience de l'oppression générée au quotidien par sa notoriété. Elle expliquait toutefois à Louise Chartrand :

« Quand j'étais plus jeune, je ne voyais pas le danger, la méchanceté, le danger des choses. Je ne voyais pas vraiment ce qui arrivait. J'étais comme dans les nuages, complètement. Aujourd'hui, c'est toujours un conte de fées, mais je sais qu'il y a du travail derrière ça. J'ai peut-être la tête dans les nuages, mais j'ai les deux pieds sur terre. »[1] Il lui est impossible de se déplacer sereinement, de marcher en pleine nature avec sa mère et sa sœur. D'autant qu'elle visite souvent ses parents à qui elle a offert une nouvelle maison à Laval, leur cadeau de Noël, un brin en avance. René est furieux. Il n'est pas question de se laisser phagocyter, ni que l'on fasse subir cette pression à son épouse. Il exige des médias québécois qu'ils cessent ce harcèlement. Il a toujours joué le jeu avec les rédacteurs, accepté les rendez-vous, les reportages photos, n'a jamais été avare d'informations. Leur attitude n'est pas respectueuse : « Ma femme est enceinte, elle a besoin de paix. »

Céline assiste, radieuse, le 25 août, au mariage de sa belle-fille, Anne-Marie Angélil, avec Marc Duprès et à la soirée au *Ritz Carlton Hotel* de Montréal. René, aux petits soins, l'entoure de mille attentions. En septembre, elle enregistre *Sous le vent* avec Garou, dont René était devenu l'agent après sa participation à la comédie musicale *Notre-Dame de Paris*. Le Québécois préparait son premier album studio *Seul*. Parmi les chansons retenues figurait *Sous le vent*, écrite et composée par Jacques Veneruso. Garou raconte : « Cette chanson-là était solo en fait. Je l'avais enregistrée. Céline, comme je travaillais avec son équipe, voulait écouter toutes mes maquettes. » Il reçoit un appel téléphonique de René : « Céline n'arrête pas de chanter *Sous le vent* à la maison, elle l'aime. Elle n'arrête pas de chanter dessus. Elle fait des voix, des harmonies. » Le couple a une idée. L'imprésario fait une proposition en or au jeune chanteur : « Ça te dérangerait qu'on la fasse en duo ? » Garou acquiesce. Un tel coup de pouce ne se refuse pas : « C'est magnifique, parce que c'est arrivé de façon très naturelle. » Céline se rend

1. *Multipiste*, 1995.

au studio pour poser sa voix sur la composition. « C'est toujours un plaisir de partager ce qu'on aime faire avec quelqu'un qu'on aime beaucoup, dit Céline. Garou, c'est comme un frère. C'est quelqu'un que je respecte beaucoup, avec un grand talent. » Sorti en France en octobre 2001, le single sera consacré par un disque de diamant, pour 750 000 exemplaires vendus. Il est récompensé aux NRJ Music Awards, à Cannes[1] et d'une Victoire de la musique[2]. René est prêt à pousser Garou très haut, mais il ne suit pas... Les liens se distendent. Une distance s'installe. Ils se retrouvent cependant sur le plateau de l'émission *Vivement dimanche*[3] dont Céline est l'invitée. « À chaque fois qu'on se retrouve, c'est magique, reconnaît Garou. Il y a plein de choses qui se passent dans nos yeux. Il y a eu toute cette complicité, une véritable connexion. On faisait le même métier, on était deux petits diamants bruts québécois, elle essayait de comprendre ma vision, moi la sienne, donc on avait une complicité unique ».

Lorsqu'ils rejoignent Jupiter Island, en octobre, René a déjà mis en place un service de protection rigoureux et lancé l'album-compilation *The Collector's Series Vol. 1* en Amérique du Nord[4]. En Europe, il sort sous le titre *Tout en amour*[5]. Les tabloïds ne désarment pas. Le manager entre en guerre contre le magazine québécois *7 Jours*. Dans un geste controversé et dénoncé par les médias canadiens, il l'oblige à détruire 200 000 exemplaires d'un numéro inédit prévoyant de publier une interview de Céline sous le titre « Mon fils a déjà un jumeau ». René « très en colère, a affirmé que l'article concernant son épouse était racoleur[6] ». Sous le titre *Ma vie, mon rêve,* Céline publie, en novembre 2000, une autobiographie, coécrite avec Georges-Hébert Germain, déjà auteur de la biographie autorisée *Céline*. Elle sort le même jour aux États-Unis et en Grande-Bretagne, sous le titre *My Story, my*

1. 19 janvier 2002.
2. 9 mars 2002.
3. 18 mars 2002.
4. 24 octobre 2000.
5. 31 octobre 2000.
6. *ABC News*, 18 décembre 2000.

*Dream*. Elle sera publiée ultérieurement en France. « Il a relaté mes propos tels que je les ai dits, pensés et ressentis, précise-t-elle. C'est un recueil où je me suis retrouvée telle que je suis, sans tricherie. » Un article de *L'Orient – Le Jour*[1] évoque cet ouvrage : « De son premier spectacle à l'âge de cinq ans, à l'enfant qu'elle attend pour février, Céline Dion, 32 ans, raconte sous le titre *Ma vie, mon rêve*, sa vie de chanteuse adulée et de femme amoureuse. Sur la base de "confidences et de secrets". [...] Elle n'a pas écrit une ligne, mais elle a annoté chaque paragraphe, indique M. Germain. [...] Céline raconte ses débuts professionnels dans la chanson, à l'âge de 13 ans, la présence constante de sa mère, autoritaire et hyperactive, sa voix qui fait "tomber par terre" celui qui devait plus tard devenir son mari, René Angélil, âgé aujourd'hui de 58 ans. Elle dit aussi la barre toujours placée plus haut, une vie complètement déphasée par rapport aux enfants de son âge qui vont à l'école quand elle vole de scène en scène, cette "jeunesse traversée à un train d'enfer". [...] Dans le registre plus grave, il y a aussi la maladie de cœur de sa mère, la mort de sa nièce atteinte de fibrose kystique, le cancer de René. "Un véritable roman d'amour", remarque l'éditeur. Qui se termine bien sûr sur l'attente de l'enfant, un petit garçon, dont la naissance est prévue pour février, après insémination artificielle. "Je lui chanterai des berceuses", dit celle qui était récemment le numéro 1 mondial des ventes de disques et qui possède dans son répertoire quelque 200 chansons d'amour. »

Pour l'heure, elle lit beaucoup concernant la grossesse et la maternité. Elle a gardé le lit lorsque cela était nécessaire selon les recommandations des médecins. Elle a arrêté de pratiquer le golf et de chanter, a suivi un régime très équilibré, ingéré des vitamines, pratiqué des exercices dans l'eau. Elle a pris onze kilos, ce qui est très raisonnable. Elle magasine tous azimuts à la recherche de la plus belle layette. Dans la boutique *Bon Point*, à Palm Springs, elle rafle une bonne partie des

1. 1er novembre 2000.

collections automne-hiver 2000 et printemps-été 2001. Chez *Purple Turtle*, elle choisit des draps blancs avec des franges dorées. De ravissants ensembles repérés chez Ralph Lauren, Saks Fifth Avenue, Valentino et Charles David sont déjà rangés dans la chambre du bébé aux murs bleus et blancs. Comme elle a un pain au four[1] et ne peut voyager en avion, le clan Dion, derrière Thérèse et Adhémar, quitte les neiges québécoises et remplit pratiquement à lui seul un avion de ligne ! Les fêtes de Noël réunissent toute sa famille à Jupiter. Frères, sœurs, conjoints, neveux, nièces, petits-enfants, ils sont tous là autour de la future maman. Y a du monde à messe[2] ! On se laisse aller à l'allégresse, on lâche son fou[3]. Céline est aux petits oiseaux[4], ça jase entre hommes, les enfants font le train[5] dans toute la maison. Du côté des sœurs Dion, ça placotte[6] layette. Un grand moment de joie, de partage, de bonheur simple.

1. Être enceinte.
2. Il y a beaucoup de monde, il y a foule.
3. S'amuser, rire.
4. Être aux anges, être heureux.
5. Faire du bruit.
6. Bavarder.

# 7

*« N'allez pas là où le chemin peut mener.*
*Allez là où il n'y a pas de chemin*
*et laissez une trace. »*

RALPH WALDO EMERSON.

Le couple reçoit Michel Drucker et Michel Jasmin, dans leur villa de Floride, pour un long entretien, accompagné d'un très beau reportage photo, publié dans *Paris Match*, le 28 décembre 2000. Leur amitié autorise d'intimes confidences. Épanouie, heureuse, sereine, Céline, qui doit accoucher le 14 février suivant, une nouvelle coupe de cheveux, plus courte, un beau ventre rond, avoue qu'elle n'a pas fait de vocalises depuis douze mois. Elle confesse adorer suivre les changements subis par son corps. Elle a pris 55 livres ! Encore le chiffre 5 ! Tout à son bonheur de porter l'enfant de René, elle évoque l'avenir : « Dans un an, je sais que je reviendrai avec un nouveau disque. Avec des projets cinématographiques, mais aussi avec un petit garçon que nous appellerons peut-être René. » La chanteuse détaille par le menu à son ami Michel cette journée du 8 juin 2000. Son gynécologue est passé à Palm Beach, alors qu'elle ne l'attendait pas. « J'ai fait semblant d'être distraite et calme. René ne se doutait de rien. Il ne savait même pas qu'à l'autre bout du fil il y avait l'autre médecin qui me suivait. Ensemble, ils se sont exclamés : "Félicitations les amoureux !" Nous sommes restés, René et moi, très longtemps enlacés, les yeux mouillés. »

La venue au monde prochaine d'un héritier incite le couple à adapter les statuts de leurs diverses sociétés. René Angélil est l'agent (gérant) de l'artiste Céline Dion, gestionnaire hors pair des compagnies Les Productions Feeling Inc., une Compagnie du Québec (Canada) créée le 19 décembre 2000, enregistrée comme industrie de la fabrication de supports d'enregistrement et de la reproduction du son, Et de CDA Productions (Las Vegas) Inc., une Compagnie du Québec (Canada), fondée le 21 mars 2010, enregistrée comme agence de spectacles et d'artistes, qui gère la carrière de Céline Dion.

Céline, après 14 heures de travail, donne naissance par césarienne, avec un peu d'avance, à leur premier garçon, à West Palm Beach, Floride, le 25 janvier 2001 à 1 heure du matin. René-Charles Angélil, 3,2 kilogrammes, 52 cm, né Canadien sur le sol des États-Unis, disposera des avantages de la double nationalité. Il a pour lui les prénoms de son papa et du grand-père[1] de sa maman, le mari d'Ernestine Barriault. René se précipite sur le téléphone pour appeler les membres de la famille. Vers 1 h 30 du matin, il joint son fils aîné, Patrick Angélil, qui rapporte : « Il a d'abord voulu partager la nouvelle avec ses enfants, Anne-Marie, Jean-Pierre et moi. J'avais au téléphone un homme très heureux. Il jubilait ! J'ai même eu droit aux pleurs de René-Charles en direct » Patrick Angélil se lance avec humour dans un cours de généalogie : « Depuis le début de la journée, je suis obligé de corriger les gens qui me félicitent ; je ne suis pas oncle, mais bien demi-frère ! [...] La venue de cet enfant était tellement désirée par ses parents, une des rares choses que ne garantissent pas le succès et la gloire. Je suis très fier de l'arrivée de mon demi-frère, un bébé si désiré, né dans l'amour. Malgré le succès et l'argent, Céline et René demeurent terre à terre ; ils sauront lui inculquer les valeurs fondamentales qui feront de lui un être équilibré. J'ai totalement confiance. » Claude Mégo Lemay est vite contacté par

1. Joseph Charles Adélard Dion, 1895-1957. Prénom usuel Charles.

René : « René était hyper-boosté ! Il m'a dit que tout s'était bien passé, il m'a ensuite suggéré de contacter tous les musiciens du band pour leur apprendre la bonne nouvelle. Nous autres, les musiciens, on accueille cette naissance comme celle d'un ami ou d'un parent. Céline, après tout, c'est notre chum[1]. »

L'annonce de la naissance fait le tour du monde. Les journaux et radios canadiens, les télévisions américaines relaient l'information, ABC, CBS, CNN, l'émission de variétés américaine Access Hollywood en tête. René envoie des centaines de dépêches. « Au Québec, certains magazines sont retournés précipitamment sous presse afin d'intégrer à leur édition de vendredi un dossier spécial sur l'événement. C'est le cas de l'hebdomadaire *Dernière heure* qui a ajouté une photo des nouveaux parents en première page », constate TVA Nouvelles[2]. À la une, en gros titre, *La Presse* annonce : « Il s'appelle René-Charles » La planète entière en a été avisée, René-Charles est né. Six livres et huit onces, rien de moins ! Céline Dion lui a donné naissance trois semaines plus tôt que prévu, vers 1 heure, dans la nuit de mercredi à jeudi. René Angélil et Linda, la sœur de la chanteuse, étaient présents. Maman et bébé se portent à merveille. [...] « Mon Dieu, il est parfait ! » s'est exclamé le docteur Ackerman, interviewé par *La Presse canadienne*. Au Québec, les magazines s'arrachent les réactions des proches de la famille. Claudette Dion assure que l'arrivée du petit est « d'autant plus émouvante pour la famille Dion que Céline a longtemps cru qu'elle ne pourrait jamais avoir d'enfant ». Grâce aux confidences de Maman Dion, nous savons que Céline a ressenti ses premières contractions le mercredi vers midi et a été conduite à l'hôpital Palms West de West Palm Beach. René et sa sœur, Linda, l'ont assistée durant tout le travail. Petit traitement de faveur, Céline était entourée de cinq médecins, dont le docteur Steven Pliskow, son gynécologue.

1. Amie.
2. TVA Nouvelles, 25 janvier 2001.

Les journaux québécois pistent Thérèse pour obtenir des détails : « La maman de Céline Dion aurait dû assister à l'accouchement de sa fille, mais elle se trouvait en France », écrit Eddy Przybylski[1]. « Six livres et huit onces ! Un peu plus de trois kilos ! Un poids idéal pour un nouveau-né. Surtout si l'on considère que René-Charles, le bébé de Céline Dion et René Angélil, est né à 37 semaines, soit trois semaines plus tôt que prévu. Les parents espéraient une naissance coïncidant avec la fête de la Saint-Valentin. [...] Les dispositions avaient été prises pour que Thérèse Dion, la maman de la chanteuse, assiste à l'accouchement. Mais jeudi, à l'heure H, elle se trouvait en France, où elle préparait une série télévisée consacrée à sa fille. Elle a quand même pu entendre, par téléphone, les cris de son 31e petit-enfant. » Maman Dion raconte tout à *La Presse* : « Même si je n'y étais pas, je suis très heureuse. La venue prématurément de René-Charles ne m'a pas inquiétée : ce sont des choses qui se produisent. J'ai été avertie dès que Céline a eu ses premières contractions, mercredi vers midi. Ils se sont rendus à la clinique. Céline est restée sous observation pendant un moment. Les contractions ont augmenté. Le petit prince est né vers 1 heure. Lorsqu'il a lâché son premier cri, j'étais au téléphone et je l'ai entendu. » Elle explique pourquoi elle emploie cette expression : « Ce surnom est utilisé depuis que Céline avait à peu près quatre mois de grossesse. Elle recevait de très nombreux cadeaux pour son bébé. Toujours de grandes marques : Chanel, Gucci... J'ai fini par dire que cet enfant-là serait un petit prince. » Thérèse se rendra chez sa fille dès la première semaine de février. « Je devrai d'abord passer par Montréal, refaire ma valise pour repartir immédiatement en Floride. Je vais aller bercer le petit prince. [...] Je suis Céline un peu plus que les autres, parce que c'est le bébé de la famille. Je me suis un petit peu inquiétée lorsqu'elle tentait de devenir enceinte. Mais pas outre mesure, parce que ma fille est très adulte, très forte. Je sais qu'elle fera une super bonne

1. *Les Sports* 26 janvier 2001.

maman. » À propos du prénom de son petit-fils, elle confirme : « Mon mari se nomme Charles Édouard Adhémar et son père s'appelait Charles Dion. » Un professeur d'université assure au Globe and Mail : « C'est le fils de tout le Québec ». La sociologue Line Grenier[1] justifie cet engouement, car « C'est notre famille princière à nous, mais beaucoup plus... c'est une histoire presque dans l'ordre du mythique ».

Ce merveilleux cadeau de la vie trouble René à plus d'un titre : « J'espérais cet enfant pour Céline. Tout en me trouvant un peu vieux pour être père. Mais quand je l'ai vu, j'aurais donné ma vie pour lui. » Il se métamorphose et s'implique énormément. Il éprouve des regrets de n'avoir pas accordé davantage d'attention à ses aînés. Et puis, il a eu si peur de mourir, de laisser sa femme seule sans enfant... Elle n'a d'yeux que pour leur petit. Elle ne se lasse pas de le décrire. Selon elle, il a les mignonnes petites oreilles de son papa ! Elle trouve qu'il possède, comme elle, un menton carré et la couleur châtain de ses cheveux. Maman exemplaire, elle allaite son fils, car elle croit aux vertus de cette pratique. Il n'en faut pas davantage au *Toronto Sun* pour placer une pique et recommander à Céline d'éviter de chanter *My Heart Will Go On*, ce qui risquerait de « gâcher le lait ». Le journal anglophone de Montréal se gausse : « Nous n'en pourrons plus de ce bébé avant qu'il ne commence à marcher ». Preuve s'il en est que Céline ne laisse personne indifférent. On la hait ou on l'adore, y compris les personnes qui ne sont absolument pas intéressées par sa musique. Sereine, elle affiche son bonheur : « J'ai l'intention d'accorder toute mon attention à mon fils pendant sa première année. Rien n'est plus important. » Son plus grand défi, affirme-t-elle, sera de « réussir à élever cet enfant pour qu'il garde les pieds sur terre, tout en vivant dans la richesse et le monde du show-business ». Une séance photo spéciale est mise en place avec Anne Geddes. Touchée par

1. « Les mises en mémoire de Céline Dion » dans la revue savante *Recherches féministes, 2001.*

le regard unique qu'elle pose sur les nouveau-nés, Céline a souhaité que René-Charles, âgé de dix-neuf jours, soit photographié dans ses bras. Endormi, un papillon posé sur son dos, il est photographié, reposant sur la poitrine de sa maman[1]. Le cliché illustre le faire-part envoyé à la famille et aux amis.

*« Merci de fêter avec nous*
*Ce grand moment de bonheur*
*Qu'est la naissance de*
*René-Charles*
*Né le 25 janvier 2001*
*Nous sommes touchés de votre délicate attention*
*Et heureux de partager ce cadeau de la vie avec vous...*

*Thank you so very much*
*To celebrate with us the arrived*
*Of a bundle of happiness called*
*René-Charles*
*Born January, 25, 2001*
*We are touched by your attention*
*And happy to share this gift of life with you.* »

Le petit prince est baptisé en la chapelle du Sacré-Cœur de la Basilique Notre-Dame de Montréal, le 25 juillet 2001. La foule, venue guetter le cortège de voitures afin de voir bébé, patiente joyeusement. Le public s'attendrit en apercevant le minois de l'enfant sous son béguin blanc, vêtu de la traditionnelle robe de baptême de soie ivoire. René, fou de son fils, le promène dans ses bras : « Chaque papa connaît cela : un bébé, ça change la vie. Je suis avec lui tous les matins quand il se réveille. J'adore ces moments, les premiers sourires de la journée. C'est merveilleux pour moi d'avoir à la fois réussi à vaincre le cancer et d'avoir donné la vie une fois de plus. Je touche du bois ; j'ai vécu deux miracles : survivre et donner la vie. »

1. 12 février 2001.

Deux cent cinquante invités, parents et amis, se sont déplacés pour l'occasion. On remarque parmi eux Luc Plamondon, Julie Snyder, Garou et Erika – parents d'une petite-fille –, Marc Dupré, Guy Cloutier, Michel Drucker, Vincent Damphousse et Guy Carbonneau, deux anciens capitaines du Canadien. En la chapelle, à la décoration composée de fleurs, un quatuor à cordes accompagne la cérémonie célébrée selon deux rites : celui de l'Église catholique byzantine et celui de l'Église catholique romaine. L'enfant est baptisé selon un rite catholique oriental, le rite grec-melkite. Il reçoit sa première communion et sa confirmation. L'enfant est dévêtu et tenu debout dans le bassin baptismal pendant que le prêtre lui verse de l'eau sur la tête à trois reprises. Ces rituels ne sont pas au goût de René-Charles qui pleure beaucoup. René tente, en vain, de le consoler, tandis que Céline lit un poème du poète brésilien Ademar de Barros.

La Prière d'Ademar de Barros sur la fidélité de Dieu.

« J'ai rêvé que je cheminais sur la plage en compagnie du Seigneur. »

« J'ai rêvé que je cheminais sur la plage en compagnie du Seigneur, et que, dans la toile de ma vie, se réfléchissaient tous les jours de ma vie. J'ai regardé en arrière, et j'ai vu qu'à ce jour où passait le film de ma vie, surgissaient des traces sur le sable ; l'une était mienne, l'autre celle du Seigneur. Ainsi, nous continuions à marcher jusqu'à ce que tous mes jours fussent achevés. Alors, je me suis arrêté, j'ai regardé en arrière. J'ai retrouvé alors qu'en certains endroits, il y avait seulement une empreinte de pied. Et ces lieux coïncidaient justement avec les jours les plus difficiles de ma vie, les jours de plus grande angoisse, de plus grande peur et de plus grandes douleurs. J'ai donc interrogé : Seigneur, Tu as dit que Tu étais avec moi, tous les jours de ma vie, et j'ai accepté de vivre avec Toi. Mais, pourquoi m'as-Tu laissé seul, dans les pires moments de ma vie ? Et le Seigneur me répondit : Mon Fils, je t'aime, j'ai dit que je serai avec toi durant la promenade, et que je ne te laisserai pas une seule minute. Je ne t'ai pas abandonné : les jours où tu n'as vu qu'une trace sur le sable sont les jours où je t'ai porté ! Amen. »

Les invités sont conviés à une somptueuse réception, sous un immense chapiteau, en la résidence du couple, sur l'île privée de Gagnon, à Laval. Cette demeure, dessinée par Céline et René, est érigée dans le style « baroque normand », sur leur île de 77 000 mètres carrés. Au centre d'un vaste terrain, s'étend sur 2 230 mètres carrés, une belle masse de pierres de taille qui a l'avantage de résister au froid pendant l'hiver, et que la chaleur de l'été ne traversera pas. Ses trois ailes terminées par des tours, couvertes d'ardoises, comptent trois salons, une grande bibliothèque, six chambres, neuf salles de bain, une piscine. L'intérieur du manoir a un chic fou, inspiré des ambiances québécoises aisées du XIXe. Ils ont choisi avec soin meubles d'acajou, cheminées de marbre, tentures et rideaux épais, tapis moelleux, élégantes causeuses et guéridons. Après la naissance des jumeaux, le manoir n'étant plus adapté à la vie familiale, le couple s'en séparera.

Un manège italien installé au cœur d'une clairière attend les enfants. Adhémar joue de l'accordéon. Clin d'œil à la cérémonie lors de laquelle Céline et René avaient renouvelé leurs vœux de mariage, sans doute, l'humoriste Jean-René Dufort arrive déguisé en roi mage.

Un brin perturbé par ces nouvelles têtes trop enclines à le dévisager, René-Charles pleure et les câlins de sa maman ont bien du mal à étancher son chagrin. Le petit homme ignore encore qu'il devra désormais vivre sous les regards curieux et inquisiteurs du monde entier. Céline sourit en avouant à Barbara Walters de la chaîne américaine ABC qu'elle chante pour son petit garçon, bien qu'il ne soit pas toujours si facile de lui faire plaisir. « Il y a des chansons spécifiques que je peux lui chanter, et d'autres choses que je ne peux pas parce qu'il pleure ». René-Charles a ses préférences : « Quand je chante de tout mon cœur et de toute mon âme des berceuses, il pleure. » Que l'on se rassure, lorsqu'elle performe avec brio au Téléthon américain *A Tribute To Heroes*[1], à New York, en proposant *God Bless America*, personne ne pleure. Pas davantage en chantant *L'amour existe encore* au Téléthon québécois *Un show pour la vie*[2], à Montréal. Et, son apparition surprise au gala de l'ADISQ[3] ravit l'assistance d'autant qu'elle y interprète *Sous le vent* avec Garou.

Or voici que le quotidien *Las Vegas Review-Journal* rend publique l'accusation d'agression sexuelle portée contre René Angélil dans une poursuite civile aux États-Unis. Selon les allégués, l'incident se serait produit la nuit du 19 mars 2000. Alexandre Vigneault pour *La Presse* résume ainsi l'actualité du couple Angélil : « Le moins qu'on puisse dire, c'est que l'accusation d'agression sexuelle formulée à l'endroit de René Angélil arrive au pire moment qui soit pour Céline Dion et son énorme machine promotionnelle. C'est-à-dire à trois jours de la sortie de *A New Day Has Come*, ses premières chansons originales depuis 1997, et à l'aube d'une offensive médiatique d'une ampleur considérable. Céline Dion a entamé son retour sous les projecteurs en accordant une entrevue d'une vingtaine de minutes à Barbara Walters, diffusée le 2 février sur le réseau ABC aux États-Unis et par Global au Canada. Quelques semaines plus tard, elle se montrait à la soirée des Grammys, remettant un prix avec Stevie Wonder et Bonnie Raitt. » Il est prévu que Céline lance le coup d'envoi sur le marché américain trois jours plus tard. « Céline Dion visitera les plateaux de toutes les émissions les plus regardées chez nos voisins du Sud, à commencer par le *Oprah Winfrey Show*. [...] Deux escales majeures le 26 : *Larry King Live* (CNN) et *Today Show* (NBC). Retour au *Today Show* le lendemain et passage au programme *With Regis And Kelly*. Mardi et mercredi, la chanteuse recevra aussi quantité de journalistes de la presse écrite et des médias électroniques dans un très chic hôtel new-yorkais, afin de parler de son nouveau disque. [...] Entre la fin mars et le début

1. 21 septembre 2001.
2. 28 septembre 2001.
3. 28 octobre 2001.

du mois d'avril [...] elle passera trois fois à l'antenne de CBS. En plus de ses deux apparitions au *Early Show*, les 29 mars et 5 avril, la chaîne doit présenter, le 7 avril, *A New Day Has Come*, concert privé enregistré le 3 mars au Kodak Theater de Los Angeles. »[1]

Effectivement, Céline a accordé sa première entrevue télévisée, depuis la naissance de son fils, à l'animatrice Barbara Walters, de l'émission *20/20*[2], le 23 janvier 2002, diffusée sur la chaîne américaine ABC, le 1er février. Chez elle, à Jupiter Island, elle évoque son retour sous les projecteurs. « Beaucoup de gens disaient : "Elle ne s'arrêtera jamais". Mais je savais que le moment était venu pour moi. J'avais besoin de m'arrêter. J'avais besoin d'un équilibre dans ma vie. Je voulais une vie normale à un moment donné. Je voulais être à la maison. Pendant la majeure partie de ma vie, rien n'a été normal. [...] Je n'ai jamais eu une vie normale. » Elle revient sur la maladie qui a touché René : « René avait besoin de moi avec ce qu'il avait traversé. [...] Je pouvais faire quelque chose de bien, pas seulement à travers la musique, mais je peux être une femme à la maison. Je peux être sa femme. Je peux faire une différence dans sa vie. » À présent, René guéri, elle s'assure qu'il se porte bien. « Il se bat tous les jours. Mais je pense que René-Charles l'aide beaucoup [...] René-Charles représente tout ce que nous avons accompli ensemble. Notre fils est le prolongement de l'amour que nous avons l'un pour l'autre. » Elle fond de tendresse en regardant son mari et leur fils côte à côte : « Ils s'aiment tellement. Et pour moi, voir les deux hommes de ma vie s'aimer ainsi est la plus grande des récompenses. » Au cours de l'entrevue, face à tant de plénitude, de sérénité, on ne peut que s'interroger. Pourquoi remettre le doigt dans l'engrenage ? « Parce que je suis la plus heureuse des femmes maintenant. [...] Je pense que je suis un peu plus adulte. [...] Que voulez-vous que je fasse après *Titanic*, et après la tournée mondiale et après avoir fait les stades. Je suis bien avec ma chemise de nuit

---

1. Alexandre Vigneault, *La Presse*, 23 mars 2002.
2. Barbara Walters, ABC, 2002.

et mon pyjama à la maison avec René-Charles, à jouer avec les jouets. Je me sens bien. Maintenant, j'ai tout. » Elle voit leur avenir sous un nouveau jour... Des décisions importantes ont chamboulé son parcours. Plus de tournées ! Elle se veut à la fois artiste et mère de famille. Elle invite ses fans à venir la voir. « Je veux jouer avec mon enfant toute la journée à la maison et la quitter vers 18 heures pour donner mon spectacle à 20 h 30 ». Elle a toujours été très claire à ce propos : « Je ne voudrais pas que mon fils dise un jour que je n'ai pas eu le temps de l'élever parce que j'avais une carrière et que je m'occupais de mes fans plus que de lui. [...] La carrière, ça fait partie de ma vie, mais ce n'est pas ma vie. [...] Il y a beaucoup d'enfants de stars qui ne parviennent pas à avoir une vie normale. Moi, ça me semble essentiel. Il faut trouver un équilibre dans tout ça. Je ne veux pas cacher la réalité à mon fils. » Barbara Walters ose une question sensible. René-Charles restera-t-il fils unique ? Après ce séjour à Vegas, le couple prévoit d'avoir un autre bébé en utilisant un embryon congelé qui a été conservé. « Nous allons certainement faire un essai. Cela ne veut pas dire que ça va marcher, répond Céline. Nous verrons. » L'âge de René n'est-il pas un frein à ce projet ? « Je ne suis pas préoccupée par son âge. Ce qui est important pour nous, c'est le bonheur et les moments de qualité. Je ne changerais rien à René : son âge, sa peau, son cœur, son passé. »

Ses compatriotes québécois patientent jusqu'à une émission spéciale du *Grand Blond* le 2 avril[1], combinant entrevue et prestation live, et bien sûr, la *Super Fureur*, tournée le 3 avril au Centre Molson devant des milliers d'admirateurs. Les fans français sont impatients de la retrouver : « Du côté de la France, une partie du travail est déjà fait. Car la star n'est pas passée par Paris seulement pour aller chanter avec Garou au palais omnisports de Bercy en milieu de semaine. Elle y était surtout pour enregistrer deux émissions spéciales. *Vivement dimanche*,

1. Diffusion 21 avril 2002.

animée par son ami Michel Drucker, diffusée le 28 avril, et une autre pour le compte de TF1 qui doit être en ondes le 30 mars. »[1] En effet, le 20 mars, Céline donne une conférence de presse à Paris, à l'hôtel George V, où elle présente l'album *A New Day Has Come*, incluant le très rythmé *I'm Alive*, bande originale du film *Stuart Little*. Avec *Goodbye's (The Saddest Word)*, elle revendique son statut de maman, affirme son bonheur. Surtout, elle annonce qu'à partir de l'année prochaine, elle s'installe à Las Vegas pour trois ans afin de donner un spectacle en résidence dans une salle construite spécialement pour elle au Caesars Palace. « Avant de prendre des nouvelles du disque, il est convenable de s'inquiéter de la santé de son fils René-Charles, 14 mois, griffe Véronique Mortaigne[2]. On s'informe également du deuxième enfant, au frigidaire dans un laboratoire new-yorkais, et qui naîtra un jour. [...] Céline décline sa vie privée, René détaille avec la même simplicité revendiquée les "business plans" entourant *A New Day Has Come*. » Dans la foulée, elle fait une apparition surprise à Bercy au concert de Garou[3], chante *Sous le vent* avec lui et *Ten Days* avec Gérald de Palmas. Hugues Aufray, à la guitare, lui offre sa chanson Céline sur le plateau de *Vivement dimanche* en présence de Michel Drucker, à l'initiative de cette émouvante réunion.

L'animateur rappelle qu'en 1967, en France, il y a une chanson que tout le monde fredonne : « C'est une chanson d'Hugues Aufray, *Céline*. Cette chanson va avoir une importance considérable dans la vie de la famille parce que ta maman Thérèse, lorsqu'elle attend Céline, qu'est-ce qu'elle lui chante ? Hugues Aufray. Et ce n'est pas par hasard si tu t'appelles Céline. Vous vous êtes aperçus, je crois, il y a 16 ou 17 ans. Vous ne vous êtes jamais revus depuis. Et il n'a jamais chanté *Céline* devant toi. Il va le faire aujourd'hui. »

Très émus, les deux artistes s'étreignent.

1. Alexandre Vigneault, *La Presse*, 23 mars 2002.
2. *Le Monde*, 23 mars 2002.
3. 20 mars 2002.

— L'enfance, c'est merveilleux, mais je sais pas pourquoi ça fait mal, explique la jeune femme en essuyant ses larmes.

— C'est vrai, concède l'ami et traducteur de l'œuvre de Bob Dylan. Mais ça fait du bien aussi... C'est très émouvant pour moi d'être là, parce que, la première fois que j'ai entendu Céline, elle devait avoir 14 ans, je crois. J'ai entendu cette voix et j'ai tout de suite su que c'était une voix exceptionnelle, moi qui ai une voix qui n'est pas une voix, qui est une non-voix, une voix blessée, une voix qui a souffert... Et aujourd'hui, chanter pour elle, et la voir si émue, c'est terrible pour moi.

— C'est quand même extraordinaire, parce que je me mets dans la peau de ma mère qui ne voulait pas vraiment cet enfant parce qu'elle en avait déjà treize. Et elle a décidé de laisser toute sa vie de côté, d'abandonner tous ses rêves [...] Quand elle a entendu cette chanson, ça l'a portée, ça l'a beaucoup aidée, et elle m'a nommée Céline. Alors pour moi, de sentir un peu cette souffrance et de t'avoir entendu à quelque part pendant ces neuf mois et de porter le nom de Céline aujourd'hui, je suis vraiment très fière. Et de voir que tu me la chantes aujourd'hui, c'est vraiment un très très gros cadeau.

— C'est un immense honneur pour moi. La voix blessée, pour la plus belle voix du monde, chanter cette chanson, c'est merveilleux.

L'affaire judiciaire dans laquelle René est impliqué fait couler beaucoup d'encre. Encore une fois, il est nécessaire de démentir ces propos non fondés. La rumeur est coriace. René est prêt à s'expliquer devant la cour de justice. Selon un communiqué diffusé par le bureau de Francine Chaloult, chargée des relations publiques du couple Dion-Angélil, « Céline Dion est au courant de cette histoire depuis longtemps. « Une arnaque [...] une machination rocambolesque fausse et diffamatoire ». Marty Singer, l'avocat californien de René, maintient que les accusations qui pèsent sur son client sont ridicules. « Voilà que deux ans après ce règlement à l'amiable, conditionnel à l'abandon de toute poursuite et dont les clauses et conditions devaient rester confidentielles, ces personnes intentent une poursuite en cours, faisant de nouveau des déclarations erronées, diffamatoires, sans même qu'aucun rapport de police ait été produit. » René a accepté de répondre aux questions des journalistes lors d'une conférence de presse « lundi en début d'après-midi à New York pour éteindre le feu avant que Céline Dion ne rencontre les médias écrits, le lendemain[1] ».

René ne tolère aucune incursion hors des faits dont Céline et lui traitent dans leurs interviews. Il est intransigeant sur ce point et la presse le lui fait payer à la première occasion.

*Le Temps*[2] égratigne l'artiste : « Mère Courage de la variété internationale, Céline Dion dévoile son nouvel album de famille. *A New Day Has Come*, nouvel album anglophone de la Québécoise, met en scène sa maternité nouvellement acquise. Le Titanic a fait eau de toutes parts, mais sa figure de proue chante encore. Cheveux tressés par l'air du large, pose effarouchée sur la pochette océanique de son nouvel album, la naufragée Céline Dion adresse au monde une carte postale sonore au titre ballasté. Avec *A New Day Has Come* ("Un nouveau jour est arrivé"), recueil de ballades anglophones, la chanteuse aux 140 millions d'albums vendus met fin à deux ans de silence discographique. À défaut de silence radio, la grossesse difficile de la Québécoise défrayant encore, plus d'un an après la naissance de son fils René-Charles, les colonnes des tabloïds internationaux. Jusque dans son titre, *A New Day Has Come* s'emploie ainsi à donner de cette maternité acquise de haute et biologique lutte une image radieuse. Du dépliant central, condensé d'instantanés de liesse familiale que n'aurait osé imaginer *France Dimanche*, à la dédicace du livret ("je pense que les enfants détiennent tous les secrets"), tout ici respire la joie de langer bébé et de gazouiller en trio. »

L'artiste est descendue en flèche : « Tel déballage intime, réinjecté dans le cadre de son activité professionnelle, n'est cependant pas innocent. Entre la création assistée par manager

1. Alexandre Vigneault, *La Presse*, 23 mars 2002.
2. Nicolas Julliard, *Le Temps*, 26 mars 2002.

il y a seize ans et la Céline Dion d'aujourd'hui (sourcils et dents refaits, accent anglais retravaillé en terres shakespeariennes), la fécondation *in vitro* de René-Charles et le travail de laborantin que représente chacun de ses disques, l'analogie tient de l'esprit de famille. En revendiquant par l'image et le verbe une vie normale, la jeune femme, 34 ans cette semaine, met ainsi le doigt sur ce que tous, fanatiques ou témoins occasionnels, ont su reconnaître en elle : un naturel inné, chassant au galop la nuée d'artifices que son entourage élabore sans relâche à son intention. Désarmante d'amabilité en interview, Céline Dion cumule depuis toujours la spontanéité irrésistible d'une femme humble et les faux-semblants que requiert le star-system. Une ambiguïté dont témoigne aujourd'hui *A New Day Has Come*, pourvu de tous les qualités et défauts du disque de superstar lambda. » Le journaleux s'attaque ensuite à la qualité des nouveaux morceaux : « Composite, tiraillé entre le retour du même (d'innombrables clones de *My Heart Will Go On*, tube immortalisé par le film *Titanic*) et d'improbables tentations jeunistes (le r'n'b de *Rain, Tax* ou de *Super Love*), l'album souffre du montage artificiel de plumes incompatibles. Selon le principe qu'il en faut pour tous les goûts se succèdent ainsi sans rime ni raison, compositions originales et traductions de chansons françaises (*Tomber* de Maxime Le Forestier et Gérald de Palmas, *The Greatest Reward*, tiré des *Dix Commandements* de Pascal Obispo). Aussi maladroite soit-elle, l'écriture d'une poignée de tâcherons ne saurait cependant venir à bout d'un art à nul autre pareil. Des premières arabesques vocales de *I'm Alive* jusqu'à la reprise intimiste du standard jazz *Nature Boy* qui clôt l'album, Céline Dion fait la démonstration éclatante d'un métier que ses innombrables filles putatives peinent encore à égaler. Impériale de bout en bout, la voix réputée fragile de la chanteuse donne une leçon d'efficacité pop à ses pairs, la maturité d'une mère accomplie en plus.

Qu'importe alors qu'elle attire un record de 90 000 personnes au Stade de France, ou qu'elle honore un engagement de trois ans dans un palace excentrique de Las Vegas avec le Cirque du Soleil. Touché en plein cœur par la grâce de cette voix sans fard, son public n'a pas perdu de vue la simple femme en elle, incarnation contemporaine d'une mère Courage que l'art inné préserve miraculeusement des machinations du business et de la presse à scandale[1]. »

*Le Monde*[2] joue les rapporteurs : Vincent Desautels, chroniqueur télévision du quotidien québécois *Le Devoir*, s'interroge de savoir si Céline Dion est quétaine[3]. Vincent Desautels s'en prend moins aux vertus artistiques de l'œuvre de Céline Dion qu'au personnage public. « Ce qui passe moins bien pour certains, c'est l'image d'eux-mêmes que leur renvoie Céline Dion », argumente le chroniqueur, pointant notamment du doigt le comportement de la chanteuse lors de ses derniers passages télévisés. « Oh-han, wooh, pff, oyoyoye et autres onomatopées bien sonores, clins d'œil complices ou claquements de langue ponctuaient son discours ou tenaient carrément lieu de réponse, en plus des banalités qu'elle a l'habitude de débiter en français comme en anglais. » Plus qu'un simple pamphlet calomnieux, l'article s'achève en interrogation identitaire : « [...] On aimerait tellement que Céline représente davantage, qu'elle soit tout ce que nous voudrions être, qu'elle donne au public l'image à laquelle on aime croire. »

Céline et René arrivent à Las Vegas, le 22 mai, afin de constater l'avancement de la construction du Colosseum. Ils ont acheté une maison à l'est du Strip, du côté de Lake Las Vegas, dans l'agglomération d'Henderson, une banlieue chic, à une vingtaine de kilomètres de la ville qui ne dort jamais. L'environnement est calme, un terrain de golf et un lac artificiel la jouxtent. « La paix est totale, on se croirait dans le sud de la France ou dans une maison à la montagne », se réjouit Céline. La demeure est modeste comparée à celle de Jupiter, mais ils ne vont l'occuper que jusqu'à la fin du contrat signé pour les spectacles. Le logement principal, humidifié à 55 %, comme

1. *Le Temps*, 26 mars 2002.
2. Vincent Fagot, *Le Monde*, 10 mai 2002.
3. A fait son temps, mal dégrossie, fruste, sans manières.

les loges de Céline, comprend quatre chambres à coucher, six salles de bain, trois salons avec cheminées. La maison d'amis a une chambre à coucher et une salle de bain. « C'est la maison la plus petite que nous ayons eue. Mais elle nous convient pour le moment. Plus tard, on y fera des travaux. L'endroit est extraordinaire et c'est ce qui compte », indique-t-elle à *Paris Match*. C'est dans cette maison que René rendra son dernier soupir.

Lorsque son manager a annoncé, au début des années 2000, que Céline s'installerait de façon permanente à Las Vegas pour une série de spectacles, beaucoup ont estimé que cela briserait sa carrière. Or, avec le recul, il est incontestable que ce modèle de contrat, jusque-là inédit, avec la construction du Colosseum du Ceasars Palace, a relancé Las Vegas. *Le Journal de Montréal* se faisait l'écho des oiseaux de mauvais augure : « Bien peu de gens croyaient que l'aventure de Céline Dion à Las Vegas serait couronnée de succès. Les plus pessimistes disaient même que ce serait un deuxième Titanic qui coulerait et que le spectacle ne durerait pas deux mois. Dix ans après l'arrivée de la chanteuse québécoise dans la capitale mondiale du jeu, René Angélil s'est souvenu de la genèse de cette folle entreprise : « Au départ, Céline devait donner un dernier grand spectacle, le 31 décembre 1999, au Centre Molson, avant de prendre un congé d'au moins deux ans afin de faire un enfant. Mais les choses ne se sont pas déroulées comme prévu. Après le spectacle, on avait un 747 qui nous attendait. On a amené 250 personnes, nos amis et nos familles à Las Vegas pour célébrer l'an 2000, se souvient René. Le 3 janvier 2000, on allait voir O au Bellagio. Céline a été séduite par le show. Elle avait été vraiment "débalancée" d'avoir vu un spectacle comme ça. Elle était clouée à son siège après le show. Elle ne voulait plus partir. Elle avait tenu à rencontrer les artistes. Elle leur avait parlé pendant dix minutes, en leur disant à quel point ils étaient bons.

Deux semaines plus tard, on recevait une lettre de Franco Dragone, qui nous disait qu'il était impressionné du fait que Céline ait pris le temps de parler avec les artistes. Et il disait que son rêve à lui était de créer un show avec Céline. Il est venu nous voir en Floride, et lui et Céline ont longuement discuté d'un nouveau spectacle. Il était aussi fou qu'elle. D'après lui, tout était réalisable. Bien vite, ils avaient une idée de show tous les deux. Il suffisait de trouver la place et la personne qui allait mettre une petite fortune pour produire ce show-là. »

René évoque l'idée bien arrêtée qui ne l'avait pas quitté : « Un soir, on regardait la télé avec les parents de Céline. Michael Jackson passait aux American Music Awards et Céline, qui était adolescente à l'époque, nous a dit qu'elle aimerait bien se voir elle aussi sur cette scène. Je lui ai alors fait cette promesse : « Si tu peux faire une interview en anglais, je te promets de te décrocher un contrat avec la même maison que Michael Jackson. » Interview faite ! Promesse tenue !

René connaît bien le Caesars Palace où doit se tenir le nouveau show de son épouse. C'est en cet hôtel qu'ils ont renouvelé leurs vœux de mariage en janvier 2000. Or, il faut savoir que Franco Dragone avait des contacts avec le MGM. « Le premier qui avait cru au Cirque du Soleil, c'était un directeur artistique qui était maintenant au MGM, dit René. Franco se disait donc qu'il allait comprendre ce qu'on voulait faire. Mais j'avais une loyauté envers le Caesars. » René rencontra les équipes du Caesars Palace et du MGM. Toutes deux souhaitaient accueillir le spectacle. « Le MGM avait une salle de 3 000 personnes, mais, dans nos budgets, pour atteindre la rentabilité, il fallait 4 000 personnes. Mais il n'y avait aucun théâtre de 4 000 places à Vegas ! », explique-t-il. Il apprit fort à propos qu'une compagnie québécoise, Scéno Plus, avait conçu le théâtre du Bellagio. Il demanda à son fondateur, Patrick Berger, d'imaginer les plans pour un nouveau théâtre qui serait construit dans le Caesars Palace. « Céline lui a donné ses idées de théâtre, dit René. Elle voulait que ce soit en demi-cercle et que tous les sièges soient bons et très rapprochés. Il y a seulement 115 pieds entre le dernier banc du troisième balcon et le début de la scène. C'est la seule salle comme ça au monde ! Patrick a dessiné le théâtre avec Céline. On a présenté ça au

Caesars et ils étaient d'accord. » Estimée au départ entre 65 et 75 millions de dollars, l'opération coûtera au final 108 millions de dollars.

René rencontre le président du Caesars Palace, l'homme d'affaires Arthur Goldberg. C'est un fan de Céline et il connaît le spectacle O. Il accepte sans problème de financer la production. Hélas, « Il est arrivé un malheur terrible, rappelle René. M. Goldberg est décédé. Et le nouveau président n'avait pas d'expérience dans ces shows-là. Il ne voulait pas mettre d'argent. On parlait de 140 millions de $ d'investissement, pour la préproduction et la production pendant trois ans. Ça ne comprenait pas le coût du théâtre ni le salaire de Céline. C'était une grosse commande pour quelque chose qui n'avait jamais été fait. Nous nous sommes arrangés avec lui. Il était prêt à nous donner le théâtre et une boutique de marchandises, mais il ne mettait pas d'argent sur la production. » Entre-temps, un troisième théâtre avance ses pions, l'Hôtel Aladdin[1]. « Ils avaient entendu parler du meeting que j'avais eu au MGM. Moi, ça ne m'intéressait pas de jouer au Aladdin parce qu'il n'y a jamais un show qui avait marché là. » L'homme d'affaires Phillip Anschutz s'implique dans l'affaire. « Il venait d'acheter une compagnie qui s'appelle Concerts West et il a fondé AEG Live, dit René. Leur premier projet était Céline, au Colosseum. »

René réussit un coup de maître. « C'est parce que je suis joueur que Céline est là où elle est aujourd'hui », rétorque-t-il à ses détracteurs. « Tous les gens du show-business n'y croyaient pas. Ils disaient que 4 000 personnes par soir, à Vegas, c'était trop. Même si Céline était une grosse star, ils lui donnaient deux mois. » Il garde confiance : « Je connais Vegas, car j'y viens depuis 1966, à raison de trois à quatre fois par année. Je connais le public, la tendance. Je connaissais le show que Céline faisait avec Franco Dragone. Je savais que ce serait bon et différent de tout ce qu'on avait vu à Vegas. Ce n'était pas la première fois que je croyais en Céline. En partant, avec sa carrière, quand je

1. Aujourd'hui Planet Hollywood.

disais à tout le monde qu'elle serait une vedette aux États-Unis, je passais pour un fou au Québec. » Ses amis sont à 100 % avec lui. Son bon sens en affaire les épate. Louis Hechter, le coiffeur attitré de Céline – il appelle René affectueusement « pôpa » –, souligne son côté « gosse joueur », spécialiste en canulars et bons coups : « Pôpa est resté un enfant ». Pierre Labelle narre avec délectation ses exploits : « René a déjà "acheté" le Radio City Hall de New York en se faisant passer pour un richissime Européen. Il pouvait passer une journée entière à monter un coup au téléphone. C'est un pince-sans-rire extraordinaire. » Lors des premiers projets, un contrat d'un an et demi avait été conclu. Angélil révise sa projection sur l'avenir : « Mais plus on avançait dans la production et plus ça n'avait pas d'allure avec les chiffres. Le contrat est monté à deux ans. Mais, encore là, juste avant de présenter le projet, il y a eu d'autres chiffres et ça ne marchait pas non plus avec deux ans. On faisait des prédictions avec 70 % d'occupation de la salle. Ça nous prenait trois ans. » Va pour trois ans !

Cet amphithéâtre, dont la structure et la façade de forme ovale sont inspirées du Colisée de Rome, d'où la salle tire également son nom, conçu spécialement pour Céline, peut accueillir 4 148 spectateurs. Le cadre de scène se déploie sur 36,5 m de largeur, sur 13,4 m de hauteur. La scène de 2 086 m$^2$ est inclinée de 5,6 degrés, ainsi l'ensemble de la surface du plancher est visible depuis tous les sièges, même ceux de la fosse d'orchestre. Cette configuration rapproche physiquement les artistes du public. Elle crée des défis tant chorégraphiques que physiques pour les artistes. Le plus grand écran LED intérieur en Amérique du Nord permet un jeu de décors virtuels à l'intérieur desquels se déploie le spectacle. Tout a été pensé dans les moindres détails. On compte 139 haut-parleurs, dix ascenseurs pour les artistes, des loges, des vestiaires, une salle d'entraînement, une salle de sport, des ateliers de confection pour les habilleuses et les décorateurs, des salles de maquillage, des salles de bain, le bureau de René, une loge de 750 mètres carrés pour Céline, une immense garde-robe, une cuisine tout équipée, un salon de massage où Rollande Savard Soulière peut administrer des traitements d'électrothérapie à Céline, car les muscles de son dos et de ses jambes sont soumis à dure épreuve sur le plancher incliné. Et sans nul doute, le plus essentiel aux yeux de la maman-chanteuse, un appartement adjacent à l'espace scénique, constitué d'un salon colossal, deux salles à manger, une salle de bains, une chambre pour René-Charles, une pour Céline. Il lui permet de passer de son statut de maman à celui d'artiste. René, à la demande de sa femme, a veillé à ce que la décoration de « l'annexe » du Colosseum soit identique à celle de leur maison d'Henderson afin de ne pas perturber l'enfant. Être au plus près de son fils toujours et en tous lieux, telle est sa priorité. Le show exigeant qu'elle prépare ne doit en aucun cas troubler la prime jeunesse de René-Charles. « Après avoir, pendant vingt ans, chanté sur scène mes chansons en donnant le meilleur de moi-même, j'avais envie d'aller plus loin, explique-t-elle[1]. Je ne voulais plus revenir sur scène en apportant la même chose que ce que j'ai fait auparavant. J'étais curieuse d'autre chose. Le spectacle O de Franco Dragone m'a montré quelque chose de magique. Il m'a ouvert une porte. Nous travaillons maintenant ensemble et je sais qu'il est capable de sortir de moi des choses que je ne soupçonnais pas. » Le metteur en scène justifie leurs choix : « Nous voulons faire un spectacle à la hauteur de sa voix. L'histoire, c'est Céline. Notre source d'inspiration, c'est Céline. Ce que nous voulons, c'est susciter l'imagination. En créant un univers et des tableaux, titiller l'émotion du public. » René, de sa voix légendaire, appuie ce pari fou : « Au poker, quand t'as un as dans ton jeu, faut que tu mises gros. » En attendant le grand jour, *One Heart*, l'album pop, est enregistré aux Echos Beach Studio de Floride. Ironie tragique, moins d'une heure avant d'entrer dans la cage de verre pour la première prise du single *I Drove All Night*, reprise de Roy Orbison, Céline a la confirmation qu'un kyste a explosé dans son ventre et que son

1. *Le Soir*, 24 mai 2002.

père est atteint d'un cancer... Comment ne pas être déstabilisée ? Comment sa voix peut-elle ne pas en être affectée ? Il faut aller puiser bien loin en soi pour dompter la peine, l'angoisse, le stress. Le prix du bonheur est-il toujours assorti de taxes assassines ?

Adhémar et Thérèse vieillissent. « J'aimerais être la dernière à m'en aller, avait confié Maman Dion à Pierre Plante[1]. Survivre à Adhémar, parce que, de cette façon, je pourrais prendre soin de lui et le soutenir jusque dans ses derniers moments. Après, je demanderai au Bon Dieu de venir me chercher. À mes yeux, ce serait le scénario parfait. Je ne voudrais pas mourir avant mon mari, surtout s'il devait tomber malade et s'il devait être dépendant de nos enfants. Présentement, nous nous arrangeons très bien tous les deux et nous nous imaginons mal l'un sans l'autre. Chaque jour, nous remercions le Bon Dieu de nous accorder la chance de passer une autre belle journée ensemble. Et nous nous faisons un devoir d'en profiter pleinement. » Cette étape dans leur vie n'est pas facile à accepter pour la dynamique Gaspésienne dont le sens des affaires l'avait menée à commercialiser ses créations culinaires, *Les Pâtés Maman Dion*, dans les années 1990. Cependant, elle laisse sa carrière télévisuelle de côté pour se tenir au chevet d'Adhémar, hospitalisé à domicile. Il est plaisant de se souvenir de cette aventure épatante menée par l'intrépide Thérèse et réaliser l'un de ses rêves : « gagner son propre argent. » Alors qu'elle assure la promotion, dans la province, de ses Pâtés Maman Dion, elle fait un tabac sur le plateau de Julie Snyder, dans l'émission *Le poing J.* « On était en direct et elle était tellement drôle, se souvient l'animatrice. Elle ne s'adressait plus à moi, elle faisait face au public. Et quand son temps sur le plateau était écoulé, elle continuait. Ce jour-là, c'est elle qui avait le plancher. » Julie Snyder lui propose d'animer sa propre émission culinaire. « Elle m'a dit que ça faisait des années qu'elle attendait ça ! »

1. Pierre Plante, 1999.

Aussitôt dit, aussitôt fait ! À 71 ans, Thérèse commence sa carrière d'animatrice ! Rigoureuse, disciplinée, appliquée et impliquée, telle la maman qui mettait tout son cœur à cuisiner pour sa nombreuse famille, connaissant les difficultés rencontrées par les ménages modestes, pleine de bon sens, Thérèse livre ses trucs et astuces afin de régaler les convives avec des mets goûteux et réjouissants. C'est l'euphorie sur le plateau ! Pendant trois saisons, à compter de 1999, accompagnée de son co-animateur Éric Salvail, elle pilote l'émission *Maman Dion*, présentée sur TVA et produite par Productions J. Elle reçoit de nombreuses vedettes, confectionne avec elles quantité de recettes : la cipaille de Maman Dion, la fondue au cheddar et aux tomates, les biscuits au beurre du temps des fêtes, le gâteau pour homme, les sfiha libanais et les yabrak avec sa fille Céline, bien sûr. Elle ponctue ses interventions de souvenirs familiaux. Du temps où ses quatorze enfants étaient jeunes, elle débordait d'énergie pour organiser une grande fête familiale à la Noël. Elle faisait tout elle-même. De ses mains, elle cousait ou tricotait des cadeaux utiles, concevait les décorations, préparait la nourriture : « Dans le temps, Noël commençait le 24 décembre et ça finissait après le jour de l'An. On faisait beaucoup de musique. Mon mari sortait l'accordéon et, moi, entre deux épluchages de patates, je jouais du violon et de la mandoline. C'est là qu'on s'est aperçu que nos enfants avaient du talent. Paul jouait du piano, Jacques de la guitare, Clément de la batterie et les filles chantaient. Quand ça se chicanait un peu, je les calmais en les faisant chanter en canon. » Elle mettait le nez dans ses casseroles, cuisinait son fameux six-pâtes, rempli de cinq sortes de viandes, et son délicieux gâteau blanc chaud, couvert de sucre à la crème.

Le cœur bien lourd, Céline participe à la cinquième édition du spectacle *VH1 Divas Las Vegas*[1], en compagnie de Cher, Shakira, les Dixie Chicks. Elle reprend *You Shook Me All Night*

1. 23 mai 2002.

*Long*, d'AC/DC, avec la jeune Anastacia. Elle dévoile une étoile à son nom devant le Forum Pepsi[1] de Montréal, assiste au Palais des Congrès, à Paris, à la nouvelle comédie musicale de son ami Luc Plamondon, *Cindy*[2]. Les élèves de la deuxième saison de *Star Academy*, émission de TF1, ont l'insigne honneur d'interpréter avec elle un pot-pourri de ses titres francophones en direct. Les apprentis chanteurs peinent à la suivre, à maintenir la justesse de ton. Céline se lance dans des ad libs salvateurs afin de sauver le morceau. Elle enregistre, à Paris, le clip *Goodbye's the saddest word*[3], rejoint la Belgique le 15 octobre, et prend possession d'une location à La Louvière, ville d'origine de Franco Dragone. Les répétitions pour son spectacle de Las Vegas peuvent commencer. Elle est détendue, sereine. Sa sœur Linda nounou de René-Charles, elle peut travailler sans culpabiliser, elle sait son fils entre de très bonnes mains. Se séparer de René-Charles, avec lequel elle nourrit une totale symbiose, est au-dessus de ses forces, c'est pourquoi elle a loué une maison à la campagne où son époux et son fils l'attendront en toute quiétude. « La chanteuse a reçu un accueil triomphal en début de soirée. Elle commence les répétitions dès ce mercredi », annonce le journal. « Bousval. Les fans courageux qui, des heures durant, avaient bravé la petite bise d'automne et l'incertitude furent récompensés, hier en début de soirée. Quelques semaines après la date annoncée, Céline Dion est enfin arrivée en Belgique, à Bousval, où elle va résider durant un mois minimum. Le secret avait été bien gardé, mais dans la journée, le ballet des voitures aux vitres teintées et le retour précipité de Franco Dragone avaient mis la puce à l'oreille de ceux pour qui la Canadienne n'a plus de secret. Mardi matin, pourtant, tout était calme, dans le village du Brabant wallon. [...] En début d'après-midi, comme pour s'assurer que tout est en ordre, un des gardes du corps de Céline Dion vient jeter un œil à la maison. Suivent une camionnette des productions

1. Jadis le Forum de Montréal, le temple du sport, 26 septembre 2002.
2. 1er octobre 2002.
3. 12 et 13 octobre 2002.

Dragone, frappée du logo Las Vegas 2003, puis une autre, celle du fleuriste Le lys d'or. Vers 19 heures, enfin, une Mercedes aux vitres teintées est en vue. Les badauds s'en approchent, délaissant du regard une camionnette bleue. C'est pourtant à bord de ce second véhicule que Céline Dion franchira les grilles de sa maison. Quelques instants plus tard, elle ressort, pour signer des autographes et répondre aux questions de quelques journalistes présents. Dans l'attroupement, quelqu'un lui demande même de chanter quelques notes. "Je n'ai plus de voix", dit-elle en souriant et sans se départir de lunettes de soleil qui lui mangent le visage. "Je suis un peu fatiguée, mais contente de m'installer ici pour un mois, pour pouvoir répéter et travailler dans de bonnes conditions. L'accueil est formidable. D'ailleurs, je n'ai pas même encore eu le temps de visiter vraiment la maison. Il va falloir faire découvrir la maison au bébé, lui montrer la chambre qui sera la sienne pour un petit bout de temps[1]." »

Elle travaille dans des conditions idéales. Les répétitions fédèrent le groupe. Chaque jour, ils s'échauffent, transpirent, vivent, mangent ensemble. Ils respirent l'art et la création. Franco Dragone a une méthode bien à lui. Il utilise les danseurs « comme des machines ». Cela les sécurise de se retrouver dans cette situation. Il est des plus enthousiastes et rassurants : « Ce que nous ferons tous les deux avec Céline sera fantastique. Un subtil équilibre entre la chanson, la danse et le théâtre. Un mélange entre la réalité virtuelle et le live. Les artistes évolueront devant un des plus grands écrans jamais vus et nous utiliserons des techniques que nul n'a encore utilisées dans le monde entier. » Elle s'entraîne intensément, se découvre une passion pour la danse et fait beaucoup de stretching, de ballet. « Céline est très théâtrale, dit René. Elle s'est tout de suite sentie à l'aise en répétition avec les 50 danseurs. Ils se sont liés très rapidement. Elle disposait des meilleurs professeurs de danse pour apprendre les chorégraphies et pour s'entraî-

1. Isabelle Monnart, 16 octobre 2002.

ner. Elle devait être au meilleur de sa forme pour donner cinq représentations par semaine[1]. » Elle annonce, en conférence de presse : « Pour la première fois, je vais prendre le temps de préparer un spectacle, de m'y impliquer autrement que quelques jours avant la représentation en prenant mes valises pour les transporter d'un endroit à l'autre[2]. » Laurent Boyer orchestre la « Soirée spéciale » *Céline Dion à tout prix*[3] de la chaîne M6. Il déroule le fil de sa carrière grâce à des documents d'archives. Elle joue le jeu à fond : « Revoir ce que je fais, ce que je vis, ça me touche beaucoup, c'est un beau cadeau. [...] Revivre ces émotions que j'ai peut-être pas eu le temps de vivre par le passé... c'est très émouvant pour moi de voir mes parents, ma famille et les gens que j'aime, les gens qui ont su mettre des mots sur les émotions que j'ai vécues », constate-t-elle. David Douillet, Hugues Aufray, Jean-Jacques Goldman, Dany Brillant, Patrick Bruel, Julie Snyder, Gérald de Palmas, Michel Drucker, Patrick Fiori, Luc Plamondon, Garou, Laam, Maurane, etc. Ils sont tous venus pour lui décerner des prix et la congratuler. Elle conclut ces deux heures de chansons et de louanges : « Merci à vous tous d'avoir chanté avec moi, à travers ces années, de m'avoir donné la voix justement, de m'aider à trouver le souffle et le support de chanter. [...] Quand on a treize ans, on se trouve un peu moche et quand on a trente-quatre ans on trouve que la vie est extraordinaire et on est vraiment beaux, nous tous. »

L'année 2003 sera pour Céline riche en émotion avec plusieurs moments clés de sa vie : elle lance sur le marché deux nouveaux albums dans ses deux langues de prédilection, le français avec *1 Fille & 4 types* et l'anglais avec *One Heart*. Elle présente son premier parfum. Elle débute son spectacle-marathon de trois ans *A New Day Has Come* à Las Vegas, qui rapportera en à peine neuf mois, 80,5 millions de dollars générés par les

1. Documentaire *Toute une vie*, TVA Canada 2005.
2. *Le Soir*, octobre 2002.
3. 22 novembre 2002. Émission enregistrée le 10 octobre 2002.

ventes de billets, atteignant ainsi la 2e place des concerts les plus rentables donnés en 2003 aux États-Unis. Le succès est énorme. Malheureusement, elle a la douleur de perdre son père.

Elle commence fort. Juste avant le début du match Super Bowl à San Diego, Californie, elle chante *God Bless America.* Près de 90 millions de téléspectateurs américains regardent sa prestation en direct[1]. Deux heures de vol en jet privé la ramènent ensuite au Nevada.

Céline est depuis sa prime jeunesse sensible aux odeurs et aux parfums. Elle confie aimer « la senteur du musc et des bois qui me rappellent mon enfance. Mon père était bûcheron, et, chez nous, il y avait toujours du feu dans la cheminée. C'est une odeur qui me réconforte et qui me calme énormément. [...] J'adore le mimosa. Pour moi, c'est la fleur du bonheur. » Ainsi lui vient l'envie de lancer son premier parfum. Elle reçoit la presse, avec les représentants de Coty Beauty, au Caesars Palace de Las Vegas, pour présenter *Celine Dion Parfum*[2]. Ce premier jus, élaboré par la maison Coty, est un floral-fruité, délicat, à base de fleurs de tiaré, pêche blanche, baies rouges, fleur d'oranger, coquelicot, contenu dans un flacon classique aux facettes biseautées. Trois millions de flacons seront vendus en deux ans ! Devenue mère, l'odeur qui l'émeut le plus est celle de René-Charles : « C'est une odeur indescriptible et qui va au-delà de l'amour. Si je le pouvais, je l'enfermerais dans une petite bouteille et j'en mettrais tout le temps. Cette émotion-là est quelque chose de très fragile et, en même temps, de super fort. » Céline est loin d'être novice dans les affaires. Sous la conduite de René, ses incursions dans le business ont commencé par des prises de participation dans Pure, un des night-clubs du Caesar's Palace aux côtés d'André Agassi, Steffi Graff et Shaquille O'Neal, et bien sûr dans Les Productions Feeling Inc, l'agence de management d'artistes créée par René.

D'année en année, le groupe Coty concevra quantité de fragrances différentes au nom de la star. *Notes* est présenté au

1. 26 janvier 2003.
2. 31 janvier 2003.

public (2004), puis *Memento* (2005), *Belong* (2005), *Always Belong* (2006), *Enchanting* (2006), *Paris Nights* (2007), *Spring in Paris* (2007), *Sensational* (2008), *Sensational moment* (2008), *Chic* (2009), *Spring in Provence* (2009). À l'occasion de la promotion de *Pure Brillance* (2010), Céline se livrera encore davantage : « Après *Chic*, je voulais revenir à un parfum moins show-business et moins paillettes, qui exprime mon énergie du moment, le bonheur intérieur. » Elle justifie ces choix : « Chacun de mes parfums est le reflet de la période de ma vie où il a été créé. En ce moment, je suis en vacances dans notre maison de Floride, au bord de la mer, entourée de ceux que j'aime. Je me repose. Et comme j'ai dans mon ventre deux petits bébés, je me laisse bercer par la vie. J'ai l'occasion de jouir de la nature et de la beauté qui m'entourent. Je passe du temps en famille et c'est ce qui m'énergise. *Pure Brillance* est donc basé sur la force intérieure et la beauté d'être une femme. Délicat et féminin, il se laisse porter facilement. Je n'avais pas du tout envie de quelque chose d'ostentatoire ou de glamour. On est loin du côté dynamique et rock'n'roll des tournées. » Elle s'implique énormément, comme dans tout ce qu'elle entreprend : « Je sais ce que je veux et ce que j'aime. C'est là que mon côté créatif ressort. Que ce soit pour le choix des essences du parfum, du flacon, des vêtements sur la photo et de la sélection de la photo, je collabore avec la maison Coty, qui produit le parfum. Et c'est cet aspect créatif que j'aime. C'est sûr que c'est agréable d'avoir un parfum à son nom, mais, en ce qui me concerne, le plaisir est dans la conception. [...] Dans le flacon se concentrent des essences de bois, de feu, de fleurs, mais surtout une simplicité qui me correspond et me caractérise très bien aujourd'hui. » *Simply Chic* (2010) rejoint la gamme, puis *Signature* (2011), *Sensational Luxe Blossom* (2013), *All for Love* (2014). Ses parfums en licence avec Coty généreront près d'un milliard de dollars de ventes au détail, essentiellement en Amérique du Nord. « Un schéma classique, outre-Atlantique, où les chanteurs de R'n'B et les rappeurs afro-américains se servent de leur succès dans la musique pour commercialiser des produits "dérivés" que leurs fans achètent pour s'approprier un peu de l'image de leurs idoles », résume Marck Ronzier, patron de l'agence de communication et relations publiques L'Appart dont les clients évoluent dans la mode. Mais comme dit René : « D'abord avoir du plaisir ; si l'argent rentre, tant mieux. »

Elle reprend les entraînements plusieurs heures par jour à Las Vegas. René la préserve des journalistes et des critiques : « Je ne regardais pas les journaux, mais il paraît qu'on disait que ça allait être la fin de ma carrière. Mais il faut prendre des risques. Et on n'était pas tous seuls là-dedans. Il y avait AEG, le Caesars Palace, le Colisée, toute la gang. Mais c'était toute une aventure. » C'est un tout nouveau registre pour elle, à la fois vocal, très physique, visuel, avec beaucoup de danse, de la magie. « J'avais besoin de revenir dans le show-business avec quelque chose de différent, confie-t-elle en interview. J'ai fait des théâtres, j'ai fait des Arena, j'ai eu le kick[1] de faire des stades. Ça a été rock and roll, ça a été émouvant, ça a été très coloré tout ça. J'ai arrêté pendant deux ans, j'ai pris goût à la vie. Qu'est-ce qui va me motiver de retourner sur scène ? À chanter une chanson l'une après l'autre encore ? J'avais envie de quelque chose qui me donne envie de retourner sur scène tous les soirs. Et ça, ça m'arrive actuellement. C'est la raison pour laquelle je continue et que je fais ça. » Un communiqué de presse révèle que « cette création d'un genre nouveau réunira pour la première fois le récital, le théâtre, le cirque, la comédie musicale et le spectacle multimédia ».

Les possibilités vocales de Céline, soprano, sont presque illimitées. Elle a chanté sur cinq octaves, à peu près tous les rythmes, et ce dans une dizaine de langues, passant avec aisance de la pop au jazz, du R&B à l'opéra. René veille sur ce bien si précieux. Un spécialiste de la voix demeure aux côtés de son épouse en permanence. Il exige, par contrat, que la loge de Céline soit maintenue à une température constante de vingt-deux degrés.

1. Avoir le béguin.

Au Caesars Palace, la salle et les loges sont dotées d'une climatisation révolutionnaire. L'air que respire Céline est constamment humidifié, d'ailleurs en regardant attentivement le spectacle, on remarque une fine bruine qui l'entoure sur scène. Les jours de concerts, elle travaille sa voix durant une heure. Les jours de repos, elle s'astreint à 15-20 minutes d'exercices. Elle fait des gargarismes à l'eau chaude additionnée de sel et de bicarbonate de soude. Cela semble contraignant, mais elle ne voit pas les choses de cette façon : « Est-ce que je serais capable aujourd'hui de me trouver sur le marché du travail et de faire un job normal ? Oui. Ce serait dur – travailler de 9 à 5, cinq jours par semaine, c'est dur pour tout le monde – mais j'ai mon fils, ma famille. Je sais bien que je ne pourrais pas gâter ma famille autant, mais je peux passer à travers pas mal de choses, parce que je suis une fille en santé, j'ai un grand cœur, et la tête à la bonne place. »

Une question préoccupe les oiseaux de mauvais augure. Quel sera le comportement de son manager à Vegas ? Saura-t-il résister à la drogue du jeu ? Barbara Walters avait anticipé en posant ses questions à Céline.

— Dans le passé, René, selon les rapports des tabloïds, a perdu des millions de dollars au jeu.

— Je n'ai pas fait les comptes. Ils en savent plus que moi, rétorque Céline.

— De nombreuses histoires prétendent que le problème est sérieux.

— René est un joueur. Bien sûr qu'il l'est. Et je suis heureuse qu'il le soit... Parce qu'il a hypothéqué sa maison pour me faire faire mon premier album quand j'avais 12 ans. C'est probablement le plus gros pari qu'il ait jamais fait.

— Il y a des rumeurs selon lesquelles il aurait perdu 10 millions de dollars.

— La vérité, c'est que ce n'est pas vrai. C'est un joueur, mais il est plus intelligent.

— Comment envisagez-vous la question ?

— Lorsque nous irons à Las Vegas, il va jouer. Je voudrais qu'il s'amuse. Mais nous allons nous organiser. Nous allons avoir l'argent pour jouer. Nous allons mettre cela de côté, et il va jouer cet argent... C'est comme moi avec le shopping.

Sa préoccupation pour l'heure est de gérer son stress, ça lui prend tout son petit change[1] de se séparer, même pour quelques heures, de son fils. À l'angoisse de quitter René-Charles s'associe un fort sentiment de culpabilité. Elle a le sentiment de l'abandonner. Elle a beau se raisonner, une terrible tristesse l'envahit, même si elle a créé un climat de sécurité et de sérénité autour de cette séparation en communion avec René et sa sœur Linda. Son entourage la rassure, elle a suffisamment de bon sens pour se donner les moyens de vivre de façon positive cette séparation. Sa résidence à Vegas va lui permettre de se consacrer à sa famille après des décennies de tournées et de déployer tous ses talents. « C'est l'occasion dans ma carrière de chanteuse de présenter des tableaux à mes admirateurs. Je ne veux pas me contenter de chanter, je veux que chacune des chansons de ma carrière s'associe à une image. C'est mon côté théâtral », affirme-t-elle.

Résider à Vegas ? Est-ce vraiment y vivre, y respirer ?

La première fois que j'emprunte, en voiture, le Strip, sur six kilomètres, depuis le sud jusqu'à la tour Stratosphere au nord, je suis saisie par le capharnaüm architectural entre modernité et kitch, la circulation incessante. Le lendemain, le tramway facilite mon expédition, car il s'agit bien d'une expédition. Si la démesure et l'extravagance me font sourire, le bruit continuel, la chaleur étouffante, les trottoirs impraticables m'obligent à m'engouffrer dans les casinos-hôtels aux passages climatisés pour un parcours plus confortable de l'un à l'autre. Le Louxor me transporte en Égypte tant à l'extérieur qu'à l'intérieur de ses structures, avec sa grande pyramide, son énorme sphinx, son obélisque, ses temples, la reproduction de la tombe de Toutankhamon grandeur nature. Je prends le temps de m'arrêter au Bellagio, haut lieu du poker international, fréquenté

1. Demande beaucoup d'effort, d'énergie, de ressources.

par les plus grands joueurs de la planète, où René Angélil a disputé le WPT Five Diamond World Poker Classic... Perchée au-dessus du Lake Bellagio, en observant le spectacle de fontaines musicales et jets d'eau, je me demande comment Céline parvient à subsister au milieu de tout ce cirque. Derrière le hall, une gigantesque serre abrite le Botanical Garden, où les fleurs sont remplacées tous les quinze jours. C'est beau, c'est frais, mais tellement décalé au milieu du reste. Par la sortie vers Flamingo Road, je rejoins le Caesars Palace, traverse son esplanade et franchis l'entrée. Sur la portion allant du carrefour de Flamingo Road jusqu'à celui de Spring Mountain Road, dix casinos se font face ! C'est hallucinant ! Effervescence jour et nuit dans la ville qui ne dort jamais ! Quel contraste avec les grands espaces québécois chers au couple Angélil ! Comment la petite fille de Charlemagne peut-elle survivre ici ? J'ai laissé derrière moi le Bacchanal Buffet, avec vue sur les Temple Pool, Neptune Pool et Venus Pool... Le Forum Shop m'engloutit. Cet immense centre commercial, à la décoration Rome antique, compte une sélection de boutiques de luxe, de restaurants, et un aquarium géant avec spectacle d'animatronique et de pyrotechnie. Un autre monde... Le cliquettement de mes talons sur le marbre et les mosaïques me rappelle à la réalité. Je suis au Nevada, terre aride brûlée par le soleil... Aux portes de la ville, les parcours de golf ont fleuri en plein désert...

Enfin, le 25 mars, a lieu la première du spectacle *A New Day Has Come*. Une montée d'adrénaline submerge Céline. « Elle était très nerveuse. Tout le monde était très nerveux, constate René, c'était fantastique. » La soirée est présentée par Oprah Winfrey, icône culturelle américaine, personnalité télévisuelle incontournable. Lorsqu'elle donne son aval à un show, les Américains la suivent, car elle a créé autour de son nom une sorte de marque, à l'influence considérable aux États-Unis. Née en 1954 à Kosciusko (Mississippi), Oprah Gayle Winfrey, issue d'une famille dans le besoin, agressée sexuellement dans son enfance, mère à 14 ans d'un enfant mort-né, devint reporter télé à 19 ans, à Nashville (Tennessee). Elle a interrogé, de 1986 à 2011, plus de 30 000 invités, et créé sa propre chaîne OWN[1]. Céline, cheveux courts blonds, nouveau look, est entourée par une équipe de production exceptionnelle : 164 musiciens, danseurs, techniciens, maquilleuses, habilleuses, etc. Elle craint que le public ne soit pas au rendez-vous de toutes les représentations. Ça sent encore la peinture fraîche dans le Colosseum ! « Tout va être correct », la rassure René. Il faut bien avouer que lancer une résidence de trois ans requérait une sacrée dose d'audace. René n'en manque pas, mais il a tout de même évoqué le « facteur risque » de ce pari avec Mégo, lors de la négociation de son contrat. « Sa crainte était de ne pas remplir les salles », dira le directeur musical. Le réalisateur Stéphane Laporte se rappelle l'euphorie, la confiance, mais aussi la nervosité de René. Pour lui, « triompher dans cette ville où les casinos sont rois et les golfs sont maîtres était un rêve d'adolescent. Jeune, il ramassait ses économies pour aller jouer à Vegas… et il revenait, comme bien des gens, en ayant perdu sa chemise ! Vegas était déjà comme une deuxième maison pour lui. »

Les spectateurs, parmi lesquels on remarque des personnalités de Hollywood et du Québec, David Foster, Paul Anka, Tim Allen, Dick Clark, Jane Seymour, Lance Bass (N'Sync), Josh Groban, Kathy Griffin, David Hasselhoff, Luc Plamondon, Guy Laliberté, Garou, sont ébahis par l'audace des effets spéciaux. Conçus par Dirk Decloedt, de concert avec Dragone et le scénographe Michel Crête, ils sont projetés sur un écran LED servant de toile de fond au spectacle. Une tracasserie se produit. Céline en professionnelle accomplie rattrape le truc avec une simplicité désarmante comme à son habitude. Le public ne voit rien. Après un changement de costume, elle apparaît sur scène, pieds nus. Impossible de mettre la main sur ses chaussures ! Oubliées quelque part ou déplacées par une habilleuse ? Mystère... *Show must go on!*

1. Oprah Winfrey Network.

Pendant *I'm Alive*, le corps complet des 48 danseurs occupe toute la scène fortement inclinée, qui se transforme en une réplique colorée de Times Square la nuit. L'auditoire est chipé ! « C'est l'un des plus grands talents que vous pourrez entendre de toute votre vie. C'est un talent naturel prodigieux », commente l'actrice Kathy Griffin. La méthode de René : « Il faut faire du jamais-vu et du jamais-entendu » a de nouveau fait ses preuves. « Nous avons tous trimé dur pour en arriver là, dit Céline, mais il faut toujours travailler fort pour mériter ce que nous avons. Mais je ne me plains pas, c'est normal[1]. » Le journaliste Hugo Dumas, à la sortie du spectacle, est témoin d'une scène d'euphorie hilarante : « Luc Plamondon, complètement charmé par ce qu'il venait de voir, et après avoir bu une bouteille de champagne et demie, avait sauté dans la fontaine du Caesars tout habillé ».

Les pisse-vinaigre se manifestent : « Le 25 mars 2003, devant une constellation de vedettes, avait lieu la première du "spectacle musical à grand déploiement" de Céline Dion intitulé *A New Day...* à l'amphithéâtre Colosseum du Caesars Palace Hotel and Casino à Las Vegas, écrit Erin Hurley[2]. Malgré les efforts d'une équipe artistique et publicitaire réunissant de grands talents, il régnait une ambiance générale d'incertitude. Les producteurs et les spécialistes de programmation parlaient ouvertement aux journalistes de leurs appréhensions quant à la capacité de Céline Dion de vendre 4 000 billets par soir, cinq soirs par semaine, pendant trois ans. Est-ce que ses admirateurs feraient le pèlerinage jusqu'à Las Vegas pour la voir en concert ? Un spectacle permanent lui procurerait-il de nouveaux admirateurs (ou du moins des acheteurs de billets) en dehors du flot touristique de Las Vegas ? Et quel rôle la spécificité culturelle de Dion, qu'on identifie d'abord au Québec, pourra-t-elle jouer dans cette ville que de nombreux commentateurs ont définie comme la quintessence des villes américaines ? »

1. Documentaire *Toute une vie*, TVA Canada 2005.
2. *Celine Dion's Las Vegas Aesthetics*.

Emmanuel Marolle[1], sous le titre « Céline Dion s'installe pour trois ans à Las Vegas », n'est pas convaincu : « Elle s'apprête à entamer un marathon. Céline Dion s'engage ce soir pour trois ans de concerts à Las Vegas. La star québécoise, qui fêtera dimanche ses 35 ans, donnera près de 600 représentations dans une salle de 4 000 places. L'arène, spécialement conçue, aura coûté en tout 245 millions de dollars. Et pour le spectacle intitulé *One Heart*, qui affiche déjà complet pour deux mois avec 250 000 billets vendus, la production a prévu de sortir les grands moyens : le plus grand écran géant d'Amérique du Nord servira de fond de scène et le récital sera agrémenté d'effets spéciaux en tout genre... comme des pianos volants. Un show à l'américaine, inévitablement, tout comme le nouvel album de Céline Dion. Disponible depuis hier en France – il ne sort qu'aujourd'hui aux États-Unis –, ce disque en anglais, lui aussi baptisé *One Heart*, a effectivement été conçu avant tout pour le marché américain. Les Français, eux, pourraient bien rester sceptiques face à ce fade produit de variétés anglo-saxonnes saupoudrées de rythme dance. Il suffit de jeter une oreille au premier single *I Drove All Night*, reprise de Roy Orbison, mise à une sauce techno périmée. *Love Is All We Need*, censé être une bombe electro-funk, sonne comme du sous Jennifer Lopez tandis que *Faith* et *One Heart* se contentent de rappeler Shania Twain. À vrai dire, à l'écoute de cet album, on pense beaucoup à d'autres interprètes, mais peu à Céline Dion dont les qualités vocales se trouvent noyées dans des chansons outrageusement formatées. Heureusement, quelques ballades sauvent le tout, dont *Je t'aime encore* (les seuls mots chantés en français), coécrit par Jean-Jacques Goldman qui a planché sur le prochain album francophone de la Québécoise. On préférera attendre ce nouveau disque prévu avant la fin de l'année et oublier très vite ce *One Heart*, qui manque justement de cœur. »

En effet, le jour de la première, est mis en vente l'album studio *One Heart* dont une des chansons, *I Drove All Night*, parue en

1. *Le Parisien*, 25 mars 2003.

février, sert de jingle à une campagne publicitaire pour le fabriquant d'automobiles Chrysler. Un critique à propos de *A New Day...* affirme : « Mme Dion est aussi dépourvue d'idiosyncrasie vocale qu'il est possible de l'être[1]. » Son manager constate : « Il faut toujours la défendre. Mais aujourd'hui les preuves sont faites, Céline fait ce qu'elle aime, elle présente un spectacle de grande qualité, elle a ses fans et nous avons ce bonheur commun, le petit garçon que nous avons tant souhaité. [...] On avait le même rêve tous les deux. [...] J'essaie de l'entourer avec ce qu'il y a de mieux, parce que je l'aime comme artiste et comme femme. » Heureusement, Céline ne tient pas compte des critiques : « Je suis un peu comme un cheval avec des œillères. Je me concentre sur ce que j'ai à faire et je n'écoute pas tout le monde, parce que c'est sûr que je deviendrais folle et que je perdrais les nerfs. »

Philippe Néricault dit Destouches, déjà au XVIII^e^ siècle, constatait : « La critique est aisée et l'art est difficile. C'est là ce qui produit ce peuple de censeurs, et ce qui rétrécit les talents des auteurs. » Il est donc commode à Erin Hurley d'analyser le spectacle : « La première partie de *A New Day...* offre la puissance d'un hymne à la Mariah Carey (*The Power of Love*), la théâtralité de type Broadway-rock à la Meatloaf (*It's All Coming Back to Me Now*), ainsi qu'un air plus moelleux rappelant les standards de Nat King Cole (*Nature Boy*). Son spectacle de Las Vegas s'ouvre donc avec des reproductions du son d'autres personnes, reproductions qui ont fait d'elle l'artiste féminine la plus populaire sur le plan des ventes. Il se termine par le même genre de numéro de ventriloque alors que Céline s'approprie le style d'autres [...] des artistes qui affichaient, eux, une distinction idiosyncrasique indéniable. » Effectivement, elle assume ses choix : « Je vais chanter les chansons des plus grands chanteurs de tous les temps », dit-elle durant le show alors que les écrans numériques accomplissent la magie de duos hologrammes.

1. *New York Times*, mars 2003.

L'environnement visuel est plus sombre durant la partie centrale, amorcée et conclue par deux chansons sensuelles, *Seduces Me*, et *I Surrender*, avec une scénographie d'arrière-plan flamboyante. « Le changement de tonalité à mi-parcours met une fois de plus en lumière la norme de Céline Dion : de manière significative, c'est la simulation que la structure fait apparaître en tant que norme, affirme Erin Hurley. Ainsi, Céline Dion est le plus « elle-même », le plus « typiquement Céline » lorsqu'elle simule quelqu'un d'autre. [...] Dans la troisième partie du concert, elle convoque Frank Sinatra (qui a longtemps occupé la salle du Caesars Palace) pour chanter *All the Way* en duo virtuel, évoque Stevie Wonder par une reprise de *I Wish* et invoque Tina Turner (qui a aussi chanté au Caesars dans les années 1970) dans une version de *River Deep, Mountain High*. Line Grenier[1] insiste : « Ce manque de personnalité de la voix, de même que la versatilité de cette dernière, installent encore une fois "Céline" dans le domaine du simulacre, là où tout n'est qu'effet de surface. »

Peine perdue pour les détracteurs, il est devenu évident que Céline a gagné ce pari fou et porté les spectacles de Las Vegas à un niveau supérieur, grâce à sa technique vertigineuse, sa puissance, sa longueur de souffle, l'étendue de son registre et la profondeur de son engagement sur scène. Non seulement, les trois années de spectacles prévues à l'origine ont été prolongées de deux ans, mais sa réussite a inspiré des artistes de renom, dont Prince, Elton John. Un constat souligné par Anna DeMartino[2] : « Céline a changé la perception des artistes qui croyaient que Las Vegas, c'était pour une fin de carrière. Ils sont tous venus la voir ici – Michael Jackson, Prince, Streisand, Bette Midler – et ils lui ont demandé comment elle faisait. Ça avait l'air tellement facile que tout le monde voulait faire pareil. Dans les journaux de Las Vegas, on lit que Cher et Bette Midler ont signé un contrat à la Céline. Elle a écrit l'histoire ici. »

1. Line Grenier, *Global Pop on the Move : The Fame of Superstar Céline Dion within, outside, and across Quebec*, 2001.
2. Anna DeMartino, AEG.

« Dans un bon deal, il y a toujours une question de timing », se plaît à répéter René. Fin négociateur, il n'a jamais mis la charrue avant les bœufs. Ce timing, il en est le maître. Il répond au souhait émis par Céline, en 1981, au micro de Pierre Paquette et Renée Larochelle, lors de l'émission *La vie quotidienne* : « Je ne veux pas seulement chanter. Je veux faire de la comédie musicale. Ç'a toujours été mon rêve et j'espère que ça va se réaliser un jour. » Déjà une volonté irrépressible se manifestait chez elle. Sa force d'obstination a fait le reste. Les négociations qui ont conduit au spectacle *A New Day Has Come* ont été particulièrement ardues. Ce contrat est certainement le meilleur coup de sa carrière. « Le succès, c'est comme une *game* de poker ; il faut garder sa *poker face* lors des négociations », précise-t-il à voix douce.

Cinq jours plus tard, Céline, René-Charles dans les bras, souffle 35 bougies. Elle avait l'habitude d'aller retrouver ses fans dans leurs pays respectifs, à présent elle les reçoit chez elle, leur donne rendez-vous : « On voyage, on fait le tour du monde. Là, c'est au tour du monde de faire le tour de nous, de venir nous voir. On se visite, on se donne rendez-vous. Tant mieux si ça fonctionne. » C'est confortable pour elle et son enfant. Elle n'en assure pas moins la promotion, honore ses engagements à l'extérieur : *The Tonight Show with Jay Leno*, le 29 avril, avant d'entrer en studio[1] pour enregistrer les chansons de l'album *1 fille & 4 types*, avec Jean-Jacques Goldman, Jacques Veneruso, Erick Benzi et Gildas Arzel, arrivés à Las Vegas pour travailler avec elle. Chaque soir, elle retrouve ses compères dans un petit studio de la ville, le Digital Insight. L'ambiance détendue, lui fait dire : « Cet album, c'est l'album du plaisir. Quand j'ai ce luxe d'être près de mes mecs, c'est comme si j'enlevais mon armure et que je devenais légère de nouveau. » Le clip de *Tout l'or des hommes* est tourné dans le désert du Nevada. Toujours à l'écoute et à la disposition de l'équipe de tournage, elle fait preuve d'une grande patience et

1. Du 2 au 11 mai 2003.

d'un professionnalisme à toute épreuve. « Je me sens comme si je faisais partie d'un groupe. J'aurais aimé partir en tournée avec eux, avec ma petite valise, trois tee-shirts et un jean », explique-t-elle.

Lors du concert *Divas Duets*[1] organisé par la fondation VH1, au MGM Grand Garden Arena de Las Vegas, elle interprète *Have You Ever Been In Love*. Elle participe au gala *Simplement Marnay*[2], à la maison de la culture de Gatineau (Québec). Elle chante cinq chansons, choisies avec soin, dans un répertoire de plus de quatre mille, en hommage à Eddy Marnay, l'un des auteurs clé de sa carrière, décédé le 3 janvier de la même année : *Je n'ai pas peur de mourir avec toi*, *C'est pour vivre*, *Quand ça balance*, *Brûle pas tes doigts*, *Un jour un enfant*. Il a écrit plus de soixante-dix chansons pour elle. Avant le concert, elle livre ses souvenirs à Georges–Herbert Germain[3] : « J'ai eu la chance pendant mon adolescence d'être appuyée avec Eddy, donc de mes treize à dix-sept ans, quand mes petits boutons sur le front sont apparus, il m'a aidée à vivre mon adolescence. Eddy m'a donné tout un vocabulaire entier pour m'exprimer. Une vie de mots qu'aujourd'hui je peux partager avec mon fils. Je suis heureuse qu'il ait pu le rencontrer et puis il m'a dit un jour "Hey, j'aimerais tellement le prendre avec moi cet enfant-là, puis lui montrer toute la vie, lui montrer tout plein de choses." Et j'aurais aimé ça aussi. »

C'est vrai qu'il est attachant, à un an et demi, ce petit bonhomme. Il commence à jouer au golf avec ses parents. René est en extase devant lui : « Il a une très forte personnalité. Il est superstitieux et aime les rituels, comme nous. Quand il se lève, il veut toucher les mêmes objets, faire les mêmes gestes que la veille. Si on lui raconte une histoire qu'il connaît et qu'on y fait le moindre changement, il nous arrête et nous corrige. Il est incroyable. Évidemment, les gens vont dire qu'on le trouve merveilleux parce que c'est notre

1. 22 mai 2003.
2. 9 juillet 2003.
3. *Radio Canada* 2003.

enfant. C'est peut-être un peu vrai. Mais il est réellement merveilleux. » Alors que père et fils se partagent les jouets, pantalon rose bonbon, blouson court blanc et jaune, Céline met le feu au *Today Show*[1], au Rockefeller Center de New York. Avec le maire de Vegas, Oscar Goodman, elle tourne un spot pour la Croix-Rouge[2], au Colosseum. Accompagnée de Charles Aznavour, Garou, Florent Pagny, Ricky Martin, Henri Salvador, Patrick Fiori et plusieurs autres invités, elle enregistre une émission spéciale[3], filmée au Colosseum, où elle présente son album *1 Fille & 4 Types*. L'émission est diffusée en automne sur TVA au Québec et le 18 novembre, en France, sur TF1. Son activité ne cesse jamais, alors de temps en temps, elle s'oblige à décompresser pendant quelques jours, elle part magasiner. Malheureusement, elle a subi des blessures musculaires au thorax et au cou durant les spectacles, lors de ses vols au-dessus du public. Dépitée, elle est contrainte d'abandonner. Elle confie cet exercice à une doublure. « Parfois, mentionne-t-elle, les choses les plus simples sont les plus difficiles à exécuter, comme chanter *Ammore annascunnuto* en marchant tranquillement sur le plancher incliné. » À ce contretemps s'ajoute la pression de savoir que l'emploi et le salaire de centaines de personnes dépendent d'elle, non seulement à Vegas, mais à Montréal, Toronto... les Productions Feeling, les équipes de Five Star, etc. Sans parler des personnes qui ont acheté leur billet longtemps à l'avance pour venir la voir, réservé un hôtel, pris l'avion, sacrifié des centaines de dollars sur leur budget. Grande est sa responsabilité. « Je l'assume du mieux que je peux. Je comprends très bien que des gens soient furieux quand le spectacle est contremandé à la dernière minute. Mais je ne peux pas dire à deux jours d'avis : "Je ne me sens pas bien, annulons deux ou trois spectacles", ça ne se passe pas comme ça. Si je me réveille un matin et que je ne me sens pas bien, je fais mes exercices, je prends les médicaments pres-

1. 10 juillet 2003.
2. 3 septembre 2003.
3. 1er octobre 2003.

crits, je reste au chaud... et tout peut très bien s'arranger. Pour être honnête, je dois donc attendre à la dernière minute, avoir mis toutes les chances de mon côté et fais tout mon possible pour donner un bon show. » L'apitoiement sur soi n'est pas dans ses habitudes. L'auto-compassion très peu pour elle. Elle assume ses difficultés. Elle l'a prouvé maintes fois, chanter aussi : « J'sais prendre un coup. [...] J'suis pas victime, j'suis pas colombe, et pour qu'on m'abîme, faut qu'je tombe. [...] Je sais me défendre, j'ai bien appris. On n'est pas des tendres par ici », lui a écrit Jean-Jacques Goldman. La surmédiatisation lui fut parfois préjudiciable. René a beau veiller, faire taire les insinuations non fondées, un journal ose afficher à la une « Céline Dion s'est suicidée dans son garage ! » Pourquoi le garage ? On atteint des sommets lorsqu'il est supposé après la naissance de René-Charles qu'il serait le fils du chanteur canadien Garou ! L'argument du journaliste est à vomir : pour preuve, il a les yeux bleus et ne ressemble pas à René ! Céline sera aussi victime d'une abominable rumeur, sur Internet, en 2015, annonçant sa mort.

Elle n'est pas au-dessus du commun des mortels. Elle ne possède pas de pouvoir divin, ne détient pas de formule la protégeant des atteintes de la maladie. « Je suis chanteuse, si je ne peux pas chanter, si ma voix est cassée, qu'est-ce que je peux faire. Faire la belle ? Ça ne marche pas. Danser ? Je ne suis pas danseuse. Pour chanter, j'ai besoin de mon instrument. Et il arrive qu'il ne fonctionne pas. Je fais de l'asthme, j'ai des allergies, j'ai des infections des sinus. Ce sont des choses qui arrivent. » Nul caprice dans tout cela. Elle respecte trop son public. Ses ennuis de santé, elle les gère. Never complain ! « C'est jamais pour une vétille comme un sourcil mal taillé », confirme Mark Juliano, le président du Caesars Palace. Si d'aventure, elle est affaiblie par des maux de gorge et qu'elle doit compenser, elle compte bien sûr sur l'indulgence de la salle : « Quand je suis fatiguée ou enrhumée, et que je dois travailler énormément, il se passe quelque chose de magique. Les gens deviennent fous, on dirait. Et alors j'ai envie de leur demander : « Êtes-vous en train de rire de moi ? » Et ils me servent quatre ovations en ligne. « Bon ! Quelqu'un a fait des grimaces dans mon dos ? Il y a quelque chose qui cloche avec mes cheveux, y a un trou dans ma robe ? Mon nouveau parfum vous fait cet effet ? » Elle a tout donné, jusqu'à l'extrême limite. « Mes cordes vocales, je me les suis pratiquement sorties de la gorge, elles ont vibré dans ma face avant de s'en retourner dans mon âme. Ils ont vu la douleur et l'effort. » La pression de l'excellence pèse sur ses épaules. Exigence qu'elle s'impose à elle-même. Un devoir envers son public.

Avant de reprendre le show, elle s'octroie de courtes vacances en Californie, à San Diego. Les Angélil emmènent leur fiston au parc d'attractions Legoland California[1], où René, caméra au poing, filme l'émerveillement et les jeux de René-Charles. « Ce qu'on aime le plus, dit-il, c'est jouer avec notre garçon, passer du temps avec lui. Toutes les émissions pour enfants, tous les héros et les chansons thèmes de tous les dessins animés, je les connais par cœur. Céline aussi. »

Michael Jackson[2], chemise violette estampillée de couronnes royales et de lions dorés, assiste, au milieu du public, au spectacle *A New Day...* Il a été aperçu par les touristes, dans l'après-midi, vers les boutiques du Forum Shops au Caesars Palace, faisant du shopping, entouré d'une énorme équipe de sécurité. Pour y avoir déambulé entre colonnes de marbre et sculptures géantes, je peux vous assurer qu'il eut l'embarras du choix parmi les magasins de luxe et les joailliers qui se succèdent : Versace, Louis Vuitton, Gucci, Dior, Hermès, Salvatore Ferragano, Giorgio Armani, Fendi, Christian Louboutin… Mes premières impressions sur ces lieux hors normes, illusoires, superficiels, n'ont pas changé. Passé l'étourdissement premier, reste un malaise, la certitude d'être étranger à cet univers. Ce qui sauve Céline, la préserve de la frivolité, la protège des futilités, c'est son ancrage dans sa vie familiale, dans les valeurs transmises par ses parents. Jean-Jacques Goldman a perçu cette qualité,

1. 12 octobre 2003.
2. 8 novembre 2003.

Céline en compagnie de la chanteuse Anne René Angélil (1er septembre 1983).

Céline interprète *Mon rêve de toujours* dans l'émission de télévision *Champs-Élysées* (France, 1985).

Hugues Aufray rencontre Céline
dont le prénom a été choisi grâce à sa chanson (1985).

Céline remporte le Concours Eurovision de la Chanson pour la Suisse
avec *Ne partez pas sans moi*, le 30 avril 1988, à Dublin (Irlande).

Avec son manager, René Angélil, après sa victoire à l'Eurovision.

Céline et son chat Iris (mars 1988).

En compagnie de ses parents Adhémar et Thérèse Dion (mars 1988).

Lancement des *Pâtés maman Dion*, au Easton's, le 5 novembre 1993, à Montréal. Les quatorze enfants d'Adhémar et de Thérèse entourent leurs parents.

© JIM SMEAL

Céline remporte le trophée de la « Meilleure performance Pop en duo ou en groupe » pour la chanson *Beauty and the Beast* aux Grammy awards (Los Angeles, 24 février 1993).

Union de Céline et René en la basilique
Notre-Dame de Montréal, le 17 décembre 1994.

Céline porte le collier *Cœur de l'Océan*
pour la cérémonie des Oscars, le 23 mars 1998, à Los Angeles.

Céline et René lors du championnat de golf Nabisco des célébrités, au Mission Hills Country Club, au Rancho Mirage, en Californie (21 mars 2000).

Le super swing de Céline fait l'admiration de ses partenaires. Championnat de golf Nabisco des célébrités (21 mars 2000).

Un couple heureux et complice (21 mars 2000).

Céline remet un prix aux Grammy Awards, au Staples Center de Los Angeles (27 février 2002).

Première représentation du spectacle *A New Day Has Come*,
au Caesars Palace de Los Angeles, le 25 mars 2003.

Céline reçoit un Diamond Award, en hommage à sa carrière, aux World Music Awards, le 15 septembre 2004, à Las Vegas.

Céline prend la pose avec son étoile, lors de la cérémonie de remise de la 2.244e étoile sur le Hollywood Walk of Fame, le 6 janvier 2004.

Céline reçoit la Légion d'Honneur,
au Palais de l'Élysée, à Paris, le 22 mai 2008.

Première mondiale du film *Céline Autour Du Monde*,
au Regal South Beach Cinema, Miami Beach (Floride), le 16 février 2010.

Retour à Las Vegas de la famille au complet et présentation des jumeaux
Eddy et Nelson, au Caesars Palace, le 16 février 2011.

À Düsseldorf (Allemagne), Céline reçoit un Bambi Award.
Elle porte une élégante robe de la griffe J. Mendel (22 novembre 2012).

À Paris, Hôtel George V (27 novembre 2012).

René Angélil à Cracovie (Pologne) avec Céline qui a désormais son étoile sur l'allée des célébrités (28 juin 2008).

Sur le Strip de Las Vegas (2015).

Funérailles nationales de René Angélil.
Cathédrale Notre-Dame de Montréal, 22 janvier 2016.

Les membres de la famille Angélil-Dion
devant le cercueil de René Angélil.

Avant de remonter dans sa voiture, Céline adresse
un geste amical à la foule venue assister aux obsèques de son époux.

Céline reçoit des mains de son fils René-Charles le prix Icon pour l'ensemble de son œuvre lors des Billboard Music Awards, le 22 mai 2016, à Las Vegas.

Première de *Beauty and the Beast* des Studios Disney, au El Capitan Theatre à Hollywood (2 mars 2017).

Céline a opté pour une robe sculpturale bleu poudre, créée par le designer américain Christian Siriano (2 mars 2017).

(2 mars 2017)

Thérèse Dion fête son 90e anniversaire entourée
de tous ses enfants réunis chez Céline, le 20 mars 2017.

Vêtue d'une longue robe blanche aux épaules démesurées, création Haute couture du designer français Stéphane Rolland, Céline fait sensation aux Billboard Music Awards à Las Vegas, le 21 mai 2017.

Défilé Haute couture printemps-été Alexandre Vauthier, Paris, 22 janvier 2019. Céline porte une robe drapée en sequins, fendue sur le côté et échancrée au niveau du décolleté.

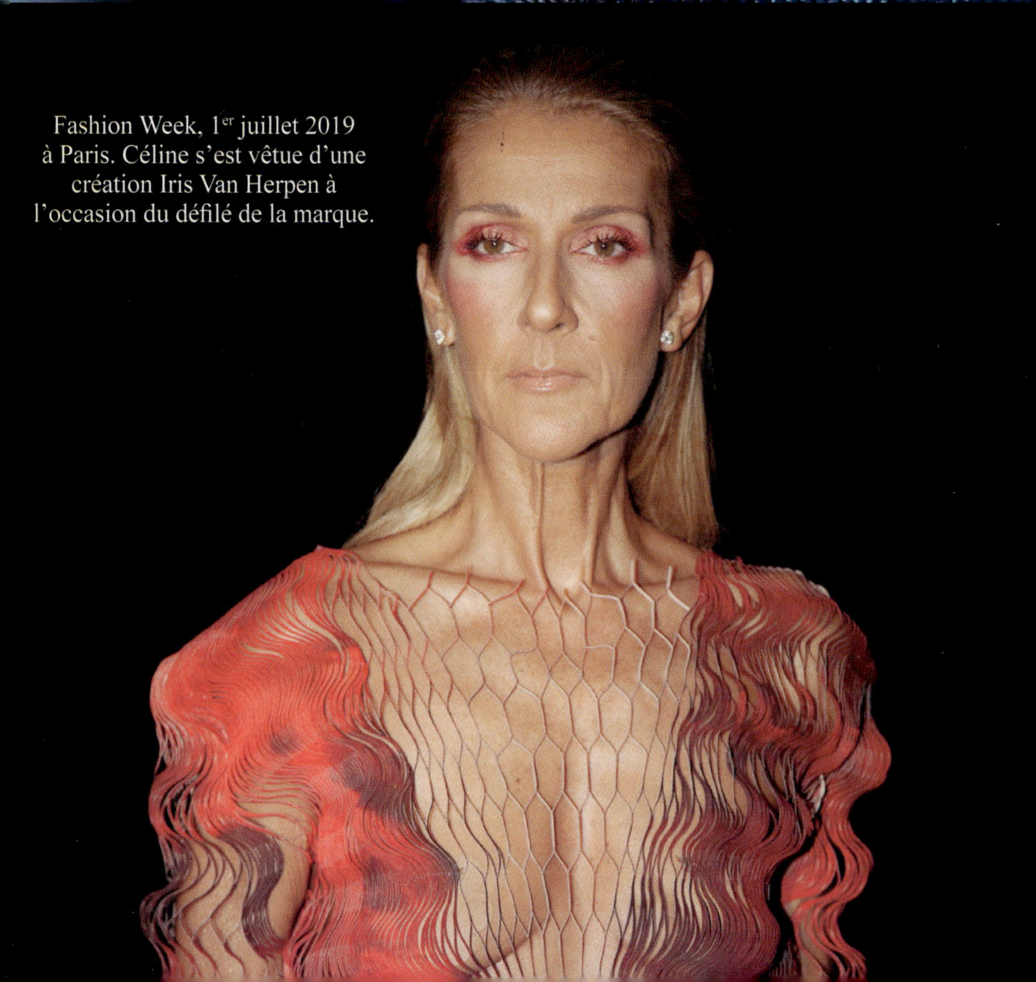

Fashion Week, 1er juillet 2019 à Paris. Céline s'est vêtue d'une création Iris Van Herpen à l'occasion du défilé de la marque.

Une apparition sensationnelle dans les rues de New York. Céline a choisi un ensemble signé Moncler X Richard Quinn. (3 mars 2020)

New York, 8 mars 2020. Céline commémore à sa façon la journée internationale des droits de la femme, en jupe bouffante rose, très florale, à motifs chrysanthèmes, signée Oscar de la Renta.

Céline en tournage pour le film *Love Again*.
Ici avec l'acteur Sam Heughan (2023).

Céline joue son propre rôle dans *Love Again*. (2023).

ce bon sens authentique. *On ne change pas* l'atteste : « On ne change pas. On met juste les costumes d'autres sur soi. On ne change pas. Une veste ne cache qu'un peu de ce qu'on voit. [...] On met juste les costumes d'autres et voilà. [...] On ne cache qu'un instant de soi... » La réaction de son interprète lorsqu'il lui proposa cette chanson en dit long : « Cette chanson lui va très bien. Mais c'est courageux de sa part. Je lui ai demandé si elle voulait bien la chanter ; elle a ri et m'a dit : "Bien sûr". Céline, c'est fondamentalement une petite fille de la campagne. Tu peux la voir dans son grand hôtel, dans ses grands magasins, tu peux la voir maquillée, dès que tu grattes un peu, elle redevient une petite fille de la campagne qui a froid, qui a envie de chanter et de manger le monde. »

Michael Jackson rejoint Céline dans sa loge où sont disposés plusieurs trophées et un tableau géant sur lequel les stars venues la visiter ont tracé mots et paraphes. Elle explique à Bambi[1] qu'elle a placé des éléments de décor semblables à ceux de sa maison et quantité de jouets de son fils afin qu'il ne soit pas étourdi par les adultes s'activant autour d'elle. Il accompagne parfois son père, présent chaque soir parmi la foule. Son grand plaisir est d'attendre sa maman en coulisses, muni de la lampe torche, empruntée à son oncle Michel, pour la guider jusqu'à la scène lors des changements de tableaux. L'enfance, monde merveilleux, univers protégé, désormais celle de son fils, est là, jamais bien loin d'elle.

Elle rejoint Ken Barun[2] et Joann Malone[3] pour défendre la cause des enfants lors de la Journée mondiale de l'enfance[4] dans le restaurant McDonald, situé au 2650 W. Sahara. Elle sert des repas et lit un livre aux enfants rassemblés autour d'elle. Ces heures douces et tendres sont malheureusement balayées par l'annonce du décès de son père[5]. Dévastée par le chagrin, elle tient malgré tout à assurer le show. Gagnée par l'émotion, elle

1. Surnom de Michael Jackson.
2. Président et CEO de Ronald McDonald House Charities.
3. Ronald McDonald House Executive Director.
4. 19 novembre 2003.
5. 30 novembre 2003.

s'adresse à son public, comme elle en a l'habitude : « Ce soir est un soir très particulier pour moi. C'est aussi un jour très dur. J'ai perdu mon père ce matin. J'ai insisté pour venir. Mon père était, est encore, mon plus grand fan, depuis que je suis toute petite. Et je sais que mon père aurait voulu que je sois là, ce soir, sur scène, avec tous ceux que j'aime, à faire ce qu'on aime. On se croit toujours si fort. Mais je sais qu'il est là. Et ce soir, je donnerai le meilleur de moi-même. Je donnerai tout ce que j'ai. Je voudrais dédier ce spectacle à mon père. » Elle puise au fond d'elle-même la ressource nécessaire pour tenir debout, dompter sa voix. « Ce soir, je chante pour toi, papa », lance-t-elle en posant son regard embué dans les cintres. Le public retient son souffle avant de l'applaudir à tout rompre, de la soutenir et l'entourer d'une écharpe d'affection. C'est en pleurant qu'elle chante *What a Wonderful World.* C'est l'un des spectacles les plus difficiles de sa vie. Elle confie à un journaliste : « Quand je suis sortie de scène, il y a un gros, gros, cri qui est sorti de moi... Un cri d'enfer. Mon frère m'a ramassée. »

Me reviennent en mémoire le quartier de Charlemagne, à Lanaudière, où vécut Céline, les rues empruntées à partir de la rue Sainte-Catherine pour rejoindre l'église Saint-Simon-et-Jude[1]. Je remonte la rue, en laissant l'hôtel de ville sur la gauche, je prends la rue Sainte-Thérèse sur la droite, je traverse la rue Sainte-Marie pour arriver à l'entrée du cimetière Saint-Simon et Saint-Jude[2]. L'espace si vaste, si verdoyant, où les pierres tombales sont très espacées les unes des autres me surprend. Je réalise que la majeure partie de l'histoire de la famille Dion se concentre sur cette petite partie du territoire de Charlemagne, entre le fleuve Saint-Laurent, la rivière des Prairies, l'église et son cimetière. Je songe à Céline. Elle a parcouru le monde, vu sa diversité, apprécié ses différences, et pourtant elle demeure à jamais enracinée en ce périmètre, baptisé de noms de saintes et de saints. La dépouille de son père est exposée au salon funéraire Alfred-Dallaire de Laval,

1. 85 rue du Sacré-Cœur.
2. 150, Rue Sainte-Marie.

où les condoléances sont reçues le mercredi, entre 17 heures et 19 heures. Le service funèbre est célébré le 4 décembre, dans l'intimité, en l'église de Charlemagne. Il faut se souvenir d'Adhémar Dion comme d'un homme joyeux, généreux : « C'était un homme au sens de l'humour extraordinaire, très pince-sans-rire. C'était un amoureux de la vie, fou de ses enfants. Depuis toujours, il était entouré d'amis », témoigne Francine Chaloult, chargée des relations presse du couple Dion-Angélil. Georges-Hébert Germain évoque le musicien : « Céline m'a dit un jour que, lorsqu'il jouait de l'accordéon, c'était le bonheur dans la maison. C'est d'ailleurs lui qui a donné à Céline le goût de la musique. Elle était très proche de lui. Son père l'a beaucoup dorlotée. Son départ va créer un grand vide dans la famille Dion. » Insensible, la pendule du temps rappelle Céline à l'ordre. Aux Billboard Music Awards[1], au Hard Rock Hotel and Casino de Las Vegas, elle a juste le temps de présenter les concurrents en lice pour le prix de l'artiste de l'année et désigner le gagnant, 50 Cent, qu'elle repart déjà au Canada. Elle est attendue dans les studios Mel's, à Montréal, pour enregistrer l'émission *Les Plus Belles Voix québécoises*[2] : deux heures de programme, animées par Daniela Lumbroso et Julie Snyder, aux côtés de Garou, Daniel Lavoie, Natasha St-Pier et Marie-Elaine Thirbert. L'émission est diffusée le 27 décembre sur France 2 et le 31 décembre sur TVA, rebaptisée *La Soirée exceptionnelle de la francophonie à Montréal.*

Ce Noël-là n'est pas une fête chez Céline et René... Elle dissimule sa peine insurmontable afin de ne pas affliger René-Charles. « Mon père était malade et j'ai eu la chance de pouvoir lui dire que je l'aimais et que je le remerciais avant qu'il ne décède. J'ai vécu des moments incroyables avec lui. » Elle ressent sa présence à ses côtés. « Mon père est avec moi en permanence. Il n'est pas obligé de venir frapper à ma porte, puisqu'il frappe à celle de mon cœur tous les jours », explique-

1. 10 décembre 2003.
2. 16 décembre 2003.

t-elle à son petit-garçon préoccupé par le chagrin ambiant et l'absence de son grand-père.

Céline n'a guère le temps de vivre son deuil, de laisser la place au chagrin, à la peine. Elle pose avec Johnny Grant, maire honoraire de Hollywood, lors de la cérémonie de remise de la 2 244ᵉ étoile sur le Hollywood Walk of Fame[1], à Los Angeles. Elle devait recevoir son étoile au mois de mars suivant pour coïncider avec le début de son contrat de trois ans au Caesars Palace de Las Vegas, or, la cérémonie fut reportée en raison de la guerre en Irak. Elle est la première chanteuse québécoise à recevoir pareil honneur. Elle dédie son étoile à ses admirateurs et à son père : « Il était tellement fier de moi, et je crois qu'il l'est toujours aujourd'hui. Je suis certaine que, d'où il est, il voit bien l'étoile. » Ce symbole se retrouve aux côtés de celles des Bee Gees, Nicole Kidman, Harrison Ford, Martin Scorsese et Britney Spears. Lors de son discours, elle partage des souvenirs : « Je me souviens que lorsque j'étais venue à Los Angeles avec mes parents et René, il y a 20 ans, j'avais essayé de poser mes mains sur celle de quelqu'un de célèbre. Mais jamais je n'avais imaginé que des années plus tard, je reviendrais de cette manière. » Le lendemain, elle reçoit le prestigieux Chopard Diamond Award comme artiste féminine ayant vendu le plus de disques de tous les temps. Seuls Rod Stewart, en 2001 et Mariah Carey, en 2003, l'ont obtenu avant elle. Dans la foulée, elle est élue Femme de l'année[2], par le Nevada Ballet Theatre à Las Vegas. Accompagnée au piano par Richard Marx, elle chante *Dance with my father* aux Grammy Awards[3], à Los Angeles, lors d'un hommage spécial au chanteur Luther Vandross. Les problèmes techniques s'accumulent durant sa prestation. Elle entonne sa chanson : on entend un technicien en régie pris de panique, car le micro ne fonctionne pas. On lui en apporte un autre : elle ne s'entend plus dans ses moniteurs

1. 6 janvier 2004.
2. 24 janvier 2004.
3. 8 février 2004.

auriculaires, elle fait des signes désespérés vers les coulisses. Elle recommence : ses moniteurs jouent trop fort. Elle les arrache et continue malgré tout, avec le sourire. Alors que tout semble correct, un abominable larsen parasite le système. Elle persiste. Tandis qu'une photographie la représentant dans les bras de son père est projetée, sa ténacité lui permet de délivrer toute son émotion et terminer en beauté sa prestation. La salle se lève pour l'applaudir.

Les deux premières semaines de février 2004 sont bien chargées pour elle. Depuis la séance photo organisée par Anne Geddes autour de René-Charles, nouveau-né, mûrissait le projet d'une combinaison de chansons et de photographies, destinée aux mamans. La photographe australienne, célèbre pour ses bébés habillés en fleurs, la retrouve à Las Vegas afin de créer l'ouvrage qui accompagnera l'album. Sur les photos, Céline apparaît vêtue en fleur. Les nouveau-nés, âgés de 6 à 31 jours, qu'elle tient dans ses bras, entre ses mains, ou posés sur elle, constituent les pétales. Durant les séances, elle apprécie de pouvoir être au plus près des bébés, de prolonger ce contact : « Être photographiée avec des nouveau-nés, c'est super touchant. Ils ont un charisme extraordinaire, ils sont plus forts que nous, ils ont réponse à tout, sans même marcher, sans même parler, et ç'a été un privilège de les porter près de moi. » Quatre ans après la naissance de René-Charles, elle revit les premiers moments de son fils et s'en émeut : « Quand j'ai porté mon fils la première fois dans mes bras, ç'a été un peu comme si je prenais mon âme. » Il lui a révélé cette période oubliée où elle avait cet âge : « Soudainement, ce passé dont on n'est pas conscient, tu le portes dans tes bras. Aussitôt, tu deviens très protecteur. C'est comme si tu te portais toi-même. Tous les bébés sont si précieux, si riches, et méritent toute l'attention aimante et le respect que nous pouvons leur apporter. » Pendant l'année qui suit la naissance de son enfant, Céline confie qu'elle était incapable de parler de son fils : « Tout ce que je pouvais dire, c'est : "je l'aime tellement". » Elle souligne que *Miracle* illustre « la connexion profonde et universelle...

l'attache amoureuse qui unit une mère et l'enfant ». À partir de la quatrième semaine de mars 2004, elle entre en studio pour travailler sur le projet *Miracle*. En mars-avril, Anne a enfin choisi tous les textes et images pour le livre. La sélection des chansons pour le CD a été réalisée avec Céline. Elle enregistre les dernières chansons dans un studio à Las Vegas. « En mélangeant ces deux éléments, explique-t-elle sans révéler les secrets, je crois que nous donnerons forme à ce que l'on appelle le "Pouvoir de l'amour". » Les deux artistes s'accordent à dire que *Miracle* « provient directement de nos cœurs ». Ceux qui les accompagnent dans cette conception sont ébahis : « Absolument sensationnel, un travail brillant ! » Les commentaires sont élogieux : « Les photographies d'Anne, couplées à la voix magique de Céline, sont tout simplement bouleversantes. » Les fans sont invités à patienter jusqu'à l'automne.

Aux World Music Awards[1], au Thomas and Mack Center de Las Vegas, c'est la consécration. Elle reçoit, des mains de l'acteur Michael Douglas, un Diamond Award. Ce prix créé pour honorer les artistes ayant vendu plus de 100 millions de disques au cours de leur carrière, la récompense pour ses 175 millions d'albums achetés à travers le monde. Elle interprète *Love Can Move Mountains*. Triomphe garanti ! Sony Music a publié les chiffres. Ce sont bien 175 millions d'albums écoulés sur le marché international entre 1987 et le 31 août 2004. Le bilan ne prend pas en compte les 12 premiers albums enregistrés par la chanteuse avant 1987.

Les médias notent qu'elle « a toujours son pedigree québécois et une image un peu conservatrice », attachée à sa province, à sa famille, et privilégiant des chansons souvent rose bonbon, des thèmes fédérateurs qui lui ont permis de conquérir le monde. « Elle a un grand talent, et il y a en elle une candeur qui séduit. Elle a également un répertoire de chansons qui permet de ratisser large et, derrière elle, une production qui a investi beaucoup dans sa promotion. Son agent est certai-

1. 15 septembre 2004.

nement un génie », remarque Frédéric Demers[1]. Un article du *Parisien*[2] décrit un show à la mise en scène démesurée : « … ça ne ressemble pas à un concert. Tout du moins pas à l'idée qu'on s'en fait de notre côté de l'Atlantique. Dès l'introduction du spectacle de Céline Dion, *A New Day...*, qu'elle donne deux soirs par semaine au Colosseum de Las Vegas, les 4 000 spectateurs sont plongés dans un autre monde. Un univers déstabilisant, tout en perspectives, en lignes de fuites et en profondeur de champ. On croit d'abord y voir apparaître la star, en haut d'un immense escalier, tout au fond d'une scène inclinée. Ce n'est en fait qu'une illusion, juste une image sur un écran géant parabolique, principal accessoire de ce show démesuré. Et, tout à coup, Céline Dion est là, en chair et en os, vêtue d'une robe rouge, dans une sobre reprise du *Nature Boy* de Nat King Cole, simplement accompagnée d'un piano. D'emblée, sa voix s'impose, claire et puissante, se retenant de trop monter dans les aigus. Après *The Power of Love*, le rythme s'accélère et le décor change, bombardé d'images fractales et de kaléidoscopes chamarrés. » Le journaliste étourdi est surpris par des danseuses parées en femmes-fleurs. Apparaissent des façades de cathédrales, des images de mégapoles. Céline est accompagnée par les interventions d'un groom et d'un clown blanc. « Au-dessus d'elle, suspendus dans les cintres, passent même un piano et des musiciens, puis une mariée à l'interminable traîne... Après ces tours de force scénographiques, la Québécoise vient enfin se poser au bord de la scène, assise, toute proche du public. […] Ses musiciens, d'abord dissimulés sous les estrades ou sur les côtés de la scène, se dévoilent sur une reprise de *I Wish* de Stevie Wonder. Il est temps de conclure. […] Sur l'écran géant, avant un *What a Wonderful World* final, apparaît une vue du système solaire, traversé d'étoiles filantes. Comme un symbole de l'univers d'illusion et de surenchère sur lequel règne Céline Dion. »

1. *Le Devoir*, Marie Le Moël, 15 septembre 2004.
2. *Le Parisien*, 11 octobre 2004.

# 8

*« Le bonheur, c'est d'être fidèle aux aspirations de son âme. C'est d'être assez brave et assez fier pour écouter les voix qui montent de l'âme et obéir à la plus belle. »*

RÉJEAN DUCHARME (*LE NEZ QUI VOQUE*).

L'album *Miracle*[1] est présenté aux médias. Face aux journalistes québécois et américains, Céline livre d'intimes sentiments : « Il y aurait tellement de choses que, en tant que maman, j'aimerais dire à mon fils, mais que je ne peux pas [dire], c'est plus gros que les mots que je connais. » Ce livre-album est un présent : « Pour moi c'était un hymne à l'amour [...] pour dire à mon fils à quel point je l'aime et que maman n'est pas capable de trouver ses mots toute seule. Maman, elle n'écrit pas ses chansons et elle n'a pas fait de grandes études et elle n'a pas les mots aussi grands que l'amour qu'elle a pour son fils. »

Une interview commune, réalisée par *CBS Sunday Morning*[2], nous permet d'apprécier la sensibilité des deux complices :

Question : Parlez-nous du projet *Miracle* et des débuts de votre collaboration.

Anne Geddes : J'ai rencontré Céline il y a plusieurs années, quand elle s'extasiait devant une petite fille de huit ans, décé-

1. Album *Miracle* : livre, CD de 13 berceuses et ballades, et DVD des séances photo. Sorti le 12 octobre 2004.
2. *CBS Sunday Morning*, octobre 2004.

dée du cancer depuis, dont nous étions très proches, mon mari et moi. Céline et moi nous sommes découverts des valeurs communes, et toutes les deux chérissons l'amour exprimé au sein des familles. Notre amitié grandit, et nous avons commencé à penser au plaisir que nous éprouverions à travailler ensemble.

Céline : Je pense que cela devait arriver. Dans ma carrière, qui est véritablement ma vie, je suis arrivée à un point où je désirais ajouter un élément de scène qui compléterait ma musique. Les chansons d'amour et berceuses de *Miracle*, combinées aux images de ces beaux bébés d'Anne, constituent un projet unique qui nous tenait beaucoup à cœur.

Anne : Cette association est une alliance parfaite. Nous croyons que chaque nouvelle vie est véritablement un miracle. C'est un plaisir et un privilège de créer Miracle avec Céline dont le talent artistique de chanteuse reflète complètement notre amour partagé pour les enfants.

Question : En quoi le projet *Miracle* diffère-t-il de vos autres travaux ?

Anne : D'abord, j'étais nerveuse à propos des prises de vue avec Céline. Le premier jour, je ne pouvais m'empêcher de penser « c'est une adulte », et prendre des photos d'adulte ou créer des vêtements pour eux n'est pas vraiment conforme à mes habitudes de travail. Bien sûr, tout s'est parfaitement mis en place. Avant la prise de vue, j'ai dit à Céline ce que je dis à tous ceux qui posent avec des bébés, « Ce ne sera pas comme un jour de travail ordinaire pour toi ni comme aucune séance de photos précédente. Tu vas être mouillée, et il se passera des choses inattendues », et elle dit, « Restes-en là, rien ne sera un problème ». Elle avait raison ; rien n'a été un problème avec Céline.

Céline : J'apprécie le travail d'Anne depuis de nombreuses années, à travers ses nombreux livres, ses calendriers, ses lignes de vêtement pour bébés... et maintenant nous passons d'excellents moments ensemble où nous nous découvrons un peu plus.

Anne : Il y a si peu de personnes qui pourraient s'impliquer dans l'ensemble de ce projet et s'y investir totalement. Je pense que Céline a vraiment un grand cœur, avec beaucoup d'affection pour les nouveau-nés. Ceci est constamment visible à travers les images.

Question : Céline, comment avez-vous ressenti votre travail de modèle pour les photos d'Anne ?

Céline : Je n'ai jamais regardé par avance les images pendant les prises de vue, car je voulais découvrir la magie et le miracle de la créativité d'Anne une fois le travail terminé. J'ai eu une confiance totale en Anne. Je sais qu'elle est la meilleure dans ce qu'elle fait. Je voulais lui laisser le temps de concrétiser sa vision.

Anne : Céline a une telle présence, une telle aura féminine. Il y a une photo d'elle avec une fleur de lotus que j'adore ; elle est tellement intense, féminine, et fière avec son enfant. Au long de toutes les mises en place, comprenant plus d'une centaine de nouveau-nés, elle est restée parfaitement calme, sensible envers les enfants, pleine d'humour, ce qui nous a tous touchés. Pendant toutes les étapes du projet, Céline a été fantastique. (À Céline) Tout le monde s'est détendu dès que tu es entrée et que tu as commencé à chanter avec les bébés. Je n'ai jamais eu à m'inquiéter à ton sujet. [...]

Question : Céline, parlez-nous de la sélection des chansons pour le CD *Miracle*.

Céline : Concernant la chanson *Who Could Ever Love You More?*, elle a été écrite pour moi par un compositeur incroyable, Linda Thompson. Elle devait être sur mon enregistrement anglais le plus récent, mais pour une raison ou une autre, ce ne fut pas le cas, et elle fut finalement parfaite pour ce projet. Pour le CD, nous l'avons réintitulé *Miracle* pour le miracle de la vie nouvelle. [...] Les autres morceaux que nous avons enregistrés ont une signification particulière pour moi, et reflètent la connexion profonde et universelle liant une mère à son enfant. Pour le CD *Miracle*, nous avons choisi les autres chansons, dont une berceuse préférée, qui expriment cette attache amoureuse si éloquemment. [...]

Question : Qu'aimeriez-vous que les gens puissent voir dans *Miracle* ?

Anne : Miracle est ma façon de partager la joie extrême que ces bébés m'apportent et de témoigner du potentiel merveilleux de chaque enfant. Tous ces bébés avec qui Céline a posé, en fait, tous les bébés, sont si précieux, si riches, et méritent toute l'attention aimante et le respect que nous pouvons leur apporter.

Céline : C'est très émouvant de porter un enfant et d'être si proche de la pureté. La meilleure chose à faire est de les présenter dans nos bras et de montrer au monde que ceci est la seule chose qui compte. »

Si la préservation de la pureté de l'enfance est une règle absolue, certains individus y contreviennent. Ainsi, René est foudroyé par l'affaire Cloutier. Un ami de quarante ans. C'est avec stupéfaction qu'il a appris l'arrestation de son ancien associé, Guy Cloutier, à son domicile de L'Île-des-Sœurs, par la Sûreté du Québec, le 22 mars 2004, accusé d'agression sexuelle envers Nathalie Simard et un autre enfant. René avait d'abord soutenu son ami qui lui avait affirmé que les accusations étaient fausses et avaient pour objet de lui soutirer de l'argent. Il avait cru en sa parole. Or, les agressions contre la première victime avaient commencé en 1980, alors qu'elle n'avait que 11 ans. L'année suivante, Guy Cloutier avait eu des relations sexuelles complètes avec elle. Cela avait continué pendant des années. En novembre, l'accusé avait plaidé coupable à cinq des sept chefs d'accusation pesant sur lui. René affirme n'avoir rien vu. Il s'interroge. Comment l'ex-imprésario a-t-il pu camoufler ces actes ? « Je veux qu'il m'explique. Je veux comprendre pourquoi je n'ai rien vu. Il devait être malade. Je l'ai jamais vu avoir des goûts de pédophile. Puis, je m'aperçois que oui c'est arrivé ! » Il n'en revient pas. « Quand il a avoué, et que je me suis aperçu que c'était vrai, ça m'a fait énormément de peine. Lorsque je pense à ça... C'est très difficile, parce que j'étais là, moi, avec lui. Je n'ai rien vu, comme tous les autres. » Cloutier est condamné, le mois suivant, à purger 42 mois de prison : « Le célèbre producteur a pris le chemin des cellules, hier matin, après que le juge de la Cour du Québec l'eut condamné à une peine de trois ans et demi de pénitencier pour avoir agressé sexuellement deux enfants pendant toute leur adolescence[1]. » L'onde de choc l'a ébranlé. Il refuse de commenter l'affaire. Il ne veut plus rien savoir de cet homme. Il remise aux oubliettes leurs années de complicité et se penche sur le bilan de 2004. Il est des plus favorables. Le travail acharné que Céline s'est imposé porte enfin ses fruits. Certes, elle a ponctuellement besoin de repos et a dû annuler quelques spectacles en mai et en septembre en raison de blessures et de maladie. Elle se donne tellement dans chacune de ses interprétations, se consume chaque jour davantage, que c'est inévitable. *A New Day...* affirme sa place sur la scène musicale internationale. Elle est désormais incontournable. Elle reçoit tous les honneurs, apparaît dans toutes les grandes cérémonies. Les journalistes commentent et critiquent l'omniprésence de René auprès de son épouse, insistant sur la pression qu'il fait peser sur ses épaules. Le manager répond à Marie-France Bazzo[2] sans détour : « J'ose penser que je suis un type généreux, audacieux et qui a la tête dure. Ceux qui me connaissent seront d'accord avec cette définition. » Oui, il s'est consacré uniquement à Céline, car, selon lui : « Il faut toujours être là au début. Il faut savoir dire non et conseiller son artiste. » Sa passion du poker l'a guidé dans son métier de gérant : « Il faut une stratégie pour être un gérant : il faut avoir une vision, prévoir les coups. » La journaliste[3] consacre une heure à Céline. La chanteuse comblée dans sa vie familiale et sur scène apprécie son mode de vie : « J'aime rentrer à la maison chaque soir, dormir dans le même lit ». Elle regrette pourtant de ne pas séjourner plus souvent dans son pays natal. « Nous nous ennuyons de notre famille, de nos racines et des saisons. C'est difficile pour un chanteur de vivre dans le

1. *Radio Canada*, 21 décembre 2004.
2. Interview, émission Indicatif présent, 20 décembre 2004, Radio Première Chaîne.
3. Interview, émission Indicatif présent, 21 décembre 2004, Radio Première Chaîne.

désert. » Elle réaffirme son choix, personne ne l'a contrainte, ni ne l'oblige à chanter :

— Je suis très fière de ma carrière, et surtout d'être restée la même personne. J'aurais pu perdre la tête. J'ai eu beaucoup de chance d'être bien entourée.

— Comment vous définiriez-vous en trois mots ? demande Marie-France Bazzo.

— Force, persévérance et chance.

— C'est ainsi que vous vous voyez ?

— Il faut un caractère assez fort, de la persévérance, pour passer à travers ça.

— D'où vient cette force, Céline ?

— Je suis très compétitive. J'ai toujours voulu me battre, mais, avec moi-même, je n'avais pas le temps de surveiller les autres chanteurs, trop occupée à ma carrière.

René-Charles est désormais au centre de ses préoccupations, mais elle tient à le préserver au maximum.

— Je veux le protéger. C'est à nous de lui dire que nous sommes connus et que lui aussi l'est. Il ne mène pas la vie normale d'un garçon de 3 ans. Ses parents sont célèbres.

Le lendemain, c'est au tour de Michel Drucker d'être accueilli par les Angélil dans leur maison de l'île Gagnon, afin de célébrer l'anniversaire de ses débuts à la télévision, il y a quarante ans, celui de sa rencontre avec Céline, il y a vingt ans, et l'anniversaire de mariage du couple. Une décennie s'est écoulée depuis leur union le 17 décembre 1994. Les réjouissances sont anticipées afin de profiter d'un « vrai » Noël québécois, car Céline doit chanter le 24 au Caesars Palace. Le souper fin offert par le couple est l'occasion pour Michel Drucker de recueillir les confidences de ses amis. Céline explique qu'elle passe la journée avec son fils. Ils peignent, font des puzzles, avant qu'elle ne quitte leur maison à 17 heures pour revenir à minuit, le spectacle terminé. René l'accompagne au Colosseum et assiste au show. « Je chante cinq jours par semaine pendant quatre-vingt-dix minutes. Ma vie est parfaitement réglée, trois quarts d'heure après le show, je retrouve mon fils, ma priorité. » René-Charles, que sa maman appelle tendrement René Chal, petit renard ou mon petit chéri, reste sous la surveillance de sa sœur Linda. Le garçonnet, en totale symbiose avec sa maman, l'attend. Depuis qu'il est né, confie Céline, « il s'endort à deux ou trois heures du matin et ne se réveille qu'autour de quatorze heures. « C'est le seul enfant de quatre ans qui met son père au lit, plaisante René. Céline lui a montré comment me border. Il le fait très bien. Et il termine avec un baiser sur le front. » Toutes les six semaines, elle laisse la scène à Elton John, et goûte quinze jours de repos. Tous trois vont au bowling, font du vélo, pratiquent le golf. « Je suis sereine, et je peux vous annoncer que j'ai bien l'intention de donner à mon fils un frère ou une sœur dans les quatre ans qui viennent. » Elle reconnaît « Tout n'a pas été rose au cours de ces années : René a souffert d'un cancer et j'ai perdu mon père. Comme dans toutes les familles, nous avons nos joies et nos peines. Mais je n'ai jamais arrêté de chanter, parce que, pour nous, les artistes, c'est la meilleure façon de supporter notre chagrin. » Elle s'attendrit en évoquant « ses deux hommes » jouant ensemble, les ambitions du père pour son fils. Elle rapporte à Michel Drucker leurs dialogues surréalistes de parents, comme le jour où René-Charles s'était blessé au genou en jouant au hockey :

— Il s'est fait un petit peu mal, dit René.

— Tu es sûr que ce n'est pas grave ?

— Oui, oui. Il est souple et athlétique.

— Cela n'a rien à voir. S'il est blessé, il faut le soigner.

— Il est costaud.

— Je préfère vérifier.

— Ne sois pas inquiète, Céline. Tous les athlètes reçoivent des coups et se font blesser.

— C'est pas un athlète, lance Céline en haussant les épaules. C'est un enfant de trois ans !

La cérémonie des World Music Awards a confirmé sa place de chanteuse ayant vendu le plus d'albums de tous les temps, dépassant même Mariah Carey ou Madonna. Son spectacle

*A New Day...* reste à la 2e place des concerts les plus rentables, selon Pollstar, avec 80,4 millions de dollars générés en 2004. Ces sommes vertigineuses irritent les fâcheux, ceux-là mêmes qui omettent de relever que Céline verse un million de dollars à Linda Smith, maman d'un enfant trisomique ayant fondé, en 1954, à Las Vegas, l'établissement Opportunity Village, pouvant accueillir deux mille autistes travaillant à leur rythme. Si les médias parlent peu des rencontres de Céline avec les enfants ou adultes malades, c'est en raison d'une volonté commune avec René de ne pas accepter les journalistes en ces occasions. Céline est restée, malgré sa notoriété, très proche des gens. Elle se déplace dans les hôpitaux, les centres de soins. Elle s'assied volontiers au milieu d'un groupe d'enfants, leur demande quels sont leurs jeux, répond à leurs questions, les interroge sur leurs frères et sœurs. Avant de partir, elle leur offre toujours un cadeau. Il serait vain de vouloir énumérer l'ensemble des dons faits aux organismes ou particuliers. Quelques exemples suffiront à mesurer sa générosité. Après avoir poursuivi, en 2000, le journal *National Enquirer*, – il avait écrit que Céline attendait des jumeaux –, le couple a obtenu 20 millions de dollars américains remis à l'American Cancer Society. Elle donne la somme d'un million de dollars pour aider les victimes du séisme dans l'océan Indien en 2004 et de l'ouragan Katrina en 2005. Elle fait don d'un demi-million de dollars après un tremblement de terre en Haïti[1]. Il faut se souvenir que Céline fut la première artiste canadienne récompensée par le titre d'artiste de l'UNESCO pour la paix[2], en raison de son dévouement à aider les personnes défavorisées de la société, à défendre les valeurs familiales et à protéger les enfants. Ndèye Fall, représentante de l'UNESCO au Canada, soulignait : « Vous avez la flamme et surtout la voix pour porter loin et fort cet idéal de paix ». La ministre québécoise de la Culture, Agnès Maltais, louait sa « compassion inépuisable » tout en étant restée « profondément québécoise et profondément humaine ». La ministre

1. 2010.
2. Montréal, 11 septembre 1999.

du Patrimoine canadien, Sheila Copps, insistait sur le fait que « l'UNESCO ne pouvait pas trouver meilleure ambassadrice pour la culture de la paix ». Céline avait dédié cette nomination à ses parents« qui ont su transmettre à leur famille les vraies valeurs, celles de l'amour et du partage ». Céline s'était engagée personnellement et professionnellement en faveur des objectifs humanitaires universels. En octobre 2016, à l'occasion de la Conférence de Québec sur la prévention de la radicalisation des jeunes, parrainée par l'UNESCO, plus que jamais dans son rôle, elle interviendra : « Cette jeunesse si belle et créative, débordante d'espoir et d'aspiration, nous amène chaque jour un peu plus loin. Il nous revient de la protéger face aux périls de notre monde. Partout dans l'univers, la violence sous toutes ses formes, et ses conséquences les plus horribles, ont fait trop de victimes. Des familles déchirées, dévastées par le départ d'un enfant, d'un frère, d'un cousin, vers un désenchantement certain. Des destins brisés, des vies arrachées. En tant qu'artiste de l'UNESCO pour la paix, en tant que citoyenne, et surtout, en tant que mère de famille, je joins ma voix à la vôtre, dans l'édification de sociétés ouvertes, où chacun peut s'épanouir et se réaliser. Je vous remercie du travail que vous menez en ce sens. »

Lors de la 500e représentation du spectacle *A New Day*... les Angélil offrent un chèque de plus d'un million de dollars, divisé entre 10 organismes de charité de la région de Las Vegas. Le couple fait un don personnel de 150 000 $ à Opportunity Village, au service des personnes ayant une déficience intellectuelle[1]. Céline a « adopté » des familles québécoises sans ressources auxquelles elle rend visite durant les fêtes de fin d'année. Elle leur remet de quoi subvenir à leurs besoins pendant un certain temps. Lorsqu'elle ne peut se déplacer avec René, ils font livrer par la poste ou par porteur. Céline gâte aussi énormément sa famille. Elle avait évoqué, avec Lise Payette dans l'émission *Tête à tête* en 1992, le fait que ses relations avec ses frères

1. 26 novembre 2014.

et sœurs étaient parfois tendues, car plusieurs d'entre eux lui demandaient souvent de l'argent. Elle a acheté une maison à ses parents, près de la sienne, à Laval. C'était leur cadeau de Noël de l'an 2000. Lors d'une réunion de famille, elle offre 100 000 $ à chacun de ses frères et sœurs, puis une autre fois 50 000 $, en plus des voyages, des croisières dont elle les gratifie. Avant les fêtes, elle fait parvenir le catalogue de Toys "R" Us aux enfants de la famille pour qu'ils lui indiquent les jouets qu'ils veulent recevoir et les leur fait livrer, tout en se préoccupant des causes mondiales pour lesquelles elle enregistre son passage dans le concert de bienfaisance Canada for Asia[1] venant en aide aux victimes du tsunami en Asie du Sud et sa prestation sur *In Some Small Way.* L'argent récolté pendant ce téléthon de trois heures revient aux principales organisations humanitaires mondiales.

Pressés de questions, Céline et René accordent une interview après le spectacle *A New Day...* suivie d'une visite du Caesars Palace, en présence de nombreux médias venus pour la première du spectacle théâtral Kà du Cirque du Soleil, mis en scène par Franco Dragone, le grand spécialiste du tableau vivant[2]. « Ce n'est pas une conférence de presse, a averti René avant l'arrivée de Céline. Nous n'avons rien à annoncer. Vous n'aurez aucun scoop ! L'idée est tout simplement de vous permettre de parler avec Céline, et, comme la demande était très grande cette semaine, nous avons décidé de le faire de cette manière. » Assise sur les marches de « son » théâtre de 4 000 places, Céline dresse un bilan de ses deux premières années au Caesars Palace. « C'est un show très valorisant pour tous ceux et celles qui sont sur scène, parce qu'on sait qu'on donne aux fans un show exceptionnel. L'intimité du théâtre fait que je n'ai pas perdu contact avec le public, je l'entends très clairement tous les soirs. [...] Le show bouge toujours un peu. Par exemple, avant, on ouvrait avec *Nature Boy.* Aujourd'hui, c'est *A New Day Has Come.*

1. 9 janvier 2005. Diffusé sur la chaîne CBC le 13 janvier.
2. 4 février 2005.

J'ai aussi recommencé à faire *Pour que tu m'aimes encore* depuis quelques semaines. Ça nous tient en forme de changer les choses de temps en temps. » Chaque modification de répertoire oblige Dragone à s'adapter. Ce « Cirque de Céline » n'est pas une mince affaire à gérer. Après deux ans, l'exercice, rodé au quart de tour, reste complexe. « C'est une discipline constante qui demande une concentration extrême de ma part. Physiquement, c'est toujours très difficile. Ça nous a pris sept mois à nous habituer à cette pente qui incline la scène de 5,7 degrés. À un moment, on se demandait pourquoi on se faisait souffrir comme ça. Mais quand on voit le show dans les gradins, on comprend. C'est vraiment exceptionnel d'avoir une vue comme ça, de ne rien manquer du spectacle », rappelle-t-elle. Elle a des courbatures partout, mais sa voix est préservée grâce au microclimat à 55 % d'humidité maintenu sur la scène, là où elle chante, et qui l'accompagne jusque dans sa loge. « En arrivant ici, je n'avais qu'une demande : humidifier le désert ! » En contrepartie, elle profite pleinement des joies qu'offre la vie familiale. « Maintenant, j'ai une famille à moi, mon mari est toujours avec moi, même s'il est au poker de temps en temps ! » plaisante-t-elle. Elle évoque René-Charles, qui, à 4 ans, est déjà un oiseau de nuit et un grand fan de Zachary Richard. « Ça a été très difficile pour lui lorsqu'on est arrivés ici. Il avait 2 ans et je crois qu'il se sentait un peu abandonné. Je suis contente aujourd'hui qu'il ait pleinement conscience de ce que je fais. Il sait où je vais et que je rentre à la maison tous les soirs. » Durant l'enregistrement du documentaire *Toute une vie*[1], elle fait revivre le jour où son fils l'a interpellée : « Maman, je veux voir ton show ». Elle est très émue, troublée même, car le petit garçon refusait jusqu'à présent de s'asseoir dans la salle. Elle n'avait pas insisté pour qu'il vienne la voir. Ce soir-là, pour la première fois de sa vie, elle a des nausées un quart d'heure avant le lever de rideau. « C'est sûr, c'est parce que mon fils est là », constate-t-elle. Elle entre en scène un sourire éclatant sur

1. *Toute une vie*, TVA Canada 2005.

les lèvres. Elle chante pour son fils. À la fin du show, assise au bord de la scène, elle annonce au public que son fils est là pour la première fois, que ce spectacle est très important pour elle. Elle va lui porter la rose qu'on lui a remise. « Je dois vous dire que mon fils, ce soir-là, a accepté qui j'étais. [...] ça a été pour moi "Maman je te connais, je t'ai acceptée depuis le tout début, mais maintenant j'accepte ce que tu veux faire et surtout, je te partage avec 4 000 personnes tous les soirs, parce que je t'aime." C'est beaucoup pour un enfant de quatre ans. »

Le monde du showbiz, de concert avec les médias, n'est pas tendre avec le couple. On évoque ouvertement « l'esclavage » auquel est soumise la chanteuse, l'addiction au jeu de René. Il l'admet : « J'ai été élevé comme ça. Oui, je suis un gambler, oui, c'est une maladie, oui, j'ai été chanceux et oui, il faut que je fasse attention aujourd'hui. À Las Vegas, 95 % des gamblers ne sont pas chanceux. » Son fils Patrick, évoquant cette passion du jeu, dit en souriant : « Mon père a une maladie dont il ne souffre pas. » René l'a contractée très jeune. À quatre ans, son père lui apprenait les règles du backgammon. Ses parents jouaient à la canasta. « Je me souviens, ils étaient trois couples, ma mère, ses deux frères et leurs conjoints jouaient. Ils ne jouaient pas pour l'argent, ils jouaient pour l'honneur. Ils jouaient deux contre deux, les femmes contre les hommes. Je les entendais. À chaque partie, il y avait une chicane. Ma grand-mère de 82 ans pensait qu'elle jouait mieux que tout le monde. Selon moi, elle avait raison, et elle chicanait elle aussi. » Il met les points sur les « i » : « C'est comme l'alcool. On ne peut pas s'en passer. Au poker, dans l'ensemble, je gagne, mais, dans les autres jeux, c'est le casino qui finit par gagner avec le temps. Au total, j'ai gagné au poker, mais j'ai perdu aux autres jeux. Pour me protéger, je ne signe jamais un chèque seul. Le comptable de ma compagnie doit signer aussi. Je me protège comme ça », confie-t-il à Denis Lévesque[1]. René ne consomme pas d'alcool. Il ne fume pas. Il n'a que ce travers à

1. TVA, octobre 2012.

offrir aux journalistes à sensation s'empressant de l'accuser de piller les revenus de son épouse et la contraindre à « travailler comme une esclave » pour assouvir sa soif du jeu. Le manager a les moyens de jouer et jouer gros. Au tournoi Texas Hold'em, en 2007, il remportera le montant le plus élevé jamais remis à un client du Caesars Palace : 1,6 million de dollars ! Les médias ne le lâchent pas. René Angélil est un homme discret. Il n'élève jamais le ton. Contre ses assertions, avec fermeté et à contrecœur, il se justifie : « C'est vrai, le jeu est une maladie. Mais je n'ai jamais joué avec l'argent de la compagnie Feeling. Je mise uniquement mes fonds personnels. Je refuse de mettre ma famille en péril. » Oui, il est superstitieux. Oui, il croit dur comme fer que la vie, comme le black jack, est affaire de séquences. « Si ça va mal, il ne faut pas s'énerver et attendre l'occasion qui va sûrement se présenter, la reconnaître et la saisir. Il faut juste jouer ses cartes comme il faut. » D'ailleurs la direction du Caesars lui rend justice, grâce à son flair, ses paris sur la vie, ses plans, elle a perçu le loyer d'un fameux locataire, Sir Elton John ! « On a encaissé tous les revenus : nourriture et boisson, commandites, merchandising. Ils nous ont cédé la bâtisse, confirme John Meglen d'AEG, coproducteur du spectacle avec René Angélil. On disait à la blague que, pendant ces cinq années, le Caesars Palace et Harrah's – qui a acheté le Caesars Palace en 2005 – n'avaient même pas la clé du Colosseum. Tout le monde dans la bâtisse était de AEG ou de CDA[1]. »

Elton John avait donné le premier concert de son show *The Red Piano* en résidence au Caesars Palace, le 13 février 2004, en alternance avec Céline. Il sera primé meilleur show de Las Vegas en 2004. Il est dans la salle, le 27 mars 2005, pour assister au dernier spectacle *A New Day...* juste avant que Céline ne prenne ses vacances. De février 2004 à avril 2009, Elton et son groupe donneront 450 spectacles au Colosseum devant plus de 1,8 million de fans du monde entier. La première rési-

1. Société de Céline et René Angélil.

dence de cinq ans offrira 243 concerts à environ un million de personnes jusqu'en avril 2009. Elle sera suivie d'un retour le 28 septembre 2011, avec une toute nouvelle résidence, The Million Dollar Piano, comportant 207 concerts en sept ans.

Un séisme secouait l'océan Indien le 26 décembre 2004. Le tremblement de terre atteignit entre 9 et 9,3 de magnitude, ce qui en fit l'un des plus puissants jamais enregistrés. Cette secousse libéra une puissance équivalant à 23 000 bombes atomiques d'Hiroshima. Elle provoqua la formation d'une vague d'environ 50 centimètres de hauteur au milieu de l'océan, se déplaçant à 800 km/h en direction des côtes. En approchant des terres, quand le plancher océanique remonta, la vague géante se forma. Elle atteignit jusqu'à 35 mètres de haut en frappant l'île indonésienne de Sumatra. Au soir du 26 décembre, les médias évoquèrent entre 10 000 et 30 000 morts. C'est pourquoi, Céline dédie la représentation spéciale de la Fête des Mères[1] de son spectacle *A New Day...* aux victimes du tsunami en Asie du Sud. Elle reverse 1 029 714 de dollars au fonds d'aide aux victimes du tsunami de l'UNICEF pour soutenir et reconstruire les régions affectées. La soirée est présentée par le maître de cérémonie et membre du comité honoraire Larry King. À la fin de la représentation, Céline et Larry King remettent le chèque au président de l'UNICEF USA, Charles J. Lyons et au président de l'UNICEF Canada, David Agnew. George H. W. Bush et Bill Clinton, présidents honoraires, se sont adressés au public par le biais d'une vidéo pré-enregistrée. L'événement est présidé par Céline et René, et co-présidé par le président du Caesars Palace Mark Juliano, le président et directeur général de AEG Timothy J. Leiweke. Stefanie Graf et André Agassi, Cher, Michael Douglas et Catherine Zeta-Jones, Linda Thompson, David Foster, Bette Midler, Barbra Streisand, Dame Elizabeth Taylor, Sir Elton John, le maire de Las Vegas Oscar B.Goodman, le gouverneur du Nevada Kenny

1. 8 mai 2005.

C. Guinn, et tant d'autres apportent leur soutien à cette cause alors que Las Vegas, la capitale mondiale du jeu, se prépare à célébrer son centenaire.

C'est en 1829 que le premier voyageur européen, l'Espagnol Rafael Rivera, découvre cette oasis encaissée dans le désert du Nevada, territoire de la tribu des Indiens Paiutes, qu'il baptise « Las Vegas[1] ». Les mormons tenteront d'y implanter un fort, alors que le site accueille des pionniers à la recherche de gisements miniers. En 1905, la localité est connue pour la voie ferrée reliant la côte est au Pacifique et le Nord au Sud. 40 lots de terrain sont mis aux enchères. Une petite ville s'édifie autour de la gare et prend véritablement son essor le 19 mars 1931, en pleine prohibition, lorsque l'État autorise le jeu sur son territoire. Quarante-huit heures plus tard, le premier casino légal, le Northern Club, ouvre ses portes à Las Vegas ! C'est le début de la grande aventure pour la capitale du péché, « Sin City » ! Elle rassemble, depuis, 18 des 20 plus grands hôtels des États-Unis. Elle est aussi la capitale du mariage avec une moyenne de 120 000 unions célébrées chaque année, un tout petit peu moins que de machines à sous... 198 000 ! La chaîne américaine Travel Channel[2] diffuse une émission spéciale où Céline interprète *I'm Alive*, tiré du spectacle *A New Day*... avant qu'elle ne s'envole vers son Québec natal, loin des sunlights du Nevada, pour savourer quelques jours en famille, ponctués d'obligations auxquelles elle ne peut déroger. Elle tourne le clip vidéo de *Je ne vous oublie pas*[3], du réalisateur français Didier Kerbra, à Montréal. Le cinéma Impérial, au centre-ville de Montréal, sert de cadre à l'épisode. « Bien que très loin de l'Europe, je n'oublie jamais la France, qui m'a donné ma première chance, lance-t-elle aux journalistes. Je ne tourne pas le dos. Je ne peux pas être partout à la fois, malheureusement. Je chante encore pour vous, et c'est encore et plus que jamais un plaisir. » Elle consacrera la première semaine d'octobre à enregistrer

1. Les vallées.
2. 7 juillet 2005.
3. 29 juillet 2005.

quantité d'émissions de télévision à Paris. Pressée de question sur la francophonie ou des sujets de société, elle répond avec sagesse : « Mon métier n'est pas de juger ou de blesser les gens ou de décider qui a raison. Ça ne veut pas dire que je n'ai pas d'opinion. Mais pourquoi devrais-je dire au monde entier pour qui je vote. Je suis chanteuse, pas politicienne. Si je disais pour qui je vote ou si je faisais des sermons, ça ne changerait strictement rien à mon show, mais ça changerait peut-être la façon dont les gens m'écoutent. » Quelle est sa préférence ? Céline n'aime pas la controverse. Elle est franche et directe, mais ne s'autorise pas à juger ou blesser les autres. La gentillesse est une constante chez elle. « Je suis avant, d'abord et avant tout, une messagère de la musique et je veux, à travers l'amour et la musique, me payer du bon temps, faire une bonne vie. Et apporter de la joie au monde. »

La chanson écrite par Jacques Veneruso appuie son propos :

*« Je ne vous oublie pas, non, jamais*
*Vous êtes au creux de moi*
*Dans ma vie, dans tout ce que je fais*
*Mes premiers amours, mes premiers rêves*
*Sont venus avec vous*
*C'est notre histoire à nous. [...]*
*Même à l'autre bout de la terre*
*Je continue mon histoire avec vous. »*

Pour l'heure, les œuvres caritatives occupent son emploi du temps. Une centaine de joueurs de black jack participent au Tournoi des mécènes[1], qui amasse 275 000 $ pour la Fondation André-Delambre, un proche collaborateur de René Angélil atteint de sclérose latérale amyotrophique, mieux connue sous le nom de maladie de Lou Gehrig. En soirée, les participants et quelque 400 autres convives se réunissent au cabaret du Casino de Montréal pour vivre la finale du tournoi, se restaurer et assister à la représentation du spectacle *FemmeS*, mettant en

1. 1er août 2005.

vedette Nanette Workman. « Céline Dion est arrivée après la fin du tournoi, juste avant le repas. Jusque-là, nous n'avions reçu aucune confirmation de sa présence à l'événement », précise Anne Roy, la directrice des communications pour le Casino de Montréal. Au moment d'interpréter la dernière chanson du spectacle, *Love Can Move Mountains,* Céline est montée sur scène pour se joindre à Nanette Workman, entourée des danseurs de la revue musicale. « Elle a surpris tout le monde, confie Nanette Workman. Ça a été un moment formidable, vraiment formidable. Elle était belle comme tout », répète la chanteuse. Nanette a déjà partagé les planches avec Céline à ses débuts, lorsqu'elle n'avait que 13 ans. « C'est une belle personne, à l'intérieur comme à l'extérieur », affirme Nanette Workman. Elle est allée la voir à Las Vegas tout récemment. « Les gens ont fortement apprécié et ils l'ont bien démontré », témoigne Anne Roy en manifestant toute sa reconnaissance au couple. « Les gens du Casino de Montréal ont beaucoup apprécié que Céline et René, même en vacances, acceptent de prendre part au tournoi de black jack. » Au terme de sa prestation, Céline s'est prêtée à une séance photo en compagnie des membres de la troupe avant de quitter le Casino. En effet, durant cette journée, Céline travaillait à Montréal avec Per Magnusson et David Kreuger sur le titre *I Believe In You,* avec le groupe Il Divo, quatuor classique international et polyglotte. Créé en 2003 par le producteur Simon Cowell, à Londres, il réunit Sébastien Izambard (ténor français), Carlos Marin (baryton espagnol), David Miller (ténor américain) et Urs Bühler (ténor suisse). La chanson, interprétée en anglais et en français, figure sur le troisième album *Ancora* du quatuor, et sur le best of *On ne change pas* de Céline. Carlos Marin décédera, à Manchester, en décembre 2021, à l'âge de 53 ans.

Autre soirée-bénéfice[1], avec une connotation plus personnelle pour Céline et René, au Club de golf *Le Mirage*, à Terrebonne : apporter son soutien à la fondation Achille-Tanguay[2], créée par

---

1. 6 août 2005.
2. Renommé peu après Fondation Maman Dion.

Thérèse Dion en souvenir de son père. Lorsqu'elle s'est lancée dans cette mission, Maman Dion n'a pas demandé l'aide de Céline, qui lui prête cependant main-forte. « Elle m'a donné 100 000 dollars cette année », confie-t-elle « Elle a ses causes [dont Sainte-Justine], René aussi [une chaire contre le cancer au CHUM porte son nom], on ne peut pas mélanger tout ça », car Thérèse aime à expliquer : « Ma passion, c'est la vie. La vie, c'est les enfants. Les enfants, c'est l'avenir. Merci de m'aider à offrir un avenir égal à tous les enfants du Québec. » Thérèse veut récolter des fonds pour venir en aide aux familles démunies du Québec dont les enfants, de 5 à 16 ans, ne bénéficient pas de bons vêtements et de fournitures pour faire leur rentrée scolaire comme les autres. « Ce n'est pas à coups de pied qu'on envoie un enfant à l'école, mais à coups de pouce ! » explique Maman Dion avec tout son bon sens. Céline l'approuve. Il n'est pas si loin le temps où elle subissait les moqueries de ses petites camarades parce qu'elle n'avait pas de chaussures neuves, traînait le cartable usé par ses sœurs avant elle. Tellement heureuse, elle se démultiplie auprès des invités, épaule sa mère, exprime son admiration : « Si elle pouvait répandre l'amour sur la Terre entière, elle le ferait. » Son frère Paul est des plus actifs : « Il faut aussi souligner l'implication du directeur général de la fondation Achille-Tanguay, M. Paul Dion, qui apporte un support extraordinaire à sa mère. Son dévouement est tout simplement admirable », lit-on dans la presse[1]. L'affaire semble bien lancée et recueille de nombreux suffrages : « Maman Dion un cœur qui bat pour tous les enfants du Québec. Plusieurs familles provenant de toutes les régions du Québec pourront bénéficier du Fonds d'études Maman Dion, qui offre aux enfants de familles défavorisées les fournitures et les vêtements nécessaires pour la rentrée scolaire. Le programme du Fonds d'études Maman Dion est diffusé à travers le réseau scolaire du Québec et bénéficie de l'appui de la Direction régionale du ministère de l'Éducation et de plusieurs députés. La Fondation Achille-Tanguay

1. *Courrier Sud*, 5 juin 2005.

organise des activités au bénéfice du Fonds d'études Maman Dion. La prochaine activité sera le tournoi de golf La Classique Thérèse Tanguay Dion au club de golf Le Mirage. »

Avant de se consacrer à l'inauguration de la nouvelle tour Augustus Tower[1] de l'hôtel de Las Vegas, elle s'est engagée à donner un million de dollars à la Croix-Rouge américaine pour porter secours aux victimes de l'ouragan Katrina[2] et aider les personnes dans le besoin. Cette somme proviendra des recettes du spectacle *A New Day...*, de ses partenaires, Concerts West/AEG Live et DRAGONE. Nouvel enregistrement pour une bonne cause, le 27 septembre, *Come Together Now*, une chanson dédiée aux victimes du tsunami en Asie et celles de l'ouragan Katrina. La chanson, écrite par Sharon Stone, Damon Sharpe, Mark Feist, et Denise Rich, sortira le 21 novembre 2005. Continuellement sollicitée par maints organismes, Céline, dévouée à plusieurs causes humanitaires, se concentre sur les enfants malades et défavorisés. Après son spectacle au Caesars Palace, elle enchaîne avec le 10e *Grand Slam for Children*[3], au MGM Grand de Las Vegas où elle retrouve son idole Barbra Streisand. Elle s'exprime avant l'événement : « Il ne s'agit pas d'être gentil ou généreux, je pense que c'est – comment dit-on cela ? – une responsabilité. Je ne pense pas que ce soit donné à tout le monde de donner un million de dollars ou de construire des écoles pour les enfants, comme l'a fait Andre Agassi avec son école, la "Andre Agassi Preparatory Academy". Mais, si on nous offre l'opportunité, c'est tellement gratifiant de pouvoir faire une différence. » Barbra Streisand n'est pas peu fière de voir Céline marcher dans ses pas à Las Vegas. Elle avait signé un contrat, en 1969, avec le *Las Vegas International Hotel,* qui fit d'elle l'artiste la mieux payée de l'histoire des night-clubs. Son arrivée à Vegas mérite d'être contée. Kirk Kerkorian souhaitait qu'Elvis Presley soit le premier à lancer la salle de spectacle de 2 000 places. Le Colonel Parker, mana-

1. 26 étages, 949 chambres.
2. 1er septembre 2005.
3. 1er octobre.

ger du *King*, ne voulait pas qu'il fasse l'ouverture. Il a conseillé de convoquer quelqu'un d'autre, puis Elvis prendrait la suite. Bill Miller, le directeur des programmes, contacta Barbra Streisand. Elle partait pour l'Europe. Il lui fit signer un contrat de cinq ans avec l'hôtel. Il prévoyait qu'elle gagnerait environ 100 000 dollars par semaine pendant quatre semaines ; elle recevrait des actions ; serait payée en espèces pour les futures dates. Bill Miller déclara : « Nous avons passé un accord pour ne pas discuter des chiffres. Elle a été autorisée à acheter des actions de l'hôtel au prix du marché, qui était alors très bas. Nous faisions payer 15 dollars par personne pour l'entendre. Vous mettez 4 000 personnes dans cette salle avec deux spectacles par soir, et vous avez 60 000 dollars par jour sans le whisky. » Barbra Streisand partageait la scène avec les quarante musiciens de l'orchestre Bobby Morris. Finalement, Kirk Kerkorian déboursa 1 million de dollars.

Le lendemain, Céline intervient en direct dans l'émission québécoise *Star Académie*. Elle chante *Je ne vous oublie pas* avec les « Académiciens au Québec[1] ». « D'avoir chanté avec eux, ça m'a fait un grand plaisir. Ici, ça sonnait vraiment bien », dit-elle gentiment. À Bruno, qui lui demande ce qui était le plus stressant entre produire son spectacle devant eux ou devant Barbra Streisand, elle a répondu : « Quand il y a des gens de chez nous qui viennent nous voir, c'est sûr que ça fait monter l'adrénaline. Mais je ne vous cache pas que Barbra n'a pas juste été intimidante pour moi, mais pour toute mon équipe. C'est un monument ». Elle rappelle les sacrifices qu'elle a dû faire lorsqu'elle a commencé sa carrière à 13 ans. Elle avoue qu'elle est déploguée[2] par rapport à la critique, qui n'a pas toujours été tendre à son sujet. Grâce à Dieu, accompagnée par René, elle a dépassé sans trop de douleur les humiliations subies. René, lors d'une master class, s'en explique. Il livre ses secrets, ses conseils. Il répond franche-

1. 2 octobre 2005.
2. Débranchée.

ment aux questions des Académiciens, même les plus personnelles. Sa confiance en sa protégée n'a jamais failli : « Je vois la même chose que je voyais dans les yeux de Céline au début ». Il évoque le jour où le couple a dû avouer son amour aux parents de Céline : « Sa mère s'est sentie trahie, et elle ne m'aimait pas beaucoup. Il y a eu un froid pendant quelques années. » Il affirme se sentir encore comme un artiste, même s'il travaille aujourd'hui dans l'ombre de sa femme. A-t-il des regrets vis-à-vis de son ancienne carrière avec Les Baronets ? Il est objectif et franc : « On n'avait pas le talent pour aller plus loin. On m'a forcé à changer de branche, parce que ça n'allait pas très loin, notre affaire. »

Paris, au soir du 5 octobre, ouvre les bras à Céline, René et leur fils, entourés de toute la tribu qui les suit en voyage, les deux sœurs de Céline, ses gardes du corps, ses chauffeurs... Les appartements avec terrasses individuelles du George V, aux façades inscrites à l'inventaire des monuments historiques, à deux pas des Champs-Élysées, attendent leurs hôtes. Pour la plus grande satisfaction de René, côté gastronomie, l'hôtel dispose de trois restaurants récompensés d'un total de cinq étoiles au guide Michelin. Le lendemain, le marathon commence. En fin d'après-midi, après une séance photo dans l'hôtel George V, Céline se rend sur le plateau du *Hit machine*[1] pour enregistrer l'émission où elle chante *Je ne vous oublie pas*. Elle enchaîne avec le *Symphonic Show*[2], animé par Daniela Lumbruso. Elle interprète *Le Blues du businessman*, et *I Believe In You* avec Il Divo. Dans l'après-midi du 7 octobre, elle accueille la foule devant un magasin à Paris, pour la promotion de son album *On Ne Change Pas*. Elle se rend ensuite dans la VIP Room d'un club branché des Champs-Élysées afin d'enregistrer l'émission radiophonique *Le 6/9*[3]. En fin d'après-midi, elle part à la Plaine Saint Denis pour l'émission *Star Academy*, diffusée en direct

1. Diffusée le 15 octobre suivant sur M6 et la chanson Tous les secrets diffusée le 1er avril 2006 sur M6.
2. Diffusé début novembre sur France 2.
3. Diffusée sur la radio NRJ.

sur TF1 et animée par Nikos Aliagas. Elle accompagne deux candidates sur *Pour que tu m'aimes encore* et *On ne change pas*. Le rythme est effréné. Elle a, par ailleurs, fait une apparition en direct dans le journal télévisé précédant l'émission et répondu aux questions de Claire Chazal. René, éperdu d'admiration, en coulisses, ne perd pas une seconde de l'intervention de son épouse. Ensuite, elle accorde une entrevue au magazine *Paris Match* : « Trois ans que la France l'attendait ! Et le public a retrouvé une immense chanteuse, mais aussi une femme chaleureuse et pleine d'humour. "On ne change pas", dit le tube titre de la compilation qu'elle est venue présenter à Paris... De la "Star Academy" à l'opération "Plus de vie" en faveur des personnes âgées, la star s'est donnée sans compter sur les plateaux de télévision. C'est avec ses fans de France qu'elle a, dit-elle, "vécu les moments les plus intenses de sa carrière". Alors, elle a voulu montrer à son fils René-Charles, 4 ans et demi, ce pays où elle se sent "comme à la maison". C'est pour lui, pour assurer sa stabilité, qu'elle chante à Las Vegas depuis plus de deux ans. Elle espère, à la fin de son contrat en 2007, pouvoir reprendre ses tournées françaises. À moins que, d'ici là, elle ne donne un petit frère ou une petite sœur à René-Charles. » Entre deux émissions, elle visite la capitale avec son fils à bord d'un bateau-mouche. Ils montent au sommet de la tour Eiffel, font du shopping avant que le métier ne la happe de nouveau. Elle veut tout partager avec lui : « Avec le temps, on acquiert une plus grande sensibilité aux autres. Je vis pour l'amour, pour mon fils, pour mon mari, pour ma mère qui est toujours là. Ma priorité, c'est de voir mon fils grandir et de vivre des choses vraies. Je n'arrive pas à croire que moi, une petite Québécoise, je vais avoir ma statue au musée Grévin. Ce n'est pas pour moi que j'en suis fière, c'est pour mon fils. Parce que, plus tard, il se dira, et ses enfants se diront : « Céline, c'était quelqu'un ! » Devant un parterre d'auditeurs privilégiés, dans une salle de l'hôtel George V,

Céline enregistre l'émission radio *Good Morning Week-End*[1]. En soirée, elle chante *I Believe In You* avec Il Divo, *Je ne vous oublie pas*, *Pour que tu m'aimes encore* et *S'il suffisait d'aimer*, ainsi qu'un duo avec Johnny Hallyday sur sa chanson *L'envie* pour *Les 500 Choristes*[2]. Les voix puissantes de Céline et Johnny s'accordent à merveille lors de cette interprétation exceptionnelle. C'est ainsi que tout naturellement, de passage à Montréal, Johnny enregistrera *Blueberry Hill* avec Céline, pour l'émission *Céline*[3], animée par Nikos Aliagas. *L'hymne à l'amour* d'Édith Piaf réunira pour un trio Céline, Maurane et Johnny. Les deux stars enregistreront *L'Amour peut prendre froid* en 2012. Si elles ont souvent eu l'occasion de chanter ensemble sur des plateaux d'émissions de télévision, il s'agit de leur premier enregistrement sur disque. « À l'origine, ce n'était pas un duo, raconte le Taulier. Mais l'idée d'une collaboration avec Céline m'est aussitôt venue à l'esprit. Je lui ai dit : "Qu'en penses-tu ? Je crois que c'est une bonne chanson pour toi. Elle mettrait ta voix en valeur." Elle m'a répondu : "Tu as raison. Allons-y !" J'étais très heureux qu'elle accepte. C'est la réalisation d'un rêve, affirme Johnny Hallyday. Céline, c'est une voix extraordinaire. J'ai eu beaucoup de plaisir à chanter avec une vraie professionnelle. » Ce duo figure dans l'album du rockeur français, ainsi que dans celui de Céline *Sans attendre*.

Céline et René sont à l'heure au rendez-vous fixé par leur ami Michel Drucker, aux Studios Gabriel, pour *Vivement dimanche*[4], l'émission dominicale de France 2, suivie par bon nombre de téléspectateurs. Elle reprend *I Believe In You* dans une version en anglais et une version en français, en duo avec Il Divo, *Chante*, en duo avec Marilou Bourdon – que René a pris sous son aile de manager –, et *Je ne vous oublie pas*. Vers 22 h, elle participe à l'émission *Plus De Vie*, animée par Isabelle Giordano, et diffusée en direct sur France 2. Elle y chante *Je ne vous oublie pas*. Peu après minuit, elle reçoit une

1. 9 octobre 2005 diffusée sur *Chérie FM* le 16 octobre.
2. Diffusion 5 novembre 2005.
3. Diffusée le 9 juin 2007 sur TF1.
4. 10 octobre 2005. Émission diffusée le 25 décembre 2005.

demi-douzaine de journalistes québécois dépêchés à Paris pour la rencontrer. Elle ne compte pas ses heures, répond aux questions de sa compatriote Penelope Mcquade pour *Star Système,* dans le salon Louis-XIII du Georges V. Elle évoque son mari, l'amour qui les unit : « Ce gars-là, il est incroyable. Ça se peut pas. Il y a toujours eu une passion qui a existé, il y a toujours eu une espèce d'admiration, finalement l'un pour l'autre, qui a toujours été là, et puis c'est extraordinaire que ça existe et que ça brille encore et que ça existe encore. » René-Charles est au cœur de leur existence. Elle ne tarit pas de confidences à son sujet : « Notre fils, lui, tu lui demandes aujourd'hui ce qu'il veut faire plus tard, je dis mot pour mot comment il s'exprime : "Je veux être un professionnel de golf." Ça, c'est ce qu'il veut être et puis après ça, les courses de voitures. » Elle témoigne de son plaisir à chanter en français : « Je suis pas tannée de chanter en anglais, mais j'ai hâte de faire des tournées en France, ça, c'est sûr. Je pense que c'est l'équilibre. Si j'avais à choisir, je chanterais juste en français [...] Je ne suis pas tannée de chanter en anglais, mais chanter en français, ça me manque... » Pourquoi un tel amour de la langue française ? « Chanter en français fait partie de moi. J'ai toujours voulu avoir une carrière internationale, donc je suis allée à l'école pour apprendre l'anglais. Et le tout s'est mélangé. [...] L'anglais me permet de voyager et de rêver autrement [...] et le français, c'est le sang qui coule dans mes veines. [...] Chanter mon répertoire français, c'est un besoin ; sinon, pourquoi je me mettrais à travailler tellement fort et à prendre la peine de demander aux auteurs de m'écrire des chansons. » Elle glisse un trait d'humour : « Lorsque je chante en français, j'ai l'impression d'enfiler un vieux jean avec les genoux et les fesses à la bonne place. » La compilation *On ne change pas* tombe à point nommé. Différentes versions sont proposées par Sony, un CD, deux CD, 3 CD, un DVD, avec les incontournables *Ziggy, Pour que tu m'aimes encore, Sous le vent*, mais aussi *Terre, Les derniers seront les premiers, Ma chambre, Partout je te vois.* Le livret raconte et illustre vingt-cinq ans de carrière. *On ne change pas* est très vite certifié triple disque de platine. Céline fait quelques achats sur l'avenue Montaigne, chez Chanel, avant de s'offrir un dernier dîner en famille dans un restaurant du quartier des Champs-Élysées[1]. Il est déjà temps de s'engouffrer dans l'avion du retour vers Vegas.

Une merveilleuse occasion de partager avec Line Renaud une soirée scintillante autour d'une superbe pièce montée, ornée d'étoiles dorées, est offerte à Céline et René. Ils dînent au MGM Grand restaurant du chef étoilé Joël Robuchon, à Las Vegas, en compagnie de Line et de quelques amis, pour célébrer la pose de l'étoile décernée à la meneuse de revue, sur la promenade des célébrités à Paris-Las Vegas[2]. Line et Céline s'apprécient énormément. Elles ont en commun un parcours offrant bien des similitudes : des débuts très jeunes dans le métier, un mari Pygmalion, une carrière des deux côtés de l'Atlantique, le Caesars Palace... Line débuta dans la chanson à quinze ans. Loulou Gasté[3], son manager, compositeur et époux, tout comme René, était un visionnaire. Il la lance dans la chanson, puis comme meneuse de revue du Casino de Paris, en 1959. Puis, elle s'envole vers Las Vegas, où elle mène la revue dans l'un des plus grands casinos de la ville, le Dunes. Elle était engagée pour trois mois, elle y restera deux ans. « J'ai bien évidemment reconnu beaucoup de mon Loulou en René. Comme Loulou, René a été un visionnaire, constate Line Renaud. Il a tout de suite vu la femme que pouvait devenir Céline, et sans doute même, celle qu'elle est aujourd'hui. Céline fut son œuvre. » Line revit à travers le couple d'heureux moments de son existence : « Cela m'a rappelé des souvenirs. Je nous ai reconnus, Loulou et moi, dans leur façon de communiquer sans se parler, d'un simple regard, d'un simple geste, imperceptibles aux yeux de ceux qui n'ont pas connu une telle vie à deux... » Ce n'est pas tout. « *La Frenchy* », comme on

1. 11 octobre 2005.
2. 23 octobre 2005.
3. Louis Gasté, dit Loulou Gasté 1908-1995.

la nomme, a vu sortir de terre le Caesars Palace. C'était en 1966. Un an plus tôt, Jay Sarno, le self-made-man, concepteur d'hôtels, avait prédit : « Tu vois, dans à peine un an, à cet endroit où il n'y a que du sable, se dressera un somptueux casino. » Le 5 août 1966, le Caesars Palace ouvrait ses portes, en présence de sa marraine Line Renaud. Normal, « J'ai participé à sa création, se souvient-elle. J'assistais très souvent aux réunions préparatoires. On me demandait mon avis sur tout ce qui concernait la scène, sa taille, sa machinerie. Je leur ai d'abord expliqué qu'il fallait légèrement l'incliner pour que l'on voie mieux les jambes des danseuses. Je leur ai conseillé de construire des ascenseurs sous le plateau. Au début, ils n'en voulaient pas. J'ai argumenté pour leur faire comprendre que si, plus tard, ils recevaient des spectacles plus complexes qu'un simple récital de chanteur, cela nécessiterait ce type d'installation. Ils m'ont bénie par la suite ! Je me souviens d'être intervenue aussi sur la couleur des moquettes, le tombé des rideaux, le lettrage du papier à lettres. » Si les lieux se sont transformés, Line est heureuse d'y retrouver Céline et René pour évoquer avec eux les gloires qu'elle connut : « Aujourd'hui, constate-t-elle, c'est dans une pièce attenante à leur loge, avant le show, que les stars reçoivent les fans. Le rideau à peine baissé, elles embarquent dans leur avion privé pour retourner chez elles. Dans les sixties, une fois nos spectacles exécutés, nous nous retrouvions au bar Le Galleria avec Frank Sinatra, Dean Martin, Sammy Davis Jr. ou Nat King Cole. Frank chantait pour nous, quand il n'allait pas inciter les joueurs à miser en s'installant à la table de 21. Ça faisait partie de son contrat ! Terminé, tout cela, les stars ont soif de vie privée. Nous, nous avions juste envie de vivre ensemble en faisant la fête. » La meneuse de revue fit place à la productrice de spectacles. Elle rappelle[1] : « Dans les années 1970, j'ai engagé le grand Tony Bennett pour le Kings Castle… Je me souviens aussi d'avoir conseillé un financier new-yorkais,

1. Line Renaud, *Et mes secrets aussi*, Robert Laffont, 2013 ; *En toute confidence*, Denoël, 2020.

Arthur Goldberg, en lui faisant remarquer qu'on ouvrait, sur le Strip, des lieux consacrés aux plus belles villes du monde et que Paris ne figurait pas dans cette liste. »

Céline ne cache pas son désir de mettre au monde un autre enfant. Les médias se saisissent de l'information, la poussent dans ses derniers retranchements. « On va essayer après mes spectacles, confesse-t-elle avec gentillesse. J'espère que je vais encore tomber enceinte. J'ai un peu d'espoir. Mais nous avons déjà eu tellement de chance. On a essayé pendant six ans avant d'avoir René-Charles. On a notre bébé miracle. » Elle évoque très librement la fertilisation *in vitro* lors de son entretien avec Nancy O'Dell pour l'émission *Access Hollywood.* Il en est de même avec sa biographe, l'Américaine Jenna Glatzer, présentant *Celine Dion : For Keeps,* sorti chez Andrews McMeel Publishing[1]. Arrivés de Las Vegas la veille, les Angélil, porte-parole de l'hôpital Sainte-Justine de Montréal, sont fiers d'annoncer qu'ils ont récolté environ 108 271 455 US $ grâce à la campagne *Grandir en santé*[2]. Céline précise que cette somme servira à construire de nouveaux bâtiments et acheter des appareils de pointe. Elle enregistre l'émission télévisée québécoise *L'École des Fans*[3], dans les studios TVA. Francis Bernier, de Saint-Rédempteur, se souviendra longtemps du duo qu'il interpréta avec la chanteuse : « Elle me faisait des câlins, puis elle m'embrassait... puis elle me disait que je chantais bien, puis que c'était beau... », raconte-t-il. René, sous le charme du petit bonhomme, remarque : « C'est un petit garçon assez spécial, je trouve, qui risque d'aller très loin. » Céline, les larmes aux yeux, peine à trouver ses mots : « Ce petit garçon a quelque chose de particulier, souligne-t-elle. C'est comme une vieille âme. On dirait qu'il a eu plusieurs vies ou... il est comme... je ne sais pas, il chante, puis, en même temps, il est extériorisé... Il est très particulier. »

1. 9 novembre 2005.
2. 7 décembre 2005.
3. Diffusée le dimanche suivant à 19 h.

Ce sont les adultes qui retiennent toute l'attention du couple lors du Tournoi des mécènes[1], organisé par René au Casino de Montréal. Éliminé en cours de route, il n'en a pas moins fait honneur au menu du Cabaret du Casino : filet de bar du Chili, filet de veau mi-fumé au cigare. Le spectacle *Le Party des fêtes* de la famille Dion clôture cette journée spéciale, avec une participation surprise de Céline qui chante *La Voix du Bon Dieu.* Le lendemain, Janette Bertrand, star de la télévision québécoise, est l'invitée de Céline en sa résidence de l'île Gagnon, dans le cadre d'une émission spéciale de 90 minutes[2]. L'échange entre les deux femmes, près du monumental sapin en habit de lumière, est des plus chaleureux et informel. Entre deux sucres à la crème[3] au sirop d'érable, faits maison par Janette et d'autres friandises offertes par Céline, elles jasent à bâtons rompus. Sans barguigner, elle aborde son enfance, ses complexes : « On me disait que j'avais une belle voix, mais, moi, je voulais qu'on me trouve belle aussi, et puis ça, je l'avais pas. Alors ça a été dur pour moi de faire tous ces changements. C'est comme si on est toujours dénudée en public, et puis ça, ça donne le vertige souvent. » Janette Bertrand, née en 1925 à Montréal, icône du féminisme au Québec, vit une belle histoire d'amour avec Donald Janson, de vingt ans moins âgé qu'elle. Ils sont en couple depuis 1982. Elle est tout à fait à l'aise pour demander à Céline à quel moment elle a compris qu'elle était amoureuse de son manager. « René, je l'ai toujours aimé. C'était l'amour de quelqu'un qui était près de moi, qui voulait mon bien. Je l'ai toujours admiré pour sa grande sensibilité, son savoir-faire, sa beauté, sa délicatesse, sa maturité, son don de savoir comment me parler, même si j'étais très jeune, le don de respecter les autres autour de lui. Ça façon d'être. Lui. Je l'admirais. » Céline convoque ses souvenirs. « J'étais bien et j'étais en confiance et je savais que jamais il m'aurait voulu du mal, qu'il voulait toujours mon bien et qu'il était là pour me

1. 8 décembre 2005.
2. Janette Bertrand, émission *Janette*, Radio-Canada, 2005.
3. Confiserie pour les fêtes de Noël, sorte de bonbon de caramel très fin et fondant.

protéger à sa façon aussi. Qu'il y avait pas de malice. Il m'aimait, mais d'une façon très franche et d'une façon très humble et très sincère, et aussi plutôt côté paternel au début. »

Le bonheur simple de la famille Angélil se raconte avec facilité : « Quand on a un enfant, j'ai comme l'impression que tout se remet en place. Le bateau se rééquilibre. La boussole à l'intérieur de nous prend place pour la première fois, on découvre le centre de soi-même. [...] En prenant mon fils pour la première fois dans mes bras, je me suis dit, j'ai bien fait des choses dans ma vie, bien que je sois très jeune, mais c'est la première fois que je fais quelque chose d'une telle importance. Là, je fais une différence, là c'est important. [...] Depuis ce jour, tout est devenu très important. Chaque chose. Je veux arranger toute la vie là. Y'a comme une panique. On veut régler toutes les choses, pour lui, puis pour tous les enfants autour de lui, pour nous. » Le dialogue se poursuit. Janette Bertrand l'interroge. Que fait-on quand on est au sommet ? Un voile de gravité effleure le visage de la chanteuse. Son attention s'applique à analyser ses pensées : « Revenir en arrière, revenir sur ses pas. C'est bizarre, parce que je n'ai jamais voulu aller au sommet. C'est pas quelque chose que je visualisais. Je voulais être aimée, je voulais plaire, je voulais chanter. Pour moi, le sommet, c'est d'être bien ancrée au sol. [...] Disons que c'est avoir les pieds sur terre, et la tête au-dessus des nuages. [...] Pour moi le retour, c'est centré, c'est l'âme, c'est le rêve, c'est le côté paisible, c'est la maison. C'est le feu de bois, c'est la chaleur du bon pain. » Un long silence suit. En humaniste bienveillante, Janette Bertrand connaît l'importance de ces pauses. « Quand on a tout, on cherche la simplicité des choses », annonce Céline. « La vie me donne jusqu'à présent des présents extraordinaires. Je ne veux pas les prendre pour acquis. Je veux partager ce bonheur-là. La vie me donne, me donne tous les jours des avantages et des cadeaux extraordinaires. [...] et un enfant extraordinaire. Et peut-être un autre... Nous nous le souhaitons infiniment. »

Quelques semaines avant les fêtes, aime raconter Michel Dion, Céline va dans une grande enseigne. C'est son plaisir, faire ses courses comme tout le monde. « Mes cordes vocales ont contrôlé ma vie pendant des années[1]. Elles décidaient de tout à ma place. J'ai trente-sept ans, la vie et ma carrière aujourd'hui ont plus de sens. Je vis le moment présent et j'en sais bien plus qu'avant. C'est agréable de vieillir. Je suis bien plus heureuse maintenant qu'à 22 ou 25 ans. J'ai le plein contrôle sur ma vie et mon bien-être. Cela doit paraître dans mes chansons. » Elle se promène dans les allées, examine les produits, lit les notices de certains jouets. Michel l'observe, sourire aux lèvres : « Elle dit, je veux six paires de ceci, huit de ça, une douzaine de ceci et de cela de chaque couleur. » Il insiste sur la générosité de sa sœur : « Elle adore gâter les siens. Nous recevons tous des cadeaux et de l'argent. » Nous le savons, elle a « adopté » des familles québécoises sans ressources qu'elle visite, à qui elle remet ce qu'il leur faut. Elle souhaite, à l'avenir, associer son fils à cette démarche. Il reçoit tellement de cadeaux, qu'elle l'oblige à prendre conscience des faveurs dont il jouit : « Te rends-tu compte du nombre d'autos que tu as ? Il nous faudrait des jours pour les compter. Sais-tu qu'il y a des enfants qui n'ont pas même un seul jouet ? » Avec sa sœur Linda, elle organise un grand tri. Elles présentent les jeux ou jouets un à un au petit garçon et l'interrogent : « Celui-ci, tu veux le garder ou le donner à un petit enfant qui n'en a pas ? » Le bambin choisit la pile pour les dons ou son coffre à jouets... Céline se réjouit de la bonne volonté de son fils : « Je veux qu'il soit reconnaissant et qu'il sache apprécier ce qu'il reçoit. » Elle insiste auprès du journaliste de TVA[2] : « Mon fils m'apprend à vivre simplement, sans pression. C'est tout le contraire de la vie dans le monde du spectacle. » Il s'en étonne. Comment parvient-elle à s'en détacher : « Je n'ai jamais vécu dans le show-business. Je n'ai jamais vécu avec mes bravos, avec ce que j'ai accompli, parce que je suis sûre que j'aurais un peu perdu la boussole. C'est sûr. J'ai pas l'impression d'avoir vécu un échec. C'est presque débalançant. Alors, un jour, lorsque je vais m'asseoir, puis que je vais me retourner, comme on dit, le CinémaScope de ma vie,

1. Extraits de *Toute une vie*, TVA Canada 2005.
2. Extrait de *Toute une vie*, TVA Canada 2005.

je vais me le passer. » Pour l'heure, elle a soif de sentiments vrais, d'affections familiales, de plaisirs sains en son Québec natal, où sont ses racines : « L'émotion, c'est le maître mot en ce moment. »

Sa statue de cire entre au musée Grévin, à Paris, le 5 février 2006, à l'issue d'une présentation en avant-première au cours de l'émission de Michel Drucker, *Vivement dimanche,* sur France 2. Elle a offert le costume de scène qu'elle portait au Stade de France en 1999. Ses admirateurs ont la chance de pouvoir se faire photographier aux côtés de son effigie dès le lendemain. À des milliers de kilomètres, en vacances sur l'île d'Anguilla, aux Caraïbes, en compagnie de René-Charles, de membres de la famille et quelques amis, Céline est aperçue, en maillot de bain, en train de se promener à dos de cheval sur les plages de l'île. Ils vivent une expérience unique au Dolphin Discovery Center en nageant avec des dauphins. Ces moments de total dépaysement sont si éphémères pour l'artiste, obligée de remonter sur scène. Elle voudrait tant les étirer à l'infini, aller de découvertes en découvertes avec son fils, accompagner René au golf, flâner sans but, or elle est attendue le 20 février au concert-bénéfice *Harrah's Entertainment Artists Rally Together* (H.E.A.R.T.), au Colosseum. Le spectacle à guichets fermés la réunit à Elton John et au comédien Jerry Seinfeld. Ce dernier ouvre les festivités avec un sketch, suivi par Céline, qui assure une brillante prestation avant qu'Elton John ne galvanise la salle avec une sélection de ses plus grands succès. Céline, robe rouge et Elton, piano rouge, chantent ensemble pour la première fois sur *Sorry Seems to Be the Hardest Word.* « Céline, je t'adore ! » ne peut s'empêcher de déclarer Elton. Ils clôturent la soirée avec *Saturday Night's Alright.* 2,1 millions de dollars sont collectés en faveur des 9 400 employés de la firme gérant le Caesar, Harrah's Entertainment, Inc. touchés par l'ouragan Katrina.

C'est en extérieur, devant le Caesars Palace, au milieu des palmiers agités par le vent, que Céline interprète quelques-uns de ses plus grands succès, après une conférence de presse centrée sur sa biographie *For Keeps*[1]. Souriante, gracieuse, vive, élégante, elle domine sa fatigue. Ses admirateurs, son public ne doivent rien savoir de sa lassitude : « Si c'était à refaire, je ne sais pas si j'aurais le courage et l'énergie », avait-elle confié lors de la *Star Académie*. Elle confessait dans *Toute une vie*[2] : « Je ne sais pas si je me lancerais dans un tel show, si j'aurais l'énergie. Ce n'est pas un regret. Je ne regrette jamais rien de ce que j'ai fait, au contraire. Si je suis rendue aujourd'hui là où je suis, c'est grâce à toute la discipline que je me suis imposée, aux gens qui ont bien voulu m'entourer. » Elle fait preuve de lucidité : « On a quand même mis de côté beaucoup de choses de la vie, ma jeunesse, mon adolescence... [...] Je constate qu'on est chanceux, parce qu'on est restés des gens normaux dans une vie qui est complètement anormale. [...] Il y a beaucoup de souffrance à travers tout ça aussi. [...] C'est une souffrance de laisser de côté notre vie de petite fille, notre vie d'adolescence, ne pas faire d'études. C'est quand même beaucoup. Pour un rêve, est-ce que ça en vaut la peine ? Sûrement, puisque je le fais encore. » Le prix à payer n'est-il pas démesuré ? « Savoir chanter, chanter des notes de musique, savoir interpréter c'est une chose, mais de passer à travers les flammes, de marcher sur du verre, c'est très éprouvant. Et on doit faire ça pour arriver là où on est aujourd'hui. »

Michel Drucker, début avril[3], lui apporte une bouffée d'air parisien. Il est à Las Vegas pour réaliser une entrevue exclusive de la chanteuse dans la cité du jeu et préparer une spéciale *Vivement dimanche* à l'occasion de la 500e de son show, *A New Day...* L'accueil de Céline et René, mâtiné de complicité, l'émeut par sa simplicité. Ils ne lui cachent rien des coulisses du Colosseum, de leur quotidien, de leurs espérances. Il en revient tout émerveillé. D'abord, parce qu'il n'avait « pas mis

1. 24 février 2006.
2. Extraits *Toute une vie*, TVA Canada 2005.
3. 12 avril 2006.

les pieds dans la capitale du Nevada depuis trente ans et que les lumières et la vie nocturne là-bas m'ont tourné la tête. Ça a vraiment changé depuis l'époque où je suis venu. Les hôtels se sont multipliés, tous aussi démesurés et originaux les uns et les autres. » Il « a rencontré une star rayonnante de bonheur et d'équilibre. Elle s'est étoffée, a pris quelques kilos et, à 38 ans, elle n'a jamais été aussi belle ». Céline irradie du bonheur de vivre et de travailler. Elle réussit le tour de force de proposer tous les soirs un spectacle exceptionnel et mener la journée une vie familiale tranquille : « Finies les tournées harassantes autour du monde, les levers dans une ville, les couchers dans une autre, les décalages horaires et la vie décalée d'artiste. » Lorsque son show au Caesars Palace est terminé, elle rentre directement chez elle, en empruntant les labyrinthes souterrains de l'hôtel. « Impossible, en effet, pour elle de se déplacer normalement en ville. Dès qu'elle apparaît, c'est l'émeute », assure Michel Drucker. « Et le lendemain, elle a toute la journée pour s'occuper de son fils, René Charles, auquel elle compte bien donner un frère ou une sœur. Mais, après son spectacle, bien sûr, qui s'achèvera dans dix-huit mois environ. » Michel Drucker est emballé : « C'est révolutionnaire. Elle danse, chante, bouge beaucoup sur cette immense scène inclinée à 3 ou 4 %. Alors vous pensez bien qu'il faut être dans une forme athlétique pour se mouvoir ainsi tous les soirs sur une chorégraphie pleine d'effets spéciaux signée Franco Dragone, au milieu d'une cinquantaine de danseurs et devant une salle de 4 000 personnes. Elle est vraiment la reine de Las Vegas. Personne n'avait jamais donné autant de représentations en seulement trois ans. Alors, tous les deux mois environ, elle s'offre une échappée de dix jours en famille. Pendant qu'Elton John prend la relève sur scène avec son show, *The Red Piano.* »

Sa vie planifiée ne l'empêche pas d'apprécier les bons repas entre amis. Ce fut le cas lors du dîner donné par René dans le nouveau restaurant de Joël Robuchon, *At The Manson*, ouvert quelques mois auparavant à l'hôtel MGM Grand. Il avait convié Franck Leboeuf, qui vit désormais à Las Vegas avec son épouse, Gilbert et Nicole Coulier, qui coproduisent les spectacles de Céline lors de ses tournées françaises. Ce soir-là, Céline s'extasie face à la statue de cire envoyée par le musée Grévin. Sortie de ses caisses, reconstituée, recoiffée sous le regard du directeur artistique de Clarins, maquilleur de Céline depuis plus de dix ans, « le double » semblait vivant. Céline prend la pose à côté, avec René et Michel Drucker. Elle n'avait pas pu le faire, en France, où son sosie donne le bras à un Michel Drucker en cire...

Las Vegas, Paris, Québec... On l'appelle partout. Via satellite, depuis Las Vegas, elle assiste au *Gala Artis*[1], animé par François Morency, diffusé en direct sur TVA. Elle déplore son absence et s'adresse à Michel Jasmin en ces termes : « Michel, je suis très heureuse de pouvoir encore une fois te dire un grand merci pour tout ce que tu as fait pour moi. Je le sais pas si tu le sais, mais le mois prochain, ça va faire vingt-cinq ans que tu m'as donné ma première chance, je vais toujours être très reconnaissante de ça, mais je veux surtout ce soir te dire, et je pense qu'on veut tous te dire, à quel point on t'aime. » Michel Jasmin reçoit avec beaucoup d'émotion et pour la première fois un trophée hommage. « Laisse-toi bercer Michel, ce premier trophée est tellement bien mérité et ce premier trophée est le début du reste de ta vie. Encore une fois, bravo. Surtout, merci. Je t'aime. Et si tu me le permets, j'aimerais t'offrir un petit bout de chanson, je pense que c'est ta chanson préférée. » Céline lui dédie *L'amour existe encore*. René intervient aussi : « C'est un privilège pour nous de te connaître, Michel. Tu es un exemple pour tout le monde, une inspiration pour tout le monde. Bravo, pour ta belle carrière passée, présente et future. » Accompagnée par son beau-fils, Marc Dupré, marié à Anne-Marie Angélil, Céline chante *Tout près du bonheur* : « Le monde est tout près du bonheur. Il tient sur son cœur deux amoureux aux yeux remplis d'espoir... »

1. Jadis appelé *Gala MetroStar*, 30 avril 2006

Nous sommes maintenant le 7 mai. C'est la 500e du show[1].

Fidèle à elle-même, Céline livre une performance remarquable. La troupe offre une représentation au bénéfice spécial, animé par le maire de Las Vegas Oscar Goodman. Céline présente pour la première fois un duo virtuel avec Frank Sinatra. Les Angélil remettent un chèque de 1 027 450 dollars qui sera réparti entre 10 organismes de charité de la région de Las Vegas. Ils procèdent au tirage au sort de membres du public auxquels ils offrent trois grands prix. Peu avant le début du show, elle a inauguré sa seconde statue de cire au Colosseum du Caesars Palace. Pour lui rendre hommage, le musée Grévin de Paris l'a vêtue de la robe bleue, conçue par Michael Kors, parée du cœur de l'océan, la fameuse pierre bleue de Titanic, portés aux Academy Awards en 1998, lorsqu'elle reçut l'Oscar de la meilleure chanson originale. TVA Nouvelles[2] fait le point : « Céline Dion a célébré dimanche la 500e représentation de son spectacle *A New Day*, qui tient l'affiche à guichets fermés depuis mars 2003, à Las Vegas. Pour l'occasion, une nouvelle statue de cire de la chanteuse a été dévoilée dans le hall du Colosseum. [...] Pour marquer la 500e représentation de son spectacle *A New Day*, à Las Vegas, la chanteuse québécoise a eu l'honneur de se voir présenter une statue d'elle-même en cire ! "C'est une grande fierté pour mon fils et les quatre enfants de René Angélil", a-t-elle dit en contemplant son clone. [...] Tous les profits du spectacle, plus d'un million de dollars, sont versés à des organismes de charité de Las Vegas. Au terme de son contrat de 100 millions de dollars, en décembre 2007, Céline a bien l'intention d'ajouter un autre enfant à sa famille avec son imprésario de mari, René Angélil. Elle compte aussi éventuellement repartir en tournée et elle a des projets de cinéma. À la fin de son séjour, la chanteuse, maintenant âgée de 38 ans, aura donc réussi le pari fou de remplir la même salle de plus de 4 100 sièges à 760 reprises. » Les articles abondent. « Au lendemain de la 500e représenta-

1. Céline célébrait la 500e, mais donnait en fait la 502e représentation
2. TVA Nouvelles, 8 mai 2006.

tion de son spectacle à Las Vegas, Céline Dion est remontée sur la scène du Colosseum avec Marc Dupré le temps d'une chanson[1]. La chanteuse a entamé ses 10 jours de vacances avec l'enregistrement d'un clip de la chanson *Tout près du bonheur*, offerte par Céline à Anne-Marie Angélil lors de son mariage. Marc Dupré, son mari, l'interprète en duo avec Céline. » Cette chanson, « C'était son cadeau à elle. La seule copie, c'est Anne-Marie qui l'a », explique Céline. Son gendre par alliance raconte qu'il lui a demandé la permission d'enregistrer la chanson dans un restaurant montréalais : « C'était plus facile de lui demander après deux verres de vin ! » blague-t-il. Ce dernier a revisité la pièce avec la complicité de Nelson Mainville. Les journalistes anticipent la fin du séjour à Vegas. « La vedette québécoise âgée de 38 ans prévoit d'interrompre sa carrière fin 2007 pour se consacrer à sa famille. D'ici là, elle continuera à donner quatre à cinq représentations par semaine, tout en rêvant de vacances en mer Méditerranée et de sa nouvelle résidence en Floride, où son fils René-Charles ira à l'école », commente TVA[2].

La 25e édition de la Fête de la musique[3] est diffusée sur la chaîne France 2 et animée par Anthony Kavanagh en direct du parvis de la Défense, au pied de la célèbre Arche, à Paris. Céline, retenue à Vegas, dialogue en direct via satellite avec son compatriote québécois, avant de présenter une vidéo de *Pour que tu m'aimes encore,* tournée la veille lors de son spectacle *A New Day...*. Samuel Douhaire pour *Libération*[4] se montre caustique : « Impossible d'échapper à la Fête de la musique, surtout à la télé. Bonne nouvelle : le traditionnel Concert de variétés de France 2 (à 20 h 55) n'est pour une fois pas présenté par Daniela Lumbroso. Mauvaise nouvelle : c'est le comique pas drôle, Anthony Kavanagh, qui s'y colle. Bonne nouvelle (bis) : le contingent de chanteuses-hurleuses québécoises se

1. TVA Nouvelles, 9 mai 2006.
2. 8 mai 2006 TVA News.
3. 21 juin 2006.
4. 21 juin 2006.

limite à Natasha St Pier et Céline Dion. » Il suffit qu'elle soit au générique pour qu'on lui reproche aussi les ratés d'émissions réalisées à des milliers de kilomètres de chez elle ! Ainsi, à TVA, Éric Salvail reçoit Maman Dion, dans *On n'a pas toute la soirée*, pour parler de sa biographie, *La vie est un beau voyage*. Ses 14 enfants ont été invités à chanter *Il était une fois des gens heureux*. Céline, Michel et Linda sont en direct de Las Vegas. Hugo Dumas n'a rien perdu du « numéro raté de la famille Dion qui a complètement déraillé en direct. [...] Les premières notes de la chanson s'échappent et, postée dans l'escalier du studio, Denise Dion rate son signal d'entrée. [...] Tour à tour, les autres Dion, qui devaient chacun interpréter un court extrait de la pièce, ont ensuite manqué leur départ, provoquant une cascade d'erreurs et de malaises. [...] Prise deux, donc. Mais encore une fois, Denise Dion n'a pas entamé la chanson au bon endroit, ce qui a déclenché une deuxième confusion sur le plateau. [...] "Ils étaient tous déçus et ils avaient tous le cœur gros. Denise a dit qu'elle ne s'entendait pas. Et elle avait le trac aussi. Une légère panique s'est donc installée. On considère que c'est un problème technique. Malgré tout, l'émission a été super chaleureuse. C'est exceptionnel que les 14 enfants soient réunis. Ça fait oublier l'incident malheureux", détaille la relationniste de Céline Dion, Francine Chaloult. En répétition, plus tôt dans la journée, le clan Dion avait pourtant réussi la chanson à six reprises[1]. » Les vrais professionnels savent faire la différence. Les plus grands musiciens s'honorent de contribuer à ses spectacles. Le violoniste japonais Taro Hakase lui réserve un cadeau formidable et une surprise au public du Colosseum. Venu célébrer ses dix ans de carrière avec Céline, il la rejoint sur scène[2] pour l'accompagner sur *To Love You More*. Né à Osaka, en 1968, Taro Hakase est un virtuose du violon, remarqué par Céline et René. Ils avaient enregistré ensemble pour la première fois en 1996 le single *To Love You More*, numéro 1 au Japon avec plus d'un million de ventes, lauréat du meilleur

1. Hugo Dumas, *La Presse*, 8 novembre 2006.
2. 7 et 8 juillet 2006.

single étranger de l'année. Taro avait été engagé comme soliste sur la tournée de Céline.

Comme chaque année, Céline s'accorde un séjour de détente au Québec en été, et conjugue vacances et bonnes œuvres. Elle consacre maints moments aux œuvres de bienfaisance. Elle donne un spectacle inédit Céline pour les enfants[1], au club de golf *Le Mirage*. Elle soutient le 41e Téléthon[2] de Jerry Lewis pour la *Muscular Dystrophy Association*[3]. Sur le plateau du SouthCoast Hotel de Las Vegas, elle chante une version revisitée du classique *Summertime*.

René, de concert avec Céline et le metteur en scène, apporte de nouveaux éléments au show *A New Day...* afin d'en casser l'aspect trop répétitif. Il insiste, en souriant, sur le fait que tant dans leur vie professionnelle que personnelle, sa femme a le dernier mot : « Durant les six premières années de la carrière de Céline, c'était moi qui menais. Mais lorsqu'elle a atteint la majorité, la vapeur s'est renversée. » Il aime rappeler : « C'est Céline qui porte les culottes. C'est Céline, la boss. » Elle a l'idée de présenter la chanson *River Deep, Mountain High.* Robe Charleston courte, frangée, scintillante, cheveux lâchés, elle se lance dans une chorégraphie époustouflante. En un tour de main, elle transforme son pied de micro en bâton, le manie à l'égal des majorettes les plus aguerries. Ce tube de Tina Turner, magistralement interprété douze ans plus tôt au *Late Show with David Letterman*[4], à New York, prend une nouvelle dimension. René ne perd pas de vue qu'il faut toujours briller sur la Strip : « Quand Céline s'est installée, la ville était associée à des artistes en fin de carrière. Elle lui a redonné du prestige. Depuis, tous les grands artistes viennent à Las Vegas. » Son succès, sa carrière, suscitent la méfiance et les critiques de l'élite qui s'emploie à la décrier, déprécier ses performances, nier l'ampleur du travail auquel elle se soumet sans relâche.

1. 14 juillet 2006.
2. 3 septembre 2006.
3. Association contre la myopathie de Duchenne.
4. 8 août 1994.

Les prouesses et les triomphes sont souvent éteints par la presse à scandale. « Céline Dion aurait des problèmes de santé », explique le *Las Vegas Sun*[1] : Céline Dion n'est pas au mieux de sa forme. La chanteuse canadienne a annulé, pour des raisons de santé, cinq représentations de son spectacle. [...] L'artiste québécoise, âgée de 38 ans, souffre d'une sévère infection des voies respiratoires appelée bronchite à mycoplasmes, indiquent les producteurs du show. Cette infection est contagieuse. [...] Son médecin l'a contrainte à demeurer chez elle, à se reposer pendant cinq jours, pour que les antibiotiques agissent rapidement. [...] Elle a contracté ce virus qui a touché son oreille interne. Cette affection provoque des nausées, des étourdissements. [...] Elle a annulé sa participation aux Billboard Music Awards. »

À New York, en décembre, elle a plusieurs rendez-vous médicaux. Il ne faut pas s'imaginer que les maladies lui sont épargnées, ni les allergies, ni les troubles respiratoires. Un jour, avant d'entrer en scène, alors qu'elle respire de l'oxygène pour chasser un petit problème, elle sent des spasmes courir depuis ses pieds, remonter dans son dos, ses bras, ses mains. Elle ne parvient pas à déglutir. Un vertige s'empare d'elle. « Il y avait un bouquet de fleurs devant moi. Tout le monde me parlait, tout le monde voulait me faire respirer, parce que je ne respirais plus. Je me souviens que René me disait : "Pense à René-Charles." Comme si j'allais mourir ! Et puis tout est devenu confus, les visages, les voix. Je ne voyais plus que le bouquet qui me semblait de plus en plus proche. » Une autre fois, une crise d'asthme la terrasse durant le show : « Je chantais dans l'après-midi, à Los Angeles, pendant l'une des journées les plus polluées de l'année. Puis, je prenais l'avion pour Las Vegas et je m'en venais directement au Colosseum. J'étais nerveuse, parce que je me sentais complètement déshydratée. Je ventilais, je respirais de plus en plus vite et plus je respirais, plus je me déshydratais. J'étais à bout de souffle, ce qui

1. *Las Vegas Sun*, 2 décembre 2006.

n'est pas drôle pour une personne, mais toujours dramatique pour une chanteuse. » Elle se fait violence, se concentre sur le spectacle, ne laisse rien paraître et entre dans la lumière. Les premières chansons ne lui causent pas trop de difficultés, mais après *Seduces me*, elle sort de scène. Elle s'étend sur le sol en coulisses. Elle tente de se détendre, respire de l'oxygène, repart sous les *spotlights*. Au bout de six chansons, elle se résigne à abandonner. « Je suis tombée à genoux, et ils ont dû ouvrir ma robe. On m'a donné de l'oxygène dans ma loge. Heureusement, mon médecin était là. »

Elle ne laisse rien paraître de ce qui la préoccupe face à la presse, au Peninsula Hotel, lorsqu'elle présente son nouveau parfum, *Enchanting*[1]. « *Enchanting* capture ce moment magique lorsqu'une femme se sent la plus belle et que tout devient possible », annonce-t-elle dans le clip publicitaire. Si on l'interroge sur son parfum préféré, elle cite le *N° 5* de Chanel, se livre à quelques confidences : « Je me souviens avoir acheté pour moi, Chanel *N° 5*. Je ne sais pourquoi, le cinq est devenu mon chiffre porte-bonheur au fil des années. Parce que ce parfum portait ce numéro, il devait être mon parfum. » Fascinée par l'actrice Marilyn Monroe, elle a adopté son rituel. « Lorsque j'étais adolescente, j'ai vu une photo d'elle, au lit, portant du Chanel *N° 5* et j'ai commencé à faire de même tous les soirs. J'étais assise sur mon lit à vaporiser du Chanel. » En effet, *Life Magazine*, en 1952, interviewait la divine Marilyn, révélant qu'elle portait le *N° 5* pour seul pyjama lorsqu'elle se mettait au lit. Marilyn Monroe se parfumait aussi de *Rose Geranium,* de la maison anglaise Floris, en plus du parfum iconique de Chanel. Les stars ont leurs secrets de beauté...

Alors qu'on les croyait en vacances, René et Céline sont retournés à la clinique de New York, en février 2007, pour se prêter à un nouveau processus de fécondation. Le souhait d'être parents occupe leur esprit depuis longtemps. « C'est sûr

1. 7 décembre 2006.

que tout de suite j'en veux un autre », confessait-elle deux ans plus tôt[1]. « Si j'avais à recommencer, j'aurais 14 enfants comme mes parents. J'ai eu un enfant avec René. Un miracle. [...] J'avais pas envie de revenir dans le show-business. Je voulais pas revenir du tout. Quand j'ai rencontré cet enfant, ça a été très difficile pour moi de revenir, de rechanter, de m'absenter, de le quitter pour un instant, de fermer les yeux pour un moment. [...] Mon univers a été complètement bousculé. Tout a pris un sens, tout a pris une importance. [...] Je voudrais que tout le monde puisse avoir l'amour que je peux donner à René-Charles. Je voudrais que tous les enfants puissent l'avoir. [...] On peut pas arranger toute la vie, mais je me cache pas du fait que j'aimerais ça ! Changer le monde pour lui, pour tous les autres enfants. Mais c'est sûr que c'est lui qui m'inspire. [...] Nous vivons une vie grandiose, grandiosement anormale, en étant le plus normal possible. » René est prêt à l'impossible pour combler sa femme. Il l'aime plus que tout, au-delà de l'imaginable[2] : « Mon rêve, c'était qu'elle devienne vedette au Québec puis peut-être en France. C'est pas la plus grande chanteuse au monde, c'est la chanteuse la plus populaire au monde. Pour moi, c'est la plus grande chanteuse du monde... mais je ne me permettrais pas de le dire, car il y a de grandes chanteuses dans le monde. [...] Elle n'a pas seulement une voix extraordinaire, mais elle a une discipline extraordinaire, le sens du professionnalisme comme personne. [...] L'objectif, c'est d'être ensemble, puis d'essayer d'être heureux, de rendre notre fils heureux, puis notre famille. » Le couple ne cache rien de ses espoirs. « La première étape, la plus difficile – l'injection de spermatozoïdes dans les ovules – est complétée, explique René. Les ovules sont prêts à être remis dans le corps de Céline. Ça, ça va plus vite : on va savoir en dedans de deux semaines si ça a marché. » Les injections d'hormones reprennent. Céline va subir « beaucoup d'injections, pendant six mois ». Elle se montre courageuse : « Je n'ai pas à me plaindre, je ne suis pas malade. Les injections,

1. Documentaire *Toute une vie*, TVA Canada 2005.
2. Interview *Radio Québec*, janvier 2007.

c'est pour avoir un enfant, pour la vie d'un être humain. C'est rien : il ne faut pas penser à ce que cela nous demande, mais au résultat. » Le docteur Rosenwaks est confiant. Il conseille à sa patiente d'éviter tout stress. René lui concocte un programme réjouissant en symbiose avec l'apprentissage de la vie de leur fils. Elle assiste, avec la Québécoise Annie Horth, papesse du chic et de l'élégance, qui veille sur l'image de la star, au défilé J. Mendel Automne/Hiver 2007, lors de la semaine de la Mode de Mercedes-Benz, au Bryant Park de New York City[1]. René-Charles, élevé très librement, est lui aussi un oiseau de nuit et peut découvrir les facettes nocturnes de la ville américaine. Il vit au rythme de ses parents, au cœur de leur couple. René s'en réjouit : « Que mon père et ma mère se soient aimés toute leur vie m'a donné et me donne toujours confiance en la vie et confiance en moi. Que René-Charles voie aujourd'hui que sa mère et moi sommes en amour, ça me rassure infiniment. En fait, il nous fait nous aimer chaque jour davantage, parce qu'il nous rend heureux. » Bien sûr, Céline constate : « On se voit beaucoup moins en amoureux. On ne passe plus de soirées collés l'un à l'autre à regarder un film ou à parler show-business. René-Charles est notre priorité. Il est entre nous, c'est-à-dire qu'il nous lie et nous sépare à la fois. Mais on sait tous les deux qu'il va grandir et s'en aller un jour. Et on va se recoller. Parce que notre amour est toujours aussi fort. »

Céline est invitée à chanter pour la cinquième fois aux Oscars. Elle porte une longue robe vert olive, au corsage cache-cœur, à grande emmanchure, ornée d'une broche de diamant à la taille, création du couturier américain James Galanos de Lily & Cie. Pendant la 79e cérémonie, des Academy Awards[2], au Kodak Theatre de Los Angeles, elle interprète *I Knew I Loved You* lors d'un hommage à Ennio Morricone, compositeur de la musique du film de Sergio Leone *Il était une fois en Amérique*. Elle est très élégante dans une robe longue de couleur abricot, de J. Mendel, dont la taille est marquée par un drapé alambi-

1. 8 février 2007.
2. 25 février 2007.

qué. Le soir, robe courte, couleur bronze, signée Lanvin, au décolleté plongeant, elle participe à la soirée *2007 Vanity Fair Oscar Party*, au Morton's Steakhouse de Los Angeles. Elle alterne les obligations avec de courtes vacances, une journée d'amusement en compagnie de René-Charles à Disney World, à Orlando, un duo virtuel avec Elvis Presley sur *If I Can Dream* pendant l'émission *American Idol*[1], au Kodak Theatre à Los Angeles, diffusée en direct sur la chaîne Fox. Sa contribution est au bénéfice d'*Idol Gives Back*, une campagne de bienfaisance. Elvis Presley est apparu sous la forme d'un hologramme, créé par rotoscopie, une technique dans laquelle les animateurs tracent le mouvement d'un film en direct, image par image, dans les films d'animation. Elle enchaîne par la promotion de l'album *D'elles*[2], enregistre une émission spéciale[3] à Montréal, en compagnie de ses nombreux invités qui se prêtent volontiers aux duos ou trios. Ainsi peut-on entendre :

Vitaa, Shy'm et Amel Bent : *Staying alive*
Johnny Hallyday et Maurane : *L'hymne à l'amour*
Merwan Rim et Christophe Maé : *Être à la hauteur*
Florent Pagny : *Caruso (enregistré le 12 mai)*
Mc Solaar et Nolwenn Leroy : *Caroline*
Amel Bent et Lââm : *My Heart Will Go On*
Johnny Hallyday : *Blueberry Hill*
David Hallyday et Christophe Maé : *The Show Must Go On*

Elle interprète plusieurs titres, dont *S'il n'en restait qu'une,* chanson écrite par la romancière Françoise Dorin. Dans le clip, elle se démultiplie, en fille, épouse, mère, chanteuse, prêtes à tout au nom de l'amour. Le titre de cet album s'explique en raison du fait que toutes les paroles des chansons sont écrites par des femmes. Céline[4] nous dit pourquoi : « C'est un album-concept

1. 25 avril.
2. L'émission D'elles, émission spéciale TVA, 21 mai 2007 et émission sur la chaîne française TF1, le 9 juin 2007.
3. 11 mai 2007.
4. *Céline parle d'Elles*, documentaire, 2007.

extraordinaire, parce que, en vingt-cinq ans de carrière, j'ai travaillé en quasi-majorité qu'avec des hommes. Ma carrière a débuté avec Eddy Marnay, j'ai continué avec Luc Plamondon, j'ai travaillé avec Jean-Jacques Goldman, donc que des hommes en tant qu'auteurs-compositeurs. Ce concept-ci, ce n'est que des femmes. C'est un album rempli d'émotions, écrit du début jusqu'à la fin avec des auteurs, artistes féminines, des écrivaines exceptionnelles. [...] Je pense qu'à travers chaque femme, on parle bien sûr d'amour. J'aurais pas pu me passer sur cet album de parler d'amour. C'est un album qui va beaucoup intéresser les hommes, parce que, de toute façon, on parle des femmes. Alors, si on parle des femmes, ce n'est pas uniquement un album dédié aux femmes. C'est écrit par des femmes, chanté par une femme, mais je suis persuadée que tous les hommes amoureux des femmes seront intéressés de l'écouter. » Il y a cependant un homme incontournable aux manettes : « Pour faire exception aux femmes, avec son œil artistique et surtout amical, Jean-Jacques Goldman a bien voulu se prêter au jeu pour m'aider à révéler cet album. » Orchestrations et réalisation sont signées par les complices de Jean-Jacques Goldman, Gildas Arzel, Erick Benzi, David Gategno, Jacques Veneruso.

L'idée ne lui est-elle jamais venue d'écrire ? Elle reconnaît qu'elle pourrait faire « de bonnes chansons. J'ai des idées parfois, mais ce n'est jamais commercial. Je n'ai pas le temps. Je ne vais quand même pas me mettre à écrire pendant mes temps libres. » Elle a signé la chanson *Tout près du bonheur*[1], pour Marc Dupré, son gendre par alliance. Un beau succès qui atteindra la tête des charts québécois. Elle renouvellera l'expérience en écrivant et composant *Entre deux mondes.* Elle ne se fait pas prier pour expliquer sa méthode : « Le thème et la mélodie de *Entre deux mondes* me sont venus dans ma salle de bain. Ceux qui me connaissent savent que c'est sans doute la pièce de la maison qui m'inspire le plus, par son caractère intime, et aussi son excellente acoustique... Avant même d'y

1. 2010.

ajouter les paroles, je savais que cette chanson devait être interprétée par un homme. Le registre vocal de Marc me semblait le plus approprié. Ce choix était le bon, car je suis aujourd'hui très impressionnée par le résultat final et l'interprétation de Marc, tout à la fois forte et d'une extrême sensibilité. » Pour sa belle-fille Anne-Marie, la fille de René, elle a écrit un texte dont elle dit : « La chanson est assez musclée. J'en ai d'autres en tête, très folk, très joyeuses et folles. *Drop by drop*[1] était plutôt sombre, assez bizarre en fait. » Elle enregistre ses mélodies sur un petit portable, mais René n'est pas parvenu à la convaincre de poursuivre. Selon lui « Elle n'a pas confiance en elle dans ce domaine. »

La chanson *La Diva* est très symbolique. Au-delà de l'admiration affirmée de Maria Callas, Céline livre une part de son histoire :

*« La nuit quand je m'éveille*
*Mon désert de gloire*
*Je songe très souvent en la diva en moi*
*Celle qu'on adorait*
*Et qui se détestait*
*La femme dont la voix résonne à tout jamais [...]*
*J'avoue que certains soirs*
*Quand la foule applaudit*
*C'est à elle que je pense* [...]
*Il faut avoir gravi*
*Les sommets de silence*
*Pour sentir la douleur de sa désespérance*
*Et pour avoir chanté jusqu'au bout de mon âme*
*Je me suis reconnu à travers cette femme* [...] »

Son projet lui tient à cœur : incarner Maria Callas au cinéma. Elle évoque cette possibilité avec René depuis cinq ou six ans. Il s'est rapproché de la productrice québécoise Denise Robert. Céline, lors d'un point presse à Londres, n'en fait pas mystère :

1. Chanson écrite dans un taxi entre son hôtel de Londres et l'aéroport.

« C'est un secret, mais je n'ai pas peur d'en parler, parce que, même si ça ne se faisait pas, ça ne serait pas grave. [...] Je me vois aux Academy Awards, allant chercher un Oscar pour mon interprétation. Je monte sur scène et je me mets à parler en grec, puis en français parce que c'est d'où je viens, puis en anglais. Ça peut paraître drôle, mais ça va arriver. Et même si ça ne se réalisait jamais, si le film ne se faisait pas ou si je ne gagnais pas d'Oscar, c'est une belle image. Et ça me rend heureuse. » Au journaliste qui la pousse à davantage de confidences, elle répond : « Non, je ne rêve pas, je suis vraiment éveillée, je n'ai jamais été aussi éveillée de toute ma vie. [...] Je pars en tournée, puis nous essaierons d'avoir un bébé et, si tout va bien, on fera ce film par la suite. Et ce ne sera pas un petit film pour la télé, ça va être partout dans les salles de cinéma. » Après une telle révélation, la meute de journalistes assaille le manager. René confirme qu'une coproduction à l'échelle internationale est « dans les mains de Denise Robert, à qui j'ai confié les nombreuses offres de film que Céline Dion reçoit. À cette étape, nous discutons avec d'éventuels scénaristes et Céline a rencontré des gens qui vont l'aider à acter. » L'ambition de son épouse n'est-elle pas présomptueuse ? « Dans le show-business, tout le monde rêve de se voir aux Oscars ou de gagner un Grammy, mais personne ne le dit. Céline m'en a parlé un soir il y a longtemps, mais je ne pensais jamais qu'elle dirait ça aux journalistes. Mais Céline est un grand livre ouvert, c'est pour ça que le monde l'aime. Et dans le fond, elle a raison quand elle dit qu'avant elle ne pouvait pas dire ces choses-là, et que, si ça ne se réalise pas, ça ne sera pas grave. Je sais que c'est comme ça qu'elle pense. Quand on voulait avoir un enfant, elle disait tout le temps : “On va essayer, mais, si on n'en a pas, c'est pas grave. La vie en aura décidé autrement.” » La tournée mondiale passée, oui, ils envisageront d'avoir un deuxième enfant : « On a fait la première étape. Dans ce genre d'opération, t'as 25 % de chances que ça marche. Nous autres, on a été chanceux la première fois, on était dans les 25 %. »

# 9

*« Le monde est un livre dont chaque pas*
*nous ouvre une page. »*
ALPHONSE DE LAMARTINE.

Période très attendue : les vacances !

Studieuses, mais heureuses sur l'île Gagnon pour toute la famille !

Céline se permet quelques entorses au programme de farniente. Elle enregistre avec son amie Julie Snyder l'émission-jeu *Le Banquier*[1] sur la chaîne TVA. Céline s'improvise animatrice afin de faire gagner à la candidate Julie Snyder, une fois n'est pas coutume, une somme importante en faveur de la Fondation Sainte-Justine et la Fondation pour la recherche sur la moelle épinière. René, dans le rôle du banquier, paraît en fin d'émission pour remettre en personne la somme de 212 000 $. Elle célèbre le centenaire de l'hôpital Sainte-Justine, en compagnie de nombreux artistes dont Marc Dupré, Claude Dubois et Garou, au Centre Bell de Montréal[2]. Ceux qui la voient de loin, ne connaissent pas « la petite fille de Charlemagne », pourraient mettre en doute sa sincérité, sa générosité. C'est surprenant, déroutant, tant de naturel et de simplicité à notre époque. Céline est une vraie gentille ! « Les gens peuvent peut-être penser que je suis maintenant au sommet de la gloire et que j'ai atteint les buts que je m'étais fixés : c'est vraiment le

1. *À prendre ou à laisser*, sera diffusée en septembre 2007.
2. 4 août 2007.

contraire[1]. Moi, j'ai vraiment débuté ma carrière et ma vie au top niveau. Ensuite, à chaque étape de ma vie, avec le temps, j'ai descendu ces marches, et je peux vous dire aujourd'hui, presque à l'âge de 40 ans, que le meilleur reste à venir et que je suis maintenant ancrée au sol. Je suis maintenant en bas de l'échelle et pour moi, c'est ça, le succès. » Elle n'oublie pas ses origines modestes, ses racines, les valeurs inculquées par ses parents. Femme de parole, elle demeure intègre, reconnaissante. « Je n'ai jamais oublié qui j'étais et c'est pour ça qu'aujourd'hui, j'ai une santé mentale dont je suis très fière. Honnêtement je n'ai jamais quitté mon chez-moi, je n'ai jamais quitté mes racines, ma famille, ni les gens qui ont été là pour moi au début et qui sont encore là, les gens de chez nous. [...] Le succès est arrivé, heureusement que j'ai pas fait partie du show-business et que je me suis pas accrochée uniquement à ce rêve, parce que je pense que le succès m'aurait monté à la tête. » En octobre, le couple et leur fils reviennent chercher la tranquillité dans Lanaudière, à St-Donat, où ils ont loué un chalet « sans flaflas » comme le souhaite René. Imperceptiblement, on sent que le compte à rebours commence, même si Céline attaque la promotion de l'album *Taking Chances*. Pourquoi un tel marathon ? René nous livre la réponse : « En 1999, Céline a signé avec Sony pour six albums. Le marché du disque s'est écroulé tout de suite après et la direction de Sony a tout arrêté. On voyait venir les changements, il y a six ou sept ans, et c'est une des raisons qui nous ont incités à s'installer à Las Vegas. J'ai promis à Sony/BMG que Céline leur livrerait un nouvel album en 2007 et qu'elle irait en faire la promotion aux États-Unis et en Europe. Aujourd'hui, l'album de Céline est la priorité numéro un de la compagnie. » Céline s'en explique :

— Je suis très fière de cet album. D'avoir prévu six mois à l'avance deux semaines pour l'enregistrer dans un agenda qui ne le permettait pas, d'avoir trouvé la force physique, vocale, et

1. Interview Monique Giroux pour *Fréquence libre*, 2007.

la volonté de le faire, je ne croyais pas que c'était possible, moi qui souffre toujours de congestion des sinus.

— C'était plus difficile que pour *D'elles* ?

— Oui, chanter en français, ça coule dans mes veines, je peux faire quatre titres par soir. Mais je ne me rappelle pas avoir eu autant de plaisir à enregistrer un album en anglais. Je n'avais pas à suivre un mode d'emploi. Je suis arrivée en studio, j'ai commencé à chanter, le son était écœurant, les tounes étaient bonnes, je ne me suis même pas fatiguée vocalement, j'avais envie d'en faire une autre.

— On vous sent plus impliquée.

— Pour être bien honnête, jusqu'à maintenant, je n'ai pas beaucoup fait partie de ma carrière. Je décidais de mes chansons, mais je me suis toujours laissée un peu bercer, je donnais mon opinion quand on me la demandait. Je suis l'artiste idéale, lance-t-elle dans un éclat de rire.

— Cette fois, elle s'est occupée de tout, de la pochette, du livret, des mix, renchérit René.

— Moi, j'ai dit à René : « Tu me demandes de venir faire le mix, dis-moi pas que c'est parfait, laisse-moi te dire si c'est parfait ou pas. J'écoutais une musique et je lui disais : « C'est pas parce que je veux faire le contraire, mais ça, ça ne passe pas ». Es-tu sûre ? Qu'il me disait, il avait peur que je démolisse toute l'affaire ! Sur une chanson, j'ai dit : « Enlevez tous les instruments, gardez juste le piano, nettoyez. »

— Pour *That's Just the Woman in Me*, elle a complètement fait refaire la bande musicale, confirme René.

— Je voulais de l'orgue Hammond B3, un son live, avec tous les musiciens en même temps.

— Une nuit, raconte René, vers 2 heures, Shanks lui propose d'écouter la nouvelle bande. Je lui ai dit de s'installer derrière le micro. Dès la première prise, Shanks était satisfait. Il nous donne rendez-vous au lendemain. Mais Céline insiste pour en faire une deuxième. C'est celle-là qu'on entend sur l'album.

— Je voulais que ça soit spontané. Je savais qu'il fallait que j'ouvre la machine et que j'étais peut-être pour me péter la gueule et abuser de mes cordes vocales, parce que je n'ai pas l'habitude de chanter comme ça. Dès la première prise, je sentais mes genoux trembler. Après la deuxième, je pleurais. C'était comme si j'avais passé la nuit debout... Ce que j'avais entendu de cette chanson-là, c'était son côté Janis Joplin, foncer au maximum. Quand je l'ai réécoutée, ils étaient tous à terre, ils me regardaient comme s'ils ne m'avaient jamais entendue chanter avant. Quelqu'un m'a demandé : « D'où vient cette voix ? » Moi non plus, je ne me suis jamais entendue chanter comme ça. C'est comme si j'avais été sur la drogue ou sur la boisson. J'ai été capable de rentrer vraiment dans ce monde-là sans jamais y avoir touché. Mais ça m'habite depuis toujours.

Elle confie que sa sœur Denise quand elle donnait des shows chantait du Janis Joplin.

— Pour moi, c'était du pur soul. C'était l'époque des épluchettes de blé d'Inde, des toasts écrasés sur la plaque chaude, mes frères et mes sœurs fumaient des joints dans la cour et mes parents regardaient en voulant dire, c'est correct, ils vont faire des folies dans la cour, on est au courant. Je me souviens, mon père est allé sur le bord du chenail, a pris des vinaigriers et du gazon et il est arrivé dans la cuisine en disant : « Ça, c'est du bon stock, les enfants ! » Il a fait un joint ça de gros, il en a fumé deux poffes, puis il est allé se coucher. Il était assez cool, notre père ! C'était juste pour nous faire rire. Ma mère le regardait du coin de l'œil en voulant dire « aie, il est assez bébé, ça n'a pas de bon sens ». Mais on n'a vécu que du bonheur, c'était tout le temps la fête et Janis fait partie de ça, de notre jeunesse. C'est pour ça que c'est touchant pour moi. C'est revenir d'où je suis partie.

À Wembley[1], elle participe à *The X-Factor,* pour ITV. Elle est interviewée et chante en direct. Le lendemain, elle enregistre l'émission *Happy Birthday BAFTA*, au New London Theatre, à Londres, célébrant les 60 ans de télévision et de cinéma

1. 27 octobre 2007.

britannique. Répétitions, séances photo... Elle enchaîne avec *Saturday Night Divas*. Cette émission spéciale marque la fin de la campagne sur le cancer du sein. Elle chante *Alone* et *Taking Chances*. Invitée de la prestigieuse émission la chaîne britannique ITV1 *An Audience With... Celine Dion*, elle prend ses marques aux London Studios pendant que René passe la journée à visiter Londres avec René-Charles. Il ne voit donc rien des répétitions. Lors du direct, le manager est ébahi : « En 26 ans de carrière, c'est la meilleure émission de télé de Céline. » Le lendemain, elle reçoit la presse internationale en l'hôtel Mandarin Oriental, évoque l'album *Taking Chances*, sa prochaine tournée mondiale, la fin de l'aventure Vegas...

Elle arrive à Paris pour les répétitions de *Star Academy* ; rejoint l'émission *Hit machine* ; une interview pour la télévision québécoise ; une autre pour *Le Parisien* ; elle est filmée chantant *Ziggy* face à France Gall, la veuve de Michel Berger, pour un clin d'œil spécial lors de l'émission *Tout pour la musique*[1]. Elle est en direct à la *Star Academy 7*[2], animée par Nikos Aliagas sur la chaîne TF1. Elle rassure chacun des participants, encourage, adresse un sourire, un clin d'œil. Son sens de l'humour a détendu tout le monde durant les répétitions, nivelé les soucis techniques lors du pré-enregistrement. Elle lance *Taking Chances*, *Immensité* en duo avec Alexia, *J'irai où tu iras* avec Pierre. L'ensemble des élèves se donnent à fond pour le medley sur *My Heart Will Go On*, et *Pour que tu m'aimes encore*. Elle les rejoint sur *Je ne vous oublie pas*. En sortant de là, à minuit, un taxi l'emmène dans un studio où Jean-Jacques Goldman, Jacques Veneruso et Erick Benzi, l'attendent pour réenregistrer un demi-couplet, en français et en anglais, du duo *Toi et Moi* avec Charles Aznavour chanté deux ans plus tôt. Il est deux heures du matin quand sa voiture arrive à l'hôtel George V. Des fans l'attendent. Elle pourrait les ignorer. Non, elle baisse la vitre, demande à René de lui faire passer pochettes de disques, photos, cahiers, cartes tendues par ses admirateurs.

1. Diffusée le 21 novembre 2007 sur France 2.
2. 2 novembre 2007.

Elle dédicace jusqu'au dernier bout de papier. Après quelques heures de repos, une salade avalée sur le pouce, elle se donne à fond lors de l'émission pré-enregistrée de France 2 pour la fin d'année *Les stars de l'année 2007.* La voici aux World Music Awards[1], au Sporting Club de Monte-Carlo, où elle interprète *Taking Chances.* Lors de la 3e édition des Étoiles Chérie FM[2], dans Les Salons De L'Équinoxe, à Paris, Michel Drucker lui remet une étoile d'honneur la récompensant pour ses 25 ans de carrière. L'animateur souligne qu'elle est un cas unique dans la profession, car elle a débuté à 14 ans. Elle répond à ses éloges par des congratulations : « Vous ne m'avez pas donné seulement un coup de pouce, mais un coup de cœur. [...] Je veux te dire encore une fois merci et remercier le public pour votre amour. Chanter en français sera toujours une nécessité. [...] Avant, je faisais les choses, maintenant je les vis. J'apprécie davantage les récompenses aujourd'hui. » Pour *Domenica In... Ieri, Oggi e Domani*[3], émission télévisée italienne, de la chaîne Rai Uno, animée par Pippo Baudo, à Rome, elle chante *I Knew I Loved You* et *Taking Chances. Wetten, dass... ?*, en direct sur la chaîne ZDF, au Leipzig Messehalle de Leipzig (Allemagne), lui fait un triomphe.

L'Amérique s'empare à nouveau d'elle. Elle est en direct sur le plateau de *The Today Show*[4], à New York, où l'accueillent Al Roker, Meredith Vieira et Matt Lauer. En même temps, la chaîne Warner Bros, diffuse *The Ellen DeGeneres Show*, le talk-show pré-enregistré, animé par Ellen DeGeneres, dans les studios NBC de Burbank (Californie). Elle court au Rockefeller Center, où toute la technique l'attend. Il s'agit de préparer la 10e édition de l'émission *Christmas in Rockefeller Center*[5], mettant en scène l'illumination du sapin de Noël du Rockefeller Center. *Taking Chances, The Christmas Song* et

1. 4 novembre 2007.
2. Gala diffusé en direct sur *Chérie FM*, 5 novembre 2007.
3. Diffusée le 11 novembre 2007.
4. Chaîne NBC, 14 novembre 2007.
5. Diffusion sur NBC, 28 novembre 2007.

*Alone* accompagnent cet événement. Elle ne touche plus terre. Tout va si vite... Un jet privé la dépose à Los Angeles. Elle rejoint la 35e cérémonie des American Music Awards[1], au Nokia Theatre, diffusée en direct sur la chaîne ABC. Le jour d'après, elle enregistre pour *Dancing with the Stars*, puis le surlendemain *The Early Show*.

René réserve une incroyable surprise à son épouse, le 12 décembre, quelques minutes avant qu'elle ne passe de sa loge à la scène. Il remporte l'un des tournois de poker le plus extravagant, trois jours avant de quitter Vegas ! Le prix d'entrée par joueur est de 100 000 $. « J'ai gagné à 20 h 25, confirme-t-il. J'ai demandé la permission de m'absenter une seconde avant la remise des prix et je suis allé l'annoncer à Céline dans sa loge avant qu'elle monte sur scène. Elle ne me croyait pas ! » Il narre toute l'affaire à *La Presse*[2] : « René Angélil était de fort belle humeur quand il a rappelé *La Presse* hier matin. Et pour cause : la veille, il venait de remporter un important tournoi de poker de deux jours au Caesars Palace. « J'ai déjà gagné des petits tournois de poker au Bellagio, mais jamais un gros tournoi, raconte Angélil. Cette fois c'était le plus gros tournoi de tous les temps du Caesars Palace avec un premier prix de 1 650 000 $. » Angélil avait d'autres raisons de se réjouir de sa victoire : « La beauté dans tout ça, c'est que tous mes chums, Rosaire Archambault, Paul Sara, Marc Verreault, Gerry Frappier étaient là. Ils sont venus pour le dernier spectacle de Céline samedi, et ils ont assisté à la dernière heure du tournoi. » En début d'année, le manager avait été vertement attaqué par des périodiques populaires l'accusant de dilapider la fortune de sa femme. Face à ces assertions calomnieuses, le couple avait opté pour la transparence en autorisant le Caesars Palace à révéler ses pertes au casino pour mettre fin aux rumeurs selon lesquelles il jouait 1 million de dollars par semaine lorsque sa femme était sur scène à Las Vegas. « Jan Jones, une haute fonctionnaire de Harrah's Entertainment, Inc, qui détient

1. 18 novembre 2007.
2. *La Presse*, 14 décembre 2007.

le Caesars Palace, a amené la controverse en racontant cette rumeur à un journal anglais, mais elle s'est vite reprise et s'est excusée auprès de René Angélil[1]. Monsieur Angélil a été un fervent amateur des casinos durant le contrat des spectacles de Céline Dion, qui se termineront le 15 décembre 2007. Ainsi, le Caesars Palace a annoncé les pertes de René Angélil qui s'élevaient à 230 000 $ pour les années 2005 et 2006 combinées. Malgré tout, les pertes ont été compensées par le gain de 259 709 $ acquis dans un tournoi de poker. Le président du Caesars Palace, Gary Selesner, a tenu à ajouter : « Dans la vie et dans les affaires, René est un gagnant, et l'une des meilleures personnes que j'aie jamais connues. Le Caesars Palace est désolé pour les embarras qui ont pu résulter des spéculations des médias. »

Quarante-huit heures avant son dernier show, Céline est honorée en tant qu'artiste du Nevada du nouveau millénaire par le gouverneur Jim Gibbons, lors de sa conférence sur le tourisme, au Caesars Palace[2]. La Première Dame du Nevada, Dawn Gibbons, lui remet un collier de turquoise extrait du sous-sol du Nevada, en récompense de son incroyable générosité. Après cinq ans de représentations, l'artiste a versé 3,5 millions de dollars à des œuvres de charité de la région. « Elle a dû annuler 20 shows au maximum pour des raisons de santé, tient à préciser René. Mais c'est ça, le plus difficile pour les spectateurs frustrés. » David Foster, Luc Plamondon, le président fondateur du Cirque du Soleil, Guy Laliberté, André Ménard, le président du Festival de jazz de Montréal, Patrick Bruel, Garou sont dans la salle le 15 décembre pour la dernière représentation. René et leur fils sont au premier rang. Durant le show, elle s'adresse aux spectateurs à diverses reprises, les remerciant, interprétant des classiques de son répertoire, des surprises, un chant de Noël. Elle reçoit une ovation tandis que des pétales de rose tombent des cintres. Entourée de René, son

1. *Gambling Magazine*, 6 février 2007.
2. 13 décembre 2007.

fils, sa mère, ses danseurs, son équipe, elle quitte la scène du Colosseum. Après le spectacle, en conférence de presse, elle fend un peu la carapace. Oui, l'adaptation n'a pas été simple au tout début : « Ç'a été plus grand que tout parce qu'il y avait tellement à apprendre, que ce soit se familiariser, s'ajuster ou apprendre à connaître la scène et refaire de ce petit coin de pays ici, un autre chez-soi. Donc, la première année a été très mouvementée et très épuisante. » Ce soir, nouveau challenge, contenir son trouble : « J'ai voulu depuis le tout début rester forte jusqu'au bout, principalement ce soir, en me disant qu'il y aura beaucoup d'émotions. Si je ne m'étais pas conditionnée, je pense que j'aurais craqué et ça aurait été très difficile pour moi de performer ce soir ». Comment est-elle parvenue à contenir ses larmes ? « C'est grâce au petit bracelet que mon fils m'a donné en cadeau avant le spectacle. Je le serrais dans mes mains chaque fois que l'émotion était trop forte ». En famille, ils rejoignent la fête d'adieu prévue dans la boîte de nuit Pure de Las Vegas. Céline se détend, savoure une coupe de son champagne préféré. Elle peut être satisfaite d'elle-même, près de trois millions de personnes ont assisté aux 723 spectacles depuis la première en mars 2003. *A New Day...* réalise 385 millions de dollars de recettes !

René explique ce succès par la discipline implacable de son épouse : « Son talent est indéniable, mais il y a d'autres artistes bien talentueux aussi. Mais elle a le caractère pour pouvoir être au top et ne pas s'enfler la tête. » Céline a souvent évoqué sa façon de se comporter dans le métier[1] : « Il faut de la discipline, il faut savoir écouter. Il faut essayer d'être une éponge dans la vie, une éponge qui est capable de prendre le meilleur de chacun. Il faut une ouverture d'esprit, une sensibilité. » René confie qu'elle est une « véritable maniaque à propos de ses cordes vocales ». « Céline et moi, nous ne sommes jamais allés manger dans un restaurant à Vegas. Elle a trop peur de l'air climatisé ! Chez nous, il y a 55 % d'humidité. C'est une

1. Émission *Janette*, Radio-Canada, 2005.

maniaque ! Elle fait attention à sa voix. Après chaque show, elle a une discussion avec les gars du son. Elle n'est jamais contente. Pourtant, c'est la même salle, les mêmes musiciens, le même micro. » Lorsqu'on lui demande si Céline a sauvé Las Vegas, il refuse de répondre par l'affirmative. « Je n'aurais pas la prétention de dire que Céline a sauvé Las Vegas. Parce que, quant à ça, le Cirque du Soleil a amené quelque chose à Las Vegas que les gens n'avaient jamais vu. C'est incroyable ce qu'ils ont fait. Si j'avais à dire que quelqu'un a sauvé Las Vegas, je parlerais plutôt du Cirque du Soleil. » Il admet qu'elle a modifié la perception des chanteurs : « C'est définitif. Avant, c'étaient des artistes en fin de carrière qui allaient y jouer. Là, c'était la première fois qu'une vedette au top de sa carrière faisait une affaire de même. Maintenant, toutes les tournées mondiales passent par Las Vegas. Et il y a de nombreux artistes qui aimeraient faire des résidences comme Céline. Mais il n'y en a pas beaucoup qui seraient capables de le faire. »

En effet, après les fêtes de fin d'année, elle débute les répétitions de sa tournée via l'Afrique, l'Asie, l'Australie, l'Europe et l'Amérique du Nord. Elle devra s'adapter à la nouvelle scène démontable, constituée d'un assemblage complexe d'élévateurs de scène et de trottoirs roulants qui lui permettent d'évoluer dans un environnement changeant au gré de son tour de chant et ses choix artistiques. Yves Aucoin, son éclairagiste et concepteur du décor pour la tournée *Let's Talk About Love*, a fait incorporer au décor une « forêt d'arbres » qui s'ouvre en éventail depuis le bord de la scène, « deux ailes s'étendant vers les gradins de la salle » permettant à la chanteuse de se rapprocher de son public.

Auparavant, elle entame un marathon. Elle enregistre l'émission *Celine Dion : That's Just The Woman In Me*[1] au Wiltern Theatre de Los Angeles ; participe à l'émission *Star Academy*[2], animée par Nikos Aliagas. Elle chante *Alone* ; *Dans un autre monde* en duo avec deux participants, Jérémy et Mathieu ;

1. 12 janvier 2008.
2. 25 janvier 2008.

*S'il suffisait d'aimer* en duo avec le gagnant ; une improvisation sur la chanson *Volare* avec Dany Brillant. Le lendemain s'ouvre la 9e cérémonie des NRJ Music Awards, au Palais des Festivals, à Cannes. Elle reçoit un Award d'honneur. Le jour suivant, au Zénith de Strasbourg, son naturel met à l'aise les participants au concert du *Secret des Enfoirés*. Elle lance son nouveau parfum *Sensational*[1], au Studio Gabriel, à Paris.

Céline n'a jamais critiqué ni remis en question les choix de son manager de mari. « De toute façon, j'étais trop jeune, je n'avais pas d'expérience, dit-elle. Aujourd'hui, je ne doute pas, mais je pose des questions. Je ne peux plus tout faire, ça me rend plus nerveuse, j'ai besoin de plus de temps de préparation. Je n'ai aucun regret, mais j'ai un choix à faire : si je continue à faire ça, je passe à côté de bien des choses, avec mon fils, avec mon mari aussi. » Une lassitude s'est-elle installée ? « Ça fait 25 ans que je me prépare, à faire un show, à donner une entrevue, à faire un disque en français, en anglais, et quand j'arrête, je suis vidée. Avec le temps, toutes mes petites maladies s'amplifient. Mon corps me parle, il est en train de me dire, t'as besoin d'un break. Mais il faut que je sois à la hauteur de mon statut, le monde s'attend à beaucoup de moi. » Elle avoue ne pas parvenir vraiment à se détendre, faire le vide : « Relaxer, c'est quoi ? Quand je suis à la maison, ce que j'ai le plus de difficulté à vivre, c'est mon gérant. Constamment, il me rappelle mon travail. C'est quelque chose, hein ? », dit-elle en taquinant René. Il rebondit : « Nous autres, on se challenge toujours. Si elle était toute seule, elle se découragerait peut-être, je ne sais pas. On s'est mariés et on a un enfant, elle a confiance en moi, pas juste comme manager. Elle sait que je suis le gars qui l'aime le plus. »

*Taking Chances* débute à Johannesburg, capitale économique de l'Afrique du Sud, province du Gauteng, 3,88 millions d'habitants, dont la moitié vit à Soweto.

---

1. 29 janvier 2008.

Pourquoi partir tout de suite, si vite ?

Réponse pleine de bon sens de Céline : « Ma mère a 81 ans, je ne peux pas remettre à chaque été un autre été. Ma priorité était de faire vivre à ma mère le tour du monde et donner la chance à mon fils de voir différentes cultures. » Céline veille à présent sur Thérèse. Les rôles sont inversés, si je puis dire. Je me permets un retour en arrière pour évoquer le Noël précédent. Céline avait alors dit à sa mère : « Maman, je voulais que tu voies mon mariage. Que tu voies mon mari. Je voulais que tu voies mon fils. Je voulais que tu me voies en femme mature prête à supporter et à protéger ma famille. Pour Noël, Maman je ne sais plus quoi t'offrir. Mais je veux que tu saches une chose, c'est que je veux que tu partes le cœur en paix. Je veux que tu m'écoutes, je veux que tu saches que je vais toujours prendre soin de tes enfants. Je te donne de l'argent, tu fais ce que tu veux avec. Tu as une maison. Je t'achète des bijoux, des vêtements. Je sais plus quoi t'acheter. Maman, de la part de toute la famille, je t'offre la maison de notre enfance. Nous allons la recréer tous ensemble comme elle était au moment où on a vécu dedans. Notre Bonheur. Revenir à la source du bonheur. Quand on peut tout s'offrir, c'est à ce moment-là qu'on cherche la simplicité des vraies choses. Je suis heureuse de m'en rendre compte. »

Elle donne une conférence de presse au Montecasino[1] pour le lancement officiel de sa tournée mondiale *Taking Chances*. René a embauché le directeur de production Denis Savage qui l'épaule dans la mise sur pied de cette tournée d'importance via 95 villes, 24 pays et 5 continents. Si l'on évoque l'Afrique du Sud, nous vient aussitôt à l'esprit le nom de Mandela, symbole de la paix et de la réconciliation. Opposé au régime raciste de l'apartheid, Nelson Mandela, organisateur de la lutte armée, fut emprisonné à vie en 1962 pour sabotage et conspiration. Céline, René, Thérèse Dion, René-Charles et Patrick Angélil ont l'honneur d'échanger durant

1. 12 février 2008.

une vingtaine de minutes avec l'ancien président d'Afrique du Sud et prix Nobel de la paix[1]. Il conte à ses hôtes pourquoi il préfère qu'on l'appelle Madiba. Madiba est le nom de son clan tribal, le nom de ses ancêtres de l'ethnie Xhaso, appartenant à la famille royale du clan. Ce nom est un signe de respect, il prévaut sur le prénom et le nom. Son prénom d'origine est Rolihlahla. Le prénom anglais Nelson lui a été attribué par son institutrice, Miss Mdingane. C'était une coutume chez les Africains à cette époque. René-Charles, assis sur les genoux de Madiba, l'écoute évoquer son incarcération dans une prison à sécurité maximale sur l'île Robben, au large du Cap, en 1964. Aucune personne blanche n'y était détenue. Il y passa 18 de ses 27 années d'emprisonnement, avec d'autres prisonniers politiques. L'enfant se rendra sur l'île, visitera l'établissement et sa cellule, avec ses parents, à l'occasion de leur séjour à Cap Town[2] pour les concerts de Céline.

Madiba avait appelé Céline, en 2006, pour lui suggérer de donner un concert-bénéfice en faveur de sa fondation pour l'enfance. Céline met toute sa passion dans ce premier concert de la tournée, au Coca-Cola Dome, à Johannesburg[3]. Les bénéfices reviennent à la Nelson Mandela Children's Fund. René tient lui aussi à participer à une levée de fonds en faveur d'une œuvre de charité patronnée par Madiba : une partie des recettes des autres concerts en Afrique du Sud sera versée à celle-ci. Le jour suivant, Céline rend visite aux jeunes élèves d'une école de Soweto. Elle emmène René-Charles pour qu'il observe le mode de vie d'autres enfants. Âgé de sept ans, l'âge de raison, dit-on, son fils peut être confronté aux réalités de l'existence, faire la différence avec la vie idéale et protégée offerte par ses parents. Ce contact avec le terrain ne peut qu'ouvrir le cœur de son fils à la charité envers les plus démunis. En famille, lors d'un safari au Lion Park, ils observent la faune sauvage, lions, guépards, antilopes, girafes, zèbres, nourrissent les lion-

1. 14 février 2008.
2. 21 au 25 février 2008.
3. 14 février 2008.

ceaux. Céline présente ses shows au Loftus Versfeld Stadium de Pretoria, à Cape Town, à Durban, au Vergelegen Estate du Cap, au Montecasino de Johannesburg.

L'écrivain et journaliste Denise Bombardier les a rejoints. Elle vit au plus près de la tournée afin de brosser un portrait de la chanteuse des plus justes. Son expérience dans l'ombre de la star, durant un an, donnera naissance à l'ouvrage *L'énigmatique Céline Dion*. Denise Bombardier livre son ressenti : « C'est le livre le plus difficile que j'ai pu écrire, parce que je touche à quelque chose de symbolique. … c'était stressant. […] Céline Dion, ce n'est plus une chanteuse, c'est un phénomène de la société moderne. Ce qu'elle déclenche, c'est de l'ordre de la thérapie collective, dans un sens ou dans l'autre. […] Il y a une perception du Québec à travers Céline Dion. Et saisir Céline Dion, c'est comprendre sa famille : la "Reine Mère" Thérèse Tanguay-Dion, son mari et gérant, René Angélil, et son fils, "l'enfant aux cheveux longs", René-Charles. […] Je raconte une histoire qui n'est pas un conte de fées, ce n'est pas le personnage lisse, la petite fille gentille qu'on décrit souvent. Je sais très bien que leur vie privée est une mise en scène, une théâtralisation de leur vie. » L'enfant du couple est leur joyau, leur pierre précieuse. « Le chapitre sur l'enfant, c'était bien sûr un sujet tabou, et je l'ai fait. René-Charles m'émeut tellement, dans sa petite tête d'enfant, il a érigé une barrière invisible entre le public et lui, c'est sa façon de se protéger. C'était difficile parce que je sais la relation fusionnelle entre sa maman et lui, qui reproduit celle entre Céline et sa propre mère. Mais le papa est très présent, c'est un modèle très fort. » À la fin de son livre, Denise Bombardier remercie Céline, qu'elle considère à la hauteur de son mythe. « Céline m'a dit une chose très forte, raconte-t-elle : "Les gens croient que les questions me font peur, mais c'est peut-être mes réponses qui me font le plus peur." Il y a quelque chose qui m'atteint très profondément, c'est son angoisse. Parce que c'est le moteur de sa vie. Ça me bouleverse de la voir comme ça. »

Doha, Qatar, Athletic Stadium, le 3 mars ; Dubaï, émirat des Émirats arabes unis, le 5 mars. Selon un rituel bien établi, Céline donne une conférence de presse au club de golf Inter Continental Dubaï Festival City Four Seasons. Bahram Sepahi, vice-président régional et directeur de l'hôtel Four Seasons à Dubaï, lui remet un titre de membre honoraire au club de golf du Four Seasons Golf Club valable à vie, ainsi qu'à René et leur fils. Le show est donné le 5 mars au Four Seasons Golf Club. Elle interpelle son public : « Ce Tour a pour but de faire le tour du monde pour vous rencontrer. Il s'agit d'expérimenter votre pays... votre peuple, votre culture. C'est une chance pour ma famille d'en apprendre plus sur vous... surtout mon fils de sept ans. Il s'agit de vous regarder dans les yeux et de dire "Je t'aime" à travers mes chansons... les anciennes comme les nouvelles. Il s'agit de partager avec vous la femme qui est en moi, dans toute sa diversité : épouse, mère, sœur, amie, chanteuse. » Elle fait allusion à l'élaboration de son spectacle : « Vous savez, j'adore me produire sur scène, et c'est une joie absolue pour moi. Cela a été une joie absolue pour moi de préparer ce nouveau spectacle pour vous... et de chanter pour vous ce soir. Merci de partager cette soirée avec nous, et passez un merveilleux moment. Je suis de tout cœur avec chacun d'entre vous. » Elle est en pleine possession de sa forme, de son énergie, et de l'envie d'offrir un beau spectacle, entourée d'une grande équipe composée par René. Si la vie en tournée permet à Céline, son fils et son époux de bénéficier de multiples découvertes touristiques et culturelles, elle n'est jamais de tout repos, même si René a très bien fait les choses. Un spécialiste de la voix demeure aux côtés de son épouse en permanence. Les déplacements sont facilités et les séjours s'effectuent dans les meilleurs établissements. L'équipe, danseurs, musiciens, techniciens, médecins, dentiste, kinésithérapeutes, gardes du corps, costumiers, nounou de René-Charles et son assistante sont logés dans soixante-quinze chambres de première catégorie. Céline et René occupent une suite présidentielle. René a exigé que la loge de Céline soit maintenue à une température constante de vingt-deux degrés.

La famille Angélil part à la découverte de l'archipel du Japon constitué des quatre îles principales de Hokkaido, Honshu, Shikoku et Kyushu, et de nombreuses îles plus petites. Céline se produit à Tokyo, au Tokyo Dome[1], un stade gigantesque pourvu de 55 000 places. Elle chante *Anata ga Iru Kagiri – A World to Believe In* –, en anglais et japonais, en duo avec Yuna Ito, chanteuse américaine d'origine coréenne qui fait carrière au Japon. L'équipe se retrouve à Osaka. Les Angélil y font connaissance avec les rikishi Asasekiryu, Kimenryu et Asashoryu, lutteurs de sumo. Leur jet privé les dépose à Macao où, rapporte l'Histoire des Ming, vers 1513 « Les Portugais ont passé les mers par milliers et sont venus se ranger sous l'influence vivifiante du glorieux soleil de l'Empire Céleste. » Avant le concert, Céline rencontre Sang Lan, qui avait exprimé ce souhait. L'ancienne gymnaste chinoise, désormais en fauteuil roulant, avait chuté durant l'échauffement de la finale du saut de cheval, aux Goodwill Games de New York, en 1998. La section transversale de la moelle épinière, dans la région cervicale, l'a laissée paralysée de la poitrine jusqu'aux pieds. Le photographe Gérard Schachmes suit Céline et son entourage au jour le jour, dans l'intimité de sa tournée. En confiance, René lui a autorisé tous les accès, de l'avion privé aux suites d'hôtels, des promenades en famille aux plateaux. Il accompagne les techniciens lorsque les 18 camions de matériel amènent la scène à Séoul (Corée), quand les équipes s'activent pour le lever de rideau. Il est là lorsque Céline est souffrante, quand elle se maquille dans sa loge, déjeune avec René-Charles, se change en quatrième vitesse entre deux chansons. Il fait 25 000 photos en 12 mois à travers 25 pays.

Pacifique Sud, Australie, Sydney, Intercontinental Hotel, 30 mars. Pour le quarantième anniversaire de sa femme, René a réuni Maman Dion, René-Charles, Patrick Angélil,

1. Les 8 et 9 mars 2008.

Denise Bombardier, Francine Chaloult, Georges-Hébert Germain, Dave Platel, Gilbert Coulier, etc. Grand seigneur, il a tout organisé à son insu, a fait confectionner un *cake design* à étages soutenant un globe terrestre au pied duquel des figurines représentent René-Charles, Céline et René pendant un show. Durant la soirée, sont projetées deux vidéos de Stéphane Laporte et de Mia Dumont, la première attachée de presse de Céline. Le montage de Stéphane Laporte suit René-Charles depuis sa naissance. Le film de Mia véhicule les messages des parents et amis qui n'ont pu être présents. René prend la parole : « On dit que la vie commence à quarante ans. J'avais cet âge-là quand j'ai connu Céline. Je suis justement la preuve vivante que la vie commence à quarante ans. Entre la petite fille de douze ans et la femme que je vois aujourd'hui, la différence n'est pas si grande. Étant donné son succès, beaucoup à sa place auraient pris la grosse tête. Pas elle ! Elle, elle est demeurée humble et simple. Elle garde les pieds sur terre. Sa famille y est sûrement pour quelque chose ». Une salve de rires et d'applaudissements accueillent ses propos. On ne change pas...

René-Charles s'amuse follement à sauter avec les kangourous dans leur réserve. Grâce à ses parents, il peut observer les casoars, rapaces, crocodiles et koalas au Lone Pine Koala Sanctuary, puis ils visitent le Daisy Hill Koala Centre, dans le parc régional de Daisy Hill, fondé par le gouvernement du Queensland, afin de protéger l'espèce menacée d'extinction. L'attention excessive dont sa mère et lui sont l'objet l'incommode tant qu'il redoute de devoir traverser une foule d'admirateurs, approcher les adultes en dehors de ses proches. Les pays, les shows se succèdent. Tout est fou, hors norme, à donner le vertige. Brisbane[1], puis Melbourne, Perth en avril. Visite en famille du zoo de Perth protégeant plus de 160 espèces différentes et du plus grand aquarium d'Australie, l'Aquarium of Western Australia (Hillarys) sur le littoral au nord de Perth.

1. 31 mars 2008.

Ils longent les plages aux eaux turquoise entre Shoalwater Island Marine Park et Penguin Island où s'amusent les manchots (Rockingham). Ils atterrissent à Shanghai le 9 avril dans la nuit, Céline répète le lendemain. Sony Music Asie-Chine lui remet un prix pour les ventes spectaculaires de l'album *Taking Chances* en Chine. Après son tout premier spectacle en Chine, au Stade de Shanghai, le 11, qui est un triomphe, elle s'envole pour Pékin où l'attend Yang Lan, célèbre présentatrice de télévision chinoise. Elles se connaissent bien, elles sont nées le même jour. Elle enregistre pour le talk-show télévisé Olympic Songfest, diffusé sur la chaîne BTV en Chine, animé par Yang Lan. Pour célébrer les prochains Jeux de Pékin, elle chante *The Power of the Dream.* Avant qu'elle n'interprète le thème de Titanic, quatre musiciens traditionnels chinois jouent pour elle une version instrumentale avec d'anciens instruments chinois, un pipa (luth chinois), un dizi (flûte chinoise), un guzheng (cithare ancienne chinoise) et un erhu (violon chinois). Des centaines d'admirateurs attendent la chanteuse à la sortie des studios. Elle a la surprise de retrouver sa fan la plus dévouée, une vieille dame américaine. Inconditionnelle de l'artiste, elle a vu 120 concerts ! Celui prévu à Pékin annulé pour raisons de sécurité, Céline et René rencontrent la presse. Ils ne donnent pas d'explication quant à l'annulation, déclarent que cette question relève de l'équipe de gestion. Céline spécifie qu'elle se concentre uniquement sur la musique et les spectacles et exprime son souhait de revenir en Chine à l'avenir pour se produire. Questionnés sur les futurs jeux, René explique que leur couple considère l'histoire du Tibet comme une affaire interne qui ne devrait pas « priver des milliers d'athlètes de se rendre jusqu'au bout de leur passion ». Céline appelle les hommes « à garder le rêve possible pour nos jeunes enfants ». En toute fin d'interview, Céline et Yang Lan révèlent qu'elles ont prévu de collaborer au lancement d'une marque de bijoux nommée HVLove Ltd. Le Stadium Merdeka de Kuala Lumpur est comble le 13 avril. 10 000 fans sont là. Beaucoup sont arrivés du Japon, d'Indonésie, de Thaïlande, des Philippines. René accueille à leur descente de voiture le roi Sultan Mizan Zainal Abidin et la reine Nur Zahirah de Malaisie, venus assister au spectacle. Gérard Schachmes est au pied de la scène à Manchester, le 2 mai, alors que débute le périple en Europe. Les métropoles plus ou moins attractives les engloutissent, les jours, les heures s'égrènent... Londres, Anvers, Paris où elle enchaîne six concerts... « Je dois vous dire que revenir à Paris, c'est comme revenir chez moi, déclare-t-elle dès son entrée en scène. J'ai des liens avec vous. Voir votre pays à travers les yeux de mon fils, c'est extraordinaire ! » René-Charles est assis tout près de la scène, avec Maman Dion et René. L'ancien Premier ministre Jean-Pierre Raffarin, l'acteur Jean Piat et sa compagne, la romancière Françoise Dorin, le Premier ministre du Québec Jean Charest, Nikos Aliagas ne boudent pas leur plaisir. La chanteuse Nana Mouskouri, enthousiasmée, est debout dans le public, puis la rejoint dans sa loge. L'une et l'autre s'apprécient beaucoup. Elles ont eu la joie de dîner ensemble à diverses reprises. Elles ont en commun des souvenirs liés au prix de l'Eurovision. La chanteuse grecque a représenté le Luxembourg en 1963, à Londres, avec la chanson *À force de prier*, chantée en français. Elle obtint une honorable huitième place.

C'est une constante, les articles du *Monde*[1] égratignent la diva :

« Céline Dion engoncée dans un concert à l'américaine. La Canadienne chante jusqu'au 27 mai à Paris-Bercy. [...] À la fin des années 1990, sous l'impulsion de son manager et mari, René Angélil, la gamine de la banlieue montréalaise avait doublé son succès francophone d'un triomphe anglophone international. [...] Depuis, la vogue des "chanteuses à voix" a faibli, tout comme les ventes de celle qui en est l'incarnation. Commencée le 14 février à Johannesburg, en Afrique du Sud, prévue de se terminer le 29 janvier 2009 à Fort Lauderdale, aux États-Unis, la tournée *Taking Chances* de la Canadienne

1. *Le Monde*, Stéphane Davet, 20 mai 2008.

ne renonce en rien à la mise en scène de ses démonstrations vocales, quitte à donner l'impression de chanter comme on le faisait "au siècle dernier". [...] Ascenseurs, promontoires, tapis roulant et cage d'écrans vidéo varient les plaisirs scénographiques. [...] En courte robe fuchsia, la chanteuse mime une énergie toc. L'évident plaisir de bien faire son métier ne suffit pas à donner vie à un concert engoncé dans sa précision "à l'américaine". [...] Les chorégraphies des huit danseurs, les changements de tenue et les performances de la chanteuse peuvent divertir, mais guère toucher. Quand elle raconte son plaisir d'emmener autour du monde sa mère de 81 ans et son "*grand fils de 7 ans*", la native de Charlemagne a le ton sympathique d'une cousine québécoise. Mais, en chanson, son sentimentalisme atteint rarement la profondeur romantique d'une Barbra Streisand. [...] elle se métamorphose en meneuse de revue soul, sans posséder le groove sexy d'une Tina Turner. »

Le président Nicolas Sarkozy décore Céline, le 22 mai, de la Légion d'honneur que lui avait décernée le président français Jacques Chirac en 2005, en présence de René, leur fils, sa mère et ses treize frères et sœurs. Il souligne sa contribution au rayonnement du français : « La France vous remercie, car vous contribuez par votre succès et votre talent à faire rayonner notre langue au-delà de nos frontières, sur tous les continents, alors que la tendance partout dans le monde est de s'aplatir sur un seul modèle, une seule langue. » Il ajoute : « Il faut comprendre que si nous sommes si attachés à la langue française, ce n'est pas par opposition à l'anglais, mais parce que le monde est plus heureux avec plusieurs langues. La diversité, en effet, est une richesse. » Céline est particulièrement fière de cette décoration : « Se voir remettre la Légion d'honneur, dans ce Palais de l'Élysée et de vos mains, Monsieur le Président, est un honneur bien important pour une petite Québécoise de Charlemagne comme moi. Cela prend un sens et des proportions qu'il est difficile d'exprimer. [...] Je suis honorée de me savoir ambassadrice de la langue française à travers le monde.

Si l'anglais swingue et donne le rythme, le français a un charme poétique qui frappe en plein cœur. » Elle dédie sa médaille à sa famille, notamment à son père, à sa mère, « mon héroïne », à son mari, « l'homme de ma vie », et à son fils, « l'homme de mon cœur ». Nicolas Sarkozy, fan de la première heure, conclut son discours en insistant sur le thème majeur de la chanteuse, l'amour : « L'amour, qui tient une place essentielle dans votre vie, est très présent dans votre parcours artistique... Or, il n'y a qu'une façon d'aimer : totalement. Il n'y a pas d'impudeur à partager l'amour. »

Ce même jour, elle inaugure la statue de cire de René Angélil au musée Grévin à Paris. Cela faisait deux ans que le personnage de Céline attendait René. L'un et l'autre témoignent une nouvelle fois de leur attachement réciproque et de la force de leur amour. René remercie son épouse : « Elle nous a amenés tous où on est présentement. Elle nous a fait vivre nos rêves, et c'est elle qui est le cœur. […] elle réunit autour d'elle toute cette foule et a permis cette célébration. » Céline est heureuse que leur couple soit mis à l'honneur. « C'est très touchant, parce que c'est merveilleux cette histoire d'amour, ce grand succès de cette histoire d'amour […] de pouvoir célébrer devant les gens qui nous ont supportés depuis le tout début. […] On s'aime, c'est tout. […] Je pense que quand on commence à compliquer les choses et à questionner la vie, elle devient très compliquée. […] Vieillir, ce n'est pas difficile. C'est de voir les autres partir, c'est ce qu'il y a de plus difficile. » René, tout sourire, insiste : « On n'est pas loin l'un de l'autre très souvent. […] L'amour, c'est pas simple. C'est pas simple, mais c'est facile. C'est facile avec Céline. » Il plaisante : « C'est moins facile avec moi. »

Paris est d'autant plus cher à leur cœur qu'ils sont devenus propriétaires d'un bien dans la très chic enclave de la villa Montmorency, XVIe arrondissement, près de la porte d'Auteuil, de l'hippodrome de Longchamp et du bois de Boulogne. Créé par les frères Pereire, les fondateurs de la Compagnie du chemin de fer de Paris à Saint-Germain, cet éden en forme de croissant de lune privilégie les hôtels particuliers et belles demeures. Pour y pénétrer, il faut montrer patte blanche. Des gardiens veillent à ce que les propriétaires ne soient pas incommodés par les importuns. Rika Zaraï, Mylène Farmer, Carla Bruni, Sylvie Vartan, Carole Bouquet et Gérard Depardieu y vivent en belle harmonie. Le pied-à-terre des Angélil comprend cinq chambres en suites, une salle de cinéma, une salle de sport, répartis sur 1 000 mètres carrés et trois étages. Céline ne l'occupe guère, elle file déjà à Dublin, où elle loue avec René la suite la plus luxueuse du vénérable hôtel Shelbourne[1], dans le vieux Dublin. Flashback dans leurs souvenirs... Vingt ans plus tôt, Céline se préparait pour l'Eurovision... Une autre suite à Amsterdam, puis à Copenhague, Berlin, Cologne, Munich. Céline visite avec mari et fils le camp de concentration de *Sachsenhausen.* Elle explique à son garçon qu'il faut qu'il voie le passé pour essayer de changer le futur. « C'est un privilège, une grande chance de faire le tour du monde et de lui faire voir qu'on peut améliorer, qu'on peut prendre le passé en essayant de comprendre, accepter, évoluer, changer. » De joyeuses notes agrémentent la soirée surprise et mini croisière sur la Spree, à bord d'une péniche, pour admirer Berlin, tout en célébrant la fête des Pères[2]. En coulisses, à Zurich, Céline retrouve Nella Martinetti, l'auteure suisse de la chanson *Ne partez pas sans moi.* Quel parcours depuis l'Eurovision ! L'heure n'est pas à la nostalgie, voici Prague, le fameux pont Charles IV, l'horloge astronomique, l'ancien ghetto juif, le château et l'admirable cathédrale Saint-Guy. À Cracovie, on lui décerne un trophée pour plus d'un million d'albums vendus en Pologne. Étape milanaise. Une seule date en Italie. Les fans sont venus de Naples, Bari, Florence, Venise. Elle poursuit sa route vers Nice. Denise Bombardier l'interviewe, à Monaco, pour l'émission Céline Dion à cœur ouvert[3].

— À quel moment vous êtes-vous rendu compte que vous aviez envie de chanter ?

1. 30 mai 2008.
2. 15 juin 2008.
3. Diffusée le 14 septembre sur TV5 Monde.

— Je n'ai jamais eu le temps d'y penser, je n'ai jamais eu vraiment le temps de le souhaiter moi-même. J'ai baigné dans l'eau, j'ai été bénie par tout ce qui m'a entouré, par tout ce qui continue de m'entourer. Et honnêtement ça m'a sauvé la vie parce que j'ai pas eu le temps d'y penser, d'y réfléchir. J'ai commencé très jeune, mais je me suis toujours appartenu.

— Vous vous êtes longtemps tue.

— J'ai écouté beaucoup les autres. Je n'ai pas fait d'études, ça m'a nui un peu. Je dirais même beaucoup. Je n'ai jamais eu vraiment tout le matériel nécessaire pour pouvoir me défendre. Mon cœur battait de lui-même. J'étais franche.

— Là, vous habitez l'espace des mots.

— Je peux maintenant me permettre de vivre entre les lignes de mes chansons.

— Vous n'avez pas la liberté physique de vous promener dans les rues, cela vous manque ?

— Je peux tout me permettre. Mais c'est à moi de décider si j'ai envie de sortir de chez moi et de laisser les gens faire des photos de moi sans mon accord, de m'adresser la parole, de venir se jeter sur moi, de prendre des photos de René-Charles. Je ne veux pas que mon métier gagne sur moi. Je suis mon pire ennemi, et ce n'est pas la chanteuse qui va gagner, c'est Céline. Je ne vais pas perdre ma vie pour la chanson.

— René vous a permis de conquérir le monde, c'est le seul homme que vous avez aimé.

— J'en suis très fière d'ailleurs, parce que j'ai eu l'impression que ça a été un privilège. Un privilège de sentir cet amour au fond de moi-même et que ce sentiment qui m'habite ne m'a jamais trahie. Il a été vrai pour moi. Je suis heureuse au bout de tant d'années, je sais que je ne me suis pas trompée.

— Après quoi vous courez maintenant ?

— Je ne cours plus déjà. J'essaie de gérer mon temps sans courir, mais rapidement parce que les gens autour de moi, ma mère, mon mari, ont déjà un certain âge. J'ai voulu faire voir à ma mère que mon amour pour René était vrai. Je voulais qu'elle voie ma carrière à son sommet.

— Vous êtes arrivée au sommet, qu'attendez-vous ?

— Les gens pensent que je suis au sommet de ma victoire. Ma victoire, elle est probablement bien différente de ce qu'ils pensent. Pour moi, ma plus grande victoire, c'est d'avoir un tout petit bout de vie normale[1].

Ouf ! Une pause ! Trois semaines de congés dans son chalet au Québec, avec René et son fils. Besoin de paix intérieure, de se retrouver, de relâcher la pression. Combien de temps ? L'angoissante question... « Tous les jours, je demandais : il me reste combien de jours de congés ? René a reçu un appel téléphonique. J'ai demandé si c'était urgent. Plus ou moins a dit la dame. “Dites-lui que vous ne m'avez pas joint”, a dit René. J'étais fière de lui. C'est important d'être capable de décrocher pour des choses qui sont essentielles dans la vie et ce n'est pas nécessairement le show-business. Pour moi, le show-business, c'est un *party*, un bonheur, un mode d'expression. Ça fait partie de la vie, mais ce n'est pas ma vie. »

Elle est impatiente de chausser sa paire de derbies, enfiler ses gants pour l'Omnium Adhémar, programmé de longue date. Ce tournoi de golf a lieu le 20 juillet 2008, en souvenir de son père, dont la famille honore la mémoire chaque année depuis 2003. Ce jour dédié à Adhémar, ils se retrouvent tous, 105 membres de la famille auxquels se sont joints une vingtaine d'amis, vêtus de tee-shirts et pantalons noirs. L'Omnium Adhémar se joue toujours en noir et blanc. « Nos bâtons sont aussi noirs avec des pompons noirs et blancs, spécifie Michel Dion. Et tout est à l'effigie de papa : notre serviette de golf, nos balles, nos tees, nos putters et nos marqueurs. » Après le brunch servi à 11 heures, petits et grands filent sur le green. « Nous respectons une minute de silence à la mémoire de notre père et nous laissons s'envoler des ballons noirs et blancs vers le ciel en ayant une pensée pour lui. C'est un moment tout désigné pour lui envoyer nos petits messages... C'est toujours un moment

1. D'après *Céline Dion à cœur ouvert*, TV5 Monde 2008.

émouvant. » René-Charles est « très content de rencontrer ses cousins et cousines. Il ne les voit pas souvent, alors quand il vient ici, il est heureux », se réjouissent ses parents. Le 10 août, un souper réunit tout le monde autour de Maman Dion, chez Céline et René, avant de reprendre le *Taking Chances World Tour*. Boston l'attend pour la célébrer[1].

Pourquoi débuter la tournée américaine par cette ville ? « Par superstition, reconnaît René. Les deux dernières tournées – c'était au millénaire précédent – ont commencé dans cette ville. » Boston est un porte-bonheur pour l'artiste. « Le show, ça me donne un kick. Qu'on aime ou pas ce que je fais, ça n'a rien à voir, je suis une artiste dans l'âme, moi, j'aime ça. Mais en fin de compte, c'est sûr que je préfère être avec René et René-Charles. » À 21 h 30, elle arrive par un côté de la salle, elle marche jusqu'à la scène centrale. « Je me sens vraiment comme un boxeur. Ça me donne toute mon énergie, ça m'enlève mon stress. Je touche les gens, je prends leur Kodak et je fais une photo d'eux. Moi, je n'ai pas peur des foules, je n'ai pas peur du monde, j'aime ça. » Entourée de musiciens et de danseurs, elle enchaîne les performances et les interprétations pleines d'émotion avec une fluidité époustouflante : *Eyes on Me*, *My Love*, *Pour que tu m'aimes encore*, *The Prayer*, en duo à distance avec le ténor italien Andrea Bocelli, *We Will Rock You* de Queen, *River Deep, Mountain High* de Tina Turner.

Être une idole, qu'est-ce ?

Ni plus ni moins qu'occuper la place délaissée par les divinités d'antan... Ce n'est point une mince affaire...

Au Centre Bell de Montréal, elle rassemble 168 000 fans en huit shows. Véronic DiCaire assure sa première partie. La naissance de leur amitié doit tout à René. Préparant la tournée *Taking chances*, le manager cherche un ou une artiste pour la première partie des concerts programmés à Montréal, Québec et Ottawa. Il visionne un DVD de la chanteuse Véronic DiCaire où elle parodie le gotha de la chanson.

1. 12 et 13 août 2008.

Conquis par cette imitatrice aux 50 voix, il la rencontre avec Céline. Toutes deux québécoises, elles ont quantité de points communs. Le père de Véronic, le dixième de treize enfants, est conducteur de bétonnière et sa mère secrétaire dans une école primaire. Elle a rencontré son Pygmalion à 15 ans et vit avec celui qui est devenu son agent artistique. Véronic se livre facilement à Céline. Elle lui dit tout : « Rémon, je l'ai connu à 15 ans, quand je chantais le week-end dans des spectacles de la petite bourgade où j'habitais, dans l'Ontario. Lui était acteur, il a six ans de plus que moi. Ce fut un coup de foudre réciproque et, à 20 ans, je l'ai suivi à Montréal, avec ma valise et mon chat ! J'avais décidé d'être chanteuse et il est devenu mon manager. » René a perçu le talent, la volonté de réussite, la folle énergie émanant de Véronic. Il n'a pas d'hésitation, il l'engage. Il lui fait un cadeau incroyable : 30 minutes de show face à 20 000 personnes. Le manager ne s'arrête pas là, il devient son producteur. Dans les coulisses du Centre Bell, après sa première prestation, René l'attend à sa sortie de scène. Touché par sa performance, il lui dit combien le talent l'émeut et, si cela lui convient, il travaillera avec elle et Rémon pour faire avancer sa carrière. Les deux couples se lient d'amitié. Si pour Véronic, Céline reste une légende, elle confesse qu'elle est aussi « une grande sœur ». Les deux couples accompagnent les grandes étapes de leurs vies professionnelles et familiales. Céline et René sont bien sûr présents à la première du spectacle *Voices*[1], de Véronic, à Las Vegas. Leur amie monte sur scène pour la première fois aux États-Unis grâce à René. Elle s'installe pour six mois au théâtre Jubilee du Bally's Hotel et Casino, tout près du Caesars Palace. Après la disparition de René, Véronic continuera de mettre en pratique l'un de ses premiers conseils : « Faut juste que ça soit bon ! » Elle renouvellera l'expérience en partant en tournée avec Céline à l'été 2018, en Asie et en Australie.

---

1. Juin 2013.

En coulisses, Céline rencontre le maire de la ville de Montréal, Gérald Tremblay et Monsieur Monopoly avant le concert du 20 août. Ils lui offrent une plaque honorifique du jeu de société Monopoly à l'effigie de la ville de Montréal, pour célébrer la présence de 3 villes du Canada dans la nouvelle édition du jeu. Crémage sur le gâteau[1], le lendemain, elle reçoit un doctorat d'honneur de Musique de l'Université Laval au Palais Montcalm, à Québec. « Je me suis posé la question, témoigne Céline dans l'intimité. Est-ce que je devrais accepter ? Honnêtement, on ne refuse pas un cadeau, une invitation, une fleur... J'espère que les gens qui osent m'offrir un tel honneur comprennent ce geste. » Le recteur de l'Université Laval, Denis Brière, souligne son talent « une artiste d'exception, une remarquable ambassadrice du Québec à l'étranger et un modèle de professionnalisme, de détermination et d'humanité ». C'est exact. Céline est une chanteuse francophone planétaire. Elle est la seule à chanter en français partout sur la planète. Elle s'adresse à l'auditoire : « Distingués invités, parents et amis, je suis heureuse de vous exprimer ma profonde reconnaissance pour le grand honneur que vous me faites, M. Brière, en me décernant ce titre honorifique. Et, à défaut d'être lettrée, je serai brève... et sincère... Par ce geste, vous me souhaitez la bienvenue dans la grande famille de l'Université Laval. Et ce cadeau de famille, je le reçois avec beaucoup d'émotion. C'est quelque chose qui me touche et qui fait suite à l'esprit qu'on m'a transmis. En m'offrant une place parmi vous, vous rejoignez les familles qui sont miennes : celles du sang et des amis, la famille professionnelle et la famille d'idées lorsqu'il nous est donné de croiser des gens qui ont les mêmes valeurs que nous, les mêmes combats, les mêmes espoirs.

Si vous me décernez cet honneur parce que j'ai bien fait les devoirs que la vie a mis sur mon chemin, alors je l'accepte avec plaisir, fierté même. Une chose a guidé ma vie, c'est le désir de me dépasser et d'aller plus loin, au maximum de mes capacités,

1. Cerise sur le gâteau.

au bout de mes idées, de mes espoirs et de mes rêves. Et je n'ai toujours pas fini de rêver...

La voix est un don de Dieu. Le reste, c'est une question de ce qu'on fait avec ce que le Ciel nous a donné. C'est un honneur bien grand pour la petite fille de Charlemagne que je suis, parce que nous restons toujours l'enfant que nous portons en nous. C'est à elle que je le dois, ce doctorat, puisque c'est elle, déjà si jeune, qui a vu plus grand et plus loin, qui a eu envie d'embrasser la terre et dont les rêves ont dépassé ses 14 ans. C'est elle, cette enfant-là, que je remercie d'avoir fait confiance aux bonnes personnes, au bon moment.

Cet honneur, je veux le partager avec mes maîtres, ceux et celles qui m'ont façonnée et qui m'ont donné à penser, à réfléchir et qui, par leur exemple, m'ont appris à aller plus loin et à faire toujours un peu plus. À l'école de la vie, j'ai fait mes classes au milieu d'adultes plus grands que nature. Des gens simples, mais des êtres d'exception. Je parle ici de mes parents, maman, présente ce soir, papa qui nous a quittés il y a cinq ans et mes frères et sœurs qui sont aussi dans cette salle. Ma famille de sang.

Avec eux, j'ai appris le calcul – les frères et sœurs et les amis se comptent sur les doigts d'une main – ; la géographie – il fallait que chacun soit à sa place – ; l'histoire – la petite, celle de mes ancêtres – ; la musique – nous chantions et dansions tous les jours – ; le civisme, qui consistait chez nous à prendre soin de l'autre, et enfin l'amour, qui ne s'apprend pas en classe, mais chez soi.

Et plus tard, ma famille professionnelle, plus grande encore : je pense à Eddy Marnay, mon père dans ce métier, celui qui m'a appris le français de France à travers les paroles des chansons qu'il m'écrivait dans cette langue de chez eux, si belle, si pure, et qui sonne à mes oreilles comme une musique. Et aux auteurs qui ont pris son relais, avec la même rigueur et le même amour de la langue : mon ami Luc Plamondon, Jean-Jacques Goldman, mon complice du tournant de ma vie, et quelques autres à qui je suis toujours fidèle.

Je pense aux hommes et aux femmes qui travaillent dans l'ombre et au quotidien pour que tout, toujours, ait l'air parfait. Ceux que personne ne voit jamais parce que toute la lumière est sur moi. Sans eux, sans elles, rien de tout ceci n'aurait été possible et ne le serait... À ceux et celles-là, qui se reconnaîtront, je dis merci, ici et maintenant. Merci aux sportifs, aux athlètes olympiques qui m'ont toujours fait rêver et qui m'ont appris sans le savoir le goût de l'effort, la conquête de soi et de ses limites et, surtout, à donner toujours 100 % de moi-même.

Merci à la presse en général, aux radios et aux télés qui m'ont ouvert leurs portes souvent, et leurs cœurs parfois. Merci au public, si fidèle et si présent depuis si longtemps. Comment penser conquérir le monde si les gens de chez vous ne vous aiment pas ? Et ils sont toujours là pour moi, à chaque retrouvaille. Et c'est toujours un bonheur de retrouver les chemins de ma maison.

Merci, enfin et surtout, à René, mon mari, mon amour, mon gérant de toujours. Sans lui, rien de tout cela ne serait arrivé. Il est là, attentif, depuis le premier jour, et je lui suis reconnaissante de m'avoir donné la vie dont j'avais rêvé et d'avoir fait de moi une maman infiniment heureuse chaque fois que je serre notre fils René-Charles dans mes bras. Aujourd'hui, je lui remets, moi, un doctorat d'honneur pour tout ce talent et ce travail, je dis bien ce travail d'une vie.

Et pour finir sur les paroles d'une chanson, j'ai choisi celles de Jean-Loup Dabadie, écrites pour Jean Gabin : "Le jour où quelqu'un vous aime, il fait très beau, j'peux pas mieux dire : il fait très beau ! C'est tout c'que j'sais ! Mais ça, j'le sais !" »

Le spectacle sur les plaines d'Abraham, célébrant le 400e anniversaire de Québec[1], marque l'histoire culturelle du Québec. Dans sa biographie *René Angélil – le maître du jeu*, Georges-Hébert Germain parle de cette soirée comme « de l'un des événements les plus percutants que René Angélil a

1. 22 août 2008.

organisés ». Quelque 200 000 spectateurs assistent au tour de chant de la petite fille de Charlemagne. 100 000 admirateurs suivent l'événement sur des écrans géants installés dans les rues voisines. L'organisation n'a pas été simple. La ville de Québec commanda un spectacle inédit alors que René proposait un concert de tournée revisité. Un nouveau show ne s'improvise pas. Il requiert un travail énorme, des répétitions. René s'est agacé en raison des initiatives prises par la Société en son nom. Il n'a pas apprécié que le directeur général Pierre Boulanger ait présenté le spectacle de Céline comme étant le clou des festivités : « Ce sera un spectacle avec beaucoup d'artistes, dont la dernière prestation sera celle de Céline Dion. On espère présenter un spectacle dont les gens vont se souvenir longtemps. Mais de dire que ce sera le clou du 400ᵉ, ce ne sont pas mes mots. On n'a jamais eu ce genre de prétention dans quoi que ce soit qu'on fait. Ce n'est pas mon langage. Elle n'est pas seule, Céline, dans le monde. Et il y a beaucoup d'autres spectacles dans la programmation du 400ᵉ. Je hais qu'on mette des mots dans ma bouche. » René a négocié et trouvé un compromis. Céline inviterait sur scène les artistes avec lesquels elle aimait travailler : Ginette Reno, Marc Dupré, Jean-Pierre Ferland, Claude Dubois, Nanette Workman, Dan Bigras, Mes Aïeux, la famille Dion, Zachary Richard, Éric Lapointe et Garou. Chanter *Un peu plus haut, un peu plus loin* avec Ginette Reno, c'est l'idée de Céline. En amont, il y a beaucoup de travail pour adapter les chansons, régler les duos. « C'est comme si je faisais un show classique et que je tombais dans le rock and roll, explique-t-elle. C'est très difficile : on chante ensemble, mais ce ne sont pas mes chansons. Parce que les cordes vocales ont une mémoire, ce spectacle-là sera donc plus exigeant. » Elle évoque cette soirée spéciale comme « une soirée d'amour ». Elle est très euphorique : « Ça va être un moment très fort. Et je trouve ça vraiment hot de donner la chance au monde de voir ce spectacle gratuitement. Il y a tellement d'artistes extraordinaires au Québec, il faut que le 400ᵉ témoigne de nos racines à nous autres. J'ai l'impression que ça va être une grande fête musicale. »

Lors des premières répétitions, le duo Dion-Reno est électrisant. « Le soir du spectacle, j'avais hâte aux dernières notes, je savais qu'il y aurait une explosion », raconte Jean-Pierre Ferland. « C'était au départ une chanson de rupture, avec Céline et Ginette c'est devenu une chanson de retrouvailles. » Pour René, c'est l'occasion de réunir sur scène son épouse et celle dont il fut jadis le manager. Elle aurait pu, elle aussi, devenir une star internationale, si elle n'avait renvoyé son impresario... Elle avait choisi l'amour. « Le cœur a ses raisons que la raison ne connaît point », affirme Blaise Pascal.

« Ce spectacle-là, on va le faire juste une fois, mais, moi, je veux m'en rappeler toute ma vie. Parce que, 400 ans, ça n'arrive pas tous les jours ! », annonce Céline au début du show. « Ce soir, je suis en famille, chez nous et laissez-moi rajouter : je suis bien. » dit-elle avant d'entonner *On ne change pas*. Elle réalise son rêve d'enfant, portée par un orchestre de 25 musiciens, dirigé par Scott Price, sous les cris et les pleurs de la foule, elle chante en duo avec Ginette *Un peu plus haut, un peu plus loin*. Jean-Pierre Ferland, l'auteur-compositeur du titre, débute :

— Un peu plus haut, un peu plus loin. Je vais aller un peu plus loin...

Céline enchaîne :

— Encore un pas, encore un saut. Une tempête et un ruisseau...

Ensemble, ils chantent :

— C'est beau, c'est beau...

En haut d'un escalier paraît Ginette Reno. La foule hurle, applaudit. Céline se porte à ses devants, l'embrasse, lui offre son bras pour descendre les dernières marches. Ginette reprend la chanson du début... Céline la rejoint pour le second couplet. Leur interprétation est flamboyante. C'est la première fois que ces deux grandes artistes sont sur scène ensemble. Céline, les larmes aux yeux, regarde avec tendresse sa partenaire, baisse la voix, laisse Ginette à son triomphe. « C'est notre cadeau à la ville de Québec », explique René.

La famille Dion, quant à elle, interprète un pot-pourri d'airs traditionnels bien connus du public, qui selon Claudette Dion a permis au clan de revivre son enfance. « Moi, je viens de ma famille. Ce talent-là, on l'a tous, mon père, mes frères, mes sœurs. Je veux fêter le 400e avec eux », avait imposé Céline. Afin de prolonger la magie d'un tel événement, Jean-Pierre Ferland propose une rencontre avec Céline pour la dernière émission de la saison d'*Écoute pas ça*, de la première chaîne de Radio Canada, le 24 août. Elle est telle qu'en elle-même : « Je ne triche pas. Je ne suis pas une tricheuse. Je suis vraie. Je suis un livre ouvert. Je chante parce que c'est un moyen d'expression ; c'est mon moyen de communication. C'est de l'amour. J'ai tellement été aimée que je dois le remettre en retour. »

Céline songe depuis longtemps à s'offrir un précieux outil de travail. La fatigue engendrée par ses déplacements à travers la planète, l'attente dans les aéroports, l'impossibilité de se reposer pendant les vols commerciaux, lui pèsent. Elle souffre du dos et, malgré les précautions, contracte souvent des infections de la gorge. Elle a les moyens de débourser 45 millions de dollars et ne s'en prive pas pour acquérir son avion personnel. Elle porte son choix sur un Bombardier BD-700 Global Express, un jet pouvant voler sans escale durant quatorze heures. L'appareil possède un salon, une cuisine. Il est équipé du Wi-Fi, de téléphones, d'ordinateurs. Les critiques sont féroces. Elle n'en a cure. « Si on se défend, c'est comme si on a quelque chose à cacher. Si on se défend pas, c'est comme si c'était vrai. On est prisonnier. On est piégé. Je trouve qu'on devrait faire quelque chose pour ça. Ça fait vendre des journaux ? Mais je veux pas faire vendre des journaux. En général, les critiques de mes shows ne sont pas très bonnes. Mais, il y a quand même 60 000 personnes ou 40 000 personnes ou 10 000 personnes et c'est à guichets fermés. Ça, c'est ma critique. Je m'arrête là. » Son jet survole les nuages. La rose des vents guide son itinéraire. Philadelphie, New York, Vancouver, Edmonton, Winnipeg. Pendant la cérémonie du 30e gala de l'ADISQ, au Centre Bell de Montréal, elle reçoit un Félix d'honneur pour sa carrière internationale exceptionnelle. L'ADISQ[1] lui remet le Félix de l'artiste ayant remporté le plus grand nombre de trophées Félix dans l'histoire du gala. Le *Tonight Show*, animé par Jay Leno, l'accueille à Burbank (Californie), en décembre. Elle chante *At Seventeen* au Grammy Nominations Concert[2], au Nokia Theatre de Los Angeles. Elle donne un concert au Jobing.com Arena de Phoenix (Arizona), puis au Palacio de Los Deportes de Mexico, et au Conseco Fieldhouse d'Indianapolis (Indiana). Elle reprend son bâton de pèlerin pour un concert au Sprint Center[3], à Kansas City (Missouri). Elle rencontre Kelly et Chad Spencer, du programme *Your Day Away* récompensant le dévouement des parents d'enfants malades. René coche les dates sur l'agenda : 7 janvier San Antonio (Texas). Nashville (Tennessee), le 13... Atlanta (Géorgie) ; Miami ; Show au Colisée Pepsi à Québec ; Montréal ; San José (Californie). La fondation américaine Celine Dion Foundation avait vendu aux enchères le forfait concert « Ultimate Fan Experience ». Ce forfait unique, comprenait deux billets VIP pour le concert de Céline à San José, une rencontre avec elle, une visite dans les coulisses du spectacle, ainsi que la chance d'assister à la répétition des danseurs, incluant une mini-leçon de danse. Jeffrey et Andrea Bennett, les gagnants, ont assisté au test de son de Céline, profité d'un repas en compagnie des danseurs et des membres de l'équipe de production et reçu un sac cadeau rempli de souvenirs de la tournée, avant d'assister au concert le 20 février. De leur côté, Jeffrey et Andrea Bennett ont versé une contribution de 17 500 $ à la fondation. L'univers de Céline est plein de surprises.

Épuisée par la tournée, elle a vraiment besoin d'une coupure professionnelle. Elle mérite de jouir d'une grande période de

1. 2 novembre 2008.
2. 3 décembre 2008.
3. 3 janvier 2009.

calme afin de retrouver des forces. Elle souhaite par-dessus tout agrandir sa famille et donner naissance, si possible, à une petite fille. Elle sait qu'elle doit de nouveau avoir recours à la fécondation assistée, s'armer de patience. Elle est déterminée et ne manque pas de courage. Les injections d'hormones reprennent. Le docteur Rosenwaks est confiant. Elle éprouve le besoin de se justifier en réponse aux critiques des journalistes, et insiste : « Après la tournée, j'ai besoin de trois ou quatre mois de repos et d'un autre six mois de réhabilitation. Trois ou quatre mois où je peux rire à en perdre la voix, boire du vin, faut que je décroche. Je n'ose pas être libre de mon regard ou de mes espaces perdus, parce que, justement, je ne peux pas les habiter trop, j'ai pleuré énormément pour ne pas revenir dans l'industrie après avoir pris deux années sabbatiques, je commençais à peine à être bien. » Elle a mille envies. « J'aimerais prendre des cours de danse, pas pour devenir une danseuse, mais pour faire des étirements. En ce moment, je suis comme un pantin, je suis coincée. Mes mains tremblent, je ne peux même pas manger une soupe. » Elle intervient ponctuellement malgré tout, car elle ne sait rien refuser à ses amis. Généreuse de son temps et de son énergie, le 1er mars, elle assiste Julie Snyder qui anime *Star Académie*[1], à Montréal. Elle est bien sûr aux côtés de son époux, à l'Hôtel Windsor, à Montréal, pour le lancement de sa biographie intitulée *René Angélil : Le Maître du Jeu*. Il répond aux journalistes sans détour : « Il y a longtemps qu'on me propose de collaborer à une biographie. J'ai accepté dans la mesure où on ferait un bon livre, et je voulais que Georges-Hébert Germain, que j'aime et en qui j'ai confiance, en soit l'auteur. Le moment est venu de laisser une trace, de laisser quelque chose à mes enfants et petits-enfants. Je suis en excellente condition physique et je me sens plein d'énergie, mais j'ai tout de même 67 ans. [...] Le jeu, pour moi, n'a jamais été une maladie. Moi, je prends la vie comme un jeu. » On lui reproche de vouloir contrôler la presse. « Le travail d'un agent,

1. Chaîne TVA Québec.

c'est veiller à ce que tout soit parfait pour son artiste[1]. Avec ceux qui le comprennent, on n'a aucun problème, on collabore. C'est seulement avec ceux qui sont innocents que j'ai des difficultés. Je déteste quand les journalistes ne respectent pas Céline et ce qu'elle a accompli. Dans 50 ans, ils regretteront leurs écrits. Quand il y a des choses méchantes qui s'écrivent ou se disent contre Céline, ça m'écœure. Je ne suis pas seulement l'agent de Céline, je suis aussi son mari. Je l'aime, je sais comment elle est, je sais qu'elle est le top, comme chanteuse, et aussi comme personne. » Arrêter les shows, certes, mais pour combien de temps ? Ne vont-ils pas s'ennuyer ? « On arrête un an, un an et demi. Notre plus grand rêve, c'est d'avoir un autre enfant. Cela va déterminer le reste. Des idées, on en a à la tonne. Si Céline revient sur scène, elle va faire quelque chose qu'elle n'a jamais fait avant. Sinon, elle ne reviendra pas. Il va falloir qu'il y ait une passion, un défi, quelque chose de nouveau, qu'on va aimer faire. »

---

1. *L'Actualité*, mars 2009.

# 10

*« La voix est l'interprète du cœur et de l'âme, expression de la vérité et des plus tendres sentiments. »*

GEORGE SAND.

René est honoré par l'Ordre national du Québec, à l'hôtel du Parlement, à Québec[1]. « C'est un grand honneur. Être ici aujourd'hui, aux côtés de gens qui ont accompli de grandes choses, c'est un privilège », dit-il en présence de Céline et de leur fils. Lors du point presse, il laisse entendre que les traitements de fertilisation subis par Céline ne donnent pas les résultats escomptés pour l'instant. « Disons que ça pourrait aller mieux, mais il y a des complications au niveau de la santé. Mais on ne lâche pas. Avec René-Charles, on a été très chanceux. Là, ça se complique, mais on espère des résultats positifs. La conception d'un deuxième enfant est le seul projet à l'horaire dans l'immédiat. »

Réunis autour de Maman Dion, Céline, ses frères et sœurs, René et René-Charles participent à la cérémonie de « la première pelletée de terre » de la Maison Adhémar-Dion, un nouveau centre de soins palliatifs sis à Terrebonne[2]. Implanté le long de la rivière des Mille Îles, à l'angle du chemin Saint-Charles et de la montée des Pionniers, l'établissement jouira d'un environnement calme et chaleureux. « J'espère sincère-

1. 17 juin 2009.
2. 23 juin 2009.

ment que cette maison sera à la hauteur de l'amour que nous portons à notre père et de l'amour qu'il nous a porté à son tour », témoigne Céline. Elle connaît les bonnes intentions de sa mère, qui conclut cette journée particulière ainsi : « Ce projet me tient énormément à cœur, et je suis enchantée de savoir qu'ici, à Terrebonne et dans la région de Lanaudière, des familles pourront accompagner ceux qu'ils aiment dans le confort et l'intimité, jusqu'à leur tout dernier souffle. Je tiens d'ailleurs à remercier tous les donateurs ainsi que mes enfants, qui ont accepté de nous appuyer dans ce projet. »

Se profile déjà le 4e tournoi de golf annuel de la Fondation Maman Dion. Il a lieu au club de golf Le Mirage à Terrebonne. 775 000 $ sont amassés pour la Fondation, bien au-dessus de l'objectif initial de 600 000 $. L'argent servira à aider 2 000 enfants défavorisés à obtenir tout ce dont ils ont besoin pour reprendre l'école. Céline, qui chante l'amour mieux que quiconque, est convaincue que ce sentiment suffit pour remuer des montagnes et motiver les bonnes actions : « Lorsqu'on se sent bien dans sa peau, quand on est conscient de la chance qu'on a, on est aussi très conscient des malheurs du monde ; ils deviennent inacceptables. J'aimerais pouvoir changer le monde. Beaucoup de gens le voudraient. Ma seule arme, ce sont mes chansons : j'essaie de transmettre à ceux qui m'écoutent l'espoir qui m'habite. La musique est une grande source de bonheur pour ceux qui la font, et aussi pour ceux qui l'écoutent. » L'humour aussi lui permet de distribuer de l'aide, lorsqu'elle tourne en août une publicité pour les Rôtisseries St-Hubert. Elle a émis le souhait que son cachet revienne à l'Association de la fibrose kystique. Le tournage a lieu, à la Rôtisserie St-Hubert de Sainte-Julie, sur la Rive-Sud de Montréal. Elle tient le rôle d'une serveuse avec un sens de la dérision épatant. Une cliente lui fait remarquer qu'elle ressemble étrangement à la célèbre chanteuse Céline Dion. « Ça fait plusieurs fois qu'on me le dit, constate-t-elle. Je commence à penser que c'est vrai. Je pense que c'est à cause de mes cheveux. C'est peut-être mon sourire ? C'est vrai que j'ai un peu le même sourire. En tout cas, ce n'est pas à cause de ma voix. Entre nous... pis moi, si j'étais la vraie Céline, je serais pas au St-Hubert. » La caméra pivote vers la table voisine, où est attablée la vraie Céline, en compagnie de deux de ses sœurs. « C't'encore drôle[1] », commente la star en faisant un clin d'œil.

« Je ne protège plus ma voix. J'ai le nez qui coule, une allergie à un pollen, des reflux gastriques... Pas grave... Tu as le droit, me dis-je ! » jubile-t-elle, au repos dans son nid protégé de l'île Gagnon. Mini-golf, piscine, parcours de motocross dans les bois où nichent des écureuils, terrain de tennis, base de départ pour leurs kayaks, ponton pour la pêche, ici c'est un coin de paradis. Repos absolu. Aux journalistes, elle se livre sans façon : « Je m'efforce de rester moi-même, avec sincérité. À 42 ans, j'ai trouvé mon équilibre, je n'ai plus besoin de jouer des personnages. C'est peut-être ça, la séduction finalement : se sentir bien comme on est. Derrière la rock star, il y a la femme qui aime le même homme depuis toujours, et j'en suis fière, il y a la maman aussi, qui sait par quel miracle son René-Charles est né. » Il est aussi question de ses espoirs et tourments. Quatre tentatives d'implantations d'embryons conçus par fécondation *in vitro* ont échoué. « Quatre essais, ça ne se fait pas en quelques semaines. Ce sont des mois ! C'est assez éprouvant... », dévoile-t-elle à Michel Jasmin. « La première fois, en août 2009, j'ai été enceinte, mais ça n'est pas resté. Il y a eu la fausse couche, avant que son petit cœur ne commence à battre. On se console en se disant que ce n'était même pas au stade du fœtus... On a essayé trois autres fois. On en était au quatrième essai. On va essayer une cinquième fois », révèle-t-elle, pleine d'espoir.

René-Charles entre officiellement à l'école en Floride[2]. « J'ai eu une petite larme, raconte Céline. C'est sûr que j'ai pleuré un petit peu, mais pas devant lui. Je veux juste m'assurer qu'il est bien, je m'inquiète tellement... "Et s'il avait froid ?" Je lui ai mis un chandail dans le fond de son sac... en espérant qu'il

1. Ce n'est pas si sûr.
2. 18 août 2009.

va s'en rappeler... J'ai tellement peur qu'il crève de faim... et de froid... et de soif... On est tellement inquiète de ces choses-là », plaisante-t-elle. Les parents sont rassurés. Ils craignaient qu'il ne peine à se « socialiser », alors que son emploi du temps était conditionné par la tournée de sa maman depuis sa venue au monde. Comment trouve-t-il l'école, ses professeurs, ses camarades ? L'enfant n'a qu'un mot : « Incroyable ! » Il s'est tout de suite fait des copains. Il fait partie d'une équipe de cinq, « les Tigres » qui travaillent ensemble selon la méthode choisie par l'établissement, où deux enseignants sont en charge d'une classe de quinze élèves. Au besoin, ils viennent aider les enfants à domicile. Céline va le mener tous les matins et le chercher tous les après-midi. René n'est pas vraiment préoccupé : « Cet enfant possède une formidable capacité d'adaptation. Pendant la tournée mondiale, il s'est ajusté à chaque pays, à tous les décalages. Il s'est amusé partout. On a joué au golf tous les jours. Près de Paris, nous sommes allés dans le plus beau, celui de Saint-Nom-la-Bretèche. »

Céline interprète *Don't Save It All for Christmas Day* et *O Come All Ye Faithful* accompagnée d'un chœur, composé de membres de la Disney Cast, lors du spécial *Disney Parks Christmas Day Parade*[1], à l'hôtel Disney's Grand Floridian Resort & Spa, à Lake Buena Vista en Floride. Nancy O'Dell, de l'émission *Access Hollywood*, l'interviewe sur ses projets familiaux. Elle demeure pleine d'espoir. Elle aimerait tant avoir une petite fille... Un petit compagnon entre dans la famille Angélil à l'occasion de l'anniversaire de René-Charles : un rat de compagnie, baptisé Lionel, comme le rat de la série *Cory in the House* de Disney Channel. Puis, ils passent à la taille au-dessus... Une femelle labrador jaune, nommée Charlie, est adoptée. « Nous l'avons eue à l'âge de 7 semaines, raconte Céline. Nous sommes tellement amoureux de Charlie. Nous l'aimons à la folie. » Le père et le fils, totalement gaga de l'ani-

1. Émission diffusée le 25 décembre 2009 sur la chaîne américaine ABC.

mal, ne cessent de le gâter. Céline doit faire la police : « Je dois leur dire : "Arrêtez avec les friandises ! Elle va être énorme !" » Il n'est pas certain qu'elle soit obéie lorsqu'elle s'absente et rejoint les Studios Jim Henson[1], à Hollywood, pour chanter *We Are the World* en compagnie de Barbra Streisand, Kanye West, Jennifer Hudson, Tony Bennett, Randy Jackson, afin de soutenir Haïti après le tremblement de terre de magnitude 7 qui a touché le pays en janvier. Elle enregistre un message diffusé en télévision dans lequel elle appelle aux dons : « Quelle tragédie ! Des maisons qui s'effondrent sur des corps, des enfants. Des parents qui cherchent leur famille, encore vivante, sous les décombres. C'est terrible. Au départ, ces gens-là étaient pas les plus riches au monde. Il n'y a personne qui mérite ça. Alors nous, on se doit de se donner la main, et d'aider ces gens-là. Alors je vous demande d'être très généreux. Tous ensembles pour Haïti. Merci. » René et Céline font aussitôt un don de 500 000 $. Elle a bien sûr une pensée toute particulière pour son choriste Barnev Valcin, haïtien, avec lequel elle a si souvent interprété *I'm Your Angel*.

Durant le *Oprah Winfrey Show*, elle annonce : « Je retourne à Las Vegas ! » C'est décidé, elle proposera un nouveau show dès le 15 mars 2011 au Colosseum, et ce durant trois ans, à raison de 70 représentations par an. Elle a élaboré un tout nouveau spectacle. « [...] un gros orchestre de 31 musiciens. Je vais évidemment interpréter mes succès, mais également un hommage aux films d'Hollywood avec des projections hallucinantes. » Afin de respecter le programme scolaire de René-Charles, inscrit dans une école de Floride – qui a enfin accepté de se faire couper les cheveux –, elle sera en scène durant les congés et les fêtes. Elle raconte à Oprah qu'elle a hâte de visionner le documentaire *Céline : autour du monde*, réalisé par Stéphane Laporte. Il l'a suivie durant la tournée *Taking Chances* : « Ce qu'il y avait de bien à propos de cette tournée, c'est que nous sommes allés dans des endroits où nous n'étions jamais allés, comme l'Afrique du

1. 1er février 2010.

Sud, ce qui était extraordinaire pour nous. Ç'a été formidable de rencontrer Nelson Mandela, de voir mon fils s'asseoir sur ses genoux, de voir ma mère à ses côtés, parler avec lui. C'était très émouvant. » Effectivement, en compagnie de toute sa famille, confortablement installée au Regal South Beach Cinema[1], à Miami Beach (Floride), elle découvre le film *Celine : Through The Eyes Of the World.* Nous y voyons la famille Angélil-Dion évoluer d'un continent à l'autre : auprès de Nelson Mandela ; à Robben Island visitant la prison où il vécut ; René narrant à son fils l'existence du leader en lutte contre l'apartheid, le système politique institutionnel de ségrégation raciale ; avec d'anciens prisonniers camarades de Madiba ; distribuer des repas à Soweto ; Céline chanter et danser avec les pensionnaires d'un orphelinat ; sur un trimaran à Cape Town ; Céline à sa table de maquillage papotant avec sa mère et choisissant ses tenues de scène ; en répétition sous l'orage à Johannesburg ; imitant Elvis Presley face à un René admiratif ; dans un train au Japon, enfilant des chaussettes japonaises à son fils. « Même pour ceux qui me connaissent bien, c'est comme un laissez-passer VIP, stipule-t-elle, en conférence de presse. On les emmène dans ma loge, dans ma chambre d'hôtel, dans l'avion, à l'hôpital, ils vivent pratiquement 24 heures sur 24 avec moi. J'y vois des choses que je n'ai jamais vues et, pourtant, je l'ai, le laissez-passer ! Je me vois transformée en tant qu'artiste, je deviens une bête de scène, je ne me reconnais plus. Ça m'a donné un choc incroyable ! » Stéphane Laporte a mêlé habilement les intenses répétitions, les moments de doute, de déception, lorsqu'il faut annuler ou reporter un show... Le départ précipité pour Montréal, le rendez-vous chez l'ORL où l'on voit les dommages subis par les cordes vocales de Céline. Plus révélateur encore, le retour... au moment de monter sur scène, la chanteuse confie à son directeur de tournée qu'elle ne se sent pas capable de donner son maximum. Puis, deux heures plus tard, l'intimité de la cabine de massage, une artiste épuisée.

1. 16 février 2010.

« C'est fait », lui dit sa masseuse. « Oui, mais à quel prix ? » soupire-t-elle.

Le film restitue la passion, l'adulation que suscite Céline partout où elle paraît, en Corée, en Suisse, au Japon. « J'ai voulu lier la vie de l'artiste et sa performance sur scène, explique Stéphane Laporte. Quand elle chante *All By Myself* et qu'elle pousse sa fameuse note, elle est la seule à savoir si elle est capable ou pas de le faire. Le film commence comme une tournée mondiale, un tour du monde avec sa famille, mais ça devient le combat de Céline pour aller jusqu'à la fin. En Australie, sa voix commence à flancher et aux États-Unis, elle doit reporter des spectacles. » Il y a bien sûr des scènes cocasses, des fous rires. Je pense à ce déjeuner où René-Charles, sa grand-mère, sa mère et son père, attablés dans une pizzeria de Londres, mordent à pleines dents dans des parts de « la meilleure pizza au monde ». Le réalisateur est satisfait de son approche : « Ce que j'aime du film, c'est qu'il propose un portait assez complet de ce qu'est Céline : l'icône, la mère, la fille drôle qui fait rire sa gang, la boss qui donne ses directives à ses gardes du corps, le cerveau qui fait une répétition accélérée de son spectacle pour sa chorégraphie avant son premier soir sur la scène centrale à Manchester. »

Après la sixième tentative de procréation médicalement assistée, Céline annonce qu'elle attend des jumeaux[1]. René abandonne ses inquiétudes. Cette tentative était la dernière. Ce succès les comble de joie. René l'explique à sa façon : « Sans doute parce que nous sommes restés un mois sur place, à New York. Les autres fois, Céline reprenait tout de suite l'avion pour la Floride. Là, le Dr Rosenwaks lui a dit : "Je veux vous voir tous les jours, superviser les injections quotidiennes de progestérone, prévoir la moindre complication." Il n'y en a pas eu. Et vendredi dernier, nous avons vu les deux fœtus ! Chacun bougeait dans son petit sac : on repérait les bras, les mains, la

1. Juin 2010.

tête, le cœur qui palpite, 158 pulsations par minute pour l'un, 162 pour l'autre. On connaîtra leur sexe dans quinze jours, ils auront 16 semaines. » René a veillé à protéger son épouse au maximum des paparazzis, des chroniqueurs sans vergogne, prêts à tout pour vendre du papier et des photographies volées. Il renseigne la presse, préférant livrer ces informations très intimes plutôt qu'elles ne soient galvaudées : « Nous vivons la réalité de la majorité des couples qui font face à ces techniques de procréation. La route peut être longue et ardue. Ça ne fonctionne pas toujours, comme ce fut le cas la première fois avec René-Charles. En août dernier, le Dr Zev Rosenwaks croyait que la grossesse était bien démarrée. Or, ce ne fut pas le cas. Nous l'avons su une dizaine de jours plus tard. Nous étions sous le choc », expliquait-il. Nouvel espoir. Nouvel échec. « Ce fut négatif. Mais vous connaissez Céline, elle ne lâche pas. Et j'admire toutes ces femmes qui passent par ce processus si exigeant. Depuis avril dernier, elle se soumet à de nombreux examens, à des injections d'hormones et de nombreuses prises de sang. Il nous faut aller souvent à New York. Céline et moi ne sommes pas découragés, car nous avons déjà un fils extraordinaire en René-Charles. Ce n'est pas comme si nous n'avions pas d'enfant. Donc, on fait confiance en la vie et en notre bonne étoile », soulignait-il avec confiance. Jusqu'au jour où, un sourire radieux sur les lèvres, de sa voix calme et posée, il put annoncer l'heureuse nouvelle et la partager avec tous les fans de Céline : « Elle souhaitait avoir un bébé, et en avoir deux est un deuxième don du Ciel. Nous sommes en extase ! Céline espère juste que sa grossesse se déroulera dans les meilleures conditions. » René-Charles est un peu perplexe alors que sa maman se rend en consultation et qu'une échographie est prévue pour connaître le sexe des bébés. Le futur grand-frère pose ses mains sur le ventre arrondi. Il laisse percer sa préoccupation de petit garçon : « J'espère qu'il n'y a pas juste des filles là-dedans ! » Il sera bien vite rassuré !

Un chagrin profond avait toutefois marqué ce début de grossesse. En réalité, Céline attendait trois enfants. « Lors d'une première échographie, on nous a dit que j'avais des jumeaux. Puis, à l'échographie suivante, les médecins semblaient inquiets », confia-t-elle à son amie, la présentatrice Julie Snyder. « On s'est dit peut-être qu'il n'y en a qu'un, finalement. En fait, il y en avait un troisième. » Ce troisième enfant n'a malheureusement pas survécu. « Son cœur s'est arrêté de battre cinq jours plus tard », expliqua-t-elle, les larmes aux yeux : « Ce petit bébé a décidé de laisser la place aux deux autres. Ça fait un choc... Au départ, je voulais juste être enceinte, mais maintenant je resterai toujours avec cette interrogation... Moi qui souhaitais avoir une fille, je me demanderai toujours... J'ai gardé le placenta et je suis quand même habitée par trois petits bébés. » L'image de son épouse est l'obsession de René. Il la protège et n'apprécie guère les humoristes et journalistes irrespectueux. Il a déjà fait interdire la publication d'un ouvrage tendancieux, poursuivi des magazines pour articles racoleurs et mensongers. Certains commentaires concernant la naissance des jumeaux déchaînent ses foudres. René exerce son contrôle aussi sur leurs collaborateurs. Respect, confiance et estime président à leurs relations. Il ne fait pas bon se retrouver sur sa liste noire.

« Elle est au-delà du bonheur ! confirme une amie du couple. Elle se sent très bien à tous points de vue. Avec René, ils se préparent à l'arrivée de leurs jumeaux de la même manière qu'ils ont accueilli René-Charles. » Céline, installée en Floride, s'émerveille tout en rappelant combien le combat fut difficile : « Une vraie bataille, oui, mais pour cet amour-là, j'aurais tout fait et tout enduré. Je ne regrette aucun traitement, ce sont des contraintes mineures par rapport au résultat. D'autant que René m'a toujours beaucoup épaulée. Le soutien amoureux, c'est très important. » Les médias propagent l'information. « Céline Dion : "Je vais avoir des jumeaux. Enfin, j'ai réussi" », annonce en couverture *Paris Match*[1]. L'entretien avec Catherine Schwaab est édifiant. Céline confesse :

1. *Paris Match* n° 3185, 3 juin 2010.

« Je peux l'avouer aujourd'hui, ce fut éprouvant, physiquement et émotionnellement. » Elle est demeurée immobile durant les trois premiers mois.

— Je fais très attention, je n'ai pas trop envie de me balader. Pas d'exercices physiques, juste un peu de piscine pour les muscles et la circulation.

— Allez-vous loger vos jumeaux dans la même chambre ? questionne la journaliste.

— Oui. Mieux : nous ferons comme avec René-Charles, qui est resté dormir avec nous pendant sa première année, nous les garderons près de nous, on a un grand lit !

— René-Charles risque-t-il d'être un brin jaloux ?

— Je ne sais pas, on verra. S'il vit mal les choses, on s'en rendra compte, on est assez sensibles pour ne pas se laisser aveugler par l'émerveillement des nouveau-nés. On les changera, on les nourrira, on les aimera, mais, avec René-Charles, on a une relation profonde de neuf ans et demi. Je sais voir quand il a besoin de moi.

Quatre mois après son accouchement, il est prévu qu'elle remonte sur scène...

— J'essaie d'éviter d'y penser. Je suis les préceptes de René : « Une chose à la fois. » Mon seul objectif : des jumeaux en bonne santé. Je stresserai avant la première représentation. J'irai faire mon show, je reviendrai à la maison sans amener mes chansons avec moi ; puis je stresserai à nouveau le lendemain... Mais je protégerai mes enfants chéris[1].

René est à Las Vegas pour régler les détails du futur show au Caesars Palace. « Il est monté à 90 %. Il reste la mise en scène et les effets spéciaux. Je suis en train de sélectionner une société d'images en 3D. Seize auditions, des techniciens venus du monde entier. L'événement artistique sera aussi une révolution technique ! » Il est rassuré « Cette grossesse se déroule parfaitement bien. Je suis presque aussi excité que Céline. Mais, surtout, je suis heureux pour elle. Elle qui adore les

1. D'après *Paris Match* n° 3185, 3 juin 2010.

enfants, elle est enchantée : elle va en avoir trois ! » Rasséréné, l'homme de cœur exprime son contentement : « Je voulais que Céline soit heureuse. Quand je ne serai plus là – j'espère le plus tard possible –, je sais maintenant qu'elle sera comblée. Pour elle, les enfants sont plus importants que tout le reste. »

Cette grossesse est différente de la première : « C'est beaucoup plus lourd. C'est une autre aventure et un beau miracle de porter la vie en soi. Tout le monde va bien », assure-t-elle. Elle prend des précautions : « Ma job, c'est d'être une mère qui couve. Je veux faire ça comme il faut. Je mets toutes les chances de mon côté. Je ne suis pas alitée, mais disons que j'essaie tous les divans de la maison. Je ne marche pas dans la maison pour rien, je ne vais pas me baigner. » Elle a délégué certaines tâches à son entourage, comme conduire son fils à l'école. Elle est en confiance, elle sait qu'il est tranquille, rassuré : « René-Charles a beaucoup de chance d'avoir ma sœur Linda qui est sa deuxième mère, sa marraine, donc je ne m'inquiète pas. » Elle envisage de se consacrer aux futurs bébés tout autant qu'à son aîné : « Je vais essayer d'allaiter mes jumeaux. J'aime quand ton enfant met sa petite main sur le bord de ton sein et te regarde : il arrête de téter et te fait un grand sourire. J'aime catiner[1] les enfants. J'aime que l'allaitement soit un moment privilégié. » Elle a imaginé ce que pourrait être l'organisation de ses journées avec les jumeaux : « Ils se réveillent aux deux heures... il faut que je change la couche... le pyjama est mouillé, il faut que je le change... que je les lave... que je les berce. Alors je vais me trouver une technique. La nuit, je vais les allaiter les deux en même temps et le jour... peut-être que ma sœur Linda va donner le bain à l'un pendant que j'allaite l'autre, ou elle va jouer avec le premier pendant que j'allaite le deuxième[2]. »

Tout est en place et parfaitement conçu lorsque Céline, qui n'a pris que dix-neuf kilos, est hospitalisée le 16 octobre par

1. Catiner : jouer à la poupée.
2. D'après *7 Jours*, 10 septembre 2010.

prudence. « Je voulais vraiment garder les enfants bien au chaud le plus longtemps possible, racontera-t-elle par la suite. J'avais des contractions rapprochées et les docteurs ont préféré m'hospitaliser. Ça tombait bien, car ça ne me tentait pas de partir en urgence, dans la panique. J'étais rassurée d'être à l'hôpital. » Le samedi 23, elle donne naissance, avant terme, par césarienne, à deux garçons, au centre médical Saint-Mary à West Palm (Floride). Thérèse, absente lors de la venue au monde de René-Charles, est auprès de sa fille cette fois-ci. « J'étais dans la salle d'accouchement, je l'ai embrassée, je l'ai soutenue », racontera-t-elle. René ne se fait pas prier pour donner des détails : « C'est un médecin "de haut risque", le docteur Ruel Stoessel, qui a pratiqué l'intervention. Parce que Céline a quarante-deux ans et que c'était une grossesse gémellaire. Nous lui avons fait entièrement confiance. » Le premier bébé est né à 11 h 11, il pèse 2,300 kg. Le second, né à 11 h 12, pèse 2,280 kg. Ils sont placés en couveuse pendant dix jours. Maman comblée de trois garçons, Céline est très reconnaissante envers le corps médical : « L'amour et tout ce que je ressens, ce que nous avons accompli… Je n'arrive pas à trouver les mots. C'est plus grand que la vie elle-même », s'extasie-t-elle. Le couple souhaitait donner des prénoms français aux jumeaux, tandis que René-Charles désirait des prénoms américains. « J'ai dû lire à peu près quinze mille noms et il n'y en a pas un qui colle », plaisante la maman. Ils choisissent Nelson, en hommage à Nelson Mandela, et Eddy, pour Eddy Marnay, auteur des premières chansons. Leur souhait est simple « que les enfants soient inspirés par leurs noms, parce qu'ils ont été tellement inspirés par ces hommes ».

Début décembre, Céline et René présentent Eddy et Nelson dans les pages du magazine *7 Jours*, auquel ils accordent la primeur de photos exclusives des bébés et de la famille dans l'intimité. La maman rayonnante évoque librement sa grossesse, son accouchement, l'allaitement : « Ce ne sont pas des jumeaux identiques. C'est facile pour moi de les reconnaître, puisqu'ils ont chacun leur personnalité. Pour nous, c'est l'aboutissement de quelque chose, c'est la fin de tous les obstacles que nous avons connus sur notre chemin jusque-là. Allaiter un bébé, c'est déjà excessivement de travail, alors deux. [...] Je suis comme n'importe quelle mère : présente jour et nuit auprès de mes enfants. Je suis en pyjama jusqu'à l'heure du déjeuner et je n'ai pas le temps de prendre une douche. Je ne sais plus si on est le jour ou la nuit. René me demande tous les jours si j'ai bien dormi. Je lui réponds « Tu plaisantes ? C'est impossible ! » Une photo montre René-Charles jouant de la guitare à ses petits frères. « René-Charles est très affectueux. Il veut toujours les prendre dans ses bras. » Au magazine *Hello !* Elle assure : « Ils sont très différents. Nelson est Angélil. Eddy est Dion. Je suis particulièrement heureuse d'avoir ces deux enfants dans la maison, dans ma vie – c'est tout simplement extraordinaire. La maison est entourée d'amour. » Elle loue le soutien de son mari « le meilleur papa du monde ». Les dix jours qu'elle a passés à l'hôpital après la naissance des jumeaux ont été laborieux pour René-Charles, perturbé par le changement de sa routine. « Il ne pouvait pas dormir la nuit et on le réveillait le matin et il était si fatigué. Une nuit, j'étais au téléphone avec René et j'entendais RC en fond sonore. J'ai dit à René, "Il est 10 heures et il ne dort pas". René m'a dit : "Ne quitte pas". Il me met en attente, va dans la cuisine et dit : "RC, il est 10 heures, chéri". Mon fils a dit plus tard qu'il pouvait voir sur le visage de son père qu'il allait lui dire d'aller se coucher. Mais, au lieu de cela, René a dit : "Tu sais quoi, RC ? Il est trop tard pour que tu ailles à l'école demain, alors tu n'es pas obligé d'y aller". Et RC a répondu : "Je ne t'ai pas dit que j'avais le meilleur papa du monde ?" Ça a fait pleurer mon mari, ça m'a fait pleurer. J'ai dit à René "C'est de ça que je parle ! Tu n'es pas seulement un père formidable, tu fais aussi le travail de la mère !" J'étais tellement fière. Je suis émue en y pensant ». Que souhaite-t-elle pour l'avenir ? « Que mon mari soit en bonne santé et que nous soyons ensemble pour toujours[1]. Il n'y a pas d'objectif pour moi, sauf que je veux qu'ils soient en bonne santé avant tout. Et qu'ils grandissent en sachant qu'ils sont aimés. [...] Pour moi, c'est la plus grande réussite au monde – savoir que l'on est aimé et que l'on est en bonne santé et équilibré. C'est notre objectif pour eux. Et ils ont déjà un poids santé ! Nous en sommes très fiers. »

Elle donne rendez-vous aux journalistes américains quelques semaines plus tard. Son désir de fonder une famille avait engendré sa première résidence à Vegas et l'on devine sans peine qu'avec la venue au monde des jumeaux son retour sur le Strip se fera au Colosseum du Caesars Palace. Sa carrière et sa vie de maman ne sont pas incompatibles. René est sur le coup depuis un petit moment. Il confirme : « Le spectacle est monté sur papier, tous les rendez-vous de création auront lieu ici, en Floride, chez nous, et les premières répétitions vont avoir lieu dans la première semaine de janvier avec les musiciens. On espère qu'elle va pouvoir récupérer d'ici janvier pour pouvoir répéter. » Il n'a eu aucun mal à s'entendre avec Gary Selesner, le président du Caesars Palace. Ils avaient conclu, en 2007, une entente pour le retour de Céline ! Elle est sa meilleure VRP : « Elle a toujours eu la grâce de venir saluer des gens qui sont importants pour le Caesars Palace. En Chine, en Indonésie, en Malaisie ou à Abou Dhabi, nos clients importants me demandaient quand Céline Dion allait revenir au Colosseum. Pas une ou deux fois, toujours ! Je leur faisais un clin d'œil, en leur disant : elle est de la famille, elle va revenir bientôt. Je pouvais rien confirmer avant l'annonce officielle. » Bette Midler et Cher, succédant à Céline, donnèrent chacune entre 50 et 70 spectacles par an, mais, malgré leur talent, elles n'affichèrent pas toujours complet en raison de la récession. Gary Selesner constate : « Céline nous a manqué, ça ne fait aucun doute. Surtout pour les visiteurs internationaux qui sont

1. *Hello !* 20 décembre 2010.

si importants pour Las Vegas. Cher et Bette, même si elles sont de grandes vedettes, n'ont pas la stature internationale de Céline. [...] Quand elle remplit une salle de 4 400 sièges, plus de la moitié de ces sièges sont occupés par des clients d'autres hôtels. C'est un stimulant pour la ville entière, particulièrement en ce qui a trait à la clientèle internationale. J'ai déjà hâte à la veille du jour de l'An 2011 : aux États-Unis, le spectacle de Céline au Colosseum sera le plus couru ce soir-là ! » René et Céline ont décidé qu'elle donnera 70 spectacles par an, répartis sur 17 semaines. Avec trois enfants, elle ne veut plus s'enfarger dans les fleurs du tapis[1].

Chicago : dans une limousine roulant vers leur hôtel, René, au téléphone, donne des nouvelles : « Nous sommes dans la voiture qui nous conduit à l'hôtel. Toute la famille est avec nous et, bien sûr, il y a les jumeaux que Céline allaite. Je ne sais pas comment elle fait, mais c'est une femme formidable. Tout le monde est très heureux. ».

« Quelle est la célébrité qui détient le record du plus grand nombre de visites à cette émission ? » Questionne Oprah en ouverture de son *Oprah Show*[2], au Studio Harpo, à Chicago.

Ce n'est ni Tom Cruise ni Julia Roberts. Ils n'y sont pas encore parvenus. C'est Céline Dion, avec 27 passages sur ce plateau, qui détient le titre.

Céline convoque ses souvenirs, exprime sa satisfaction : « Je crois que je vis dans la meilleure situation possible, parce que j'ai un fils de 10 ans et qu'il est capable de prendre sa douche et de manger seul. [...] Je n'ai plus de temps pour me reposer ni pour dormir, ou même me préparer et avoir l'air belle pour sortir. Mais quand j'y repense, nous voulions tellement nos enfants que ça n'a pas d'importance ! J'ai beaucoup, beaucoup, beaucoup d'aide à la maison. Je suis chanceuse. Mais je ne veux pas en avoir trop, car je veux apprécier chaque moment et profiter des jumeaux. » La maison est spacieuse, adaptée

1. Se compliquer la vie pour rien, couper les cheveux en quatre.
2. Émission diffusée le 21 février 2011.

en conséquence : « C'est une maison dédiée au confort et à la famille. Nous voulons partager des moments grandioses tous ensemble et nous sentir comme si nous étions à Disney World ». Elle évoque son nouveau spectacle, dans moins d'un mois : « Je suis de retour à Vegas pour trois ans, pour un tout nouveau spectacle. Mais le 15 mars, c'est demain ! » Avec Oprah, elles offrent à un couple, parents de sextuplés, une lune de miel à Las Vegas dans une suite du Caesars Palace et deux places pour le spectacle de la chanteuse. Après l'enregistrement, les Angélil s'envolent pour Las Vegas. Shaun Robinson, d'Access Hollywood, les attend au pied de la passerelle. Ils se prêtent de bonne grâce à de brèves confidences. L'artiste est très motivée pour commencer les répétitions de son show. « C'est un nouveau chapitre de notre vie que nous débutons », commente René.

Auparavant, Céline est attendue à la 83e cérémonie des Oscars[1], au Kodak Theatre de Hollywood. Son manager insiste sur ce nouveau record : « Nous sommes honorés, jamais un artiste n'a eu ce privilège de performer autant de fois à cette grande soirée prestigieuse. Et l'invitation est venue personnellement du producteur Don Mischer. » Pour cette sixième prestation, Céline interprétera la chanson *Smile* de Charlie Chaplin, lors de l'hommage aux personnalités disparues du cinéma l'an passé. Chaplin composa la musique en 1936, thème de son film *Modern Times* (*Les Temps modernes*). John Turner et Geoffrey Parsons placèrent des paroles dessus, en 1954. Nat King Cole l'enregistra. Sa fille Natalie la reprit, en 1991, sur son album *Unforgettable*. Michael Jackson en donna sa version, en 1995, sur son album *History: Past, Present and Future Book 1*. « Pour le producteur, c'était Céline ou personne d'autre, insiste René. Don a travaillé avec nous lorsque Céline avait chanté aux Olympiques d'Atlanta la fameuse chanson *The Power of the Dream*. Un moment magique vu partout à travers le monde. Il connaît fort bien ce que Céline sait faire dans de

1. 27 février 2011.

grands moments. Nous étions donc très flattés lorsque nous avons reçu l'appel vendredi dernier. Et on ne dit jamais non à une invitation pour les Oscars. C'est comme des Olympiques. Ce show-là est vu partout dans le monde et il est clair que lorsque Céline a chanté aux Oscars, elle s'est fait connaître dans tous les pays du monde. Cela aura définitivement contribué à confirmer sa carrière internationale. » La chanteuse n'a pas eu de temps pour se préparer. William Ross, le chef d'orchestre de la soirée, l'a contactée : « M. Ross et Céline se sont parlé et ensemble ont décidé des arrangements. Performer aux Oscars est un grand stress. Mais comme on le sait, c'est dans de tels moments que Céline montre sa grande capacité et son talent. Don Mischer le sait et, pour lui, il n'a pas caché que le moment d'émotion qu'il désirait, Céline allait être capable de le lui donner. La chanson *Smile* est très belle. Ça devrait être effectivement très touchant », précise René. « Je le répète, pour le producteur Don Mischer, c'était Céline ou personne d'autre. Sans elle, seul l'orchestre aurait joué la musique de *Smile*. Ce qui montre toute l'immense considération qu'il a pour Céline. »

Au bras de René, le 27 février, elle apparaît sur le tapis rouge des Academy Awards, resplendissante – elle a déjà retrouvé sa ligne – dans une robe Giorgio Armani Privé, arborant un collier Bulgari en or jaune, diamants, émeraude et spinelles verts. Elle est bien consciente que la faune du show-business l'attendait au tournant. Aurait-elle retrouvé sa silhouette après cette grossesse ? Son corps sera-t-il parfait ? Elle connaît ça depuis son adolescence et s'agace un brin de ces dictats, ces jugements à propos de l'image corporelle des personnes publiques. « Je ne veux pas me faire la porte-parole de ce genre de cause. Je ne m'invente pas un rôle. Mais, ce n'est pas correct de penser que le corps doit être parfait. Peu importe si tu as encore un ventre. On n'est pas juste des robots. Les petites filles de 14 ans souffrent de ça, de cette pression, je trouve ça épouvantable. » Elle n'est là que pour savourer l'instant. « Chaque fois, c'est un grand honneur d'être ici, témoigne-t-elle. C'est tellement une soirée extraordinaire. Interpréter une chanson aux Oscars, c'est toujours un moment inoubliable pour nous. Les galas sont tous prestigieux, mais, les Oscars, c'est quand même très spécial. » Elle fait allusion à son retour sur scène : « La chanson *Smile* fera partie de mon spectacle à Las Vegas. Elle sera intégrée dans la partie hommage à Michael Jackson. Il a changé ma vie. Je l'ai vu à la télévision et je voulais chanter en anglais comme lui, donc je me suis mise à apprendre l'anglais et je l'ai rencontré, et j'ai chanté avec lui. Et il est venu voir mon spectacle. Il a eu un gros impact dans ma vie. »

Avant que la pression ne soit à son maximum, Nelson et Eddy, âgés de cinq mois, sont baptisés le 5 mars 2011, à l'église Sainte Elizabeth Ann Seton Church, à Las Vegas, en présence de deux cents invités. Deux évêques, Mgr McAuliffe et Mgr John Faraj, président la cérémonie. Les fils de René, Patrick, Jean-Pierre et René-Charles, sa fille Anne-Marie et la sœur de Céline, Linda Dion, sont les parrains et marraines des jumeaux. Les deux bambins, très sages, sont d'une candeur incroyable durant toute la cérémonie, pas un cri, pas une larme. « C'est mignon, parce que Eddy, qui est celui qui me ressemble le plus, avait la larme à l'œil quand les chants ont commencé. Tandis que Nelson, qui a hérité à la fois du physique et de la personnalité de son père, riait avec le prêtre », s'émeut la maman. Céline et René offrent une réception autour du prestigieux Garden of the Gods, au Caesars Palace. Inspiré des thermes romains, aux glorieux jours de la Rome antique, l'oasis du Garden of the Gods s'étend sur cinq hectares. Il possède sept bassins agrémentés de statues imposantes, de colonnes et de fontaines. René a convié le docteur Zev Rosenwacks qui réalisa les fécondations *in vitro*, les obstétriciens Rue Stroessell et Ronald Ackerman qui accouchèrent Céline, les six spécialistes qui l'aidèrent à guérir de son cancer de la gorge en 1999, afin de célébrer la vie.

Trois jours plus tard, Céline donne une avant-première au Caesars Palace, devant les 4 000 employés du complexe hôtelier. Son besoin de dépassement, son acharnement au travail la poussent... à aucun prix elle ne veut décevoir René. Le mari-manager justifie cette initiative : « Les employés, dont les chauffeurs de taxi et les concierges de l'hôtel, sont invités à venir voir le spectacle. On fait ça pour eux, et ça permet à Céline de répéter devant un public. Évidemment, toute la famille a aussi assisté à la représentation. [...] Céline rend hommage au roi de la pop. » René-Charles fait une brève apparition dans un segment vidéo, alors que sa maman interprète un medley des célèbres chansons des films de James Bond, l'agent secret britannique. Elle lance son nouveau spectacle Celine le 15 mars. Le budget dépasse le million de dollars. Tout est calibré, millimétré : « On est tellement à l'aise avec les membres de cette équipe, qu'on finit par oublier qu'ils sont là, se réjouit la star. Je n'aime pas quand on me dit quoi faire, on ne peut pas inventer la magie, il faut la capter. » L'interprète et les créateurs sont ceux qui en parlent le mieux. Yves Aucoin explicite le concept : « C'est une tout autre approche. On a beaucoup axé le nouveau spectacle vers la musique, les musiciens sur scène. C'est plus "focussé" vers elle, ses chansons, sa voix. [...] Il y a une sobriété qui était nécessaire par rapport au type de spectacle que l'on voulait faire, mais qui se permet quelques extravagances à travers ça. » Céline et René ont choisi de se démarquer de ce qui se fait à Las Vegas, des spectacles animés du Cirque du Soleil ou d'autres vedettes. Céline est entourée des 31 musiciens de l'orchestre et de nombreux écrans visuels. « C'est un spectacle qui est plus classique, qui est plus un récital, mais du XXIe siècle. C'est plus la formule de ce qu'était Frank Sinatra, mais avec la technologie d'aujourd'hui, avec des effets visuels incroyables ». Des chansons très personnelles, qui ne sont pas les siennes – comme celles d'Ella Fitzgerald, Jacques Brel, Billy Joel, Janis Ian, mais qu'elle s'approprie, ajoutent d'intenses moments d'émotion. Elle présente la chanson *Ne me quitte pas* à son public : « Si vous me le permettez, j'aimerais vous interpréter une chanson française. Cette chanson de Jacques Brel est l'une des plus émouvantes jamais écrites. Elle parle d'un amour perdu et désespéré à tel point, qu'honnêtement, parfois, il est difficile pour moi de la chanter. » L'éventail des multiples personnages qu'elle interprète dans ses chansons lui permet de se métamorphoser sans cesse, de surprendre, de charmer, de séduire. Tout comme ses choix vestimentaires – entre autres une minirobe dorée, signée Balmain – et les hommages rendus à sa famille grâce à la diffusion des photos de ses enfants pendant le show. Un duo virtuel avec elle-même constitue un numéro très drôle, plein d'autodérision. À peine sortie de scène, au micro de Jean-Philippe Dion, elle exprime toute sa joie : « Je suis très contente. Tout le monde me parle de mes robes. Des robes super élégantes, des robes magnifiques, ça fait bien avec le show. Vraiment, le grand chic hollywoodien. Je me sens beaucoup moins stressée pour ce show-là. Je pensais pas être prête, parce que quand j'étais à l'hôpital avec les petits, que je faisais ma petite valise pour aller à la maison, je me sentais pas prête. Ça s'est bien passé, les répétitions se sont bien déroulées. Je suis contente que la première soit derrière nous déjà. » Elle rit de soulagement. « René a un bon œil. Il connaît ça, donc, s'il me dit que le show est bon, je lui fais confiance, je sais que le show est bon. Le show va vieillir bien, je pense. » Jean-Pierre Ferland est encore sous le coup de l'émotion : « Elle est au sommet de son art, ça a pas de sens[1] ! Tout est contrôlé, tout est bien fait. Tout était parfait. On peut rien dire contre. On peut rien dire, rien ! J'ai vu beaucoup de shows de Céline... C'est le plus beau spectacle que j'ai vu d'elle de toute ma vie. » Roch Voisine en convient : « ça a été impeccable ! Les gens vont aimer ça ! Il y a toutes sortes de choses en plus dans ce show-là ! » Julie Snyder en est baba : « Elle a réussi à nous jeter à terre. On pense qu'on a tout vu... puis, surtout, elle réussit à me faire pleurer. Je ne sais pas comment elle va pouvoir faire mieux que ça ! »

Elle accorde un long moment aux journalistes. Elle revient sur l'éducation de René-Charles qui est prioritaire dans son agenda. Inscrit dans une école franco-américaine où la discipline est de mise, il est très à l'aise avec les mathématiques. « Il est aussi doué que son père avec les chiffres, sourit-elle.

1. C'est incroyable !

Quand je me libère, je vais le chercher à l'école. Je me lève à 6 h, je lui prépare un bagel, on part pour l'école. C'est extraordinaire de pouvoir faire ça, ça me donne une grande fierté ». Comme nombre de mères, concilier travail et soins à prodiguer à des nourrissons n'est pas aisé : « Quitter le bercail, pour moi, c'est encore un peu difficile, mais je ne me produirai que pour 70 représentations. Et ça me va. J'ai l'impression d'être en mode survie. Je suis fatiguée. J'allaite la nuit, je tire mon lait quand je vais répéter, je fais du mieux que je peux, mais je suis assez exténuée ». Elle insiste sur sa priorité : « Je veux être reconnue au niveau de l'industrie pour mon talent, mais je veux surtout être reconnue en tant que bonne mère pour ma famille. Ça me donne un équilibre incroyable. » Quant à son spectacle, elle est sereine : « Ce show-là, c'est comme une bonne bouteille de vin. Les chansons vont prendre encore plus de force, le show va bien vieillir. » Par ailleurs, elle ouvre les festivités de la 46e cérémonie annuelle des Academy of Country Music Awards[1], au MGM Grand Garden Arena à Las Vegas, apparaît aux Daytime Emmy Awards[2], en direct depuis le Colosseum, pendant son spectacle, et chante *Because You Loved me* en hommage à Oprah Winfrey.

Québec, île Gagnon. Les bagages n'en finissent pas d'être livrés ! Il existe toute une logistique autour des voyages avec les trois enfants. « Je n'ai jamais aimé les départs, témoigne Céline. C'est ironique, parce que je suis partie beaucoup dans ma vie. René-Charles est comme ça aussi. Il ne veut jamais que je lui dise quand on part, jusqu'à la dernière minute. » Préparer les valises pour les bébés la stresse un peu : « Le concept de bagages à main n'existe plus dans ma vie. J'ai besoin de tout, absolument tout. C'est *all the way!* Chaud, froid, serviettes, je ne veux pas me stresser, je ne voyage pas léger, ça c'est sûr. Ça me sécurise », plaisante-t-elle. Parenthèse agreste : une vie « normale » pour une famille normale au cœur de la nature, au milieu des arbres, sur leur île ceinte par la rivière

1. 3 avril 2011.
2. 19 juin 2011.

des Mille Îles. Échapper aux regards inquisiteurs des médias, du public, le bonheur ! « Tu ne peux pas toujours jouer devant les caméras, sinon ce n'est pas la vraie vie. Le monde pense qu'on se réveille maquillés le matin, ce n'est pas ça. On a une vie extraordinaire, mais on est du monde normal[1]. » Maman Dion est là – sa maison est à deux pas – pour donner un coup de main, relayer sa fille auprès des jumeaux, veiller sur René-Charles et son adaptation dans la maison de 2 200 mètres carrés, aux six chambres, six salles de bain, salles à manger, salles de séjour, piscine, terrain à perte de vue[2]. Des canards, des hérons, des aigrettes, des castors y ont élu domicile. Si les enfants sont au grand air, leurs parents honorent leurs rendez-vous dans la Belle Province. René parraine la première Chaire de recherche universitaire en oncologie ORL Azar-Angélil, du Québec, associée au CHUM. Elle est dédiée à la recherche des cancers oto-rhino-laryngologiques qui touchent la tête et le cou. « J'ai été impressionné par la solidarité et la détermination de l'équipe de médecins ORL. Ce groupe exceptionnel veut développer ici, au Québec, les meilleurs traitements et la plus récente technologie qui soient disponibles au monde », souligne-t-il lors de l'inauguration[3]. « Combattre un cancer, c'est éprouvant. Si ma participation à cette chaire peut encourager ceux qui en sont atteints à se battre, j'aurai alors relevé mon pari en contribuant à aider nos médecins et chercheurs d'ici à nous guérir ». René ne voulait pas y associer son patronyme : « Mais les médecins m'ont expliqué que mon nom attirerait de la visibilité, que cette visibilité attirerait des dons. C'est pour ça que j'ai dit oui, finalement. [...] Avec Céline, on a fait une grosse contribution. Mais l'idée, ce n'est pas de se faire de la publicité. Le *kick*, c'est de donner le chèque aux gens qui s'occupent de la cause. » René soutient aussi la Fondation André Delambre, comptable de profession, conseiller financier de René et de

1. Des gens normaux.
2. Quartier Sainte-Rose, Laval.
3. 16 août 2011.

Céline, appuyant la recherche et le traitement de la SLA (sclérose latérale amyotrophique), une maladie neurodégénérative fulgurante et incurable.

Le couple s'investit dans la seconde édition de Céline pour les enfants[1], au club de golf *Le Mirage*, accompagné de nombreuses personnalités, de Pierre Dion, le président du groupe TVA et de Luc Plamondon. Il est proposé aux participants une journée de golf, une vente aux enchères, un souper gastronomique suivi du spectacle de Céline concocté pour l'occasion. Véronic DiCaire, en première partie, réjouit l'assistance avec ses imitations. Cet événement-bénéfice rapporte trois millions de dollars. Céline, ses frères et sœurs, Clément, Paul, Pauline, Liette, Michel, Jacques, Claudette et leur mère Thérèse visitent La Maison Adhémar-Dion[2], centre de soins palliatifs, à Lanaudière-Sud. Lors de l'interview, ils rappellent pourquoi elle a été nommée Adhémar, l'importance qu'ils accordent à leurs parents et familles respectives. Le magazine *Jour de France* consacre plusieurs pages à « Céline : aujourd'hui une mère de famille nombreuse avec trois enfants à élever qu'elle chérit plus que tout au monde. » La femme d'affaires est mise en avant avec le lancement de son nouveau parfum : *Signature*, aux notes de mimosa, magnolia, pomme de musc, rehaussées d'une essence de rose et de jasmin indien. « J'aime croire que ma musique touche les gens et j'espère que mes parfums sont un prolongement de cela, une célébration, ambitionne-t-elle. Je veux que chaque femme réalise son habileté à illuminer une pièce, tous les regards tournés vers elle. » Le lecteur apprend que les Parfums Céline Dion ont engendré un chiffre d'affaires d'environ 850 millions de dollars. Une manne incroyable qui rappelle que Céline est capable de fédérer beaucoup de gens au-delà de sa musique et qu'elle sait toujours être proche de ceux qui la suivent. « Grâce à ses disques, ses concerts, les produits dérivés et les parfums, Céline Dion a construit un véritable empire qui génère beaucoup de revenus et la place dans le classement

1. 19 août 2011.
2. 31 août 2011.

*Forbes* des 100 personnalités les mieux rémunérées au monde, avec un patrimoine estimé à plus de 590 millions de Dollars[1]. » En septembre, sur la grande pelouse de Central Park[2], par une nuit pluvieuse, les voix d'Andrea Bocelli et de Céline charment 60 000 spectateurs inspirés. Tout juste le temps de célébrer le premier anniversaire de Nelson et d'Eddy, en novembre, elle rejoint Kenny « Babyface » Edmonds, aux studios Echo Beach à Jupiter, à quelques minutes de sa demeure, pour enregistrer la chanson *At Seventeen* qui figurera sur son prochain album en anglais. Elle vole vers Denver, pour chanter *Because You Loved Me*, au gala 31st Annual Collectors Choice[3], en l'honneur de la famille de Phil et Nancy Anschutz, où seront récoltés 730 000 $ pour le Denver Art Museum. Le *Las Vegas Sun* révèle que les premières vacances à la neige pour les jumeaux sont au programme : « Nous allons faire notre premier voyage aux sports d'hiver. Nous allons chez des amis dans l'Utah. Les jumeaux joueront à la neige. Je ferai des bonhommes de neige et René-Charles apprendra à skier. Ça sera phénoménal. J'ai hâte. » Elle se donne à fond lors du concert-bénéfice[4], au théâtre Jackie Gleason, du Fillmore Miami Beach (Floride), en soutien à l'institut Baptist Cardiac and Vascular Institute. C'est sa façon de témoigner sa reconnaissance à l'institut et aux médecins qui ont sauvé la vie de René. Six millions de dollars sont récoltés. Quatre jours de ski en Utah procurent de bons moments à la famille. « René-Charles et moi, nous adorons skier tous les deux. On ne pouvait plus nous sortir des pentes ! se réjouit Céline. Même les jumeaux se sont bien amusés là-bas. Pour moi, c'est une histoire de famille, d'amour et d'enfants. Je consacre du temps à mes enfants tous les jours. Quand tes enfants t'embrassent et te font une caresse à la fin de la journée, c'est un sentiment indescriptible. Les jumeaux me disent qu'ils ont besoin de moi pour leur confort. C'est leur façon à eux de me dire à quel point j'ai de l'importance dans leur vie.

1. *Jour de France* n° 7 de septembre 2011.
2. New York, 15 septembre 2011.
3. 8 décembre 2011.
4. 16 décembre 2011.

Chaque jour est un jour nouveau pour eux. Ils commencent à faire l'exploration de la nourriture. »

« Hello la Jamaïque ! Ça m'a pris quelques années avant de venir, mais j'ai l'intention de rattraper le temps perdu ! » annonce-t-elle en montant sur la scène du Greenfield Stadium de Trelawny-Montego Bay. Des embouteillages monstres ont bloqué la ville. Tout le monde s'est précipité pour entendre et voir l'artiste. « C'est la plus grande star des seize ans d'histoire du festival », répètent à l'envi les chroniqueurs. 20 000 personnes sont réunies au concert *Jamaica Jazz and Blues Festival*[1]. Elles écoutent religieusement *Treat Her Like A Lady,* en duo avec Diana King, ainsi que *Mr Paganini* et *Beauty and the Beast.* Céline ne boude pas son plaisir non plus, et accorde du temps aux journalistes : « Les jumeaux ne dorment pas bien. Ils peuvent se réveiller cinq à six fois par nuit. À deux bébés, il m'arrive de me lever 10 à 12 fois par nuit. En même temps, je suis incapable de les laisser pleurer. Ils veulent être avec moi, c'est la même chose pour moi. Évidemment, le lendemain ce n'est pas toujours facile... »

Nelson et Eddy vont marcher d'un jour à l'autre. Ils ont déjà fait leurs premiers pas. « Nous leur tenons la main, car ils ont un peu peur de marcher, mais ils font beaucoup de progrès ! » raconte René. « Ils préfèrent ramper, intervient Céline. Comme ça, ils se déplacent plus vite. Mais d'ici quelques semaines, nous devrons leur courir après ! » La plage privée de leur propriété sera un terrain d'entraînement tout à fait agréable et confortable pour amortir les chutes éventuelles des deux bambins. La Floride au printemps est propice à l'enregistrement des titres pour les deux futurs albums de leur maman, chez Echo studio. On connaît déjà le nom de celui en anglais : *Water and a Flame*[2]. Grande admiratrice d'Adele, elle a la chance de collaborer avec le producteur britannique Francis Eg White qui travaille avec cette artiste. « Il m'a écrit une chanson. Ce fut une superbe expérience de travailler avec cet homme. Il a une grande

1. 27 janvier 2012.
2. L'album sera rebaptisé *Love Me Back to Life.*

personnalité, il est très généreux et très émotif. Ce titre représente parfaitement cet album en anglais "*water*" (eau) pour les nouveaux titres et "*flame*" (flamme) pour les chansons que je fais durant mon spectacle. » Les inquiétudes sont balayées : « La guérison de ma voix a pris trois semaines, après j'ai pu replonger », assure-t-elle. René confirme : « La voix de Céline est à son meilleur sur ces deux albums en anglais et en français. La première journée, elle a enregistré quatre chansons. Ce qui est phénoménal pour moi. Elle sait encore m'impressionner. » Il est dithyrambique : « La chanson de Jean-Pierre Ferland *Je n'ai pas besoin d'amour* est un chef-d'œuvre. » *Rien que toi* de Luc Plamondon est « très actuel », selon l'interprète. « Car c'est l'histoire d'un homme appelé à la guerre et qui revient et s'aperçoit que tout a changé. Je suis choyée. » En parallèle, René réalise un rêve de gosse en rachetant, en mars 2012, les sandwiches Schwartz's, à Montréal, avec son cousin Paul Sara et la famille Nakis. Il venait s'y régaler de leur spécialité depuis l'âge de 19 ans. C'est son manager de l'époque, Ben Kaye, qui l'y avait amené. Céline, elle aussi, connaissait l'endroit. « C'est Ben Kaye, mon très proche ami et alors gérant de notre groupe, qui m'a fait découvrir Schwartz's en 1961, se plaît à conter René. Depuis, je n'ai jamais cessé d'y retourner. J'ai tellement de bons souvenirs de cet endroit avec mes amis, avec Céline et nos familles, au fil des ans. C'est le restaurant le plus unique au monde et nous sommes excités d'en faire partie. Ce restaurant nous tient à cœur et nous sommes heureux d'être impliqués dans cette entreprise avec la famille Nakis, et spécialement avec mes neveux Martin et Éric. » Le Schwarz's fut fondé, en 1928, par deux frères juifs roumains. « Pour moi, c'est une histoire d'amour et de liberté, pas juste du business. Il n'y aura pas de changement ni de franchise, nous allons respecter la tradition », précise René. Ses préparations juteuses de sandwich, spécialités de la maison et son smoked meat – sorte de pastrami – à 8 euros sont délicieux. On dit que c'est le meilleur du pays, à tel point que les célébrités du monde entier s'y précipitent pour le goûter, Robert de Niro, Angelina Jolie, Johnny Hallyday,

Nana Mouskouri, Charles Aznavour, Harvey Keitel, Halle Berry, Venus Williams, Ryan Gosling, etc. René et Céline, les nouveaux propriétaires, conservent « les hauts standards de la réputation de Schwartz ». Le 14 octobre 2012, René arrive vers 17 heures avec Céline, en promotion au Québec pour son album *Sans attendre*. C'est la première fois qu'elle vient depuis l'achat de l'établissement. Le restaurant est bondé. Les clients patientent dehors sous la pluie. Céline est royale, elle paie la tournée générale pour 70 personnes. Jusqu'à ce que sa maladie reprenne, René vient déguster son smoked meat. Il le demande le plus gras possible, accompagné de frites et d'une « cerise noire », le soda local. « Il disait bonjour et parlait à tout le monde. C'était quelqu'un de très simple, très sympa et chaleureux, témoigne Tony Di Lorenzo. Parfois, il ne faisait que passer une tête, accompagné de son chauffeur, pour embarquer son sandwich qu'il dévorait ensuite dans sa limousine. »

Si la devanture ne paie pas de mine et affiche en rouge et noir « Schwartz, charcuterie hébraïque », au 3894 boulevard Saint-Laurent, je peux vous assurer que le déplacement vaut le détour. Les places sont chères dans cet étroit boyau où le comptoir est pris d'assaut et les tables saturées de clients. Schwartz est « une institution », me dit-on ! On y vient pour son « smoked meat » inégalé. La poitrine de bœuf, ou les poulets, recouverts d'un mélange d'épices, sont saumurés pendant dix jours, puis fumés sur place pendant six heures, dans un énorme fumoir, à 76 degrés. On confectionne à la demande votre « smoked meat », sandwich à la viande fumée. Une dizaine de belles tranches coupées fines sont intercalées avec de la moutarde, puis le tout est placé entre deux tranches de pain de seigle. À consommer assis de préférence, croyez-en mon expérience...

L'année 2012 est riche en joyeuses surprises pour René. Il découvre un sosie de son épouse en la personne de Lambert Wilson, dans le film d'Alain Chabat *Sur la piste du*

*Marsupilami*[1]. Son personnage, le général Pochero, fan de la chanteuse, dont la maison est ornée de robes de la diva, se déguise en Céline Dion et fait un show sur la musique de *I'm Alive*. « Je voulais à tout prix être le plus proche d'elle, mais, quoi qu'il arrive, j'avais l'air… d'un travelo, raconte l'acteur. Lorsque j'ai compris que je devrais garder ma moustache, j'ai jeté tout réalisme par la fenêtre. Nous avons fait des essais. Je m'étais préparé loin d'Alain. Il avait installé deux plantes vertes façon jungle et a balancé le play-back. J'y suis allé à fond. Je me sentais paradoxalement très mec dans ma petite robe à paillettes. J'avais l'impression d'être plus musclé que je ne le suis et de chausser du 46. » Cette scène a tant amusé Céline qu'elle a souhaité apparaître dans le générique de fin comme le confirme Alain Chabat : « Elle l'a très bien pris, ça l'a beaucoup amusée. » En effet, elle enregistre un caméo et nous la voyons, dans sa loge, à Las Vegas, où elle invite le général Pochero à la rejoindre sur scène pour un duo.

René, quant à lui, paraît sur grand écran, dans l'adaptation cinématographique de la série *Omertà*, sortie en salle le 11 juillet 2012. Il incarne Domnic Fafgazi, alias « Le Parrain », un chef de la mafia, calme, posé. Il n'utilise pas la violence et suscite le respect de tous ceux qui l'entourent. Le film est inspiré de la série télévisée du même nom, diffusée à la télévision de Radio-Canada en 1996. René s'est laissé convaincre par son épouse d'accepter le rôle : « Denise Robert, la productrice, et Luc Dionne, le réalisateur, sont venus en Floride pour me proposer ce rôle. Ils ont d'abord convaincu Céline. Ils lui ont dit que je serai parfait pour le rôle, qu'ils avaient besoin de quelqu'un qui puisse imposer le respect. […] Quand je suis arrivé, ils m'ont dit tous les trois que ce serait une bonne chose. Puis Céline m'a donné la chute. Elle m'a dit : “Tu sais, tu as fait beaucoup de choses dans ce métier. Tu as été chanteur, membre d'un groupe, producteur, réalisateur, manager. Et tu ne rajeunis pas. Donc, c'est probablement ta dernière chance d'être dans

1. Avril 2012.

un film. Et tu es avec des gens formidables, alors tu devrais le faire." C'était l'argument décisif. Et elle avait raison », en convient René. Céline omet la première expérience de René en ce domaine. À ses débuts, il était apparu dans des films humoristiques comme *Après ski*, de Roger Cardinal, production de 1971, mettant en vedette Daniel Pilon, Céline Lomez et Pierre Labelle (son collègue des Baronets). René se rappelle : « On avait, Pierre Labelle et moi, une scène de sept ou huit minutes dans *Après ski*, dans un bar. On était très drôles. Alors, un producteur nous a offert les rôles vedettes de *L'apparition*. Même s'il y avait plein de gros noms au générique, ça a été un flop terrible. » En 2008, il joua dans un épisode de la série *Les Boys* où il interprétait un joueur.

100e représentation du show Celine, le 12 août ! Des changements interviennent dans le spectacle. Le duo virtuel avec Stevie Wonder est remplacé par un autre avec Andrea Bocelli, sur la chanson *The Prayer*. « Nous ne voulons pas que les gens qui viennent au spectacle se disent "Oh ! On dirait qu'elle a fait ça 422 fois", convient René. Il devrait toujours y avoir une étincelle fournie par un changement de costume dans le numéro de Michael Jackson ou par l'ajout d'une nouvelle chanson. Cela permet de garder le spectacle vivant et de le rendre amusant chaque soir. » Quant aux deux albums en préparation, le travail est à peine commencé. « On reçoit encore des chansons et on fait de belles découvertes. On veut toujours avoir les bonnes chansons au bon moment. L'enregistrement se fera entre deux séries de spectacles, mais, étant donné que le studio est à dix minutes de chez nous, ça ne devrait pas poser de problème. » Céline acquiesce : « La maturité est quelque chose d'extraordinaire. Cela permet de voir plus clair en soi, de moins hésiter, de reconnaître ce qui est essentiel de ce qui est accessoire. Avant, chanter était ma vie, j'étais dominée par mes cordes vocales : maintenant c'est moi qui commande. À ceux qui me disent qu'ils veulent faire passer leur carrière avant tout, je réponds non : laissez votre carrière être votre passion, mais pas votre identité. Vous ne pouvez pas vous résumer à votre carrière, vous valez mieux que ça. » L'essentiel, telle est l'ambition qu'elle cultive.

Un drame lui rappelle combien l'être humain est vulnérable. Après avoir offert ses condoléances à la famille, Céline lance, le 1er octobre, la soirée-bénéfice en hommage à Denis Blanchette, au Métropolis de Montréal, en interprétant *L'amour existe encore*, dans un silence de plomb. Ce technicien de scène québécois a été tué par balles le 4 septembre, alors que le Parti québécois fêtait sa victoire aux élections, en compagnie de Pauline Marois, élue Premier ministre. « Comme des milliers de Québécois, Céline et René ont vu à la télévision les images de l'effroyable tuerie qui a retiré son père à une petite fille de 4 ans, lit-on dans la presse. [...] La star québécoise est l'une des premières artistes à avoir accepté cette invitation. René s'était dit très ému de ce drame dans les colonnes du *Journal de Québec* : « On ne pouvait pas refuser ça. [...] Ce gars-là n'était pas supposé de mourir. Il était juste en train de faire sa job. » Les journaux révèlent que la chanteuse avait déjà rencontré le tueur. « ... l'auteur de ce massacre s'était en effet procuré un *pass VIP* pour l'un des concerts de la chanteuse à Las Vegas plusieurs mois avant la tuerie. Grâce à ce *pass VIP*, il a eu la chance de pouvoir prendre une photo avec Céline. Une séance photo dont la chanteuse n'aurait gardé aucun souvenir. » Ces mauvaises passes sont balayées par l'ambiance conviviale créée au Club de golf Le Mirage, à Terrebonne, où Céline reçoit Daniela Lumbroso. Elles enregistrent *Céline Dion dans l'intimité*[1]. Illustré par des archives et des prestations exclusives données en plateau, le 28 novembre 2012, à Paris, pour les chansons *Le Miracle*, *Attendre* et *L'amour peut prendre froid* avec Johnny Hallyday. Le document met en avant les priorités de la star entre sa famille et sa carrière. Elle exprime ses émotions de femme, son état d'esprit, sans fausse pudeur, sans interdit : « L'essentiel pour moi, mon outil de travail, mon outil

1. Diffusé le 17 décembre sur France 3, le jour de l'anniversaire de mariage du couple Angélil.

d'amour, ce qui me conduit à continuer, c'est ce que j'ai toujours reçu, c'est la base des choses, c'est ma fondation. C'est l'amour maternel que j'ai reçu de ma mère et de mon père, puis l'amour de René, mes enfants. »

New York. Elle glisse dans la spirale des enregistrements radio et télévision... et son passage pour l'émission *We Will Always Love You : A Grammy Salute to Whitney Houston*[1], en hommage à Whitney Houston, décédée en février. Vêtue d'une robe bustier blanche Atelier Versace sublime, elle prononce ces mots : « On dit que les choses qui nous inspirent restent avec nous le plus longtemps possible. Je me rappelle comme si c'était hier de la première fois où j'ai entendu cette incroyable voix et cette jeune femme magnifique, qui n'avait que cinq ans de plus que moi, chanter ses mots ». Elle entonne a capella quelques notes de *Saving all my love for you.* « Je ne peux pas la chanter aussi bien que toi, Whitney, mais, si je peux me permettre, pour célébrer tout ce que tu as fait pour moi, j'aimerais interpréter l'une de mes chansons préférées qui en dit tellement sur toi, mais également sur nous tous ». Elle reprend alors *The Greatest Love of All*, de Whitney. Une onde d'émotion passe sur le public. Le numéro spécial *Céline Dion... Sans attendre*[2], centré sur son album, est tourné[3]. Il fait la part belle à ses nouveaux titres : *Parler à mon père, Je n'ai pas besoin d'amour, Une chance qu'on s'a,* en duo avec Jean-Pierre Ferland, *La mer et l'enfant, Celle qui m'a tout appris, Que toi au monde* et aussi *Mille après mille*, en duo avec Fred Pellerin, *Le Miracle*, avec les chanteurs de la *Star Academy* dans les chœurs. *Tout le monde en parle*, animée par Guy A. Lepage et Dany Turcotte sur la chaîne Radio-Canada, reprend le même principe. L'album *Sans Attendre,* « un album rempli d'intimité » comme elle aime à le dire, est dans les bacs le 5 novembre. Le titre est révélateur. « C'est un album très intime qui arrive à point. Je réalise que c'est une bonne chose d'avoir été un livre ouvert toute ma

1. Émission diffusée le 16 novembre sur CBS aux États-Unis.
2. 15 octobre 2012. Diffusée le 4 novembre 2012.
3. TVA, Montréal.

vie, transparente, réaffirme-t-elle. Parce que j'utilise la chanson pour communiquer avec l'humanité. J'aime partager des émotions avec le public. J'espère que ce n'est pas prétentieux de dire ça », glisse-t-elle dans un sourire. « Ce que je vis, ce que je chante, c'est de l'amour tout le temps ! Je crois que les gens m'aiment au-delà de mes chansons et ça me fait plaisir de le penser. » Les années ont filé si vite. René prend de l'âge, la maladie l'a fragilisé. Sans attendre, ils doivent savourer ce que la vie leur a offert. « Cela fait dix-huit ans que René et moi sommes mariés. Nous avons grandi ensemble. Il y a des mots que nous ne sommes plus obligés de mentionner. Il y a des regards qui se croisent, qui veulent tout dire. C'est beaucoup plus fort maintenant qu'avant. Je dirais que c'est un peu comme chanter. Au début de ma carrière, quand j'interprétais, j'en faisais beaucoup, je devais me prouver à moi-même que j'étais capable de le faire. Je mettais tout, chaque fois, pour qu'on m'aime. Puis à un moment donné, on se dit "J'ai prouvé ce que je valais ; maintenant je le fais par plaisir." En amour, on a envie d'être sexy, on a envie que notre homme ait envie de nous tout le temps. Et là, ça grandit, c'est comme la magie. Par moments, il ne faut pas essayer de la créer, il faut essayer de la capter. Et je pense que René et moi avons beaucoup de chance de pouvoir vivre ensemble une histoire d'amour qui n'a pas eu besoin d'être créée. Elle existe depuis toujours et on la vit ensemble, c'est merveilleux. »

Après cinq ans d'absence, elle revient enfin à Paris assurer la promotion. Toute la famille descend au George V. Céline consulte son ORL, le docteur Jean Abitbol, toujours de bons conseils et attentif à son bien-être, puis elle honore les invitations. René, bien sûr, est en régie. Ces deux-là sont inséparables, tels les canards mandarins chinois, symboles de la fidélité conjugale. Les ventes s'envolent en un rien de temps. Elle s'en émeut : « Cela me surprend toujours. Je suis ravie, touchée. Mon but est de partager mes chansons avec les fans, mais, au bout du compte, ce sont eux qui décident. C'est formidable qu'il y ait de l'intérêt pour cet album très intime. » Il est vrai que cette création s'apparente à une chronique intime de ses joies, ses victoires, ses peines. De ses pleurs aussi... grâce à Maxime Le Forestier et son petit bijou d'autodérision, *Moi quand je pleure*. « La première fois que je l'ai vue à la télé, elle devait avoir 14-15 ans. Il n'y avait pas une interview d'elle sans qu'elle fonde en larmes, se souvient-il. » Cette image qu'il a conservée de la jeune fille émotive et sensible l'a inspiré : « J'ai travaillé sur mesure, comme un tailleur. Elle a la larme facile et les animateurs télé ne se sont pas privés d'appuyer sur ce bouton-là. » Céline ne renie rien. L'important, c'est d'être soi-même. « Cette chanson-là, pour moi, ça m'a fait sourire un peu, mais ça m'a touché surtout. C'est un super beau cadeau. » L'ensemble des chansons est des plus harmonieux. « Tout ce qui est dans cet album est lié à moi. J'y évoque des valeurs familiales qui seront toujours, finalement, au-dessus de tout ce que j'ai pu vivre dans ma carrière. Je parle de mère, de père, d'enfants, des gens qui nous quittent. Cela touche d'autant plus le public que le monde d'aujourd'hui, de technologies, nous détache de l'humanité, nous pousse à aller toujours plus vite. »

Parenthèse expresse en Allemagne. Aller-retour à Düsseldorf. Les Bambi Awards[1] lui offrent une statuette en tant que personnalité qui a le plus marqué le paysage audiovisuel allemand. Elle prend la pose sur le tapis rouge, radieuse, en robe griffée J. Mendel. Elle fait sensation sur scène dans sa robe dorée à franges de la maison Versace. Vite, vite, retour à Paris. Michel Drucker l'accueille pour *Le grand Show*[2], diffusé en direct sur France 2. Elle est apparue rapidement dans le journal télévisé qui a précédé. Il a réuni autour d'elle Florent Pagny, Michel Sardou, Patrick Bruel, Véronic DiCaire. Vincent Niclo chante pour elle *All By Myself.* Sa témérité s'avère payante. « C'était pour moi un rêve. Je suis en telle admiration devant Céline. Pour moi, c'est la plus grande voix. Essayer de chanter cette chanson aussi bien qu'elle, et devant elle, si on m'avait

1. 22 novembre 2012.
2. 24 novembre 2012.

dit cela un jour, je n'y aurais jamais cru », se remémore-t-il. « Je venais de sortir un disque avec les Chœurs de l'Armée rouge. J'ai chanté devant elle *All By Myself* en version lyrico-pop. Il fallait être complètement fou ! [...] Au moment où j'ai atteint la fameuse note haute de la chanson, j'ai eu une petite larme, parce que j'étais en train de réaliser ce qui se passait. Les gens ont vécu ça devant leur télé et ça a marqué les esprits. Céline a tellement d'impact sur le public français qu'on ne m'a plus regardé de la même façon après ça. [...] ça l'a interpellée et elle a beaucoup aimé. Elle m'a ensuite proposé d'assurer la première partie des spectacles de sa tournée en France et en Belgique, l'année suivante. » Catherine Salvador lui offre le chapeau blanc de son époux Henri : « Vous ne pouvez pas imaginer, Céline, combien Henri vous aimait. » Michel Drucker lui remet un triple album de platine pour 300 000 exemplaires vendus de l'album *Sans attendre*. Déjà !

Elle court d'un studio à un autre[1] pour les émissions *Vivement dimanche*[2], *Simplement pour un soir*[3] de Patrick Sabatier, et *Chabada*[4] animé par Daniela Lumbroso, sur France 3. « Oh qu'il est bon d'être en France », affirme-t-elle à Michel Drucker. En compagnie d'Alain Delon et Serge Lama, elle revisite des souvenirs, évoque avec passion ses enfants : « Eddy a beaucoup de courage, il fonce, tandis que Nelson est un peu plus timide. Il trouve son frère très drôle. Ce qui est difficile, et j'en prends conscience maintenant, c'est qu'on essaie de montrer à nos enfants comment voler de leurs propres ailes, mais au fond, on ne veut pas qu'ils partent. Porter la vie, c'est extraordinaire, mais la donner, c'est dur... C'est le début du détachement d'un être humain qu'on aime tellement. Alors, je me dis que je ne veux pas leur donner trop de bagages tout de suite, parce que je ne veux pas qu'ils partent trop tôt. » On la réclame en direct pour *C à vous,* mené par Alessandra Sublet sur France 5[5].

1. 27 novembre 2012.
2. Diffusée le dimanche 2 décembre 2012.
3. Diffusée le 12 janvier 2013.
4. Diffusée le 2 décembre 2012.
5. 28 novembre 2012.

Lorsqu'elle retrouve René et les enfants à l'hôtel, elle est exténuée. « Quand la journée est terminée, j'enfile un peignoir et je passe du temps avec eux. » Elle peut relaxer le matin, car ses rendez-vous sont calés en fonction de ses habitudes : « Le matin, c'est plutôt calme. Je me mets à me préparer, me maquiller, me coiffer, en début d'après-midi, pour partir en promotion après. Mon grand va à l'école, donc il poursuit ses études à distance avec un tuteur. Deux de mes sœurs s'occupent des jumeaux. Entre le bois de Boulogne, le Fouquet's, les musées, les glaces chez Berthillon. Eux profitent bien de Paris ! » Un brin de frustration se fait sentir. Elle n'en termine pas moins avec sa gentillesse coutumière la promotion auprès de *50' inside*[1], *Les Incontournables*, en radio[2], l'émission *We love Céline*[3], animée par Natasha Saint-Pierre et Matthieu Delormeau. Elle enregistre des prestations complémentaires pour *Céline Dion dans l'intimité,* à Saint-Denis. En coulisses, François Alquier l'interviewe pour *CD'Aujourd'hui* pour France 2. Comment vit-elle ses vies parallèles d'artiste et de maman ? « J'ai beaucoup de chance d'être encore capable de faire les deux. C'est moi qui ai décidé de continuer à chanter, parce que ça me passionne, ça me transporte. Et puis, peut-être même que ça m'aide à être une meilleure mère, qui sait ? » Avant de monter dans son taxi, elle prend le temps de dire quelques mots à un journaliste radio : « Quand je suis à Las Vegas pour les concerts, je n'ai pas le temps de penser au Québec ou à la France, pour être très franche. Je suis concentrée. Mais je suis contente d'être venue à Paris, même si je n'ai rien fait d'autre qu'un marathon d'émissions de télé. Je n'ai même pas eu le temps d'aller manger dans les bons restaurants, de faire du shopping. » Ce tournoiement cesse le 30 novembre lorsque la famille quitte le George V et monte à bord du jet prêt à décoller vers d'autres cieux.

Elle offre un spectacle unique *Adding Tomorrow's with Celine Dion*[4], au Colosseum, en association avec Caesars

1. 29 novembre 2012.
2. Diffusé le 1er décembre 2012 sur Europe 1.
3. Diffusée le 20 décembre 2012.
4. 20 janvier 2013.

Entertainment et AEG Live, au bénéfice de la Cystic Fibrosis Foundation et Fibrose kystique Canada. Un million de dollars seront récoltés. Elle témoigne de son empathie aux malades atteints par cette maladie au travers de l'émouvante chanson de Billy Joel, *Lullabye (Goodnight, My Angel).*

« *Goodnight, my angel* (Bonne nuit, mon ange)
*Now it's time to dream* (Maintenant, il est temps de rêver)
*And dream how wonderful your life will be*
(et rêver combien ta vie pourrait être magnifique) [...]
*Then in your heart* (alors dans ton cœur)
*There will always be a part of me*
(il y aura toujours une partie de moi) »

En contrepartie, le gala de la Fête du Printemps[1], à Pékin, célébrant la nouvelle année chinoise, la met à l'honneur. C'est tout à fait exceptionnel d'associer une artiste « étrangère » au réveillon du Nouvel An de la part de la télévision d'État. Soucieuse de satisfaire les millions de téléspectateurs, elle apprend et répète jusqu'à la perfection la chanson populaire en mandarin *Mo Li Hua* (Fleurs de jasmin), qu'elle chante en duo avec Song Zuying, la célèbre soprano chinoise, tandis qu'un ravissant ballet de cent danseuses « fleurs » déploie ses grâces à leurs pieds. Céline interprète *My Heart Will Go On* au milieu d'un décor marin, où coraux, poissons et méduses rivalisent de beauté. Après le spectacle, elle donne une interview diffusée sur la chaîne chinoise d'État CCTV, alors que débutent les festivités liées à l'entrée dans l'année du serpent. Pendant ce temps, à Paris, les Victoires de la musique distinguent Sheila et Enrico Macias avec une victoire d'honneur pour cinquante ans de carrière. Un mois plus tard, avec René, elle célèbre le 10e anniversaire du Colosseum[2]. C'est un peu « sa maison », pourtant elle a un petit pincement au cœur au moment de quitter ses enfants : « Les départs de la maison sont difficiles,

1. 9 février 2013.
2. 16 mars 2013.

mais, quand je me transforme à travers le maquillage, que je vois mon équipe, mes musiciens, c'est une vraie joie. Avant que le rideau ne s'ouvre, je me dis toujours : "C'est pour vous autres, les boys !" en pensant à mes trois garçons. » Elle se sent bien au Colosseum : « Souvent, avant de monter sur scène, je sens un certain découragement, une lassitude, j'ai l'impression de trop connaître mes chansons, de ne plus pouvoir les incarner avec la même fraîcheur qu'au début. Mais, dès que le rideau se lève et que je vois le public, les gens qui applaudissent, ceux qui pleurent, ceux qui brandissent des pancartes avec des messages personnels, ces gens qui me connaissent depuis que je suis enfant, qui ont, pour certains, dansé sur mes chansons à leur mariage, cette sensation d'abattement s'évapore immédiatement. Le public, chaque fois, me fait oublier que je chante depuis si longtemps. » La passion est bien là : « Quand je m'apprête à entrer en scène et à me donner entièrement, c'est comme cet animal qui sort de sa cage et qui se donne entièrement. C'est la grande fièvre. Mais, c'est la grande fièvre parce que c'est moi qui suis en contrôle, alors je fais le show. Mais quand c'est terminé, chlac, tout tombe par terre. [...] ça me transporte, ça me transforme un show. » Par contre, elle déplore la tentation exercée par les casinos, à deux pas.

Sur les traces du couple le plus célèbre de Las Vegas, j'ai posé mes pas dans ceux des joueurs entrés au casino Bellagio, sur le Strip. Quelle que soit l'heure, vous êtes toujours le bienvenu dans l'établissement, même si vous n'avez pas de chambre réservée ou une place au casino. Tous les types de jeux sont à votre disposition sur 10 700 m$^2$ : baccarat, black jack, craps, jackpots, Pai Gow, poker, roulette... 200 tables de jeu, 2 400 machines à sous de différentes sortes – même pour les budgets les plus modestes – une salle de poker de 40 tables, plus une salle consacrée aux paris sportifs et hippiques. Vous souhaitez avoir une idée de l'ambiance ? Revoyez le film *Ocean's Eleven*, avec George Clooney, Julia Roberts, Brad Pitt et Matt Damon, dont certaines scènes furent tournées dans les salles de jeux et l'hôtel. Les problèmes d'addiction au jeu de

René ont souvent fait le désespoir de Céline. Avec patience, elle l'a amené à prendre conscience de ce fléau, l'a aidé à décrocher, se limiter au poker, se faire interdire aux autres tables : « Il était de moins en moins présent. Je lui ai dit posément que je ne peux plus continuer comme ça. Que son addiction me fait souffrir ! Parce que je l'aime. Je n'ai pas hurlé ni menacé, ça n'aurait pas été efficace », dévoile-t-elle. D'un autre côté, difficile de le contrer... n'est-il pas devenu champion du monde, n'a-t-il pas gagné le tournoi à un million de dollars ?

Les grenouilles font partie de la vie de Céline, c'est indéniable. Elle se rend, en mai, à Hollywood, à l'invitation de la plus célèbre d'entre elles, Kermit, personnage de fiction, créé en 1955 par le marionnettiste américain Jim Henson. Il est question d'enregistrer un caméo pour le long métrage *Muppets Most Wanted.* Le scénario narre les péripéties de la bande à Kermit, présentateur vedette du Muppet Show, durant une tournée mondiale dirigée par un arnaqueur interprété par Ricky Gervais et un criminel russe se faisant passer pour Kermit, alors que celui-ci croupit dans une cellule en Sibérie. Céline tient le rôle de la fée-marraine et chante en duo avec Miss Piggy, la cochonne mélomane, la pièce originale *Something So Right*, écrite par Bret McKenzie. L'expérience la ravit. Si, pour elle, il est un peu déconcertant au début de voir les marionnettistes derrière le rideau, elle est admirative de leur travail tant l'exercice est difficile. « En fait, ils font sept choses à la fois pendant que vous n'en faites qu'une ». L'humour ravageur des Muppets préside cette journée spéciale. Céline se pâme devant une Piggy très star : « Chanter avec Miss Piggy est très excitant pour moi. J'ai beaucoup de respect pour toutes les grandes chanteuses qu'on trouve actuellement, mais Miss Piggy est peut-être celle qui a la plus belle voix du monde. » *Muppets Most Wanted* sort le 21 mars 2014 en Amérique du Nord. « Même Céline Dion ne peut voler la vedette à Miss Piggy ou chanter mieux qu'elle, selon la prima donna des Muppets », titre *La Presse*[1]. Le second degré est de mise : « Interrogée à savoir qui était la plus grande diva sur le plateau, l'amoureuse de Kermit n'a pas hésité à répondre : « Et, bien, moi, évidemment » [...] Miss Piggy a indiqué qu'une clause dans son contrat la met à l'abri de toute concurrence avec d'autres divas, et que ce sujet avait été réglé avec Céline Dion avant son arrivée sur le plateau. La chanteuse québécoise est une merveilleuse collaboratrice, a ajouté la cantatrice porcine. [...] « Je l'ai invitée à se joindre à moi pour un petit duo que je fais dans le film et je crois qu'elle s'en est très bien tirée, a raconté Miss Piggy. Il a seulement fallu que j'aille en studio pour arranger quelques notes, celles qui sont très aiguës. Elle a de la difficulté avec celles-là. » Imaginons que la pièce soit mise en nomination pour un Oscar, comme le veut la rumeur ? « Miss Piggy a déclaré que Céline Dion pouvait monter sur la scène avec elle. "Mais c'est moi qui ramène ce beau gosse doré chez moi, d'accord ! Moi !" a lancé la beauté blonde en battant des cils. »

Céline prend ses marques pour l'unique concert qu'elle va offrir à ses fans, en juillet, à Québec, sur les plaines d'Abraham, *Céline... Une seule fois*. Son ambition : un spectacle intime et grandiose. On parle de l'accueil de 40 000 admirateurs ! Elle retrouve sa famille et surtout sa mère : « Les rôles se sont inversés, s'attendrit-elle. C'est à moi maintenant de veiller sur ma mère. Je veux être à son écoute, m'assurer qu'elle reçoive les meilleurs soins possibles quand elle en a besoin, je veux être capable de la lire, même si elle ne me dit rien de ses faiblesses et de ses douleurs. Je la trouve forte, je la trouve bonne. Je regarde mes enfants et j'espère qu'ils se rendent compte à quel point la vie leur offre un cadeau en leur permettant de passer autant de temps avec leur grand-maman. Voir ma mère avec mes enfants, c'est, pour moi, l'accomplissement du cercle de la vie, un miracle. » Générer de la joie, créer du bonheur autour

1. *La Presse*, 18 mars 2014.

d'elle est son plaisir. Aussi organise-t-elle dans leur propriété de l'île Gagnon le baptême de Romy Péladeau[1], la fille de Julie Snyder et Pierre Karl Péladeau. Les parents de Romy, âgée de cinq ans, ont choisi Céline et René pour marraine et parrain. C'est l'abbé Guy Sanscartier, le curé de la paroisse de Saint-Jérôme, qui baptise l'enfant. « Romy a le plus beau des parrains, René Angélil, qui m'a parrainée en me donnant plein de belles leçons de vie et de travail, et la plus jolie fée marraine, Céline, qui aime tant les enfants et qui en est restée une », relate Julie Snyder. Céline est passée maître dans l'art de recevoir, elle fait ça comme du monde[2] : « Elle a imaginé les décors sur le terrain. Dans un coin, il y avait une thématique "Déjeuner sur l'herbe" de Monet. Plus loin, il y avait un marché de fleurs. Céline voulait avant tout que ce soit une fête pour les enfants, car il y avait Romy, Thomas et les jumeaux, ainsi que René-Charles et Marie, qui sont adolescents. C'est peut-être aussi une des dernières fêtes qu'elle faisait à l'île Gagnon... » Maman Dion est là. « C'était très simple, très intime, dit Julie. Il y avait juste nos deux familles qui étaient invitées, pas plus d'une vingtaine de personnes. Même si ç'a l'air grandiose, on voulait ça relax. Ce n'était pas glamour, c'était de l'amour ». Les invités rentrés chez eux, les enfants couchés, Céline et Julie ont placoté un brin : « Nous avons fait ça entre 23 h et 1 h 30 du matin, après que tout le monde fut parti, conte Julie. On a parlé de plusieurs sujets, dont la santé de René et l'adolescence de René-Charles. [...] Pour des raisons différentes, nous avons toutes les deux traversé un dur hiver où il a venté fort dans nos cœurs. Comme le dit Céline, nous sommes des sorties de secours l'une pour l'autre. Nous savons que nous pouvons nous confier en toute discrétion. »

Entre deux répétitions, elle enregistre le 23 juillet les émissions *Le Banquier*[3] et *Salut Bonjour*[4]. Le 26, à la Citadelle de Québec, elle est décorée de l'insigne du Compagnon de

1. 8 juillet 2014.
2. Faire comme il se doit, faire correctement.
3. Diffusée le 3 novembre 2013.
4. Diffusée le 26 juillet et le 27 juillet 2013.

l'Ordre du Canada – la plus haute distinction civile canadienne pour laquelle elle avait été nommée en 2008 – par le gouverneur général David Johnston. Il célèbre : « Une extraordinaire ambassadrice du Canada » qui est « aussi, par ses qualités de cœur, une représentante des valeurs chères à notre pays. Sa voix unique, son énergie communicative et sa grande sensibilité lui donnent une présence exceptionnelle sur scène et séduisent des fans aux quatre coins de la planète. [...] Cette artiste incomparable se distingue également par sa compassion, sa générosité et son engagement envers de multiples causes sociales et humanitaires. » Durant son discours, Céline affirme : « Mon mari est aussi mon meilleur ami. Nous nous faisons confiance, nous vivons l'un pour l'autre. » René, l'un des plus grands producteurs et agents d'artistes, honoré par l'Ordre national du Québec[1], reçoit l'insigne d'officier de l'Ordre du Canada. Les mots qu'il adresse à son épouse sont très tendres : « Je remercie la vie d'avoir mis sur ma route une artiste exceptionnelle qui m'a servi de moteur, ainsi qu'une femme et une maman encore plus exceptionnelle qui m'a donné des ailes. Merci Céline ! Je t'adore. »

Le jour dit, 27 juillet 2013, noir complet sur la scène, ambiance bleutée. La voix de Céline s'élève pour une interprétation *a cappella* des premiers mots de *Ce n'était qu'un rêve*. Les *spotlights* s'allument un à un... Les notes de *Dans un autre monde* lancent le show... Céline jaillit en pleine lumière : « Bonjour Québec ! » Elle enchaîne avec *Parler à mon père*. La programmation est pour l'essentiel francophone, ses plus grands succès, et quelques titres anglophones. « Pouvez-vous croire que ça fait maintenant cinq ans ? Il y a cinq ans, Eddie et Nelson n'étaient qu'un rêve, dit-elle à son public. Aujourd'hui ils sont bien réels et bien vivants, croyez-moi ! Et René-Charles est presque un homme ! » *La mer et l'enfant* est illustrée par une vidéo de l'artiste avec ses trois garçons à Jupiter. « C'est impossible pour moi de vivre longtemps sans revenir ici, à mon pays, à mes origines. [...] Il faut toujours se rappeler d'où on

1. 17 juin 2009.

vient et ce n'est que de cette façon qu'on sait où on va. » Elle enflamme les plaines d'Abraham. Aucun genre ou style de musique n'échappe à sa gamme époustouflante. Avant d'interpréter *Miracle*, elle argumente : « Du rêve au miracle, il n'y a parfois qu'un petit pas, celui d'y croire. Ne jamais laisser disparaître l'enfant qui est au fond de nous. C'est le miracle que je nous souhaite ce soir. » Le noir se fait, puis, grâce aux milliers de spectateurs, munis de bracelets lumineux bleus ou blancs, se dessine le symbole *Peace and love*. Magique ! Elle a gagné sa place au sommet.

Luc Plamondon l'assure : « La façon qu'elle a de servir ses textes, de servir les mots, c'est ce qui fait sa différence. » Sa voix est si polyvalente qu'elle peut lui donner la couleur musicale qu'elle veut. Céline est très disciplinée, comme une chanteuse d'opéra, elle porte autant d'importance à la musique qu'un musicien interprétant une pièce classique.

— Est-ce que vous aimez votre voix ? lui demandait Denise Bombardier, en 2008.

— C'est sûrement la pire question qu'on peut me poser, répondit-elle avec gravité. Je pense qu'avec l'instrument que j'ai, je fais des choses que normalement je ne devrais pas arriver à faire. Les spécialistes de la voix qui m'examinent et me soignent me disent : « le mécanisme que vous avez, il est pas vraiment à la hauteur de ce que vous nous donnez. Vu comment vous êtes faite à l'intérieur, normalement vous ne devriez pas chanter comme ça. » Je leur réponds toujours « oui, mais je ne chante pas avec mes cordes vocales. Je chante avec mon cœur. » Je ne crois pas avoir un instrument exceptionnel et un mécanisme formidable. Je pense que je suis arrivée à faire des choses anormales avec ce que j'ai reçu.

— Est-ce tout ?

— C'est le vouloir, c'est être têtue. C'est de vouloir gagner. C'est de vouloir se surpasser. Et c'est vouloir absolument donner le meilleur de soi-même. Vous faites combien d'octaves ? demandent les gens. Mais on s'en fout. C'est pas la quantité, c'est la qualité qui compte. C'est pas quelque chose que j'ai inventé, c'est comme ça.

Fin août, le couple annonce qu'il met en vente sa splendide maison de Jupiter Island pour 72,5 millions de dollars. En septembre, ils vendent aussi leur maison de l'île Gagnon pour 29 655 500 dollars. Elle est magnifique certes, mais selon Céline « c'est trop formel ». Ils envisagent de faire construire un chalet « quelque chose de beau, mais où on va pouvoir jouer, faire du ski, aller sur le lac... On va passer plus de temps à Las Vegas et à Montréal, c'est pour ça qu'on vend la maison de Floride. C'est trop ! On ne peut pas payer autant et ne pas en profiter. Quand on revient après des semaines d'absence et que ça sent le renfermé, on se dit qu'on en profite pas assez. » Aussitôt, paparazzis et tabloïds s'emparent de l'affaire. Ils annoncent que Céline se sépare de René ! Elle est courtisée par le prince Abibi Sheikh Wizar, héritier richissime de la monarchie saoudienne ! On peut lire dans *World News Daily Report* : « Si le portefeuille de René représentait la planète Terre, celui d'Abibi serait gros comme notre galaxie et les 500 systèmes qui tournent autour. » Ces assertions sont-elles déclenchées par les confidences de la star lors d'une interview à Las Vegas ? Elle reconnaît que le rythme de vie pèse parfois sur leur vie de couple : « Avant que mon amie ne m'apprenne tout de la communication, René et moi avons eu des moments difficiles. Il y a eu des tensions entre nous deux. Ce n'est jamais facile d'être mari et femme, mais, en plus, nous sommes liés professionnellement et nous devons gérer la pression des spectacles, des concerts, des tournées, des voyages... C'était dur, c'était beaucoup de travail. » Afin de briser la dépendance au « système Vegas », se ressourcer, retrouver des valeurs plus saines, ils ont fait l'acquisition d'un chalet en bois de 180 $m^2$, de près de 2 millions de dollars, sis sur les rives du lac Ouareau, à Notre-Dame-de-la-Merci, dans la région de Lanaudière, au sud du Québec, à environ 30 km de Montréal. Comme j'aime à le dire, la région a les pieds dans le fleuve Saint-Laurent et la tête au milieu des montagnes. Implanté sur une propriété de

18 000 m², accessible par un chemin privé, ce lieu leur assure une totale quiétude. Céline concède : « J'étais assez traditionnelle, je voulais cacher nos problèmes. Tout oublier pour que cela disparaisse. Lorsque j'en ai parlé avec ma meilleure amie, elle m'a fait comprendre que cela ne partirait jamais. Cela reste et s'empire. Elle m'a alors appris à dire les choses franchement. C'est une leçon que tous les couples mariés devraient recevoir afin de renforcer leur relation. » Son rôle de maman est primordial, l'unité de sa famille une priorité. Elle déplore les ruptures : « C'est triste de voir autant de gens se séparer, les relations s'achèvent et les divorces surviennent alors que, s'il y avait une communication adaptée, ils auraient pu se souvenir et chérir la beauté de leurs premières années ensemble. Nous avons réussi à nous en sortir, alors n'importe qui peut le faire. On rigole, on plaisante. On se moque l'un de l'autre. Nous voulons que notre mariage dure pour toujours. Si vous parlez, vous vous rendez compte que vous êtes toujours dans la phase de lune de miel. » Elle rassure ses fans. Ils s'aiment comme avant : « On se manque toujours l'un à l'autre quand nous sommes séparés. Nous ne pouvons pas imaginer notre vie l'un sans l'autre. » René propose même sa recette pour maintenir l'amour vivant. Il assure que ce qui entretient leur amour, c'est : « Ne jamais se coucher le soir, quand on a eu une petite chicane, un petit différent, une petite différence d'opinions, sans essayer de le régler avant de s'endormir. *Happy wife, happy life!* » Leur fascination mutuelle persiste. Leur capacité d'émerveillement est intacte. Céline ne cesse d'exprimer sa gratitude à son époux, affirmer que le plus beau cadeau qu'il lui ait offert en plus de sa carrière, de son amour, c'est de porter la vie : « René voulait tellement que j'aie un enfant, parce qu'il savait à quel point je souhaitais porter la vie. Je pense que cela a été son plus beau cadeau qu'il ait pu m'offrir. Pour lui, c'était "j'espère que je peux vraiment donner un enfant à Céline. Je suis heureux, j'ai des enfants moi, mais Céline, je voudrais tellement pouvoir lui donner ça. Je lui ai donné une carrière, je lui ai donné mon amour, je lui ai donné mon support, je lui ai donné tout mon temps, toute

ma destinée finalement. Mais je voudrais tellement pouvoir lui offrir un enfant." Non seulement il m'a offert un enfant, mais trois. »

New York est loin d'avoir le charme des rives du lac Ouareau, mais les engagements ne sauraient être négligés. Toujours escortée par René, en régie ou dans les coulisses, Céline participe au *Today Show*[1], au Rockefeller Plaza, à New York City, diffusé en direct sur NBC. Le lendemain, elle donne un concert intimiste, présenté par Pandora, au Edison Ballroom. On la retrouve dans *The View*, sur la chaîne ABC. Elle enregistre *The Dr. Oz Show*, animé par le docteur Mehmet Öz. Vite, vite, un petit tour sur le plateau canadien du *Banquier* avec son amie Julie Snyder. Il n'y a pas un coin de libre pour qu'elle répète, *a cappella*, sa nouvelle chanson *Loved Me Back To life.* Qu'à cela ne tienne, direction les toilettes, avec Julie. Et pourquoi pas ? « Le son y est incroyable », atteste la diva en riant ! « Chaque pièce est un instrument, les toilettes et les garages sonnent vraiment bien ». « Il faut rester l'enfant qu'on a été ! » Très bon conseil, cela permet de ne jamais se prendre trop au sérieux. Elle raconte à la presse combien elle a été séduite par cette expérience : « J'espère que les gens vont avoir autant de plaisir à regarder l'émission que j'en ai eu à la faire ». Elle adore ce type d'émission. « Lorsque j'ai un peu de temps, et que je veux me relaxer, je vais voir René dans sa chambre. Il travaille et je veux le faire décoller du téléphone un peu. On s'étend ensemble et on regarde des émissions de télévision, des vieux shows comme *The Price is Right*, *Family Feud* ou alors *Deal or not Deal*. J'aime ça, ça me détend. » Le jeu du *Banquier* est un grand classique chez les Angélil. Depuis que René-Charles a quatre ans, il y joue avec ses parents. « On avait acheté le jeu à la maison. On a acheté les valises, je te jure ! C'était effrayant[2] ! Mais, lui, il voulait jouer avec du vrai argent. Je lui disais, René-Charles

1. 28 octobre 2013.
2. C'était délirant.

à quoi tu penses ? Il me répondait un peu déçu : tu vas juste mettre 100 $. Ben, oui, je ne vais tout de même pas mettre 25 000 $ dans la valise ! »

Toute la famille part en tournée. La promotion de l'album *Loved Me Back To Life* ne peut attendre. Prévu pour la fin d'année 2012, cet opus a été totalement remodelé. *Loved Me Back To Life*, écrit par Sia, fait office de premier single. Les reprises ont été abandonnées au profit de compositions originales comme *Somebody Loves Somebody* signé par Audra Mae, nièce de l'actrice Judy Garland ; *Breakaway*; *Overjoyed* en duo avec Stevie Wonder ; *It's Incredible*, un duo avec Ne-Yo ; *Always Be Your Girl* de Dana Parish; *Unfinished Songs*, bande originale du film *Song For Marion*, écrite par Diane Warren. Le jour de son arrivée à Londres, Céline file en interviews[1] pour *The Graham Norton Show* et *Steve Wright in the Afternoon*, au BBC Radio Studios. *The Jonathan Ross Show*, c'est pour le jour suivant. Passage à *The X-Factor* puis *Strictly Come Dancing*[2]. Au Leipzig Messehalle de Leipzig, elle chante en direct *Loved Me Back To Life* durant l'émission *Wetten, dass... ?* Laurent Delahousse l'interroge pour le journal télévisé de France 2. Tout le monde se l'arrache : *VIP* sur la radio RFM. *Les Chansons d'abord*, animée par la Canadienne Natasha St-Pier. L'incontournable *Vivement dimanche*. Le premier numéro de *C'est votre vie* avec Stéphane Bern. En raison de problèmes techniques, le tournage ne peut avoir lieu qu'à partir de 23 h et jusqu'à 3 h 30 du matin. Céline s'y prête de bonne grâce. Elle patiente. Elle ignore que son amie Julie Snyder est cachée dans une loge. « Je m'y suis rendue à la demande du producteur, raconte Julie. Elle ne savait pas que j'étais là. J'étais cachée dans le même hôtel qu'elle. Le soir du tournage, ils m'ont cachée dans une loge, au lieu d'être inscrit "loge de Julie Snyder", on avait écrit "local technique". J'ai été enfermée plusieurs heures ! Céline et moi, on se connaît depuis l'âge de 18 ans. On a aussi montré des extraits de la fameuse

1. 5 novembre.
2. Diffusée le 15 décembre sur BBC One.

fois quand elle chante dans les toilettes de Las Vegas, qu'on avait montré au *Banquier*. Céline a joué le jeu et est allée chanter dans les toilettes de France 2 ! » Julie lui remet un disque de platine pour les 100 000 ventes de *Loved Me Back To Life* en France. Auquel s'ajoute un disque de diamant pour l'album *Sans Attendre* qui s'est écoulé à 1,5 million d'exemplaires dans la dernière année, à travers le monde, dont 700 000 copies en France. Les deux pétillantes jeunes femmes détendent l'atmosphère avec leur spontanéité et leur anticonformisme. Céline rentre à son hôtel à 5 heures ! *Loved Me Back to Life* fait une entrée fracassante en se classant numéro 1 du Nielsen SoundScan's Top 200 Album Chart. L'album bat un record au Canada avec des ventes de plus de 105 000 albums dès la première semaine, ce qui en fait l'entrée la plus forte au Canada depuis les cinq dernières années. Céline s'inscrit au tableau des meilleurs vendeurs des dernières années au Québec avec 89 949 copies. L'album se classe numéro deux au Billboard 200. Époustouflant ! Souriante, pimpante, disponible, attentive, la voici, au milieu des techniciens, sur le plateau de *Ce soir on chante les tubes 2013* pour TF1.

Elle sillonne la France et la Belgique[1]. Tous les spectacles affichent complet. Sa popularité est intacte. Elle enchaîne une série de concerts à Paris-Bercy[2]. Elle est accueillie au palais Brongniart, place de la Bourse, pour une prestation privée offerte par une société à ses actionnaires. Ses déplacements deviennent des rendez-vous pour ses admirateurs attendant l'artiste le long du trajet. Le soir du 4 décembre, boulevard de Bercy, spontanément, elle fait stopper sa voiture. Elle sort par le toit ouvrant, s'adresse à ses fans, serre les mains, répond à leurs baisers, chante avec eux, prend le temps de faire des photos, signer des autographes. Elle retrouve avec joie Line Renaud, avant son concert au palais omnisports de Paris-Bercy[3]. Elles ont tant à se dire. Leurs souvenirs communs sur

1. Du 21 novembre au 5 décembre.
2. Du 25 novembre au 1er décembre.
3. 5 décembre.

Las Vegas, les anecdotes marquant leur carrière sous le cuisant soleil du Nevada... « Mon premier contrat à Vegas devait durer trois mois, je suis restée deux ans. Et en 1968, je suis revenue pour un deuxième spectacle », se souvient Line, toujours aussi chaleureuse envers ses amis, si attentionnée. Elle se réjouit du succès de sa jeune amie. Comme elle ne pourra être présente lors de *L'Incroyable Anniversaire de Line*, préparé par Christophe Dechavanne, prévu pour le 28 décembre 2013 à Paris, Céline a enregistré en secret un message vidéo : « Félicitations pour vos 70 ans de carrière internationale et vos 85 ans. Lorsqu'on vous voit, on n'y croit pas, tant votre énergie rayonne et vous rend encore plus belle. » René fait référence à sa carrière américaine : « Nous savons que vous étiez la marraine du Caesars Palace à son ouverture et leur meneuse de revue française. » Céline renchérit : « Loulou Gasté était votre René à vous. Votre mari et votre Pygmalion. C'était aussi l'auteur de belles chansons, dont celle-ci, que je vous dédie ce soir. » *A cappella*, elle entonne *Feelings*... « Bonsoir. Bonne année à venir. On vous souhaite une vie remplie de surprises. On vous aime et on vous embrasse. » D'un continent à l'autre, les mots jolis, les bonnes pensées, comblent les cœurs fidèles en amitié.

# 11

*« Une voix qui chante est un son qu'inspire le cœur. »*

MARIA CALLAS.

« J'étais de retour dans ma loge[1], raconte Céline, et j'ai vu que René avait l'air plutôt dévasté, en état de choc. Je me suis demandé ce qui n'allait pas. »

Nous sommes le 17 décembre 2013, jour de leur dix-neuvième anniversaire de mariage.

Céline est à Los Angeles. C'est la finale de *The Voice*, diffusée en direct sur NBC aux États-Unis. Elle raconte : « Son médecin vient de lui annoncer qu'il a de nouveau un cancer de la gorge. Je sens alors mon cœur battre la chamade et mes jambes flageoler. À ce moment, honnêtement, mon cœur a commencé à s'accélérer, mais mon corps s'est arrêté. » Une lame de fond les lamine. « René avait besoin de mon soutien et je me suis dit : "OK. Je vais aller chanter. Je vais aller mettre du maquillage et je vais chanter." Il faut penser à autre chose. Je me réfugie dans ma salle de maquillage, puis je monte sur scène pour répéter la chanson *Incredible*. » Comme une automate, elle chante *Love Can Move Mountains* avec Tessanne Chin, puis *Incredible* avec Ne-Yo. Le cœur n'y est pas. Le ciel lui est tombé sur la tête. « J'ai chanté, mais la réalité a commencé à reprendre le dessus. Cela m'a fait un choc.

1. Émission *The Voice* US.

C'est le soir, dans ma chambre, que mon corps a commencé à me lâcher. La réalité m'a rattrapée. »

René subit l'ablation d'une tumeur cancéreuse à la gorge, à Las Vegas le 23 décembre. Il est intubé. Il rentre en convalescence dans leur foyer quelques jours après. « L'opération a été une réussite et René a pleinement récupéré, se félicite l'un de ses associés. Céline s'est montrée très forte, veillant sur lui pendant les moments les plus difficiles et douloureux. Il a une force inimaginable qui permet à Céline de croire à sa guérison. » Lorsqu'elle remonte sur scène le 28 février 2014, elle donne des nouvelles de son mari : « Il reprend des forces par le repos et l'alimentation. Nous remercions le Ciel tous les jours que le danger soit éloigné. » À la demande de René, elle indique dans un communiqué de presse : « Je ne souhaite pas que René vive le stress quotidien des problèmes liés au travail. Je veux qu'il retrouve sa santé à 100 %. » Lors d'une entrevue à *Entertainment Tonight*, en mai 2014, elle se montre rassurante sur l'état de santé de René : « C'est un battant et il va bien, malgré la maladie. »

Marraine des quatre émissions de 90 minutes *L'été indien*, proposant des entrevues d'artistes francophones et des séquences filmées dans les plus beaux coins du Québec, Céline se jette à l'eau ! Elle n'hésite pas à chausser des skis pour remonter le fleuve Saint-Laurent, aux côtés de Julie Snyder, tirée par un bateau, pour arriver sur le plateau de l'émission de télévision québécoise[1]. Une entrée en scène jamais vue ! Très détendue, Céline lâche son fou[2]. « Je pensais que c'était trop fou, mais Céline a adoré l'idée », indique Julie une fois installées sur le plateau. « J'en ai fait, mais il y a déjà trente ans ! » avoue Céline. Michel Drucker, co-animateur de l'émission, est fort impressionné par l'audace de Céline : « Quand je vois une star internationale comme Céline Dion faire du ski nautique, malgré tous les risques… C'est très particulier ! » Jean Lamoureux se fait des cheveux, même si toutes les garan-

1. 11 juillet 2014.
2. S'amuser sans retenue.

ties de sécurité ont été prises. Intrépide, comme toujours, Céline tente une acrobatie et chute deux fois durant le tournage. « Elle a lâché un ski, puis elle est tombée violemment contre l'eau, raconte Jean Lamoureux. J'étais super inquiet. Je pensais qu'elle allait faire une commotion cérébrale. Mais finalement, elle était correcte et après quelques secondes, elle était prête à recommencer ! » Des plus élégantes, dans une combinaison noire près du corps, portant quelques bijoux, elle a parfaitement réussi l'exercice[1]. Le concepteur de *L'été indien*, Stéphane Laporte, décrit Céline Dion comme « une invitée de rêve. C'est la vedette la plus professionnelle, la plus généreuse… Celle qui veut en donner toujours plus. Tous les animateurs veulent la recevoir dans leur émission, parce qu'elle est *game*[2] pour tout. » René, malgré sa mauvaise santé, n'a rien perdu des exploits de son épouse. « Il veille au grain », plaisante Jean Lamoureux. On dit que le manager a perdu la voix. Francine Chaloult, leur attachée de presse, dément : « Depuis son opération, il parle tout bas. Il est en train de travailler à placer sa voix plus forte. Mais René Angélil, la journée où il va perdre la parole, il ne sera plus vivant ! »

René et Céline sont de vieux amis de Julie Snyder. À peine âgée de dix-huit ans, Julie avait réalisé sa toute première interview de Céline. Le manager avait remarqué la jeune fille, son talent naissant, sa fougue, sa pétillance. Il s'était permis quelques conseils. « Si je suis devenue productrice, se souvient-elle, c'est grâce à René. À l'époque, aucune femme n'était productrice à la télé. Je n'aurais jamais osé me lancer si René ne m'avait fait autant confiance. » Elle parle avec reconnaissance du couple et de la qualité des conseils professés par René. « René m'a dit quelque chose un jour, que je n'oublierai jamais. Quand tu fais un deal, il ne faut jamais que l'autre en soit malheureux. Ou alors, toi aussi, tu seras malheureuse. »

Ce jumelage France-Québec est une réussite. Francis Cabrel, Fred Pellerin, Vincent Niclo, Marie-Mai, Patrick Bruel, Mika,

1. L'émission diffusée en France, le 2 août 2014.
2. Se prononce « *guém* ». Être audacieux, prêt à relever un défi.

Linda Lemay, Rock Voisine et tant d'autres entourent Julie et Michel Drucker. « René va super bien », assure Céline au journaliste de la chaîne TVA Nouvelles. « Il a de la force. Il y a des gens autour de lui, sa famille, les enfants, ses grands enfants et ses petits. Il a René-Charles, qui est un préadolescent qui le tient très occupé, et il y a les jumeaux à la maison. La maison est pleine de vie. Quand on est malade, on n'a pas envie d'entendre toujours parler de maladie. C'est important de dire aux gens que René va super bien, mais parfois on a besoin de prendre un petit recul. Il doit se concentrer pour que son énergie soit au bon endroit. » René-Charles joue avec son père au snooker, au black jack et l'accompagne sur le terrain de golf. Céline et René profitent de quelques jours de repos en famille, avant de remettre le cap sur le Nevada le 20 juillet, pour son retour sur la scène du Colosseum.

Malheureusement, assez vite, René donne des signes d'épuisement. La maladie le contraint à passer le flambeau à son ami Aldo Giampaolo, pour la gestion de la carrière de Céline[1]. Aldo Giampaolo, ami, complice et confident depuis 25 ans, devient gérant associé de Céline dans la société Feeling. René a toute confiance en son ami et lui donne carte blanche. S'il conserve la présidence de la société, René n'a plus l'énergie pour veiller sur la carrière de sa femme. Leur maison du Nevada se transforme en clinique privée. Médecins, infirmières, orthophoniste, kinésithérapeutes envahissent les lieux. René-Charles a compris. Il dissimule son chagrin, se replie sur lui-même, s'enferme dans le silence. Céline se met en disponibilité, afin de rester au chevet de son époux durant plusieurs mois, pour lutter ensemble contre cette tumeur cancéreuse. Ils font des projets d'avenir. Ils envisagent un nouvel album en français pour accompagner une tournée en Europe, prévue pour l'été 2016. René insiste pour qu'elle reprenne son spectacle à Las Vegas, en août 2015. Pour l'heure, elle a des maux de gorge et une inflammation des cordes vocales, ce qui l'oblige à restreindre son activité,

1. 1er août 2014.

puis elle annonce[1] qu'elle suspend toutes ses activités professionnelles pour raisons familiales et de santé. Elle annule sa tournée en Asie et ses concerts à Las Vegas. Son univers se délite. Une mauvaise séquence, comme a coutume de dire René. C'est pareil que le black jack, c'est affaire de séquence. Il reste optimiste : « Quand ça va mal, il ne faut pas s'énerver et attendre l'occasion qui va sûrement se présenter, la reconnaître et la saisir. » La maison de la famille Dion, à Charlemagne, est démolie[2], car il est impossible de la réhabiliter. Inhabité depuis plusieurs dizaines d'années, le lieu demeurait cher à tous les enfants Dion. « Quand maman a repris la maison, elle voulait en faire un genre de site touristique. C'était ça, le but », explique Michel. Le bâtiment s'est révélé trop fragile pour être sauvé. Au début des années 1980, un commerce de portes et fenêtres s'était installé et la maison avait été dénaturée. « L'intérieur ne ressemblait plus du tout à celui de l'époque où nous vivions là », poursuit Michel. « Après vérification, les inspecteurs se sont aperçus que c'était trop brisé, trop magané, pour que des gens puissent aller à l'intérieur. On ne pouvait pas faire grand-chose avec ça. » Thérèse ne tergiverse pas longtemps. « René me retient depuis sept ans, mais, là, je suis tannée. Je veux faire construire un édifice à la place, avec des condos[3] à vendre et la Fondation au rez-de-chaussée. Le loyer coûte cher ici, on garderait cet argent-là pour les enfants. » Ainsi soit-il. Le bâtiment est rasé. Condos et bureaux de la Fondation Maman Dion seront entre de bons murs bien solides. Thérèse a le cœur sur la main, elle ne sait pas dire non : « Mon père, mon idole, donnait tout à tout le monde et me disait : « Partage, Thérèse. » Cette bonté est récompensée par le Prix du Gouverneur général pour toute l'entraide donnée à sa communauté (2015), et la médaille de l'Assemblée nationale du Québec (2019). Thérèse, maman d'une star internationale, adulée par les foules, est demeurée une femme simple, humble... au cœur battant. « Quand on aide

1. 12 août 2014.
2. 10 octobre 2014.
3. Logement, appartement. Diminutif du mot Condominium.

les autres, répète-t-elle, même si on doit se serrer la ceinture, ça rend heureux. On devient amoureux de la vie. Moi, je suis une amoureuse de la vie. Oui, j'ai travaillé fort, parce que j'aime mes enfants. Et, je m'oublie dans tout ça. Mais partager, c'est le bonheur. » La générosité et la détermination sont affaire de famille chez les Tanguay-Dion. Ils ont cela dans les gènes. Nul doute que Céline en a grandement hérité. Elle témoigne son soutien à Opportunity Village, dans le sud du Nevada, au service des personnes ayant une déficience intellectuelle, lors de la collecte de fonds Magical Forest[1] à Las Vegas. Elle évoque son époux et rappelle : « Nous sommes tombés amoureux de cette merveilleuse organisation et des personnes courageuses qu'elle sert. Opportunity Village travaille dur depuis 50 ans, aidant des milliers d'adultes handicapés et leurs familles. Ils méritent une exposition internationale et je suis honorée de pouvoir les aider à transmettre leur message au nom des personnes profondément handicapées. » Avec René, ils font un don personnel de 150 000 $, auquel s'ajoute le produit des ventes de places de son spectacle, soit au total 500 000 $.

Les difficultés, les contraintes, la maladie, soudent un couple ou au contraire le défont et les époux s'éloignent l'un de l'autre dans bien des cas. Pas chez les Angélil. De semaines éprouvantes, en secondes immobiles, d'espérances, en fièvres incontrôlables, de communiqués rassurants en annulations soudaines, Céline tient la barre du navire : « J'espère que vous allez venir nous voir pour célébrer la vie avec nous », lance-t-elle le 24 mars 2015, au moment de remonter sur scène après un an d'absence. Ils se prêtent à une séance photo avec Eric Ray Davidson. Ce sera la dernière pour René... Les clichés illustreront l'annonce de son retour sur scène. L'opération de son mari, les soins, les analyses, les inquiétudes, les interrogations l'ont éprouvée : « Pour moi, travailler, m'occuper de mes enfants et être à ses côtés a été très lourd à gérer. Ça m'a coûté cher, alors

1. 26 novembre 2014.

j'ai décidé d'arrêter mon show, pendant un temps. Je voulais juste être épouse et mère. À un moment, c'était tellement difficile de monter sur scène et chanter, soir après soir. René m'a réconfortée. Il était prêt à repartir à l'attaque avant moi. Il m'impressionne toujours. J'ai tant de chance de l'avoir avec moi ! Aujourd'hui, René veut que je chante de nouveau. Je vais le faire pour lui à compter du 27 août. La maladie n'est pas un choix. Ça vous tombe dessus, c'est très dur. Mon retour sur scène est un premier pas pour sa convalescence. » L'incertitude face à l'évolution de la maladie les ronge. « Nous ne savons pas de quoi l'avenir sera fait. René a un destin. On ne sait pas où cela va le mener. On a hâte de savoir. Le 27 août, quand je reprendrai le spectacle, il sera là. Et je vous promets qu'il y aura des notes de bonheur intense. Mais, pour moi, ce sera un grand instant d'émotion. » Le lendemain, face à la journaliste d'ABC News, les sanglots la submergent : « Un autre combat commence. René a du mal à manger, il s'affaiblit. Nous devons nous résoudre à ce qu'il s'alimente temporairement par un tube relié à son abdomen. Un premier, puis un second, plus petit et confortable. René peut ainsi reprendre des forces. Le 27 août, quand je reprendrai le spectacle, René sera là dans le public, comme il l'a toujours fait. » Elle ne gémit pas sur son sort, elle a assez de force pour tenir son monde, assure-t-elle à Deborah Roberts : « On prend la vie comme elle vient. Nous avons décidé de vivre », explique-t-elle. René assiste à cet entretien, assis à l'écart, discret, comme à son habitude. S'il n'arbore pas de cravate, col de chemise ouvert, il est très élégant et chic. Amaigri, sa barbe impeccablement taillée lui mange un peu le visage. Il ne perd rien de l'entretien. « Mes fans, ils savent que je suis un livre ouvert, rappelle Céline. Je nourris René trois fois par jour. Je le fais moi-même. Je dois nourrir mon mari et mes enfants. » Cette confidence bouleverse les amis et relations du couple. Rock Cloutier, tourneboulé par les souffrances de son ami, compatit : « René, c'est un épicurien et les deux choses qu'il aimait le plus au monde c'était gambler et manger. »

Le correspondant de *Paris Match*[1], à New York, ne cache pas son affliction : « Après plusieurs récidives, la silhouette chétive de René ne laisse pas de doutes. Mais la guerrière ne s'avoue pas vaincue. » Il constate : « Son sourire était son armure. Il a cédé sous le poids des larmes. Des pleurs que Céline ne pouvait plus contenir. » Elle ne s'en cache pas : « J'ai peur de perdre René. Il va vraiment mal. Je me bats avec lui pour ma famille. » René garde le silence parce qu'il ne peut pas parler et il entend très mal. Le traitement par chimiothérapie l'a rendu pratiquement sourd. Olivier O'Hahony reprend en partie l'article de Jennifer Garcia pour *People Magazine,* dans lequel Céline explique que, mariée pour le meilleur et pour le pire, la formule fait sens pour elle : « Quand vous vous mariez, c'est pour le meilleur et pour le pire. Que vous soyez en bonne santé ou malade. Aujourd'hui, plus que jamais, ce vœu de fidélité tourne en boucle dans ma tête. On profite de la vie autant qu'on peut. »

Ce repos forcé, ces longues semaines étirées dans l'ambiance aseptisée des couloirs d'hôpitaux ne sont-ils pas plus éprouvants pour la diva ? « Ce n'est pas difficile de prendre des vacances, a-t-elle confié à *Entertainment Tonight*[2]. Ce n'est pas difficile d'être avec René, pas plus que c'est difficile d'être avec ma famille et mes enfants. Ce qui est difficile, c'est que c'est la vie qui l'impose. » La conception de son nouveau spectacle motive son manager, autant passionné et perfectionniste qu'à son habitude. L'espoir renaît. « Il se porte très bien. On sait où il va, on connaît le traitement qu'il suit, ce qui est rassurant. Je savais qu'il saurait surmonter cela et il le fait à merveille, c'est un battant. Il travaille très dur pour aller mieux. Il est fort. » René souhaite plus que tout voir son épouse dans la lumière, exercer son art avec brio, combler son public. « On a créé ce spectacle ensemble et on continue à le faire évoluer ensemble. Il veut que j'y retourne. Il veut que je sois forte, et c'est ce qu'on accomplit ensemble. » Leur famille

1. 2 avril 2015.
2. 21 mai 2015.

est un terreau propice au bonheur, source d'une satisfaction intense : « Nelson et Eddy vont bien. Ils sont trop jeunes pour comprendre. Ils vont de la piscine au bac à sable. En revanche, je suis inquiète pour René-Charles. Il se rend compte de ce qu'il se passe. J'ai beaucoup d'empathie pour lui. Mes enfants me changent les idées. Ils me donnent la force de lutter et de rester positive. J'ai des hauts et des bas, mais j'aime la vie que j'ai avec eux, en tant que maman et épouse. La musique est ma passion et ma famille, toute ma vie. »

Le *Boston Herald*[1] vend la mèche. Le célèbre imprésario est soigné à Boston. « Ne dites pas qu'on vous l'a dit. Parce que c'est censé rester discret. Mais la méga star de la pop, Céline Dion, s'installe dans la région de Boston pour le mois prochain, afin que son mari, René Angelil, puisse être traité pour un cancer de la gorge au Massachusetts General Hospital. On dit que la quintuple lauréate des Grammy Awards et sa famille vont s'installer dans un immense manoir de la banlieue, pendant que son mari poursuit son combat contre le cancer dans le célèbre hôpital de Boston. » Cette annonce est loin de rassurer les amis et les fans. Rock Cloutier nous parle de son dernier poker avec René : « Avant qu'il parte à Boston pour ses traitements en juillet, on est allés faire une petite *game* de poker chez lui. Il m'a dit : "Champion, c'est moi qui brasse toutes les mains". On était lui, moi, Pierre Lacroix et ses fils Jean-Pierre et René-Charles. C'était la dernière *game* de poker qu'il a jouée. Il n'a pas gagné malheureusement, mais il n'était pas question qu'on le laisse gagner non plus. Après la *game*, il m'a fait un *big hug*[2]. Il m'a dit : "Je me mets *all in*, je m'en vais à Boston pour mes gros traitements" ».

*Never complain, never explain.*

Moulée dans une robe fendue, en cuir vert, asymétrique, de Thierry Mugler, mettant en valeur ses longues et belles jambes, Céline présente les artistes concourant pour le Top Male Artist

1. 4 juin 2015.
2. Prendre dans ses bras.

lors des Billboard Music Awards[1], au MGM Grand Garden Arena, de Las Vegas. D'une façon très originale, en ouvrant un téléphone portable, elle montre l'écran au public sur lequel s'affiche le nom du gagnant : Sam Smith. En coulisses, elle donne des nouvelles rassurantes de son mari. Il suit un protocole au Massachusetts General Hospital de Boston : « Il va le mieux possible. Il fait ce qui lui fait plaisir, et, chaque jour, il me montre quel grand champion il est. Il est heureux que je reprenne le spectacle, car c'est ce que nous avons fait – en dehors de nos enfants – de mieux ensemble. Il veut que je fasse mon retour. Et je veux vraiment lui montrer que nous allons faire quelque chose de super. Il a plein d'idées, il est excité. Je ne veux pas le décevoir. Il souhaite mon retour. Il me veut forte, et je fais tout mon possible pour cela. J'ai le soutien de son amour et c'est ce dont j'ai besoin. »

Elle saute dans son jet pour un trajet éclair vers Vegas, où elle remonte sur scène le 13 juin, auprès de son ami Andrea Bocelli, au MGM Grand Garden Arena, lors du concert-bénéfice *Power of Love, Keep Memory Alive*, récoltant des fonds pour la recherche sur le cerveau, pour la Cleveland Clinic Lou Ruvo Center for Brain Health. Ils interprètent *The Prayer*. C'est l'occasion pour elle de faire plus ample connaissance avec Veronica, l'épouse et manager d'Andrea. Ils se sont unis en mars 2014. Veronica se consacre à sa carrière et l'accompagne au quotidien. Vingt-six ans séparent Andrea de Veronica. À dix-huit ans, elle a rencontré le ténor italien âgé de quarante-quatre ans. Une belle histoire d'amour qui ne manque pas de convoquer les souvenirs de Céline... Elle confie à l'envoyé du *Sun Las Vegas*, venu assister à ses répétitions : « Je ne laisserai jamais tomber personne après une promesse. René voulait que je sois ici. Il se bat et travaille vraiment dur. La réalité est difficile, mais nous avons le ticket pour vivre aujourd'hui. Aujourd'hui, nous sommes en vie et nous allons en profiter. » Les yeux emplis de larmes, elle évoque son cher mari : « Il veut

1. 17 mai 2015.

que je sois forte, il veut mon retour, il veut me revoir... avant de partir... Je suis impressionnée. Je l'ai toujours été, parce que je l'ai épousé. Je savais qu'il pouvait soutenir et créer une carrière pour moi, mais étant mon mari et le père de mes enfants, il a fait tellement plus. » Il ne cesse de l'encourager à continuer ses concerts, ne surtout pas abandonner sa carrière : « Quoi qu'il arrive, même si je ne suis plus là, Céline, tu dois continuer. » Son combat contre la maladie est rude, très éprouvant : « Nous ne dormons pas, dit-elle. [...] nous voyons les médecins, René suit des traitements. Nous ne sommes pas morts ; nous sommes vivants[1]. » Rock Cloutier est beaucoup plus pessimiste : « Il pensait passer au travers. C'était un *fighter* incroyable. Il était tellement positif. Même quand il est revenu de Boston, les médecins avaient dit que c'était contrôlé, sauf qu'il a eu d'autres problèmes. Il était atrophié. Il ne mangeait plus depuis le 23 décembre 2013. Il n'avait plus de qualité de vie. Il ne parlait plus, il ne mangeait plus. Il ne dormait plus. Il n'avait pas de force physique, il n'était plus capable de jouer au golf, il n'était plus capable de rien faire. Il avait perdu tout ce qu'il aimait faire. » L'état de René est si dégradé qu'il demande à ses amis de ne plus le visiter. « C'était un gars fier. C'était un super de beau gars, s'émeut Rock Cloutier. Il était toujours bien habillé. À la fin, c'est pour ça qu'il ne voulait plus voir personne. Il était tellement changé, il était méconnaissable, ce n'était plus lui. Il ne voulait pas que ses chums ni personne ne le voit comme ça. Il ne voulait pas qu'on se souvienne de cette image-là. »

Quelques jours avant le lancement de son show, Céline reçoit les médias, enregistre des entrevues : *Entertainment Tonight* et *USA Today* aux USA ; *Good Morning Britain* sur la chaîne de télévision ITV, et *50' Inside* pour la chaîne française TF1. « L'année dernière a été très difficile. Vous entendez mon histoire et celle de mon mari, parce que nous passons à la télévision. Mais les gens vivent ces choses, pire encore, tous les

1. *Sun Las Vegas*, 18 juin 2015.

jours. » Les traitements terminés à Boston, René peut regagner Vegas. Céline, très reconnaissante, exprime ses remerciements à ses fans « Les prières, le soutien, les e-mails, les lettres, ça joue un grand rôle ». Elle insiste sur l'importance que revêt son retour sous les projecteurs pour René. Il est une donnée d'importance dans son processus de guérison. « Quand j'ai décidé d'arrêter le spectacle parce que René ne se sentait pas bien, c'était parce qu'ici je me secouais les fesses tous les soirs en chantant *Everybody Dance Now* et je ne me sentais pas bien à ce sujet. Mais il veut que je sois sur scène. Il ne rentre pas dans ma robe, mais croyez-moi, René est avec moi sur cette scène. » Elle en est convaincue : « Cela va aider René 100 % et moi 100 %. Je le fais pour lui. » Les exigences du show-business et ses responsabilités d'épouse et de mère ravivent une forme de routine, mise en place au début de sa résidence à Las Vegas. En général, jadis, elle arrivait au Colosseum vers 17 h 30, plus tôt, si elle devait faire un test son. La famille s'étant agrandie, elle a repoussé au maximum le moment de quitter ses enfants. Le spectacle, bien rodé, ne nécessite plus autant d'heures de présence de sa part. Elle adopte, quatre jours par semaine, un rythme convenu qui convient à tous. En toute fin d'après-midi, sa voiture attend devant sa propriété de Lake Las Vegas. Elle s'y engouffre. À destination, elle passe par l'entrée des artistes, fait le point avec son équipe tout en se faisant coiffer. Elle se maquille, s'habille. Elle rencontre les personnes qui ont souhaité la voir, se prête de bonne grâce aux poses devant les objectifs. Elle sait combien les gens apprécient d'être photographiés à ses côtés. C'est la touche finale, la cerise sur le sundae[1], le *nec plus ultra* d'un séjour à Vegas.

Depuis ses débuts, elle est toujours montée sur scène en sachant René dans les coulisses. Jusqu'à ce que la maladie ne l'en empêche, il n'a jamais dérogé à ce rite. Malheureusement, le cancer qui l'accable l'empêche de se rendre au Caesars Palace à leur grand désespoir. Avant d'entamer son show, elle posait

1. Cerise sur le sundae (une coupe glacée) : terminer une chose en beauté.

ses mains dans celles de son époux et lui murmurait des mots doux. Elle a eu l'idée de faire réaliser un moulage en bronze des mains de René où elle glisse les siennes. Une reproduction en latex a aussi été réalisée. La sculpture, placée dans un coin discret des loges, lui permet ainsi de procéder à leur rituel d'origine. Ensuite, elle claque ses doigts et les embrasse après avoir effleuré une plaque en bois sur laquelle sont gravés les mots *Show must go on* et *Knock on wood with René*. Elle fait le tour du plateau, pose son pouce droit sur celui de ses musiciens et choristes, toujours dans le même ordre... Elle avale un cracker, car le sel stimule ses muqueuses, puis son microphone est branché. Elle monte à 19 h 30 sur scène. Vers 21 heures, le spectacle terminé, elle fait quelques vocalises pour reposer sa voix. Elle reste un long moment dans sa bulle. Elle s'assied, seule, boit un thé avec beaucoup de miel, le temps que son taux d'adrénaline baisse. Elle se change, se démaquille. Son chauffeur, debout près du véhicule, lui ouvre la portière. Ils roulent, en silence, vers la maison familiale où René et les trois garçons attendent la diva pour dîner.

Digne et respectueux des autres, sans se plaindre, René continue à bluffer et met ses affaires en ordre. Le couple a mis en vente leur somptueux domaine de 63 millions de dollars à Jupiter Island sans amertume. « Mon sentiment est que si vous ne l'utilisez pas, vous le perdez », explique Céline à propos de ce bien, dont le prix a été réduit de 10 millions de dollars l'année dernière. Son seul entretien coûtait 250 000 dollars par mois. Leur demeure de l'île Gagnon, au Québec, change de mains. Le passage de relais entre René et Aldo Giampaolo engendre des bouleversements. La transition n'est pas sans douleur... « C'est comme dans une équipe de hockey. Il est parfois sain d'effectuer des changements, histoire de secouer les joueurs », se défend Aldo Giampaolo. Il ne s'en prive pas. Claude Lemay, le directeur musical est remercié : « C'est avec beaucoup d'émotion que je reçois la gifle de mon licenciement, commente-t-il. Malgré tout, merci à Céline et René pour ces vingt-huit années extraordinaires. » Jean-Sébastien Carré, violoniste, s'en va : « Huit minutes pour mettre fin à douze ans de collaboration. Il semble que la nouvelle administration veuille de nouveaux visages. La tête bien haute, je peux affirmer que j'ai toujours donné le meilleur de moi-même et c'est donc ainsi que se termine un long chapitre de ma carrière de musicien. Un grand merci à Céline et René pour cette belle expérience », constate-t-il, amer. Le claviériste Yves Frulla et le guitariste André Coutu sont licenciés. Via TVA Nouvelles, Giampaolo rétablit les faits : « Premièrement, ils n'ont pas été congédiés, leur contrat prenait fin, et ils n'ont pas été renouvelés. Ça entre dans notre nouvelle philosophie, celle du changement. C'est du changement pour rafraîchir, c'est comme donner un nouveau look, un vent de renouveau. Beaucoup de gens ont été licenciés au fil des années. Le changement est nécessaire, et c'est dans cette philosophie de changement que ça a été fait. » Céline se sépare d'Annie Horth, sa styliste depuis 2007. Annie, la Québécoise, s'exprime à ce sujet avec retenue : « J'ai beaucoup de respect et d'admiration pour René et Céline. On s'est toujours bien entendus sur le plan créatif. Je jouissais d'une belle liberté pour mon travail de styliste. C'est à d'autres niveaux que la décision s'est prise. J'ai eu la chance de faire un boulot exceptionnel et de vivre une relation professionnelle et amicale avec deux personnes immenses et uniques. Et je suis fière du travail que j'ai fait pour l'évolution de l'image de Céline dans les dernières années. »

La famille Angélil, à Henderson, sur les bords d'un lac artificiel, au milieu du désert, s'adapte tant bien que mal. Céline déteste cet endroit, car l'été « les enfants ne peuvent même pas faire de vélo dehors, on pourrait faire cuire un œuf sur le gazon ». Un sacrifice qui lui permet de continuer à assurer le show et veiller sur son mari la journée. Elle met un point d'honneur à subvenir aux besoins de René, qu'elle nourrit par une sonde d'alimentation, avec l'aide des jumeaux âgés de 4 ans. « Quand vous voyez quelqu'un se battre si fort, ça vous impacte. Alors vous avez deux options : soit vous vous dites qu'il n'y a rien à faire, soit vous regardez votre époux très malade et vous lui dites : « Je m'occupe de toi. Je tiens le coup. Je suis là. Ça va aller[1]. » René-Charles a beaucoup plus de mal à accepter le déclin de son père. « Parfois, il veut que j'aille avec lui dans la chambre de René – c'est difficile pour lui de voir son père comme ça, constate Céline. Il a 14 ans et demi, mais il devient l'homme de ma vie, même si c'est une responsabilité difficile à mettre sur n'importe quel enfant. » Pour préserver l'équilibre de l'adolescent, elle encourage ses passions pour le golf et le hockey, auxquels il joue quotidiennement, lorsqu'il n'est pas scolarisé à la maison. Alors qu'elle ne le laisse pas encore passer des soirées pyjama chez ses copains : « Je devrais vraiment bien connaître les parents d'abord », elle encourage ses amis à venir dormir chez eux. « Quand je vois ma maison avec ces gamins vautrés sur des matelas, avec leur odeur de hockey et les séchoirs qui sèchent leur équipement, les jeux vidéo en marche, les sacs de chips ouverts, ça me fait plaisir », sourit-elle. Elle n'a pas connu ces plaisirs liés à l'adolescence et se projette dans ceux de son fils avec curiosité et bienveillance. Elle est bien consciente qu'en contrepartie, son manager a orienté sa vie vers le meilleur : « René a été ma sécurité, mon faiseur de rêves. Il a toujours voulu que j'aie tout ce que j'ai toujours voulu, même les choses que je ne savais pas que je voulais. Mais les enfants, c'était la chose la plus importante. » Elle pressent que lorsque l'heure du départ de René viendra, elle vivra des moments très sombres.

— Qu'est-ce qui vous fait tenir ? Quelle est votre philosophie ?

— Il est important d'ouvrir les yeux le matin, de se regarder dans le miroir et de se poser deux questions : êtes-vous mort ou avez-vous un ticket pour voyager ?

— Vous optez pour le voyage ?

— Il n'y a que deux tickets. Si vous êtes en vie, passez une bonne journée. Parce qu'aujourd'hui est le jour le plus important de votre vie.

---

1. *USA Today*, 24 août 2015.

— La foi vous soutient ?

— Si vous pouvez trouver de l'énergie dans ce que vous donnent vos enfants, cela peut devenir la chose la plus précieuse dans votre vie. C'est ma religion.

— C'est important ?

— Oui, c'est important pour les gens d'avoir une chose qu'ils peuvent toucher et dans laquelle croire. Je dis que croire en soi, c'est croire en Dieu. Pour moi, Dieu est la vie elle-même, les oiseaux, l'air, le lever et le coucher du soleil, les enfants. Oui, c'est là que je trouve Dieu. Pas dans une église.

Céline a choisi la lumière. Pourtant, grande est sa peine, lourd son fardeau. Afin de rassurer René sur sa capacité à tenir bon, lui prouver sa force et sa détermination, elle accède à son vœu. Elle le lui doit. La grande œuvre de René, c'est d'avoir fait d'elle une star internationale. Pour qu'il passe sur l'autre rive en paix, elle veut l'assurer que sa plus belle réussite lui survivra. Céline confie aux siens : « J'ai compris que ma carrière était, d'une certaine manière, son chef-d'œuvre, sa chanson, sa symphonie à lui. » C'est assise sur la scène du Colosseum, quelques heures avant le spectacle, qu'elle se livre sans fard aux questions des journalistes. René-Charles s'est mis sérieusement au golf et il a fait un 40 et un 36. Un 76 sur 18 trous, en d'autres termes. « Nous connaissons parfaitement la famille de Céline et l'histoire de sa vie, car elle s'est intégrée si naturellement à notre communauté de Las Vegas », écrit John Katsilometes pour le *Las Vegas Sun*[1]. Elle est prête à partager les triomphes et les difficultés de sa vie, sur scène et en dehors du théâtre, car cela nous rappelle que même les mégastars doivent faire face aux défis d'élever une famille et de s'occuper d'un conjoint souffrant. À propos de son retour au Colosseum, elle déclare : « C'est vraiment comme si j'étais chez moi, de retour sur cette scène. Le fait que je connaisse bien cette salle, les gens du Caesars Palace et d'AEG et les habitants de Las Vegas m'aide. » Forte de la

1. 28 août 2015.

flamme éternelle qui brille en son sein, elle est au rendez-vous le 27 août. Maman Dion, sa fille Claudette et René-Charles sont assis dans le public. « La scène me soulage, c'est ma maison. J'ai passé trente ans de ma vie sur les planches, à sentir tous les clous sur les scènes des quatre coins du monde », a-t-elle confié à *La Presse*[1]. René n'est pas là physiquement. Il n'a pas été en mesure de quitter la maison, trop éprouvé par les traitements. Céline, face à l'assistance, raconte : « Au début de ma relation avec René, j'ai essayé de l'impressionner avec mon talent. Ensuite, je suis tombée amoureuse de lui. Aujourd'hui, je pense que l'amour l'emporte. Je suis là, il est là. C'est la continuation du livre de notre vie. Ce soir est un grand soir, René est présent d'une manière différente, mais il est là. » Michel Dion observe « Jusqu'à la dernière minute avant le spectacle, il envoyait ses recommandations. Il a toujours observé le moindre détail. »

John Katsilometes[2] remarque qu'il y a une grande différence avec le précédent show offert par l'artiste à Vegas. La diva semble plus confiante envers elle-même, son incroyable voix, sa capacité à s'approprier la scène. « ... elle est si clairement capable de retenir votre attention à elle seule. Elle est, bien sûr, largement aidée par une demi-douzaine d'écrans vidéo suspendus au-dessus de la scène, qui lui permettent de se remémorer son parcours jusqu'à Las Vegas à travers des séquences comprenant de nombreux films familiaux. Nous voyons les enfants grandir, faire des bêtises et jouer dans l'eau, tandis que René rigole d'eux. » Cette mise en scène lui permet de mettre en avant *The Power of Love*, *All By Myself* et *My Heart Will Go On*... On imagine sans peine la signification que prennent les paroles pour Céline... « En utilisant à merveille sa voix bien reposée, elle a chanté avec les Bee Gees, sous forme de vidéo, sur *Immortality*. » Claudette Dion est admirative de la maîtrise de sa sœur : « C'était vraiment un spectacle différent des autres. Elle prenait le temps de s'adresser aux gens, de garder le contrôle. Je dirais qu'elle nous communiquait beau-

1. *La Presse*, 27 août 2015.
2. *Le Journal de Montréal*, 1er septembre 2015.

coup de tendresse, mais ce que la salle lui a renvoyé… c'est ce qui m'a fait craquer. Le public était debout à chaque chanson, il applaudissait longtemps, on entendait crier "On t'aime Céline, on t'aime René". C'était pour eux. Le public aime Céline et René, ensemble. C'était un échange d'amour, de soutien, et de courage. […] c'est un cri d'amour qu'elle faisait pour René. Mais elle était en voix, c'est incroyable. Elle s'est donnée comme elle ne s'est jamais donnée ».

René, fort élégamment, place son épouse parmi les légendes de Las Vegas en lui faisant assumer sa position grâce à la présence holographique de Frank Sinatra dans *All The Way*. Elle se tient aux côtés d'un Elvis Presley virtuel pour chanter *If I Can Dream*. Il s'agit de la vidéo tournée lors de son come-back spécial de 1968 – l'année de la naissance de Céline – où il porte un costume blanc, croisé, de coupe occidentale et un ascot rouge. Leurs deux voix puissantes se mêlent à merveille. « Vers la fin de son spectacle, nous dit le *Las Vegas Sun*[1], Céline a enfilé une robe verte à franges courte et chatoyante et a chanté *River Deep, Mountain High* de Tina Turner. Céline déchire vraiment cette chanson, ce qui lui a valu l'une des nombreuses ovations du spectacle. Parfois, on a juste besoin de chanter, de danser et de faire des cabrioles avec ses amis. Comme le dit elle-même la chanteuse hors pair, "Ce soir n'était pas un nouveau jour. Ce soir, ce n'était pas vraiment un nouveau spectacle. Ce soir, c'était un nouveau départ." » Nouveau départ, certes, mais vers quel horizon ? L'incertitude, la peur forment son quotidien. « Je ne suis pas rendue à demain, avoue-t-elle au journaliste de *La Presse*[2]. On a toujours eu un plan, des rêves. Demain n'existe pas. On n'a pas de plan. Notre avenir commence ce soir. » Elle a tant de mal à retenir ses larmes : « On a demandé plusieurs fois aux docteurs combien de temps ils lui donnent. Trois semaines ? Trois mois ? René voudrait savoir. Mais eux, ils ne savent pas. » Son amoureux émet un

1. *Las Vegas Sun*, 28 août 2015.
2. 27 août 2015.

vœu, un ultime souhait : « Je veux mourir dans tes bras ». Elle le rassure : « Je serai là. Tu mourras dans mes bras ». Maman Dion, dont on connaît les capacités réconfortantes de consolatrice, questionnée sur l'état de santé de son gendre, véhicule l'espoir : « Ça se maintient. J'ai même trouvé qu'il avait pris du mieux. Quand il est allé à Boston, il a pris un nouveau médicament et il réagit bien ».

René pousse sa femme à programmer un album en français. Ensemble, ils cherchent des auteurs. Elle songe, bien sûr, à Jean-Jacques Goldman. Elle ranime le passé : « *D'eux*, c'est l'un de mes albums préférés. Si je devais un jour dire à mon fils ce que j'ai été, ce que ça a été, je lui donnerais l'album *D'eux*. J'étais assez mature pour le comprendre et le saisir. Je me suis épanouie[1]. » Goldman est, d'une certaine façon, de sa famille : « Jean-Jacques fait partie de mes bagages. Jean-Jacques a tout écrit pour moi et sachant que je voulais enregistrer un nouvel album français, je me suis permis de lui faire un petit coup de fil, en lui disant, écoute Jean-Jacques, je ne veux pas abuser, je sais que tu as tout écrit pour moi, je t'en suis super reconnaissante. Mais ce qu'on vit en ce moment est tellement important... si jamais tu peux me donner un petit peu de ta petite magie, ta petite touche. » Après la mort de René, elle révélera à Marie-Claude Barrette[2] que lorsqu'elle appela Goldman depuis Boston, elle lui confia l'objet de son tourment : « Jean-Jacques, je te fais quand même la demande de m'écrire une chanson que tu n'as jamais écrite pour moi. C'est un sujet très délicat. De quelqu'un qui se bat très fort pour sa vie. C'est le début d'une nouvelle vie. Il a accepté tout de suite. Ça m'a énormément émue. » Le compositeur saisit sa supplique : « Elle est venue avec une idée. C'est elle qui m'a demandé, est-ce que tu peux faire une chanson qui parle du temps qui passe, quoi ? Et puis en y réfléchissant, voilà, cette chanson m'est venue. Donc, je lui ai proposé. » Sur la maquette adressée par Jean-Jacques Goldman, les paroles de la chanson *Encore un soir*

1. Documentaire *Toute une vie*, TVA Canada 2005.
2. Émission spéciale *Maintenant*, TVA, mai 2016.

scandent le tic-tac d'une horloge, chaque seconde résonne... « J'ai écouté ça, et puis je me disais : encore un soir, encore une heure, encore un baiser... encore l'espoir, encore une fois, remarque Céline. C'est large comme thème. Parce que, si on pense à nous, ça nous colle à la peau, mais ça peut être facilement encore un jour de vie ? Ça peut parler de gens qui ont de la difficulté à garder leur couple en vie. Ça peut être la mort. [...] encore une larme de bonheur, encore une chanson, encore un spectacle. [...] J'ai appelé Jean-Jacques en lui disant "écoute, je peux pas te dire merci, il n'y a pas de mot. Je t'ai dit *merci* il y a douze ans pour tout ce que tu as fait pour nous. Mais ce que tu fais pour nous maintenant, ça prend une telle importance. C'est pas juste une chanson, c'est un moment important, alors merci" ». Elle renchérit : « Il n'y a rien à y changer... Il n'y a jamais rien eu à changer avec Jean-Jacques. Je n'écris pas mes chansons, je suis à la merci des textes, et je peux parfois ne pas être à l'aise avec certaines phrases, mais avec Jean-Jacques, il y a une complicité : on a même plus besoin de se parler, plus besoin de se rencontrer pour interpréter. » René entend l'enregistrement – précieux cadeau du compositeur français – et choisit la photo qui illustrera la pochette du CD. Son ultime offrande au répertoire de sa femme. « Cette chanson sera le tremplin ou la traversée du pont qui m'amènera à mon nouveau départ », confirme Céline. Lorsqu'il écouta la chanson, René, qui ne pouvait plus parler, exprima toute sa joie et sa satisfaction. « J'ai eu le temps de la chanter à René qui était, comme on dit chez nous, aux petits oiseaux[1]. » René adorait ce titre : « Jean-Jacques m'a préparé un beau départ », disait-il, lui qui souffrait tant depuis trois ans... », rapporte Céline.

Eddy et Nelson n'ont connu leur papa que souffrant. Sa chambre est équipée d'un lit thérapeutique, d'une barre pour l'aider à se lever, d'un banc dans la douche. Des appareils médicaux sont installés à demeure. Céline et René ont fait en sorte

1. Être aux anges, être au septième ciel, être ravi.

de ne pas projeter leurs angoisses et leurs peurs sur leurs trois fils. Pourtant, tous participent émotionnellement à la situation. C'est elle, le pilier de la famille, à présent. Elle gère le quotidien, l'adversité, le va-et-vient des auxiliaires médicaux. Elle multiplie les jeux et les découvertes, afin que rien n'ébranle le confort et l'enfance des jumeaux. Elle les fait participer à des moments choisis grâce auxquels ils contribuent au bien-être de leur papa : lui porter un verre d'eau, lui chanter une comptine. À l'occasion de leur cinquième anniversaire, elle les emmène au parc Disneyland, à Anaheim, en Californie. René-Charles a souhaité rester auprès de son père. Elle poste pour la toute première fois, le 27 octobre 2015, photo et commentaire sur Instagram, alors qu'elle est en studio pour la préparation de l'album. En vingt-quatre heures, c'est le buzz ! 57 000 abonnés ! Ses fans sont fous de joie et le font savoir. La diva travaille au studio At the Palms, à Las Vegas. La talentueuse Zaho, auteure de *Ma faille*, *Tu sauras* et *À vous*, après le décès de René Angélil, se souviendra de ces sessions d'enregistrements : « Céline est très drôle, très décontractée, très touchante, très attachante et très professionnelle. Elle est très exigeante envers elle-même. Cela facilite la tâche pour celui qui est derrière, de l'autre côté, en train de diriger. On a beaucoup ri. Céline, c'est une blagueuse. Je sais que c'était dur pour elle, parce que René était mourant. Il n'allait pas très bien. J'admirais son courage de continuer et d'avancer. Parce que René voulait qu'elle poursuive cet album. » Elle tranquillise son époux, apaise ses inquiétudes, aplanit les obstacles : « Mon boulot, c'est de dire à mon mari : "Nous allons bien." Je prendrai soin de nos enfants. Tu veilleras sur nous depuis un autre endroit ». La détresse, les souffrances, la mort rôdent autour d'eux. Elle apprend avec stupeur la série d'attaques simultanées perpétrées à Paris et à Saint-Denis[1]. 131 personnes perdent la vie, 350 sont blessées. Trois terroristes, introduits dans la salle de concert du Bataclan, tirent sur les spectateurs faisant 89 morts.

1. 13 novembre 2015.

La BRI et le Raid interviennent en fin de soirée pour libérer les otages et abattre les terroristes. Il s'agit des attentats les plus meurtriers jamais commis en France. Céline diffuse aussitôt une déclaration via les réseaux sociaux : « Céline et René ont été énormément attristés des événements tragiques survenus à Paris. Céline s'est adressée aux personnes qui assistaient à son spectacle en priant pour les victimes, leurs proches et amis. » Quelques jours plus tard, sur scène, lors de la 43e cérémonie des American Music Awards[1], au Microsoft Theatre de Los Angeles, majestueuse dans une longue robe noire romantique, au bas et à la traîne ornés de fleurs, du designer Elie Saab, elle interprète *L'Hymne à l'amour* d'Édith Piaf. Derrière elle, sont projetées des images de la capitale, les lieux des attentats, la pyramide du Louvre, l'Arc de Triomphe, Notre-Dame-de Paris, le Café de Flore et la symbolique tour Eiffel, éclairée aux couleurs de la France. Cela est presque imperceptible, tant sa maîtrise est grande, cependant, l'on décèle une fragilité dans la voix de la diva. Son hommage poignant émeut le public, des personnalités pleurent.

Une surprise de taille saisit le public aux Lifetime Achievement Awards[2] de la Latin Recording Academy, au KA Theatre du MGM Grand Hotel & Casino. Céline se joint à Neil Portnow, président-directeur général de la Recording Academy, pour remettre le Trustee Award au producteur de musique Humberto Gatica. Il a œuvré pour les plus grands : Lionel Richie, Barbra Streisand, Julio Iglesias, Ricky Martin, Paul Anka, Andrea Bocelli, Chicago, Carole King... Il a très souvent collaboré avec Céline, notamment pour *Unison*, *A New Day Has Come*, *D'elles*. Il a réalisé ses albums *Falling Into You* et *Let's Talk About Love*. Une vidéo rétrospective de la carrière d'Humberto est projetée avant que Céline ne l'appelle à les rejoindre sur scène et lui remette personnellement son prix : « Humberto, je veux te dire aujourd'hui que je te suis extrêmement reconnaissante pour les moments que tu as capturés et qui

1. 22 novembre 2015.
2. 18 novembre.

ont fait de moi la chanteuse que je suis aujourd'hui. Nous avons vécu beaucoup de moments ensemble, des moments amusants et faciles, et beaucoup de moments qui ne l'étaient pas... Et, les moments les plus difficiles, cela peut paraître étrange, mais ce sont les moments dont je me souviens le mieux, parce que tu as fait en sorte que ça marche. Je t'aime beaucoup. Tu as fait une grande différence dans ma vie, la conquête du métier, c'est tout ce dont je me souviens. Tu fais partie de moi, merci de chanter avec moi. Je ferais mieux de m'arrêter maintenant, je deviens très émotive. »

Quelques jours avant sa présentation sur CBS, Céline rejoint Alicia Keys, Lady Gaga, Tony Bennett, John Legend, pour le *Sinatra 100 : An All-Star Grammy Concert*[1], célébrant Frank Sinatra[2], au Encore Theatre du Wynn Las Vegas. Sinatra, surnommé « The Voice » et « le gangster d'Hoboken », aurait eu 100 ans le 12 décembre. « Je chante les chansons de Frank Sinatra dans mes spectacles depuis plusieurs années, rappelle Céline. Sa voix a toujours été une grande source d'inspiration pour moi, et elle le sera toujours. Frank Sinatra a toujours été le chanteur que mon mari René aimait le plus. Et ce soir, je chante pour lui, pour Frank et chacun d'entre vous », puis elle interprète *All The Way.* Ces paroles ont une résonance toute particulière...

« *When somebody needs you*
(« Quand quelqu'un a besoin de toi)
*It's no good unless he needs you, all the way.*
(Ce n'est pas bon s'il n'a pas besoin de toi, jusqu'au bout.)
*Through the good or lean years*
(Pendant les années fastes et les années de vaches maigres)
*And for all the in-between years, come what may.*
(Et pour toutes les années intermédiaires, quoi qu'il arrive.)
*Who knows where the road will lead us*
(Qui sait où la route nous mènera)

1. 6 décembre 2015.
2. Frank Sinatra 1915-1998.

*Only a fool would say.* (Seul un fou le dirait.)
*But if you'll let me love you* (Mais si tu me laisses t'aimer)
*It's for sure I'm gonna love you* (C'est sûr que je t'aimerai)
*All the way.* » (Jusqu'au bout. »)

Nul n'ignore les épreuves traversées par la diva et son époux en fin de vie... Elle est applaudie à tout rompre.

Noces d'opale en ce 17 décembre pour Céline et René. Vingt et un ans de mariage. Certainement leur dernière célébration ensemble... Ils regardent les photos de leur union célébrée à Montréal. Céline raconte des anecdotes aux jumeaux, tout en dévorant de grosses parts de gâteau. Ils écoutent de la musique, chantent, dansent joyeusement autour de leur papa. Céline ne veut pas d'apitoiement : « Vous aurez les genoux tremblants un jour, mais, quand quelqu'un que vous aimez s'amenuise tous les jours et a besoin de votre aide, ce n'est pas le temps de pleurer, après, oui, mais pas maintenant. » On a beau se dire qu'on a eu des années de bonheur, des joies inimaginables, on voudrait encore plus, on ne peut se résoudre à dire c'est fini.

Une très belle photographie, en noir et blanc, de leurs deux mains serrées, en gros plan, prise lors de leur mariage, accompagne le message de la diva sur Instagram : « 21 ans aujourd'hui ».

Elle arrête le show, s'accorde une trêve pour des fêtes en famille avec Thérèse et les trois aînés de René, Patrick, Jean-Pierre et Anne-Marie. « C'est très certainement le dernier Noël qu'ils passeront avec René. Céline essaie de profiter autant qu'elle peut du temps qu'il leur reste ensemble, a confié un ami du couple. Avec les enfants, ils passent des heures à chanter des chants traditionnels. René ne peut pas les accompagner, mais il les écoute. Céline garde la foi et ne laisse personne sombrer dans la négativité. Elle fait de son mieux pour combler les enfants, étant donné les circonstances. » Céline est convaincue que, ce dont René a le plus besoin, c'est de sa force et sa confiance : « René m'a réellement donné un cadeau : mon deuil, c'est cette année à ses côtés que je l'ai vécu. Je pense avoir compris cela. Quand ça va me frapper, ça me frappera. Ma plus grande tâche aujourd'hui, c'est de lui dire qu'on va bien, que je prendrai soin de nos enfants. Tu nous verras d'un autre "spot" ». Au journaliste de *La Presse*, elle décrira pudiquement les habitudes des derniers temps : « Vers la fin, on regardait des émissions de télé et on riait beaucoup. Le matin, il aimait que je vienne prendre mon café avec lui. Puis, j'ai recommencé à travailler. Il ne mangeait plus. Il ne prenait plus que des médicaments. Je lui disais : "Profite du paysage, regarde les enfants se baigner, il y a du soleil dehors." Mais il n'avait plus de forces[1]. »

René Angélil meurt le 14 janvier 2016, en sa résidence de Las Vegas.

Il était né le 16 janvier 1942... Le 13 janvier 1981, à Montréal, il rencontrait pour la première fois une toute petite fille, à la voix d'or, nommée Céline... Le mois de Janus – dieu du panthéon romain, des transitions, des commencements et des fins – était chargé de symboles pour René...

« C'est avec une profonde tristesse que nous vous annonçons que René Angélil, 73 ans, est décédé ce matin dans sa résidence de Las Vegas, après un long et courageux combat contre le cancer. La famille souhaite vivre le deuil en toute intimité. D'autres informations vous seront communiquées dans les prochains jours », annonce l'équipe de Céline.

« Ami, tu vas nous manquer », peut-on lire sur l'affiche placée à l'extérieur du Caesars Palace. À la demande du maire de Montréal, Denis Coderre, les drapeaux de la ville sont mis en berne : « Mes pensées et prières pour Céline, ses enfants, sa famille et ses proches. Nous quitter à 73 ans, c'est beaucoup trop jeune. » Les messages affluent : « Mes sympathies les plus sincères à la famille et aux proches de René Angélil, particulièrement à son épouse, Céline Dion, et ses enfants », déclare Justin Trudeau, Premier ministre canadien. « Je souhaite offrir

1. *La Presse*, février 2016.

mes sincères condoléances à son épouse Céline, à ses enfants, ainsi qu'à toute sa famille et son entourage, écrit Ginette Reno. J'ai un intense chagrin à la pensée que je n'aurai plus cette joie de partager ces moments de bonheur et d'humour avec lui. René, pour moi, est un ami de longue date, et ce, depuis que j'ai 15 ans. Ce fut pour moi un honneur de travailler avec un être aussi grand dans son art, qui avait atteint ce haut niveau de ce que j'appelle "le feu sacré". Je l'ai toujours taquiné et appelé le "Grand Vizir"... Vive le roi, Vive René. Mon cher René, à bientôt... » Le Centre Bell impose une minute de silence avant le match de hockey opposant les Canadiens aux Blackhawks de Chicago.

Sa disparition provoque un séisme dans la vie de son épouse et de ses enfants. S'y ajoute la mort de son frère Daniel, 59 ans, des suites d'un cancer, le 16 janvier. « Ses derniers jours ont été bercés par le personnel et les bénévoles de la Maison de soins palliatifs Adhémar-Dion, dira-t-elle. Je pense que René est venu le chercher pour l'amener en haut avec lui, parce qu'il savait que mon frère souffrait trop[1]. » Valérie et Marie-Michelle Dion, les deux filles du défunt, après concertation avec Sylvie Beauregard[2], ont choisi le lundi 25 janvier pour les obsèques. Les nièces de Céline sont convenues qu'il fallait attendre les funérailles de René, à Notre-Dame. Le deuil de la star de la famille était prioritaire. D'ailleurs, Daniel, ce « chanteur à la voix de Rossignol », dira Claudette Dion, ce musicien autodidacte qui pouvait jouer de tout, ne l'aurait pas voulu autrement. Elle ajoutera : « Mort d'un cancer de la gorge lui aussi. À 59 ans. Que veut dire ce message ? » Selon ses propres volontés, le huitième enfant de Thérèse et Adhémar sera enterré dans le cimetière de la petite église Saint-Simon-et-Jude de Charlemagne, à quelques pas seulement de la rue Notre-Dame, où, sous une stèle de granit noir, depuis décembre 2003, Adhémar repose.

1. *Le Journal de Montréal*, février 2016.
2. Secrétaire personnelle de Céline.

Avec un soin jaloux, René avait ajusté la mécanique de ses obsèques. Pas étonnant pour cet homme qui ne prenait rien à la légère en matière d'organisation, de synchronisation. Il avait la faculté de remarquer les moindres détails, analysait les performances de Céline dans tous ses aspects, soupesait les conséquences, afin que tout soit au point, tout soit parfait. Le corps de l'imprésario est transporté à la chapelle ardente dressée dans la basilique Notre-Dame de Montréal le 21 janvier. Un portrait géant du défunt est placé à l'extérieur, devant les barrières canalisant la longue file d'admirateurs venus lui rendre hommage. Autour du cercueil ouvert, de bois sombre, dans lequel il repose, les mains jointes, vêtu de son costume de mariage, sont disposés de grands vases garnis de spathes de Zantedeschia blanc et pourpre foncé. La calla sombre est associée à la douleur, utilisée comme motif ornemental dans les funérailles. La calla blanche est symbole de pureté, liée au mariage. En ce jour, elles symbolisent l'union indéfectible du couple depuis leurs noces jusqu'à la mort de l'époux. Selon la tradition melkite, l'enterrement doit avoir lieu au minimum trois jours après la mort, laps de temps nécessaire pour que l'âme se sépare du corps. Durant ces trois jours, le cercueil doit rester ouvert et sur une table doivent être déposés du riz ou du blé, ainsi que du raisin et un peu de miel.

Il est prévu que Céline reste la première demi-heure suivant l'ouverture des portes, peu avant 14 h 30, avant de se retirer en privé. Très digne, sobre, vêtue de noir, elle porte les cheveux en chignon, sous un voile de deuil. René-Charles se tient à ses côtés. Elle demeure jusqu'à 21 h 40 près de la bière, accueillant les centaines de personnes qui ont enduré le froid pour rendre hommage à son mari. La température est descendue à moins 15 degrés. « Je me suis dit il faut que je reste. Pourquoi je prendrais deux cents personnes, puis pas les cent autres ? Quelque chose me disait – je suis sûre que c'est René – tu le fais ou tu le fais pas. C'est la dernière chance que j'ai d'être près de mon mari pour accepter, en son nom, les prières, les souhaits, la force, les larmes, l'énergie de tous ces gens-là. »

La ministre de la Culture, Hélène David, le maire de Montréal, Denis Coderre, le commentateur sportif Michel Bergeron, eux aussi, ont patienté pour présenter leurs condoléances. Dans la longue file qui semble ne plus finir, on reconnaît des journalistes, Chantal Poirier du *Journal de Montréal*, Julie Snyder, l'animatrice et productrice. L'actrice Sophie Prégent se souvient de René et de « sa grande discrétion et sa grande délicatesse à l'égard de toutes les personnes qu'il rencontrait. On avait l'impression qu'on avait tout à coup une petite minute particulière avec lui, et une intimité se créait. » Ce que confirme l'animatrice Sophie Chiasson : « Il nous faisait sentir presque aussi grand que lui. » Charles Lafortune se dit chanceux : « J'ai eu la chance qu'il soit venu à *L'école des fans*, une émission qu'il regardait de Las Vegas. Il était aussi préparé, et avait une aussi grande délicatesse que s'il était allé faire David Letterman. Il avait le souci du détail. » Sonia Benezra, animatrice et amie du couple, rappelle à ses voisins : « J'ai été très choyée, parce que j'ai eu la chance de voyager autour de la planète avec eux. J'étais en studio avec eux. Mais, Dieu te préserve, si tu ne mangeais pas la nourriture que René nous commandait. »

Céline serre des mains, écoute, embrasse, étreint, reçoit les messages des admirateurs venus de Californie, de Las Vegas, d'Argentine, de l'Ontario, de Trois-Rivières... Deux mille cinq cents personnes... « L'impact de cet homme est immense, lit-on dans la presse. Il a fait plus pour la reconnaissance du Québec à l'étranger que tous les organismes chargés de promouvoir l'image de la Belle Province dans le monde. »

*« Je t'ai dit non, ça ne voulait rien dire*
*J'avais encore très peur hier*
*Il me fallait le temps de réfléchir*
*J'étais encore bien jeune hier [...]*

*Je viendrai*
*Trois heures vingt, place d'Italie*
*Je viendrai [...] »*

Vendredi 22 janvier 2016, à 15 h 20 précises, la chanson *Trois heures vingt* est diffusée alors que Céline pénètre avec ses enfants en la basilique Notre-Dame de Montréal. Quatre télévisions nationales retransmettent l'événement en direct. Douze caméras sont en place pour filmer la cérémonie. René a écrit le scénario de ses funérailles nationales. Il est respecté point par point. Céline dépose des spathes de Zantedeschia de variété « Forêt Noire » sur le cercueil et réunit leurs alliances sur le coussin de présentation utilisé pour leur mariage. La messe est célébrée par Mgr Christian Lépine, archevêque de Montréal et Mgr Ibrahim Michael Ibrahim, de l'Église catholique orientale melkite. Mgr Lépine, dans son message, rappelle que le couple formé par Céline et René s'est marié dans cette même enceinte, 21 ans plus tôt, le 17 décembre 1994. « La mort n'est pas le dernier mot de la vie et de l'amour », souligne-t-il au début de son homélie. Il évoque le double deuil de Thérèse Dion. Patrick Angélil rappelle que son père disait souvent à ses enfants qu'il les aimait : « C'est exceptionnel d'avoir eu un père qui nous disait ces mots précieux. [...] Il était doux, généreux et charismatique. [...] c'était un grand farceur, il avait en lui un côté loufoque [...] il ne reculait jamais devant rien pour nous faire rire. » Il rend hommage à son goût pour les bonnes choses de la vie : « Il appréciait les plaisirs de la table, mais, pour lui, c'était surtout de partager qui était important, avec sa famille et avec ses amis. [...] Il voulait toujours que le moment présent soit extraordinaire ». René-Charles a souhaité prendre la parole. Céline lui avait donné son avis à ce sujet : « C'est un gros contrat, si tu veux parler à l'église. Je ne veux pas te forcer à le faire. Regarde-moi dans les yeux. Si ta réponse est non, je ne me sens pas capable. Ton père et moi, on accepte ça, on te supporte[1]. Je te donne mon opinion. C'est la dernière fois que tu as la chance de parler à ton père. Mais, je ne te dis pas cela avec une pression. Je te dis cela avec une grande sensibilité. Et, je te parle

1. On te soutient.

avec mon cœur de mère. C'est la dernière fois que tu peux parler à ton père. »

L'adolescent, face au lutrin, s'exprime avec maîtrise : « J'ai eu la chance d'être né dans une famille où il y a beaucoup d'amour. Avec maman et toi Pa. J'ai appris ce qui compte le plus dans la vie, la famille. » Il déplore son départ prématuré : « Quinze ans, ce n'est pas assez long pour qu'un fils apprenne à connaître son père. » Il prend son rôle d'aîné très au sérieux : « Je te promets papa que nous allons tous vivre selon tes standards ». Le cercueil en acajou redescend la nef sous les applaudissements des 2 000 personnes présentes, alors que résonne la chanson d'amour préférée du défunt *Pour que tu m'aimes encore*. Céline dégage une force émouvante. « Je voulais montrer à mes enfants, que je suis, que nous sommes là pour eux », dira-t-elle « Pour moi, les funérailles c'était une continuation du mariage. Parce que, quand on dit "à la vie, à la mort", il ne faut pas oublier... Qu'est-ce qu'il arrive dans les moments difficiles ? S'il faut pousser le fauteuil roulant ? Si quelqu'un perd tous ses moyens ? … c'est à la vie et à la mort. Je t'aime autant que ça. Alors, pour moi, c'était d'amener mes enfants et de leur dire que leur père est maintenant en nous. Et c'était une continuation de mon mariage. »

À l'extérieur, elle embrasse le cercueil de son mari. Son souffle se matérialise en buée. La foule recueillie est silencieuse. Elle serre les mains de ses fils dans les siennes. Il fait froid. Des tours de la basilique s'élèvent les volées du glas. Après un dernier signe de croix face à la cathédrale, elle monte en voiture avec ses fils et sa sœur Linda. René est inhumé lors d'une cérémonie privée, au cimetière Notre-Dame de la Côte-des-Neiges. Eddy et Nelson, avant que le cercueil de leur père ne soit porté en terre, lui redisent « Je t'aime papa » et lâchent deux ballons dans la nuit québécoise. Céline peut être fière d'avoir amené ses enfants à ne pas avoir de crainte, de questions, de peur. Elle les a si bien préparés à cette séparation.

Rodger Brulotte, ami de longue date de René, commente : « Tout dans cette cérémonie a été fait avec amour, et à son image aussi. Ça a été fait avec classe, avec simplicité et on y voyait une façon de dire merci à ses amis ». Guy A. Lepage, ami et partenaire de poker du défunt, se dit touché par le sens très personnel du choix musical : « C'étaient des chansons appropriées, qu'ils ont choisies ensemble. C'était sobre, mais émouvant. » Le carton de remerciement est simple : « Nous remercions du fond du cœur tous les gens qui ont manifesté leur amour pour René au cours de ces moments éprouvants. Vos témoignages et votre support nous ont aidés, plus que vous ne pouvez l'imaginer, à franchir cette étape et à lui faire nos adieux. Merci également, au gouvernement du Québec pour la tenue de funérailles nationales, ainsi qu'aux nombreuses personnes et organisations qui se sont mobilisées pour lui rendre un dernier hommage, à la hauteur de l'homme qu'il était.

Au nom de notre famille, avec tout notre amour, Céline, René–Charles, Nelson & Eddy, Patrick, Jean-Pierre & Anne-Marie – 29 janvier 2016. »

Au lendemain des obsèques, Céline se rend, vers midi, au salon funéraire Charles E. Rajotte de Repentigny. Elle se recueille dans la chapelle, avec sa famille, autour du cercueil de son frère Daniel. Sa maladie « ressemblait à celle de René. Il a eu le cancer de la gorge, de la langue et du cerveau », explique Claudette Dion. Ils ont tous fait une prière avant que leur frère ne rende l'âme. « C'était l'anniversaire de René hier et on lui a demandé, à lui, à "popa" et à notre nièce Karine, de venir le soulager, qu'il parte en paix ». Daniel vivait de sa musique, se produisait sur scène. « Ce qui le rendait le plus heureux, c'était de faire de la musique. Il avait une voix de rossignol, mon frère ». Céline n'assistera pas à l'inhumation, précise Claudette « en raison de son statut de vedette internationale, pour laisser toute la place à notre frère et ainsi éviter d'être une distraction ».

Les tabloïds n'ont aucun égard, ils piétinent le deuil de la famille. « La question qui était sur toutes les lèvres était : n'est-ce pas un peu trop tout cela ? » s'interroge Girard dans *La Presse*. « Citant des sources gouvernementales, la radio montréalaise 98,5 FM rapportait en effet, jeudi matin, que Production Feeling, la société de production de Céline Dion et René Angélil, avait envoyé une facture au ministère québécois des Relations internationales pour un montant total de 700 000 dollars canadiens, soit 475 000 euros, écrit Sarah Louaguef[1]. Une addition dix fois plus élevée que la moyenne des coûts de funérailles nationales organisées ces dernières années pour des célébrités québécoises. » Informations démenties à l'*AFP* par François Caouette, porte-parole du ministère des Relations internationales : « Le gouvernement du Québec n'a jamais reçu de facture à proprement parler, par contre, Production Feeling a engendré divers coûts autour des funérailles de M. Angelil et ils ont établi une liste de coûts qui nous a été présentée. L'État québécois a coutume de défrayer entre 45 et 75 000 dollars pour des funérailles nationales et entend s'en tenir à ce qu'on paie habituellement pour ce type de funérailles. » *No comment !*

1. Sarah Louaguef, *Paris Match* avec AFP 1er avril 2016.

# 12

*« Mon métier et mon art, c'est vivre »*

MONTAIGNE.

Il faut se relever. Pas question de sombrer dans le marasme, de ralentir son activité. Céline reprendra les spectacles le 23 février. D'ici là, elle doit organiser l'après-René, l'ordinaire, le quotidien de ses fils, afin que l'affliction n'altère pas leur force morale, leur santé. Elle émet le souhait d'honorer la mémoire de son époux en organisant au Caesars Palace une soirée dédiée. Orchestrée par le personnel du Caesars, *Celebration of Life*, le 3 février 2016, diffusée en streaming, rassemble 2 000 personnes et membres de l'industrie musicale américaine. Elle a commandé 3 000 gâteaux préparés par Opportunity Village, avec le portrait de René sur l'emballage en cellophane, pour que les invités puissent les emporter en souvenir, avec la carte à jouer, un cinq de cœur, son chiffre et sa couleur fétiches, et son autographe. Le journaliste anglo-saxon Robin Leach, très proche du couple Angélil, s'entretient avec Céline et René-Charles avant que ne débute la cérémonie :

— Les nuages sombres vont passer, et le soleil va briller à nouveau, la console-t-il en lui prenant les mains.

— Et si le soleil n'est pas là, je trouverai un projecteur pour chanter.

— René-Charles, tu devras être le roc et le soutien de la famille et tenir la promesse que tu as faite lors des funérailles de Montréal. Tu vivras et montreras à Nelson et Eddy, selon les mêmes normes que ton père t'a enseignées.

— Oui, je promets que je le ferai, répond-il timidement.

— Je sais que tu seras le jeune homme extraordinaire que ton père voulait que tu sois.

La mélodie d'Ennio Morricone – illustrant la fin du film *Le Bon, la brute et le truand,* de Sergio Leone – lance l'événement. Au centre de la scène, sous un projecteur, trône un moulage doré de la main de René Angélil. Autour de Céline sont réunis les quatre enfants du manager : René-Charles, Anne-Marie, Jean-Pierre, Patrick, et le frère de René, André Angélil. On distingue au sein de l'auditoire : Gary Loveman, Gary Selesner et Tom Jenkins de Caesars Entertainment ; John Meglen et John Nelson d'AEG ; Mark Juliano, l'ancien président du Caesars Palace, revenu de son hôtel Sands Bethlehem, en Pennsylvanie ; Jerry Nadal, directeur du Cirque du Soleil à Las Vegas ; Bernie Yuman, gérant de Siegfried & Roy ; Adam Steck, producteur du Strip (Boyz II Men, Human Nature) ; Donny Osmond, tête d'affiche du Flamingo ; Mark Shunock, vedette de « Rock of Ages » au Rio, etc.

Gary Selesner, président du Caesars Palace, débute la soirée : « J'aimerais remercier du fond du cœur Céline et sa famille de nous permettre de passer ce moment ensemble pour honorer et se souvenir de René. René a inspiré, nourri et aimé cet endroit très spécial pour le Caesars Palace. » Il évoque son ami, « cet homme chaleureux, courtois et attentionné. Il aimait jouer et il était un peu superstitieux. Une fois, au début, quand je l'ai remercié pour le succès des spectacles de Céline, il a voulu toucher du bois pour que ça dure, mais tout ce qu'il y avait dans mon bureau était ma table en verre et en marbre. Il a donné des petits coups en disant "tabarnak". Un peu plus tard, j'ai reçu une boîte en bois que j'ai placée sur la table basse à l'endroit même où il s'asseyait chaque fois qu'il venait me voir. À partir de ce moment-là, il avait du bois sur lequel frapper pour porter chance. Il venait taper sur cette boîte chaque fois qu'il venait me voir. Et maintenant, je fais la même chose. »

Entrecoupés d'interventions musicales, les témoignages se succèdent. John Meglen rappelle que leur relation d'affaires, débutée il y a 15 ans, s'était transformée en une amitié familiale en raison de la gentillesse, de la générosité, des valeurs et de la façon dont René traitait les gens. « Lorsque nous avons parlé de la décision de construire le Colosseum pour Céline, de notre côté, nous ne savions vraiment pas ce que nous faisions. Mais René savait ce qu'il voulait. Il était le maître de la présentation, et nous avons toujours scellé les accords au cours de glorieux dîners ». Il se remémore leur « plus cher déjeuner » lorsque René voulait qu'AEG achète un écran vidéo de 8 millions de dollars, avec 1,5 million de dollars supplémentaires pour l'installer : « Même quand ça nous coûtait cher, il le faisait si bien qu'on souriait tous. Il a traversé la vie en voulant que tout le monde sourie. Aujourd'hui, René est dans mon âme ».

L'orchestre joue des succès de Céline, *Because You Loved Me* et *L'amour existe encore*. Le producteur Ken Ehrlich se souvient : « Son amour pour les gens ressortait avec les fans de Céline. Quand le spectacle était terminé et qu'ils venaient pour des photos, ce n'est pas son ego qu'il mettait en avant, mais son amour pour les fans. Il comprenait les gens et leur humanité. Il n'a jamais oublié d'où il venait. Il adorait ses fabuleux repas qu'il organisait, mais il était heureux quand nous allions au drive-in In-N-Out ou que nous nous faisions livrer des pizzas dans une chambre d'hôtel. René vivait pour la nourriture, la façon dont les tables étaient dressées, les plats, les couverts. Il commandait toujours un festin, mais, même s'il appréciait les aliments les plus raffinés du monde, il aimait toujours un simple spaghetti bolognaise. C'était un homme du peuple et il n'oubliait jamais d'où il venait. René s'habillait toujours comme un million de dollars et terminait toujours nos conversations par un merci ».

Scott Price dirige une série d'interludes musicaux avec Philippe Dunnigan, Lindsay Springer, Dmitri Kourka et

Jennifer Erikkson. L'avocat et homme d'affaires Mitch Garber, nouveau patron du Cirque du Soleil, également président de Caesars Interactive, ajoute : « Cela devait être à la manière du Québec, car René était gentil avec tout le monde, quelle que soit leur situation dans la vie. Il nous disait toujours : « Soyez gentil et réussissez en même temps ». Il traitait tout le monde avec respect, des serveurs aux coiffeurs, en passant par les caddies de golf. « C'était un roi qui marchait avec les rois, sans perdre le contact avec le commun des mortels. Il n'a jamais perdu le sens commun. Vous essayiez de poser votre carte de crédit pour payer le dîner, et le serveur vous disait que René s'en était déjà occupé. Vous essayiez de donner un pourboire supplémentaire au serveur, et il refuse parce que René s'en est aussi occupé. Pouvez-vous imaginer un serveur de Las Vegas refusant un pourboire supplémentaire ? On a joué au golf une fois, et j'ai dû aller au club house pour acheter des vêtements, des clubs et des balles. Je suis allé payer, mais une voix est sortie de derrière la caisse “Ne prenez pas son argent. C'est déjà payé.” C'était René-Charles, et j'ai dit : “Maintenant, il y en a deux !” Le Rocky Marciano de la générosité. Céline et René étaient la plus grande équipe de l'histoire du show-business ».

David Foster interprète au piano *The Colour of My Love*, qu'il avait joué pour Céline et René lors de leur mariage, vingt et un ans plus tôt. Céline fond en larmes. À la fin du morceau, Foster invite le public à « faire du bruit pour que René puisse l'entendre au paradis ». Mark Juliano raconte comment René s'éclipsait de la maison avec René-Charles, alors que Céline dormait encore, pour acheter des Krispy Kreme et un billet de loterie. Les avis sont unanimes : « René Àngélil aimait sa famille, jouer, manger et se divertir. »

Linda Smith, responsable d'Opportunity Village, se remémore les largesses du couple : « Ils venaient chaque année dans notre Forêt Magique au moment de Noël. Ils mangeaient nos hot-dogs et nos gâteaux à l'entonnoir, et René disait que c'était les meilleurs de tous les temps. René-Charles montait dans notre Train de la forêt à chaque visite, et, cette année, les jumeaux Nelson et Eddy sont venus pour la première fois. Donc, la tradition continue ». Céline s'avance en bord de scène pour embrasser trois jeunes handicapés mentaux de l'Opportunity Village. Anecdotes et épisodes amicaux se succèdent. Ils évoquent un homme gentil, généreux, entièrement dévoué à sa femme et à son talent. Paul Faberman, Rob Prinz, l'agent de Céline, prennent à leur tour la parole pour louer les qualités du manager : « Il a transformé toute la ville de Las Vegas. Si le Yankee Stadium est la maison que (Babe) Ruth a construite, le Colosseum est la maison que René a construite ». « Cette soirée signifie tout pour moi, dit Rob Prinz. René m'a tout appris. Avoir perdu un tel ami représente l'un des jours les plus tristes de ma vie. C'était mon meilleur ami ». Robin Leach lit deux sonnets pour terminer à la façon de René s'adressant à son épouse : « Ne te tiens pas devant ma tombe et ne pleure pas. Je ne suis pas là. Je ne dors pas. Ne vous tenez pas debout et ne pleurez pas. Je ne suis pas là. Je ne suis pas mort. Je suis vivant ».

Céline remercie les personnes présentes : « C'est ma maison loin de ma maison. Je suis à la fois supposée me sentir extrêmement à l'aise d'être à la maison et, en ce moment même, je ne suis pas certaine de mon sentiment de bien-être. » Elle déclare avec tendresse : « Il serait si heureux de voir que nous sommes tous ici ensemble à raconter des histoires, partager des souvenirs, jouer sa musique préférée. Je ressens de l'amour dans cette salle, mais aussi sa force, sa chaleur qui se reflètent en vous. René m'a toujours entourée des meilleures personnes qui croyaient en nous et qui ont toujours travaillé dur à nos côtés. [...] René n'a jamais, jamais, détesté quelqu'un ou eu une mauvaise opinion de quelqu'un. René aimait la vie, tellement, et la vie l'aimait. Il pouvait me dire tout ce qu'il pensait derrière les portes closes. Il n'a jamais pensé de mal de quiconque. Il aimait tout le monde. Il avait cette grande habileté à faire en sorte que chacun avait l'impression de faire partie de la grande famille. Il traitait tout le monde avec respect. [...] Il m'a tenue à l'écart de la rudesse de sa partie du business. Je n'ai jamais participé à aucune des réunions qu'il avait et auxquelles il devait dire oui ou non. Il m'a protégée dès le premier jour, et pour le reste de ma vie. Il voulait juste que je me concentre sur ce que je faisais de mieux, c'est-à-dire chanter. J'ai tout appris de lui. » Elle glisse ses doigts sur la sculpture de la main de René et ajoute : « Au nom de ma famille, merci encore d'être ici avec nous ce soir pour ce magnifique hommage à mon amour. René je t'aime, tellement. »

Le jour suivant, elle reprend le travail sur l'album en français, prévu pour le printemps. Un disque très attendu depuis *Sans attendre.* Jean-Jacques Goldman et Grand Corps Malade ont composé des chansons, dont le premier extrait sera lancé le 24 mai. Elle dit combien la souffrance de son époux lui était insupportable : « Je ne m'inquiète plus de voir la souffrance que j'ai vue de l'homme, le seul homme qui m'a aimée et qui m'aime encore. Et cette souffrance qui est maintenant partie, c'est une délivrance. Je suis contente pour lui. » Ses pensées reviennent en boucle, le 23 février 2016, lorsqu'elle pénètre dans sa loge au Colosseum... René entrait par ce côté-ci, il occupait ce fauteuil... Rien n'est vraiment différent. La température est idéale, le taux d'humidité parfait, ses tenues de scène sont sur les portants, les produits sont alignés par couleur sur sa table de maquillage... Les cadres avec les photos de René et des enfants sont placés en évidence... Cependant tout est changé... Elle confesse à Marie-Claude Barrette[1], de TVA : « ça a été dur. Mais René me fait venir sur scène, avec son vivant et sa souffrance. Et je me suis dit, maintenant qu'il ne souffre plus, ça va être dur, mais il faut que je casse la glace, parce que j'ai encore cette passion d'être sur scène. Ça m'aide vraiment à extérioriser que ça soit ma peine ou mes joies. Je sais que René veut que je continue à faire ce métier-là. Je sens encore un peu cette fragilité. Mais, il aimait tellement ça, le show-business.

1. Émission spéciale *Maintenant*, TVA, mai 2016.

René aimait tellement le monde, que je me suis dit *the show must go on.* »

Pour saluer la mémoire de son mari, elle a décidé d'ouvrir son spectacle avec *With One More Look At You*, chanson du film *A Star is Born*, avec Barbra Streisand (1976).

« *With one more look at you*
(Avec un dernier regard sur toi)
*I could learn to tame the clouds*
(Je pourrais apprendre à apprivoiser les nuages)
*And let the sun shine through*
(Et laisser le soleil briller à travers)
*Leave a troubled past and I might start anew.* »
(Laisser un passé troublé et je pourrais recommencer à zéro.)

L'exercice est émotionnellement très difficile pour elle. Elle a fixé son regard au loin... au-delà de cette salle de spectacle pleine à craquer... Sa voix tremble... « J'ai répété cette chanson dans mon placard, et ça s'est bien mieux passé que ça », explique-t-elle à son public qui lui crie « On t'aime, Céline ! », et aussi « On t'aime, René ! » Elle poursuit : « Toute ma vie, je n'ai eu d'yeux que pour mon mari, qui s'est assis ici soir après soir. Les gens pensaient que je le regardais, mais je n'en avais pas besoin, parce qu'à chaque fois que je fermais les yeux, je sentais René sur scène avec moi, qu'il soit assis dans son siège juste là, au balcon, dans les coulisses ou à la maison avec les enfants. Il a toujours été sur scène avec moi. Et rien ne pourra jamais changer cela ». Elle essuie ses larmes. « René était mon meilleur critique. Il ne m'a jamais dit ce que je voulais entendre. Il m'a dit ce que j'avais besoin d'entendre. Vous savez, soir après soir, sur le chemin du retour du spectacle, quand il était si silencieux, je pouvais sentir qu'il essayait de savoir comment m'approcher sans blesser mes sentiments artistiques, mais il y avait des choses qu'il devait me dire pour mon propre développement. » Il est important pour elle de rappeler la symbiose qui les unissait : « René est le seul homme que j'ai connu toute ma vie. Il m'a toujours fait sentir que nous étions à notre premier rendez-vous. N'est-ce pas incroyable ? Il ne parlait jamais crûment, et se faisait toujours remarquer d'une manière douce et gentille. Nous ne faisions qu'un. Et rien n'a changé. Nous ne ferons toujours qu'un. C'est assez exceptionnel et, même s'il n'est plus avec moi physiquement, il est plus que jamais présent. » Elle poursuit son tour de chant, dans l'émotion, avec brio et justesse jusqu'au « fa » tant attendu de *All By Myself.* Comme un seul homme, le public se lève et l'applaudit à tout rompre. Elle peine à reprendre son chant. Brisée, elle s'arrête. Elle baisse la tête. L'orchestre joue le dernier couplet sous les applaudissements nourris. « Quand j'ai rencontré René, la chose qui m'a frappée, c'est qu'il disait "je t'aime" tous les jours à ceux qui comptaient dans sa vie. Tous les jours, il m'a dit "je t'aime", témoigne-t-elle. Je ne vivrai jamais sans René, il sera toujours avec moi. » Le *Las Vegas Sun*[1] titre : « Le spectacle le plus difficile de tous les temps de Céline est une leçon de force et de soutien. » Le journaliste commente : « Dès l'ouverture du rideau au Colosseum du Caesars Palace, il était évident qu'il ne s'agissait pas d'un spectacle ordinaire. [...] La soirée s'est terminée par le double *showstopper My Heart Will Go On* et, avec Céline debout dans la solitude, *Somewhere Over the Rainbow.* Vers ce point culminant, elle a déclaré : "C'est le spectacle le plus difficile que j'ai fait de toute ma vie". René lui a laissé l'amour en héritage. »

Ne s'enferme-t-elle pas dans une cage dorée ? N'éprouve-t-elle pas de lassitude à répéter, soir après soir, son show dans le même lieu ? Sa réponse est explicite : « Vous savez que chacun d'entre nous, artistes ou individus, on vit tous à notre façon, différemment, nos émotions. Le décès de René, c'est sûr que ç'a été très difficile pour moi, d'être à la maison avec lui, de vivre avec lui sa souffrance, ses douleurs, ses derniers pas et d'à la fois aller performer. [...] Las Vegas, Caesars Palace, ma résidence, ç'a été difficile, mais pas en tant qu'artiste. C'est ma

1. *Las Vegas Sun*, 24 février 2016.

vie personnelle qui a été dure. » Les jours qui suivent, elle semble tellement fragilisée qu'on pouvait craindre qu'elle n'en sorte irrémédiablement cassée. J'ai vu la chanteuse durant son processus de guérison, telle une œuvre d'art dont on a souligné les fissures avec de l'or. J'ai songé à ces objets de porcelaine abîmés que les Japonais « réparent » grâce au Kintsugi. Le terme japonais signifie littéralement « jointure en or ». Cet art, pratiqué depuis le XVe siècle, permet de restaurer les objets cassés en sublimant les fêlures avec de l'or. La philosophie du Kintsugi considère qu'il faut réparer l'objet précieux avec soin, sans chercher à masquer la réparation, mais au contraire en la rendant visible et belle. « Le Kintsugi est une ode à l'imperfection et à la fragilité », m'a expliqué un restaurateur d'art. Quel or pourrait « réparer » la diva ?

Céline reçoit Marie-Claude Barrette[1], au Colosseum, pour un entretien, intitulé *Maintenant*. Elle la rassure : « Honnêtement ça va bien, ça va très bien. » Quel est son principal défi ? « C'est d'apprendre à vivre avec une grande perte, mais d'apprendre à vivre de cette façon-là. Apprendre à vivre avec l'homme que tu as toujours aimé, qui n'est pas physiquement là, à côté de toi, mais qui t'habite. [...] Oui je pleure, oui je ris. Oui ça me fait encore mal. » Elle mentionne l'aide et les conseils qu'elle a sollicités : « Avant le départ de René, j'ai demandé qu'on m'aide un peu au niveau psychologique, pour aider mes enfants à accepter le départ de leur père ». Les lectures qu'on lui a proposées, elle a vite compris que ce n'était pas pour elle. Elle a expliqué la situation dramatique de leur famille à Eddy et Nelson en s'appuyant sur le film d'animation *Up* (*Là-haut*) de Walt Disney. Un soir, avec sa sœur Linda, elle s'assied dans la cabane en bois, baptisée « la cabane à sucre », placée dans le salon pour les jeux des jumeaux. Elle les interroge :

— C'est quoi là, déjà, le nom de son épouse qui est partie « *up* » ?

1. 12 mai 2016. L'émission sera diffusée sur TVA.

— Ellie.

— Oui, c'est ça, Ellie. Elle est où, Ellie ?

— Ben, maman, elle est *up* !

— Eh bien, Ellie, elle est avec papa. Et puis, sais-tu qui donc est avec papa ? Puis, ris pas, mon père à moi. Ton grand-papa que t'as pas connu, là. Il est *up* lui aussi. Et puis, tu sais quoi, c'est quoi son nom ? Adhémar. »

Les jumeaux partent à rire[1] :

— Je vais vous reposer la question. Il est où papa ?

— Ben maman, tu nous l'as dit. Il est *up.*

— Il est *up* puis il a plus de bobos.

— Papa, il est peut-être plus dans la maison, mais il est dans ton cœur. Il va toujours être avec toi, les rassure leur mère.

Céline explique pourquoi le titre *3 h 20* débuta les obsèques de René. « Quand il m'a fait sa liste de chansons, j'étais un peu surprise, mais je ne l'ai pas questionné, parce que quand c'est le vœu, les derniers souhaits d'une personne, on ne questionne pas ça, on respecte ça. Mais la coïncidence... jusqu'à quel point ça va... Jusqu'à quel point on peut contrôler sa mort... Est-ce que l'on peut vraiment faire ça, je ne le sais pas ? Mais, la veille de son départ, j'étais sur scène, il m'a appelé vers 7 h 20, 7 h 30, le soir, et il me dit : « Je voudrais te souhaiter un bon spectacle et te dire que je t'aime ». J'ai dit : « Merci, mon amour, je te vois tout à l'heure, bye-bye ». Rentrée chez eux après le show, elle s'enquiert auprès de l'infirmière des soins qu'il a reçus. A-t-il pris ses médicaments ? À quelle heure ? « Normalement, après mon spectacle, quand il avait pris ses médicaments tard, je passais l'embrasser, le border, et il s'endormait. Quand j'arrivais trop tard, que j'avais des choses à faire, je n'allais pas le réveiller, parce qu'il était sous médication. » Le 14 janvier, retenue par des fans désireux de faire des photos avec elle, des signatures d'autographes, elle est rentrée très tard. « Ce soir-là, je n'ai pas voulu le réveiller.

1. Les jumeaux éclatent de rire.

C'est l'infirmière qui l'a trouvé le lendemain. Affolée, elle est venue me chercher. Je suis entrée dans la chambre. J'ai fermé la porte derrière moi et j'ai appelé le médecin, que j'ai dû réconforter : « René ne souffre plus, c'est mieux ainsi. Le *coroner* a dit que, d'après la température du corps, il serait parti entre trois heures et quatre heures. Je n'avais plus de questions. L'heure de son décès, l'heure de cette chanson, où il voulait cette chanson-là... Je me suis dit, arrangez-vous pour que j'arrive à 3 h 20. Je ne voulais pas être en regard d'une minute. » Cette cérémonie forme le nœud qui boucle leur union devant les hommes en cette cathédrale où ils se sont unis vingt et un ans plus tôt : « J'ai décidé de m'engager à la vie à la mort dans cette union. Lui de même. On a tout vécu ensemble, toutes nos passions, à travers les enfants, le show-business et les voyages. C'était une continuité de mon mariage. » Ses fils font sa joie : « Tous les jours, je regarde René-Charles, Eddy et Nelson, puis je vois René. Il vit à travers eux. Quand je vois mes enfants, ils ont des attitudes de René, c'est incroyable. »

Aujourd'hui, les appareils médicaux ont été enlevés de la chambre de René. Elle a été repeinte de couleur identique. « Il y a beaucoup de photos des enfants, de René, de René avec eux, des objets, des messages, des cadeaux qu'on lui a offerts. » Céline a rendu la chambre gaie, en a chassé « le mal », la représentation de la maladie : « C'est la chambre de leur papa... René habite toujours là. Parce que, les souvenirs, c'est ce qu'il nous reste. Les jumeaux dorment avec moi. Le soir, lorsque le film est fini, j'allume deux petites lampes et des étoiles se reflètent au plafond. Le plafond de notre chambre à coucher est illuminé d'étoiles. Et ça, pour nous autres, ça nous rapproche de nos sentiments. C'est comme si nous étions près de René, il est près de nous. Chaque soir, je fais mon petit signe vers la photo de René. Je ferme les yeux et je suis vraiment en paix. » Elle remercie son public, ses admirateurs, les téléspectateurs : « Vous m'avez tous aidée, à distance, de près ou de loin. Je vous en remercie beaucoup. » Il arrive encore qu'elle détourne les yeux. Que sa voix, imperceptiblement, change de timbre.

Une chronique de Michel Guerrin dans *Le Monde*[1] fait débat : « Apprendre à aimer Céline Dion. Le critique de rock Carl Wilson décortique les ressorts de l'élite qui dicte sa loi, et ceux de la masse qui ne l'écoute pas. Notre regard sur la chanteuse s'en trouve tourneboulé. [...] Elle est la chanteuse qui a suscité le plus de haine de la part de la critique mondialisée : « produit à polir les meubles », « poupée gonflable », « Miss Tupperware », « Sirupeuse Céline », « canine Dion », etc. Wilson n'est pas en reste, quand il évoque ses voisins : « Cela me dérange moins que des inconnus m'écoutent faire l'amour que de m'imaginer qu'ils m'entendent me repasser *Let's Talk about Love* en boucle. J'ai peur qu'ils se disent : "Quel pauvre type". » Au cœur du livre de Carl Wilson[2], une question : Pourquoi les autres ont-ils si mauvais goût ? L'auteur démonte le répertoire de la diva qu'il trouve « d'une fadeur monotone mâtinée d'une grandiloquence atroce ». Selon lui, veuve, la chanteuse est, plus qu'à ses débuts, l'incarnation du *schmaltz*[3]. « Quant à la glotte hululante de Dion, elle se dilate, au point d'avaler le monde entier », ose-t-il écrire. *Le Monde*[4] raille « la tournée de l'après-René. » Place au *Céline-bashing* : « Cinq mois après les funérailles de son époux et mentor, la chanteuse québécoise prolonge en concert la mise en scène de son deuil. [...] Difficile de faire le tri entre les excès de la starification et une volonté revendiquée "de garder le contact avec le public" pour un dialogue sincère entre les fans et leur cousine de (la belle) province. [...] Ces couplets, comme cette tournée, ont un rôle cathartique. [...] Illustré de vidéos peu créatives, le récital se déroule sans relief jusqu'à l'un des classiques goldmaniens. [...] Elle n'aura bientôt plus à s'excuser d'être une athlète de la chanson sentimentale. Même si on continuera de ne pas

1. 20 mai 2016.
2. *Let's talk about love. Pourquoi les autres ont-ils mauvais goût ?*, Éditions Le Mot et le reste, 2016.
3. Terme américain : « guimauve », « mièvre ».
4. Stéphane Davet, *Le Monde*, 20 juin 2016.

s'excuser de trouver qu'elle surjoue son répertoire anglophone ou que son professionnalisme annihile souvent la spontanéité de ses émotions. »

Outre-Atlantique, Céline a choisi de porter une robe fourreau or, fendue sur le côté, pour interpréter *« The Show Must Go On »* sur la scène des Billboard Music Awards 2016[1]. Un choix significatif. Elle subjugue une nouvelle fois son auditoire.

*« Empty spaces. What are we living for ?*
(Espaces vides. Pour quelle raison vivons-nous ?) *[...]*
*The show must go on.* (Le spectacle doit continuer) *[...]*
*Inside my heart is breaking.*
(À l'intérieur mon cœur est en train de se briser)
*My make-up may be flaking.*
(Mon maquillage est peut-être en train de s'écailler)
*But my smile still stays on.*
(Mais mon sourire est encore là) [...] *»*

« J'ai une surprise pour vous, lui annonce le chanteur Seal. Ici, ce soir, pour vous remettre votre Billboard Icon award, c'est votre fils René-Charles. » Il arrive des coulisses et lui tend la statuette dorée. Ce prestigieux prix récompense l'ensemble de la carrière d'un chanteur ou d'une chanteuse. Il fut remis, entre autres, à Neil Diamond (2011), Stevie Wonder (2012) et Prince (2013). Le visage déformé par les sanglots, elle peine à s'exprimer : « Je suis si désolée de pleurer devant vous ce soir. Je veux rester si forte pour ma famille et mes enfants. Je ne voulais pas pleurer devant vous ce soir. [...] Vous me rendez si heureuse. Merci, merci beaucoup. [...] Vous savez que la musique a toujours été ma passion d'aussi loin que je me souvienne. Beaucoup de gens m'ont aidée à arriver là où je suis aujourd'hui. Je ne peux pas tous les nommer, mais je suis certaine qu'ils se reconnaîtront. » Elle a une pensée pour ses admirateurs : « Je veux surtout remercier les fans d'avoir voyagé à travers la musique, avec moi, dans les bons et les

1. 22 mai 2016, à l'aréna T-Mobile Arena de Las Vegas.

mauvais moments. » Les yeux levés vers le ciel, elle évoque René : « Plus important encore, mon mari bien-aimé qui, je le sais, continuera à veiller sur moi de là-haut. » Elle termine par quelques mots en français : « Merci à tous les gens qui ont cru en moi. Je vous aime. René, c'est pour toi. *Show must go on!* »

Le single *Encore un soir* sort en France le 24 mai. C'est un événement pour les fans : Céline et Jean-Jacques Goldman de nouveau réunis ! En trois jours, le titre se classe N° 1 des ventes en France, le CD est single de platine avec plus de 20 millions de ventes dans le monde. Erick Benzi n'est point surpris d'un tel succès. Il rappelle les qualités vocales de l'artiste : « Je réécoutais récemment les pistes vocales [album *D'eux*] et il n'y en a pas une à jeter. Souvent, quand je travaille avec une chanteuse, les premières prises lui servent à réchauffer sa voix. Et il y a toute une mise en scène à créer pour qu'elle soit à l'aise. Faire des voix, c'est pour plusieurs un moment difficile, c'est se mettre à nu, montrer ses faiblesses. Céline, elle, fait tout son travail intérieur en amont. Et elle est tellement sûre d'elle ! C'était une bouffée d'oxygène – que du bonheur ! – de constater dès le départ que ce ne serait pas compliqué. Les premières prises étaient toujours parfaites. Il y a des chansons qu'elle demandait à rechanter, pas pour les refaire mieux, mais parce qu'elle savait qu'elle n'allait plus jamais les rechanter. Pour moi, c'était du jamais vu. [...] Jean-Jacques [Goldman] voyait en Céline quelqu'un de pur à l'intérieur, quelqu'un qui ne triche pas. Le sacré dont il est question sur *D'eux*, c'est le sacré des choses qui nous dépassent et nous transforment, comme sa voix. »

M6, à cette occasion, diffuse un entretien mené par Stéphane Rotenberg, *Ma vie sans René*. Céline évoque son dernier baiser à René : « Je l'ai embrassé. Je l'ai caressé pendant plusieurs heures. Malheureusement, on se dit qu'on ne peut pas voir la personne qu'on aime tant se transformer... J'ai mis un coussin sous sa tête. Je l'ai réchauffé et je lui ai dit "Ne t'en fais pas, je ne veux pas que tu t'inquiètes. Les enfants vont bien, je vais bien. Ça va continuer. Je vais bien prendre soin d'eux." Stéphane Rotenberg communique sur l'aisance avec laquelle sa rencontre avec la diva a eu lieu : « On m'avait dit qu'elle est extrêmement facile d'approche. Et c'est vrai. Elle a le naturel des Québécois, leur sens du contact. [...] Ce qui est simple avec Céline, c'est qu'elle se livre facilement. Ma première question était : "Comment ça va ?", et elle a tout de suite tapé dans le dur. Elle a abordé les sujets les plus difficiles. Et ce n'est pas la superstar que j'avais en face de moi, mais la mère qui tient pour ses enfants. Elle va bien grâce à eux : ils sont son obsession. [...] Je n'avais aucune contrainte de questions, aucun sujet tabou. C'est une immense star, mais elle garde la volonté de rester accessible. » Céline est dans les mêmes dispositions, le 15 juin, alors qu'elle enregistre pour la radio RFM[1] avec Élodie Gossuin, ensuite le *19 h Ruth Elkrief,* puis *M6 Music Show*[2], et encore *Le Grand Show*[3]. Robert Charlebois lui fait la surprise d'interpréter, au piano, sa chanson *Ordinaire,* dont il a adapté les paroles : « T'es une fille bien ordinaire. Des fois t'as plus le goût de rien faire. Un peu de musique autour d'un verre, avec ta mère, tes sœurs, tes frères... » Céline évoque son état d'esprit : « C'est vraiment comme ça que je me sens. Parce qu'avec cette vie extraordinaire quand les rideaux se ferment... »

Peu de temps avant le décès de René, 45 ans après la sortie du célèbre album du québécois *Un gars ben ordinaire,* Céline avait décidé de reprendre *Ordinaire*, ce morceau emblématique du répertoire de son pays, interprété par Robert Charlebois et écrit par Claudine Monfette, en 1970. *Ordinaire* était l'une des chansons préférées de René, c'est pourquoi la chanteuse demanda à Mouffe[4] d'adapter les paroles. L'auteur n'a pas seulement féminisé la chanson, elle l'a modelée en fonction de la personnalité de Céline : « J'ai voulu montrer le côté féminin et humain de Céline, comme *Ordinaire* montrait le côté intime

1. Diffusée le 26 juin.
2. Diffusé le 7 septembre 2016.
3. Animé par Michel Drucker, diffusé le 1er octobre 2016 sur France 2.
4. Surnom de Claudine Monfette, actrice et parolière québécoise.

de Robert qui peut douter, qui peut se remettre en question [...]. Je l'ai sentie, j'ai fait comme tout ce que je fais dans la vie, instinctivement, sans savoir si c'était pourri, génial ou juste... ordinaire. » Robert Charlebois, très touché de confier sa chanson à sa compatriote, expliqua : « Une chanson comme ça ne peut pas être chantée par quelqu'un qui est trop ordinaire. On n'imagine pas des jeunes qui font *La Voix* ou *Star Ac* chanter *Ordinaire*. Il faut avoir du vécu, comme Céline. » Il est vrai que l'interprétation très personnelle de Céline sublime ce morceau rien moins qu'ordinaire.

Un nouveau chapitre s'ouvre pour Céline.

AccorHotels Arena, Paris, 24 juin. Premier concert-événement des neuf prévus. Nouveau spectacle, hommage à René. Début du show à 21 heures précises.

Sur un écran s'inscrivent les paroles de la chanson *3 heures 20*, la voix de Céline résonne. La scène s'allume et elle apparaît. Smoking pantalon noir, chemisier blanc, dentelles... La foule debout l'acclame. « Une photo, une date, c'est à n'y pas croire... », elle lance le show. À la fin de cette chanson, elle prend la parole : « Avant tout, je tiens à vous remercier pour tous vos mots, vos regards, vos sourires, et croyez-moi, toute cette énergie, elle s'est rendue jusqu'ici. Merci beaucoup », dit-elle en plaquant un poing sur son cœur. « Je veux vous dire que les enfants et moi, nous allons bien, alors tout va bien. Comme vous le savez, il y a des millions de personnes qui vivent la même chose que nous. Nous ne sommes pas différents. Chacun trouve sa façon de passer au travers. Et, moi, mes chansons sont comme des épaules sur lesquelles je peux m'appuyer. Et, si, par bonheur, quelques-unes de ces épaules peuvent servir à certains d'entre vous ce soir, c'est tant mieux. C'était très important pour moi de débuter ce spectacle avec cette chanson de Jean-Jacques Goldman, Encore un soir ». Elle marque une pause. Trop d'émotion, elle a les yeux dans l'eau[1]. « Avec les

1. Avoir les larmes aux yeux.

chansons de Jean-Jacques, j'ai tout chanté. L'amour, la neige, les couleurs de l'automne. Finalement, presque tous les thèmes. Il restait une chanson à écrire et je ne voyais personne d'autre que lui pour le faire. Encore une fois, merci beaucoup Jean-Jacques. [...] Les larmes ont laissé la place aux sourires. [...] Ce soir, je ne peux pas m'empêcher de penser à René, car je sais qu'il est là, présent avec nous. » Elle ne quitte pas la scène pour se changer, elle enchaîne les succès. Le charme installé, il ne faut pas le rompre. Elle confie à ses admirateurs : « Je reste dans la même tenue pour mieux profiter de votre présence. » Et ils chavirent. En fin de show, elle chante *a cappella* un couplet de *Vole*, légèrement modifié. « Céline, on t'aime », scande la foule alors qu'elle s'engouffre dans la voiture qui l'emmène retrouver ses trois enfants dans une suite du Royal Monceau. « J'ai comme l'impression que René me pousse, puis il me tient là, solide de l'intérieur », explique-t-elle au journaliste québécois Jean-Philippe Dion qui l'accompagne pendant cette année particulière pour réaliser un reportage.

Le soir suivant[1], Line Renaud est en coulisses pour la soutenir de sa réconfortante présence. Elle sait l'infernale révolte vécue par Céline face aux douleurs physiques et psychologiques de son mari, provoquées par la maladie. Elle mesure l'épuisement lié au combat quotidien contre l'inexorable. Elle connaît ce vide impossible à combler après le décès de l'homme tant aimé. La « Demoiselle d'Armentières » qui, comme elle a vécu le deuil de son époux Pygmalion, lui prodigue ses conseils : « Il faut qu'elle se plonge dans le travail. Qu'elle s'appuie aussi sur sa famille, ses amis. Maman m'a beaucoup soutenue après la mort de Loulou. Céline est issue d'une grande fratrie et sa mère est encore en vie. Elle peut compter sur eux. René sera toujours là. Il va lui faire un signe ! Il faut croire en ces choses-là, aussi irrationnelles puissent-elles paraître, parce que des signes de mon Loulou après sa mort, moi, j'en ai eu. Il faut juste apprendre à les reconnaître. Contrairement à elle, je n'ai pas eu d'enfants,

1. 25 juin 2016.

mais j'imagine que ses trois fils l'aideront également à rester debout. Et puis, il y a le public. René n'aurait pas voulu qu'elle rompe le lien avec ses fans. Céline trouvera dans le regard de son public l'amour qui répare[1]. »

Elle avoue qu'elle appréhendait ce retour en France. Comment allait-elle gérer émotionnellement la communion avec ses fans ? « J'ai eu l'impression que René m'habitait. Je suis arrivée sur scène avec une grande émotion. J'étais fébrile, mais j'ai surtout senti une grande force. Quand j'ai commencé à chanter, j'ai senti René en moi plus fort que jamais. Je me suis dit : « Céline, respire calmement, vis le moment, amuse-toi et fais ce que tu aimes. Les gens savent dans quel état tu es. Tu n'as pas à t'expliquer. Tu n'as rien à ajouter. J'ai donc commencé le spectacle et j'ai senti la foule me prendre la main, me soutenir », sourit-elle malgré l'heure tardive.

Ses fans remarquent que sa garde-robe a subi transformations et audaces. Très longtemps, habillée par Annie Horth, elle a désormais confié son look à Law Roach, un styliste américain. Il a travaillé avec Ariana Grande et Zendaya. « J'adore ça, j'aime sa vision, dit-elle de lui. Il trippe sur la mode. Il me propose plein de kits. J'ai un ensemble pour la pêche, un ensemble pour la chasse aux grenouilles. J'aime ça, le voir s'exprimer quand il trouve quelque chose qu'il aime. Il est super cool. Il capote[2] sur son métier ! Il ne se peut plus ! René aimait manger. Moi, j'aime chanter. Lui, il aime shopper[3] ! Il m'apporte plein d'affaires, puis on explore ensemble. J'aime beaucoup sa passion. »

Elle garde tout, on le sait. « Je m'accroche à tout ! J'aime tout ce que je possède, parce que c'est attaché à un moment particulier de ma vie. Alors je garde tout. J'ai des gens qui notent pour moi ce que je portais pour tel ou tel événement, heureusement ! Je suis obligée d'avoir des endroits protégés

1. Avec l'aimable autorisation de Line Renaud.
2. Être très excité.
3. Faire les courses.

pour stocker chaque vêtement porté depuis le premier jour de ma carrière. Rien ne manque ! »

— Si vous ne deviez garder que trois choses de votre garde-robe, ce serait quoi ? l'interroge une journaliste pour *Elle*.

— Ah, c'est cruel, mais OK... La première robe que ma mère m'a faite elle-même, bleu ciel avec des petites fleurs blanches, pour le mariage de mon frère Michel, qui est aussi mon parrain. Je garderais ma robe de mariée, bien sûr, et la petite robe noire que je portais aux funérailles de mon mari. Il l'adorait.

Quelques minutes avant de s'habiller pour entrer en scène, en peignoir, elle pose pour François Darmigny, le photographe de *Paris Match*, dans l'ascenseur de l'AccorHotels Arena[1] à Bercy. De cette séance photo sera extraite la photo de couverture du n° 3502 de *Paris Match*[2] : « Les coulisses de son triomphe à Paris. « Je suis forte. La vie continue ». Elle confirme sa joie de retrouver la scène parisienne et ses fans : « René serait si heureux ! Le public français est exceptionnel. Chaque soir, il me bouleverse. Il participe si fort que j'avoue avoir du mal à retenir mon émotion. […] Être sur scène, ne pas manquer un instant, me procure un bonheur sans limite. » Certes, elle aurait pu louper ce rendez-vous, décevoir ses fans avec ses nouveaux titres. Ce n'est pas le cas : « Ce rendez-vous aurait pu être manqué. J'aurais pu me tromper. Je vois juste 15 000 personnes chanter, danser et pleurer avec moi tous les soirs quand j'arrive sur scène, où je fais du mieux que je peux. Je me donne à fond et eux me donnent tout. » Elle module désormais ses séjours parisiens en fonction de ses priorités : « Mes jours *off*, à présent, sont réservés aux enfants et au repos. Le boulot est intense, je dois tenir. Pas question, pourtant, de louper les défilés de la *Fashion Week* dans la capitale la semaine prochaine. Je compte bien être présente sur le *front row* de plusieurs d'entre eux. » En effet, elle est assise au premier rang du défilé Christian Dior Haute Couture Automne/Hiver 2016/2017, au 30, avenue Montaigne, dans le cadre de la *Paris Fashion Week*, puis

1. 29 juin 2016.
2. En kiosque le 30 juin.

rejoint Inès de la Fressange, Chiara Ferragni, Mélanie Thierry et Olivia Palermo pour celui de Giambattista Valli[1], toujours accompagnée de son styliste Law Roach. À cette occasion, elle a choisi de porter une longue robe fleurie Giambattista Valli. Avenue Hoche, non loin de son hôtel, elle tourne le clip du titre *Encore un soir*[2]. Interrogée par un journaliste américain, elle confie avoir adressé ce message à Jean-Jacques Goldman : « Ceci n'est pas un album. C'est une page de notre histoire... Je n'aurai jamais la même voix, mais ce que je sais aujourd'hui, c'est que, dans les moments les plus difficiles, tu nous as portés par ton amour, nous donnant ta main pour traverser le pont de notre nouvelle vie. Tous tes mots d'encouragement et toutes ces nouvelles mélodies m'ont redonné l'équilibre, le feu sacré, et surtout l'envie de te revoir. N'oublions jamais que "l'amour existe toujours". Merci ! »

Un impressionnant marathon médiatique va se dérouler durant quarante-huit heures le 21 juillet, à New York. Elle enchaîne les séquences pour les radios... Elle fait montre d'un humour débordant lors du *Tonight Show*[3] de Jimmy Fallon, le plus regardé et le plus commenté des États-Unis, sur la chaîne NBC, au Rockefeller Plaza de New York. Le divertissement culte de l'émission est le jeu *Wheel of Musical Impressions*, qui a pour principe de choisir au hasard le nom d'un chanteur, l'une de ses chansons, puis de demander à l'invité de l'imiter. Elle épate l'auditoire en interprétant la chanson française *Frère Jacques* avec la voix de Cher, puis Rihanna dans *Row, Row, Row, Your Boat,* et enfin Sia et sa chanson *Hush, Little Baby.* Elle n'est pas satisfaite de son interprétation de *Show Must Go On* : « Ma voix était un peu fatiguée. Dans le show-business, il y a des journées où on chante mieux que d'autres. Mais l'important, c'est de donner le meilleur de soi-même, explique-t-elle à Jean-Philippe Dion. Il faut que j'accepte ça aussi, mais ce n'est pas facile. Mon niveau de perfection est probablement

1. 4 juillet 2016.
2. 8 juillet 2016.
3. 21 juillet 2016.

plus haut qu'il y a dix ou vingt ans. Avant, je me disais, j'ai tout à prouver. Il faut que je sois bonne quand c'est le temps. Mais, là, je veux être bonne parce que j'aime ça. J'ai pas à me prouver, mais je veux le faire parce que j'aime vraiment ça. »

Le lendemain est prévu un concert gratuit en pleine rue, au pied du Rockefeller Center. Elle commence sa journée à quatre heures du matin. Elle n'a dormi que deux heures ! « Il est très tôt, bébé, mais on va le faire. On va faire ce qu'on a à faire. Il est très tôt chéri, mais on va y arriver », chante-t-elle en rejoignant sa loge et se préparant pour les tests sons qui vont durer deux heures. À huit heures, elle débute son concert !

Après la vente de son manoir sur l'île Gagnon, elle loue une immense bâtisse à Saint-Mathieu-de-Beloeil. Les enfants, leurs deux nannies, sa sœur Linda, son beau-frère, toute la tribu emménage : « C'est un endroit paisible, mais je me sens en sécurité aussi. Parce que je viens d'ici, parce que ma famille est d'ici, parce que mes enfants sont bien. René-Charles joue au golf. Mes enfants peuvent faire de la moto, du patin à roulettes, de la pêche. Ils sont super bien. » Les jumeaux ne connaissent rien du pays d'origine de leurs parents. Elle n'a aucune difficulté à leur transmettre son amour du Québec : « Ça me fait tellement plaisir d'être de retour dans mon pays, chez nous, avec nos racines, puis que mes enfants puissent bénéficier de ce qu'on a de plus beau. On a vraiment un beau coin de pays. J'ai fait le tour du monde, on est vraiment chanceux. » L'accommodement est rapide, grâce à la décontraction et la générosité des gens d'ici. Les jumeaux sont curieux. Tout est si différent du Nevada. « À Las Vegas, les enfants jouent dans un carré de sable. Là-bas, on ne pouvait pas marcher sur l'asphalte. » Ici, la flore est riche de diversité, verdoyante. « C'est incroyable de voir mes enfants découvrir la nature du Québec. À Las Vegas, il fait beaucoup trop chaud l'été pour sortir. Ici, c'est frais, c'est vert. J'aime marcher pieds nus dans le gazon frais et doux. Mes enfants pêchent, chasse les grenouilles, ils cueillent des fleurs. Je vous dis que j'en ai des bouquets de pissenlits ! Ça me touche quand je les vois sortir en courant pour profiter de la nature… C'est sain, c'est des vitamines, c'est bon pour leur santé. Mon plus vieux a pêché des truites, c'est délicieux. Je profite pleinement de tout ça. Du soleil du Québec. De ma famille aussi, qui vient nous visiter. » Thérèse passe des heures à regarder Eddy et Nelson s'ébattre dans le jardin, répondre à leurs interrogations, leur raconter des anecdotes sur l'enfance de leur maman. Céline s'en émeut : « J'aime prendre le thé avec elle. J'aime écouter ma mère. Des fois, elle peut me répéter trois fois la même chose, mais ce n'est pas grave. Je me dis qu'un jour, je ne pourrai plus l'entendre, donc faut être patient avec nos aînés. » Elle entraîne ses fils au club de golf Le Mirage, cher à leur défunt papa. René-Charles a un handicap de six. Ils vont à la patinoire de Lachenaie, où ils chaussent des patins et rejoignent sur la glace des hockeyeurs professionnels. Le temps est comme suspendu. L'espace autour est rassurant. « On ne peut pas vivre dans la peur, constate-t-elle gravement. J'ai voyagé à travers le monde. Je dois dire : j'espère que notre coin de pays restera aussi beau qu'il l'est présentement. Depuis mon arrivée ici, avec mes enfants, je me sens plus en sécurité. Est-ce que c'est parce que je viens d'ici ou parce que c'est vraiment vrai ? On doit prier et méditer. On doit croire que tout ira mieux demain. Ce n'est pas possible d'élever nos enfants dans la peur. C'est un monde qui nous fait peur, mais les rêves existent encore, il faut y croire. » Oui, elle dort encore avec ses jumeaux dans un grand lit. Pourquoi ? « J'ai des séquelles du décès de René. La raison pour laquelle je couche encore avec mes jumeaux, c'est pour apaiser ma peine. Je ne veux pas être seule. Heureusement que j'ai mes deux petits jumeaux. Mais déposer ma tête sur mon oreiller et attendre que le rêve arrive, c'est un peu difficile. » Ils grandissent, et viendra le temps de les scolariser : « Quand ils vont commencer l'école, ils vont aller à l'école à la maison. J'ai une nounou qui parle français, j'ai une nounou qui parle anglais. » Pour l'heure, elle recrée pour eux les plaisirs simples connus jadis avec ses frères et sœurs : « Le soir, on fait des feux de camp. […] Ici le gazon est vert. Il y a plein de lacs et de rivières. Un de mes fils m'a dit qu'il avait même trouvé des étoiles par terre. Bon, c'étaient des lucioles. Il a cru voir des étoiles. [...] Vous savez, sans me vanter, j'ai fait le tour de la Terre. Eh bien ! Je peux vous dire qu'on a ici le plus beau parc du monde. Il faut l'aimer et y faire attention. Chez nous, les enfants jouent dehors. Les miens courent après les grenouilles. Ils veulent même les adopter. » René-Charles se passionne pour la pêche à la truite où il se défend fort bien. « René-Charles est tout fier de ses prises. Il m'a demandé si l'on ne pouvait pas acheter le lac », révèle Céline[1]. « Si vous suivez vos rêves, cela signifie que vous suivez votre cœur. Et, si vous suivez votre cœur, je ne pense pas que vous puissiez vous tromper », témoigne-t-elle. Son pays l'apaise, la rassérène. Il lui offre un abri où déposer sa peine, ses pleurs. « Je crois que le message pour l'amour et contre la violence doit être important pour nous tous. Nous habitons cette Terre... On ne peut pas mentir à nos enfants... Il faut insister pour se regarder, se parler, se toucher, appeler nos parents. Il faut méditer, prier, je pense. » Elle se lâche sur la nourriture ! Un hot-dog « steamé » et sa portion de patates frites graisseuses, bonheur simple, associé à son enfance, qu'elle donne à savourer à ses jumeaux. Qui l'eût cru ? Elle fait des cures de vraies grosses frites, de St-Hubert BBQ. Elle se gave du fameux sandwich à la viande fumée de chez Schwartz's et de hot-dogs « steamés ». Ah ! Le hot-dog « steamé » ! Il faut l'avoir goûté, cet incontournable québécois ! Au choix, une saucisse de porc ou de bœuf, cuite à la vapeur, placée à l'intérieur d'un petit pain blanc, garni de salade de chou ou d'oignons hachés, de moutarde ou ketchup, de relish[2] ou de mayonnaise. Mon conseil : le hot-dog « steamé » moutarde-chou !

Cela fait sept ans qu'elle n'est pas montée sur une scène à Montréal. Elle est de retour chez elle ce 31 juillet 2016 ! Elle est très anxieuse de cette représentation à guichets fermés au

1. Conférence de presse, à l'issue du spectacle, Centre Bell, Montréal, 31 juillet 2016.
2. Condiment à base de concombres et de poivrons rouges marinés.

Centre Bell. Cinq autres sont à venir, au Centre Vidéotron, à Québec, deux autres à l'Amphithéâtre Cogeco de Trois-Rivières. Elle mange ses lacets de bottines[1] comme pas une. Elle ne veut pas décevoir son public. La fulgurance de sa carrière, l'exposition de sa vie sentimentale, son timbre inclassable ont fait d'elle une divinité du panthéon populaire. « Chanter pour mon premier public, ça va toujours rester quelque chose de très sensible pour moi. De très important. Ils ont été les premiers à m'applaudir puis à me faire confiance. C'est eux et ma famille. Mes premiers fans viennent d'ici. Ils m'ont donné vraiment, le souffle, l'élan, l'énergie, la confiance en moi, pour dire "on t'encourage". Ils ont été mon premier public et ils vont toujours être mon premier public. Chanter avec mon premier public, puis danser avec eux, passer des soirées, c'est vraiment un fun. [...] ça se remplace pas, ça a pas de prix. » Le moindre faux pas serait impardonnable.

Le Centre Bell est en ébullition. Gilles Vigneault, Jean-Pierre Ferland, Robert Charlebois et Jean-Philippe Dion sont en coulisses pour la soutenir. « Avec l'expérience, je n'ai plus rien à prouver : ni à ma famille, ni à mon mari, ni à l'industrie du disque, ni à moi-même, dit-elle pour se rassurer. Maintenant, j'exerce mon métier seulement pour mon plaisir, et c'est pourquoi il me passionne encore plus. J'ai besoin de la scène et j'ai besoin de rencontrer les gens. Ils m'ont toujours aidée à traverser les épreuves. Désormais, je mène ma carrière à ma guise, en pensant à mes enfants, en me rendant disponible pour eux. Et je chante ce que j'ai envie de chanter. » *A cappella*, elle termine son show par la chanson *Vole* qu'elle a adaptée pour René :

*« Vole vole mon amour*
*puisque le nôtre est trop lourd*
*puisque rien ne te soulage*
*vole à ton dernier voyage... »*

« J'étais nerveuse avant le spectacle, reconnaît-elle. Sans

1. Stresser.

prétention, j'espérais que les gens réagissent et m'apportent du soutien. J'ai toujours été bien accueillie ici, mais cette fois, c'était grand. Je ne m'attendais pas à cela. C'était *over the top* ! Je ne peux pas croire que durant tout le show, les gens étaient debout. Je ne voulais pas que ça finisse. Je ne voulais plus partir ! »

Ravie et rassurée quant à la tenue de son concert, à l'issue de celui-ci, elle livre son état d'esprit en conférence de presse : « J'assume mes choix. Je fais ce métier parce que je l'aime. Je l'aimais au début de ma carrière, mais j'avais l'impression que j'avais toujours quelque chose à prouver. Maintenant, ce n'est plus comme ça. Et c'est maintenant que j'ai envie de le faire, ce métier. Par exemple, le fait que le voile de ma traîne soit écorché ce soir, en plein spectacle, sans changement de costume, ce n'était pas grave. Je suis moins nerveuse qu'avant. J'ai plus de bonheur. Je m'implique davantage dans toutes les décisions concernant ma carrière… Par exemple, quand j'ai dit que je voulais chanter *Valse adieu*, on m'a répondu : voyons, tu ne vas pas sortir ça des boules à mites[1] ! Mais moi, ça me tentait de la faire. Je me suis dit, ça passe ou ça casse. Et voilà, ça passe, je crois. »

Elle part à l'attaque du Vidéotron, à Québec. Le complexe de cet amphithéâtre multifonctionnel, doté de plus de 18 500 places assises, est absolument incroyable. Son architecture est inspirée de l'hiver québécois, à l'image des congères sculptées par le vent. Le vaste hall, tout en transparence, est agrémenté d'une œuvre intitulée Le grand bleu du Nord de l'artiste québécois Jonathan Villeneuve. Les baies vitrées de ce grand ovale blanc offrent de splendides vues de la ville sur 360 degrés. Céline s'assure que tout soit sous contrôle pour les 150 personnes qui travaillent pour elle à installer sa « résidence secondaire » d'une semaine. « Que ce soit la dizaine de loges requises pour les artistes, l'emplacement de la scène, des

1. Remettre en usage, ressortir.

écrans et des éclairages, rien n'est laissé au hasard », affirme le Québécois Charles Éthier, directeur de la production de la chanteuse. « Pour Céline, c'est important que tout soit pareil dans chaque amphithéâtre. Nous sommes donc très précis dans tout ce qu'on fait. Les gens de Québec vont voir le même spectacle que les spectateurs à Paris, Anvers et Montréal. » Elle fait un test de son chaque jour. « Même à Las Vegas, elle fait une heure de sound check tous les jours », dit son frère Michel. Tout doit être parfait pour accueillir les 75 000 personnes attendues au Centre Vidéotron d'ici le 27 août. « Elle est en plein contrôle. C'est impressionnant, mais en même temps, je ne suis pas surpris. Elle est comme ça, Céline. C'est une Ferrari. » Minutie et professionnalisme sont les maîtres mots de l'artiste. « Tous les jours, je suis dans un état différent. Je me suis demandé comment les gens d'ici réagiraient. Je suis fière quand je reviens ici. Je sens que les gens d'ici me soutiennent. Je suis surprise de ce qui s'est passé ce soir. Je n'avais pas prévu ça. Les gens ici ont une très bonne écoute. Mais ce soir, les gens ont chanté debout avec moi. Le public m'a émue. Je ne sais pas comment je vais dormir ce soir, c'est d'ailleurs pour me calmer que je me suis changée pour porter quelque chose de plus confortable, qui a un look de pyjama, pour me calmer un peu. Je suis encore sur le high du show. Je suis surexcitée d'être à la maison. »

« Une décharge d'émotions. La diva québécoise reçoit tout un accueil au Centre Vidéotron, lors d'une soirée magique, titre *Le Journal de Montréal*[1]. [...] D'ovation en ovation, le public a mis à l'épreuve le cœur de la star, dont le retour dans la capitale a été parfait en tout point. [...] Le premier contact avec la foule a été émouvant, alors que la chanteuse, ébranlée, a savouré chaque seconde de cette ovation du tonnerre. Mais c'est durant *Et je t'aime encore* qu'elle a vraiment craqué, peinant à finir cette chanson lourde de sens. Fragile, elle s'est arrêtée pour verser quelques larmes pendant que le public la réconfortait avec une autre ovation et des hurlements. Céline Dion a enchaîné

1. *Le Journal de Montréal*, 20 août 2016.

près d'une trentaine de chansons, dans un concert grandiose de plus de deux heures, sans le moindre signe de faiblesse, s'adressant au public sans filtre. [...] La soirée n'aura été qu'une succession de moments forts. [...] Quelle interprétation théâtrale et extraordinaire que la reprise d'*Ordinaire*, empruntée à Charlebois. L'amphithéâtre était en ébullition pendant le trio *Love Can Move Mountain, River Deep, Mountain High* et *The Show Must Go On*. On retiendra également la magistrale interprétation de *Purple Rain*. [...] Tout l'amphithéâtre était debout lors de l'émouvante conclusion *a cappella*, chantant quelques lignes de *Vole*, après quoi est apparue une photo du couple enlacé. Les spectateurs essuyaient leurs larmes... René Angélil est d'ailleurs omniprésent dans ce spectacle : toutes paroles chantées semblent s'adresser à lui. Les quelques regards vers le ciel de la star ne nous en ont pas fait douter. [...] Elle a également encensé le nouvel amphithéâtre. "Il est vraiment, vraiment, mais vraiment beau, votre Centre Vidéotron. Il manque juste une petite affaire. Je rajouterais une coupe Stanley à ça." Puis, dans un monologue hilarant de quinze minutes, elle a comparé ses étés à Las Vegas avec celui qu'elle passe présentement au Québec. "Je m'organiserai pour venir à la maison plus souvent", nous a-t-elle promis. »

Elle enregistre, aux studios Ogilvy, à Montréal, l'émission *En direct de l'univers*[1], animée par France Beaudoin. Sia, en mondiovision depuis l'Australie, ouvre le bal. Céline découvre au premier rang, Eddy et Nelson, encadrés par sa mère Thérèse et sa sœur Linda. C'est la première fois qu'ils assistent à l'enregistrement d'un spectacle de leur mère. Les deux petits bonhommes, le visage en partie caché par des panamas, fiers comme Artaban, sont d'une sagesse exemplaire. L'air de la chanson *Céline* de Hugues Aufray est diffusé. Elle évoque sa destinée... « Hugues Aufray a beaucoup aidé ma mère à passer à travers ce moment difficile de la grossesse, car elle avait peur d'avoir un enfant handicapé, vu son âge. Puis, je suis contente

1. 23 août 2016. Diffusée le 17 septembre 2016 sur Ici Radio-Canada Télé.

d'être là. » Tout est musique chez les Dion ! Ginette Reno, Jean-Pierre Ferland, Claude Dubois, Gregory Charles, Isabelle Boulay, Véronic DiCaire, Brigitte Boisjoli, Nanette Workman, Fred Pellerin, Breen Lebœuf, France Castel, la distribution du spectacle *Mary Poppins* et Lulu Hughes, lui font de beaux cadeaux musicaux. Submergée par l'émotion, à plusieurs reprises, elle pleure à chaudes larmes. Ginette Reno chante *Tu es là* et lui déclare : « J'ai une admiration sans bornes pour toi, ma belle. » Robin Slavin, une amie de Floride, chante pour elle *You've Got a Friend* de Carole King. Elle est rejointe par Coco Lacroix, sa confidente. Marc-André Lemieux, l'envoyé du *Journal de Montréal*[1], constate : « Toutes les pièces entendues durant ce feu roulant de 90 minutes faisaient partie du paysage musical de Céline Dion, des chansons qu'elle aime beaucoup, comme *Avec le temps* de Léo Ferré, magistralement revisitée par Isabelle Boulay. [...] Les jumeaux de Céline Dion, Nelson et Eddy, étaient dans l'auditoire, tout comme sa mère, Thérèse Tanguay Dion. Ses frères et sœurs, leurs enfants et leurs petits-enfants étaient également présents. Ils ont d'ailleurs entonné *Mamy Blue* et *Oh Happy Day* en cours de soirée, remuant profondément la diva de Charlemagne. Celle-ci a aussi craqué quand sa meilleure amie de Floride est sortie des coulisses pour entonner *You've Got a Friend* de Carole King. Rarement a-t-on vu Céline Dion aussi vulnérable en ondes. » Céline, en fin de programme, jubile : « C'est un show de fou ! » C'est, en effet, une très belle émission qui restera dans les annales québécoises. Toujours le 23, en fin d'après-midi, elle vient saluer le personnel et les clients du restaurant Schwartz's. En mémoire de René et pour profiter de son passage au Québec, avec les propriétaires de Schwartz, ils distribuent des repas à différents organismes de charité venant en aide aux gens dans le besoin.

Lorsque sort l'album *Encore un soir*[2], elle rappelle : « Cet album m'a aidée à passer à autre chose. René est présent dans les

1. *Le Journal de Montréal*, 17 septembre 2016.
2. 26 août 2016.

quinze chansons. Il avait même choisi la photo de la pochette. Moi, je n'aimais pas mon sourire. Mais il préférait cette photo, alors on l'a prise. » Elle confie qu'en ce qui concerne le titre *Ordinaire* de Robert Charlebois, René était mesuré quand elle a suggéré de le revisiter. Il s'interrogeait. Comment allait-elle pouvoir chanter des phrases comme « J'fumerais du pot. J'boirais d'la bière » ? Il faudrait modifier tout cela. « Je suis contente parce que c'est tellement une grande chanson. J'ai toujours été une grande, grande fan de Robert Charlebois. C'est un artiste extraordinaire. » Elle insiste, son nouvel album en français n'est pas larmoyant : « Les gens pensent peut-être qu'étant donné que c'est mon premier album sans René, je vais pleurer sur toutes mes chansons, mais ce n'est pas ça. Je montre qu'on a traversé le pont. Je suis heureuse des collaborations. » Qu'importe les critiques. Il y en aura toujours un pour la trouver nulle. Qu'ils le veuillent ou non, elle est populaire à travers le monde et bien peu pourraient rivaliser avec elle ! On lui reproche de faire des albums tendres, nuls, sentimentaux, « guimauve » le mot à la mode. Pourtant, la musique pop est avant tout populaire, c'est ce que les gens aiment. L'album se vendra à 800 000 exemplaires ! *Encore un soir*, single de platine, avec plus de 20 millions de ventes dans le monde, est le succès de l'été 2016 !

Généreuse, comme à son habitude, elle offre les bénéfices de ses deux concerts des 30 et 31 août, à l'Amphithéâtre Cogeco, à Trois-Rivières, où s'achève sa tournée d'été. Au total, 222 500 spectateurs sont venus l'applaudir, pour une recette de plus de 26 millions de dollars canadiens. Les deux spectacles-bénéfice ont permis de récolter une somme de 1 700 000 $, remise à la Fondation Céline Dion. « Je remercie du fond du cœur toutes les personnes qui ont choisi d'assister à ces deux concerts. L'immense plaisir que j'ai éprouvé à offrir ces spectacles n'a d'égal que la grande générosité manifestée par tous celles et ceux qui nous ont aidés à faire de ces deux soirées une grande réussite. Leur geste nous permettra de continuer à venir en aide à de nombreux enfants éprouvés et à leurs familles », annonce-t-elle. La Fondation pourra continuer d'appuyer pour plusieurs années encore le travail de nombreux organismes venant en aide à des enfants malades ou défavorisés. Depuis sa création, près de 11 millions de dollars ont été transmis à divers organismes. Si on insiste sur sa générosité, elle rétablit les choses : « Tout le monde demande de l'argent. Il y en a des maladies, des hôpitaux, des chercheurs, des organismes... On veut sauver le monde, puis on est pas capable. Mais on essaie et il faut y croire. Il faut continuer d'y croire. En tant qu'artiste, c'est une obligation. C'est pas un geste qui est gentil. C'est pas une générosité. C'est une obligation de notre part. » Les spectateurs qui ont payé leur place, ce sont eux qu'il faut féliciter : « Les gens du Québec sont excessivement généreux, que ça soit pour l'argent, pour l'amour, pour les bénévoles... Pour quoi que ce soit. Ça fait partie des racines. On n'a pas juste du bon blé d'Inde puis du bon sirop d'érable, des fraises et des bleuets. On est un beau peuple. » Elle cite très souvent l'exemple de sa famille : « Mes parents sont des battants : ils ont élevé 14 enfants. On est des gens du Québec. On est des gens forts et fiers. »

# 13

*« L'amour est la seule chose*
*qu'on emporte dans l'éternité. »*
ANTONINE MAILLET.

Les questions que tout le monde se pose, qui reviennent en boucle, sont centrées sur le ressenti de ses enfants et l'organisation de leur existence depuis le décès de leur père. Pour les jumeaux, il s'agit du premier contact avec la mort et cette perte est certainement perturbante, effrayante. Aussi protégés soient-ils, ils perçoivent le chagrin et le stress de leur maman. Ce deuil est un choc pour René-Charles. Plus âgé, passé la négation de la réalité et la colère, la résignation fait son œuvre.

— Votre fils aîné, René-Charles, tient-il le rôle de l'« homme de la maison » ? questionne un journaliste du magazine *Elle*.

— Ça, je ne le veux surtout pas ! Néanmoins, il est un peu le phare de la famille. Il s'est rapproché de ses petits frères, sans que je le lui demande. Il s'est rapproché de moi, aussi. Sans jouer les mères qui idéalisent leur fils, je suis fière de lui. Fière de moi aussi, de l'avoir préservé. Il est bon élève, pratique plein de sports, se fait des copains, que j'accueille volontiers à la maison : j'aime savoir qui sont ses amis, les entendre parler ensemble, accéder ainsi à un peu de son intimité.

— Est-il un peu rebelle, comme certains ados ?

— Il n'y a rien chez lui qui me choque. Certes, à 15 ans et demi, comme tous les garçons de son âge, il ne tient pas en place. « OK ! Salut, je m'en vais ! » me lance-t-il quand il sort.

Je lui réponds : « Hop, hop, hop, viens m'embrasser ! » Parfois, je le retiens un peu pour qu'on admire ensemble un coucher de soleil couleur lavande. Évidemment, il se fout de moi ! Mais qu'importe. Je veux que mes enfants regardent autour d'eux, c'est comme ça qu'on avance dans la vie.

— Avec vos trois enfants, votre tournée, votre nouvel album, vos shows à Las Vegas, vous êtes très occupée. Comment vous entourez-vous ?

— Quand il s'agit de choisir mon entourage, je suis très exigeante. Il y a d'abord ma sœur Linda, marraine de mes enfants, qui est comme une seconde mère. J'ai aussi autour de moi deux autres personnes de confiance qui s'occupent de mes jumeaux, car ce sont des phénomènes. Mettez-les devant la télé et, tout d'un coup, l'un se met à danser comme Michael Jackson, l'autre à chanter comme James Brown. En permanence, ils font des prises de taekwondo et des roulades. De vraies Nadia Comaneci ! Mais je sais que, lorsque je suis sur scène, je n'ai pas à m'inquiéter pour eux. Ils sont protégés et grandissent dans le bonheur.

— Vous qui habitez depuis quatorze ans à Las Vegas, n'avez-vous pas l'impression de vivre dans un Disneyland pour adultes ?

— Question de point de vue ! Je préfère regarder la ville comme ce petit diamant qui, dans les années 60, brillait de mille feux dans le désert. Bien sûr, il y avait déjà des joueurs, mais aussi des danseuses, des artistes. Frank Sinatra, Elvis vivaient et chantaient là. Vegas, c'est aussi l'endroit où je me suis épanouie sur scène : le théâtre Colosseum a quand même été bâti pour mon spectacle ! À l'époque, certains disaient : « Le "Titanic" va couler à nouveau », « Sa carrière est finie »... Je vais pourtant faire ma millième date le 7 octobre prochain : pas mal pour un naufrage ! Au fond, je me plais dans cette ville où, comme partout, on construit des écoles, des églises, des routes, où les gens travaillent et ont des rêves...

— Des rêves, vous en avez encore ?

— Plein ! J'ai envie de voir mes enfants réussir et être heureux, bien sûr. J'aimerais aussi faire du cinéma : qu'on me dirige, qu'on me fasse bosser ! Je me fiche qu'on me dise en permanence : « T'es supeeer ! » Je voudrais m'impressionner, m'émouvoir. Et je veux croire que, dans mes prochains vieux jours, je pourrais être une bonne actrice[1].

Elle repart au Nevada avec un petit pincement au cœur. Elle a de la misère[2] avec ça. « Mais ce n'est pas un au revoir, c'est une continuation. J'aurais souhaité prolonger ce séjour, mais je me dis que toute bonne chose à une fin, mais c'est pas une vraie fin. Parce que dans le fond, quand je pars, je pars pas tout à fait. Il y a une partie de moi qui reste ici. Je nous souhaite d'être de retour le plus vite possible. Mes enfants vont bien, c'est la chose la plus importante. Je dois rester forte pour mes enfants, maintenant et pour plus tard. René m'a tout donné, des enfants magnifiques, par-dessus tout. Je pense que je gère bien la situation maintenant. » Elle a élaboré un plan pour son grand âge : « Aujourd'hui, je suis bien ancrée au sol et je vibre davantage. Bien plus qu'avant. Je pense que c'est ma plus grande réussite, parce que je n'ai pas envie de finir ma vie en me faisant accroire des affaires. Je veux finir ma vie ancrée au sol, chez nous, ici. »

Elle a adopté un carré mi-long, légèrement ondulé, pour ses cheveux éclaircis, revêtu une spectaculaire robe longue rouge, à l'occasion du Stand Up To Cancer[3], programme de la Entertainment Industry Foundation, qui collecte des fonds au Walt Disney Concert Hall de Hollywood. Avant d'interpréter son titre *Recovery*, elle s'adresse au public : « René me manque tous les jours. Cette perte fait partie maintenant de ma vie. J'ai également perdu mon père et mon frère Daniel du cancer. Il y a quelques mois, au moment le plus difficile de mon deuil, j'ai reçu un cadeau inattendu d'une artiste étonnante que j'ai toujours admirée, Pink. Elle m'a offert une chanson qui exprime le pouvoir de se relever et de rester forte. » La salle lui offre une standing ovation avant que le producteur de la

1. D'après l'interview de *Elle*, 5 août 2016.
2. Avoir du mal, ne pas supporter.
3. 8 septembre 2016.

soirée, l'acteur Bradley Cooper, la prenne dans ses bras pour la consoler. Elle apparaît dans l'émission américaine d'Ellen DeGeneres, *The Ellen DeGeneres Show*[1]. L'animatrice du talk-show le plus populaire des États-Unis lui propose un jeu : « Tu chantes toujours de si belles balades et je veux que tu continues de grandir en tant qu'artiste. Du coup, on t'a préparé quelques chansons de rap, et tout ce que tu as à faire, c'est lire le prompteur et chanter les mots. » C'est prendre des risques que de tirer la pipe[2] à Céline. On la connaît, elle n'est pas la dernière à lâcher son fou[3]. Elle joue le jeu à fond. Accompagnée au piano de Scott Price, son chef d'orchestre, elle reprend, à sa manière, *Hot in Herre* de Nelly, *Work It* de Missy Elliott, *Shots* de LMFAO et Lil Jon, et un titre de Britney Spears. Véritable clown, elle est des plus comiques. « Ma carrière va prendre ce soir », plaisante-t-elle. Invitée à se confier sur sa vie sans René, elle ne tergiverse pas : « La vie lui a imposé cela. C'était son destin, et je me sens encore extrêmement chanceuse qu'il m'ait donné trois magnifiques enfants. De formidables bagages. [...] En tant qu'artiste, se sentir en confiance et avoir assez d'expérience pour continuer... Et je vais bien parce que je sais qu'il ne souffre plus. Parce que la chose la plus difficile, ce n'est pas de perdre quelqu'un qu'on aime, c'est de le voir souffrir. Donc, le fait de savoir qu'il est dans un endroit où il ne souffre plus me fait sentir beaucoup mieux et, par ailleurs, je me sens extrêmement chanceuse en tant que mère, c'est probablement ce dont je suis le plus fière, d'avoir réussi à préparer mes enfants à vivre avec leur père... à vivre avec lui, sans sa présence. » Elle présente aussi Recovering.

« *I am recovering.* (Je récupère.)
*The faith of a child.* (La foi d'un enfant.) *[...]*
*Little by little, day by day.* (Petit à petit, jour après jour.)
*One step at a time.* (Une étape à la fois.) »

1. 12 septembre 2016.
2. Taquiner.
3. S'amuser, faire des folies.

Une vidéo très touchante des moments les plus marquants depuis ses débuts est diffusée en ouverture de son millième spectacle au Colosseum, le 8 octobre 2016. Les 4 298 invités ont tous reçu un programme commémoratif et une accréditation holographique unique en souvenir. « Mille concerts plus tard, je ne me sens pas si vieille », ironise-t-elle en se présentant sur scène. Rien n'a changé pour elle, assure-t-elle : « Quand le show part, René est là. » Elle évoque son passé avec lui : « En 2003, lorsque j'ai commencé dans ce magnifique théâtre, peu de gens auraient cru que j'atteindrais un tel nombre de représentations. Merci, René, d'avoir vu grand et d'avoir partagé ce rêve avec moi, et merci aux 4 millions de fans qui ont rendu le tout possible, grâce à leur amour de la musique. Merci, également, à Caesars et AEG d'avoir rêvé avec nous et d'avoir fait en sorte que tout devienne réalité. » Il semble qu'elle ne remerciera jamais assez son public, ses admirateurs : « Merci d'avoir partagé cela avec moi. J'ai ressenti l'énergie. Et c'est pour cela que j'aime tant les concerts. Il y a quelque chose de très éprouvant pour les nerfs. Mais, comme il s'agit d'un *one-shot,* d'une seule prise, cela vous donne quelque chose de magique. C'est comme la fée Clochette avec la poussière de fée ». Mo Rocca pour le *Sunday Morning*[1] constate : « Quand elle monte sur la scène du Caesars Palace Colosseum de Las Vegas, elle est à fond. [...] Dion n'a pas besoin de poussière de fée. Elle a du talent, de l'endurance et quelques-uns des plus grands succès de ces 20 dernières années. [...] Son spectacle a attiré plus de quatre millions de fans depuis qu'elle a commencé à jouer à Vegas, dans un théâtre construit pour elle en 2003. À l'époque, il y avait des doutes. Mais après avoir battu le record de la 1000e représentation, elle est entrée dans le panthéon des divinités de Vegas, comme Elvis et Sinatra. »

La représentation se termine sous une pluie de confettis or et argent. Des ballons descendent du plafond sur la scène et le public. « Nous sommes fiers de célébrer cette 1 000e représen-

1. *Sunday Morning*, 9 octobre 2016.

tation et nous sommes très touchés par sa passion, sa force et son implication dans cette aventure qui a débuté il y a 14 ans », confirme John Nelson, vice-président senior de AEG Live Las Vegas. « Il n'y a personne comme Céline et nous souhaitons continuer avec elle et son équipe extraordinaire pour encore 1 000 autres représentations. » Mark Frissora, CEO de Caesars Entertainment, renchérit : « Depuis ses tout débuts en 2003, Céline a complètement transformé Las Vegas, qui est devenue la capitale de la musique et des artistes internationaux. Elle a révolutionné le monde de la musique ici et elle est la reine des artistes internationaux qui s'installent maintenant en résidence à Las Vegas. » Aldo Giampaolo[1], son manager, exprime sa satisfaction : « C'était un autre beau moment, un autre moment marquant. Après le spectacle, tout le monde, Céline, le *band*, les techniciens... on était remplis de joie. C'est un grand accomplissement. »

Lors du gala de l'ADISQ 2016[2], un hommage est rendu à René Angélil. Ginette Reno remet à Céline le prix récompensant ce célèbre manager pour l'ensemble de son œuvre. La soirée est riche en symboles. Céline, vêtue d'une somptueuse robe noire de dentelle brodée, du créateur Elie Saab, exprime sa gratitude avec une grande maîtrise : « Ce soir, vous remettez un Félix honorifique, non seulement à l'un des plus grands visionnaires de l'industrie du spectacle, mais aussi à l'un des plus grands fans des artistes qui ait jamais existé. René ne m'aimait pas seulement moi. Il aimait profondément le *show-business*, tous les artistes et tous les artisans. Il avait un immense respect envers tous ceux et celles qui avaient ce feu sacré, cette passion. Et il n'aurait permis aucun commentaire négatif sur personne. C'était une loi non écrite. René pensait toujours aux autres avant de penser à lui. René était un homme d'honneur. Sa parole valait plus que tous les contrats qu'il a signés. Un regard franc, une poignée de main, pour lui ça valait tout. Il impo-

1. *Le Journal de Montréal*, 10 octobre 2016.
2. 30 octobre 2016.

sait le respect parce qu'il respectait les gens. C'était pour lui la seule façon d'atteindre les sommets. René vous aimait et il vous aime encore. Et je suis certaine que, ce soir, il vous aime encore un peu plus en sachant que vous l'aimez aussi. Au nom de René, de ses enfants et en mon nom bien sûr, on vous dit merci. Et si vous n'avez qu'un seul enseignement à retenir de mon mari, c'est celui-ci : "On ne peut pas toujours être bon, il faut être bon quand c'est le temps !" »

La salle retient son souffle lorsqu'elle interprète la chanson *Avec le temps* de Léo Ferré. « Et malgré la dernière phrase de cette très grande chanson de Léo Ferré, qui dit "qu'avec le temps, l'amour meurt", eh bien, notre amour à nous traversera le temps. On s'aimait, on s'aime et on s'aimera toujours », ajoute-t-elle.

Ensuite, elle rencontre les médias : « J'ai bien pris mon temps ce soir en interprétant cette chanson iconique de Léo Ferré. Je voulais m'assurer que René, surtout… et moi-même, mes enfants, ma famille, les gens qui m'entourent, les gens avec qui je travaille, que je respecte énormément, ne pensent pas que, parce que René est parti vivre une autre vie, que l'amour entre lui et moi, que l'amour est terminé et que l'amour est mort : c'est d'aimer d'une autre façon. Comme Luc Plamondon a dit : l'amour existe encore, l'amour existera toujours. J'ai aussi dit ce soir que je l'aimais, je l'aime et je l'aimerai toujours, au-delà des phrases de Léo Ferré, que je respecte immensément. » Elle évoque son mari : « Je suis encore évidemment un peu en deuil. Ce sont des notes très sensibles, pas juste pour moi, mais pour toute la famille. Tout a été dit ce soir. René aimait non seulement moi, mais il aimait aussi les artistes, les artisans. Je l'ai dit ce soir. Artiste lui-même, il avait un respect immense pour ce métier, pour les gens qui bossaient très fort pour avoir une place, pour s'exprimer à travers la musique, à travers les chansons. D'être ici ce soir, et que ce ne soit pas nécessairement pour moi, ça a été davantage touchant. Malgré qu'il ne soit plus physiquement présent, il était là ce soir, j'en suis persuadée, lui-même étant rempli de tant d'amour, qu'il nous habitait. Pour moi, d'être là ce soir, j'ai senti un petit peu comme une petite ficelle qui me rattachait à lui. J'avais envie de lui tendre la main, en lui disant : ce soir, on t'honore, et c'est moi qui représente tous tes enfants, la famille, les gens que tu aimes de l'industrie, on est tous là pour te dire qu'on t'aime, qu'on t'a toujours aimé, qu'on te respecte, que tu as influencé beaucoup de gens. »

Pour *Le Journal de Montréal*[1], elle renouvelle ses propos. Ce n'est pas une « nouvelle Céline » qui « revient », non, elle entrevoit plutôt une renaissance : « Je veux être encore plus vivante qu'avant. C'est un nouveau début pour moi. Je veux avoir du *fun*. Je veux avoir du plaisir. La vie va vite, les enfants grandissent. Je veux en profiter. » René approuverait-il ses choix ? « Oui. Assister aux défilés de mode, être vue, faire la couverture des magazines, être invitée au *Tonight Show* de Jimmy Fallon, chanter au *Today Show*. René m'aurait fait faire toutes ces choses. Même la dernière année, il voulait que j'aille partout. René était mon plus grand fan. Il aimait le show-business. Moi… pas trop. Je préfère chanter. Mais en faisant tout ça, en participant à tous ces événements, j'ai l'impression d'être en contact avec lui. De cette façon, il peut voir mes tenues, mes prestations sur scène. Je sais qu'il apprécie. […] René et moi, on a toujours été 50-50 dans tout. On formait une équipe. En mourant, c'est comme s'il m'avait laissé son dernier 50 et qu'il m'avait dit : "Vas-y ma grande. Fais-toi confiance. J'ai confiance en toi. Je t'ai donné plein d'outils. Tu sais quoi faire avec. Suis ton instinct et *have a good time*". Il m'a laissé la liberté d'essayer. » Cette audace fraîchement débarquée se traduit de différentes façons. […] Céline Dion s'est aussi affirmée sans concessions pour l'élaboration de son nouvel album en français. « Quand je suis autour d'une table et qu'on prépare un disque, je vais donner mes idées. J'ai toujours été créative. J'ai toujours eu des idées. Est-ce que j'ai toujours pu les partager ? Peut-être pas autant que maintenant. »

1. Jean-Marc Lemieux, *Le Journal de Montréal*.

Au départ, cela partait certainement d'une bonne intention, doublée d'une juteuse opération financière, quand la société italienne Magia 2000 voulut rendre hommage à Céline en créant une poupée à son image. Malheureusement, la ressemblance n'est pas frappante et encore moins flatteuse. Les fans se précipitent néanmoins pour l'acquérir. Ils ne tardent pas à manifester leur déplaisir via les réseaux sociaux. Crime de lèse-majesté, Magia 2000 publie la photo de sa création sur Instagram[1], avec la légende suivante : « C'est un honneur de partager cette poupée spéciale Magia 2000, que nous avons créée pour la seule et l'unique, l'incroyable Céline Dion. Le talent, la voix et le côté humain que nous avons toujours aimés au fil des années ont été notre véritable inspiration. Merci pour ta joie, nous t'aimons. » Cette poupée, Céline ne l'a pas commandée et encore moins validée comme produit dérivé officiel. L'initiative émane de la société italienne collaborant avec Mattel pour produire la célébrissime Barbie. La « poupée Céline » est vêtue d'une imitation de la robe argentée signée Armani Privé de la collection 2009, portée par la chanteuse lors de ses spectacles à Las Vegas. Aldo Giampaolo, furieux contre le fabricant italien, fait connaître son courroux : « On s'est fait arnaquer ! Un tailleur d'Armani Privé, venu rencontrer Céline pour l'essayage d'une robe, lui a montré cette poupée qu'un ami à lui avait créée et a demandé à Céline s'il pouvait prendre une photo d'elle pour l'ami en question. Si j'avais été là, il n'y aurait pas eu de photo. Mais Céline est gentille et elle a accepté sans se douter que la photo se retrouverait sur les réseaux sociaux. » En d'autres temps, René ne serait pas tombé dans le piège et, avec son sens des affaires, aurait flairé l'arnaque. L'imprésario n'est plus là. Les épreuves ont laissé des fissures dans la vie de Céline, que certains tentent d'utiliser pour la berner. Elle se réfugie dans sa musique... appelle les fidèles à la rescousse. Diane Warren et Céline avaient travaillé ensemble sur le morceau *Unfinished Songs*, écrit pour le film

1. Octobre 2016.

*Song For Marion*[1], du réalisateur britannique Paul Andrew Williams, inclus dans l'album *Loved Me Back to Life* de Céline. Une nouvelle collaboration avec Diane lui apparaît comme une évidence. Diane adapte sa plume à la situation. *Superwoman*, chanson à message, délivre une information claire concernant la diva : elle n'est pas une femme invincible. « *I bruise, I bleed. I'm not a superwoman.* (J'ai des bleus, je saigne. Je ne suis pas une superwoman.) Je suis juste moi, juste moi... »

Elle révèle lors de l'émission *Today*[2], sur NBC et sur les réseaux sociaux, qu'elle chantera une chanson originale dans la nouvelle version de *La Belle et la Bête*, de Disney : *How Does A Moment Last Forever.* « Avoir fait partie du film original de Disney a été une expérience magique dans ma vie et je suis encore plus honorée de répéter cette expérience une seconde fois ». Son équipe[3] informe les médias qu'une tournée en Europe est prévue pour l'été. Elle arrive au Staples Center de Los Angeles, où a lieu la 59e cérémonie des Grammy Awards[4], vêtue d'une robe de couleur verte, signée Zuhair Murad, au dos nu, décolleté vertigineux et épaules surdimensionnées, dont la fente, sur le côté, dévoile sa jambe galbée et ses pieds chaussés d'escarpins Gucci. Sur le tapis rouge, elle répond aux questions de Nancy O'Dell, confirme que l'année écoulée a été difficile, mais que ses trois fils et elle-même vont bien. « Il y a des jours où j'ai l'impression que ça fait trois ans, et d'autres où j'ai l'impression que ce n'est pas arrivé. René est toujours avec moi, et je sais qu'il est très fier que nous soyons de retour dans l'industrie de la musique ». Elle ne peut retenir ses larmes : « J'en ai tiré une leçon, à savoir qu'on ne sait jamais quand ce genre de chose arrive et qu'il faut prendre les choses en main. Il est préférable de ne jamais attendre demain pour faire ce qui peut être fait aujourd'hui. » Nancy O'Dell regrette que l'artiste ne chante pas durant le spectacle de cette année, et Céline confirme sur le ton de l'humour que c'est difficile pour

1. 2013.
2. Janvier 2017.
3. 24 janvier 2017.
4. 12 février 2017.

elle de ne pas chanter : « Cela fait un moment. C'est excitant d'être ici. » Elle se réjouit à l'idée de voir Beyoncé – enceinte de jumeaux – sur scène : « Je pense que c'est une double bénédiction pour elle ». Elle parle en connaissance de cause : « Quand elle entreprend quelque chose, Beyoncé sait ce qu'elle fait. Ça va être chaotique à la maison, mais elle a la chance de pouvoir s'offrir toute l'aide dont elle pourrait avoir besoin. Personne ne la remplacera jamais comme mère. » Plus tard, la diva paraît en robe fendue noire, signée Le Silla, pour remettre à Adele le trophée de la chanson de l'année. Une admiration réciproque rapproche les deux chanteuses. Céline avait enregistré le titre *Water and a Flame* sur son album *Loved Me Back to Life*, en 2013. Une forme d'hommage.

Elle est bien sûr des artistes entourant Barry Gibb, le 14 février, au Microsoft Theatre de Los Angeles, pour *Stayin' Alive : A Grammy Salute To The Music Of The Bee Gees*[1], soulignant le 40e anniversaire de la bande sonore du film *Saturday Night Fever*, créée par le groupe pop. Cette soirée, présentée par la Recording Academy et la chaîne CBS, suivie par 10,3 millions de téléspectateurs, conduite par John Travolta, débute avec un medley des plus grands succès des Bee Gees. Selon le président-directeur général de la Recording Academy, Neil Portnow, les Bee Gees « ont contribué à faire de *Saturday Night Fever* un emblème de la culture pop des années 1970 ». Demi Lovato donne le ton avec *Stayin' Alive*, suivie de *Tragedy* par Tori Kelly, de *How Deep is Your Love* par Little Big Town et *Night Fever* par Andra Days. John Legend, Stevie Wonder, Jason Derulo, Nick Jonas, Ed Sheeran offrent d'époustouflantes prestations, mais Céline émeut plus que tout Barry avec *Immortality* qu'elle dédie aux défunts Robin, Maurice et Andy. Barry Gibb, seul membre survivant et l'un des cofondateurs des Bee Gees, a lancé un album solo à la fin de l'année précédente ; il clôture la soirée en interprétant les classiques *Jive*

1. Diffusée sur CBS le 16 avril 2017.

*Talkin'*, *You Should Be Dancing*, et *Stayin' Alive* réunissant tous les artistes sur scène.

Elle lance sa marque de maroquinerie, dans une tenue signée de la maison Schiaparelli, au forum annuel du Project Women's d'UBM[1], à Las Vegas, et présente les premières pièces de sa *Céline Dion Collection*. « En cuissardes rouges et ensemble osé, signé Elsa Schiaparelli, Céline Dion a fait fureur », lit-on dans la presse. La société *Epic Rights*, qui commercialise le nom de la chanteuse, a confié la fabrication à la société québécoise de maroquinerie Bugatti de Boisbriand[2]. Johanne Boivin, la responsable de cette collection, expose le processus qui permit de remporter l'appel d'offres : « Nous avons dû nous présenter devant trois membres du service marketing de Céline Dion, à Montréal. Puis, effectuer une présentation à la star elle-même des 250 prototypes de sacs, bagages et porte-monnaie. Elle a tout inspecté avec minutie pendant quatre heures et a fait beaucoup de remarques pratiques en s'interrompant parfois pour chanter : elle voulait par exemple qu'on agrandisse les sacs banane, qu'elle trouve très utiles en tant que mère. » La ligne, basée sur un style chic, comme l'a souhaité Céline, propose sacs à main, bagages, pochettes ou portefeuilles. La gamme de produits aux matières variées, allant du cuir au nylon, reste abordable avec des prix débutant à 80 dollars. Cerise sur le sundae pour les fans, l'intérieur des sacs est décoré des lignes de son de la voix de la diva. En conférence de presse, elle explique comment elle a participé à diverses étapes de la création de sa collection, inspirée par ses jumeaux et sa mère : « Je veux que mes fans sachent que je pourrais porter toutes les pièces de la collection. Ce que je préfère à propos de tout ce processus, c'est que le groupe Bugatti a été très ouvert à me faire participer à la création. C'est comme si quelqu'un m'avait donné une chanson et m'avait dit "chante ça". J'ai besoin d'être créative. J'espère que la marque, qu'on appelle "*lifestyle*", pourra s'étendre. Je

1. 21 février 2017.
2. Juin 2016.

ne peux rien dire aujourd'hui, mais c'est quelque chose que j'espère et ça pourrait se concrétiser par une marque de vêtements ou de bijoux. »

Pour assister à l'avant-première[1] du film *La Belle et la Bête* des studios Disney, elle bascule dans le classique et choisit de porter une robe bleu pâle, agrémentée d'un gros nœud semblable à une cape, posé sur l'épaule, du créateur Christian Siriano. Sur le tapis rouge de la salle El Capitan, à Hollywood, elle félicite acteurs et actrices, et tout particulièrement Emma Watson, qui incarne Belle. À Las Vegas, ses frères et sœurs sont arrivés du Québec. Ils se sont réunis pour célébrer le 90e anniversaire de leur mère. Céline n'a de cesse de rappeler combien elle est un exemple de vie pour elle. Elle admire son courage, sa fougue, sa force, ses convictions. Elle lui a inculqué sa ténacité, c'est indéniable. Elle partage, sur sa page Facebook et les réseaux sociaux, une photo de ses frères et sœurs et de ses trois garçons entourant Maman Dion, accompagnée de ces mots jolis : « Quel privilège pour nous tous de t'avoir encore parmi nous. Joyeux anniversaire, maman, pour tes 90 ans ! On t'aime. » Le réconfort, puisé auprès de ses proches, lui permet de recouvrer la sérénité nécessaire pour envisager l'avenir de ses garçons sans trop de peur. René a laissé un tel vide. Elle s'étourdit dans maintes activités et accepte la proposition de Gwen Stefani, l'égérie de la marque L'Oréal, qui a fait appel à elle pour encadrer son équipe lors de la 12e saison de la compétition *The Voice*, diffusée sur CTV au Canada. « Je connais très bien Gwen, confie la diva à *Today NBC*, je connais sa carrière, je sais à quel point elle est belle en toute circonstance. Elle est tellement belle et je suis toujours jalouse... » Gwen Stefani, réjouie d'avoir Céline dans son équipe, imagine que les autres coachs de *The Voice* seront en colère qu'elle l'ait recrutée, car leur alliance promet d'être fructueuse. Céline se donne à fond, plaisante, pousse la chansonnette. « J'ai entendu de la musique toute la journée... jubile Gwen. Je ne sais pas ce qui se passe

1. 2 mars 2017, au El Capitan Theatre à Hollywood.

dans son cerveau, mais c'est fou là-dedans. Et c'est génial ! » Les participants, très impressionnés de travailler avec elle, sont vite mis à l'aise. Humble et chaleureuse, elle prend très au sérieux sa responsabilité, dispense ses conseils avec simplicité et bonne humeur.

La démission d'Aldo Giampaolo est officielle le 6 avril. Il s'en explique. Il a mûrement réfléchi, après en avoir discuté avec son épouse Marianik Giffard[1] : « Céline m'a fait confiance. On a accompli beaucoup de choses. J'avais un mandat et je suis allé au bout de ce mandat. Je n'aurais pas pu arrêter avant ces deux ans et demi. La première année, Céline a arrêté de chanter, donc ça fait juste un an et demi qu'elle a recommencé à travailler. J'ai vu l'impact que ça avait sur ma vie familiale et je ne veux pas continuer à vivre ça. Cette décision était nécessaire pour le bien de mes enfants. Mais je serai toujours au bout du téléphone pour elle, ça, c'est certain. » L'artiste lui est très reconnaissante : « Aldo a fait partie de mon équipe de management depuis quelques années et il se retire maintenant pour des raisons personnelles et familiales. J'apprécie sincèrement ce qu'il a fait pour ma carrière et je respecte sa décision. Je lui souhaite tout le meilleur pour ses projets futurs. » Elle prend sa destinée en main : « René disait tout le temps : "Céline, fais-toi z'en pas avec ça, concentre-toi sur tes chansons." Donc, à travers tout ça, je l'ai toujours écouté et je me suis toujours concentrée sur chanter du mieux que j'ai pu, et je m'occupais jamais de rien, je ne savais rien, j'ai toujours fait confiance sans aucune question J'ai 51 ans, depuis trois ans, j'ai pris ma vie en charge pour montrer à mes enfants que, dans la vie, être indépendant, c'est important. Avant, je ne connaissais rien, je me mêlais de rien. Mais là, j'ai commencé à apprendre et à me dire que j'ai un droit de parole, et j'ai commencé à apporter des idées avec mes coéquipiers. Ils me font tellement confiance que ça me donne de la force. Être dans les meetings, être au

1. Elle travailla également pour Céline.

courant de comment ça fonctionne, ça te donne comme une fierté, puis une force. Je vois mes fans changer depuis trois ans, effectivement. Pourquoi ? Est-ce que c'est les robes, est-ce que c'est les chansons, est-ce que c'est mon attitude ? La maturité, là, c'est quelque chose d'extraordinaire, parce que t'oses. T'as rien à perdre. »

Questionné, Giampaolo a précisé que son départ n'est pas lié à un conflit professionnel ou à un différend artistique avec Céline. Il y a environ dix jours, il en a avisé la chanteuse qui n'a pas tenté de le retenir. « C'est facile avec Céline, elle trouve ça normal quand tu lui parles de la famille et des enfants. J'ai des jeunes enfants – une fille de 7 ans et un garçon de 3 ans – et je n'ai plus 28 ans, j'en ai 67, explique-t-il à *La Presse*[1]. C'est un travail accaparant et je n'ai pas fait des enfants pour les faire élever par d'autres. C'est une machine Céline, c'est la plus grande artiste mondiale, et tu ne peux pas arrêter cette machine-là. Tu ne peux pas faire ça [démissionner] au pif, fallait qu'il y ait une certaine organisation avant que je m'en aille. » Pourtant, Giampaolo ignore qui va lui succéder au moment où Céline Dion prépare une autre tournée estivale en Europe et un album en anglais. « Je n'ai aucune idée de comment Céline va se réaligner, répond-il. Mais elle sait où elle s'en va et elle prend des décisions. Elle a commencé à travailler à 12 ans, elle a le sens de la *business* artistique. Je ne suis pas inquiet pour elle, elle est forte. »

Céline foule pour la première fois le tapis rouge de l'événement mondain reconnu comme étant le *Superbowl des fashionistas*, le Met Gala[2] « Rei Kawakubo/Comme des Garçons : Art of the In-Between », au Mark Hotel, à New York. Organisé chaque année par Anna Wintour, la patronne du magazine *Vogue*, c'est le rendez-vous des grandes vedettes qui rivalisent d'audace en portant des ensembles de créateurs « tantôt excentriques, tantôt glamour, mais jamais ennuyeux ». La veille, lors de la party organisée par *Vogue*, Céline fit part de son enthousiasme :

1. *La Presse*, 6 avril 2017.
2. 1er mai 2017.

« C'est comme avoir un emploi pour la première fois ou avoir son premier baiser. C'est gros. Je ne vais pas avoir assez d'yeux pour tout voir. » Et réciproquement, car les regards se tournent résolument vers elle lorsqu'elle défile dans une robe composée de superpositions noires et argent, agrafées d'or, dévoilant les jambes jusqu'aux hanches, création signée Donatella Versace. Rei Kawakuboas, designer de la marque *Comme des Garçons*, a réalisé une coiffe noire asymétrique. Elle surprend davantage encore, lorsqu'elle arrive aux Billboard Music Awards[1], au T-Mobile Arena de Las Vegas, dans une robe immaculée, extravagante, du styliste français Stéphane Rolland Haute Couture, manches volumineuses en forme de nuages, décolleté plongeant, traîne drapée. Le 20e anniversaire du long métrage *Titanic* lui offre l'occasion d'interpréter *My Heart Will Go On*, pendant que défilent derrière elle des images du film. De longs applaudissements et une *standing ovation* saluent son éblouissante performance. Elle paraît « ... sublime dans un fourreau Stéphane Rolland couture à l'impressionnant col de gazar blanc soufflé, tel un cygne déployant ses ailes majestueusement », nous dit *Le Figaro Madame*[2]. « Servie par une scénographie théâtrale, la chanteuse a offert une interprétation très émouvante de son tube *My Heart Will Go On*. Dès les premières notes, un frisson d'émotion a parcouru l'audience du T-Mobile Arena de Las Vegas, suivi par un tonnerre d'applaudissements qui a fait trembler les murs de l'enceinte. Vingt ans après la sortie du film *Titanic*, on ne pouvait imaginer une plus belle façon de fêter cet anniversaire. » Assaillie dans les coulisses, elle admet : « Cette chanson représente beaucoup pour moi, et elle a joué un rôle énorme dans ma carrière. Je suis très reconnaissante au regretté James Horner et à Will Jennings de l'avoir écrite et de m'avoir donné l'occasion de participer à *Titanic*, un film extraordinaire, dont l'héritage se perpétuera pour des générations à venir. C'est un grand honneur d'avoir l'occasion de l'interpréter sur la scène internationale des Billboard Music

1. 21 mai 2017.
2. *Le Figaro Madame*, 22 mai 2017.

Awards, pour célébrer le 20e anniversaire du film. » Dans un tout autre genre, la chanteuse Cher emporte le public dans un voyage musical à travers sa carrière. À 71 ans, Cher, récompensée lors de la soirée par un Icon Award, jouit du feu sacré des grandes stars. Vêtue de ses tenues de scène originales des années 1980-1990, elle « a réinterprété avec passion *Believe* sorti en 1998 et *If I Could Turn Back Time* de 1989, dans la tenue originale du clip de l'époque. »

Live 2017, tournée estivale européenne, est lancée à Copenhague[1] (Danemark), à la Royal Arena. La diva propose deux spectacles distincts, selon que le public soit anglophone ou francophone. Elle a pris ses quartiers, à Paris, au Royal-Monceau[2], où ses enfants et leurs accompagnants ont désormais leurs habitudes. Il est convenu qu'elle se rende, grâce à son jet, dans les villes choisies pour donner son spectacle, puis qu'elle regagne Paris dans la nuit. Elle surprend les Danois par l'audace d'une chorégraphie lascive, très ambitieuse, qu'elle exécute en body de dentelle avec Pepe Muñoz, tout en chantant à la perfection. Un exercice des plus difficiles. Denis Savage, directeur de la tournée, explique : « Durant nos meetings de création, Céline tenait à faire un numéro de danse sur "*Le Ballet*". Une connaissance de Céline nous a parlé d'un danseur espagnol, que nous avons alors contacté. Il est venu à Las Vegas pour rencontrer Céline. Ils ont ensuite passé du temps à concevoir ce numéro qui était très apprécié du public ». Le danseur se souvient : « J'étais en congé sabbatique lorsque j'ai reçu l'appel de l'équipe de Céline Dion qui me proposait d'être danseur pour la tournée européenne, une offre que je ne pouvais pas refuser. J'avais deux amis qui travaillaient pour Céline Dion dans sa maison de Las Vegas (comme gardienne et comme majordome) et c'est grâce à eux que j'ai eu le contrat. À Las Vegas, c'est un petit monde, tout le monde du milieu du spectacle se connaît ! J'oublie à quel point Céline Dion est

1. 15 juin 2017.
2. 14 juin 2017.

célèbre, car, lorsqu'on travaille avec elle, on a un rapport très normal, professionnel et amical. On fait tout de suite partie de la famille. »

Son souhait de sortir du traumatisme causé par la disparition de René l'engage à se créer une image de personne forte, pleine d'énergie, afin de se protéger de la pitié de l'entourage, même si une fragilité intérieure demeure. Elle se lance un défi, atteindre un objectif, un spectacle quelque peu provocant. Une façon d'exorciser le malheur, de sortir des sentiers battus et de marquer sa différence au sein du show-business. C'est là que le danseur Pepe Muñoz entre en scène. Pepe n'est pas seulement un chorégraphe de talent, en dehors des séances de travail, il l'aide à libérer sa parole, partager ses blessures. Stockholm, Londres, Bordeaux, Lille, Bern, Berlin, les dates défilent. Les shows sont réglés au cordeau. Sa proximité avec son public est essentielle à ses yeux : « Une autre nuit... une autre fois... et pourquoi pas ? Je suis à un tournant critique de ma vie, mais tout se remet en place. En écoutant mon cœur, dans la tourmente de mes travers et de mes désirs, je continue à grandir. Je me permets ce rendez-vous avec vous. Ce soir est le seul moment qui compte. Hier est passé, demain est encore à venir. Je réalise avec le temps que l'on ne voit clair qu'avec le cœur. Merci d'être dans ma vie. » Elle interprète, pendant deux heures, 22 morceaux, dont d'anciens tubes qui ravissent ses admirateurs. Durant sa reprise de *Black or White,* de Michael Jackson, une vidéo de René-Charles chantant du rap et les jumeaux complices déchaîne les acclamations du public. « La musique, c'est une histoire de famille ! Je suis tellement fière que mes garçons fassent partie de l'aventure ! » se réjouit-elle. Pour le final, elle traverse toute la salle, rejoint la régie technique et chante *Pour que tu m'aimes encore*, version guitare voix. Elle donne son ultime représentation française, à Nice, devant 32 000 spectateurs : « Il était hors de question de ne pas s'arrêter à Nice pendant notre tournée en Europe, déclare-t-elle en montant sur scène. Ce soir, c'est notre dernier concert en français, mais, pour voir les choses du bon côté, les derniers seront les premiers ! » Avec délicatesse, elle rend hommage aux 86 victimes de l'attentat du 14 juillet 2016. « Permettez-moi maintenant de prendre quelques instants. On sait que les 14 juillet ne seront plus jamais les mêmes à Nice... Vendredi dernier, alors que normalement, nous aurions célébré la fête nationale ici, dans cette magnifique ville et à travers tout le pays, nous avons rendu hommage aux victimes de l'attentat meurtrier du 14 juillet 2016, ainsi qu'à leurs proches, encore sous le choc et habités par le chagrin. Mais une chose est certaine, toutes ces innocentes victimes sont maintenant dans nos cœurs. Jamais nous ne les oublierons, pour toujours elles resteront nos anges. » Elle dédie sa chanson *S'il suffisait d'aimer «* à ces anges de la Promenade des Anglais » et au public : « Rappelons-nous que l'amour reste la plus belle et la plus forte des émotions... Et si le cœur vous en dit et que ça peut apporter un peu de réconfort, eh bien j'aimerais beaucoup que vous la chantiez avec moi. »

Stéphane Le Tavernier, président de Sony Music en France, lui remet un disque de diamant pour 700 000 exemplaires vendus en France de son album *Encore un soir*. Oui, elle est fière de ce succès et s'affirme en qualité de « *boss* » : « Je suis un *boss* avec plein d'autres *boss*, avec Denis Savage, Dave Platel... J'ai quand même une équipe en place de stylistes, de management, de techniciens... Ces gens-là travaillent avec moi depuis longtemps. Ils ont porté attention à chaque parole de René. Ils ont appris beaucoup de René. Moi la première. C'était mon mentor. » L'émotion la rattrape : « Il n'est plus à côté de moi, mais il est à l'intérieur de moi. Je suis encore amoureuse de lui parce qu'il m'habite. Je n'ai pas juste perdu mon mari, rappelle-t-elle. J'ai perdu mon manager, j'ai perdu le père de mes enfants. Ça frappe fort. »

Les concerts parisiens coïncident avec la *Fashion Week*, évidemment. Cette manifestation est incontournable pour elle. Elle s'autorise toutes les audaces vestimentaires, passant du classique chic au *streetwear*, du glamour à l'extravagance absolue. Pepe Muñoz, passionné par la mode, l'accompagne aux défilés et aussitôt des rumeurs se propagent. Comment gère-t-elle les ragots sur les réseaux sociaux ? « Je ne gère rien, pantoute[1], parce que j'écoute rien, je lis rien. Je ne veux rien savoir. » Pepe Muñoz, abasourdi, ne peut que constater : « Il y a tellement eu de choses invraisemblables et fausses qui ont été écrites à mon sujet. On inventait tellement de choses qu'à un moment donné, il fallait bien en rire ! J'ai été naïf aussi, je l'avoue, car c'était nouveau pour moi et le problème, c'est que, dans certaines entrevues que j'ai données, mes propos ont été déformés. » *Vogue* publie un cliché de Céline, pris par Sophia Li, durant une séance photo. Entre deux essayages, assise sur une chaise, elle apparaît à demi nue, dissimulant sa poitrine et son intimité à l'aide de ses jambes et de ses bras. Le cliché, posté sur les réseaux sociaux, fait aussitôt le buzz. « Voici un petit moment de la journée de Céline Dion pendant qu'elle change de tenue entre deux shows », mentionne la légende. Des commentaires malvenus accompagnent des photos volées aux légendes abracadabrantesques. Ses extravagances lors des *Fashion Weeks* ne sont pas des dérives, mais bien l'expression de son humour. Céline est une femme intelligente. Elle développe une forme d'autodérision face à son traumatisme. C'est sa manière à elle de ne pas se complaire dans la tristesse, de cesser d'être exposée aux yeux des autres comme une victime.

Après vingt-cinq spectacles à guichet fermé, la tournée, terminée à Glasgow[2], a généré des recettes proches de 63,3 millions de dollars ; elle a été vue par près de 458 000 spectateurs. Elle s'éclipse au Québec. Maman Dion habite toujours sa belle demeure du quartier Vieux-Sainte-Rose, au bord de la rivière des Mille Îles, à Laval. Elle a loué une maison à l'écart et compte bien jouir d'un repos plus que nécessaire. Eddy et Nelson passent la majeure partie de leurs journées au grand air, à chahuter, construire des cabanes : « C'est difficile de trouver des activités pour qu'ils soient actifs, d'autant plus qu'étant

1. Pas du tout.
2. 5 août 2017.

donné qu'ils sont des garçons, ils doivent changer d'activité chaque huit minutes. Mais, quand nous arrivons ici, ils voient la nature. Ils veulent grimper dans les arbres... Ils jouent dehors toute la journée », raconte-t-elle. René-Charles, à 16 ans, peut à présent conduire et ne s'en prive pas, ce qui stresse pas mal sa mère. Elle lui recommande de ne pas peser sur la suce[1], ni d'avoir le pied pesant et de ne pas pogner jamais de tickets. « Ça m'effraie beaucoup, avoue-t-elle. Mais, quand il m'appelle pour me dire qu'il est à la maison, que tout est beau et qu'il s'en va au lit, je suis OK. » On la rencontre dans les gradins de la Cité du sport[2] de Terrebonne, où elle assiste au match de hockey sur glace auquel prend part son fils aîné. Au vestiaire, casier n° 5 – cela ne s'invente pas – les affaires et la tenue de René-Charles sont en place. Il enfile, pour ce match amical, l'uniforme des Cobras de Terrebonne, de la Ligue de Hockey Junior AAA du Québec, dans le cadre du Tournoi des recrues. Vêtue du maillot de l'équipe de Las Vegas, les Golden Knights, floqué du nom d'Angélil, elle l'encourage avec énergie. René-Charles joue comme ailier droit, au sein du Storm du club Las Vegas Junior Wranglers.

Difficile de s'arracher aux parties de pêche, pique-nique, farniente au soleil, pour une parenthèse business. Pourtant, elle a vu les choses en grand pour le lancement de sa collection de sacs, de porte-monnaie, de porte-cartes et de valises, à la boutique Browns[3], rue Sainte-Catherine, à Montréal. Des centaines de fans l'attendent et bloquent la rue depuis 24 heures, dans l'espoir de l'apercevoir et la prendre en photo. Chaque invité, une centaine tirée au sort, est reparti avec un sac ! Le prix à payer : entre 52 et 1 350 euros, pour la pièce la plus chère. Toutes les recettes de la journée sont reversées à la Fondation Sainte-Justine[4] dont Céline est marraine honoraire à vie. Elle a souhaité que les pièces soient abordables à tout un chacun. Les prix de vente se situent entre 70 et 199 € pour

1. Appuyer sur le champignon. Faire de la vitesse. Attraper des contraventions.
2. 18 août 2017.
3. 23 août 2017.
4. CHU Sainte-Justine de Montréal.

les synthétiques – lignes Libretto et Grazioso – et, pour les cuirs – Vibrato et Octave –, entre 199 à 449 €. Style Network International assure la distribution. Le groupe, basé à Marseille, est centré sur l'activité de distribution à l'international. Il vise le marché des boutiques multimarques indépendantes, spécialisées ou non, et les grands magasins. L'artiste explique sa démarche : « Je suis une mordue de mode. Je feuillette tous les magazines. Je suis une grande *shoppeuse*. J'aime ce que les femmes aiment et je voulais leur permettre de rêver elles aussi. Lorsque j'ai accepté la proposition de lancer une ligne d'accessoires, elle se devait d'être avant tout accessible. J'achète ce que j'aime et les femmes font ça aussi. Même si on a plusieurs sacs noirs, ils ne sont pas pareils. Il y en a un plus petit, un plus gros, un qui a une poignée et un autre qui a une double poignée. On veut toujours le nouveau truc du moment. » Le côté pratique est essentiel pour elle : « Quand tu es la mère de jumeaux, tu as besoin de tes deux mains. Le "*fanny pack*" est super pratique. Les enfants te demandent toujours de la gomme ou leurs lunettes, tu cherches du désinfectant ou des sous noirs[1] pour les machines. »

Pas le temps de bretter[2] bien longtemps, ni d'être assise sur son steak[3], Las Vegas l'attend. Les spectacles reprennent. Line Renaud, venue inaugurer une rue à son nom face au Caesars Palace, appelle sa jeune amie, assiste au show et lui témoigne son affection[4]. Un regard, une pression sur la main, un baiser. Il n'est pas besoin de beaucoup pour communier, se réconforter, se comprendre. La présence de Line, à elle seule, veut dire beaucoup. Elle est comme ça, Line. L'amitié, pour elle, n'est pas un vain mot. Cette parenthèse joyeuse et tonifiante est balayée par l'abomination qui s'abat sur le concert de country en plein air, près du casino Mandala Bay. Un retraité américain, depuis un étage de l'hôtel-casino, tire sur

1. Sou noir : un cent (pièce de monnaie).
2. Lambiner, perdre son.temps.
3. Paresser, ne rien faire.
4. 29 septembre 2017.

la foule, faisant 59 morts et plus de 500 blessés[1]. Sous le choc, deux jours après le drame, lorsqu'elle monte sur scène, Céline s'adresse à son public des trémolos dans la voix : « J'espère que vous allez tous bien. J'aimerais vous parler quelques minutes. Avant de commencer le spectacle, j'ai besoin de vous parler. Je ne commence jamais mes concerts de cette manière, mais, ce soir, c'est très différent. » Au bord des larmes, elle explique sa décision de maintenir son show, d'aller de l'avant plutôt que de l'annuler. Une décision difficile : « Est-ce que je peux encore faire mon travail ? Le devrais-je, seulement deux jours après le cauchemar ? En maintenant le show, il ne s'agit pas que de chanter, mais de donner de l'amour et du soutien à ceux qui sont touchés. Je prie pour toutes les victimes innocentes et leurs familles à Las Vegas. Toutes mes pensées accompagnent les victimes et leurs proches ». Elle offre les recettes du concert aux familles touchées par cette fusillade. « Dimanche, nous avons perdu trop de belles et innocentes âmes, et plusieurs d'entre elles souffrent toujours. Mais ce soir, nous allons faire savoir à leurs familles que nous les soutenons et que nous les aiderons à passer à travers cette tragique épreuve ». Elle n'en reste pas là, elle fait une apparition surprise, avec Steve Aoki, au *Vegas Strong Benefit Concert*[2], à l'Omnia Nightclub du Caesars Palace. Ils interprètent un remix de sa chanson à succès *My Heart Will Go On*. Plus d'un million de dollars sont collectés pour le Las Vegas Victims Fund afin de venir en aide aux victimes de la tuerie d'octobre.

Céline en est bien consciente, la période des fêtes de fin d'année fait ressentir de manière plus intense encore que le reste de l'année, le vide laissé par la disparition de René. Les repères habituels ont disparu, mais grand-maman Thérèse apporte un soutien psychologique manifeste. Elle fait dans l'authentique et s'emploie à raconter à Nelson et Eddy les belles traditions de son pays des neiges. Les Noëls partagés avec ses frères et

1. 1er octobre 2017.
2. 8 novembre 2017.

sœurs, s'ils étaient modestes, ne manquaient point d'amour. Elle leur décrit le gros poêle de la cuisine, couvert de tourtières, de ragoûts de boulettes, de tête fromagée, cuisinés par sa mère pour nourrir tout son monde après la messe de minuit. Ses plus beaux souvenirs sont ceux des Premiers de l'an. Au réveil, tous les enfants s'agenouillaient devant leur père et lui demandaient la bénédiction du Premier de l'an. Papa étendait ses mains au-dessus de la tête des enfants, puis ils s'échangeaient les bons vœux en terminant par la formule « Et le paradis à la fin de tes jours ! » La coutume voulait que la famille parte ensuite à pied ou en traîneau, pour aller réveiller les grands-parents et essayer de les surprendre au lit. Ce n'était jamais le cas ! Pas question de se faire prendre les culottes à terre[1] ! Ils étaient attendus pour festoyer, partager un copieux repas, arrosé de fort[2]. Ensuite, se faisaient les visites à la parenté, de maison en maison, l'échange des vœux et un petit coup de fort avant de repartir dans la neige et le froid. Les jumeaux ouvrent de grands yeux. Quel univers enchanté, si différent de leurs héros Frigiel et son fidèle chien Fluffy ! Céline évoque à son tour ses souvenirs, quand Maman Dion prenait son violon, Adhémar son accordéon et qu'ils faisaient danser le rigodon. Malgré une grave irritation des cordes vocales qui l'a contrainte à annuler ses shows, elle leur chante :

*« Préparons-nous son père pour fêter l'jour de l'an.*
*J'vas faire des bonnes tourtières,*
*un bon ragoût d'l'ancien temps.*
*C'est dans l'temps du jour de l'an,*
*on s'donne la main, on s'embrasse.*
*C'est l'bon temps d'en profiter,*
*ça arrive rien qu'une fois par année.*
*Peinture ton cutter, va ferrer ta jument.*
*On ira voir ta sœur dans l'fond du cinquième rang.*

1. Être pris au dépourvu.
2. Boisson contenant un fort pourcentage d'alcool.

*C'est dans l'temps du jour de l'an,*
*on s'donne la main, on s'embrasse.*
*C'est l'bon temps d'en profiter,*
*ça arrive rien qu'une fois par année.*
*Va t'acheter une perruque, fais-toi poser des dents.*
*C'est vrai que t'as rien que moi à plaire,*
*mais tu s'rais plus ragoûtant...*[1] »

Nelson et Eddy se tordent de rire. René-Charles pose un regard tendre sur sa grand-maman.

Guérie, Céline remonte sur scène le 12 janvier 2018. Par chance, Adele, fan inconditionnelle, est dans la salle ce soir-là. Les deux artistes se retrouvent en loge et partagent un moment de complicité. « Quel show, proclame la chanteuse britannique. C'est l'un des meilleurs spectacles que j'ai pu voir à ce jour. Céline est une reine ! » L'admiration est réciproque. Accompagnée d'une photo prise ensemble, Céline donne de ses nouvelles via son compte Instagram : « Les deux dernières semaines ont été difficiles pour moi. Nous avons été plusieurs à être affectés par le rhume ou la grippe, mais sachez que je vais beaucoup mieux maintenant. Je n'ai pas été en mesure de monter sur scène pour tous mes spectacles, mais je suis ravie qu'Adele ait pu venir assister à l'un d'eux… Je l'aime tellement ! »

Galerie Joseph, 116 rue de Turenne, à Paris, elle inaugure la boutique éphémère[2] présentant sa marque pour enfants Celinununu. En effet, elle a des intérêts professionnels en Israël, de par sa collaboration avec les deux cofondatrices, Iris Adler et Tali Milchberg, de la marque de vêtements haut de gamme israélienne Nununu, déposée en 2009. Elle lance donc *Célinununu*, une collection de vêtements fabriqués en Israël, non genrés, unisexes, destinés à des enfants de 0 à 14 ans. « Avec cette nouvelle marque, Céline Dion et Nununu veulent

1. *Le jour de l'an*, par la Bolduc. Rigodon traditionnel.
2. 27 janvier 2018.

libérer les enfants des rôles traditionnellement prédestinés aux filles et aux garçons et développent une collection leur permettant de porter ce qu'ils souhaitent, sans associer de sexe au vêtement », expliquent les deux parties dans un communiqué. Le slogan « Laissons les enfants choisir ce qu'ils sont » vaut à Céline, qui s'est déjà exprimée en faveur des minorités LGBT, des accusations de satanisme de la part du prêtre exorciste John Esseff. Il lui reproche de « nier le genre garçon ou fille reçu à la naissance » et « le caractère purement mercantile de l'opération mis en place par un esprit organisé ». Le président de la Fédération française de prêt-à-porter féminin, Pierre-François Le Louët, vole à son secours : « Les consommateurs sont en quête de sens. Pour réussir dans leurs activités annexes, les célébrités doivent s'engager vraiment dans le projet, en allant au-delà d'un simple rôle d'égérie et en donnant un visage à des causes qui entrent en résonance auprès de leur public. » Les vêtements proposés sont des combinaisons, des bodies, des pantalons, des robes, des sweats, des vestes et tee-shirts dans des coloris neutres, gris, jaune, vert, noir, avec ou sans motifs géométriques, des étoiles, des croix. L'important aux yeux de Céline est de « Rester soi-même, s'assumer, s'accepter, demeurer authentique. » Elle adopte ce précepte à ses fils : « Il faut guider les enfants dès leur jeune âge, mais ne pas les bloquer. » Elle est sans détour : « J'ai acheté des poupées à mes garçons parce qu'ils me le demandaient. Après, ils ont joué à la boxe pendant plusieurs mois. Ils se sont déguisés en Hulk. Ils m'ont également piqué mes bottes alors qu'ils étaient encore en couche-culotte. Je n'essaie pas de dire aux parents comment élever leurs enfants, mais je les incite en douceur à les laisser voler de leurs propres ailes en les guidant. C'est important qu'ils s'expriment dès leur plus jeune âge. »

Cette polémique ne perturbe pas outre mesure la diva dans son programme, centré autour de la *Fashion Week* et des défilés Giambattista Valli, Armani, Miu Miu, Chanel, Valentino, Alexandre Vauthier... Critiquée pour sa maigreur, elle ignore les jugements et répond avec humour : « Si ça me plaît. Je ne veux pas en parler. Ne vous inquiétez pas. Si vous aimez ça, tant mieux. Si vous n'aimez pas, laissez-moi tranquille ». Les interrogations concernant son physique ne datent pas d'aujourd'hui. Déjà, en 2001 dans *Ma vie, mon rêve,* elle s'expliquait : « Je n'aurais pas pu donner jusqu'à cent shows par an et voyager sans cesse d'un bout à l'autre du monde si j'avais mangé trop ou pas assez, ou si, comme racontent certains magazines, je m'étais fait vomir après chaque repas. » Elle a toujours joué la transparence et elle continue : « On a souvent écrit que j'étais anorexique et que je me nourrissais de feuilles mortes, de tofu, de graines et de pépins. Ça m'a parfois agacée. J'aurais préféré ne pas lire ça : fille maniaco-dépressive et psychotique, d'après certains médias... Je n'ai d'ailleurs jamais compris ce besoin maladif qu'ils ont d'inventer toutes sortes d'histoires à dormir debout. Pourquoi prêter aux vedettes du show-business des traits de caractère qu'elles n'ont pas ? Il me semble que la réalité et le vécu de n'importe qui sont infiniment plus intéressants que des rumeurs non fondées ou des mensonges évidents, ou encore des hypothèses plus farfelues les unes que les autres. Je déteste être entourée de rumeurs ou de fausses croyances, ne pas être vue et perçue telle que je suis. Même si je ne prétends pas être une reine de beauté, j'étais et je suis toujours fière de mon corps. » À bon entendeur, salut !

Brock Radke, dans son papier pour le *Las Vegas Sun*[1], est assez objectif : « Lorsque Céline Dion donne son spectacle phare au Colosseum du Caesars Palace, elle passe beaucoup de temps debout au bord de la scène. [...] elle se rapproche, cherchant à se connecter avec son public, aussi profondément que possible. Sa performance est ouverte, sincère et vulnérable, créant une proximité émotionnelle avec les millions de fans internationaux qui sont venus la voir à Las Vegas. Nous avons vu de nombreuses stars ; Céline Dion est sans conteste l'une des artistes les plus influentes et les plus marquantes de l'histoire du Strip. Il y a 15 ans, elle jouait pour la première fois

1. *Las Vegas Sun*, 15 mars 2018.

au Colosseum, le 25 mars 2003. […] Mais le caractère grandiose du spectacle et de la salle, ainsi que les performances époustouflantes de Dion, en ont fait le billet le plus cher du Strip, ont donné une nouvelle leçon sur le tourisme international et ont finalement fourni le modèle de la forme dominante de spectacle vivant à Las Vegas aujourd'hui. [...] La force de résistance ne suffit pas à décrire Dion. Elle plaisante en disant qu'elle doit se débarrasser de *All By Myself* au début du spectacle pour pouvoir se détendre, même si elle donne l'impression de ne pas faire d'effort. Sa voix est la même qu'en 1990, lorsqu'elle chante *Where Does My Heart Beat Now*, l'un de ses premiers succès en anglais. Le thème de *Titanic* clôt toujours le spectacle, mais la série de chansons qui précède le final est un moment fort, rendant hommage à Prince avec *Kiss* et *Purple Rain* avant une reprise fougueuse de *River Deep, Mountain High* et une reprise émouvante de *The Show Must Go On* de Queen, une chanson qu'elle privilégie depuis la mort de son mari et manager René Angélil en 2016. Le sens du spectacle de Dion a évolué en même temps que sa persévérance s'est intensifiée en 15 ans. Elle a changé la donne, c'est certain, mais elle est toujours là, au bord de la scène, à nous donner tout ce qu'elle a. » L'excellence a toujours été sa priorité. À cinquante ans, l'éternelle petite fille de Charlemagne peut en remontrer aux jeunes femmes débutant dans le métier.

Il était prévu qu'elle célèbre son cinquantième anniversaire avec son public au Colosseum, le 30 mars. En début d'année, elle confiait à *Stellar*[1] : « Je ne suis pas branchée anniversaire, même quand j'avais 20 ans. Pour être honnête, je préfère donner un concert. Mais le 5 est mon chiffre porte-bonheur, alors j'ai plutôt hâte d'avoir 50 ans. » Hélas, les problèmes d'audition la contraignent aux soins et les spectacles prévus du 27 mars au 18 avril sont annulés. Ses fans sont dépités. Certains avaient programmé leur venue à Vegas de longue date pour cette occasion... Quant à elle, elle envisageait simplement de passer

1. Magazine australien.

une belle journée avec ses fils : « Pour mes enfants, que j'aie 21, 37 ou 50 ans ne fait aucune différence. Peut-être que j'irai au bowling ou au cinéma, ou qu'on restera dans mon lit à regarder des chaînes Disney ou qu'on prendra trois petits déjeuners dans la journée avec des œufs brouillés sur des toasts et du beurre de cacahuète. Ce serait merveilleux. »

À ce sujet, je retrouve Line Grenier, professeure au département de communication de l'Université de Montréal. Elle est la première universitaire à s'être penchée sur le phénomène Céline Dion, en 2001, dans le cadre de ses recherches sur la renommée, puis le vieillissement au regard de la scène culturelle dans la musique populaire. À l'occasion de ce cinquantième anniversaire, elle se dit frappée « qu'on taise entièrement le fait que cette femme vieillissait. On parlait toujours du fait que sa carrière connaissait une croissance, du conte de fées de la jeune fille découverte par son agent devenu son mari, sans jamais faire de ça une histoire de vieillissement. » Elle remarque : « Une des choses que je ne peux m'empêcher de voir dans le cas de Céline Dion, c'est une forme de vieillissement tellement acceptable, qu'elle passe inaperçue sur la place publique. » Le deuil de René, son amour, son Pygmalion est un moment charnière. « Généralement, on attend de cette étape quelque chose d'autre par la suite. Ce qui a été le cas : on a très largement discuté des frasques de Céline dans la mode, du renouvellement de son équipe, mais ce qui est incroyable, c'est qu'on fait ça sans le lier au fait que cette figure publique va avoir 50 ans ! » Line Grenier m'invite à me poser les vraies questions. Comment expliquer que l'artiste échappe à la dure réalité vécue par ses consœurs du monde de la musique populaire ? « Ce ne sont que des hypothèses, mais, quand cette femme vieillit, on voit toutes les figures qu'elle a incarnées au fil du temps, en même temps [la mère de famille qui a perdu son mari, l'entrepreneure symbole de l'intégrité au travail et de Québec inc., ou encore la star internationale plus tout à fait au faîte de sa gloire]. Mais elles n'ont pas vieilli de la même manière. Tout ceci colore la manière dont on peut discuter du vieillissement de Céline aujourd'hui ».

À Québec, son nom est donné à une suite « Héritage » du célèbre palace Château Frontenac[1]. Emblème de la ville et de glorieux moments d'Histoire fondant, entre autres, le lien indéfectible de la France avec la Belle Province, il fut le point de mire de l'actualité internationale, en août 1943 et septembre 1944, lors des deux Conférences de Québec, et le quartier général des états-majors alliés. La porte 5151 ouvre sur la suite entièrement refaite dans laquelle Céline avait jadis séjourné. Elle se compose de deux chambres, deux salles de bain, un salon et une cuisinette. Le blanc, le rose, les fleurs, plusieurs photos de la chanteuse prises à Québec au fil de sa carrière, sont mis à l'honneur. Sa sœur Claudette, qui la représente, est emballée : « Je trouve que c'est clair, zen et épuré. Je pense qu'elle y serait très confortable. » Robert Mercure, directeur général du Fairmont Le Château Frontenac, rappelle « Elle a chanté dans notre salle de bal et c'est là qu'elle a été découverte et signée par Sony. C'est un moment clé pour madame Dion » alors que la diva remonte sur scène au Colosseum après avoir subi une petite intervention[2]. Des irrégularités auditives rendaient son chant difficile. Elle rassure ses fans, elle va mieux. « Vous savez, ça fait un moment qu'on n'a pas fait de spectacle. J'ai eu un petit problème de santé... comme nous tous. Mais je dois vous dire que je suis extrêmement heureuse d'être de retour. La scène est un peu ma maison loin de la maison, en quelque sorte. Et je dois admettre... Je peux à peine tenir sur mes pieds ce soir, ce qui signifie que je suis un peu nerveuse. Peu importe combien de temps vous avez été sur scène... il y a toujours quelques papillons[3]. Je ne prends rien pour acquis. Vous pouvez voir tellement de spectacles à Las Vegas... et vous avez choisi d'être avec nous. Nous sommes très heureux et reconnais-

1. 14 avril 2018.
2. 22 mai 2018.
3. Avoir l'estomac noué, avoir le trac.

sants que vous nous ayez choisis », dit-elle avant de se lancer dans un tourbillon de musique. Comme me l'a expliqué le docteur Jean Abitbol : « La voix existe seulement si vous avez un contrôle de votre audition. Lorsque vous vous entendez chanter, vous entendez le circuit interne qui fait vibrer vos cordes vocales par la trompe d'eustache. Quand il y a une altération de l'audition, le chanteur a une difficulté à pouvoir harmoniser sa voix ». Les traitements médicaux entrepris au cours des mois précédents n'ont pas fonctionné chez Céline. Il a donc été nécessaire d'intervenir. « On régule seulement la pression entre l'intérieur et l'extérieur de l'oreille moyenne avec un petit drain dans l'oreille qui permet d'équilibrer ces deux éléments », précise le spécialiste.

Céline lance son show avec sa nouvelle chanson *Ashes,* tirée de *Deadpool 2*, le film à succès mettant en scène le mercenaire chargé de supprimer les criminels du monde entier. « Au fil des ans, j'ai reçu des chansons incroyables et j'ai été impliquée dans des projets étonnants. *Ashes* est l'une de ces chansons et *Deadpool 2* est hors normes ! » La chanson et la vidéo, tournée au Colosseum, en début de mois, se hissent au premier rang sur YouTube dès leur sortie. Le clip est un petit bijou d'autodérision. Sculpturale dans une vaporeuse robe bleue, Céline chante face à une salle vide. Le super héros Deadpool paraît sur scène, en talons hauts, et danse autour d'elle. À la fin de la chanson, Deadpool, du fond de la salle, félicite la chanteuse.

— Céline, c'était merveilleux. C'est la plus belle performance que j'ai vue dans ma vie.

— Merci beaucoup.

— Non, merci. Nous devons la refaire.

— OK. Pourquoi ?

— Parce que c'est trop bon. On fait *Deadpool 2*, pas *Titanic*. Tu as réalisé une performance de 11 sur 10, il nous faudrait un cinq, cinq et demi maximum.

— Écoute, ce truc, dit Céline en désignant sa gorge, ne fournit que des 11. Alors, casse-toi, Spiderman !

David Leitch, réalisateur du clip, est ravi : « Céline est vraiment une bonne joueuse, elle a de super bonnes idées et un sens du *timing* comique incroyable ».

Dix ans qu'elle ne s'est pas produite en Asie Pacifique et en Océanie. C'est dire si ses admirateurs sont impatients de la retrouver. Pour assurer la première partie de cette tournée, elle a choisi Véronic DiCaire. Elle donne le premier concert de sa tournée éclair au Japon, au Tokyo Dome[1], pour 56 000 fans au comble de la joie. Elle attaque en force avec *The Power of Love, That's the Way It Is, I'm Alive...* Bien sûr, *To Love You More*, sa chanson la plus populaire en Asie, est au menu. Pepe Muñoz, qui a mis un terme à sa carrière de danseur, la rejoint à titre amical pour une danse des plus sensuelles sur *Falling into You,* après lui avoir retiré sa jupe noire d'un geste de toréador. Pepe a dessiné ses costumes de scène, réalisés par la maison Schiaparelli Haute Couture « Fusionnant savoir-faire, haute couture, féminité absolue et élégance contemporaine », commente la presse. Pepe Muñoz est emballé : « C'est drôle, parce que je dis toujours que j'ai pris ma retraite comme danseur et que je fais exception pour Céline Dion ! Danser sur *Falling Into You* avec elle en tournée, franchement, c'est vraiment super ! Que de plaisir ! Tout le monde adore Céline Dion, mais, en Asie, l'accueil du public est tout simplement phénoménal. » Céline est en partie à l'origine de sa reconversion : « C'est merveilleux, car je voulais faire une transition entre la danse et la mode. Après 15 ans à danser sur scène, j'avais envie de faire autre chose, et, parfois, la vie fait bien les choses. Céline a découvert que je dessinais, elle m'a toujours soutenu et encouragé dans cette voie et m'a proposé de m'occuper de la création des costumes de scène. Elle a un sens du style incroyable et, sur scène, elle porte de très belles tenues. On a travaillé avec la maison de haute couture Schiaparelli, qui a réalisé à la main dans son atelier parisien, les superbes tenues

1. 26 juin 2018.

que j'ai pu choisir pour la tournée. Les robes, ainsi que le tailleur, ont été créés par Bertrand Guyon, et c'est tout simplement spectaculaire. »

Grâce à un programme allégé, elle prend le temps de visiter les sites remarquables avec Nelson et Eddy, se rend à une représentation de *Kurios* du Cirque du Soleil. Elle enflamme le Cotai Strip Cotai Arena[1] de Macao (Chine). Elle est chaleureusement accueillie par son ami Franco Dragone et profite de son spectacle *The House of Dancing Water*. Elle visite 9 pays et donne 22 concerts devant plus de 250 000 personnes : Singapour, Jakarta, Taipei, Manille, Bangkok, où elle savoure quelques jours de détente avec les jumeaux, puis direction l'Australie et la Nouvelle-Zélande. Elle applaudit le concert de Katy Perry qu'elle rencontre en coulisses[2]. « Une *California Girl* et une fille du Québec se rencontrent en Australie ! Tu es la meilleure Katy, merci pour ce spectacle incroyable ! », écrit-elle sur Instagram. Trois jours plus tard, à Melbourne, elle accueille sur scène le chanteur australien John Farnham. Elle chante son grand succès des années 1980, *You're The Voice*. Le journal *The West Australian* honore le concert de quatre étoiles. Il cite *Think Twice, All By Myself, At Seventeen, A New Day Has Come* et *Unison* parmi les moments forts.

René-Charles, déjà en vacances au Québec, effectue son premier saut en parachute[3] avec Guillaume Lemay-Thivierge, propriétaire de l'école de parachutisme *Voltige*. Il reçoit un certificat de premier saut en tandem de l'Association canadienne de parachutisme sportif. Sa célèbre maman n'est pas peu fière, même si elle appréhendait un peu ce saut de chute libre ! Elle préfère le savoir sur la terre ferme où il prend part à la rencontre de hockey opposant les Cobras à l'Arctic de Montréal-Nord, à la Cité du Sport[4] de Terrebonne. Il se distingue par une passe sur le but égalisateur, marqué par Kevin Desjardins

1. Les 29 et 30 juin 2018.
2. 5 août 2018.
3. 5 août 2018.
4. 12 août 2018.

en deuxième période. *Le Journal de Montréal*[1] rapporte : « Dimanche dernier, René-Charles Angélil a vécu une belle expérience, alors que les Cobras de Terrebonne de la Ligue de hockey junior du Québec l'ont invité à se joindre à l'équipe dans le cadre du Tournoi des recrues. Lors du match préparatoire contre l'équipe de Montréal-Nord, il a évolué à l'aile gauche et il a amassé un point. Avant le match, on apercevait René-Charles Angélil en compagnie de Robert Dubuc, l'entraîneur-chef et directeur-gérant de la formation des Cobras. Une fois le match terminé, Robert Dubuc m'a déclaré qu'il avait été impressionné par la performance du jeune Angélil, âgé de 17 ans. Après le match, Kevin Desjardins, au nom de ses coéquipiers, a remis la rondelle qui lui avait permis de récolter son premier point en carrière avec les Cobras de Terrebonne à René-Charles Angélil. » Sa mère met fin à sa tournée le 14 août à Auckland. *The Sydney Morning Herald* et le *Herald Sun* sont plutôt favorables à la diva : « Céline émerge dans la première des nombreuses tenues étonnantes de la soirée, ressemblant au matador le plus gay du monde dans un costume doré immaculé, alors qu'elle rôde sur la scène en chantant son premier tube australien numéro un, *The Power of Love*. Une ovation immédiate avant même qu'elle ait chanté une note. [...] Un long monologue comique sur le flirt avec l'acteur Ryan Reynolds lorsqu'il l'a personnellement invitée à chanter la chanson thème de *Deadpool 2*, qui s'est prolongé... et encore. Nous avons eu du mal à comprendre le sens de l'histoire jusqu'à ce que Céline nous fasse une démonstration de sa technique de drague – caméras braquées sur son visage, elle a levé un sourcil, puis un autre, puis les deux en même temps. Oh, peut-être que c'était le but de l'histoire : À 50 ans, Céline Dion est définitivement sans Botox (et elle veut que vous le sachiez). » Tout chauvinisme mis à part, les journalistes remarquent : « Céline – qui est vraiment la personne qui plaît le plus aux foules – a inclus dans son spectacle la chanson la plus appréciée par les

1. Août 2018, *Le Journal de Montréal.*

foules dans l'histoire de l'Australie : *You're the Voice* de John Farnham. Hormis ce clin d'œil à la musique australienne, le *Live 2018* semble avoir été importé en masse de Las Vegas. Et à juste titre. Par rapport à la nouvelle génération de divas, Céline a plus en commun avec Barbra Streisand et Liza Minnelli : les costumes dorés et les robes volumineuses, l'échelle épique et une voix aussi touchante dans un registre doux qu'en plein vol. [...] Elle est plutôt sincère : elle raconte des blagues idiotes et s'amuse de manière attachante. »

La diva est très remarquée au concert en hommage à Aretha Franklin, décédée le 16 août 2018, *Aretha ! A Grammy Celebration for The Queen Of Soul*[1], au Shrine Auditorium de Los Angeles. Elle témoigne de son admiration pour la reine de la soul : « Personne ne lui arrivera jamais à la cheville. Elle restera vivante pour l'éternité, car, pour chaque chanson qu'elle a chantée, que nous avons écoutée et qu'elle a interprétée, elle nous a donné une part de son âme ». Elle interprète la chanson *A Change Is Gonna Come,* titre de Sam Cooke, qu'Aretha Franklin avait revisité en 1967. Elle entre en studio en septembre, tourne un clip publicitaire pour Celinununu le mois suivant, sur le campus de Roseman University Summerlin, à Henderson. Plus que jamais prête à témoigner de son sens de l'humour, elle se parodie à travers le scénario à la fois très esthétique et fun. Elle pénètre de nuit, par effraction dans une maternité, où des nouveau-nés sont alignés sur deux rangs, côté rose pour les filles, côté bleu pour les garçons. On entend sa voix, sur la célèbre berceuse de Johannes Brahms, *Guten Abend, gute Nacht*[2], qu'elle fredonne : « Nos enfants ne sont pas vraiment nos enfants... Puisque nous sommes tous reliés par une chaîne infinie qu'est la vie. Pour nous, ils sont tout. Mais dans les faits, nous ne sommes qu'une infinie partie de leur univers. Nous sommes nostalgiques du passé. Eux, ils rêvent de demain. Nous pouvons toujours les guider, mais ils resteront toujours libres de leur destinée. » Alors qu'elle sort d'un grand

1. 13 janvier 2019. Diffusée sur CBS le 15 mars 2019.
2. *Guten Abend, gute Nacht* : Bonsoir, bonne nuit.

sac une poignée de paillettes sur lesquelles elle souffle, comme par magie, les couleurs sur les murs s'effacent... les vêtements des bébés se transforment... Deux vigiles surgissent. « Je ne peux pas croire qu'ils aient appelé la sécurité, s'étonne-t-elle. Après tout, je suis Céline Dion ! » Arrêtée par le service de sécurité, elle est conduite en prison malgré ses protestations : « Calmez-vous, tout va bien, je suis Céline Dion ! Je vais appeler mon agent ! »

Ravie d'avoir assisté au coup d'envoi du spectacle de Lady Gaga, *Enigma*, au Park Theater de MGM, à Las Vegas[1], durant lequel elle s'est mise à danser sur *Edge of Glory*, Céline poste diverses photographies sur son compte Instagram, qu'elle maîtrise désormais très bien. Les deux stars ont partagé un bref moment juste avant le show. Céline tenait beaucoup à lui apporter son soutien : « Elle a prié avec moi et avec toute mon équipe dans les coulisses avant le spectacle », confie Lady Gaga. Des dizaines de milliers de personnes sont attendues pour célébrer le Nouvel An grâce aux spectacles proposés sur la Strip par Céline, Lady Gaga et Gwen Stefani. Selon une estimation, environ 318 000 touristes viendraient en ville... 97 %, quelque 147 000 chambres d'hôtel sont réservées !

Paris et les créateurs de mode lui déroulent le tapis rouge lors de la *Fashion Week*[2]. Elle est pourchassée par les photographes, de défilé en défilé : Giorgio Armani Privé Haute Couture, Alexandre Vauthier, Valentino... En compagnie de Pepe Muñoz, elle réitère ses appréciations : « Cet art que nous empruntons pour performer, pour apprécier la vie, pour foncer dans la vie, ça nous aide à se sentir belle, à être bien dans sa peau. » Elle n'hésite pas à le dire haut et fort : « La mode m'accompagne à chaque instant de ma vie. Que ce soit dans des moments de bonheur, de deuil, de spectacle, entourée de mes amis, de ma famille. J'apprécie et je respecte le travail des créateurs, plus particulièrement dans la haute couture, où

1. 30 décembre 2018.
2. Janvier 2019.

beaucoup de personnes œuvrent dans l'ombre. Je m'imprègne en quelque sorte des personnages à travers des vêtements que je porte. J'aime tellement la mode ! Je pourrais me changer sans arrêt. Je porte ce qui me fait plaisir, ce qui me fait vibrer. » Après le spectacle *Féerie* au Moulin Rouge[1], elle rejoint les *girls* en coulisses, puis pose en robe rose signée Dodo Bar Or, au sein de leur groupe, devant l'entrée de l'établissement. Pepe l'emmène aux Folies Bergère[2], où défilaient les vedettes de la belle époque, la Cavaliéri, Liane de Pougy, la belle Otéro, avant que Mistinguett n'y mène la revue, puis Joséphine Baker. Son quotidien, moins rythmé par les spectacles, fait la part belle aux périodes de repos afin de préserver ses cordes vocales et lui laisse apprécier les visites de musées, les pièces de théâtre, les soirées dans les cabarets. Au théâtre Mogador, pour applaudir la comédie musicale *Chicago*[3], Pepe l'a habillée d'un manteau de tulle rouge Oscar de la Renta. Puis direction le restaurant Girafe, place du Trocadéro, dont la terrasse bénéficie d'une vue magnifique sur la tour Eiffel. Ces petites attentions, ces parenthèses gourmandes sont d'un tel réconfort. Vêtue d'un jean ample à taille haute, d'une camisole blanche et d'une veste argentée aux épaulettes surdimensionnées, elle tourne une publicité pour L'Oréal Paris, aux abords du palace Plaza Athénée et participe à une séance de photos pour la marque. Elle amorce un nouveau virage de son existence, mais ce n'est que le 2 avril suivant qu'elle annonce officiellement son appartenance à la grande famille de L'Oréal Paris, aux côtés de ses ambassadrices les plus inspirantes, Jane Fonda, Inès de la Fressange, Eva Longoria. « Je suis tellement fière d'annoncer que je suis porte-parole pour L'Oréal Paris et que je partagerai les mots magiques "Parce que je le vaux bien" avec toutes les femmes du monde. Je suis ravie d'utiliser ma voix pour aider les autres à se sentir belles, confiantes et à apprendre à s'aimer[4]. » Plutôt surprise que la marque ait fait appel à elle pour sa ligne de

1. 24 janvier 2019.
2. 25 janvier 2019.
3. 27 janvier 2019.
4. *Elle Magazine*, mai 2019.

coloration capillaire *Excellence*, elle ne boude pas son plaisir : « Je n'aurais jamais imaginé qu'une maison aussi connue et si ancienne pense à moi, car il faut voir qui sont les femmes à qui ils font appel ! Sublimes et engagées, en plus. René aurait été si fier ! Je me suis dit : "Bon, ma vie a redémarré à 50 ans, je me sens forte, je me sens bien, je me sens belle, sans prétention et c'est un bel honneur pour moi, pour mes amis, pour mes enfants, pour mon avenir." J'ai pensé : "J'ai dû faire quelque chose de bien pour que ça arrive..." Une chose pareille ne se refuse pas ! » Pierre-Emmanuel Angeloglou, président de L'Oréal Paris, justifie son choix : « Nous l'avons choisie, car elle incarne la force, l'émancipation et la diversité. Céline Dion a naturellement confiance en elle, elle écoute son cœur pour réussir, et bouscule les stéréotypes. »

Mars, à Vegas, est surtout occupé à enregistrer des segments d'émissions ou de chansons pour divers événements, comme le titre *Tu trouveras la paix*, en hommage à la chanteuse québécoise Renée Claude, atteinte de la maladie d'Alzheimer, puis *Carpool Karaoke*, avec James Corden pour l'émission *The Late Late Show With James Corden*[1], à Las Vegas et sur le lac Bellagio. *Carpool Karaoke*, est une séquence très originale dans laquelle James et son invitée chantent ses chansons tout en conduisant sur un itinéraire convenu à l'avance. À chaque question de l'animateur, Céline répond par une chanson. « Tu as vraiment une chanson pour chaque moment ? », lui demande-t-il tout en espérant la piéger en lui parlant de travaux de plomberie. *Work, Work, Work,* de Rihanna, lui cloue le bec ! C'est drôle, c'est bon enfant. Surtout lorsque la diva est contrainte de se séparer de ses paires de chaussures offertes aux passants ! Ils parodient la scène de *Titanic* où Jack et Rose sont à la proue du bateau... dans la fontaine de l'hôtel Bellagio et Céline jette à l'eau une réplique du collier Le cœur de l'océan.

Elle annonce, le 3 avril, sa tournée mondiale *Courage*, au théâtre de l'Ace Hotel, dans le centre-ville de Los Angeles, et

1. Diffusé le 20 mai 2019 sur CBS.

place sur les réseaux un clip, très drôle, où elle fait preuve d'autodérision comme nulle autre : *Ciao for now Las Vegas*. C'est la formule, signée au rouge à lèvres sur le grand miroir de sa loge au Colosseum, qui débute la vidéo. Bandana léopard noué sur la tête et casquette estampillée « *Boss* » en strass, elle déclare : « Il est temps de tracer la route. » Elle quitte Vegas au volant d'une semi-remorque dans laquelle sont installés les sosies d'Elvis, une meneuse de revue, une machine à sous... Tombée en panne dans le désert avec Pepe Muñoz et deux équipières, elle est secourue par un groupe de *drag-queens*. Tout ce joli monde se lance vers l'aventure au rythme de *My Heart Will Go On*. C'est fun et un brin déjanté. Vraiment épatant.

Jimmy Kimmel, pour son émission *Jimmy Kimmel Live!*[1], diffusée depuis le Zappos Theatre, au Planet Hollywood, à Las Vegas, met la diva à contribution. Il y a une petite chapelle sur place et l'animateur a prévu une surprise pour Jason et Kate, qui s'y marient. Le comédien David Spade s'invite à la cérémonie en sirotant un cocktail de couleur bleue. Céline, présentée comme « une artiste locale qui est d'accord pour vous donner un coup de main », franchit l'entrée en chantant *Because You Loved Me*. L'ébahissement général passé, elle rejoint le plateau du show en compagnie du couple, en portant la traîne de la mariée ! Qui ne rêverait d'une si prestigieuse demoiselle d'honneur ? Peu après, elle évoque l'après-Vegas : « Quand je suis arrivée à Las Vegas, ça devait durer deux mois, au final je suis là depuis 16 ans. Pour moi, ce n'est pas la question de quitter Las Vegas, mais plutôt de prendre une route, comme un nouveau chapitre dans ma vie. Je pars en tournée mondiale, je vais sortir un nouvel album qui s'appelle *Courage* ». Elle s'engage pour un an de tournée en débutant à Québec. La presse s'est déjà fait écho de son départ. Sa résidence au Caesars Palace se terminera le 8 juin... « C'est définitivement avec des sentiments mitigés que je pense à cette dernière série de spectacles. Las Vegas est devenu ma maison, et performer

1. 5 avril 2019.

au Colosseum du Caesars Palace a occupé une grande place dans ma vie au cours des deux dernières décennies. Ça a été une expérience incroyable, et je suis extrêmement reconnaissante envers tous les fans qui sont venus nous voir au fil des ans. Jusqu'à la grande finale, chaque spectacle que nous ferons au Colosseum sera très spécial. »

Le Met Gala[1], Celebrating Camp : *Notes on Fashion*, au Metropolitan Museum of Art de New York, articulé autour du concept « Camp », fait référence à *Notes on Camp*, un essai de Susan Sontag, publié en 1964. Il décrit le *camp* comme le « non-naturel », l'artifice, l'extravagance, l'exagération. Céline l'interprète à sa façon : « Pour moi, le *camp*, c'est le luxe, ça doit être rigolo et sans âge. Il fallait plein de plumes ! » Challenge réussi. La création qu'elle porte est saisissante. Cette robe Oscar de la Renta est une pièce unique, fabriquée à la main par 52 brodeurs, pendant près de 3 000 heures. Elle pèse environ 10 kilos. « Le look de Céline Dion au Met Gala 2019 contient des milliers de franges créées à partir de petites perles en or, précise le directeur de la maison de couture. Chaque pièce est cousue à la main pour qu'elle tombe en arc de cercle du centre de la robe jusqu'au bout des manches. » Le modèle est inspiré de la tenue portée par Judy Garland, dans *Ziegfeld Girl*, le film de la MGM, où elle apparaissait à l'écran aux côtés de Lana Turner et Hedy Lamarr. Céline porte une coiffe en plumes de paon teintées d'or, réalisée par le modiste Noel Stewart. Elle a sollicité la Française Chloé Gosselin, compagne du magicien David Copperfield, qui vit à Las Vegas, afin qu'elle imagine une paire d'escarpins sur mesure pour accompagner sa tenue. « Elle souhaitait un modèle inspiré des chaussures de danse vintage, nous dit Chloé Gosselin, auquel j'ai ajouté des pampilles de cristaux de Swarovski ». La diva est absolument sublime. *The New York Times*[2] lui consacre un article : « Céline Dion, au Met Gala, n'est la poupée de papier de personne. Cachée à la vue de tous pendant des décennies, la méga star sort dans

1. 6 mai 2019.
2. *The New York Times*, 6 mai 2019.

un style époustouflant pour le Met Gala, se délectant de son virage en tant que nouvelle favorite de la mode. [...] Peut-être Mme Dion n'aura-t-elle pas à rendre une tenue qui, avec ses références au glamour du vieil Hollywood, à Busby Berkeley et Elizabeth Berkley et, en théorie, au thème de la nouvelle exposition du Costume Institute, *Camp : Notes on Fashion* – est comme l'habit d'une apothéose du show-business. Peut-être conservera-t-elle cet ensemble, qui ressemble à ce qu'une *show-girl* de Vegas pourrait porter pour rencontrer saint Pierre aux portes du paradis. Peut-être qu'elle va l'acheter... [...] Les amis de la star de 51 ans soulignent qu'elle n'est pas seulement une bête de scène, dont les frasques vestimentaires de plus en plus aventureuses ont inspiré d'innombrables "mèmes" et ce que le magazine new-yorkais *The Cut* a appelé une "Dionnaissance", mais qu'elle est aussi une acheteuse. » « Elle ne sait pas dire non », a déclaré Pepe Muñoz, illustrateur de mode et ancien danseur, qui est le principal styliste de Mme Dion, partageant les tâches avec Sydney Lopez. »

Les créateurs Oscar de la Renta, Fernando Garcia et Laura Kim, ont pu approcher Céline grâce à Pepe Muñoz. Bien informé, *The New York Times* poursuit : « M. Garcia n'a pas tardé à envoyer à la chanteuse des croquis inspirés de ses recherches sur le *camp* et de sa découverte d'un film de 1941 sur trois espoirs du show-business qui tentent de percer dans les Ziegfeld Follies, des spectacles qui, dans les années 1920, représentaient le sommet du succès à Broadway. [...] En s'envolant pour Las Vegas pour une première rencontre avec Mme Dion, M. Garcia a emporté un prototype qui était l'interprétation par son équipe, de ce qu'il a décrit comme une "combinaison argentée à méga-franges que Judy et un groupe de filles portent" dans *Ziegfeld Girl.* C'est très Vegas, et pour moi, Céline est Vegas de la plus belle des manières », a déclaré M. Garcia, ajoutant que, lorsqu'elle a vu la robe pour la première fois, avec ses franges qui descendent jusqu'au sol, Mme Dion a immédiatement mis la bande-son de *RuPaul's Drag Race* et s'est mise à danser. « J'ai appris que les choix de style de

Céline doivent lui parler. Ce n'est pas comme si elle était une marionnette à qui on dit quoi porter. » Céline confirme : « Moi, j'aime tout ! »

Pendant ce temps-là, au Québec, Marguerite Blais, la ministre responsable des Aînés et des Proches aidants, a décoré Maman Dion de la médaille de l'Assemblée nationale, pour son exceptionnelle implication dans la communauté[1]. « La mère de la chanteuse Céline Dion a été ainsi honorée au Club de golf Le Mirage, à Terrebonne, pour son implication dans la communauté, indique le journal[2]. Par le biais de la Fondation Maman Dion, Thérèse Tanguay contribue depuis 2006 à soutenir l'éducation des enfants en milieux défavorisés. C'est dans le cadre du troisième Brunch musical Maman Dion, au profit de la Fondation Maman Dion, que Thérèse Tanguay a accepté la distinction. Elle était notamment entourée pour l'occasion de ses filles Liette, Denise et Claudette, et de plus de 200 invités. L'événement soulignait, en outre, les 92 ans de Maman Dion, que cette dernière a célébrés le 20 mars. La chanteuse Guylaine Tanguay y a offert un spectacle dans lequel elle a revisité des chansons marquantes de Céline Dion, dont *Ce n'était qu'un rêve*, écrite par Thérèse Tanguay. » Reconnaissance plus que méritée pour l'énergique Gaspésienne qui s'est désâmée[3] plus que tout autre. « Aider les enfants dans le besoin, c'est mon combat. Les enfants, c'est notre relève », a-t-elle coutume de dire. Maman Dion n'a jamais manqué de gaz[4] tout au long de son existence !

---

1. 5 mai 2019.
2. *Le Journal de Montréal*, 6 mai 2019.
3. Se désâmer : se dévouer à l'extrême, s'épuiser au travail.
4. Manquer d'énergie, de force pour terminer une tâche.

# 14

*« Vissi d'arte, vissi d'amore. »*
*« J'ai vécu d'art, j'ai vécu d'amour. »*
*Tosca* – Puccini.

Au fur et à mesure qu'approche la fin de son contrat à Vegas, Céline exprime son désir de liberté, d'émancipation, sans pour cela renier ses choix passés : « J'ai eu l'impression que ma vie recommençait à zéro le jour de mes 50 ans, en 2018... À 51 ans... c'est comme si je recommençais. Quand j'étais un peu plus jeune, je ne faisais que m'entraîner, mes cordes vocales menaient ma vie. J'étais juste... chanteuse, point. Maintenant, je suis une femme qui s'assume, amoureuse de la vie, et qui a envie d'expériences nouvelles. Il n'est jamais trop tard pour recommencer[1]. »

Elle maîtrise sa situation. Ses enfants sont très encadrés. Des adultes les aident à gérer leurs journées, les priorités de René-Charles pour ses études. Les jumeaux ont huit ans et demi, René-Charles dix-huit. « C'est sûr que ça bouge bien ! Mais, je préfère ça plutôt qu'avoir des enfants plantés dans le canapé toute la journée. » Elle est très attentive à leur développement, leur consacre tout le temps nécessaire, puis s'entraîne pour ses spectacles, prévoit des albums, voyage. Leur vie de famille est trépidante. Avec René-Charles, l'humour prime dans leur relation. Il ressemble beaucoup à son père par ses attitudes, ses

1. *Elle Magazine*, mai 2019.

goûts. Comme son papa, il aime la cuisine et regarde quantité d'émissions culinaires.

— Je lui ai acheté un four extérieur pour fumer la viande. Il choisit son morceau et demande des conseils au chef, confie-t-elle.

— Il se met aux fourneaux lorsqu'il invite ses amis pour des soirées pyjama ?

— J'aime avoir dans la cuisine une bande d'ados qui font des crêpes. Sa jeunesse, il doit la vivre, je ne lui mets pas de menottes.

— Nelson et Eddy sont-ils toujours en admiration devant ce grand frère protecteur ?

— Plus que jamais. Les jumeaux lisent et écrivent maintenant. Ce qui m'épate, ce sont les questions incessantes qu'ils posent. Ça n'arrête pas ! « Est-ce vrai que la pollution des eaux fait quatre mille morts par jour en Chine ? » Parfois, je suis obligée de leur dire « Écoutez mes amours, j'ai une bonne idée, demandez à votre professeur ! » Je suis tellement heureuse qu'ils soient curieux de tout. Je suis une maman qui gâte beaucoup, je déteste leur dire non, mais j'attends des choses en retour.

— Quelle est la pire punition pour eux ?

— Être séparés ! Ils ne font rien l'un sans l'autre. Quand Nelson me dit « Maman j'ai soif. Est-ce que Eddy boit quelque chose ? » et que je lui réponds « Non », il me dit « Alors, je n'ai pas soif. » Ils sont comme les deux pièces d'un puzzle. Tellement connectés que j'ai parfois du mal à m'infiltrer dans leur duo. J'en viens à changer leur prénom pour qu'ils réagissent, s'amuse-t-elle. Une fois, comme Nelson ne répondait pas, je l'ai appelé trois fois « Robert » avant qu'il se retourne !

— Ils sont plutôt téméraires ?

— Eddy est plus timide, plus peureux. Il envoie Nelson faire tout ce qui l'effraie.

Elle est consciente d'avoir vécu dans une famille aimante, d'être dotée de bases solides, de bon sens, qu'elle tient à transmettre à son tour. « Tout le monde n'a pas eu la chance d'être si bien entouré. Je sais que L'Oréal Paris, qui travaille beaucoup sur *l'empowerment* des femmes, a des projets contre le harcèlement et je voudrais les aider. Il faut dire aux proches des jeunes, leur famille, leurs amis, d'être hyper attentifs à tout changement de comportement, car cela peut mener au suicide. » Elle sourit si on lui dit qu'elle est un modèle pour les femmes d'aujourd'hui. « Mon exemple peut prouver qu'on peut être artiste, et aussi mère, adorer la mode, s'amuser, mais sans faire de trop grosses folies... Dire à toutes les femmes qu'elles aussi ont de la valeur, qu'elles sont fortes, c'est un message essentiel. Même après des épreuves, on peut accomplir son rêve. Aujourd'hui, j'ai l'impression d'être au summum de ma vie. » Elle a quantité de projets. Côté professionnel uniquement ? « Tout est à faire, tout est à inventer. J'ai aussi envie de profiter de la vie, de mes garçons, de prendre le temps de voyager vraiment, pas seulement d'être en tournée, de repasser par Paris où je me sens si bien... » Cette pacifique révolution chez l'éternelle petite fille sage de Charlemagne risque de déclencher des commentaires rien moins qu'amènes. Peu lui chaut. « Je ne peux pas dire que je me fiche de ce que les gens pensent de moi, mais je suis arrivée à un point dans ma vie où je peux me permettre de décider pour moi et faire mes propres choix », énonce-t-elle. « Aujourd'hui j'apprends de plus en plus à me connaître. J'assume ma destinée, je suis pleine d'énergie et j'aime la vie. Il n'est jamais trop tard pour ça. »

Elle tire sa révérence, après 16 ans de résidence à Las Vegas, le 8 juin. Elle intercale maints remerciements entre les interprétations des chansons à succès plébiscitées par son public ; *The Power of Love*, *That's The Way It Is*. « Merci à René, qui a eu cette vision et a partagé le voyage avec moi, et merci aux quatre millions de fans qui ont rendu cela possible en choisissant la musique comme leur langue internationale. Et merci au Caesars Palace et à AEG d'avoir rêvé avec nous, en faisant de tout cela une réalité. Je suis à la fois fière et reconnaissante de ce que nous avons accompli au Colosseum depuis nos débuts il y a 16 ans, lorsque René et moi avons partagé ce rêve pour la première fois. Toute cette expérience a été une grande partie de ma carrière dans le show-business… une expérience que je chérirai pour toujours. » Les ovations suivent les titres favoris *It's All Coming Back to Me Now* et *All By Myself.* « J'ai tant de personnes à remercier, mais le "merci" le plus important va à mes fans, qui nous ont donné l'occasion de faire ce que nous aimons. » Après la série de reprises de Prince et Tina Turner, les spectateurs ont droit à des séquences privilégiées, notamment l'interprétation de sa nouvelle chanson *Flying on My Own*, tirée de son prochain album, *Courage*, dont la sortie est prévue en novembre de cette année 2019. Elle conclut avec *My Heart Will Go On* tandis que des photos de sa carrière et des images de son défunt mari apparaissaient sur l'écran derrière elle. Elle avoue : « Honnêtement, je ne sais pas comment exprimer mes véritables sentiments en ce moment, mais, si vous le permettez, je voudrais vous chanter cette dernière chanson, qui a été très sentimentale pour moi et, je pense, pour nous tous. Et j'aimerais vous l'offrir à tous, avec tout mon amour. » *Somewhere Over the Rainbow* enveloppe l'espace... Elle est rejointe par ses trois enfants, puis les musiciens, sous les applaudissements du public. Comme il est poignant de se séparer... « Il y a tellement de souvenirs, de belles aventures et des rencontres avec des artistes extraordinaires, se rappelle-t-elle dans *TVA Nouvelles*[1]. Toutes les personnes qui ont contribué à ce spectacle ont donné leur maximum, et ce, tous les soirs. Seize années c'est très long et je vais chérir cette expérience pour le restant de mes jours, ce n'est pas seulement une tournée de deux semaines. J'ai été chanceuse et je le suis encore. J'ai eu une carrière, j'ai toujours eu une carrière. Las Vegas et le Colosseum font partie de mon périple dans l'industrie. »

1. *TVA Nouvelles*, juin 2019.

Bye-bye les massifs de sable pétrifié de Red Rock Canyon, les grès rouges de Calico Hills...

Elle arrive à Paris, le 27 juin, afin de ne rien rater des défilés des grandes maisons de couture, Schiaparelli, Valentino, Iris Van Herpen, Alexandre Vauthier. Elle multiplie les apparitions, se prête avec grâce aux sollicitations des photographes. Le magazine *Harper's Bazaar* lui consacre sa couverture. Il la distingue parmi ses 10 icônes de style de 2019. Elle joue les mannequins pour le magazine de mode *CR Fashion Book*. Tenues et poses invraisemblables sont au programme. Elle adore ça. Déjà son arrivée en trottinette électrique devant la tour Eiffel ne laisse pas de surprendre ! Les photos se succèdent, pimentées d'un brin de folie qui lui va bien. La voici dans une création de Richard Quinn tenant en laisse deux braques de Weimar ; sur un trottoir parisien vêtue d'un immense manteau de fourrure façon camouflage signé Miu Miu ; remplacé par un tutu noir Saint-Laurent – photo prise en contre-plongée –, mettant en valeur ses longues jambes ; puis pensive au sommet de la tour Eiffel en Gucci. Lui reprochera-t-on son audace ? « Si tu ne prends jamais de risques, tu n'accompliras jamais rien de différent, de spécial, d'audacieux, de beau. Il y a cinq ans, je n'aurais jamais laissé un photographe descendre sous mes genoux. Qui allait sous mon tutu ? Personne. Je veux dire, personne. Mon mari, c'est tout. » Elle réaffirme son point de vue dans l'entretien qui accompagne ces clichés : « Je recherche des vêtements qui me font sentir sexy, accessible, féroce, nerveuse, glamour, amusante. Je suis une dingue de fringues. Elles m'aident à exprimer qui je suis, comme si j'empruntais des personnages. [...] Elles sont comme des chansons. Je ne fais pas que des ballades, j'ai aussi des chansons plus rapides. » Dans *Paris Match*, elle affirme : « Il n'y a pas d'âge pour commencer quelque chose, un projet, un rêve. Tout le monde devrait avoir le courage de dire : "Il n'est jamais trop tard pour commencer quelque chose." » Des journalistes ont émis l'hypothèse qu'après le décès de son manager, des proches avaient tenté de prendre le pouvoir et le contrôle sur sa vie. Son entourage s'inquiéterait du « trop grand contrôle exercé sur elle par Pepe Muñoz ». Elle s'en défend : « Je n'ai aucune envie "d'être la reine" de quoi que ce soit comme on l'imagine. Je suis la patronne. C'est différent. Je suis la mère, je suis la patronne, je suis responsable de prendre mes décisions avec mon équipe. J'essaie d'être la meilleure version de moi-même, d'accomplir quelque chose, de toujours placer la barre le plus haut possible. Mais ce truc de reine, pour moi personnellement, ce n'est pas la manière dont je vis. »

Lors du British Summer Time Festival[1], à Hyde Park, à Londres, elle se produit pour un show unique devant 20 000 personnes, dont la chanteuse Adele, et les princesses Béatrice et Eugénie d'York, nièces de Sa Majesté Charles III, qui ne boudent pas leur plaisir. C'est la première fois que Céline investit Hyde Park, haut lieu des concerts les plus courus en été à Londres. Elle arrive sur scène alors que le soleil décline à l'horizon. Lunettes sombres, jumpsuit bleu cobalt metal flake, elle entonne *I'm Your Lady* et *That's the Way It Is* puis s'adresse à la multitude : « Je suis tellement heureuse d'être avec vous dans l'incroyable Hyde Park. C'est une mer de gens. On ne sait où ça commence ni où ça finit ! » Elle enchaîne durant deux heures ses grands succès, des reprises : *Purple Rain, River Deep, Mountain High.* « J'aimerais tellement descendre parmi vous pour bavarder et manger de la pizza », s'excuse-t-elle. Mais, on l'attend là-bas... Elle s'envole vers son cher Québec où elle a loué une belle maison, ceinturée par des terrains agricoles, à Sainte-Julie, dans les Laurentides, à proximité de Montréal et de Longueuil. « Mes enfants sont émerveillés les jours de pluie, raconte-t-elle. Quand il pleut, ils sortent avec des chaudières[2] pour récolter l'eau. Moi, je leur dis : "Les enfants, si vous voyez un éclair, vous rentrez en dedans !" Parce qu'à Vegas, c'est des feux d'artifice. Ici, c'est des éclairs. Faut pas se mélanger ! » L'environnement des petits garçons est bien différent du Nevada et propice à maintes expérimentations : « On a un

1. 5 juillet 2019.
2. Chaudière : Un seau.

petit jardin. Les enfants vont au jardin se chercher une tomate, puis aller se chercher deux tranches de pain, puis s'faire une sandwich toastée mayonnaise tomates. On a des concombres, on a de la laitue. On a de la betterave. Pour les enfants avoir un jardin c'est quelque chose d'extraordinaire. Pour moi c'est ça la vie. J'amène mes enfants à la vie. Ils vont à l'école à la maison, mais moi mon plus grand rôle de mère c'est de laisser aux professeurs le soin de leur apprendre l'école et moi mon rôle de professeur, de maman, c'est de leur apprendre l'école de la vie. René-Charles est à l'école à la maison aussi toujours donc, mes trois enfants sont à l'école à la maison, et c'est réconfortant. » Des activités estivales en famille, des plaisirs simples les mettent en joie : « On a fait deux fêtes de famille avec des épluchettes de blé d'Inde[1]. Ça paraît banal, mais pour nous autres, ça l'est pas rouler le blé d'Inde dans une livre de beurre et mettre du sel en masse. » Bien jolie tradition que l'épluchette de blé d'Inde, héritée de la culture amérindienne et des ancêtres canadiens. Grand-maman Thérèse leur explique qu'en fin d'été, les familles se réunissaient pour constituer les réserves de maïs engrangées pour l'hiver. La corvée de l'épluchage était rendue moins fastidieuse grâce à un jeu auquel participaient garçons et filles. On empilait des épis devant les jeunes hommes et les jeunes femmes. Un épi rouge était dissimulé dans chacun des tas. Celui et celle qui découvraient ces épis devenaient roi et reine de l'épluchette. Le couple ainsi constitué ouvrait le bal du soir. Aujourd'hui, on se réunit autour d'un repas lors d'une fête champêtre durant laquelle on déguste des épis de maïs cuits dans l'eau bouillante et d'autres plats savoureux. Une façon très joyeuse de célébrer la fin de l'été.

Les deux premières semaines de septembre, elle répète son spectacle *Courage World Tour* au Centre Vidéontron. Le premier créé sans René... Sa prochaine tournée sera moins contraignante donc, elle va faire un spécial[2], elle voyagera sans les enfants : « C'est la première fois, cette fois-ci, que je

1. Fête où on se réunit pour déguster en grande quantité du maïs fraîchement cueilli.
2. Faire une exception.

pars en tournée sans eux, parce que j'ai passé par-dessus mes sentiments de mère, parce que le déplacement de cette tournée va être différent. Les déplacements sont plus fréquents et la logistique plus difficile. Pour le bien de mes enfants, je vais être une bonne mère, je vais prendre sur moi. Les enfants vont être pendant deux semaines, deux semaines et demie où je ne les verrai pas. C'est énorme parce que c'est une première fois. »

À Québec[1], elle est accueillie par un tonnerre d'applaudissements alors que résonnent les premières notes de *It's All Coming Back To Me Now.* Longiligne, robe rouge scintillante, très échancrée, un carré blond encadrant son visage souriant, elle lance « Bonsoir Québec, ça fait tellement du bien de le dire, que je vais le refaire une seconde fois. Ensemble, nous avons connu de grandes émotions et de grands souvenirs. Je ne sais pas pour vous autres, mais moi, ils sont toujours présents ici », souligne-t-elle en posant sa main sur son cœur. « Mais ce soir, c'est une nouvelle aventure qui démarre. Êtes-vous prêt à me suivre ? » Ceux qui, dans le public, n'étaient pas encore debout se lèvent. *I'm Alive* les fait chavirer. Elle confie : « Je suis un petit peu, beaucoup, beaucoup nerveuse. C'est la première fois que je m'implique autant dans un show. Avant, j'avais un partenaire qui était pas pire[2] là-dedans, qui connaissait un petit peu ça. » Une superbe scénographie accompagne ses titres les plus demandés puis voici *Encore un soir, Courage, All By Myself...* « Ce soir, j'ai chanté le drame, le courage, l'espoir. Merci, Québec ! » *Let's Dance*, *Another One Bites the Dust*, *Kiss, River Deep, Mountain High,* et *Lady Marmelade* véhiculent la décontraction et la joie. Elle reparaît vêtue d'une époustouflante robe blanche en tulle, signée Zac Posen, pour interpréter *My Heart Will Go On* et *Pour que tu m'aimes encore* alors qu'une centaine de drones colorés volent autour d'elle. « Céline disparaît au bout de 2 heures de show, laissant son orchestre conclure les débats, "merci de me permettre de vivre autant d'émotions", lit-on dans *Match* le lendemain. Quand la salle se rallume, son

1. 18 septembre 2019.
2. Pas mal du tout, assez bien.

avion a déjà décollé pour Montréal, où elle vit désormais. Une comète est passée sur Québec. Personne n'a eu le temps de reprendre son souffle. C'est la marque des grands. » De l'avis général, ces retrouvailles sont un succès. « La reine a repris son trône, écrit Cédric Bélanger[1]. Dans un Centre Vidéotron conquis et rempli à craquer pour la première mondiale de sa tournée *Courage*, [...] Céline Dion a brillé de tous ses feux dans un spectacle digne de son statut de grande vedette internationale. [...] Le plus grand frisson ? Certainement quand ses cordes vocales ont atteint la stratosphère durant l'incomparable finale de *All By Myself.* Impossible de rester de glace devant un tel déferlement d'émotions. Céline a aussi eu la bonne idée d'inviter son choriste des 20 dernières années, Barsev Valsaint, le temps d'un charmant duo sur *The Beauty and the Beast.* »

En octobre, elle éprouve des difficultés à chanter. Elle fait des fausses notes. Que se passe-t-il ? Elle ne cache pas son désarroi au public « Je n'y arrive pas. Nous allons essayer de chanter ensemble. » Le 3, elle annonce le report des concerts au Centre Bell de Montréal en raison d'un virus qui affecte sa gorge. « Pour moi, c'est beaucoup plus difficile de "canceler" un spectacle que d'en faire un. Je suis désolée de vous décevoir. J'avais vraiment hâte de vous voir à Montréal, chez nous. Désolée encore et merci de croire en moi. » Le concert d'Ottawa[2] est difficile. Elle ne parvient pas à gérer sa voix. « Vous l'avez sans doute remarqué, dit-elle au public, je lutte présentement. Dans ma carrière, ça ne m'est jamais arrivé de penser : est-ce que je vais continuer ou non ? Je me sentais pourtant forte cet après-midi. Maintenant, je ne suis pas si sûre... » Les 13 000 spectateurs retiennent leur souffle. Elle maîtrise parfaitement *The Power of Love,* retrouve sa confiance en elle. Le show se poursuit convenablement. L'artiste conclut, reconnaissante : « Même si c'était très difficile pour moi, vous m'avez portée. Vous avez chanté avec moi. Vous m'avez encouragée. Et ça, ça vaut tout l'or du monde. Je l'apprécie vraiment. Je n'oublie-

1. *Le Journal de Québec*, 18 septembre 2019.
2. 15 octobre 2019.

rai jamais notre soirée. » Au Rocket Mortgage Fieldhouse de Cleveland[1] (Ohio), elle a recouvré toute sa force et sa puissance. « Personne n'aurait pu s'imaginer que l'interprète de 51 ans avait récemment été contrainte au repos en raison d'un virus à la gorge. Sa voix était fantastique, commente le *Billboard*. Elle a rappelé à tout le monde pourquoi elle demeure l'une des plus grandes stars du monde en offrant un concert percutant et engageant. » *Cleveland Scene* affirme : « Elle a livré une performance à tout casser. Sa voix était aussi puissante qu'au cœur des années 1990. […] Je n'ai décelé aucune trace de *lip-sync*, parce qu'elle s'amusait à varier son interprétation. » Présent au Schottenstein Center[2] de Columbus, le journaliste du *Columbus Dispatch* rapporte : « Céline Dion n'a montré aucun signe d'essoufflement vocal. […] Elle ne sera peut-être pas reconnue comme une auteure-compositrice de légende ou quelqu'un qui repoussait les limites artistiques, mais ça importe peu. Sa voix irréprochable lui garantit une place dans l'histoire. Et parmi les divas des années 1990 encore actives, elle demeure intouchable. Son instrument est dans une forme impeccable. »

En promotion à New York, pour son album *Courage*[3], elle court de plateaux télé en radios et conférences de presse. Le planning ne lui laisse pas le temps de pelleter de la boucane[4]. Premier album en anglais sans René, l'opus est très attendu par la critique. Elle est confiante : « Ça a été pour moi de prendre les guides en quelque sorte, et de choisir *Courage*, c'était me dire à moi : "tu es capable". Tu as du courage, tu élèves tes enfants. Tu finis tes shows. René t'a montré beaucoup, il t'a donné le restant de sa force. Tu as des ailes pour voler. Tu es au meilleur de ta vie. Tu es capable de dire non, tu es capable de prendre des décisions. Tu es capable d'aller voir les gens avec qui tu travailles et de leur dire "je suis pas certaine". Je m'implique énormément. Je n'ai pas peur d'assumer les pensées qui

1. 18 octobre 2019.
2. 20 octobre 2019.
3. Dans les bacs le 15 novembre 2019.
4. Perdre son temps en futilités. Boucane : fumée.

me passent par la tête. Mon équipe est là pour me supporter. Et je me représente, et ils sont là pour m'aimer et me représenter et que je sois la meilleure de moi-même. » Son équipe la seconde et la porte : « Je suis profondément reconnaissante à tous ceux qui ont participé à la réalisation de cet album. À tous les producteurs, les auteurs et les compositeurs, aux musiciens, aux chanteurs, aux ingénieurs et au personnel du studio. Merci beaucoup d'avoir partagé votre incroyable talent avec moi. Je tiens également à remercier tous mes amis de Sony Music pour leur travail acharné et leur dévouement, et pour avoir toujours cru en moi. Et aux personnes avec qui je travaille chaque jour (vous savez qui vous êtes !). Je ne peux pas faire ça toute seule. J'apprécie chacun d'entre vous. Merci pour vos soins tendres et affectueux et pour tous vos rires. Enfin et surtout... merci à mes enfants RC, Nelson et Eddy, pour votre amour et votre soutien... et ma famille, pour avoir toujours été là pour moi. Et René, mon amour. Tu es toujours avec moi. Vous me donnez tous du courage. Je vous aime tellement ! » Elle exprime son souhait de « voler de ses propres ailes » : « … à travers les yeux de mes enfants, je vois René tous les jours, et il m'habite, alors avec tous ces bagages, je me dis, et on a tous pensé que *Flying On My Own*, voler de mes propres ailes, était approprié pour un premier single. En disant, après Vegas, je vais encore voler. C'est un chapitre. Mais, il y en a un autre qui commence. Parce que de mes propres ailes, je vais me prouver à moi-même. »

Sa première apparition dans l'émission *Watch What Happens Live with Andy Cohen*[1], la seule émission en direct de fin de soirée, maintient les spectateurs en haleine. Elle n'a pas la langue de bois. Lorsque Andy Cohen lui présente des photos de certaines de ses tenues, elle ne renie rien. Sa robe sexy de 1988 en paillettes dorées, la garderait-elle ?

— Oui, je vais la garder. Vous savez pourquoi ? Parce que nous n'avions pas d'argent et qu'elle a été faite spécialement pour moi.

1. 14 novembre 2019. Diffusée le 18 novembre sur la chaîne Bravo.

— Le tailleur blanc John Galliano porté à l'envers aux Oscars en 1999 ?

— Oh mon Dieu. Tout le monde portait des robes. Mais j'ai l'impression d'être la rare personne, disons-le ainsi, à porter un pantalon sur un tapis rouge. Et les gens ont pensé que j'avais fait une erreur parce que j'étais en retard et que j'avais mis la veste à l'envers. Je ne suis pas stupide. C'était censé être comme ça.

Un téléspectateur de Toronto l'interroge :

— Est-ce que vous envisageriez de vous remarier ? Est-ce que vous sortez actuellement avec quelqu'un ?

— Je ne sors pas, je n'ai pas de petit ami. Cela ne veut pas dire que je ne trouverai pas quelqu'un dans ma vie. Si je le fais, ce serait génial, si je ne le fais pas, ce serait génial, parce que je suis toujours amoureuse. Quand on est tellement amoureux – vous savez, j'ai vécu toute ma vie avec René –, il est toujours en moi. Je le vois tous les jours à travers les yeux de mes enfants. Je suis tellement passionnée par la vie et j'ai tellement de chance d'avoir mes trois beaux fils. Mais je garde tout ouvert... Si j'avais quelqu'un dans ma vie, je vous le dirais, car j'ai été un livre ouvert toute ma vie.

« Grand bonheur et immense soulagement. Tant sur scène qu'au parterre. Voilà ce qu'on a ressenti lundi soir au Centre Bell quand Céline Dion est apparue », titre *Le Journal de Montréal*[1]. Le journaliste ne se sent plus de joie : « Elle y a d'ailleurs fait allusion en début de concert. Je pense que je vais me pincer un p'tit peu. Ce n'est pas un rêve ! Je rêve pas pantoute[2]. On est à Montréal ? J'peux pas croire ! » Il en est baba : « Ça faisait des années qu'on ne l'avait pas entendue aussi bien chanter ». Tout était s'a coche[3] ! Ses fans sont rassurés : « sa voix était limpide, juste et puissante. Cette nouvelle tournée mondiale semble faite sur mesure pour plaire au plus large auditoire possible. » Ses deux derniers concerts de 2019 ont lieu à Boston[4], au TD

1. *Le Journal de Montréal*, 18 novembre 2019.
2. Pas du tout. Vraiment pas.
3. Prononcer « s'a coche » : être parfait, excellent.
4. 13 et 14 décembre 2019.

Garden. *The Boston Globe*[1] rapporte l'atmosphère survoltée du show de « ... la chanteuse québécoise, qui est depuis des décennies l'une des références de la pop en matière de chant à grand spectacle ». Il rappelle : « Les spectacles de Dion ce week-end étaient ses premières apparitions à Boston depuis plus de dix ans » et constate que « ce sont les chansons avec les plus grands moments – les plus hauts sommets, les notes les plus longues – qui ont fait vibrer la salle encore et encore. [...] Son chaleureux *The Power of Love* pourrait faire fondre même le cœur le plus dur. [...] Dion et son groupe ont conclu le spectacle avec une version solennelle de *Happy Christmas (War Is Over)*, que Dion a qualifié de « message de paix et d'harmonie pour cette période de fêtes ».

Il semble que tout commence et tout finisse au mois de janvier pour la diva... Des larmes encore... Thérèse quitte ce monde le 17 janvier 2000, à Sainte-Rose (Laval). « Céline, elle m'a appris à aimer la vie », avait-elle coutume de dire. « Ma religion à moi, c'est la vie, soutenait-elle. C'est l'amour du prochain. C'est l'amour des enfants. Tout ça, ça me fait vivre des joies, comme des peines, c'est ça, la vie. Quand des fois j'ai le cœur gros, je chante. Pi, quand j'ai pas les mots de la chanson, je siffle l'air. »

Voilà pourquoi, en accord avec la philosophie de sa mère, Céline maintient son spectacle ce soir-là. Elle s'épanche auprès de ses admirateurs présents à l'American Airlines Arena de Miami, évoque les derniers instants de Maman Dion : « Je suis sûre que vous savez que ma maman est décédée tôt ce matin. Mais je vais bien. Ma maman avait 92 ans. Elle était malade depuis un moment. Et nous savions qu'il ne nous restait plus beaucoup de temps avec elle. Il y a deux jours, j'ai rejoint mes frères et sœurs à Montréal et j'ai passé la soirée à son chevet. On a raconté des histoires. On a chanté des chansons. On s'est étreints, et on a fait nos adieux. On est à peu près sûr

1. *The Boston Globe*, 15 décembre 2019.

que maman a attendu que nous soyons tous réunis avant de s'éteindre. » En hommage à sa mère, elle lui dédie *Over The Rainbow.*

Les funérailles de celle que tout le Québec appelait affectueusement Maman Dion ont lieu dans l'intimité, le 20 janvier. La dernière des sœurs Tanguay, Jacqueline, âgée de 89 ans, est là, auprès de ses neveux et nièces. Sur le catafalque sont exposées les deux décorations qui lui furent remises. Parents et amis ont tous reçu une petite carte avec deux chansons. La première, *Quand,* écrite par Claudette Dion et Luc De Larochellière, et *Ce n'était qu'un rêve*, écrite par Thérèse et son fils Jacques. Des morceaux de l'album *Inscape,* d'Alexandra Stréliski sont diffusés. Les témoignages de respect et d'affection sont légion : « C'est l'une des figures les plus fortes du matriarcat québécois, souligne Denise Bombardier. Cette femme-là appartient à une époque du Québec qui est maintenant révolue. Elle a tout fait, et elle a tout fait seule. Elle avait toute la puissance des femmes de son époque. » Vito Luprano, producteur à Sony Canada, se souvient : « J'ai bien connu toute sa famille, René, ses frères et sœurs. [...] Maman Dion, je suis tout de suite tombé amoureux d'elle. Elle pouvait être tough[1], mais elle était tendre. Même si elle a eu 14 enfants, elle avait encore beaucoup d'amour à donner. » Véronic DiCaire repasse ses souvenirs : « J'avais tellement d'affection pour ce petit bout de femme qui vient de nous quitter. En 2016, à peine arrivée d'une grande tournée en France, je lui avais promis de passer prendre le thé. Arrivée chez elle, elle s'est mise à me parler de tous ses projets ; sacs de Noël pour les enfants, sa collection de boutons, sa belle chambre. Et finalement on avait tellement jasé qu'on avait fini par prendre l'apéro à la place du thé ! » Julie Snyder l'a très souvent côtoyée et dresse un fin portrait : « C'est une femme qui, malgré sa famille modeste, avait quand même de l'envergure, une vision, et une ambition que peu de Québécoises et de Québécois ont

1. Prononcer « toffe » : résistant, tenace, difficile, dur à cuire.

eue. Elle a vu le potentiel de sa fille, elle a eu la vision de voir sa fille réussir aussi bien que les grands de ce monde. […] C'est la mère de star la plus célèbre au monde ! […] Maman Dion est toujours restée elle-même, d'une simplicité incroyable et accessible à tous même quand ses conditions de vie ont changé grâce au succès de Céline. […] C'était une féministe, Maman Dion. C'était un entrepreneur aussi. […] Elle donnait son opinion sur tout, sur les tenues de Céline. Elle aimait lorsque Céline était extravagante. Je me rappelle que, pour la tournée qui débutait en Afrique du Sud, elle avait dit à la styliste : "Parle-moi de ça là ! Ça, c'est une robe de show-business." Céline avait une robe courte avec des bottes jusque-là ! Et ça, elle aimait ça ! […] Elle avait une influence marquante même quand Céline était au sommet de la gloire. […] Maman Dion restera une inspiration pour toutes les femmes du Québec et aussi pour nous tous, pour se dire qu'on peut voir grand, on peut ne pas avoir peur de réussir. On a le droit de réussir, on peut rêver. »

Le souvenir de Maman Dion qui perdurera, selon moi, c'est son grand cœur, sa générosité, son amour de l'autre. « Donner, c'est recevoir », disait-elle. Céline souligne avec justesse sa bonté innée : « On a eu une chance extraordinaire d'avoir une mère comme elle. Elle nous a inculqué des valeurs... les plus importantes. Ma mère a été les racines de toute notre famille, elle a fait grandir notre arbre. Ma mère est une personne qui s'est toujours dévouée et surtout surpassée. » La création de sa fondation témoigne de sa volonté d'aider coûte que coûte son prochain. « Je pense que quand on change la vie d'une personne c'est énorme, soutient Céline. La vie est extraordinaire même quand il pleut. C'est juste comment on voit les choses. Tout le monde peut changer les choses. » Grâce à ses chansons, sa notoriété, la famille est connue dans le monde entier. « On a la chance de pouvoir porter le nom de Dion aussi... Parce qu'on peut passer à la télévision, on peut essayer de sensibiliser les gens, pour qu'ils viennent à nous, pour qu'ils nous écoutent et nous soutiennent dans les œuvres. Ça, c'est une chance. » Certes, ils n'ont ni étudié les sciences ni l'économie politique, mais ils sont pétris de bon sens, de magnanimité, d'indulgence. « Il y a des gens qui sont allés à l'université qui savent peut-être mieux parler, mieux écrire que nous autres, mais leurs gestes ne sont pas les mêmes. C'est pas donné à tout le monde d'utiliser des bons mots. Nous, c'est les mots du cœur, les yeux du cœur. On sait peut-être pas écrire sans faute, pis ça nous agace beaucoup ça. Ça nous agace beaucoup parce qu'on aime la perfection, mais j'aime bien mieux pas savoir écrire sans faute, ce que j'ai envie de dire... mais ce que je dis, ça vient du cœur. Ça c'est les vraies affaires ! Ma mère nous a appris ça... De son université de la vie, ça été le plus beau cadeau que ma mère ait pu nous faire. On n'a pas de certificat d'école, mais je pense qu'on est du beau monde, pis on change le monde. Je pense que ma mère a été à l'université... c'était l'université de la vie. "Tu vas changer une personne, tu as déjà changé le monde", disait-elle. »

Elle reprend sa tournée aux États-Unis dès le lendemain à Charlotte, en Caroline du Nord et enchaîne les dates. Le chagrin se gère dans l'intimité. En février, à New York, on remarque son style très branché. Elle balaie les critiques d'un revers de main, d'un haussement d'épaules : « C'est un personnage. Je ne peux pas plaire à tout le monde. La mode ne m'effraie pas ; elle m'excite et me transforme. Je porte ce que je veux. Tu n'aimes pas ma tenue ? Attends de voir celle de demain, tu l'aimeras peut-être un peu plus ! » De l'audace, encore de l'audace. Sa nouvelle styliste, Sydney Lopez, orchestre ses apparitions pendant la *Fashion Week*. On la voit tour à tour en Marc Jacobs, Balenciaga, Richard Quinn pour Moncler, Prada, Thom Browne, Proenza Schouler, Michael Kors, Peter Do. Ensemble stylé, cape en pied-de-poule, doudoune, pantalon bootcut, jogging, jupe plissée, elle est toujours très remarquée. À la sortie de son hôtel, le Four Seasons, pour commémorer la journée internationale des droits de la femme[1], elle a revêtu

1. 8 mars 2020.

une jupe bouffante rose, très florale, à motifs chrysanthèmes, signée Oscar de la Renta, portée avec un gros pull de laine blanche et des cuissardes blanches. Elle est magnifique. Encore des critiques pour son exubérance. Que savent-ils tous du prix qu'elle doit payer pour cette liberté ? Elle n'éprouve ni regrets ni rancœurs. Elle a eu son lot de joies, ses heures de gloire, ses jours d'incertitude, ses heures d'exultation, son fardeau de douleurs. Elle souhaite simplement vivre désormais selon ses goûts et ses désirs.

Le monde est marqué par les pires dérives et exactions bien souvent nées de l'irresponsabilité et l'insouciance des hommes. La ville de Wuhan (Chine)[1] avait fait état d'un cas de malade atteint d'un nouveau coronavirus proche du sras (syndrome respiratoire aigu sévère). La maladie se répandit rapidement. L'Organisation mondiale de la santé annonça que l'épidémie due à la Covid-19 était considérée comme une pandémie causée par un coronavirus[2]. Des mesures de prévention draconiennes entrent en vigueur, contraignant Céline à annuler ses concerts parisiens prévus en mars. Elle envisage de revenir en mars 2021 et se produire au festival breton des Vieilles Charrues[3] : « J'avais vraiment espéré que nous serions de retour sur scène cette année, mais rien n'est plus important que la santé et la sécurité de tout le monde, écrit-elle sur son site internet. Le monde entier a traversé des moments si difficiles pendant cette pandémie, mon cœur va à tous ceux qui ont souffert. Je sais que nous surmonterons cette épreuve ensemble, et que nous rattraperons tout ce temps perdu. Les concerts avec vous me manquent… J'ai hâte que l'on chante tous ensemble à nouveau. Faites attention à vous. À bientôt ! » Afin de soutenir les professionnels de santé en première ligne et le Fonds de réponse solidaire Covid-19 pour l'Organisation mondiale de la santé, lors du concert-événement *One World : Together At Home*, elle unit sa voix à celles de

1. Novembre 2019.
2. 11 mars 2020.
3. 15 juillet 2021.

Lady Gaga, John Legend et Andrea Bocelli pour chanter *The Prayer,* accompagnés au piano par Lang Lang, un musicien chinois. L'enregistrement[1] se fait à distance, chacun chez soi. Elle utilise le même procédé depuis son domicile de Las Vegas pour son intervention dans l'émission de télévision québécoise *Une chance qu'on s'a*[2]. Elle interprète *Une chance qu'on s'a*, avec Jean-Pierre Ferland, l'auteur du titre, Ginette Reno, Lara Fabian, Sarah-Jeanne Labrosse, Les Trois Accords, etc. Le vidéoclip réalisé à cette occasion est mis à disposition en téléchargement sur les plateformes numériques. Tous les revenus tirés de la vente de la chanson sont versés aux organismes Les Petits Frères, dont la mission est de briser l'isolement des aînés, et SOS violence conjugale. Céline semble fatiguée, amaigrie. Sa santé est préoccupante. Son poids, sa prétendue maigreur font jaser. « On critique constamment ma silhouette, mais le fait est que je travaille fort ! » Elle est très athlétique, à l'image d'une danseuse, d'une gymnaste, d'une ballerine. Rien de surprenant à cela, elle consacre des heures à s'entraîner dans une salle de ballet. « La danse, c'est difficile ! J'étais à la recherche d'un défi. Le ballet, c'est si romantique, dramatique, sensuel. C'est un rêve, pour moi ! Si j'avais dû changer de place, ce serait sans aucun doute avec la ballerine Sylvie Guillem. » Quatre fois par semaine, après ses deux heures de spectacle, elle s'entraîne à la barre, accompagnée de l'une de ses anciennes danseuses, Naomi Stikeman. « Je dois prendre soin de ma voix, dormir et passer du temps avec mes enfants. M'entraîner après mes concerts, c'est la seule façon de faire tout entrer dans mon horaire ! »

En lice dans la catégorie People's Voice – Social Experiment & Innovation, lors de la 24e présentation des Webby Awards, récompensant les meilleures initiatives sur le web, elle est distinguée par deux prix. Sa publication Instagram recréant le clip *It's All Coming Back To Me Now*, de 1996, est sacrée

1. 18 avril 2020.
2. Diffusée le 8 mai 2020, sur TVA et Télé Québec.

meilleure vidéo sociale – volet publicité, médias et relations publiques.

Nouvelle fierté pour la Belle Province. Les médias se réjouissent de la popularité de l'enfant du pays, dont le retour au bercail est prévu pour l'été. « Céline Dion, la chanteuse la plus populaire en France ! » annonce Radio Canada. « Plus de 35 ans après ses débuts en France, la diva d'origine québécoise occupe encore une place de choix dans le cœur de la population française. Un récent sondage place Céline Dion en neuvième position du classement des artistes que les gens préfèrent en France. » *Le Journal de Montréal*[1] écrit : « Céline Dion a toujours la cote en France. Céline Dion est l'artiste féminine la plus haut placée, devant Angele (16e) et Mylène Farmer (26e). Ces résultats proviennent du sondage annuel du site de musique RIFFX par Crédit Mutuel, lequel a été réalisé par l'institut Yougov les 1er et 2 juin derniers auprès d'un échantillon représentatif de 1006 adultes ».

Elle pose ses valises dans une ancienne ferme transformée en maison de campagne qui possède sa plage de sable sur la rivière Rouge. La couleur de son eau, due à l'oxydation du fer, lui aurait valu son nom, à moins qu'il ne s'agisse d'un gisement de craie rouge situé au lac Nominingue. Cette craie rouge était utilisée par les Algonquins et les Iroquois pour se parer de tatouages. La propriété est située à Brébeuf, dans Les Laurentides, à quelques minutes de Saint-Jovite, non loin de Mont-Tremblant. Pour Nelson et Eddy et leurs trois labradors, Spinee, Charlie et Bear, c'est le paradis. René-Charles vient les rejoindre lorsque sa scolarité à Las Vegas le lui permet. Ce séjour, étant donné la pandémie, se prolongera jusqu'en mars 2021. Sa discrétion perturbe les journaux à scandale qui n'ont rien à se mettre sous la dent. Ses fans s'interrogent. Que devient-elle ? « Dans ces périodes très compliquées, où affleure toute la violence de la complexité du monde, sa simplicité rassure, affirme Vincent Grégoire, du bureau de style

1. Juin 2020.

Nelly-Rodi[1]. Elle est tout en haut sans faire partie de l'élite. On l'appelle par son prénom, comme si elle était de la famille. On suit les péripéties de sa vie privée comme une série ou une émission de télé-réalité. »

Elle prend du repos. C'est aussi simple que cela. *Anima Sana In Corpore Sano*[2]. Elle est vraie, authentique, égale à elle-même : « Au cours de ma carrière, on m'a souvent demandé ce que je faisais pour le plaisir. Pour être honnête, je ne comprenais pas trop ce que ça voulait dire, admet-elle en riant. J'en avais tellement dans mon assiette ! Quand j'avais cinq minutes pour relaxer, je buvais un café ou je dormais ! Ce n'est pas comme si j'avais le temps de faire de la peinture à numéros… » Elle gère ses affaires, met en vente son club de golf Le Mirage : « Nous y avons vécu beaucoup de moments heureux dans ces deux décennies. Le Mirage occupe une place très spéciale dans mon cœur et y restera toujours. Je suis honorée de rester partenaire et de maintenir mon lien avec le club[3]. » La vente est conclue avec le groupe Messier, Savard & Associés, le 5 novembre 2020. Cinq novembre ! Son chiffre porte-bonheur ponctue une nouvelle étape de son parcours. Grâce à une vidéo, elle s'adresse aux membres du club et s'enquiert de leur santé. La Covid-19 fait toujours des ravages : « J'espère que vous allez bien et que vous gardez la santé et le moral pendant cette période incertaine et difficile ». Avec René, ils avaient acquis le club 23 ans auparavant, rappelle-t-elle : « René a adoré chacune des minutes qu'il a passé au club, et bien que René-Charles n'ait pas pu venir au Québec cet été, Le Mirage reste toujours son endroit préféré pour jouer au golf. » Son empathie s'exprime de nouveau à la fin de cette séquence : « Je tiens à vous souhaiter à tous et à toutes santé et sécurité dans les mois à venir. J'ai hâte de revoir tout le monde au cours des prochaines années. Prenez bien soin de vous cet hiver et j'espère à bientôt. » Elle fait une apparition éclair dans le concert-bénéfice virtuel *Nurse Heroes*

1. *Elle*, 5 août 2016.
2. Un esprit sain dans un corps sain.
3. Novembre 2020.

*Live*[1], pour Thanksgiving, en chantant *Smile* avec Andrea Bocelli, Josh Groban, Stevie Wonder, Gloria Estefan.

Avant le décès de René, la famille Angélil était installée à Henderson, or, avec la naissance des jumeaux, le couple envisagea de faire construire une résidence plus vaste, mieux adaptée. René, sur ce qui allait devenir le Summit Club, avait acquis, pour un million de dollars, une première parcelle du côté de Summerlin, à l'ouest du Strip de Las Vegas, près de Red Rock Canyon, puis une seconde parcelle, pour 5 millions, et une troisième. Ce vaste terrain avec une vue incroyable sur les montagnes du désert permettrait l'édification d'une demeure à bonne distance des voisins, le propriétaire des Raiders de Las Vegas, Mark Davis, le propriétaire des Golden Knights de Vegas, Bill Foley, entre autres. René n'eut pas le temps de concrétiser ce projet. Céline lança la construction, dont les travaux débutèrent en 2018. Pas totalement achevée, la maison[2], dotée de huit chambres, articulée autour d'un vaste espace, est mise à sa disposition début 2021. Déclaration sans équivoque : « La maison, c'est où se trouvent les gens que j'aime. Mais le sang qui coule dans mes veines est encore bel et bien québécois », rappelle la diva. Nostalgie de son Québec natal ? Ici, point de lacs, de fleuves, de rivières, de grands arbres, de potager... Le soleil du Nevada grille tout. Ce n'est pas l'enfer non plus. Véritable oasis dans le désert, leur quartier résidentiel est doté de magasins, de restaurants. La demeure surplombe le terrain de golf où Céline et René-Charles peuvent pratiquer. Écoles et lycées pour les enfants sont tout proches. Ils vivent au cœur d'un domaine paisible, protégé des indiscrets par de hauts murs, un système sophistiqué de surveillance, un portail de sécurité que seuls les habitants et leurs invités sont autorisés à franchir. Un ancien Marine, garde l'entrée. Il vous demandera votre pièce d'identité, puis vérifiera auprès de votre hôte si vous êtes attendus ou indésirables.

1. 26 novembre 2020.
2. Summit Club Dr, Las Vegas, NV 89135, États-Unis.

« Une photo, une date, c'est à n'y pas croire
C'était pourtant hier, mentirait ma mémoire[1] ? »

René-Charles a 20 ans !

Ce 25 janvier 2021, Céline partage avec ses admirateurs son bonheur, tout comme elle le fit à l'occasion de la venue au monde de son fils aîné.

« René-Charles, mon fils. Il y a vingt ans, j'ai entendu le mot maman pour la toute première fois… mon rêve s'est alors réalisé et tu as changé nos vies pour toujours ! Il est difficile de croire que deux décennies se sont déjà écoulées.

On voit le ciel dans tes yeux et ce même bleu est la couleur de notre amour. Va de l'avant, profite de la vie et rappelle-toi de ne jamais douter de toi, parce que, moi, je crois en toi. Souviens-toi aussi que ton père veille toujours sur toi et te guide. Nous t'aimons tellement… Bonne fête, RC ! Maman, Nelson et Eddy. »

Elle n'a pas vu passer le temps... Elle sent, amoncelée en elle, une douce plénitude d'amour. Elle se réjouit de la sortie du premier album hip-hop de son aîné, parti sur ses traces. « Je suis tellement fière de mon fils, écrit-elle sur Instagram. Mon amour pour lui est si fort... et ça me touche énormément qu'une de ses passions soit également une des miennes. » Intitulé *CasiNo.5*, le disque de RC Angélil, son nom d'artiste, comprend cinq chansons : *Mamba Mentality ; Money, Thrills, And Rest ; No Ls ; GG4* et *LV.* René-Charles présente sa création sur Instagram : « Mon tout premier projet, *CasiNo.5.* Disponible sur Apple Music[2]. »

C'est à contrecœur qu'elle annonce, le 17 février 2021, le report des dates de la partie européenne de la tournée *Courage World Tour*, en 2022. Son message est diffusé en français et en anglais sur Facebook et Instagram : « Nous espérions vraiment tous vous voir en Europe ce printemps, mais, à l'évidence, cela prend beaucoup plus de temps que prévu pour que

1. Paroles *Encore un soir.*
2. Janvier 2021.

la situation soit sécuritaire. Au moins, nous savons que les vaccins sont en route, ce qui nous rend bien confiants pour ces nouvelles dates en 2022. J'ai tellement hâte de chanter pour vous. Nous devrons rattraper tout le temps perdu, alors restez en sécurité et en bonne santé jusqu'à ce que nous nous retrouvions. » *Le Journal de Montréal*[1] joue les échotiers : « La diva et ses jumeaux, Nelson et Eddy, 10 ans, ont quitté les Laurentides pour retrouver les températures plus douces du Nevada au cours des derniers jours, a-t-on appris. Ils ont fait le trajet Montréal-Las Vegas à bord d'un vol privé. Depuis juillet, la star louait une luxueuse résidence aux alentours de Mont-Tremblant. Son fils aîné, René-Charles, est resté à Las Vegas durant presque toute cette période. Le jeune homme de 20 ans est récemment venu passer du temps au Québec, après avoir observé une quarantaine. [...] Selon nos informations, Céline Dion prévoit par ailleurs remonter sur scène en septembre aux États-Unis. La vaccination allant bon train au pays de l'oncle Sam, ses concerts en Californie seraient maintenus : 1er septembre à Sacramento [...] La portion européenne du *Courage World Tour* devrait démarrer en mai 2022 en Angleterre. » Le *Las Vegas Review* laisse entendre que la chanteuse présentera un nouveau spectacle en résidence. Le complexe hôtel-casino Resorts World est en train d'être édifié. Il serait selon les sources « le plus dispendieux jamais érigé à Las Vegas » avec un coût estimé à 5,45 milliards de dollars. Il comprendra un bâtiment de 59 étages, dévolu aux hôtels, un casino de 11 000 m$^2$, un théâtre pour 4 700 spectateurs, une discothèque de 7 000 m$^2$, un complexe de piscines, un spa, des magasins de luxes, des restaurants. La tour ouest de l'hôtel disposera d'un écran LED extérieur de 9 300 m$^2$ ; La tour est, un écran LED de 1 800 m$^2$. On comprend, entre les lignes, que le Resorts World Las Vegas a fait à la diva une offre qui ne se refuse pas. Elle lui permettrait de « vivre le meilleur des deux mondes [...] d'être à la maison, d'élever mes enfants et en

1. *Le Journal de Montréal*, 5 mars 2021.

même temps d'aller performer et de pouvoir me faire plaisir, de partager ma musique avec les fans, ce que j'adore. Si j'ai encore cette chance d'un nouveau départ, je ne vois pas pourquoi je n'en profiterais pas », glisse-t-elle en interview. Une vidéo, diffusée le 6 mai 2021, avertit du report de ses concerts en Europe : « J'avais tellement hâte de vous voir tous en Europe cet été, mais malheureusement, vu la situation actuelle dans notre monde, les dates continuent d'être repoussées. » Elle reçoit son second doctorat *honoris causa* du Berklee College of Music[1], de Boston, lors d'une cérémonie de remise des diplômes retransmise virtuellement. Deux jours plus tard, elle annonce son grand retour à Vegas, au Resorts World Las Vegas, pour dix dates du 5 au 20 novembre 2021. Le jour de la première, le 5, elle inaugurera sa résidence et le show se fera au bénéfice de la lutte contre la Covid-19. « Nous avons travaillé sur un projet très spécial… précise-t-elle. Vous joindrez-vous à moi pour mon tout nouveau spectacle au Resorts World Las Vegas ? On se voit en novembre ! » Pour ses déplacements en tournée, d'un bout à l'autre du globe, elle a fait l'acquisition d'un jet privé, un Global Express XRS de Bombardier. « Les lettres XRS, signifient "Extended Range & Speed", précise le constructeur canadien. Il peut transporter 14 personnes. Il possède un système unique lui permettant de faire le plein de carburant en moins de 15 minutes. »

En juin, elle célèbre un anniversaire particulier. Quarante ans de carrière ! Elle a vendu plus de 250 millions d'albums, reçu un nombre incalculable de prix ! La production d'un long métrage documentaire sur sa vie, réalisé par Irène Taylor, en partenariat avec Sony Music Entertainment, SME Canada et Vermilion Films, est lancée[2]. Tom Mackay de Sony Music Entertainment expose son point de vue : « Céline Dion est l'une des artistes les plus convoitées de tous les temps. Nous sommes honorés de collaborer avec elle pour produire ce docu-

1. 8 mai 2021.
2. 28 septembre 2021.

mentaire très attendu. Menés par l'incroyable vision artistique d'Irène Taylor, nous sommes impatients de célébrer les succès de Céline et d'élaborer une stratégie de distribution pour rejoindre ses fans dans le monde entier. [...] Le documentaire sera le portrait de l'une des artistes les plus reconnues, respectées et couronnées de l'histoire de la musique pop. Conçu avec l'entière participation et le soutien de Céline Dion, le film retracera l'incroyable histoire de la vie de la chanteuse canadienne et les accomplissements de sa carrière, notamment les sorties d'albums emblématiques, les prix et distinctions, les tournées mondiales, et les résidences à Las Vegas. » Irène Taylor est inspirée : « Entreprendre ce voyage avec une artiste légendaire telle que Céline Dion est une opportunité extraordinaire pour moi en tant que cinéaste. Le fait de pouvoir examiner sa vie et sa carrière inimitable me permettra de créer un portrait multidimensionnel d'une superstar mondiale emblématique, que j'ai hâte de partager avec le monde entier. » Quant à l'intéressée, elle est transportée par ce projet : « On commence la production de mon documentaire officiel. J'ai hâte de travailler en étroite collaboration avec Irène et Sony Music sur ce projet qui m'est cher et qui montrera au monde une partie de moi qui n'avait jamais été montrée avant. [...] J'ai toujours été un livre ouvert avec mes fans, et avec sa sensibilité et sa créativité réfléchie, je pense qu'Irène sera capable de montrer à tout le monde une partie de moi qu'ils n'ont pas vue auparavant. Je sais qu'elle racontera mon histoire de la manière la plus honnête et la plus authentique qui soit. »

Au même moment, en France, la publicité d'un long métrage fait grand bruit. Le destin de Céline a inspiré le film *Aline*, réalisé par l'actrice Valérie Lemercier, sorti en salle le 10 novembre[1]. Ce film est très attendu, d'autant que l'actrice interprète le premier rôle, en est la scénariste et la coproductrice. Ce biopic « à la fois fidèle et fantasmé », comme elle le décrit, retrace l'itinéraire de l'artiste, de son enfance à son histoire d'amour

1. Sorti le 25 novembre 2021 au Québec.

avec son manager René Angélil. « Une hagiographie assumée, une chanson d'amour un peu kitsch, une lettre de midinette adressée à son idole », lit-on dans *Le Monde*[1]. Au Québec, *Aline* est loin de réjouir la famille Dion. Claudette Dion, sur le plateau de l'émission télé de Julie Snyder[2], précise qu'elle n'est pas là « pour dénigrer qui que ce soit, ni le talent de qui que ce soit, mais ça n'a pas été pour moi malheureusement un grand succès. J'ai eu de la peine. Ma mère, elle n'a jamais parlé comme ça à René et Céline n'a jamais manqué de rien. » Son frère Michel opine. « On passe pour une gang de Bougons[3] ». Pas tiguidou[4] du tout ! *Les Bougons*, titre d'une série télévisée québécoise, narre les mésaventures d'une famille modeste, dont les membres sont un brin fripouilles et magouilleurs. Limite craquepotte[5].

« Je connais leur histoire, la cabane au Canada, poursuit Claudette. Je m'excuse, mais, à Charlemagne, on n'avait pas une cabane. C'était toujours propre dans la maison. » Claudette et Michel ont l'impression que Valérie Lemercier les a caricaturés. « Je reconnais pas la langue, je reconnais pas ma famille, je reconnais pas nos racines. Elle s'est payé un trip là, un méchant trip sur le dos de la vie de Céline. […] Elle a encore une vie à vivre là. […] Céline qui mange n'importe comment, elle dégouline... elle récupère les sachets de sucre dans les hôtels. Je capote[6] ! C'est pas ça et ça n'a jamais été ça ! […] Céline n'a jamais pleuré sur son sort. Elle n'a jamais dit à René "J'en peux plus là, laisse-moi tranquille", elle n'a jamais fait ça. » Le passage où Céline couche dans le même lit que son maquilleur gay est plus qu'indigeste pour eux. Il y a des erreurs dans la distribution des rôles. Claudette s'insurge : « Tout le monde est bousculé dans une histoire empruntée pour se faire du crédit. » Michel confirme : « C'est pas ça, notre vie. »

1. *Le Monde*, 9 novembre 2021.
2. *La Semaine des 4 Julie*, 25 novembre 2021.
3. Bande de profiteurs, de gens qui abusent du système.
4. Tiguidou : c'est bon, c'est OK.
5. Timbré, cinglé, idiot.
6. Perdre la tête, perdre le contrôle de soi, s'énerver.

Denise Bombardier livre son point de vue dans *Le Journal de Montréal*[1] : « C'était écrit dans le ciel. Une Française, Valérie Lemercier, a accaparé notre Céline Dion pour raconter dans un film l'histoire d'une Aline qui lui ressemblerait. Il n'en fallait pas plus pour que des membres de la fratrie Dion crient à l'imposture et à la trahison. [...] La cinéaste ignorait sans doute l'intime relation qu'ont les Québécois avec Céline. À l'instar de la famille Dion, ils s'approprient la Céline qu'ils croient posséder en propre. Devenue une richesse naturelle comme l'électricité, la chanteuse a illuminé notre vie collective. [...] Le tintamarre trouve aussi écho en France dans tous les médias. Il n'est pas anecdotique, contrairement à ce que pensent plusieurs personnes agacées par l'ampleur médiatique. Céline Dion a réussi ce qu'aucun autre Québécois ni aucun francophone n'ont pu faire. Elle a conquis la planète entière par son seul talent et avec l'aide de son gérant et mari, René Angélil. Grâce aussi à son amour pour elle, il l'a propulsée au sommet de la gloire. Normal que ce soit une Française qui l'a fait renaître sous les traits d'une Aline imaginaire. Il y a encore des affinités entre Français et Québécois. [...] Je note que, dans l'agitation actuelle, la chanteuse demeure silencieuse. Son ombre plane au-dessus du brouhaha la concernant. Céline Dion – et cela est encore ma conclusion – demeure impénétrable. Elle est à la hauteur de son mythe. [...] Enfermée dans son mystère, dans sa solitude, seule Céline demeure maître de son destin. Valérie Lemercier l'a comprise, car son film n'est qu'émotion, humour et sourde angoisse. »

Que pense Céline de cette polémique ? Elle ne s'exprime pas. Elle a d'autres préoccupations. Il était convenu qu'elle inaugurerait la salle de spectacle du Resorts World Las Vegas, le 1er décembre 2021, or, elle reporte sa résidence en raison de soucis de santé. Un communiqué officiel[2] confirme l'information et l'annulation des shows du 5 au 20 novembre 2021 et du 19 janvier au 5 février 2022 : « Céline Dion et toute son équipe se préparaient depuis près de 8 mois pour son grand retour, les

1. *Journal de Montréal*, 27 novembre 2021.
2. 19 octobre 2021.

musiciens étaient arrivés la semaine dernière pour les dernières répétitions. Céline souffre de spasmes musculaires sévères et persistants qui l'empêchent de performer sur scène. Son équipe médicale continue de l'évaluer et de la traiter, mais les symptômes qu'elle ressent ne lui permettent pas de participer aux répétitions en cours pour le nouveau spectacle. » John Meglen, président co-PDG de Concerts West/AEG Presents, déclare : « Céline fait partie de notre famille, et le plus important maintenant est qu'elle prenne soin d'elle. Durant notre collaboration avec Céline qui remonte à deux décennies, nous avons pertinemment appris à quel point elle est dévouée et résiliente et qu'elle est la plus heureuse quand elle est sur scène, à faire ce qu'elle aime, c'est-à-dire chanter pour ses fans. Nous serons prêts à annoncer de nouvelles dates de spectacles à Las Vegas dès que Céline sera prête. » Scott Sibella, président du Resorts World Las Vegas, lui emboîte le pas : « S'il y a quelque chose que ces derniers temps difficiles nous ont appris, c'est que rien n'est plus important que la santé. Bien que nous soyons impatients d'inaugurer le nouveau théâtre, nous soutenons Céline dans ce que nous savons être une décision incroyablement difficile pour elle, c'est-à-dire de retarder ses spectacles. Au nom de toute la famille Resorts World Las Vegas, nous lui souhaitons un prompt rétablissement et nous avons hâte de l'accueillir dans sa nouvelle maison lorsqu'elle se sentira prête et capable de performer à nouveau. » Céline est dépitée : « J'ai le cœur brisé par cette situation. Mon équipe et moi travaillons sur notre nouveau spectacle depuis 8 mois et ne pas pouvoir monter sur scène en novembre m'attriste au-delà des mots. Mes partenaires du Resorts World Las Vegas et de AEG ont travaillé sans relâche afin de préparer ce tout nouveau théâtre à la fine pointe de la technologie, et il est absolument splendide. Je me sens terriblement mal de les laisser tomber, et je suis particulièrement désolée de décevoir tous les fans qui avaient prévu de venir à Las Vegas. Maintenant, je dois me concentrer sur ma santé pour vite aller mieux. Je veux m'en sortir le plus rapidement possible. »

Depuis le départ de René pour l'autre rive, Céline cache tant de bleus à l'âme, de solitude. Le décès de sa mère s'y est ajouté. Elle souffre d'une somatisation aiguë qui alarme son entourage. Son corps et sa voix ne lui obéissent plus. Certes, les traumatismes de la vie sont banals. Les artistes y sont exposés comme tout le monde. Or, les conséquences professionnelles sont redoutables du fait des performances exigées par les techniques qu'ils pratiquent. L'extrême spécialisation de sa technique a été acquise par de longues années d'entraînement. Ses triomphes l'ont poussé à se dépasser sur le plan vocal. Elle a sans cesse repoussé les limites, nié les douleurs physiques. Elle a toujours mené une vie saine et équilibrée, mais les complications se succèdent de façon anarchique. Aucune maladie identifiable. Elle affronte un nouvel ennemi, plus insidieux. Son quotidien, depuis des mois, est scandé par des hauts et des bas, des périodes où elle est mieux, d'autres où elle souffre.

Elle annule son spectacle à Denver (Colorado) : « J'espérais vraiment que je serais prête à partir maintenant, mais je suppose que je dois être plus patiente et suivre les recommandations de mes médecins, écrit-elle sur Twitter[1]. Nos spectacles demandent beaucoup d'organisation et de préparation, et nous devons donc prendre aujourd'hui des décisions qui affecteront les plans dans deux mois. Je serai tellement heureuse quand je retrouverai la santé, que la pandémie sera derrière nous et que je monterai sur scène à nouveau. En attendant, j'ai été très touchée par tous les messages d'encouragement que vous m'avez envoyés sur les réseaux sociaux. Je ressens votre amour et votre soutien et ça compte énormément pour moi. » L'hebdomadaire *The Burlington Record*[2] se désole : « Le concert tant attendu de Céline Dion, qui devait avoir lieu le 9 mars au Ball Arena, a été annulé, a annoncé la chanteuse, réduisant encore plus les chances que sa tournée *Courage World Tour* se déroule à Denver. Le concert de Céline Dion, du 9 mars, dans cette salle, aurait ouvert la voie à sa nouvelle tournée en donnant le coup

1. 15 janvier 2022.
2. *The Burlington Record*, 19 janvier 2022.

d'envoi de la partie nord-américaine. Cela aurait également été un retour en arrière complet pour Céline Dion, qui a donné le tout premier concert au Pepsi Center en 1999. »

Elle affronte les médias, prompts à exploiter son malheur, ceux qui jalousent sa gloire. À côté du lot de railleurs ou de détracteurs envieux qui la critiquent, des voix s'élèvent pour louer sa sincérité, sa chaleur de cœur. En maman comblée et fière de son fils, elle publie un tendre message, illustrant une photographie du jour de sa naissance, pour l'anniversaire de René-Charles, le 25 janvier : « René-Charles, 21 ans de rêves se sont écoulés déjà. Nous t'avons donné la vie… Merci beaucoup pour ce merveilleux cadeau que tu nous as offert de devenir tes parents. Depuis ce jour, je m'épanouis de te voir grandir. Ton intelligence, ta générosité, ton courage, et ta grande sensibilité ne cessent de m'émouvoir. Nous t'avons guidé de nos rêves en te tenant la main. Continue d'explorer et, surtout, écoute ton cœur en sachant que tu es toujours porté par notre amour afin que maintenant tes propres rêves se réalisent. Bonne fête René-Charles ! Amuse-toi, mon homme… On t'adore ! T.V.E.C. Papa, Maman, Nelson et Eddy. »

Fidèle à ses repères, elle a toujours défendu le concept de la famille. Elle s'implique pour la défense des enfants, multiplie les œuvres caritatives. Au regard de sa propre enfance, elle a souhaité responsabiliser ses fils au plus tôt, leur apprendre le partage. Elle les invite à donner leurs jouets aux nécessiteux. Elle leur transmet de solides valeurs morales, fondées sur le respect mutuel, l'importance fondamentale du travail. Si René-Charles souhaite se lancer dans le hip-hop et le R&B, sous le pseudo de Big Tip, il n'en a pas pour cela négligé ses études universitaires (Université du Nevada). Il sort trois titres *Catwalks, Loft Music, Never Stop*, sur la plateforme Soundcloud.

Après plusieurs mois de montée de tensions, puis le déploiement de milliers de soldats russes à la frontière avec l'Ukraine, la Russie, dans la nuit du 23 au 24 février 2022, lance une offensive militaire sur l'Ukraine. Des bombardements ont lieu à Kiev, Kharkiv, Odessa, dans le Donbass, à Marioupol. Passée la sidération, dans les jours qui suivent, les femmes et les enfants fuient les zones de combats, se dirigent vers la frontière polonaise. Deux millions de personnes quittent leur pays. L'accueil des réfugiés s'organise en Europe. Céline s'en émeut. Elle apporte sa contribution en apparaissant dans une vidéo de #StandUpForUkraine, rassemblement mondial sur les réseaux sociaux qui se consacre à l'aide aux réfugiés, organisé par Global Citizen. « Je #StandUpForUkraine et pour les réfugiés du monde entier. J'invite les dirigeants mondiaux à agir pour aider tous ceux qui sont forcés de quitter leur maison. Nous devons nous assurer qu'ils obtiennent le soutien dont ils ont désespérément besoin maintenant. » Elle enregistre une vidéo qu'elle publie sur son compte Instagram[1], délivre ce message : « J'agis pour l'Ukraine. À tous les leaders mondiaux, nous avons besoin de vous, maintenant plus que jamais pour répondre à l'appel de tous les militants, défenseurs et bénévoles qui travaillent pour aider les réfugiés ukrainiens et dans le monde entier. Demain, vous allez vous réunir pour décider de l'aide que vous pouvez apporter à ces personnes qui ont été contraintes de quitter leur foyer, leur pays, leurs proches. S'il vous plaît, agissez pour ces réfugiés partout dans le monde et offrez tout le soutien financier que vous pouvez. Merci. »

Les spectacles européens de la tournée mondiale *Courage* prévus du 25 mai au 24 septembre 2022 sont reportés du 24 février au 4 octobre 2023[2]. « Je suis tellement désolée, attristée, d'avoir à changer les dates de la tournée en Europe une nouvelle fois, s'excuse-t-elle. La première fois, ce fut à cause de la pandémie, maintenant, c'est en raison de ma santé. Pour être sur scène, je dois être au top de ma forme. Pour être honnête, j'ai hâte, mais je ne suis pas encore tout à fait prête. […] La récupération prend beaucoup plus de temps que je le pensais, mais je me dois d'être en pleine forme, en pleine santé,

1. 8 avril 2022.
2. Annonce du 29 avril 2022.

pour que je puisse donner 100 % de moi-même sur la scène, parce que c'est ce que vous méritez. [...] Je fais du mieux que je peux pour reprendre la forme dès que possible. Et sachez que les nombreux messages d'amour et de support que vous m'envoyez font partie de mon traitement médical. Ça m'aide énormément. Merci beaucoup pour tout cet amour. » À aucun moment, elle n'a envisagé d'abandonner sa carrière, mais depuis ces dernières années, elle a perdu des forces. « La bonne nouvelle, c'est que je me sens quand même un peu mieux, dit-elle. Mais c'est sûr que ça ne va pas assez vite et c'est super frustrant pour moi. Mes médecins me suivent et je reçois des traitements, mais j'ai toujours des spasmes musculaires. »

Depuis ses débuts, elle partage vraiment tout avec son public. Éprouvée par la maladie, elle continue. Il avait été décidé avec René de jouer la transparence avec ses fans. Bien avant les réseaux sociaux, ils ont été des précurseurs en ce domaine. Espérances, joies, chagrins, projets, succès, échecs, rien n'est occulté. Chanter la passionne, « ça me fascine, ça me transporte », avouait-elle. C'est pourquoi, elle n'a rien voulu cacher de son expérience : « J'ai décidé depuis toujours d'être un livre ouvert, de raconter mon histoire comme elle est vraiment. Parfois, j'ai été critiquée pour cela. Je ne regrette rien. » Afin d'éviter les paparazzis, René avait organisé des séances photo officielles et laissé carte blanche aux personnes à qui ils avaient accordé leur totale confiance pour des reportages, des documentaires, des émissions spéciales. On peut y voir Céline passer par toutes les émotions, rire, pleurer, en répétition, cuisiner avec sa mère, faire le pitre avec ses frères et sœurs, essayer des tenues de scène, jouer au golf, changer les couches de ses jumeaux, vendre des pizzas à la kermesse de l'école de René-Charles, s'endormir sur l'épaule de son mari après avoir donné son concert, accompagner René-Charles en voiture à l'école... Elle est néanmoins pourchassée par des médias qui ne respectent pas les limites imposées à la liberté d'expression. Entre autres, ne pas porter atteinte à la vie privée et au droit à l'image d'autrui...

Une information tombe « La chanteuse Céline Dion a annoncé, jeudi 8 décembre, dans une vidéo publiée sur Instagram, qu'elle souffre du "Stiff-Person Syndrom", un "trouble neurologique très rare". » Les rotatives tournent à plein régime : « En conséquence, l'artiste est contrainte de reporter plusieurs concerts prévus au printemps 2023 en Europe dans le cadre de sa tournée *Courage World Tour*, pour pouvoir "se concentrer sur sa santé", rabâchent les journalistes. Cette tournée devait reprendre fin février en République tchèque. Son programme de l'été est également bousculé et la star nord-américaine ne sera notamment pas présente au festival des Vieilles Charrues, en Bretagne, où elle était attendue le 13 juillet, après deux premières annulations. En revanche, les six concerts prévus à La Défense Arena, près de Paris, en septembre 2023, sont pour l'heure maintenus. »

Très émue dans son message vidéo, Céline se confond en excuses : « Je suis désolée d'avoir pris tellement de temps pour vous donner des nouvelles. Je m'ennuie de vous. J'ai hâte de retourner sur scène pour pouvoir vous donner des nouvelles en personne. » Elle fait allusion à sa maladie : « Jusqu'à présent, je n'étais pas prête à parler de ce que j'ai eu à traverser. J'éprouve des problèmes de santé depuis longtemps. [...] Cela n'a pas été facile d'y faire face. J'ai récemment été diagnostiquée avec un trouble neurologique très rare appelé Stiff-Person Syndrom, qui touche une personne sur un million. Alors que nous en apprenons encore sur cette maladie rare, nous savons maintenant que c'est ce qui a provoqué tous les spasmes que j'ai eus. Malheureusement, ces spasmes affectent ma vie de tous les jours à plusieurs niveaux. J'ai parfois beaucoup de difficultés à marcher et je ne peux pas toujours utiliser mes cordes vocales pour chanter comme je le souhaiterais. [...] J'ai autour de moi une excellente équipe de médecins qui me traitent pour que j'aille mieux. [...] Ce sont mes enfants qui me donnent le courage de continuer. Aussi, je m'entraîne tous les jours avec mon thérapeute en médecine sportive pour regagner de la force et de l'endurance pour me permettre de performer à nouveau, mais je dois admettre que c'est un combat continuel. Chanter, c'est ce que j'ai fait toute ma vie et pour moi ne plus être capable de le faire est inimaginable. Je m'ennuie de vous voir, d'être sur scène, de performer pour vous. Ça m'attriste énormément de vous dire que je ne serai pas prête à recommencer ma tournée en Europe en février. »

Qu'est-ce que le Stiff-Person Syndrom (syndrome de la personne raide) ? Pour tenter d'apporter un éclairage sur ce syndrome invalidant, je me suis rapprochée des spécialistes américains. Aux États-Unis, le National Institute of Neurological Disorders and Stroke[1] décrit le syndrome comme « un trouble neurologique rare présentant les caractéristiques d'une maladie auto-immune ». Il se caractérise par « une rigidité musculaire fluctuante du tronc et des membres et une sensibilité accrue à des stimuli tels que le bruit, le toucher et la détresse émotionnelle, qui peuvent déclencher des spasmes musculaires. » Dans le temps « les muscles des jambes deviennent raides et d'autres muscles dans tout le corps deviennent raides, y compris les bras, et même le visage ». Les médecins de National Organization for Rare Disorders[2] ont constaté : « Au fur et à mesure que la raideur augmente, certaines personnes ont développé une posture voûtée. Dans les cas graves, cette raideur peut rendre difficiles la marche ou les mouvements. » Pour le malade, les spasmes musculaires causés par le Stiff-Person Syndrom sont « souvent très douloureux et aggravent généralement la raideur existante ». Selon Yale Medicine[3] le syndrome est incurable, mais peut être traité : « Lorsque les médecins traitent les patients atteints de cette maladie, ils se concentrent sur le soulagement des symptômes avec des médicaments tels que des sédatifs, des relaxants musculaires et des stéroïdes. »

Julien Cavanagh, neurologue, spécialiste des maladies auto-immunes, à Boston, précise[4] : « C'est une maladie auto-immune. Le système immunitaire nous protège contre

1. *National Institute of Neurological Disorders and Stroke*, Bethesda, banlieue de Washington.
2. National Organization for Rare Disorders, Danbury, Connecticut.
3. *Yale Medicine*, New Haven, *Connecticut*.
4. Interview décembre 2022.

les virus, les bactéries. Il se retourne contre la personne et commence à attaquer des structures microscopiques du système nerveux central qui gère la relaxation des muscles. La relaxation des muscles qui ne peut plus se faire induit chez la personne une rigidité musculaire très difficile à supporter. Parfois simplement, dans un bras, dans une jambe, mais dans la majorité des cas, dans les syndromes classiques, c'est l'ensemble du corps, et en particulier le tronc, donc les muscles abdominaux, les muscles du dos. On est obligé de traiter cela symptomatiquement avec des myorelaxants pour aider la personne à relaxer ses muscles. C'est une maladie chronique et, donc, il n'y a pas de guérison possible. Nous n'avons pas de traitement définitif qui va permettre à la personne d'être guérie. C'est un syndrome qui est très très rare. » Suivie par Jill R. Schofield, au Center for Multisystem Disease, de Denver (Colorado), il lui est proposé, en mars 2023, un traitement par la Mayo Clinic de Rochester (Minnesota).

Avant toute démarche, Céline a pris connaissance des diverses publications et des cinquante podcasts enregistrés par le Dr Jill Schofield, qui donnent une idée de ses choix de thérapies, puis elle a composé le 303 366 6633 et bavardé avec son assistante Chandra Strohm. Celle-ci a répondu à ses interrogations et lui a adressé un document comprenant une cinquantaine de questions très pointues concernant son histoire médicale, ses maladies infantiles, les problèmes médicaux auxquels elle a été confrontée pendant son adolescence, ses grossesses, son mode de vie, son régime alimentaire, ses symptômes actuels, les tentatives de soins. Combien de fois vous réveillez-vous la nuit à cause de vos douleurs ? Souffrez-vous davantage en journée ? À quels moments ? Êtes-vous sujette à des migraines ? Avez-vous la bouche sèche ? Éprouvez-vous des difficultés à déglutir ? Tout y passe...

Quelques jours plus tard, rendez-vous était pris à Denver (Colorado), dans la banlieue sud, au 8101 East Lowry Boulevard, dans la suite 50, au premier étage. Jill Schofield est la fondatrice et la directrice du Center for Multisystem Disease. Elle a travaillé pendant de nombreuses années à l'hôpital et comme enseignante à l'hôpital St. Joseph de Denver avant de s'intéresser aux maladies auto-immunes. Elle a reçu le prix Game Changer, du réseau de soutien à la dysautonomie (Dysautonomia Support Network Patient's Choice Game Changer Award) en 2019, pour ses travaux sur l'utilisation de la thérapie par immunoglobulines dans la dysautonomie auto-immune.

L'objectif du Dr Schofield, avec chaque patient, est de déterminer la cause sous-jacente de leurs symptômes et d'obtenir une amélioration de leur qualité de vie. Céline a passé trois heures face à face avec elle. Le praticien a examiné ses antécédents, ses symptômes, les examens radiologiques. Elle a procédé à un examen physique détaillé, effectué des tests. Céline a trouvé une thérapeute qui peut prendre en charge les maux dont elle souffre. Un second rendez-vous de deux heures a permis la mise en place d'un protocole expérimental d'injections d'immunoglobulines dans les lombaires. L'acceptation est un cheminement après le diagnostic d'une maladie chronique importante. Ce processus prend généralement plusieurs mois, voire plusieurs années, car patience et persévérance sont nécessaires pour apprendre à la gérer. Jill Schofield encourage une alimentation anti-inflammatoire, une activité physique régulière, la réduction du stress grâce aux techniques de respiration, la méditation. Céline sait à présent qu'elle doit faire des choix professionnels pour réduire le stress.

Plus qu'aucun autre, l'artiste est confronté au vide lorsque ce qui fait l'essence même de sa pratique est altéré par une maladie, un accident. Maria Callas disait : « Si je suis bien, alors c'est l'exaltation, c'est l'ivresse de ce qu'on ne peut pas expliquer. C'est de l'électricité que nous nous donnons entre nous, le public le sent et s'exalte aussi. » L'exercice d'un art n'est pas une activité comme une autre, elle est centrale pour l'artiste, essentielle. Céline chante depuis toujours et a tout donné, a travaillé jusqu'à l'infini pour parvenir à offrir la plénitude de chaque note. Elle a mis tant de fougue, d'exaltation dans ses interprétations, ses spectacles. À présent, le handicap l'oblige à développer une nouvelle compréhension de sa pratique, à la transformer. Il faut de la résilience pour faire le deuil d'une discipline artistique surinvestie et trouver une énergie nouvelle pour pratiquer l'exercice différemment ou se risquer dans une nouvelle voie. Comment la diva, épiée, critiquée, peut-elle surmonter un tel traumatisme ? Maria Callas exprimait, dans l'intimité, toute cette souffrance tue. Cette difficulté d'être « quand on est juste un être humain qui donne tout pour son art. » Céline s'en tient au silence. Elle ne manque pas de projets.

Elle ne s'en est jamais cachée, elle aimerait faire du cinéma. Curieusement, elle se voit plutôt interpréter des rôles tragiques : « Tout le monde me voit dans des rôles comiques, mais, dans mon cœur et dans mon âme, je n'ai pas tant envie de jouer la comédie... même si j'adore rire. » Elle spécifiait à Marie-Claude Barrette[1] : « Je pense que je vais être une bonne vieille actrice. Je pense que je vais être mieux plus tard. Je n'ai pas le visage cinématographique, *cute*, français. Je pense que je fais plus d'affaires plus vieux. Je veux faire du cinéma comme dans le temps. » Ce rêve se réalise et arrive à point nommé. Elle décroche un rôle dans le film *Text For You*, du réalisateur Jim Strouse, adapté de la version allemande du film *SMS Fur Dich*, sorti en 2016. Le tournage d'octobre 2020 à janvier 2021, en Angleterre et aux États-Unis, lui donne toute satisfaction. Une chanson inédite y est dévoilée. Elle est le fil d'Ariane entre les deux principaux personnages. « Je me suis beaucoup amusée à faire ce film, assure-t-elle. Avoir le privilège d'apparaître avec les beaux et talentueux acteurs Priyanka Chopra Jonas et Sam Heughan dans mon tout premier long métrage est un privilège que je chérirai pour toujours. » Lorsque l'affiche de *Love Again*, est divulguée, elle l'accompagne d'un message empli d'espoir : « L'amour vient à ceux et celles qui savent y croire. » Comme le scénario, les acteurs ou le réalisateur, la

1. 12 mai 2016, pour TVA.

musique contribue au succès du film. La musique doit coller parfaitement aux scènes. La bande originale s'accorde parfaitement avec la thématique de *Love Again*, elle comprend de nouvelles chansons de Céline et bien sûr les incontournables *I'll Be Waiting On You, It's All Coming Back To Me Now, All By Myself, Where Does My Heart Beat Now*. La sortie est prévue, à l'occasion de la fête des Mères, aux États-Unis le 14 mai[1] puis le 7 juin en France.

Il est évident que la place de Céline dans ce rôle est révélatrice de son nouveau statut d'actrice au talent prometteur. Depuis sa prime jeunesse, elle voue une admiration sans bornes à Maria Callas. Elle a maintes fois évoqué son désir de lui prêter son physique et sa voix dans un film contant sa vie : « J'ignore pourquoi elle m'attire tant. Peut-être le manque d'amour dans sa vie. J'aimerais partager un peu de ça avec elle. Je pense qu'elle le méritait bien. » Elle confiait à Michel Drucker[2] : « Callas, son manque d'amour... Pour moi l'amour, c'est ce que j'ai reçu toute ma vie. Ce qui a guidé ma vie, et je ne peux m'imaginer une telle cantatrice, une telle chanteuse extraordinaire, qui toute sa vie s'est battue pour être aimée. Alors, je me dis, si je peux me permettre, si un jour je joue la vie de Maria Callas, je me ferai plaisir à pouvoir penser, un peu, que je lui donne, un peu, de mon amour qu'elle méritait tellement. »

Toutes deux ont suscité nombre de littérature, d'articles de presse, de biographies. À bien y regarder, avec tout le respect que je dois à ces deux artistes d'exception, quantité de similitudes se retrouvent dans leurs parcours de vie. Leur passion pour la musique, leur volonté irrépressible, leur technique vertigineuse, leur force d'obstination, leurs sacrifices, la fulgurance de leur carrière, l'exposition de leur vie sentimentale. Céline pourrait faire siennes les paroles de *Tosca* « Vissi d'arte, vissi d'amore » (J'ai vécu d'art, j'ai vécu d'amour), immortalisées par Maria Callas, divinité de son panthéon. Maria, dimi-

1. 14 mai 2023.
2. *Vivement dimanche*, novembre 2012.

nuée, après quelques concerts à Paris et Londres, se retira définitivement de la scène en 1965. « Depuis que j'ai perdu ma voix, je veux mourir. Sans ma voix, qu'est-ce que je suis ? Rien », aurait-elle confié à sa sœur. Elle passa ses dernières années recluse dans son appartement de l'avenue Georges Mandel, pleurant Aristote Onassis et sa gloire passée.

Dans un communiqué publié sur les réseaux sociaux, elle annonce le 26 mai : « Je suis tellement désolée de vous décevoir toutes et tous une fois de plus. » Le cœur gros, elle a dû se résoudre à annuler toutes les dates de sa tournée *Courage* en Europe, jusqu'en avril 2024. Les soins prodigués jusqu'ici n'ont pas permis une amélioration suffisante de son état de santé pour qu'elle puisse débuter les répétitions du spectacle qu'elle souhaitait offrir, et encore moins envisager une longue tournée éprouvante. Elle se bat au quotidien avec beaucoup de détermination et de foi : « Je travaille très fort pour retrouver mes forces, mais les tournées peuvent être exigeantes et difficiles, même quand on est à 100 %. Vis-à-vis de vous, ce n'est pas juste de continuer à reporter les spectacles, et, bien que cela me brise le cœur, il vaut mieux que nous annulions tout maintenant, jusqu'à ce que je sois vraiment prête à remonter sur scène. Je veux que vous sachiez que je n'abandonne pas... et j'ai très hâte de vous revoir ! »

Comme Maria Callas, son idole, Céline s'est tellement donnée dans chacune de ses interprétations qu'elle s'est consumée chaque jour davantage. La perte de son pygmalion – l'amour de sa vie – ajoute un inconsolable chagrin à la fragilité de sa santé. Callas connut une fin solitaire. Céline, hantée par le destin de Maria, échappe à cette perspective. Ses trois fils, en qui elle retrouve les qualités de René, perpétuent les rêves et l'amour fou de leurs parents et lui donnent le courage de continuer. Elle a bien conscience que, par le rayonnement de sa personne, elle occupe une grande place dans le panorama de la chanson et a suscité l'attachement de nombreux biographes, car elle a mêlé avec une hardiesse rare ses sentiments et les grands desseins de son ambition. Elle a toujours fait preuve de lucidité, et garde chevillée au cœur la passion de la vie...

« La vie est extraordinaire même quand il pleut. C'est juste comment on voit les choses. »

★

# REMERCIEMENTS

*« La reconnaissance*
*est la mémoire du cœur. »*

HANS CHRISTIAN ANDERSEN.

Merci à :
Hugues Aufray. « Parfois notre lumière s'éteint, puis elle est rallumée par un autre être humain. Chacun de nous doit de sincères remerciements à ceux qui ont ravivé leur flamme. » Albert Schweitzer.
Bertrand Meyer-Stabley pour avoir été l'agent de ce livre et m'avoir soutenue avec constance.
Michel-René. « The road is long with many a winding turn that leads us to who knows where. But I'm strong. Strong enough to carry him. He ain't heavy, he's my brother... So on we go... It's a long long road from which there is no return... And the load doesn't weigh me down at all. He ain't heavy, he's my brother... » Bill Medley, *He's ain't heavy, he's my brother* (Bob Russell and Bobby Scott).
Joëlle Couvidat. « Si on me presse de dire pourquoi je l'aimais, je sens que cela ne se peut exprimer, qu'en répondant : Parce que c'était lui, parce que c'était moi. » Michel de Montaigne, *Essais*, « De l'Amitié ».
Sir Barry Gibb (Bee Gees). « Si la musique est la nourriture de l'amour, continuez à jouer. » William Shakespeare.
Docteur Jean Abitbol pour la confiance dont il m'a honorée.
Line Renaud pour sa bienveillance à mon égard.
Charles Dupêchez et Bertrand Deckers pour l'attention qu'ils ont témoignée à mon travail.

À Montréal : Lubin Bisson, l'attaché de presse Daniel Meyer, Fabienne Corriveau chez Hachette Canada, Luc à l'Oblique, le photographe Mario Beauregard, le personnel de *The Canadian Press*.
Nathalie Leducq pour son approche critique et constructive appropriée.
Frédéric Thibaud et toute l'équipe de City éditions.

# RÉFÉRENCES BIBLIOGRAPHIQUES

Abitbol, Jean, *Le Pouvoir de la voix*, Allary Éditions, Paris, 2016.

Abitbol, Jean, *Voix de femme*, Odile Jacob, Paris, 2019.

Abitbol, Jean, *Les Voix de notre vie*, Grasset, Paris, 2023.

Beaunoyer, Jean, *Céline Dion, une femme au destin exceptionnel*, Les Éditions de l'Homme, 1998.

Beaunoyer, Jean, Céline, *René, un amour plus fort que la mort*, L'Archipel, 2017.

Bombardier, Denise, *L'énigmatique Céline Dion*, XO éditions, 2009.

Boudreau, Yves, *René Angélil, l'homme derrière Céline Dion,* Guy Saint-Jean Editeur, Laval, Québec, 2000.

Bourgeois, Marie-France, *Céline Dion, Les secrets de son incroyable réussite*, Éditions Exclusif, 2013.

Carabin, Gaëlle, *Ce n'était qu'un rêve*, Edilivre, 2018.

Chaline, Thomas, *Céline Dion, un hymne à la vie*, City Éditions, 2019.

Delisle-Crevier, Patrick, *Raconte-moi Céline Dion*, Les Éditions Petit Homme, Montréal, Québec, 2016.

Delbecq, Françoise, *Céline Dion, l'ascension d'une étoile*, JC Lattès, 1997.

Demers, Frédéric, *Céline Dion et l'identité québécoise, La petite fille de Charlemagne parmi les grands !,* Montréal, VLB Éditeur, 1999.

Dion, Céline, *Ma vie, mon rêve*, Robert Laffont, Paris, 2001.

Dion, Claudette, *La sœur de...*, Les Éditions La Presse, Montréal, Québec, 2017.

Échos-Vedettes, *Les 100 vedettes populaires qui ont marqué le XX<sup>e</sup> siècle.* Album de collection. Montréal, Communication Québécor.

Germain, Georges-Hébert, *Céline (la biographie officielle)*, Les Éditions Libre Expression, Montréal, Québec, 1997.

Germain, Georges-Hébert, *René Angélil, derrière le conte de fées*, Michel Lafon, 2010.

Germain, Georges-Hébert, *Thérèse Dion, La vie est un beau voyage,* Les Éditions Libre Expression, Montréal, Québec, 2006.

Glatzer, Jenna, *Céline Dion pour toujours...*, K&B éditeurs, Paris, 2007.

Goudeau, Mathias, *Céline Dion de A à Z*, Les guides Music book, Groupe Express Éditions, Paris, 2005.

Grenier, Line, *Global Pop on the Move: The Fame of Superstar Céline Dion Within, Outside and Across Quebec, Journal of Australian Canadian Studies*, 2001.

Grenier, Line, *Les mises en mémoire de Céline Dion,* dans la revue savante *Recherches féministes, 2001.*

Grills, Barry, *Céline Dion, Falling Into You*, Quarry Press, Kingston, Ontario, Canada, 1997.

Grimaud, Valentin, *Céline Dion, Vestale,* Le Mot et le reste, 2022.

Hémon, Louis, *Maria Chapdelaine*, Grasset, 1968.

Hurley, Erin, *National Performance : Representing Quebec from Expo 67 to Celine Dion*, les Presses de l'Université de Toronto.

Hurley, Erin, *Celine Dion's Las Vegas Aesthetics*, *Revista mexicana de estudios canadienses*, 2008.

L'Actualité, *Les 100 Québécois qui ont fait le 20e siècle*, février, 1999.

Lafont Presse Éditions, *Céline Dion, la fin d'une géante*, 2022.

Lagrange, Clément, *Céline Dion et la France, une histoire d'amour*, E/P/A – Hachette, Paris, 2020.

Lange (de) Helen M., *Céline Dion. My Heart Will Go On. Die Biographie*, Ullstein Tb, 1998.

Lucciardi, Antoine, *Céline Dion, Diva*, City Éditions, 2021.

Massicotte, Diane, *Céline, Beyond the Image*, ECW Press, Toronto, Ontario, Canada, 2012.

Meyer, David N., *The Bee Gees, the Biography,* Plenum Publishing, 2013.

Peters, Lisa with Della Druick, *Céline Dion, The Complete Biography*, Headline Book Publishing, London, 1999.

Pieau, Laurence et Hervé Tropéa, *Céline Dion. La vraie histoire. Les secrets d'une idole fragile.* Robert Laffont, Paris, 2022.

Plante, Pierre, *Une vie à s'aimer, Thérèse et Adhémar Dion.* Publistar, 1995.

Renaud, Line, *Et mes secrets aussi*, Robert Laffont, 2013.

Renaud, Line, *En toute confidence*, Denoël, 2020.

Reynaud, Élisabeth, *Céline Dion, la femme aux deux visages,* Éditions Archipoche, Paris, 2014.

Reynaud, Élisabeth, *Céline Dion, Icône et femme de cœur,* Larousse, Paris, 2020.

Achevé d'imprimer en août 2023
sur les presses de la Nouvelle Imprimerie Laballery
58500 Clamecy
Numéro d'impression : 305126

*Imprimé en France*

La Nouvelle Imprimerie Laballery est titulaire de la marque Imprim'Vert®